Finanzpsychologie

Prof. Dr. Günter Wiswede
zum 60. Geburtstag

Herausgegeben von
Prof. Dr. Lorenz Fischer
Prof. Dr. Thomas Kutsch
Dr. Ekkehard Stephan

R. Oldenbourg Verlag München Wien

Die Deutsche Bibliothek - CIP-Einheitsaufnahme

Finanzpsychologie / hrsg. von Lorenz Fischer ... – München ; Wien :
Oldenbourg, 1999
ISBN 3-486-25179-1

Rosenheimer Straße 145, D-81671 München
Telefon: (089) 45051-0, Internet: http://www.oldenbourg.de

Gedruckt auf säure- und chlorfreiem Papier
Gesamtherstellung: Druckhaus „Thomas Müntzer" GmbH, Bad Langensalza

ISBN 3-486-25179-1

Inhalt

EINFÜHRUNG

1 ÜBER DIESES BUCH **3**

Die Herausgeber

2 THEMEN UND KONZEPTE EINER ALLGEMEINEN FINANZPSYCHOLOGIE - SOZIALPSYCHOLOGISCHE GRUNDLAGEN UND WIRTSCHAFTLICHE ANWENDUNGSBEREICHE **11**

Lorenz Fischer und Christian Mörsch

2.1 Die Fragestellung 11
2.2 Ein Vorschlag für eine theorieorientierte Ordnungsstruktur finanzpsychologischer Themen 12
2.3 Eine Skizze der differentiellen Gegenstandbereiche der Finanzpsychologie 22
2.4 Über ein zweidimensionales Ordnungssystem hinaus 45

SOZIALPSYCHOLOGISCHE GRUNDLAGEN DER FINANZPSYCHOLOGIE

3 GELD-SOZIALISATION **48**

Thomas Kutsch

3.1 Die drei Lernbereiche der Geld-Sozialisation 50
3.2 Theoretisch-sozialwissenschaftliche Konzepte zur Bedeutung des Geldes in unserer Gesellschaft 58
3.3 Methoden und empirische Konzepte 59
3.4 Umgang mit Geld im Rahmen des privaten Haushalts 63
3.5 „Further research needed" – Forschungslücken, Forschungsfragen und aktuelle Projekte 67

4 WIEVIEL IST 1 MILLIARDE MARK? ZUR DISKONTINUITÄT DER MONETÄREN GRÖßENWAHRNEHMUNG 72

Horst W. Brand

4.1 Einleitung 72
4.2 Entdeckungs-Zusammenhang 73
4.3 Psychologische Theorien des Geldes 75
4.4 Ausgewählte experimentelle Ergebnisse zur monetären Größenwahrnehmung 78
4.5 Eigene experimentelle Untersuchungen 80
4.6 Resümee 98
4.7 Interpretation und einstweiliges Fazit 99

5 DIE ROLLE VON URTEILSHEURISTIKEN BEI FINANZENTSCHEIDUNGEN: ANKEREFFEKTE UND KOGNITIVE VERFÜGBARKEIT 101

Ekkehard Stephan

5.1 Einführung 101
5.2 Begriff und Systematik der Urteilsheuristiken 103
5.3 Die Verankerungs- und Anpassungsheuristik 108
5.4 Die Verfügbarkeitsheuristik 118
5.5 Diskussion 131

6 MOTIVATION UND RISIKONEIGUNG PRIVATER GELDANLEGER - MILLERS RATTEN STATT SKINNERS TAUBEN? - 135

Horst Müller-Peters

6.1 Aktienanlage: Diskrepanz zwischen Empfehlung und Verhalten 136
6.2 Psychologische Erklärung des Anlegerverhaltens 138
6.3 Renditestreben 141
6.4 Selbstwert und Leistungsmotivation 146
6.5 Reizsuche und Reizmeidung 147
6.6 Konkurrierende Motivationen 149
6.7 Vereinfachte Entscheidungen 151
6.8 Von der Einstellung zum Verhalten 152
6.9 Fazit 157

7 EIN MODELL DER STEUERZUFRIEDENHEIT – PSYCHOLOGISCHE GRUNDLAGEN (UN)ÖKONOMISCHEN HANDELNS 160

Eva Jonas, Klaus Heine und Dieter Frey

7.1 Übersicht 160
7.2 Fragestellung 161
7.3 Empirische Befunde 163
7.4 Ein Modell der Steuerzufriedenheit 169
7.5 Reaktionen auf Steuerunzufriedenheit 180
7.6 Steuerunbehaglichkeit aufgrund von Bevorzugung 184
7.7 Finanzpolitische Folgerungen 185

8 ZUR PSYCHOLOGIE DES VERSICHERUNGSBETRUGS 188

Detlef Fetchenhauer

8.1 Einleitung 188
8.2 Der Forschungsstand zum Thema Versicherungsbetrug 189
8.3 Theoretische Ansatzpunkte zur Erklärung von Versicherungsbetrug 193
8.4 Empirische Ergebnisse der durchgeführten Untersuchungen 199
8.5 Möglichkeiten der Betrugsbekämpfung 211

9 DAS TASCHENGELD IM 15-LÄNDER-VERGLEICH – KINDER, KIES, KONSUM UND KULTUR – 214

Julia Fauth

9.1 Einleitung 214
9.2 Kurzdarstellung der Ergebnisse 215
9.3 Studienbeschreibung und Methodik 216
9.4 Ergebnisse im 15-Länder-Vergleich 217
9.5 Schlußwort 239

10 ANLAGEMOTIVE IM WANDEL 240

Rüdiger Szallies

10.1 Der Ausgangspunkt 240
10.2 Die Analyse der Anlagemotive 241
10.3 Konsequenzen für die Beratung 247

11 SPAR- UND ANLAGEENTSCHEIDUNGEN ÄLTERER MENSCHEN 250

Peter Adelt und Bert Feldmann

11.1 Zielsetzung 250
11.2 Querschnittbetrachtung 251
11.3 Längsschnittbetrachtung 261
11.4 Anlegertypen im Seniorensegment 267
11.5 Zusammenfassung 271

12 DIE EINSTELLUNGEN DER EUROPÄER ZUM EURO 273

Guido Kiell und Anke Müller-Peters

12.1 Einleitung 273
12.2 Relevante psychologische Konzepte 276
12.3 Resumee 296

DIE SOZIALE ORGANISATION VON FINANZDIENSTLEISTUNGEN

13 ZUR GESTALTUNG VON INVESTOR RELATIONS: EINE TYPOLOGISIERUNG VON FINANZANALYSTEN UND IHREN ERWARTUNGEN 299

Thomas Bittner

13.1 Einleitung 299
13.2 Finanzanalysten und Investor Relations 300
13.3 Empirische Untersuchung 302
13.4 Schluß 315

14 DER EINFLUß EINES FINANZBERATERS AUF DIE BEURTEILUNG VON AKTIENKURSEN: GLAUBWÜRDIGKEIT UND DOPPLUNGSEFFEKT 317

Frank Belschak und Harry-Karl Wesseling

14.1 Einleitung 317
14.2 Das Konzept der Glaubwürdigkeit 318
14.3 Eine theoretische Einordnung des Konzepts der Glaubwürdigkeit – das ELM 322
14.4 Glaubwürdigkeitssteigerung durch den Dopplungseffekt 327
14.5 Empirische Überprüfung des Einflusses der Glaubwürdigkeit und des Dopplungseffekts 331
14.6 Implikationen für die Praxis 337

15 KUNDENZUFRIEDENHEIT MIT FINANZDIENSTLEISTERN - EINE BEWERTUNG AKTUELLER ERKLÄRUNGS- UND MEßMODELLE 339

Markus Groß-Engelmann

15.1 Zur Psychologie der Kundenzufriedenheit 339
15.2 Die Produktion von Finanzdienstleistungen als Interaktionsgeschehen 340
15.3 Definitionen und Paradigmata der Kundenzufriedenheit 344
15.4 Psychologische Erklärung von Kundenzufriedenheit 347
15.5 Kundenzufriedenheit mit Finanzdienstleistern 353
15.6 Meßtechnische Zugänge der Erfassung von Kundenzufriedenheit 358
15.7 Ein empirischer Vergleich der Kundenzufriedenheitsmethoden 361
15.8 Fazit 363

16 KUNDENZUFRIEDENHEIT UND KUNDENBINDUNG BEI VERSICHERERN 365

Horst Müller-Peters, Robert Quinke, Michael Ley

16.1 Die Relevanz von Kundenzufriedenheit 365
16.2 Vier Entwicklungsschritte 368
16.3 Methoden der quantitativen Grundlagenstudie 370
16.4 Zufriedenheit und Verhaltenskonsequenzen 375
16.5 Ergebnisaufbereitung: Vorlagen für das Qualitätsmanagement 379
16.6 Instrumententwicklung: Ein Tool für Benchmarking und Qualitätsmanagement 382
16.7 Hausmessungen und Benchmarking 383
16.8 Umsetzung: Kundenzentriertes Qualitätsmanagement 385

17 PERSONALENTSCHEIDUNGEN IN EUROPÄISCHEN BANKEN - WELCHE (KULTURELLEN) REGELN WIDERSTEHEN DER DEREGULIERUNG? 387

Gabriele Jacobs

17.1 Einleitung 388
17.2 Interkulturelle Managementforschung 389
17.3 Gerechtigkeit als grundlegendes Konzept zur Beschreibung kultureller und organisationaler Werte 391
17.4 Die Studie 395
17.5 Diskussion und Ausblick 404

18 SOZIALE KOMPETENZ BEI FINANZDIENSTLEISTERN - DIE GEWINNUNG VON MITARBEITERN MIT VERKÄUFERISCHEM POTENTIAL 407

Siegfried Müller

18.1 Einführung 407
18.2 Soziale Kompetenz als Forschungsgegenstand 410
18.3 Die Suche nach dem verkäuferischen Potential 413
18.4 Das soziale Anschlußmotiv 415
18.5 Das Leistungsmotiv 419
18.6 Techniken zur Auswahl von Personen mit verkäuferischem Potential 421
18.7 Wissenserwerb als betriebliche Aufgabe 423
18.8 Berufsspezifisches Training zur Steigerung der Verhaltens-Performanz 424
18.9 Schlußbemerkungen 427
19 Literaturverzeichnis 429

AUTORENVERZEICHNIS 472

STICHWORTVERZEICHNIS. 483

EINFÜHRUNG

1. Kapitel

Über dieses Buch

Die Finanzpsychologie findet ein schnell steigendes Interesse in der Wissenschaft wie in der Praxis. Die Wiederbelebung dieses Gegenstands in der deutschen Wirtschaftspsychologie ist in erheblichem Maße dem Wirken von Prof. Dr. Günter WISWEDE zu danken, anläßlich dessen 60. Geburtstags Herausgeber und Autoren diese Schrift verfaßt haben. Günter WISWEDE initiierte zahlreiche Projekte zu Problemen der Geldpsychologie und insbesondere den psychologischen Aspekten des Kredit- und Versicherungswesens, im Rahmen derer ein großer Teil der Autoren dieses Buches arbeiten oder gearbeitet haben.

Die Beiträge dieses Bandes beschäftigen sich in einem umfassenderen Sinne mit Finanzpsychologie als dies in der finanzwissenschaftlichen Tradition üblich ist. Fand Günther SCHMÖLDERS (1966) noch kritische Worte für das Desinteresse der Psychologen an wirtschaftlichen Fragen im allgemeinen und finanzwissenschaftlichen Fragestellungen im besonderen, so hat es in den letzten Jahren eine dynamische Fortentwicklung in diesem Grenzbereich von Ökonomie und Psychologie gegeben. Der Gegenstandsbereich der Finanzpsychologie hat sich gegenüber diesem Frühstadium, in dem eher volkswirtschaftliche Aspekte wie die Steuermoral und die Sparquote im Vordergrund standen, erheblich erweitert. So werden von der heutigen Finanzpsychologie auch mikroökonomische und organisationale Fragestellungen behandelt. Diese betreffen z.B. das individuelle Anlegerverhalten, Spar- und Verschuldungsmotive, das Verhalten des Privatanlegers an der Börse, die Sozialisation im Umgang mit Geld, Wahrnehmungs-, Urteils- und Entscheidungsprozesse bei der Geldanlage, und das Handeln der auf dem Finanzmarkt tätigen Unternehmen. Der gemeinsame Nenner kann in der Analyse der psychologischen Voraussetzungen und Konsequenzen des Umgangs mit Geld oder liquiditätsnah investierter oder aufgenommener Mittel gesehen werden. Behandelt werden also die Finanzentscheidungen von Individualhaushalten wie auch solche von professionellen Institutionen im Finanzsektor.

Die Dynamik in der neuen Finanzpsychologie ist auch der Tatsache zu verdanken, daß die Psychologie heute über sehr viel differenziertere und empirisch gut abgesicherte Methoden, Konzepte und Theorien verfügt, die auf die Analyse des Verhaltens und Erlebens der Individuen im Umgang mit Geld im weitesten Sinne angewendet werden können.[1] Andererseits muß vor der Illusion gewarnt werden, daß durch die Kenntnis neuer psychologischer Einsichten ohne weiteres überlegenes Entscheidungswissen angeboten werden kann, das dem Leser dazu verhilft, die psychologisch bedingten Risiken der Finanzwelt (etwa des Derivaten-Handels) völlig zu beherrschen (vgl. zum Anwendungproblem z.B. WERBIK & KAISER, 1984). Viel eher ist davon auszugehen, daß – ähnlich dem oft unbemerkten Eindringen psychologischen Wissens in die Alltagskultur der westlichen Gesellschaften – die Finanzpsychologie den Blick für nicht-rationale Prozesse schärft, die in der Finanzwirtschaft eine besonders große Rolle spielen. Dabei geht der Anspruch des Wirtschaftspsychologen auf wissenschaftliche Erklärungen natürlich weiter, als dies durch erfahrene Börsenakteure – quasi in Selbsthilfe – geleistet worden ist. Inwieweit dies bislang gelungen ist, muß dem Urteil des kritischen Lesers überlassen bleiben.

Man kann dem vorliegenden Werk sicher einen großen Facettenreichtum attestieren, der daraus resultiert, daß die Autoren in recht unterschiedlichen Institutionen (Universitäten, Beratungsunternehmen, Finanzdienstleistungs-Unternehmen) tätig sind, in denen die Finanzpsychologie eine wichtige Rolle spielt. Ein großer Teil der Herausgeber und Autoren haben ihre Arbeiten auf nationalen und internationalen Kongressen zur Diskussion gestellt.

Die in diesem Band zum Ausdruck kommende Vielfalt der Konzepte und Gegenstandsbereiche einer Finanzpsychologie bedarf allerdings gleichzeitig einer gewissen Systematisierung, die die Gemeinsamkeiten der unterschiedlichen Fragestellungen erkennbar werden läßt. Eine solche Systematisierung wird in dem unmittelbar folgenden Beitrag von Lorenz FISCHER & Christian MÖRSCH vorgeschlagen. Die Autoren legen dar, wie man die Theorien- und Themenvielfalt, die dem Leser in der finanzpsychologischen Forschung begegnet (und von der auch dieser Reader nur einen Ausschnitt widerspiegeln kann) überschaubar in einer zweidimensionalen Ordnungsstruktur systematisieren kann. Zielsetzung ist es, eine Heuristik des Angemessenheitsbereichs unterschiedlicher sozialpsychologischer Theorien im Hinblick auf zahlreiche finanzpsychologische Fragestellungen zu entwickeln.

Die Autoren unterscheiden eine *Koordinationsdimension* mit den Polen „freier Markt" und „staatliche Organisation", weil im ersten Fall eine nur recht schwache, im letzteren Fall dagegen eine extrem starke normative Regelung des Verhaltens be-

---

[1] Überblicke über neuere Erkenntnisse der Finanzpsychologie bieten heute schon eine Reihe von wirtschaftspsychologischen Lehrbüchern (ANTONIDES, 1991; KIRCHLER, 1995; LEA, TARPY und WEBLEY, 1987; LEWIS, WEBLEY und FURNHAM, 1995; WISWEDE, 1995). Eine Vielzahl von vertiefenden Analysen bieten die einschlägigen Artikel in dem 1979 gegründeten Journal of Economic Psychology sowie die Fachkongresse zur Finanzpsychologie, die die International Association for Research in Economic Psychology (IAREP) und die Deutsche Gesellschaft für Psychologie (DGPs) regelmäßig veranstalten.

obachtet werden kann. Die zweite Dimension, *Konkretheit versus Abstraktheit*, bezieht sich auf den Charakter der Finanztransaktion selber. Im einfachsten Fall werden in einem konkreten Tauschakt durch konkretes Geld konkrete Güter erworben; die Absicherung eines Aktienportfolios durch Put-Optionsscheine setzt dagegen vergleichsweise abstrakte kognitive Operationen voraus. FISCHER & MÖRSCH zeigen die konzeptionelle Angemessenheit von unterschiedlichen sozialpsychologischen Theorien im Hinblick auf klassische und aktuelle Gegenstandsbereiche der Finanzpsychologie in diesem zweidimensionalen Ordnungssystem auf.

Vier Beiträge beschäftigen sich mit den sozialpsychologischen Grundlagen der Finanzpsychologie.

Thomas KUTSCH beleuchtet Sozialisationsprozesse im Umgang mit Geld. Geld-Sozialisation, wie er es nennt, ist keinesfalls auf das Kindes- und Jugendalter beschränkt, sondern findet auch im Erwachsenenalter statt. Unsere Eltern- und Großelterngeneration hat in den 20er, 30er und 40er Jahren dramatische Erfahrungen gesammelt, was Geldstabilität, Kaufkraft und die Sicherheit des materiellen Besitzes insgesamt angeht. Vor wenigen Jahren sah sich plötzlich eine halbe Nation nicht nur mit einer neuen Währung, sondern mit einem völlig anderen Wirtschaftssystem konfrontiert. In wenigen Monaten werden sich 360 Millionen Europäer an eine neue Währung gewöhnen müssen. KUTSCH gibt einen Überblick über einschlägige Befunde der Sozialisationsforschung, die uns helfen zu verstehen, wie Kinder und Erwachsene in solche neuen „Geld-Wirtschaften" hineinwachsen.

Horst BRAND beschäftigt sich mit Wahrnehmungs- und Kategorisierungsprozessen im Umgang mit monetären Größen. Der Bürger ist in der Medienberichterstattung über wirtschaftliche und politische Sachverhalte heutzutage einem Zahlenfeuerwerk von großen und sehr großen Geldbeträgen ausgesetzt (Kosten der Wiedervereinigung, nationale Haushaltsdefizite, Kosten der Währungsunion oder des Sozialsystems etc.). Vorzugsweise werden solche Geldbeträge in Milliardeneinheiten beziffert. BRAND stellt die berechtigte Frage, ob die Bürger überhaupt eine ungefähre Vorstellung vom Gegenwert solcher Geldbeträge haben. Er weist experimentell nach, daß dies nicht der Fall ist. Geldbeträge bis zu einer Million DM können noch einigermaßen gut differenziert werden, darüber hinaus läßt unsere Diskriminationsleistung rapide nach. BRAND diskutiert auch die Implikationen dieser „Diskontinuität der Geldgrößenwahrnehmung" für die politische Willensbildung.

Der Beitrag von Horst MÜLLER-PETERS widmet sich motivationalen und kognitiven Prozessen, die bei der Geldanlage eine Rolle spielen. Die Abneigung des deutschen Privatanlegers gegenüber Aktien ist auch nach dem erfolgreichen Börsengang der Telekom im internationalen Vergleich noch erstaunlich stark. Diese ausgeprägte Risikoaversion widerspricht normativen Empfehlungen der ökonomischen Kapitalmarktmodelle – und sie steht damit auch dem Streben der Privatanleger nach einer möglichst hohen Rendite ihrer Geldanlagen entgegen. MÜLLER-PETERS zieht zur Erklärung der starken Abneigung gegenüber volatilen Finanzprodukten die von KAHNEMAN und TVERSKY begründete deskriptive Theorie des Entscheidungsverhaltens unter Unsicherheit sowie diverse motivationale Konzepte heran. Er untermauert sein psychologisches Modell des Anlegerverhaltens durch die Ergebnisse zweier umfangreicher Repräsentativerhebungen und einer Spezialbefragung von Aktionären.

Der Beitrag von Ekkehard STEPHAN untersucht die Rolle einer speziellen Klasse von kognitiven Prozessen, der sogenannten Urteilsheuristiken, bei finanziellen Entscheidungen. Die Theorie der Urteilsheuristiken entwickelt das von Herbert SIMON begründete Modell der begrenzten Rationalität der Wirtschaftssubjekte weiter, das in beachtlichem Kontrast zu den idealisierenden Annahmen des *homo oeconomicus* der klassischen Wirtschaftswissenschaft steht. Aus der Theorie der Urteilsheuristiken lassen sich spezielle Vorhersagen über Art und Richtung von Urteilsverzerrungen ableiten, die auch die Qualität finanzieller Entscheidungen negativ beeinflussen können. In einer Serie von Experimenten wird gezeigt, daß nicht nur Laien, sondern auch hochspezialisierte Experten diesen Urteilsverzerrungen unterliegen, daß sie unabhängig von der Motivation und der Fähigkeit der Entscheider auftreten und daß sich ihre Auswirkungen bis auf die makroökonomische Ebene verfolgen lassen.

Die weiteren Beiträge des Readers sind eher anwendungsbezogenen Themen gewidmet.

Eva JONAS, Klaus HEINE und Dieter FREY stellen ein psychologisches Modell der Steuerzufriedenheit vor. Angesichts der Tatsache, daß in Deutschland nach vorsichtigen Schätzungen jährlich 300 Millarden DM an Steuern hinterzogen werden – zum Vergleich: der Bundeshaushalt beträgt ca. 460 Milliarden DM – kommt der empirischen Untersuchung des Steuerwiderstandes eine enorme Bedeutung zu. Die Autoren identifizieren in ihrem Modell sechs psychologische Faktoren, die die Steuerehrlichkeit maßgeblich beeinflussen und diskutieren konkrete wirtschaftspolitische Maßnahmen zur Erhöhung der Steuerehrlichkeit.

Mit deviantem Finanzverhalten beschäftigt sich auch der Beitrag von Detlef FETCHENHAUER zum Versicherungsbetrug. Aus ökonomischer Theorieperspektive werden vor allem die Entdeckungswahrscheinlichkeit und die Sanktionshöhe als Determinanten des Versicherungsbetrugs hervorgehoben. FETCHENHAUER weist empirisch nach, daß dies eine verkürzte Sichtweise ist. Die Betrugsneigung wird wesentlich mitbestimmt von Persönlichkeitseigenschaften, der subjektiven Wahrnehmung und Bewertung der Versicherungsgesellschaften sowie von situativen Faktoren. Die Berücksichtigung dieser psychologischen Einflußgrößen eröffnet den Versicherungsgesellschaften eine Reihe von bislang nicht genutzten Möglichkeiten der Bekämpfung des Versicherungsbetrugs – angesichts eines Betrugsvolumens von 3 bis 5 Milliarden DM jährlich eine lohnende Aufgabe.

Julia FAUTH stellt eine international vergleichende Studie zur Geld-Sozialisation von Kindern vor. Der Vergleich zwischen den fünfzehn Ländern in der europäischen Union zeigt erhebliche Differenzen im Rhythmus und in der Höhe von Taschengeldzahlungen sowie in der Taschengeldverwendung und im Kaufverhalten von Kindern. Für diese Differenzen scheinen interessanterweise weniger ökonomische als vielmehr kulturelle Faktoren verantwortlich zu sein, wie die Autorin unter Rückgriff auf die von HOFSTEDE postulierten grundlegenden Kulturdimensionen zeigt. Beispielsweise neigen Eltern aus individualistischen Kulturen wie Großbritannien, Schweden oder Holland dazu, ihren Sprößlingen frühzeitig durch regelmäßige Taschengeldzahlungen einen selbständigen und eigenverantwortlichen Umgang mit Geld beizubringen. Länder mit kollektivistisch geprägten Kulturen wie Griechenland, Spanien und Portugal wiesen dagegen die höchsten Anteile von Kindern ohne regelmäßiges Taschengeld auf. Die Zusammenhänge zwischen der Regelmäßigkeit und Höhe von Taschengeldzahlungen auf der einen Seite und den HOFSTEDE`schen Kulturdimensionen auf der anderen Seite sind übrigens – für sozialwissenschaftliche Verhältnisse – von erstaunlicher Stärke.

Rüdiger SZALLIES berichtet über den Wandel von Geldanlagemotiven. Während bei der älteren Generation nach wie vor Sicherheit und Liquidität die dominierenden Anlagemotive sind, finden sich in der mittleren und jüngeren Generation – besonders unter den vermögenderen Anlegern – zunehmend das Renditemotiv und die Suche nach kalkuliertem Nervenkitzel bei der Geldanlage. SZALLIES erwartet dementsprechend in der Zukunft größere Umschichtungen in den Anlagestrukturen, die sich in einer steigenden Nachfrage nach Investmentfonds und Aktien äußern sollten.

Peter ADELT und Bert FELDMANN nehmen das Spar- und Anlageverhalten der älteren Generation genauer unter die Lupe. Sie bedienen sich dabei einer Kombination repräsentative Quer- und Längsschnittanalysen, die es erlaubt, Alterseffekte von Kohorteneffekten zu unterscheiden. Zum Teil bestätigen ihre Ergebnisse die bekannten Thesen zur altersspezifischen Anlagementalität: Hohe Sicherheits- und geringe Renditeorientierung, Abneigung gegenüber längerfristigen Anlagen. Anhand einer zusätzlich durchgeführten clusteranalytischen Segmentierung zeichnen die Autoren allerdings ein sehr viel differenzierteres Bild des Spar- und Anlageverhaltens der älteren Generation als dies üblich ist. Dabei gelingt es ihnen auch, die vielfach beschworenen aber schwer greifbaren „Neuen Alten" dingfest zu machen: Es gibt sie tatsächlich, aber sie stellen mit knapp 16 Prozent das kleinste der von den Autoren beschriebenen Seniorensegmente dar.

Guido KIELL & Anke MÜLLER-PETERS präsentieren aktuelle Ergebnisse einer großangelegten Studie zur Akzeptanz der neuen europäischen Währung, des Euro. In den fünfzehn Mitgliedstaaten der Europäischen Union wurden insgesamt 15.000 Personen nach ihren Erwartungen und Einstellungen zur europäischen Währungsunion befragt. Erwartungsgemäß fällt die Zustimmung zum Euro in den einzelnen Mitgliedsstaaten sehr unterschiedlich aus. Interessanter ist die Frage, ob sich länderübergreifende Einstellungsstrukturen identifizieren lassen, die die Akzeptanz des Euro maßgeblich bestimmen. Die Autoren legen hierzu eine psychologische Typologie der Europäer vor, die sechs Einstellungstypen unterscheidet und die differenzierte Einsichten in das komplexe Geflecht aus derzeitiger Zufriedenheit, ökonomischen Erwartungen, kulturellen Werten und nationalen Überzeugungen der Europäer gestattet.

Sechs Beiträge beschäftigen sich mit der sozialen Organisation von Finanzdienstleistungen.

Thomas BITTNER diskutiert Möglichkeiten, wie die Aktiengesellschaften effektiver mit den Investoren auf dem Finanzmarkt kommunizieren können. Den Finanzanalysten der Banken, Investmentgesellschaften und Brokerhäuser kommt die wichtige Aufgabe zu, über bestimmte Aktiengesellschaften Expertisen zu erstellen, die die Basis für Kauf- und Verkaufsempfehlungen von Aktien für institutionelle und für Privatanleger darstellen. Die Aktiengesellschaften führen zu diesem Zweck spezielle Informationsveranstaltungen für die Finanzanalysten durch, auf denen über Umsatz- und Gewinnentwicklungen, Investitionsvorhaben und Marktrends berichtet wird. BITTNER zeigt auf der Basis einer empirischen Untersuchung an Finanzanalysten, wie diese Informationsveranstaltungen auf die unterschiedlichen Informationsbedürfnisse bestimmter Gruppen von Analysten abgestimmt werden können.

Frank BELSCHAK und Harry WESSLING untersuchen die Rolle der Glaubwürdigkeit von Informationsquellen bei der Prognose von Aktienkursen. Nach einem kurzen historischen Überblick über die Glaubwürdigkeitsforschung erörtern sie dieses für den Persuasionserfolg zentrale Konzept im theoretischen Rahmen des Elaboration-Likelihood-Modells von PETTY und CACIOPPO. Speziell untersuchen sie den Einfluß von redundanten (aber nicht-diagnostischen) Informationen auf den Persuasionserfolg unter der Bedingung, daß die Informationsquellen (Berater bzw. Experten) vom Rezipienten als unabhängig wahrgenommen werden („Doppelungseffekt"). Sie zeigen anhand von Aktienkursprognosen experimentell, daß redundante nicht-diagnostische Informationen die Prognosen tatsächlich stärker beeinflussen als nicht-diagnostische Einzelinformationen. Ferner werden diese Einzelinformationen bei den Kursprognosen sowohl von Laien wie auch von börsenerfahrenen Personen berücksichtigt – was als ein weiterer Beleg für die Robustheit von Urteilsverzerrungen im Kontext von finanziellen Entscheidungen gewertet werden kann.

Zwei Beiträge widmen sich dem immer wichtiger werdenden Thema der Kundenzufriedenheit im Finanzdienstleistungssektor. Markus GROß-ENGELMANN gibt einen kritischen Überblick über die Entwicklung und den Stand der theoretischen und meßtechnischen Zugänge zum Konzept der Kundenzufriedenheit. Der Autor plädiert für eine Kombination der üblichen merkmalsbezogenen Meßmethoden, die sich vor allem für die Erfassung von Routinequalitäten der Finanzdienstleistungen eignen, und der Methode der kritischen Ereignisse, die außergewöhnliche (positive wie negative) Interaktionsepisoden zwischen Kunde und Dienstleister zu erfassen gestattet. Aus theoretischer Sicht schlägt er eine Synthese zwischen der auf HOVLAND und SHERIF zurückgehenden Assimilations-Kontrast-Theorie und dem Zwei-Faktoren-Modell der Zufriedenheit von HERZBERG vor. Betrachtet man den Zusammenhang zwischen objektiver Dienstleistung und der subjektiven Leistungswahrnehmung, so wird deutlich, daß man in der Kundenzufriedenheitsforschung vier Klassen von Quellen der (Un-)Zufriedenheit unterscheiden muß, die durch qualitativ unterschiedliche funktionale Beziehungen zwischen Leistung und Leistungswahrnehmung gekennzeichnet sind.

Wie sich die theoretischen und empirischen Erkenntnisse aus der Kundenzufriedenheitsforschung für die Praxis umsetzen lassen, zeigen Horst MÜLLER-PETERS, Robert

QUINKE und Michael LEY. Sie stellen ein neu entwickeltes Instrument zur kontinuierlichen Messung der Kundenzufriedenheit im Versicherungsbereich vor, das nicht nur dem aktuellen Forschungsstand gerecht wird, sondern sich auch im praktischen Einsatz bei einer Reihe von Versicherungsunternehmen bewährt hat. Ein wichtiges Element dieses Instruments ist das Konzept des Erfüllungsoptimums. Viele Parameter des Marketingmix sind quantitativer Natur (Preise, Schadenregulierungsdauer etc.) und könnten (aus Kundensicht) nahezu beliebig „optimiert" werden. Erfüllungsoptima sind jene Punkte der Parameter, ab denen die Kundenzufriedenheit – gemessen an den tatsächlichen Kundenreaktionen – nur noch unwesentlich steigt bzw. unterhalb derer die Kundenzufriedenheit rapide absinkt. Kennt ein Versicherungsunternehmen diese Erfüllungsoptima, so können aufwendige und kostenträchtige Optimierungsversuche, die von den Kunden nur wenig honoriert werden, vermieden werden; stattdessen können die Mittel dort eingesetzt werden, wo echte Unzufriedenheit besteht. Auf diese Weise läßt sich das Qualitätsmanagement der Versicherer spürbar verbessern.

Siegfried MÜLLER beschäftigt sich mit der Frage, welche Beiträge die Eignungsdiagnostik für die Potentialanalyse von jungen Mitarbeitern mit Verkaufstalent im Finanzdienstleistungsbereich liefern kann. Nicht nur Versicherer, sondern – bedingt durch die verschärfte Wettbewerbssituation und wachsende Kundenansprüche – auch Banken und Sparkassen benötigen zunehmend Nachwuchs, der neben hoher Fachkompetenz auch verkäuferische Fähigkeiten zu bieten hat. Traditionelle Eignungsuntersuchungen für zukünftige Bankkaufleute beschränkten sich vorwiegend auf die Diagnostik von kognitiven Fähigkeiten. Diese sind zwar wichtige Prädiktoren des späteren Ausbildungs- und Berufserfolgs im Stabsbereich der Banken, nicht aber im Marktbereich. Dort bedarf es neben der fachlichen Kompetenz auch der sozialen Kompetenz. MÜLLER beleuchtet die für die Diagnostik der sozialen Kompetenz relevanten psychologischen Konzepte und stellt Testverfahren zur Erfassung dieses für Finanzdienstleister zunehmend wichtiger werdenden Konstrukts vor.

Ein anderer Aspekt zukünftiger Herausforderungen für das Bankenmanagement hängt mit der schnell fortschreitenden Internationalisierung der europäischen Banken zusammen. Gabriele JACOBS vergleicht Personalentscheidungen bei französischen, britischen und deutschen Banken, die im Rahmen eines größeren, international vergleichenden Forschungsprojektes untersucht worden sind. Im einzelnen vergleicht die Autorin auf der Basis vorgegebener Szenarien die Entscheidungen bei einer anstehenden Entlassung und bei einer anstehenden Neustrukturierung der Gehaltszahlungen zwischen Banken aus den drei genannten Ländern. Es zeigen sich erhebliche Unterschiede zwischen den Ländern, sowohl bei den getroffenen Entscheidungen selber wie auch bei den Begründungen für diese Entscheidungen. Die beobachteten Unterschiede werden interpretiert als Ausdruck kulturbedingter Gerechtigkeitsnormen, wobei sich insbesondere die HOFSTEDE`schen Kulturdimensionen Individualismus vs. Kollektivismus und Machtdistanz als erklärungskräftige Konzepte erweisen. Bei der Bildung und Leitung von multinational zusammengesetzten Managerteams, die bald zum Alltag des Bankenmanagements in Europa gehören werden, sollten diese grundlegenden kulturellen Unterschiede in Zukunft stärker als bisher berücksichtigt werden.

Lorenz Fischer

Thomas Kutsch

Ekkehard Stephan

2. Kapitel

Themen und Konzepte einer allgemeinen Finanzpsychologie – Sozialpsychologische Grundlagen und wirtschaftliche Anwendungsbereiche

Lorenz Fischer und Christian Mörsch

Institut für Wirtschafts- und Sozialpsychologie, Universität zu Köln

2.1 Die Fragestellung

Die Lektüre des Inhaltsverzeichnisses zu diesem Buch läßt eine große *Vielfalt der Aspekte des Finanzverhaltens* und der zu ihrer Analyse verwendeten *psychologischen Konzepte* erkennen. Eine Integration dieser unterschiedlichen Themen unter der gemeinsamen Überschrift „Finanzpsychologie" ist deshalb notwendig. Im folgenden wollen wir eine solche Integration vornehmen und so einen konzeptionellen Rahmen schaffen, in den sich die Beiträge dieses Buches und weitere finanzpsychologische Themen einordnen lassen. Voraussetzung hierfür ist eine *Systematisierung* sowohl der *Gegenstandsbereiche* als auch der relevanten *Theoriekonzepte*. Eine solche Systematisierung sollte sich sinnvollerweise an den bislang vorliegenden Untersuchungen und ihren Fragestellungen orientieren und kann deshalb immer nur als vorläufig angesehen werden.

Theoretische Konzepte haben für den Forscher die gleiche orientierende Funktion wie Wissen und Erfahrung für den Menschen im alltäglichen Handeln. Sie beeinflussen den Fokus der Aufmerksamkeit, stellen die Bedeutung bestimmter Variablen in den Vordergrund und lassen andere unbeachtet. Die Entscheidung für ein bestimmtes theoretisches Konzept zur Analyse eines Gegenstandsbereiches ist ein zentrales Element der Pragmatik, d.h. der Beziehung des Forschers zu seinem Analysegegenstand. Sie ist deshalb nicht nur durch die *Struktur des Forschungsgegenstandes*, sondern auch durch die *Zielsetzungen des Forschers* bestimmt. Die Zielsetzung der **klassischen Finanzpsychologie** im Sinne der Forschungen von SCHMÖLDERS umfaßte in ihrem Kern die Analyse der subjektiven Interpretation von Steuerlasten. In ihrem Fokus stand daher insbesondere der Umgang des Bürgers mit den finanziellen Forderungen des Staates, seine Bereitschaft, überhaupt Steuern zu zahlen und seine äußerste Belastungsfähigkeit. Dagegen zielen andere – einer **allgemeinen Finanzpsychologie** zurechenbare – Fragestellungen beispielsweise auf die kognitive Fähigkeit, rationale Entscheidungen im Umgang mit Geld in unterschiedlichen Größenordnungen zu realisieren oder die Grenzen der Risikokalkulation zu berücksichtigen. Offensichtlich sind für Fragestellungen der ersten Art ganz andere Theorien einschlägig als für Fragestellungen der zweiten Art.

Die besondere Bedeutung der Theorie-Auswahl für den Forschungsprozeß ist aus modelltheoretischer Sicht (vgl. STACHOWIAK, 1973; GIGERENZER, 1980, 1991; FISCHER, 1989; ERB, 1997) darin zu sehen, daß die Theorie – neben anderen Faktoren – die schließlich resultierenden Erkenntnisse über das Forschungsobjekt wesentlich mitgestaltet. Neben den eher subjektiven Präferenzen des einzelnen Forschers gibt es allerdings auch das zentrale Kriterium der *Angemessenheit einer Theorie für einen bestimmten Gegenstandsbereich.* Theorien sind mehr oder minder geeignet, ein bestimmtes zu analysierendes Problem abzubilden. Ein analoges semantisches Problem kann z.B. darin bestehen, daß der Pantomime möglicherweise besser in der Lage ist, dem Zuschauer bestimmte menschliche Befindlichkeiten zu verdeutlichen als der akademische Vortrag eines Psychologen. Andererseits aber kann er dessen analytische Tiefe und begriffliche Präzision nicht erreichen. So ergeben sich auch für sozialpsychologische Theorien Bereiche besonderer Angemessenheit im Hinblick auf unterschiedliche Gegenstandsbereiche. Allerdings läßt sich über die Angemessenheit nicht absolut, sondern nur akzentuierend entscheiden.

Dies bedeutet im Hinblick auf die folgenden Ausführungen, daß die von uns vorgenommenen Zuordnungen zunächst einem eher heuristischen Zweck dienen. In Anbetracht der Vielfalt der Themen und der verwendeten Theorien im Finanzbereich erscheint uns allerdings eine solche Systematisierung hilfreich.

2.2 Ein Vorschlag für eine theorieorientierte Ordnungsstruktur finanzpsychologischer Themen

2.2.1 Begründungen für ein zweidimensionales Ordnungssystem

Finanzielle Entscheidungsprozesse erfolgen – wie letztlich jedes menschliche Verhalten – auf der Basis von Urteilsprozessen. Finanzentscheidungen setzen nun in unterschiedlich hohem Maße abstrakte Operationen voraus. Mehrere Beiträge in diesem Buch widmen sich deshalb den Problemen, die mit der – Finanzentscheidungen oftmals innewohnenden – **Abstraktheit** verbunden sind.

FOA & FOA (1980) heben zur Kennzeichnung des Charakters von Geld nicht nur seine niedrige sondern auch häufig irreführende Konkretheit hervor. Diese Bezeichnung meint beispielsweise, daß wertvoller aussehende Münzen meist weniger wert sind als Geldscheine. Diese wiederum sind oft weniger wert als Schecks. Zudem erscheinen dem Benutzer die gleichen Geldscheine über einen längeren Zeitraum gleich viel wert, obwohl dies z.B. in Folge von Inflationstendenzen nicht immer gerechtfertigt ist (zu den Konsequenzen der mangelnden Inflationswahrnehmung für die Aktienanlage s. den Beitrag von H. MÜLLER-PETERS; weitere Ausführungen zur Psychologie des Geldes finden sich bei WISWEDE, 1995). Wie in dem Beitrag von BRAND in diesem Band gezeigt wird, ist der Grad der Abstraktheit im Umgang mit Geld stark abhängig von der persönlichen Erfahrung der betrachteten Person. Die Verwendung von Geld in alltäglichen Kaufhandlungen hat für die einzelne Person eine große Konkretheit, die jedoch für den „Normal-Bürger" schnell verloren geht, wenn es um die Vorstellungen von einer Milliarde Mark geht.

Gleichzeitig finden finanzielle Transaktionen in sehr unterschiedlichen **sozialen Bezügen** statt. Wirtschaftlicher Austausch kann über Marktmechanismen, Organisationen (z.B. VANBERG, 1982, WILLIAMSON, 1990) oder auch über den Rückgriff auf Traditionen (HEILBRONER, 1980) erfolgen. Prinzipiell ermöglicht der *Markt* eine *Koordination bei einem Minimum an Konsensbedarf oder Zwang* (vgl. vertiefend zu den Konsequenzen der unterschiedlichen Koordinationsformen WEEDE, 1990). Dagegen können *Organisationen* unterschiedlich intensive Machtanwendungen auf die Beteiligten ausüben. Soweit sich die Finanzpsychologie z.B. mit Steuern beschäftigt, erfolgt die Machtausübung über eine gesetzliche Pflicht zur Steuerzahlung. Das Börsengeschehen dagegen ist Marktgeschehen in seiner reinsten Form. Zwischen den Extremformen rigider Koordination durch *Rechtsvorschriften mit Zwangsandrohung* einerseits und reiner Marktkoordination andererseits gibt es allerdings eine Reihe von wirtschaftlichen Beziehungen, in denen Konsens oder *Vertrauen* von Fall zu Fall oder in aufeinander folgenden Episoden immer wieder hergestellt werden muß (z.B. Informations- und Beratungsleistungen in Finanzgeschäften). Diese lassen sich somit ex ante nicht eindeutig einer der extremen Kategorien zuordnen.

Einige Beziehungsformen im Finanzwesen befinden sich erst in einer Institutionalisierungsphase, in der zwar die Partner eine normative Stabilisierung für wünschenswert erachten, diese Normen jedoch noch keine Prägnanz erreicht haben (z.B. Investor-Relations, vgl. BITTNER i.d.B.). Die Interaktionspartner signalisieren dem Gegenüber durch *typisierendes Verhalten*, was ihnen in dieser Beziehung besonders wichtig ist und auf welche Verhaltensoptionen sie z.B. zu verzichten bereit sind, um die Beziehung aufrecht zu erhalten (vgl. DREITZEL, 1980, S. 56 f). Durch solche wechselseitigen Typisierungsprozesse wird in neuen Beziehungen eine gewisse Verhaltenssicherheit der Interaktionspartner erreicht, auch wenn keine ins Detail gehenden kulturellen Normen greifen.

Markt und Organisation können also als Pole einer **Koordinationsdimension** aufgefaßt werden, in deren Mitte man sich einen Indifferenz- oder Übergangsbereich vorstellen kann, in dem Normen als gewollte Resultate eines wechselseitigen Einflußprozesses entstehen.

Zur Ordnung der finanzpsychologischen Gegenstandsbereiche und der hierfür angemessenen psychologischen und soziologischen Theorien erscheinen deshalb die folgenden Dimensionen von besonderer Relevanz:

- **Konkretheit** vs. **Abstraktheit**
- Die **Koordinationsdimension** mit den schon erläuterten Polen Markt vs. Organisation

Die Begründung dieser dimensionalen Struktur läßt sich primär aus den spezifischen Parametern sozialpsychologischer Theorien und der durch diese mitgestalteten Rekonstruktion des Gegenstandsbereiches ableiten.

2.2.2 Konkretheit versus Abstraktheit (Dimension I)

Die Schwierigkeit des Erlernens der für Finanzoperationen erforderlichen kognitiven Konzepte wird in sehr unterschiedlichen Kontexten evident, wie einerseits die Beiträge über Geld-Sozialisation in diesem Band (KUTSCH, FAUTH) und andererseits Berichte über den Handel mit Optionen bzw. Futures zeigen. Die universale Verwendbarkeit des täuschend gegenständlichen (Taschen-) Geldes ist für das Kind möglicherweise genauso schwer zu erlernen wie für Finanzpolitiker die Größenordnungen und Implikationen staatlicher Verschuldung. Die Schwierigkeit des Erlernens von abstrakten Zusammenhängen ist zu einem großen Teil ein Wahrnehmungsproblem, bei dem ein beobachtetes Objekt einer bestimmten Kategorie zugeordnet werden muß (z.B. gehört ein bestimmter Preis eines Produktes in die Kategorie „zu teuer" oder nicht). Diese Annahme soll im folgenden anhand von zwei theoretischen Konzepten erläutert werden – dem Konzept der **Wahrnehmungsschwellen** und dem Konzept der **Klassifikationsprozesse**.

Die Frage nach der Intensität von Reizen und den damit korrespondierenden Empfindungen eines aufnahmefähigen Organismus, der sie zur Kenntnis nimmt, beschäftigte schon die frühe Psychophysik Theodor FECHNERS (1860). Unter anderem versuchte er, absolute Schwellen festzulegen, die *den* Minimalbetrag physikalischer Energie darstellen, der benötigt wird, damit zuverlässig eine Sinnesempfindung zustande kommt. Unterhalb dieser Schwelle liegende Reize können nicht wahrgenommen werden – so wie in einem völlig dunklen Raum Gegenstände nicht erkennbar sind. Wieviel Licht aber reicht aus, um diese Gegenstände gerade eben erkennen zu können? Untersuchungen mit Kurzzeitdarbietungen (Bilder, Worte bzw. Reize werden den Versuchspersonen nur für Bruchteile von Sekunden dargeboten) zeigen, daß es keine eindeutige Schwellenlinie gibt, unterhalb derer ein Reiz von keinem Subjekt, oberhalb derer er aber von allen Subjekten wahrgenommen wird. Vielmehr nimmt lediglich die Wahrscheinlichkeit der Wahrnehmung eines Reizes mit wachsender Reizstärke zu. Wie die *Signal-Entdeckungstheorie* (GREEN & SWETS, 1966) zeigt, läßt sich die Erkennbarkeit von Reizen (bzw. die Zuordnung von Wahrnehmungen zu bestimmten, kognitiv repräsentierten Kategorien) als probabilistisches Problem auffassen, wonach die differentielle Wahrscheinlichkeit der Reizwahrnehmung zwar von der unterschiedlichen Reizintensität abhängt, eine absolute Schwelle jedoch nicht gegeben ist.

Unterscheiden wir nun **konkrete und abstrakte Gegenstände**, so sind recht unterschiedliche Kurvenverläufe zu erwarten (s. Abbildung 2-1). Im Falle abstrakterer oder sehr komplexer Zusammenhänge (*hohe Abstraktion*; z.B. der „richtige" Tauschwert einer Währung), bei denen außerordentlich viele Informationen ausgewertet sowie in ihrer Relevanz gewichtet werden müssen und zudem jede einzelne Information relativ unsicher und diffus ist, ist mit einem nach rechts verschobenen und flacheren Verlauf der Wahrnehmungskurve zu rechnen; es sind erheblich stärkere Informationen notwendig, bis der Sachverhalt mit einer hohen Wahrscheinlichkeit *richtig* wahrgenommen wird.

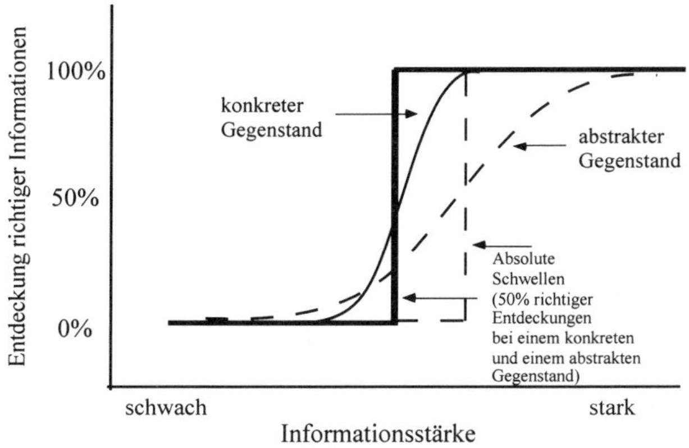

Abbildung 2-1: ***Die psychometrische Funktion von Entdeckungswahrscheinlichkeit und Informationsstärke***

Das wahrnehmende Subjekt muß also – bezogen auf das Beispiel des Tauschwertes der Währung eines Landes – viele Informationen über z.B. die Terms of Trade, das Kreditvolumen des Staates oder der Betriebe des Landes, die Inflationsrate etc. zu einem eindeutigen Bild verdichten, bis sich das Urteil z.B. eines unangemessen hohen Außenwertes dieser Währung etabliert. Diese hohen Wahrnehmungsschwellen komplexer Tatbestände haben zur Folge, daß solche Entwicklungen häufig erst spät wahrgenommen werden, und dann besonders starke Reaktionen auslösen, die möglicherweise als Überreaktionen gewertet werden müssen. Es ist daher typisch, daß solche Situationen Sternstunden von Spekulanten (z.B. SOROS[2]) sind, die hier u.U. den „klareren Blick" haben. In jedem Fall behindert die Diffusität und Abstraktheit dieser Finanzprozesse ein rationales Verhalten.

Natürlich spielt hier auch die Kompetenz der Agenten eine Rolle. Laien werden – wie die Darstellungen von BRAND in diesem Band zeigen – schon von dem Ansinnen überfordert, sich eine Milliarde Mark vorzustellen. Die vielzitierten Finanzexperten oder –spekulanten (z.B. LEESON, auf den später noch eingegangen wird) mögen erst

2 George SOROS ist internationaler Finanzier und Spekulant, dem von der Finanzwelt oft „ein besserer Riecher" nachgesagt wird, weil er durch Spekulationen ein Milliardenvermögen erworben hat. Durch Unterstützung verschiedener notleidender Regionen machte er sich auch einen Namen als Philantrop.

an anderen Größenordnungen scheitern; das Problem aber scheint für Finanzexperten darin zu liegen, daß sie ihre Urteilsgrenzen meist selbst nicht kennen (vgl. hierzu auch den Beitrag von STEPHAN i.d.B.).

Das im weiteren zu erklärende Konzept der *Klassifikationsprozesse* ist mit dem soeben dargestellten Konzept der *Wahrnehmungsschwellen* eng verknüpft. Wenn wir vereinfachend den Wahrnehmungsprozeß als einen **Kategorisierungsprozeß** auffassen, in dem versucht wird, Wahrnehmungsobjekte einer kognitiv präsenten Kategorie zuzuordnen (konzeptgesteuerte Wahrnehmung), dann wird deutlich, daß für eine solche (besonders effiziente) Form der Wahrnehmung ein *Vorwissen über das Wahrnehmungsobjekt* vorhanden sein muß. Ein großes Maß an solchem Vorwissen läßt einen Gegenstand als *konkret* (oder gar trivial) erscheinen. In diesen Fällen ist ausreichend Wissen um adäquate Handlungsalternativen vorhanden oder kann über Lernprozesse erworben werden. Bei konkreten Gegenständen ist eine *Bewertung von Ergebnissen weitgehend unproblematisch*: Es überwiegen *positive Kontrollerfahrungen*. Die konzeptgesteuerte Wahrnehmung ermöglicht insofern ein (psycho-) ökonomisches **Routineverhalten**.

Ganz anders ist der Prozeß der Wahrnehmung im *nicht-konkreten Fall*. Der Gegenstand ist mehr oder minder unbekannt. Das Subjekt muß in einem zyklischen Prozeß (NEIßER, 1974) die erkennbaren Elemente gegenüber den vorhandenen Erwartungen bzw. dem vorhandenen Wissen abgleichen und interpretieren, um aus ihnen gegebenenfalls neue, treffende Kategorien zu entwickeln (datengeleitete Wahrnehmung). Häufiger werden in der Wirtschaftspsychologie (LEWIS et al., 1995) allerdings die Begriffe der Assimilation und Akkomodation von PIAGET (1976) verwendet. Soweit als möglich **assimiliert** das Subjekt die Beobachtungsobjekte in den bestehenden Rahmen kognitiver Kategorien. Ist dies nicht möglich, findet eine Anpassung bzw. **Akkomodation** der Kategorien an die „neue“ Wirklichkeit statt.

Die datengeleitete Wahrnehmung ist also eher zeitintensiv und bindet einen großen Teil unseres knappen Aufmerksamkeitspotentials (vgl. Abb. 2.2 sowie zur Übersicht FISCHER & WISWEDE, 1997, Kap. 8).

Da solche wenig konkreten Wahrnehmungssituationen als irritierend und unangenehm erlebt werden, versuchen die Individuen im Regelfall, „soziale Realität“ durch Aktivitäten des **sozialen Vergleichs**, durch Imitation, Konformität oder Beachtung organisationaler Regeln etc. „herzustellen“ (vgl. WISWEDE, 1976). Die unterschiedlichsten Formen sozialer Organisation haben die Funktion, Orientierung zu ermöglichen (WEICK, 1986). So bietet die „organisatorische Institution“ des Taktstocks eines Dirigenten dem Orchester Orientierung bei der Einhaltung des Takts. Wie die im Anschluß dargestellte Koordinationsdimension aufzeigt, kann auch der Markt eine solche Orientierungsfunktion übernehmen, indem er Ankerpunkte für die Bewertung von Gütern oder Geldgrößen liefert. Alternativ können im Hinblick auf die Erzeugung von zumindest subjektiv wahrgenommener Konkretheit auch nationale oder internationale Institutionen Orientierungsgrößen bereitstellen. Insoweit gibt es eine Tendenz, bei ungewissen oder riskanten Entscheidungen soziale Unterstützung aufzusuchen.

Die Betrachtung der folgenden Bilder macht den Unterschied von datengeleiteter („Bottom-up") und konzeptgesteuerter Wahrnehmung („Top-down") unmittelbar erfahrbar. Die ungewohnte Betrachtung eines auf dem Kopf stehenden Gesichtes erfordert eine „Bottom-up"-Betrachtung:

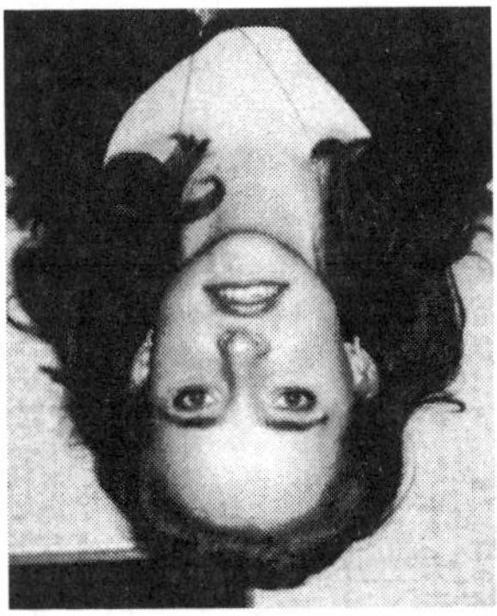

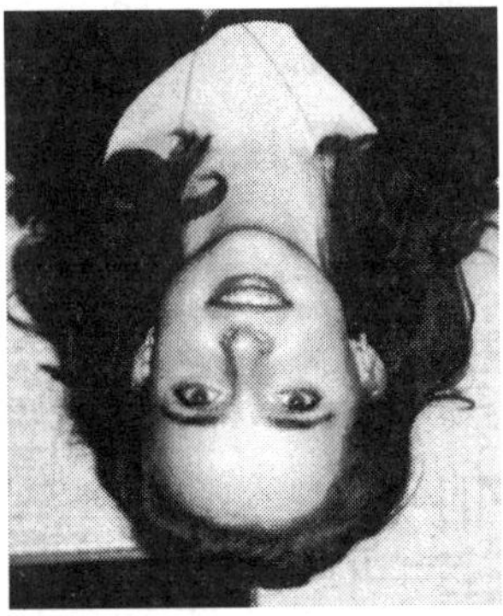

Wenn man die beiden auf dem Kopf stehenden Abbildungen einer hübschen jungen Dame betrachtet, dann erscheinen beide Abbilder relativ ähnlich. Prinzipiell bekannte Wahrnehmungsobjekte wie Augen, Mund etc. sind auch auf dem Kopf stehend fast gleich schnell erkennbar. Lediglich bei genauer Betrachtung kann man erkennen, daß die Augen des linken Bildes einen anderen Verlauf zeigen, ebenso der Mund. Die prinzipielle Ähnlichkeit scheint aber außer Frage zu stehen. Dreht man aber beide Bilder um, so daß man eine natürliche vis-a-vis-Position erhält, dann erscheint auf dem nunmehr rechten Bild eher eine Art Vampir.

Dies hängt damit zusammen, daß die lange Erfahrung in der Beobachtung von Gesichtern dazu geführt hat, daß man mit bestimmten Verläufen von Mund- und Augenpartien bestimmte Bedeutungen verbindet. Eine nach oben gezogene Oberlippe und tiefhängende Augen werden innerhalb dieser Wahrnehmungskategorie als bedrohlich klassifiziert. Diese Klassifikation wird allerdings erst dann wirksam, wenn das gesamte Wahrnehmungsfeld signalisiert, daß diese Klassifikation der Bewertung von Gesichtern in dieser Situation probat bzw. wirksam ist.

Die ungewohnterweise auf dem Kopf stehenden Gesichter verhindern also eine einfache Aktualisierung der differenzierten Wahrnehmungskategorien zur Interpretation von Gesichtern, die wegen ihrer zentralen Bedeutung für die alltägliche Kommunikation allen Menschen – in allerdings unterschiedlichem Ausmaß – zur Verfügung stehen. Der Betrachter ist also zu einer „bottom-up"-Wahrnehmung genötigt. Dabei entgehen ihm aber die interpretativen Feinheiten (der Vampir-Charakter des rechten Gesichts), die bei einer konzeptgesteuerten Betrachtung (aus geübter Perspektive) unmittelbar ins Auge fallen (aus: FISCHER & WISWEDE, 1997, S. 161 f).

Abbildung 2-2: Bottom-up- und Top-down-Prozesse der Wahrnehmung

Da Individuen allerdings – schon aus (psycho-) ökonomischen Gründen – versuchen, ihren Alltag möglichst im Rahmen der konzeptgesteuerten Wahrnehmung routiniert zu bewältigen, dies aber eine tatsächliche oder auch nur illusionäre Konkretheit voraussetzt, besteht im Falle einer hohen Abstraktheit eine beträchtliche Wahrscheinlichkeit für die Anwendung **„falscher Urteilsregeln"** (perceptual biases). In der Geschichte der Sozialpsychologie war die Erkenntnis, daß Kinder aus wohlhabenden Familien die Größe von Münzen exakter schätzten als Kinder aus finanziell deprivierten Familien (BRUNER & GOODMAN, 1947), ein erster Meilenstein in der Analyse der sozialen Determinanten von Urteilsfehlern. Aktueller sind die Ergebnisse von KAHNEMAN & TVERSKY (1973) oder TVERSKY & KAHNEMAN (1974), die zeigten, daß Urteile häufig nicht auf logischer (normativ-statistischer) Basis zustande kommen, sondern auf der Benutzung weniger Entscheidungsregeln (**Heuristiken**) beruhen, die den Vorteil haben, über komplexe Tatbestände trotz (zu) weniger Informationen schnell entscheiden zu können (vgl. vertiefend STEPHAN in diesem Buch). SIMON (1976) verwendete den Begriff der „bounded rationality" zur Kennzeichnung von solchen typischen Situationen, bei denen die *Unvollständigkeit des Wissens*, die *Unsicherheit zukünftiger Ereignisse* und die *Begrenztheit der tatsächlich erwogenen Alternativen* lediglich „zufriedenstellende" Entscheidungen zulassen.

2.2.3 Koordination (Dimension II)

Die Dimension *Abstraktheit vs. Konkretheit* korrespondiert eng mit dem *individuellen Leistungsvermögen* der einzelnen Akteure im Hinblick auf *Wahrnehmung* und *Informationsverarbeitung*. Neben dieser Dimension sind aber immer auch mehr oder minder starke **soziale Einflüsse** wirksam.

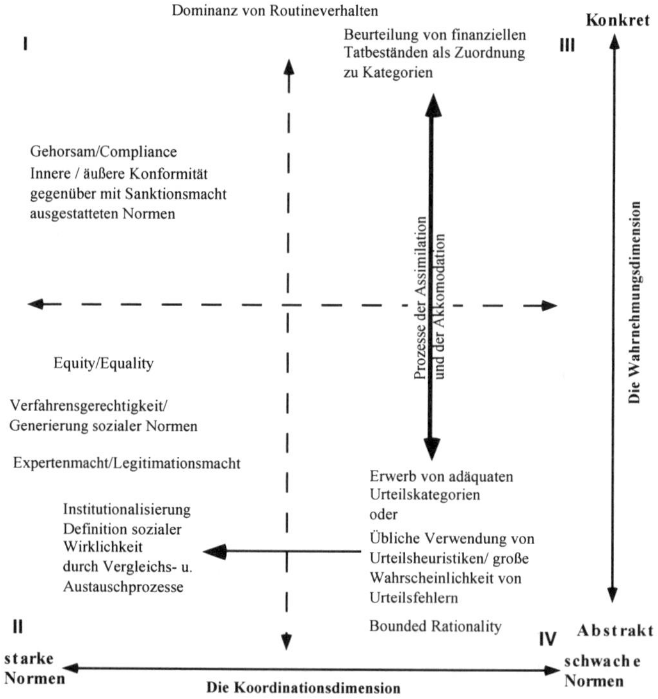

Abbildung 2-3: ***Einschlägige sozialpsychologische Theorien im Bereich der Finanzpsychologie***

Wir hatten oben bereits als Extrempole der nunmehr darzustellenden Koordinationsdimension den **Markt** einerseits und (staatliche) **Organisation** andererseits benannt. Mit zunehmender Organisation der Austauschbeziehungen entwickeln sich verstärkt soziale Normen. Individuell entscheidende **Marktteilnehmer** unterliegen dagegen einer vergleichsweise geringen Anzahl sozialer Normen.

Typische Merkmale des **Marktes** sind:

- die Austauschenden sind als funktionale Rolleninhaber des Marktgeschäftes (Käufer/Verkäufer, Schuldner/Gläubiger, Besitzer/Nichtbesitzer) wechselseitig substituierbar, woraus die sozial unspezifischen, universalistischen Merkmale des Marktkontrakts und die geringe „Interaktionstiefe“ der Tauschbeziehung resultieren.
- Tendenziell wirkt der Markt individualisierend, da er die Konkurrenz betont.
- Vertrauen kann im Kontext des anonymen Marktgeschehens nicht in der unmittelbaren Weise vorausgesetzt werden, wie man es bei gut bekannten Partnern leicht gewinnen kann, denen man infolge ihres sympathischen Eindrucks offen begegnet oder die als Mitglieder der Gemeinschaft bekannt sind. Auch ist Vertrauen hier nicht auf Wertmuster gerichtet, denen man aus Gewohnheit und Tradition folgt. Da die Tauschakteure in anonymen Marktbeziehungen lediglich begrenzte Informationen über die Motive und die Interessen der Tauschpartner besitzen, kann Vertrauen letztlich nur durch eine gewisse Rechtssicherheit des Tauschvertrages hergestellt werden und auf den abstrakten Werten der Geldökonomie basieren: insbesondere der Geldwertsicherheit und der Währungsstabilität (SIMMEL, 1989, S. 214 f.; HEINEMANN, 1993).
- Zudem erlischt das Interesse des Marktakteurs an der (typischerweise zeitlich befristeten) Tauschbeziehung mit ihrem erfolgreichen Abschluß und der Befriedigung der individuellen Nutzenerwartung.
- Eine reziproke, längerfristig orientierte Tauschbeziehung wird demgegenüber auch dann aufrecht erhalten und fortgesetzt, wenn die ausstehenden Verpflichtungen erfüllt und die eigenen Interessen befriedigt sind bzw. ein Tauschzyklus abgeschlossen ist (vgl. KREMER, 1997, S. 30). Der Markt hat also Vor- und Nachteile, die man in ökonomischer Diktion auch als Nutzen und Kosten bezeichnen kann.

Prinzipiell entlastet der Markt zunächst einmal von normativen Erwartungen und erleichtert die Konzentration auf formal-rationale Kalküle der Rechenhaftigkeit und Zweckmäßigkeit. An die Stelle einer an die Person des Geschäftspartners gerichteten Erwartung von Verläßlichkeit tritt lediglich die erwartete Rechtsgültigkeit des Handels. Diese „Erleichterung“ hat allerdings – wie beispielsweise im Falle einer reziproken, längerfristig orientierten Tauschbeziehung – nicht unter allen Umständen höchste Priorität.

Die Frage der Nutzen und Kosten der unterschiedlichen Organisationsformen ist Gegenstand der Transaktionskostentheorie. Unter Transaktionskosten versteht man die Kosten, die mit unterschiedlichen Koordinationsformen verbunden sind (WILLIAMSON, 1985). Je längerfristiger Kooperationsvorhaben angelegt sind, desto mehr gewinnen „organisatorische Komponenten“ der Koordination an Gewicht. Der *Vorteil einer organisatorischen Lösung* besteht u.a. darin, daß sich die für den Markt typischen Transaktionskosten wie Informationssammlung, Vertragsaushandlung und Ergebniskontrolle verringern. Andererseits muß jedoch auf seine stärkere Anreizwirkung (durch die enge Kontingenz zwischen Leistung und Belohnung) und die größere Leichtigkeit der Anpassung an die jeweiligen Umwelterfordernisse verzichtet werden. Schließlich wird das Erleben sozialer Macht prägnanter, weil sie von konkreten Personen oder Institutionen ausgeübt wird.

Staatlich organisierte Koordination betrifft im Rahmen der Finanzpsychologie insbesondere den Gegenstandsbereich der Steuern. Hier existieren soziale Normen, die mit finanziellen oder sogar persönlich bedrohlichen Sanktionen bewehrt sein können und dem einzelnen nur noch geringe Grade jener persönlichen Freiheit lassen, die der Markt in weit größerem Ausmaß zur Verfügung stellt. Andererseits ermöglicht eine gute Organisation – die auf eine größere Dauer der sozialen Beziehung angelegt ist und den Partnern daher langfristigere gegenseitige Einflußmöglichkeiten einräumt – ein höheres Maß an Vertrauen, sozialer Sicherheit und Orientierung. Die z.B. in der Steuergesetzgebung zum Ausdruck kommenden Machtverhältnisse müssen allerdings politisch durchgesetzt und legitimiert werden, um auf Akzeptanz zu stoßen. Man könnte auch von einem Prozeß der *Institutionalisierung* sprechen, in dem z.B. ein Steuersystem von und für die Beteiligten „mit Sinn erfüllt" wird (Gerechtigkeit etc. vgl. SELZNICK, 1957). SCHMÖLDERS (1970) sah eine pädagogische Aufgabe staatlicher Organe darin, die Steuerzahler von der Legitimität der Abgabenordnung zu überzeugen.

Auf der Koordinationsdimension kann man sich darüber hinaus eine Reihe gemischter Kooperationsformen zwischen den Extremformen „Markt" und „Organisation" vorstellen. Langfristige Austauschbeziehungen (z.B. zwischen Auto-Montagewerk und Zulieferern) werden häufig in die Form sogenannter „Relationaler Verträge" (WILLIAMSON, 1985) gefaßt, die im Vergleich zu der von uns skizzierten Extremform einer Transaktion über den Markt durch eine größere Unbestimmtheit von Leistung und Gegenleistung gekennzeichnet sind und gleichzeitig Anpassungsmechanismen im Fall veränderter Umweltbedingungen vorsehen. Ein daraus resultierendes – durch soziale Strukturen ermöglichtes – Vertrauensverhältnis spart Informations- und Kontrollkosten (vgl. z.B. LUHMANN, 1968).

Die hohen Informationskosten des Marktes machen sich in besonderer Weise in Austauschbeziehungen mit hoch abstrakten Finanzgegenständen wie Derivaten bemerkbar. Entscheidungen einzelner Marktexperten können mit großen Erfolgen oder mit einem Desaster enden. Gerade angesichts dieser Risiken besteht hier häufig das Bedürfnis nach einer Bestätigung der eigenen Einschätzung.

Ein Mangel an erprobten Urteilsmaßstäben (Kategorien) wird nämlich von den Individuen als sehr beängstigend empfunden und veranlaßt sie, über **soziale Vergleichsprozesse** (FESTINGER, 1954) eine Definition von mindestens rudimentären sozialen Normen vorzunehmen (SHERIF, 1936), die als Orientierungslinien für das Urteilsverhalten dienen.

> In der sozialpsychologischen Forschung ist das bekannte Experiment von SHERIF (1936) für eine solche Situation kennzeichnend. In einer für die Versuchspersonen (Vpn) völlig fremden Situation (ein kleiner Lichtpunkt in einem vollkommen abgedunkelten Raum unbekannter Größe) werden sie gebeten, die Länge der Bewegung des Lichtpunktes zu schätzen. Da sich der Lichtpunkt in Wahrheit nicht bewegt, kann die tatsächlich wahrgenommene Bewegung als virtuell angesehen werden. Typischerweise entwickeln die Vpn unter Prozessen gegenseitiger Beeinflussung „Normen" für die Beurteilung der Bewegungen, die also ausschließlich sozialer und nicht physikalischer Natur sind.

Man kann eine solche „Consensual Validation“ durchaus auch den Akteuren im Börsensaal unterstellen (FREY & STAHLBERG, 1990), wobei auch der „richtige Börsenkurs“ als eine hoch abstrakte oder besser fiktive Größe angesehen werden kann. Sozialer Einfluß ist aber selbst bei der Beurteilung konkreter Gegenstände gegeben, wie die Experimente von ASCH (1951) am Beispiel der Länge von Linien zeigen – wenngleich in geringerem Ausmaß. Sozialer Druck kann also selbst im Fall sehr konkreter Urteilsobjekte zu einem hohen Maß an Konformität und Wirklichkeitsverkennung führen. Sogar Minoritäten üben einen erkennbaren Einfluß aus, wenn sie konsistent und kontinuierlich auf ihrer Meinung bestehen (vgl. MOSCOVICI & FAUCHEUX, 1972). In der aktuellen „Behavioral Finance“ wird hierfür verschiedentlich der Begriff „Infektion“ verwendet (vgl. RAPP, 1997). Man wird also schlußfolgern, daß soziale Beeinflussungsprozesse auf allen Abstraktionsebenen wirken. Bei hoher Abstraktheit werden sie allerdings als entlastende Orientierung empfunden, während sie bei großer Konkretheit eher als formeller oder informeller Zwang wirken.

Je stärker die Koordination von Austauschprozessen langfristige Regelungen zum Gegenstand hat, desto bedeutsamer werden Kriterien der sozialen Gerechtigkeit. In der Regel dominiert in Wirtschaftsbeziehungen das Prinzip der „**Beitragsgerechtigkeit**“ (Equity), das jedem Partner den – seinen Investitionen entsprechenden – Anteil am Ergebnis zusichert (vgl. ADAMS, 1965; WALSTER et al., 1978). Es sind allerdings die **sozialen Normen**, innerhalb derer die Austauschbeziehungen stattfinden und nach denen nicht nur die Ergebnisse, sondern auch die Verfahrensweisen der Austauschprozesse (**Verfahrensgerechtigkeit**) bewertet werden (vgl. zur Übersicht FISCHER & WISWEDE, 1997, S. 408 ff. sowie JACOBS i.d.B.).

In rein wirtschaftlichen Austauschprozessen sind zudem neben der Beitragsgerechtigkeit (Equity) auch die Bedürfnisgerechtigkeit (Need) und soziale Vergleichsprozesse wirksam (vgl. KAHNEMAN, KNETSCH & THALER, 1986 sowie neuerdings BAZERMAN, LOEWENSTEIN & WHITE, 1992; BAZERMAN et al., 1995 und BLOUNT & BAZERMAN, 1996). In den letztgenannten Arbeiten wird auch deutlich, daß Gerechtigkeitsnormen keineswegs situationsunabhängig wirksam sind: Sie spielen vor allem bei der *Bewertung* einzelner Alternativen eine Rolle, weniger bei der *tatsächlichen Wahl* zwischen Handlungsalternativen mit unterschiedlichem persönlichen Nutzen.

Bei sanktionsbewehrten Normen, die im Zusammenhang der Steuererhebung oder der Schuldeneintreibung wirksam werden, ist zunächst mit Gehorsam (MILGRAM, 1974), möglicherweise aber auch – wegen der damit verbundenen Einschränkung des persönlichen Entscheidungsspielraumes – auch mit ***Reaktanz*** zu rechnen: Die Betroffenen versuchen – z.B. durch Täuschungsmanöver (Steuerhinterziehung) – ihre Verhaltensfreiheit wieder herzustellen. Andererseits spielen auch Überzeugungen von der Legitimität des Staatswesens und die subjektive Gerechtigkeit der Steuer eine zentrale Rolle (vgl. vertiefend JONAS u.a. i.d.B.).

2.3 Eine Skizze der differentiellen Gegenstandbereiche der Finanzpsychologie

Wir haben einer Reihe finanzpsychologischer Themen eine ungefähre Position zugeordnet. Eine genaue Lokalisierung solcher Themen erweist sich allerdings als noch problematischer, als dies bei den Theorien der Fall war. Dies zeigt sich insbesondere dann, wenn im Grunde ein Prozeß behandelt wird, dessen Anfangs- und Endpunkte in unserem Tableau weit auseinander liegen.

Betrachten wir beispielsweise die Geld-Sozialisation eines Kindes. Der Kauf eines Schokoriegels ist zunächst durch eine hohe Konkretheit gekennzeichnet. Gleichzeitig aber muß das Kind auch abstrakte Regeln lernen, die es dann mit der Zeit verinnerlichen wird. Diese abstrakten Regeln beinhalten z.B. die Unterscheidung zwischen kurz- und langfristigem Nutzen von Geld oder das Wissen, daß das Geld, was heute ausgegeben wird, morgen nicht mehr zur Verfügung steht. Insoweit erstreckt sich die Geld-Sozialisation einerseits in der Dimension konkret vs. abstrakt (wegen des Lernens abstrakter Kategorien, die für das konkrete Handeln erforderlich sind) und andererseits in der Koordinationsdimension, da es *soziale* Normen sind, die internalisiert werden und das zukünftige Verhalten beeinflussen.

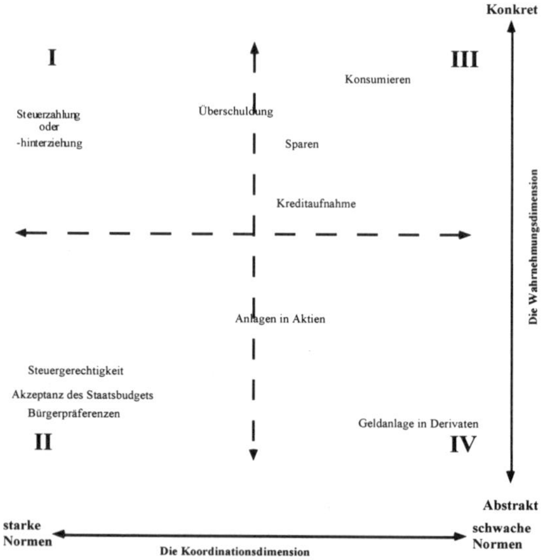

Abbildung 2-4: ***Tableau einer idealtypischen Lokalisierung finanzpsychologischer Themen***[3]

3 Wenn wir im folgenden von Quadranten sprechen, so meinen wir nicht einen abgegrenzten Raum eines Koordinatenkreuzes, in dessen Mittelpunkt die Koordinaten einen 0-Wert erreichen. Vielmehr sind die Linienkreuze in der Abbildung oben lediglich Hilfslinien, die eine heuristisch nützliche Funktion in bezug auf die Strukturierung der Gegenstandsbereiche erfüllen.

Andere Beispiele lassen sich im Zusammenhang der Steuern bilden. Die unmittelbare Reaktion auf die Steuern (Zahlen, Umgehen, Hinterziehen etc.) verorten wir im Quadranten I. Steuerzahlerbewegungen (SCHMÖLDERS, 1977) stellen eine politische Konsequenz persönlicher Erfahrungen dar, die nur durch einen Übergang vom Quadranten I zu Quadrant II abgebildet werden können. Ebenso ist die staatliche Öffentlichkeitsarbeit eine politische (II) Veranstaltung, die auf die subjektive Legitimität in den Augen des Einzelnen (I) zielt.

Die Verortung der Gegenstandsbereiche in den von uns mit I bis IV bezeichneten Quadranten soll im folgenden zunächst kurz erläutert werden, bevor wir einen Blick hinter die Kulissen der einzelnen Gegenstandsbereiche werfen, wobei wir uns weitgehend auf die sozialpsychologische Perspektive beschränken wollen.

2.3.1 Der alltägliche Umgang mit Normen im Finanzbereich (Quadrant I)

Die Gegenstände des ersten Quadranten sind gekennzeichnet durch normative Regulierung und relative Konkretheit. Beispielhaft werden im folgendem der Umgang mit Steuern (vgl. auch JONAS u.a. i.d.B.) und die Psychologie des Versicherungsbetrugs (FETCHENHAUER i.d.B.) dargestellt.

Das Thema des Umgangs mit Steuern wurde von Schmölders anhand der Begriffe: Steuermoral, Steuerwiderstand und Steuermentalität behandelt. In der Sozialpsychologie werden diese Probleme anhand theoretischer Konzepte wie Internalisierung von Normen, Konformität und Abweichung (zur Übersicht WISWEDE, 1976, 1979), Reaktanz (BREHM, 1972), Macht (WITTE, 1985), Konflikt und Kooperation (GRZELAK, 1980) behandelt.

Die Zahlung von Steuern ist gesetzlich, d.h. also *normativ geregelt*. Die zu zahlenden Steuern sind in ihrer Höhe definiert und können insoweit als *relativ konkret* verstanden werden. Die Zahlung von Steuern oder eben die Hinterziehung von Steuern bei Vorliegen eines konkreten Steuerbescheids mögen in Teilen durch ausführendes Routineverhalten gekennzeichnet sein, bei dem eine Reflektion von Normen keine Rolle mehr spielt. In vielen anderen Fällen wird gerade bei direkten Steuern, die darüber hinaus noch nach Maßgabe der Selbstangaben des Steuerpflichtigen erhoben werden, Steuerwiderstand, -umgehung oder -hinterziehung verbreitet sein.

Erheblich abstrakter ist die Frage, nach welchen Regeln Steuergesetze entstehen und Legitimität in den Augen der Bürger gewinnen oder verlieren (Quadrant II). SCHMÖLDERS (1970) behandelte diese Fragen anhand der Begriffe: der Staat im Bewußtsein seiner Bürger, Gerechtigkeit, Öffentlichkeitsarbeit etc. Die Wirksamkeit z.B. eines starken Legitimitätsverlustes läßt sich anekdotisch verdeutlichen:

> In dem häufig zitierten Beispiel des Steuereinmaleins von J. SWIFT (1728) wurde festgestellt, daß die Erhöhung von Zöllen auf Seide und Wein das Steueraufkommen nicht steigen sondern fallen ließ, weil der Schmuggel überhand nahm, das Odium der Verwerflichkeit verlor und sogar zum heldenhaften Mythos wurde (vgl. MACKSCHEIDT, 1985, S. 30).

Hier wurden staatliche Normen in Frage gestellt und sogar Gegennormen entwickelt, die die Probleme dieser Menschen besser zu lösen in der Lage waren. Steuergesetze können also aus Sicht der Bürger ein unterschiedliches Maß an Legitimität und damit an Bindungskraft besitzen. In demokratischen Staaten spielt sich hier ein ständiger Prozeß gegenseitiger politischer und gesellschaftlicher Beeinflussung zwischen verschiedenen Gruppen um die Legitimierung von Steuerformen ab (zur Vertiefung vgl. z.B. SCHMÖLDERS, 1970). Inhaltlich geht es um die Prinzipien der Steuergestaltung – z.B. der Gerechtigkeitsprinzipien (zur Übersicht vgl. MIKULA, 1980) – oder die Frage nach dem Bürgerverständnis im Hinblick darauf, was die Aufgabe des Staates ist bzw. wie weit sie gehen sollte und ob der Umgang mit dem Staatsbudget als gerecht empfunden wird.

Im folgenden sollen jedoch zunächst einige wichtige Fragestellungen, die sich in dem Quadrant I wiederfinden, abgehandelt werden.

2.3.1.1 Warum zahlen Bürger Steuern?

Immer wieder wird die Frage nach den Ursachen der Steuerhinterziehung aufgeworfen. Grundsätzlich betrifft diese Frage das Problem der Wirksamkeit von (legalen, d.h. staatlich gesetzten) Normen bzw. der Umsetzung von Normen in konkretes Verhalten durch die Bürger einerseits und die Gestaltung wirksamer Kontrollstrategien durch die Staatsorgane andererseits. Das Denken von steuerzahlenden Bürgern wie auch der Staatsdiener wird natürlich primär beherrscht von den Möglichkeiten der Steuerumgehung oder -hinterziehung. Einige Autoren stellen jedoch die nicht weniger interessante Frage, warum Bürger überhaupt Steuern zahlen (SCHMIDTCHEN, 1994). „The puzzle of tax compliance is that most people continue to pay their taxes" (ALM, CLELLAND & SCHULZ, 1989, S. 1). Das „Puzzle" betrifft allerdings realistischerweise lediglich die Freiberufler, Selbstständigen, Studenten und Rentner, die im Gegensatz zu den abhängig Beschäftigten die Freiräume besitzen, durch Nichtdeklaration von Einkünften Steuern zu hinterziehen. Jahr für Jahr erhält der deutsche Staat hohe Steuereinnahmen (z.B. 1996 in Höhe von 800 Milliarden DM; s. Monatsbericht Deutsche Bundesbank, Juli 1997). Angesichts der relativ geringen Aufklärungswahrscheinlichkeit von Steuerdelikten und der geringen Strafen für dieses Vergehen, müßten wir von einem rationalen Steuerzahler erwarten, daß dieser erheblich weniger Steuern zu zahlen bereit ist. Offenkundig reicht hier die rationale Wert-Erwartungs-Theorie nicht aus. Die Psychologie bietet in diesem Zusammenhang eine Reihe von Erklärungsmöglichkeiten:

- Die Internalisierung einer Steuermoral (*d.h. innere Konformität gegenüber sozialen Normen*): Auch wenn diese sich für viele Forscher als vernachlässigbare Restgröße darstellt, zeigen empirische Studien korrelativer und experimenteller Art, daß das Verhalten des Steuerzahlers in hohem Maße von der Steuermoral beeinflußt wird. Steuermoral führt zu einer Antizipation von Schuldgefühlen, die den Respekt vor dem Gesetz erhöhen und ein Gefühl für die Bürgerpflicht erzeugen. „Consequently behaviour is not a function purely of individual choice: individuals look to others in order to decide what is acceptable, reasonable, expected within the social context is which the action is set. There are social norms to behaviours and beliefs, we conform to others" (CULLIS & LEWIS, 1997, S. 311).
- Konformität wird durch Prozesse der *Gewöhnung* und *Bequemlichkeit* begünstigt (WISWEDE, 1976). Ein schlechtes Gewissen wegen der Nichtbeachtung dieser Bürgerpflicht oder wegen eines Abweichens von dem, „was man tut" stellen Opportunitätskosten der Steuerhinterziehung dar. Andererseits genügen u.U. wenige dem Subjekt bekannte Abweichler, um das eigene abweichende Verhalten zu unterstützen (ASCH, 1951).

- Es besteht aber auch die – tatsächlich allerdings nicht sehr große – Möglichkeit einer Bestrafung im Falle einer aufgeklärten Steuerhinterziehung. Allerdings ist aus der **Prospect-Theory** (KAHNEMAN & TVERSKY, 1979) bekannt, daß Menschen objektiv niedrige Wahrscheinlichkeiten subjektiv höher einschätzen. SCHMIDTCHEN (1994, S. 188 f) betrachtet deshalb die Steuermoral als optimale Antwort des Steuerzahlers auf die Einsicht in die **Beschränktheit seiner Rationalität** (SIMON, 1976).
- HEINER (1986) hat im Anschluß an weitere Ergebnisse der oben schon angesprochenen *Signal-Entdeckungs-Theorie* die These entwickelt, daß Personen in Entscheidungssituationen, deren Komplexität oder Schwierigkeit rationale Entscheidungen überfordern, durch die **Entwicklung von Verhaltenregeln** (s. auch Heurismen) versuchen, der Unsicherheit zu begegnen. Solchen Regeln zu folgen ist nach seiner Theorie insofern sinnvoll, als sie das Vertrauen bestärken, um einer schnellen Entscheidung willen situativ spezifische Informationen zu ignorieren, auch wenn sie hinsichtlich ihrer Konsequenzen nicht vollständig beurteilt werden können (SCHMIDTCHEN, 1994).

In neuerer Zeit zeigt sich jedoch ein Aufweichen der Steuermoral, verbunden mit einer Zunahme der **Steuerhinterziehungsdelikte**. Gleichzeitig beobachtet man einen Verfall der allgemeinen Zahlungsmoral, die sich selbst auf öffentliche Haushalte bezieht, die ihre Auftragnehmer im Durchschnitt zwischen 105 und 109 Tagen auf ihr Geld warten lassen (vgl. FAZ vom 20.11.1997).

Empirische Daten weisen darauf hin, daß *Steuernormen kulturell* variieren. Das bedeutet, daß Kulturen das Ausmaß an Internalisierung von Steuernormen beeinflussen und somit das Ausmaß an interner Konformität. Die Steuermentalität ist in England am positivsten, während sie in Italien am negativsten ist (vgl. MACKSCHEIDT, 1994, auf der Grundlage von SCHMÖLDERS, 1953). Eine im Vergleich zu England negative Steuermentalität in Deutschland wird durch eine strengere Steuertechnik kompensiert. Ein Steuersünder wird von 43% der deutschen Bevölkerung mit einem raffinierten Geschäftsmann verglichen (vgl. MACKSCHEIDT, 1994). Das deutsche Steuersystem zeigt sich im Gegenzug immer raffinierter und perfekter. Aus psychologischer Sicht wäre es allerdings – wie auch von SCHMÖLDERS (1970) präferiert – sinnvoller, statt der Kontrolle Steuermentalität und Steuermoral gezielt zu verbessern, da strafbewehrte Kontrolle im günstigen Falle **äußere Konformität** (WISWEDE, 1976), im ungünstigen Falle jedoch **Reaktanz** auszulösen in der Lage ist (BREHM, 1972; BREHM & BREHM, 1981; PELZMANN, 1988).

2.3.1.2 Determinanten der Steuerhinterziehung

Wenn – wie bereits angesprochen – die Anzahl der Steuerhinterziehungsdelikte erheblich zunimmt, was sind dann mögliche Determinanten der Steuerhinterziehung?

WISWEDE (1995) verweist hier zunächst auf das *„**Chancen-Struktur-Modell**“* (CLOWARD & OHLIN, 1960), nach dem abweichendes Verhalten dann auftritt, wenn

- Ziele und Wunschvorstellungen (hier hinsichtlich einer Steuerhinterziehung) stark ausgeprägt sind,
- Normen schwach entwickelt sind,
- legitime Mittel eingeschränkt sind,
- illegitime Mittel reichlich zu Verfügung stehen.

Die Intensität des Zieles einer Steuerhinterziehung dürfte zunächst stark mit der Merklichkeit einer Steuer variieren. Diese ist z.B. bei der Einkommensteuer in besonderem Maße gegeben. Weiterhin dürften auch die Steuerbelastung und der Steuersatz eine bedeutende Rolle spielen. So stellt man (nicht unerwartet) fest, daß der Steuerwiderstand mit wachsender Steuerbelastung zunimmt. Auf individueller Ebene kann die **Reaktanztheorie** (BREHM, 1966; BREHM & BREHM, 1981; DICKENBERGER et al., 1993) Hinweise auf die Enstehung von Steuerwiderstand geben, dann nämlich, wenn der Steuerzahler perzipiert, daß seine Verhaltensfreiheit in bezug auf die Verwendung seines Geldes bedroht wird. Die genaue Höhe der Steuerbelastung jedoch, bei der der Übergang von Steuerbereitschaft zu Steuerwiderstand erfolgt, ist schwer abzuschätzen. Abgesehen von dem schon zitierten Beispiel von SWIFT ist in neuerer Zeit an den sich in der politischen Öffentlichkeit organisierenden Steuerwiderstand in Dänemark und Schweden zu erinnern. Dieser letzte Aspekt verweist dann auf die im Quadranten II behandelten Theorien und Themen und erinnert daran, daß Steuerwiderstand nicht nur auf konkreter, individueller Basis, sondern auch in der abstrakteren Öffentlichkeit stattfinden kann.

Auch die Frage der Legitimität (Akzeptanz) von Normen ist letztlich ein – auf die konkrete Individualebene abstrahlender – gesamtgesellschaftlicher Prozeß, in dem nicht nur die konkrete individuelle Normkonformität, die persönlichen Erfahrungen im Umgang mit dem Finanzamt und die perzipierte Betroffenheit von Steuer(un)gerechtigkeit (COWELL, 1992; alles Probleme, die für den Quadrant I typisch erscheinen), sondern auch Prozesse der öffentlichen Meinungsbildung (z.B. hinsichtlich von Gerechtigkeitsvorstellungen) eine Rolle spielen. Diese lassen sich wiederum im Quadranten II verorten.

Das Ausmaß der im o.g. Chancen-Struktur-Modell genannten legitimen und illegitimen Mittel, Steuern zu sparen, wird wesentlich beeinflußt durch die *Kontrollhäufigkeit und die Strafhöhe im Fall des Entdecktwerdens*. Den Steuerzahlern liegen allerdings im Gegensatz zum ökonomischen Modell häufig nur vage Informationen über Kontrollwahrscheinlichkeit und Strafhöhe vor. Dies hat verhaltensmäßige Konsequenzen. Unzureichende oder fehlende Informationen hindern den potentiellen Hinterzieher an der kalkulatorischen Bestimmung seines erwarteten Nutzens. *Schlechter Informierte* nehmen in bezug auf die Steuerhinterziehung eine eher *risikoaverse Position* ein (vgl. BAYER & REICHL, 1997). Nach der **Prospect-Theory** (KAHNEMAN & TVERSKY, 1979) werden negative Ereignisse (wie drohende Überprüfungen) als besonders einschneidend empfunden. Findet dann tatsächlich eine Überprüfung statt, führt dies zu einer weiteren Erhöhung der Steuerehrlichkeit. Im Sinne einer **Verfügbarkeitsheuristik** besitzt die relevante Information der Häufigkeit der Kontrolle aufgrund der direkten Erfahrung eine hohe Präsenz (vgl. BAYER & REICHL, 1997). Wird eine tatsächliche Steuerhinterziehung zum wiederholten Male nicht entdeckt, so kann dies umgekehrt zu **gelernter Sorglosigkeit** (FREY, 1995) führen. Das Individuum lernt fälschlicherweise, daß Steuerhinterziehung nie aufgedeckt wird. Solche Personen werden immer sorgloser und nehmen Signale nicht mehr wahr, die sie eigentlich warnen müßten.

Hohe Strafen oder Androhungen verhindern auf der anderen Seite die Internalisierung von Steuerehrlichkeit als moralischem Wert und erschweren damit erwünschtes Verhalten (DECI, 1975).

BAYER & REICHL (1997) entwickelten ein individuenbezogenes Verhaltensmodell zur Steuerhinterziehung. Demnach bestimmen *individuelle Persönlichkeitsvariablen* (Risikobereitschaft, Steuermentalität) die Wahrnehmung des Steuersystems bzw. die Zufriedenheit mit ihm. Nach der Bezugsgruppentheorie (MERTON & ROSSI, 1949) hängt das *wahrgenommene Steuersystem* auch davon ab, mit welchen anderen Personen oder Ländern man die Steuerquote vergleicht (vgl. FREY, BRANDSTÄTTER & SCHUSTER, 1994). Die Zufriedenheit mit dem Steuersystem determiniert nun zusammen mit kurzfristigen Entscheidungskriterien (Angst vor der Entdeckung einer Hinterziehung, Wahrscheinlichkeit der Entdeckung, Sanktionen, Erhöhung des persönlichen Einkommens) das Hinterziehungsverhalten. Berücksichtigt wurden auch mögliche Rückkopplungsprozesse wie die Wirkung von Verhalten auf Einstellungen und die Wirkung von Verhaltenskonsequenzen auf die Wahrnehmung, z.B. von Risiko. Die Hypothesen von BAYER & REICHL orientierten sich an klassischen Vorbildern:

- Langfristig geprägte positive Einstellungen zum Gemeinwesen besitzen einen positiven Effekt auf Steuerehrlichkeit.
- Veränderungen der Ausgabenpraxis des Staates oder des Steuersystems beeinflussen die Zufriedenheit des Zensiten. Zufriedenheit erhöht die Steuerehrlichkeit.
- Eine schlechte Steuermoral wirkt sich negativ auf das konkrete Steuerzahlungsverhalten aus.

BAYER & REICHL (1997) fanden mit Hilfe eines Experiments eine weitgehende Bestätigung ihres Verhaltensmodells und gewannen folgende Typologie der Steuerzahler:

- Der langfristig „ehrliche Steuerzahler" mit guter Steuermoral ist durch eine hohe Bereitschaft geprägt, sozialen und privaten Normen zu folgen.
- Der mittelfristig entscheidende „variable Hinterzieher" handelt stark abhängig vom jeweiligen Steuersystem. Seine Steuermoral ist schlecht. Bei steigender Unzufriedenheit hinterzieht er auch mehr Steuern.
- Der kurzfristig nutzenmaximierende „notorische Hinterzieher" zeichnet sich durch eine vergleichsweise egoistische Einstellung aus. Er verhält sich, falls möglich, als Free-Rider.

Der Konflikt zwischen Normen und subjektiven Nützlichkeitserwägungen macht sich aber auch in anderen Bereichen der Finanzwirtschaft bemerkbar. Wie der Beitrag von FETCHENHAUER (i.d.B.) zeigt, spielt z.B. bei dem **Versicherungsbetrug** die subjektive Definition der Situation, die sowohl aus personspezifischen (subjektive Normen, das Verständnis des Solidarprinzips, Akzeptanz von Regeln etc.) und situativen Variablen (Art des Schadens, Höhe des Schadens, Leichtigkeit des Umdefinierens etc.) resultiert, eine zentrale Rolle.

In Analogie zu den oben dargestellten Determinanten des Steuerwiderstandes wird die Häufigkeit des Versicherungsbetrugs also nicht nur durch die Kontrollhäufigkeit bei den Anträgen auf Versicherungsleistungen, das Verhältnis zum Versicherungsagenten, sondern auch durch die „subjektive Repräsentation von Versicherungen" (Akzeptanz des Gewinnprinzips auch bei Versicherungen, Verständnis des Solidarprinzips etc.) beeinflußt.

2.3.2 Die Etablierung von Normen im Finanzbereich (Quadrant II)

Auch in **Quadrant II** verorten wir vorwiegend Steuerthemen. Allerdings geht es hier nicht mehr um die Frage der Determinanten der Steuerehrlichkeit bzw. Steuerhinterziehung im unmittelbaren Sinne, sondern um die Fragen nach den Prinzipien der Steuergestaltung – z.B. der Gerechtigkeitsprinzipien oder die Frage nach dem Bürgerverständnis im Hinblick darauf, was die Aufgabe des Staates ist bzw. wie weit sie gehen sollte und ob der Umgang mit dem Staatsbudget als gerecht empfunden wird. Was sind die Bürgerpräferenzen, auf deren Grundlage der Staat öffentliche Güter erstellen sollte? Solche Präferenzen sind nur schwer ermittelbar, da sich einzelne nicht als Nachfrager eines öffentlichen Gutes zu erkennen geben können bzw. ihre Präferenzen lediglich durch unverbindliche Befragungen erhoben werden können.

In einem demokratischen Staate sollte bei der Gestaltung der Steuergesetzgebung den Bürgerpräferenzen Rechnung getragen werden. Diesbezügliche Entscheidungen sind einem ständigen kulturellen Wandel unterworfen, der in wechselnden politischen Paradigmen und parlamentarischen Mehrheiten seinen Niederschlag findet. Die Erörterung der Frage nach der Gestaltung der Steuergesetzgebung ist nur vor dem Hintergrund der Betrachtung tiefer, abstrakter und internalisierter (Gerechtigkeits-)Normen möglich. Deshalb verschiebt sich diese Thematik wie auch die folgenden – sich mit Fragen der Legitimität des Steuersystems beschäftigenden Abschnitte – von dem linken oberen Quadranten in den linken unteren Quadranten.

Ob ein in der politischen Öffentlichkeit diskutierter Höchststeuersatz von über 50% als überzogen oder angemessen eingeschätzt wird, hängt wahrnehmungspsychologisch gesehen davon ab, ob der betreffende Wert in den sogenannten „Akzeptanz-" oder „Ablehnungsbereich" fällt. „Der Akzeptanzbereich beschreibt jenen Bereich der internen Urteilsskala, zu dem von der eigenen Meinung bzw. vom eigenen Urteil *abweichende* Einschätzungen noch hingenommen werden" (FREY, BRANDSTÄTTER & SCHUSTER, 1994, S. 75; vgl. die *Assimilations-Kontrast-Hypothese* SHERIF & HOVLAND, 1961). Diese interne Urteilsskala der Steuersubjekte unterliegt natürlich auch den Einflüssen der öffentlichen Meinungsbildung insbesondere hinsichtlich der Verteilungsgerechtigkeit.

Nach dem Prinzip der **horizontalen Steuergerechtigkeit** fordert man, Individuen in gleichen wirtschaftlichen Ausgangstatbeständen steuerrechtlich gleich zu behandeln. Das Prinzip der **vertikalen Gerechtigkeit** verkörpert die Vorstellung, daß die steuerliche Belastung mit zunehmender Opferfähigkeit des Individuums steigen sollte. Die Besteuerung nach Leistung repräsentiert also nicht nur eine starke Umverteilung im Sinne des „Gleichheitsprinzips", sondern stellt gewissermaßen eine *Umkehrung des Beitragsprinzips (equity) der Gerechtigkeitstheorie* (ADAMS, 1965; WALSTER, WALSTER & BERSCHEID, 1973) dar, nach dem sich die Belohnung nach der Anstrengung oder dem Beitrag des Einzelnen richten sollte. Durch den Verzicht der Leistungsfähigeren auf einen steigenden Anteil ihres Leistungsertrags soll sozialer Friede gewährleistet werden und eine Annäherung an das *Gleichheitsprinzip* der Gerechtigkeit (Equality) erreicht werden. Eine *Equity-Beziehung* ließe sich bei Beibehaltung der Besteuerung nach Leistungsfähigkeit dagegen nur herstellen, wenn subjektiv in den Augen der Leistungsfähigeren (Reichen) und steuerlich stärker Belasteten eine direkte Beziehung zwischen seinen hohen Steuerzahlungen einerseits und einem erhöhten persönlichen Nutzen zumindest bei einigen wichtigen öffentlichen Gütern erkennbar wäre (Kontingenzerleben). So könnte man sich vorstellen, daß die öffentliche Sicherheit für wohlhabende Personen wichtiger ist als für Arme. Oft ist Bürgern der unmittelbare Zusammenhang zwischen Steuern und öffentlichen Gütern jedoch nicht bewußt, denn der anonyme Staat läßt bestenfalls einen indirekten Zusammenhang zwischen persönlicher Leistung und Anspruchsmöglichkeiten erkennen, so daß der Bürger in der Regel nicht wahrnimmt, daß er sich selbst in einem Austauschverhältnis zum Staat befindet.

Die Gerechtigkeitsnormen scheinen subjektiv einem Besitzstand zu gleichen. Dies hat wahrnehmungspsychologische Konsequenzen: Es besteht z.B. ein kollektiver Konsens darüber, daß Besserverdienenden bei notwendigen Steuererhöhungen selbstverständlich eine höhere Last zugemutet wird. Umgekehrt gilt dies jedoch nicht. Es wird allgemein nicht akzeptiert, daß bei Steuer*entlastungen* die höher belasteten Besserverdienenden vom Betrag her auch entsprechend stärker entlastet werden. Der Status Quo hat also eine besondere Bedeutung als Referenzpunkt für das Urteil (*Endowment-Effekt* THALER, 1980), und möglicherweise werden nach der prospect-theory (KAHNEMAN & TVERSKY, 1979) Verluste intensiver empfunden werden als Gewinne. Da die meisten Menschen sich subjektiv nicht zu den Besserverdienenden zählen, befürchten Sie besonders schmerzlich empfundene Nachteile von einer Entlastung der Besserverdienenden.

Die Fehleinschätzung der Abgabenlast (Fiskalillusion) ist eine weitere Randbedingung gefährdeter Gerechtigkeitsempfindungen der Bürger. Untersuchungen zur Fehleinschätzung der eigenen Steuerlast betreffen vorwiegend die Einkommensteuer. Es ergibt sich dabei das Bild einer leichten Überschätzung der eigenen Grenzsteuerbelastung. Steuersenkungen werden erst verzögert wahrgenommen. Wer eine Erhöhung eines bestimmten Ausgabenanteils befürwortet, schätzt diesen kleiner ein als derjenige, der den gleichen Anteil verringern will (vgl. LEWIS, 1983). Die *Medien bestimmen dabei entscheidend* mit, was als Mehrheitsmeinung wahrgenommen wird (vgl. auch NOELLE-NEUMANN, 1982). Der psychologische Hintergrund dieser Fehlurteile kann z.B. in der Tatsache gesehen werden, daß Objekte, auf die sich die eigenen Bedürfnisse beziehen, immer schneller und intensiver wahrgenommen werden (WISPE & DRAMBAREAU, 1953; BRUNER & GOODMAN, 1947).

Immer häufiger wird das *deutsche Steuersystem* wegen seiner **Unübersichtlichkeit und fehlenden Verständlichkeit** an den Pranger gestellt. Auch der Stil der Rechtssprache hat sich von der Alltagssprache so weit entfernt, daß er für den Bürger unzumutbar geworden ist (vgl. MOSER, 1994). Der Denkstil der Bürger ist weitgehend intuitiv, subjektiv und konkret, während der Denkstil der (Rechts-)wissenschaften nach Überwindung der Subjektivität strebt.

Wir vermuten, daß die Verständlichkeit von Steuergesetzen eng mit der Akzeptanz des Steuersystems und auf diese Weise auch indirekt mit der Steuermoral zusammenhängt. Eine solche Akzeptanz setzt sich aus den Komponenten des Wissens und der Motivation zusammen. Die Verständlichkeit von Steuergesetzen ragt nun in die Wissenskomponente hinein. Wenn auch die Kenntnis nicht notwendig Motivation und Bindung im Positiven bewirkt, so ist andererseits die Chance, sich in jedem Fall auf die Position des „Nicht-Wissenden“ zurückziehen zu können, jeder Akzeptanz und somit der Steuermoral schädlich.

Das **Verständnis der Bürger im Hinblick auf die Aufgaben**, die der **Staat zu tun** und was er zu lassen hat (Bürgerpräferenzen), hat sich gewandelt. Diese Veränderungen versuchen wir über den Präferenzbegriff zu verdeutlichen. Präferenzen sind schon grundsätzlich – insbesondere aber im Hinblick auf den Bereich der öffentlichen Güter – sehr schwer operationalisierbar, da sie der Beobachter oft erst ex post aus Regelmäßigkeiten von Verhalten erschließen kann. Mit Präferenzstruktur bezeichnet man hier ein komplexes Gebilde von Wunschvorstellungen hinsichtlich der Aufgaben des Staates, die – so wird unterstellt – vom Bürger in eine Reihenfolge zunehmenden Nutzens gebracht werden. Schon einem einzelnen Individuum mag es nicht leicht fallen, in einem Geschäft aus über hundert Wurstsorten diejenige auszuwählen, die seinem Geschmack am nächsten kommt, oder in einem Restaurant aus einer vierseitigen Speisekarte nach dem Menü zu suchen, das ansprechender erscheint als alle übrigen Gerichte. Aber wie sieht die Präferenzstruktur einer ganzen Bevölkerung aus? Genau diese aber müßte der Staat für eine optimale Versorgung mit öffentlichen Gütern kennen. Im Idealfall müßte der Staat also sämtliche individuellen Präferenzen quasi addieren. Ein solcher Anspruch läßt sich – ungeachtet der Erfolge der Umfrageforschung – nicht in die Realität umsetzen. Es bleibt also eine Informationslücke, die u.a. durch die Lobbyisten der gesellschaftlichen Institutionen geschlossen wird. COWELL (1992) betont in diesem Zusammenhang auch die legitimierende Wirkung der (wahrgenommenen) *Effizienz der Staatsausgaben* und die Berücksichtigung individueller Präferenzen bei der Erstellung öffentlicher Güter (siehe Verwendung des Staatsbudgets). Hier steht gegebenenfalls die politische Berechtigung der gesamten Staatsquote zur Debatte, die in der Öffentlichkeit in Frage gestellt wird und unter deren Druck eine Reduzierung notwendig wird (zum Beispiel Schweden).

Empirische Untersuchungen, die sich mit den Bürgerpräferenzen in bezug auf öffentliche Güter beschäftigen, lassen sich wie folgt zusammenfassen (vgl. GRETSCHMANN, 1994):

- Es zeigt sich eine zunehmende Unzufriedenheit der Bürger mit der staatlichen Aufgabenerfüllung, obgleich staatliche Leistungen insgesamt über die Zeit zugenommen haben. Man beobachtet Legitimationsdefizite vieler staatlicher Leistungen sowie einen Vertrauensentzug gegenüber staatlichen Stellen.
- Gruppenspezifische Wahrnehmungsfilter führen zu einer systematischen Unterschätzung der Ausgaben, die der eigenen Gruppe zugute kommen, und zu einer Überschätzung der Ausgaben, die anderen zufließen.
- Präferenzartikulation und Präferenzprofile hängen von der individuellen Inanspruchnahme von Staatsleistungen ab.
- Die Bewertung von spezifischen öffentlichen Ausgaben korreliert mit der Parteienzugehörigkeit und Selbstdefinition im politischen Spektrum.
- Das staatliche Leistungsangebot und die staatliche Haushaltsstruktur orientieren sich nicht an den Bürgerpräferenzen.

Im wesentlichen spielen also hier die bedürfnisbezogenen Akzentuierungen und hedonistische Attributionsgewohnheiten eine zentrale Rolle, nach denen im Prinzip die eigene Person oder Gruppe benachteiligt ist. Auf diese Weise entsteht Hoffnung, durch öffentliche Larmoyanz zusätzliche Ressourcen des Staates für sich zu gewinnen.

Eine weitere Frage bezieht sich auf das Urteil der Bürger über die „richtige" **Verwendung des Staatsbudgets**. Es ist zu erwarten, daß Steuerproteste und Steuerwiderstand entstehen, wenn den Steuerzahlungen keine präferenzadäquate Leistungszusammensetzung entspricht (SCHMÖLDERS, 1977). Die wichtigsten Änderungswünsche der Deutschen beziehen sich auf eine Verminderung der Ausgaben für Verteidigung, für die EU und für die öffentliche Verwaltung (Forschungsgruppe Wahlen, 1994). Wenn der Bürger die Verwendung des Staatsbudgets beurteilt, geschieht dies allerdings nicht in exakter Kalkulation, sondern in pauschalem Nachdenken, das auf geringen Kenntnissen oder sogar Vorurteilen beruht (vgl. MACKSCHEIDT, 1994).

2.3.3 Konkrete Geldoperationen ohne starke normative Regelungen (Quadrant III)

Quadrant III ist geprägt von einer vergleichsweise großen individuellen Handlungsfreiheit bei gleichzeitig hoher Konkretheit der Gegenstandsbereiche, die sich im weitesten Sinne mit dem Tausch von Geld gegen Güter befassen. Konsum aber muß finanziert werden, und zwar durch unmittelbare Verausgabung von Einkommen, Ersparnissen oder durch Kreditaufnahme. Wir werden uns im folgenden dem Privathaushalt zuwenden und seinen Umgang mit Geld aus sozialpsychologischer und soziologischer Sicht analysieren.

Grundsätzlich steht ein Individuum stets vor der Wahl, Einkommen entweder unmittelbar für Konsum zu verwenden oder für spätere/ teurere Bedürfnisse zu sparen. Dabei ergibt sich allerdings das Problem, daß die Aktualisierung von Bedürfnissen nach einem Gut durch das einzelne Wirtschaftssubjekt nur im Ausnahmefall in zeitlicher und quantitativer Hinsicht in einem ausgewogenen Verhältnis mit seinen Geldressourcen steht. Die motivationalen Aspekte lassen sich in unserem Schema nur insoweit berücksichtigen, als soziale Faktoren (Koordinationsdimension) das Konsumverhalten sehr stark beeinflussen. Die individuellen Prozesse der Meinungsbildung (soweit sie über die Wahrnehmungsprozesse hinausgehen) können in dieser Systematik nicht berücksichtigt werden. Die Fähigkeit, seine Bedürfnisse durch Sparen oder Verschulden in Einklang mit den gegenwärtigen finanziellen Möglichkeiten zu halten, wird im Zusammenhang der Geld-Sozialisation (vgl. KUTSCH sowie FAUTH in diesem Band) behandelt.

2.3.3.1 Kaufen und Sparen

Der Tausch von Geld gegen gesuchte Waren ist eine unmittelbar sinnliche Erfahrung von großer Konkretheit. Soziale Normen greifen nur insoweit, als die Marktbeteiligten Vertrauen in die prinzipielle Akzeptanz der Reziprozitäts- oder besser von Rechtsnormen durch den jeweils anderen Kontrahenten haben müssen. Jedoch: Die Verortung des Konsums im oberen Bereich von Quadrant III ist nicht so eindeutig, wie es zunächst scheinen mag. Es wird sich zeigen, daß dies lediglich auf private Such- bzw. Inspektionsgüter zutrifft. Im einzelnen:

Güter zeichnen sich bei bzw. nach Kauf durch einen unterschiedlich hohen Grad an Konkretheit aus. Zu diesem Zweck ist es sinnvoll, Güter nach dem Grad der Qualitätsunkenntnis zu differenzieren (vgl. FRITSCH, WEIN & EWERS, 1996):

- *Such- bzw. Inspektionsgüter*: Hier sind beide Marktseiten über die Eigenschaften des betreffenden Gutes informiert, denn sie lassen sich vor Vertragsabschluß vollständig und kostenlos erfassen. Es pendelt sich ein Preis ein, der eine Irreführung (z.B. überhöhte Preise) nicht zuläßt.
- *Erfahrungsgüter*: Ein Urteil über Erfahrungsgüter ist erst nach Abschluß des Kaufvertrages und faktischer Nutzung der Güter möglich (Thunfisch in Dosen, Essen in einem Restaurant). Somit besteht bei Kauf des Gutes ein geringerer Grad an Konkretheit als bei Inspektionsgütern.
- Die Qualität von *Vertrauensgütern* läßt sich in Extremfällen nie zuverlässig ermitteln. So kann es beim Gut „Landesverteidigung" (erfreulicherweise) sehr lange dauern (oder noch besser nie geschehen), bis die Verteidigungsfähigkeit eines Landes getestet wird. Ebenso weiß man nach der Behandlung durch einen Arzt oder nach der Einnahme eines Medikamentes nicht, ob eine Heilung aufgrund oder trotz der Therapie eintrat. Außerdem kann Vertrauen als ein Medium der sozialen Koordination aufgefaßt werden, so daß die Nutzung solcher Güter eher im Mittelfeld unseres Koordinatensystems zu verorten ist. Es treten Fragen der Voraussetzungen des Vertrauens (z.B. Sozialisation oder auch persönliche Erfahrungen, die öffentliche Meinung etc.) angesichts der mangelnden Konkretheit von Qualitätskriterien in den Vordergrund.

Die Schwierigkeit der Urteilsbildung im Fall der Erfahrungs- und Vertrauensgüter dürfte zu einer intensivierten Nutzung vereinfachter Entscheidungsroutinen (Heuristiken, Quadrant IV) führen.

Das Sparen eröffnet die Möglichkeit, auch teurere Güter zu erwerben, deren Preis über die momentan verfügbare Geldsumme hinausgeht. Sparen meint aus sozialpsychologischer Perspektive immer **Belohnungsaufschub**. Eine in die Zukunft verlagerte Belohnung erfährt allerdings stets eine **subjektive Abdiskontierung**, da z.B. zukünftige Belohnungen nie so sicher sein können wie gegenwärtige, und die Zukunft generell nicht als unabhängig von Unsicherheitsfaktoren vorgestellt werden kann. Subjektive Diskontierungsraten variieren von Situation zu Situation (vgl. WAHLUND & GUNNARSSON, 1996; STEPHAN i.d.B). Im allgemeinen erfahren jedoch künftige Belohnungen eine starke Abdiskontierung (HERRNSTEIN, 1988 vgl. WISWEDE, 1995). Erst **internalisierte soziale Normen**, die dem Bedürfnisaufschub eine Art Selbstwert zuschreiben, Strategien der **Selbstkontrolle** sowie die subjektive Unmittelbarkeit der erwarteten Wunschobjekte unterstützen eine Bereitschaft, künftige Bedürfnisbefriedigung einer sofortigen vorzuziehen. Sparen für investive Zwecke hat insbesondere in puritanisch geprägtem Denken einen hohen Stellenwert (Horst MÜLLER-PETERS in diesem Band). Sparen für Zwecke der finanziellen Sicherheit wird dagegen in Europa eher in den Ländern bevorzugt, die auf dem HOFSTEDE-Index für Unsicherheitsvermeidung (HOFSTEDE, 1991) einen besonders hohen Wert in der Risikoaversion aufweisen (vgl. KUTSCH in diesem Band). In diesen Ländern kommt der Risikovermeidung also ein hoher normativer Stellenwert zu.

2.3.3.2 Preisschwellen und die Merklichkeit von Inflation

Die Forschungen zur **Preiswahrnehmung** unterstreichen die zentrale Bedeutung der Wahrnehmungspsychologie schon bei ganz konkretem wirtschaftlichem Handeln.

Preise finden umso eher Beachtung, je stärker sie von dem Niveau abweichen, das das Subjekt erwartet. Bei **habitualisierten** Käufen oder auch bei starker Markentreue besteht eine abgeschwächte Aufmerksamkeit für unterschiedliche Preise. Der Konsument scheint allerdings das objektiv ratio-skalierbare Preiskontinuum in grobe Urteilskategorien aufzuteilen (z.B. zu teuer, akzeptabel oder zu billig), die für die alltägliche Handlungsorientierung als ausreichend angesehen werden (zur Übersicht vgl. WISWEDE, 1995). Konkretheit und Simplizität der Entscheidung sind demzufolge eher Konsequenz der vereinfachten Wahrnehmung des Individuums als ausschließliches Merkmal des Wahrnehmungsgegenstandes. Die Übergänge zwischen diesen Kategorien werden als **Preisschwellen** bezeichnet und rufen im Falle des Überschreitens Reaktanz, im Falle des Unterschreitens z.B. Ängste bzgl. Image oder Qualität hervor (vgl. MÜLLER, 1981; MÜLLER et al., 1990; MÜLLER & BRUNS, 1984). Der Gegenstandsbereich der Preisschwellen ließe sich daher im unteren Bereich von Quadrant III verorten.

Eine ähnliche Problematik ergibt sich hinsichtlich der Wahrnehmung von allgemeinen Preiserhöhungen (Inflation). Wann wird die Tatsache einer Inflation bewußtseinsdominant? In beiden Fragestellungen lassen sich – wie schon erwähnt – Bezüge zur **Adaptationstheorie** (HELSON, 1964) und zur **Assimilations-Kontrast-Theorie** (SHERIF/ HOVELAND, 1961) aufzeigen. Innerhalb eines bestimmten *Akzeptanzbereichs*, der sich nicht allzuweit von dem erwarteten „*Ankerpreis*" entfernt, werden auch unterschiedliche Preise als akzeptabel angesehen. Bei Überschreiten der Schwelle findet eine Kontrastbildung statt; selbst geringfügige Überschreitungen der Schwelle werden als vollständig inakzeptabel angesehen.

Für die Wahrnehmung von Inflation spielen bestimmte Schlüsselpreise eine zentrale Rolle, wie die Miete, die Preise von Benzin, Butter oder Bier. Diese Schlüsselpreise sind dann unter Berücksichtigung der Adaptionsniveaus, von Gewöhnungseffekten und des typischen Ausmaßes an Aufmerksamkeit bei den Konsumentscheidungen zu analysieren (vgl. MÜLLER, 1981).

2.3.3.3 Kreditverhalten von privaten Haushalten und das Problem der Überschuldung

2.3.3.3.1 Determinanten der Verschuldung

Im Gegensatz zu einer Kreditaufnahme der öffentlichen Haushalte besteht bei einem solchen Vorgang in privaten Haushalten eine persönliche Haftung. Diese müßte zu einem „vernünftigen Verhalten" im Hinblick auf die Verschuldungsbereitschaft privater Haushalte führen. Die Frage danach, welche Höhe der Verschuldung aus der Sicht der Verbraucher als akzeptabel erscheint, ist in hohem Maße *kulturell* beeinflußt (vgl. KUTSCH in diesem Band).

Ein Kredit ermöglicht eine direkte Verfügung über das begehrte Konsumgut ohne notwendige Ansparphase. Oftmals weiß man aber bei Kreditaufnahme noch nicht, welche Güter konkret damit erworben werden sollen – insbesondere bei einem Überbrückungskredit, der nicht allein für den Kauf eines bestimmten Konsumgutes in Anspruch genommen wird. Ein Kredit hat für das Subjekt eine ambivalente Bedeutung: neben dem Belohnungscharakter der unmittelbaren Verfügbarkeit des Geldes besitzt er gleichzeitig einen bedrohlichen Strafreizcharakter, weil er die Notwendigkeit der Rückzahlung sowie der zusätzlichen Zinsen beinhaltet. Allerdings setzt der Strafreiz erst relativ spät ein und unterliegt damit der schon erwähnten Abdiskontierung von in der Zukunft liegenden Ereignissen.

Eine inzwischen immer leichtere Verfügbarkeit von Geld (24-Stunden-Geldautomat, Dispositionskredit, Kreditkarten) fördert das Entstehen einer Verschuldungsmentalität.

LEA et al. (1995) fanden folgende Determinanten der Verschuldung:

- soziale Unterstützung: Ein Kredit ist in der modernen Konsumgesellschaft zur Selbstverständlichkeit geworden.
- ökonomische Sozialisation
- sozialer Vergleich: „If you compare yourself with people who have more economic resources than you have, and want to have, or feel entitled to the same goods and services as they enjoy, you are in obvious danger of outspending your income“ (LEA et al., 1995, S. 683).
- Konformität im Konsumverhalten: „What everyone buys is likely to be seen as a necessity“ (LEA et al., 1995, S. 684).
- weak money management styles (ggf. verbunden mit einem unorganisierten Lebensstil)
- Zeithorizont: hohe subjektive Diskontierungsrate
- Einstellung zur Verschuldung (LIVINGSTONE & LUNT, 1992 in: LEA et al., 1995).
- Locus of control: „...people with a strongly external locus of control were more likely to get in dept“ (LEA et al., 1995, S. 684).

2.3.3.3.2 Der Übergang von der Verschuldung zur Überschuldung

Der gekonnte Umgang mit Krediten kann sowohl einzelwirtschaftlich wie auch volkswirtschaftlich gesehen als sinnvoll erachtet werden. Problematisch wird es allerdings, wenn der private Haushalt aus unterschiedlichen Gründen nicht mehr in der Lage ist, die Kredite zurückzuzahlen (Überschuldung). Für diesen Fall greifen eine Vielzahl von sozialen Normen, die die individuelle Handlungsfreiheit einschränken. Oftmals muß die Gesellschaft bzw. der Staat in Anspruch genommen werden, so daß der Gegenstandsbereich der Überschuldung auf der Koordinationsdimension irgendwo in der Mitte anzusiedeln ist. Mögliche externe Auslöser von Überschuldung können z.B. Arbeitslosigkeit, Probleme bei der Haushaltsführung, Niedrigeinkommen, Bildungsdefizite sowie Scheidung (KORCZAK & PFEFFERKORN, 1990 vgl. WISWEDE, 1995) sein. Die Frage der „Ursachenattribution“ (z.B. KELLEY, 1972) ist häufig nicht klar entscheidbar und wird von den Beteiligten oft recht unterschiedlich gesehen. Aus einer Befragung von Bankangestellten sowie der Dokumentenanalyse einer Schuldnerberatungsstelle konnten FISCHER & BELL (1990) folgende Ursachen ermitteln:

- die Schuldenhöhe überschuldeter Kunden war um ca. 50% größer, wenn das gekaufte Objekt weniger funktionalen als Prestigezwecken diente. Dieser Prestigekonsum ist eher typisch für „Besserverdienende“, die so eine Erhöhung ihres Selbstwertgefühls intendieren (vgl. z.B. die Theorie der symbolischen Selbstergänzung WICKLUND & GOLLWITZER, 1982).
- Personen, die ihren Lebensstil nach dem Urteil der Bankangestellten „an anderen Personen/Personengruppen orientierten“, hatten um 72% höhere Schulden als solche überschuldeten Personen, auf die dieses Urteil nicht zutraf.

- Von den Überschuldeten waren diejenigen, die noch über einen höheren „freien Einkommensrest“ verfügten, weniger bereit, ihren Lebensstandard einzuschränken, um ihre Schulden zu begleichen, als ihre ärmeren Leidensgenossen.
- Die Ursachen für die Überschuldungssituation lagen aus Sicht der Bankkunden in erster Linie an plötzlich eintretenden unbeeinflußbaren Ereignissen (70,4%). In nur 41% der Fälle sahen die Bankangestellten dies auch so. Nur 18% der Kunden sahen die Ursache in ihrem eigenen Verhalten, während 43% der Banker genau in dieser Fehleinschätzung ihrer Kunden das Problem sahen.

Bewerten wir diese Ergebnisse noch einmal vor dem Hintergrund der sozialpsychologischen Theoriebildung, dann fällt die Relevanz sozialer Beeinflussung für das Überschuldungsgeschehen (und deshalb die Nähe zu Quadrant I) ins Auge:

- Die Möglichkeit zur Selbstwerterhöhung durch Konsum von prestigeträchtigen sichtbaren Gütern wird von einer bestimmten Konsumentengruppe deutlich höher gewichtet als die Risiken einer (meist nicht sichtbaren) Überschuldung.
- Banken fällt im Zusammenhang der (Kredit-)Beratung ihrer Kunden eine wichtige Funktion zu im Hinblick darauf, ob sie die Risiko-Wahrnehmung ihrer Kunden eher schärfen oder eher senken. Aufgrund ihrer Expertenmacht (FRENCH & RAVEN, 1959) müssen sie einen erheblichen Teil der Verantwortung für ihre Kunden mit übernehmen.
- Selbst bei den relativ konkreten Konsumkrediten erweisen sich also über den reinen Markttausch hinausgehende Sicherungssysteme als notwendig. Weil dieses Problem allerdings im Zusammenhang mit Finanzmärkten verschärft auftritt, wird es dort vertiefend behandelt.

2.3.4 Der Finanzmarkt und seine Akteure (Quadrant IV)

Im IV. Quadranten werden primär Markttransaktionen verortet, die durch hohe Abstraktheit und geringe normative Vorgaben gekennzeichnet sind. Nach einer kurzen Skizzierung der hier als besonders typisch anzusehenden Börse werden zunächst private und nachfolgend institutionelle Akteure betrachtet. Prinzipiell wird den professionellen Entscheidern eine größere Rationalität und ein höheres Informationsniveau unterstellt. Vor dem Hintergrund des Entscheidungsverhaltens dieser Akteure erhält die aktuelle Frage besonderes Gewicht, ob der Finanzmarkt eher von Gleichgewichtstendenzen oder eher von Tendenzen gekennzeichnet sei, aus dem Ruder zu laufen.

Zunächst soll daher der Finanzmarkt am Beispiel der Börse skizziert werden, bevor wir den Fokus auf seine Akteure richten. Am Ende dieses Abschnitts werden wir schließlich die Frage nach der Effizienz der Finanzmärkte stellen.

2.3.4.1 Die Börse als Finanzmarkt

Die Börse, die sicherlich als ein typischer Finanzmarkt angesehen werden kann, läßt sich folgendermaßen beschreiben:

> „Die Börse stellt zunächst einen Markt dar, allerdings einen mit der Besonderheit einer doppelten Abstraktheit oder Anonymität. Weder die gehandelten Waren oder Effekten werden dort gegenständlich getauscht, noch treffen Käufer und Verkäufer persönlich aufeinander. Überdies werden keine Einzelstücke, sondern nahezu beliebig teilbare Massengüter bzw. die Rechte hierauf gehandelt. So gesehen liegt die Vermutung nahe, daß spezifische Merkmale des einzelnen Gutes oder individuelle Charakteristika der beteiligten Menschen unerheblich seien, da sie wegen der Ausgleichsfunktion der großen Zahl nivelliert würden. So betrachtet könnte die Börse geradezu als Parade-

> platz der reinen Marktwirtschaft gelten. Der „homo oeconomicus" trifft Seinesgleichen und tauscht mit großer Rationalität etwas, was ihn gar nicht interessiert, nur um danach mehr Geld zu haben als vorher" (WIENDIECKM, 1990, S. 48 f).

Das ist natürlich nicht der Fall. Nach den Erkenntnissen der entscheidungstheoretischen Forschung ist die Entwicklung einer rational-kompetitiven Strategie unter Inkaufnahme eines hohen eigenen Schadensrisikos – wahrscheinlich, wenn

- der Zusammenhang zwischen eigenen Entscheidungen (bzw. denen vieler anderer) und den Konsequenzen nicht klar bewußt ist
- viele Personen beteiligt sind
- eingeschränkte Kommunikationsmöglichkeiten bestehen
- den anderen Teilnehmern ebenfalls egoistische Motive unterstellt werden
- sozial-kooperative Normen irrelevant sind (DAWES, 1980; WIENDIECK, 1990).

Die doppelte Abstraktheit des Börsenhandels verstärkt also noch die ohnehin typischerweise schwachen sozialen Verpflichtungen des Marktes.

Was sind nun die *Akteure* auf dem Finanzmarkt und wie verhalten sie sich? Zur Beantwortung dieser Frage widmen wir uns den **privaten Anlegern**, den **Finanzdienstleistern** (insbesondere Banken und Versicherungen) sowie den **Unternehmen, die Investitionen tätigen und sich über den Kapitalmarkt refinanzieren** (z.B. durch Ausgabe von Aktien).

2.3.4.2 Anlageverhalten von privaten Haushalten

Das tatsächliche Anlageverhalten privater Haushalte zeugt gegenüber dem Idealbild des *homo oeconomicus* in vielerlei Hinsicht von rationaler Beschränktheit. *Motivationale Wirkungen* und die Konsequenzen der dem *Wahrnehmungs- und Kognitionsprozeß* notwendig *inhärenten Vereinfachungsprozesse* (der Mensch als kognitiver Geizhals) werden in den Beiträgen von H. MÜLLER-PETERS und STEPHAN behandelt. Eine Reihe von „irrationalen" Effekten (optimistic bias, defensiver Pessimismus, overconfidence bias, Urteilheuristiken etc.) lassen sich als intuitive Strategie der Subjekte verstehen, angesichts eines oft verunsichernd komplexen Urteilsgegenstandes mit wenig Informationen schnelle Urteile fällen zu können und gleichzeitig die drohende Selbstwertschädlichkeit falscher Urteile zu entschärfen.

Hier sollen nur einige besonders typische Merkmale behandelt werden: die *geringe Informationssuche* und die *hohe Risikoaversion*. Beide korrespondieren – wie der Beitrag von ADELT & FELDMANN (in diesem Band) am Beispiel der älteren Bevölkerung verdeutlicht – mit geringer Erfahrung im Umgang mit größeren Geldsummen.

2.3.4.2.1 Die geringe Informationssuche

Das ökonomische Modell geht in der Regel von dem Vorbild eines optimalen Vermögensplaners aus. Dieser optimale Vermögensplaner entscheidet stets rational und unter vollkommener Information. Das optimale Informationsniveau ist natürlich für verschiedene Finanzanlagen recht unterschiedlich. Das verschiedentlich zitierte Sparbuch macht hier die geringsten Voraussetzungen. Wegen des geringen Risikos und der prinzipiellen Verfügbarkeit setzt es vermeintlich wenig Wissen voraus (z.B. im

Hinblick auf Risiken verschiedener Anlagen oder im Hinblick auf den eigenen zukünftigen Liquiditätsbedarf; zu den dabei übersehenen Risiken s. H. MÜLLER-PETERS). Die Aktienanlage dagegen setzt ein sehr hohes Informationsniveau voraus (vgl. FISCHER, 1991, H. MÜLLER-PETERS i.d.B.). Auf einer übergeordneten Ebene kann man es als psychoökonomisches Verhalten verstehen, wenn etwa ältere Frauen mit geringen ökonomischen Ressourcen keinerlei Interesse an der Frage von Finanzanlagen haben (vgl. ADELT & FELDMANN). Allerdings erscheint auch bei geringeren bis mittleren Einkünften zumindest eine gewisse Delegationsbereitschaft – z.B. an Experten der eigenen Bank – angebracht, so daß auch bei relativ geringen Ersparnissen eine Optimierung der Anlage erreicht werden kann. Die Ergebnisse von ADELT & FELDMANN lassen jedoch erkennen, daß es für ca. 30% der Senioren eine gewisse affektive Sperre zu geben scheint, sich selbst mit dem Thema Geldanlage zu beschäftigen – sei es für eigene Entscheidungen oder für eine Delegation von Entscheidungen. So wird aus Mangel an Informationen oder aus Gewohnheit ein optimales Portfoliomanagement verfehlt.

2.3.4.2.2 Der Umgang mit dem Risiko

Im Ausland sind festverzinsliche Kapitalanlagen häufig mit höheren Zinsen verbunden. Inländischen Anlegern, die aufgrund der Zinshöhe ihr Kapital im Ausland anlegen, ist häufig gar nicht bewußt, daß diese Anlagen objektiv auch mit einem höheren Risiko verbunden sind und der hohe Zinssatz einen Bonus für dieses Risiko darstellt.

Es stellt sich also die Frage, ob private Anleger in der Lage sind, auf angemessene Weise mit Risiko umzugehen. Betrachten wir das Risiko des Alters. Besitzt der Mensch die Fähigkeit, eigenständig für das Risiko des Alters vorzusorgen? Oder ist er auf eine extern verordnete (gesetzliche) Renten- bzw. Pflegeversicherung angewiesen? Aus sozialpsychologischer Sicht steht die menschliche Weitsicht zumindest partiell in Frage. Mit dem myopischen Effekt konnte gezeigt werden, daß Menschen oftmals in der Zukunft liegende Verhaltenskonsequenzen nur unzureichend in ihrem Verhalten berücksichtigen, weil sie die Bedeutung zukünftiger Ereignisse „abdiskontieren" (HERRNSTEIN, 1990; THALER, 1992). Ein Vergleich zwischen den EU-Ländern zeigt allerdings, daß recht unterschiedliche Systeme der Altersvorsorge möglich sind und von älteren Befragten die Unzulänglichkeit ihrer finanziellen Versorgung vorwiegend den national typischen Institutionen (meist die Rentenversicherung) teilweise aber auch unzulänglicher eigener Vorsorge (Sparen) zugeschrieben wird (FISCHER & MÜLLER, 1996).

Bei H. MÜLLER-PETERS werden die motivationalen Determinanten unterschiedlicher Risikopräferenzen diskutiert, im Beitrag von STEPHAN die kognitiven Determinanten.

2.3.4.2.3 Der private Anleger an der Börse

Auch wenn sich die persönliche Anlage von Geld in Aktien in Deutschland immer noch auf eine kleine Minorität von ca. 15% der Bevölkerung beschränkt, so erscheint nach der dynamischen Entwicklung in den Jahren 1996/97 durchaus vorstellbar, daß in absehbarer Zeit auch in Deutschland ähnliche Zahlen wie in den USA (über 50%

der erwachsenen Bevölkerung) erreicht werden. Berichteten GUTMANN et al. (1964, S. 383) noch davon, daß zwei Drittel aller Aktiengesellschaften in Deutschland in Schachtel- oder Dauerbesitz seien, weist der Effekten-Spiegel in einer Ausgabe des Jahres 1998 von 120 großen deutschen AGs ca. 50% als überwiegend im Streubesitz befindlich aus. Ein Anliegen vieler Unternehmen war es, auch in Deutschland eine Art Aktienkultur zu verankern. Genau das scheint mit dem Börsengang der Deutschen Telekom im Ansatz gelungen zu sein. STEPHAN diskutiert die Ursachen des Erfolges dieser Aktienemission im Rahmen des Modells der Verfügbarkeitsheuristik von TVERKY und KAHNEMAN. Abzuwarten bleibt allerdings die Reaktion der „Jungaktionäre" auf die erste dauerhaft negative Erfahrung.

Möglicherweise dürfte jedoch die Dynamik der Aktienfonds in Zukunft eine noch bedeutendere Rolle spielen, da ihnen von einer alternden Bevölkerung mit hohen finanziellen Reserven eine steigende Substitutionsfunktion für die zunehmend skeptischer bewerteten Rentenversicherungen zugedacht werden. Dies führt zu einem gesamtwirtschaftlich problematischen Liquiditätsüberhang, der seit Jahren zu ständig neuen Börsenhochs führt. Dies ist allerdings ein eher sozialpolitischer Hintergrund, der hier ökonomisch nicht zu bewerten ist.

Zum speziellen Anlageverhalten von privaten Anlegern existieren derzeit nur wenige Studien, über die im weiteren die Beiträge von STEPHAN, SZALLIES, H. MÜLLER-PETERS und ADELT & FELDMANN berichten.

Zur allgemeinen Charakterisierung des privaten Aktionärs ist aus sozial- und wirtschaftspolitischer Sicht sicherlich von Bedeutung, daß sich die Einstellungen von Aktionären hinsichtlich sozialer Verpflichtungen gegenüber Arbeitslosen, Benachteiligten, Umweltproblemen etc. von einer Zufallsstichprobe nicht unterscheiden (FISCHER, 1991). Aktionäre in Deutschland urteilen also hinsichtlich der sozialen Rahmenbedingungen des Marktes nicht anders als eine Zufallsstichprobe. Hinsichtlich des Anlageverhaltens ist sicherlich zunächst auf die Feststellung von ROSENSTIEL (1990) zu verweisen, daß bei privaten Depots jährlich typischerweise nur wenige Transaktionen stattfinden. Bei einer Typologisierung von Aktionären auf der Basis repräsentativer Studien stellte FISCHER (1990) fest, daß Aktionäre sich gegenüber der Normalbevölkerung zwar erheblich *besser* durch Lektüre *informieren*; jedoch war etwa die Hälfte der Aktionäre dem Typus des „Ambivalenten" zuzuordnen, der eine starke Normorientierung aufweist und eher durch *Anpassungsbereitschaft* denn durch *autonome Entscheidungskraft* gekennzeichnet ist. Aus Sicht der Professionellen stellen die Privaten sicherlich deshalb „*schwache Hände*" dar, die immer noch Aktien (ver-)kaufen, wenn die professionellen Entscheider schon den Gegentrend vorbereiten („Dienstmädchen-Hausse"). Tatsächlich wird der Markt vom Volumen her zunächst eindeutig von professionellen Entscheidern bestimmt. Wie KIELL & STEPHAN (1997) und STEPHAN (i.d.B.) ausführen, ist jedoch auch das Entscheidungsverhalten von professionellen Akteuren weit davon entfernt, den Rationalitätskriterien ökonomischer Kapitalmarkttheorien zu genügen. Auch zeigt die Diskussion der möglichen und tatsächlichen Konsequenzen der Asienkrise 1997, daß das „besonnene Verhalten" der Privatanleger eine Signalfunktion zur Stabilisierung der Aktienmärkte hatte. Die Gruppe der Aktionäre selbst ist allerdings sehr heterogen, wobei nur maximal 25% der privaten Aktionäre als „spekulierende Waghälse“ angesehen werden können (FISCHER, 1991).

Die Motivationen für einen Aktienbesitz sind vielfältig (MÜLLER, FISCHER & KOOP, 1993; s. auch H. MÜLLER-PETERS und STEPHAN i.d.B.) und erstrecken sich von der irrationalen Vorliebe für „bekannte“ und scheinbar „vertraute“ Aktien über „hohe Gewinnerwartungen“ und „Lust am Risiko“ bis hin zu der Möglichkeit von Arbeitnehmern, Belegschaftsaktien ihres Unternehmens zu erwerben.

FISCHER, KOOP & MÜLLER (1993) differenzierten Typen von privaten Anlegern auch auf der Basis von *emotionalen Stimmungen* im Hinblick auf das Anlageverhalten an der Börse. Die Vielzahl von komplexen Informationen, die eine Anlageentscheidung erfordert, macht eine rationale Entscheidung oftmals unmöglich. In einem solchen Fall greift der Mensch auch auf die *eigene Stimmung als Informationsgrundlage* für seine Entscheidungen zurück (SCHWARZ & BOHNER, 1990). In guter Laune aber trifft man schneller und mutiger Entscheidungen, benötigt man weniger Informationen als in schlechter Laune. Gleichzeitig korrespondieren diese emotionalen Typen mit spezifischen Lebenslagen, die unterschiedliche Börsenstrategien erwarten lassen. So sind jüngere eher begeistert, erhoffen *mehr Gewinn* und verhalten sich deshalb *risikofreudiger*; ältere sind vorsichtiger, haben *Spaß am Kompetenzgewinn*, planen Reserven für den Nachwuchs etc.

Wie bereits angesprochen, kann die oftmals erst verspätete „richtige“ Wahrnehmung komplexer Tatbestände zu Überreaktionen führen. Mit diesem Mechanismus läßt sich auch die hohe Volatilität (Schwankungsbreite) der Börsenkurse erklären. Nach der sogenannten „Theorie spekulativer Blasen“ haben solche Überreaktionen zu Kursen geführt, die von den fundamental begründbaren Niveaus abweichen. Spekulative Blasen entstehen dadurch, daß Anleger ohne Berücksichtigung fundamentaler Faktoren einem „Herdentrieb“ folgen und zeitlich befristete Trends als selbstverständliche Dynamik interpretieren. Für die Wirksamkeit *sozialer Einflüsse* auf die *emotionale Befindlichkeit* der Subjekte sprechen u.a. auch die Befunde von SCHACHTER & SINGER (1962) oder die von MOSCOVICI (1984) kritisch wiederbelebte *Psychologie der Massen*. Vielfach wird die Volatilität noch durch Spekulanten verstärkt. Auch eine zunehmende Risikoneigung unter den Anlegern erscheint geeignet, die Volatilität noch zu vergrößern. Eine Blase platzt, wenn genügend Anleger damit rechnen, daß sich in Kürze wieder ein fundamental gerechtfertigter Kurs einstellt (vgl. QUANDT, 1997). FREY, BRANDSTÄTTER & SCHUSTER (1994) postulierten, daß Aktionäre die Hypothese verwenden, daß es an der Börse nach vielen Jahren des Aufwärtstrends nur noch nach unten gehen kann. Natürlich spielt bei diesem Prozeß der genaue *Zeitpunkt* bzw. das *Kursniveau* oder auch das *Renditeniveau* eine zentrale Rolle, das als Wahrnehmungsanker dient, und das als neue Zielmarke (in diesem Falle die der Baisse) angesehen wird. Diese Hypothese bewirkt eine erhöhte Bereitschaft, Negativfaktoren zu registrieren. Durch Massenmedien und Meinungsführer verstärkt sich die Uniformität dieser Interpretation. „Wenn nun durch irgendwelche Auslöser der vermeintliche Beginn des Abwärtsszenarios gesehen wird, breitet sich Panik aus und jeder versucht, so schnell wie möglich das sinkende Schiff zu verlassen – was die Crash-Situation herbeiführt“ (FREY, BRANDSTÄTTER & SCHUSTER, 1994, S. 73).

Demnach könnte eine der Ursachen des weltweiten (allerdings nicht dramatischen) Kurssturzes im Herbst 1997 massenpsychologischer Natur gewesen sein. Anläßlich des zehnjährigen „Jubiläums“ des Crashs von 1987 hatte man 1997 geradezu auf eine Wiederholung gewartet und Hinweise dafür gesucht, daß etwas passiert. Einen solchen Hinweis hat der Kurssturz in Fernost geliefert. Allerdings hat der anhaltende Liquiditätsdruck den Einbruch schnell wieder ausgeglichen.

Weitere wahrnehmungspsychologische Regelhaftigkeiten gehören zu den Standards der Aktionärsberater, z.B. die Wirkung glatter Zahlen als Schwellen für den weiteren Anstieg oder auch den Fall der Kurse. Hier wirkt das schon erwähnte *Assimilations-Kontrast-Phänomen* (HELSON, 1964), nach dem Wertsteigerungen unterhalb einer glatten Schwelle (z.B. 100,--DM) als erwartbar, jede Mark darüber aber als überraschend gewertet werden (vgl. vertiefend auch MÜLLER, 1981; MÜLLER et al., 1990).

Auf einen ähnlichen Effekt zielt die von vielen Aktiengesellschaften durchgeführte Änderung des Aktiennennwertes, durch die man offenkundig eine relevante Wahrnehmungsschwelle überspringen kann. Niedrige Nennwerte werden von vielen Aktionären völlig irrational als Hinweis für günstige Kurse angesehen. So konnte die Leifheit-AG innerhalb von 2 Jahren die *Anzahl* ihrer Aktionäre verdreifachen, wahrscheinlich allein durch Änderung des Nennwertes ihrer Aktien von 50 DM auf 5 DM.

2.3.4.3 Finanzdienstleister (insbesondere Banken und Versicherungen) zwischen Kunden und Kapitalmarkt

In diesem Band beschäftigt sich eine größere Zahl von Beiträgen mit unterschiedlichen Problemen der Finanzdienstleister, die grundsätzliche Elemente der Kundenzufriedenheit (ENGELMANN), ihre Anwendung für Marketingkonzepte von Versicherungen (MÜLLER-PETERS, H., QUINKE & LEY), die Personalpolitik im Finanzdienstleistungsbereich (JACOBS, S. MÜLLER) und Versicherungsbetrug (FETCHENHAUER) behandeln.

Typische Charakteristika von Finanzdienstleistungen sind:

- Intangibilität, schwierig feststellbare Erfolgskriterien
- Einseitigkeit der Expertenmacht
- überwiegend auf Dauer und Vertrauen angelegt
- latente Rollenkonflikte
- überwiegend low-involvement

Der Begriff der Intangibilität steht für eine geringe Objektivierbarkeit der Ergebnisse der Finanzdienstleistungen (vgl. hierzu ENGELMANN in diesem Band). Diese ist natürlich weitgehend begründet durch die Abstraktheit finanzieller Transaktionen. Zwar können sich Kunden von Banken zur Bewertung der Dienstleistung ihrer Bank z.B. an (Miß)-Erfolgen ihres – unter Anleitung eines Bankangestellten aufgebauten – Depots orientieren; jedoch ist dem kritischen Kunden unmittelbar klar, daß Erfolge am Aktienmarkt ebensogut der allgemeinen Hausse wie dem Können des Bankangestellten zugeschrieben werden können. Erst der Vergleich mit dem DAX oder anderen Marktindices kann eine gültige Antwort liefern. Dasselbe Dilemma gilt natürlich auch im umgekehrten Falle. Mit der Abstraktheit des Dienstleistungsgegenstandes bzw. seiner Intangibilität ist unmittelbar auch die Asymmetrie der Expertenmacht verbunden; die Kunden sind nur in begrenztem Maße in der Lage, die Leistungsfähigkeit des Finanz- oder Versicherungsberaters zu beurteilen. Als Alternative zur ständigen „Qualitätskontrolle" bleibt dem Kunden in vielen Fällen lediglich Vertrauen. Dieses stellt sich jedoch nur in solchen Geschäftsbeziehungen ein, die auf Dauer angelegt sind. In vielen Fällen befindet sich der Berater zudem in Interessens- bzw. Rollenkonflikten. Die Bank kann zur Förderung ihrer Gewinninteressen ihren Beratern auftragen, den Kunden den Kauf bestimmter Papiere zu empfehlen, obwohl diese nicht unbedingt eine echte Bereicherung des Depots der Kunden bedeuten; der Versicherungsvertreter vertritt verschiedentlich kurzfristig die Interessen des Kunden auf Kosten der Versicherung, um den Kunden langfristig zu halten (vgl. FETCHENHAUER in diesem Band). Vor diesem Hintergrund kann sich gegenseitiges Vertrauen erst über längere Zeiträume aufbauen.

Banken sind dem Kunden, der – wie oben gesehen – nur auf sich gestellt auf dem Finanzmarkt oft überfordert ist, bei seinen Anlageentscheidungen behilflich, nehmen Kundengelder als Einlage entgegen und verleihen diese Gelder als Kredite.

Um den spezifischen Anlagewünschen ihrer Kundengruppen zu entsprechen, ist auch eine gruppenspezifische Anlagewerbung bzw. Anlageberatung notwendig. Sozialpsychologische Grundlage sind hier **Anreiztheorien** und **Zufriedenheitskonzepte**. Die Beratung von Senioren erfolgt nach bankeigenen Studien (vgl. Handelsblatt vom 25.11.1997) wegen ihrer Ausstrahlung von Seriosität, Ruhe und Einfühlungsvermögen bevorzugt von Frauen mittleren Alters. Senioren erwarten eine sehr persönliche Ansprache. Eine direkte Ansprache als älterer Mensch – gleich unter welchem Etikett – ist jedoch verpönt: Senioren wollen sich nicht als Senioren fühlen.

In der jüngeren Generation steigt insgesamt die Bereitschaft zu einem höheren Anlagerisiko, was in der Anlageberatung berücksichtigt werden sollte. Die Zahl der Aktienbesitzer hat in den vergangenen Jahren erheblich zugenommen. „41 Prozent der unter 30-jährigen, die bislang keine Aktien besitzen, würden gerne einmal Geld dort anlegen. Von den 30- bis 44-jährigen gaben dies 29 Prozent und von den 45- bis 59-jährigen nur 27 Prozent an" (Institut für Demoskopie in Allensbach, aus: FAZ vom 20.11.1997).

Welche sozialpsychologischen Aspekte spielen nun auf der anderen Seite bei der Kreditvergabe eine Rolle? Bei Zahlungsschwierigkeiten eines Kunden wird die Bank eher einen Überbrückungskredit gewähren, wenn sie eine variable Attribution vornimmt (für diese Jahreszeit typische Konjunkturabflachung) als wenn sie eine stabile Attribution vornimmt, unabhängig davon, ob diese Ursachenzuschreibung angemessen ist oder nicht.

Die Banken sind wegen ihrer Machtposition häufig kritisiert worden. Ihre Macht kommt zum Beispiel dadurch zum Ausdruck, daß gegenüber ihren Kunden in der Regel einseitige Abhängigkeiten bestehen. Insofern hängt die Weitergabe von Diskontsatzänderungen ab von den Erwartungen der Kreditinstitute an die Mobilität der Kunden bei unterschiedlichen Zinshöhen. Sowohl im Hinblick auf die gesamtwirtschaftliche Machtposition der Banken als auch auf die Beziehungen auf der Mikro-ebene kann man auf sozialpsychologische Konzepte der Macht zurückgreifen (**insbesondere Expertenmacht**).

2.3.4.4 Unternehmen als Teilnehmer auf dem Finanzmarkt

2.3.4.4.1 Kalkulation von Chancen und Risiken in Unternehmen

Für Manager in privaten Unternehmen gelten andere Motivationsstrukturen als für private Anleger, womit wir uns einem weiteren Akteur auf den Finanzmärkten zuwenden wollen. In den Aufgabenbereich von Managern fallen unter anderem die Führung von Mitarbeitern (hier kann man auf *sozialpsychologische* **Führungskonzepte** zurückgreifen), Personalentscheidungen und die Entscheidung über Investitionen. Ein von der Ökonomie häufig angenommenes reines Gewinnmaximierungskalkül in bezug auf Investitionen scheint eher selten, eine ausgeprägte Risikoaversion dagegen häufig vorzukommen. Manager von Banken scheinen sich hierin kaum von dem größten Teil ihrer Privatkunden zu unterscheiden. Eine mögliche Ursache könnte das Bewußtsein sein, in der Verantwortung Dritten gegenüber zu stehen. Neben dem beabsichtigten Gewinn für das Unternehmen spielen weitere persönliche Entscheidungsmotive wie Prestige und Einfluß bzw. Macht eine Rolle (KATONA, 1960). Das Prestige-Motiv beispielsweise kann mit der Selbstwertschutztheorie erklärt werden (vgl. FREY, BRANDSTÄTTER & SCHUSTER, 1994). Man versucht sich und anderen zu demonstrieren, daß man Erfolg oder Macht hat, um damit den eigenen Selbstwert zu erhöhen. Objektive Fehlentscheidungen werden dagegen manchmal nicht zur Kenntnis genommen oder zumindest vor anderen verborgen, da sie den Selbstwert bedrohen würden. Manager sind in diesem Sinne bestrebt, eine komplexe Unternehmensstruktur (Unternehmensdiversifikation) zu errichten, die einen Informationsvorsprung gegenüber Aktienbesitzern sichert.

Ein allgemeiner Befund zu Investitionsentscheidungen besagt, daß Investoren „severely underestimate the growth of investments" (ANDERSON & SETTLE, 1996, S. 357). Positive Aspekte werden in der Anfangsphase von projektierten Unternehmen besonders präferiert. Verblüffenderweise stellen in solchen Situationen Entscheidungen im Team kein vertrauenswürdiges Korrektiv dar. JANIS (1982) rekonstruierte an politischen Fehlentscheidungen (z.B. das Schweine-Bucht-Debakel), daß gerade in Gruppen mit hoher Kohäsion und starker Isolation von der Außenwelt die Tendenz groß ist, sich selbst zu überschätzen, die Einmütigkeit über alles zu stellen und differenzierte, kritsche Meinungen zu unterbinden. Dieser **Group-Think-Effekt** kann als ideale Voraussetzung für Fehlentscheidungen in Gruppensituationen angesehen werden.

2.3.4.4.2 Investor Relations

Hinter diesem Begriff verbirgt sich die Frage nach der Gestaltung der Öffentlichkeitsarbeit von Unternehmen. In einer Zeit, in der Aktionäre in zunehmendem Maße (gegenüber den zuvor allein ausschlaggebenden Banken) als Kapitalquelle für Unternehmen gewertet werden (sharholder-value), gerät dieser Aspekt verstärkt in den Fokus der Aufmerksamkeit. Wie bewahrt ein Unternehmen zum Zwecke der Refinanzierung einen hohen Kurs seiner Aktien? Ungeachtet der Tatsache, daß die PR-Maßnahmen von Unternehmen taktische Aspekte im Auge haben müssen und auch eine differenzierte Informationspolitik im Hinblick auf unterschiedliche Analysten-Populationen sinnvoll erscheint (vgl. BITTNER in diesem Band), ist die Aufrechterhaltung von Glaubwürdigkeit gegenüber den Rezipienten der Informationen (der Öffentlichkeit) von besonderer Bedeutung. Es besteht also ein Koordinationsbedarf (vgl. Koordinationsdimension), jedoch weisen sämtliche Reglementierungen eine Vielzahl von Schlupflöchern auf. Ursache hierfür mag die Undurchschaubarkeit eines Unternehmens sein, so daß eine Verschleierungstaktik niemals ausgeschlossen werden kann.

Ein weiterer Sonderfall organisationaler Finanzentscheidungen stellt das Verhalten der institutionellen Investoren (Versicherer, Broker, Investmentfondgesellschaften, Portfoliomanager in Banken) dar. Verschiedene Untersuchungen im US-amerikanischen Markt kommen zu dem Ergebnis, daß auch deren Investitionsverhalten einer Reihe von Heuristiken und Urteilsverzerrungen unterliegt, die, gemessen an normativen ökonomischen Modellen, letztlich zu suboptimalen Portfolios führen. STEPHAN (i.d.B.) berichtet über diese – vermutlich nicht nur auf den nordamerikanischen Finanzmarkt zutreffenden – Befunde, die auch das im folgenden Abschnitt behandelte Thema berühren.

2.3.4.5 Die Effizienz der Finanzmärkte

RAPP (1997) fordert einen Paradigmenwechsel von der „veralteten“ `Modernen Kapitalmarkttheorie´ hin zu einer „neuen“ `Behavioral Finance´, die den psychologischen Gegebenheiten des tatsächlichen Verhaltens der Teilnehmer besser Rechnung trägt. Grundelemente der „Modernen Kapitalmarkttheorie“ lassen sich auf die Markteffizienzhypothese (FAMA, 1976) zurückführen, die davon ausgeht, daß Kapitalmärkte dem Idealbild effizienter Märkte weitestgehend entsprächen. Voraussetzungen für Effizienz sind eine Vielzahl von Marktteilnehmern, Schnelligkeit und Vollständigkeit der Informationsverarbeitung, Homogenität der Investoren, unabhängiges, rationales Verhalten, Ausgleich individueller Fehler auf der aggregierten Marktebene etc. Stattdessen sieht RAPP den Finanzmarkt durch die Merkmale gekennzeichnet, die schon verschiedentlich angesprochen worden sind: Investoren mit unterschiedlichen „soziodynamischen“ Handlungsmotiven, unvollständige bzw. asymmetrische Informationen, irrationale Handlungsmuster, durch „Infektion“ bzw. Imitation verbreitete Urteils- und Entscheidungsfehler und infolgedessen auch keinen Ausgleich der individuellen Fehler. Gerade die massenpsychologischen Phänomene bewirkten die Börsenzyklen. Die folgenden Darstellungen lassen in der Tat erkennen, daß die „Unzulänglichkeit“ der Marktteilnehmer geeignet ist, die Selbstregulierungfähigkeit der Finanzmärkte in Frage zu stellen.

2.3.4.5.1 Die Situation auf den Finanzmärkten

In jüngster Zeit hört man entsprechend immer häufiger die Forderung nach einer Regulierung der Kapitalmärkte. Dabei ist es erstaunlich, daß ausgerechnet der Spekulant SOROS einer der Wortführer dieser Forderung ist (SOROS, 1998). Bei Turbulenzen an der Aktien- oder Devisenbörse kann man Geld gewinnen, aber auch verlieren. SOROS unterstreicht, daß die Finanzmärkte nicht zu einem Gleichgewicht tendieren. Es scheine, daß die inneren Kräfte des Marktes fehlten, die üblicherweise eine Rückkehr zum Gleichgewicht bewirken, falls eine äußere Störung auftritt. Ein Gleichgewicht sei deshalb nicht möglich, da es auf Kapitalmärkten um das Erahnen künftiger Preisentwicklungen gehe. „Die meisten Geschäfte erfolgen gewissermaßen auf der Grenze zwischen Ordnung und Chaos" (SOROS, 1998, S. 17). Eine Effizienz des Marktes, dessen Funktion auch die „Reduktion von Mehrdeutigkeit" (WEICK, 1985) ist, ist unter solchen Bedingungen nicht gewährleistet. Bei den Turbulenzen auf den asiatischen Finanzmärkten Ende 1997 drohte gar der weltweite Finanzmarkt vollständig aus den Fugen zu geraten.

Besonders kritisch wird die Situation der Finanzmärkte durch die verbreitete Nutzung von **Derivaten**.

Derivate Finanzgeschäfte sind Termingeschäfte, also Geschäfte, bei denen Abschluß und Ausführung zeitlich voneinander getrennt liegen (KRÜGER, 1995). Swaps, Futures, Short-Calls oder Cash-on-Crash-Optionen erscheinen deshalb so geheimnisvoll, weil nicht mit den Produkten an sich gehandelt wird, sondern lediglich auf deren Wert spekuliert wird. Einfach formuliert kann man von einer Wette auf die Zukunft sprechen. Mit relativ kleinem Einsatz an Kapital können dabei große Geschäfte abgeschlossen werden, da bei Kontraktabschluß nur ein Bruchteil des eigentlichen Kontraktwertes als Sicherheit gezahlt werden muß. Auf diese Weise sind unverhältnismäßig hohe Gewinne möglich, ebenso aber auch große Verluste.

Seit Anfang der 80er Jahre hat der Markt für Finanzderivate die internationalen Kapitalmärkte erobert. In Deutschland konzentriert sich das Derivategeschäft auf etwa 30 Banken, wobei drei Viertel der gemeldeten Kontrakte auf weniger als 10 Institute entfallen (ARTEPOEUS, 1996). Folglich ist der Markt für Derivate kein Markt im Sinne einer polypolistischen Struktur, sondern wird von wenigen mächtigen Marktteilnehmern bestimmt. Das Derivategeschäft ist mittlerweile zu einer bestimmenden Größe in den Gewinn- und Verlustrechnungen der Banken geworden. Eine offensichtliche Trennungslinie zwischen wirtschaftlich vernünftigem Wagnis und glücksspielähnlicher Spekulation gibt es nach Ansicht der meisten Autoren nicht. Dabei bestehen nach Ansicht einiger Autoren Unterschiede zwischen Privatanlegern und Eigengeschäften der Banken. Private Anleger verlieren meist: 90% aller Optionen verfallen. „Das liegt oft an maßloser Selbstüberschätzung. Die Anleger glauben, ... sie könnten vorhersagen, in welche Richtung sich Märkte bewegen. Es gibt unglücklicherweise nichts, was einen Privatanleger, aber auch den Treasurer einer großen Firma befähigt, Zinsen oder Wechselkurse vorauszusagen. Und selbst wenn sie die Richtung des Marktes treffen, können sie verlieren, weil sie die Volatilität – also die Kursschwankungen der Basiswerte, auf die sich das Derivat bezieht – falsch einschätzen" (MILLER, 1996, S. 111). Um zu gewinnen, muß man extrem gut informiert sein und Insiderwissen besitzen; andernfalls hat die Gegenseite (Stillhalter der Optionen) einen erheblichen Informationsvorsprung (MILLER, 1996).

Aber auch Profis machen Verluste. „Die meisten Derivateunfälle passieren, weil die Unternehmensführung nicht verstanden hat, was ihre Mitarbeiter machen" (Miller, 1996, S. 112). Dies traf auch auf den Zusammenbruch der Barings-Gruppe im Februar 1995 zu, bei dem sich das Management als unfähig erwies, das von Nick Leeson betreute Derivategeschäft zu durchschauen (BOURQUI & BLUMER, 1995). Die Management- und Kontrollsysteme von Barings wiesen erhebliche Fehler auf. Interne Kontrollen versagten, abgesehen davon, daß ungenehmigte Spekulationsgeschäfte im Eigenhandel von Leeson bewußt vertuscht wurden (BOUQUI & BLUMER, 1995; RAWNSLEY, 1995). Barings war die bislang schlimmste Panne im Derivatgeschäft, doch bei weitem kein Einzelfall (BALZER, 1995).

Der Markt für Derivate scheint folglich eine anomische Struktur aufzuweisen, für die weder rechtliche Normen noch hinreichende Kontrollsysteme existieren. Aus diesem Grund wurde in den vergangenen Jahren der Ruf nach dem Staat immer lauter, und zwar zum Schutz des Kunden und des gesamten Finanzsystems (RUFER, 1995). Der Ruf war laut genug gewesen und hat sich inzwischen in bankaufsichtlichen Regelungen (Kapital-

> adäquanzrichtlinie) für das Handelsgeschäft niedergeschlagen (ARTOPOEUS, 1996). Auf der anderen Seite bemühen sich die Kreditinstitute um ein effizientes Risikomanagement-System. Ein Feldversuch der Bank für Internationalen Zahlungsausgleich offenbarte hier jedoch noch erhebliche Mißstände (vgl. BALZER, 1995). Ein Dutzend Banken in verschiedenen Ländern erhielt ein identisches Derivateportefeuille. Aufgabe war, den Risikowert mit den hauseigenen Risikomanagement-Systemen (hierbei handelt es sich um Computerprogramme) zu ermitteln. „Das Ergebnis war ernüchternd. Die Berechnungen der einzelnen Banken lagen breit gestreut und weit auseinander – um bis zu 800%. ... Wer seine Hard- und Software nicht permanent auf dem neuesten Stand hält, hat beim Risikomanagement und damit auch im derivativen Handelsgeschäft keine Chance auf einen Platz in der ersten Liga. Rund 20 Prozent der Erträge aus diesem Geschäft müssen in die Technologie investiert werden, um Anschluß an die Spitze zu halten, lautet eine Faustregel im Finanzgewerbe. Mittelfristig können sich das wohl nur die reichen Geldhäuser leisten“ (BALZER, 1995, S. 151).

Risiken sind ein zentrales Thema der Wirtschaftswissenschaften. Einige Unsicherheiten des Wirtschaftslebens sind in Form von Derivaten handelbar. Aber gerade weil die Zukunft unsicher ist und die Wertigkeit von Derivaten nur schwer eingeschätzt werden kann, kommt es zu erheblichen Schwankungen in ihrer gegenwärtigen Bewertung. Die Zukunft ist umso unsicherer und die Volatilität der Preise umso höher, je weniger konkret die Transaktion ist (Wahrnehmungsdimension).

2.3.4.5.2 Zur Regulierung von Finanzmärkten

Aufgrund der hohen Volatilität insbesondere auf dem Markt für Derivate, verbunden mit einem hohen Verlustrisiko werden zur Zeit konkreten Vorschläge für eine Regulierung der Kapitalmärkte diskutiert: Eine internationale Kreditversicherungsagentur (SOROS, 1998), eine bessere Überwachung von Banken (HEUSER & PINZLER, 1998) oder die Tobin-Steuer, um die internationale Spekulation zu entmutigen. Verschiedenen Börsen-Plätzen wird der Vorwurf gemacht, eher die Charakteristika eines Filzes als die eines vollständigen Marktes zu besitzen (PERINA & SCHUMACHER, 1992). Unter solchen Voraussetzungen kann man den Finanzmärkten nicht nur einen Mangel an Ethik sondern auch an Effizienz vorwerfen (KOSLOWSKI, 1995). Würde den Forderungen nach einer stärkeren Regulierung der Finanzmärkte Rechnung getragen, so würde eine Reihe von Transaktionen in unserem Vier-Quadranten-Schema ein Stück weiter nach links wandern.

2.4 Über ein zweidimensionales Ordnungssystem hinaus

Die vorliegende zweidimensionale Ordnung hat das für jede dimensionale Strukturgebung typische Problem, daß die Beschränkung gegenüber weiteren, prinzipiell denkbaren n-dimensionalen Lösungen begründet werden muß. Mindestens aber sollten schwer einzuordnende Theorien und Gegenstandsbereiche erwähnt werden, um die Relativität der vorliegenden Lösung zu verdeutlichen.

Eine interessante Fragestellung, die in den bisherigen Darstellungen zwar erwähnt worden ist, aber keinen systematischen Platz im Koordinatensystem erhalten konnte, ist die der Motivation bei Finanzanlagen. Motivationale Konzepte sind praktisch bei allen hier andiskutierten Fragestellungen von Belang: z.B. bei der Frage der Steuerhinterziehung, bei Kaufhandlungen, bei Anlageentscheidungen etc. Der Beitrag von

Horst MÜLLER-PETERS läßt am Beispiel des Anlageverhaltens deutlich werden, daß über die reine Gewinnmaximierung des „homo oeconomicus“ hinaus Motive wie das Leistungsmotiv mit seiner engen Verbindung zum Selbstwertgefühl, die Reizsuche, die auf ein optimales Erregungsniveau abzielt, die Art der Willensbildung etc. eine entscheidende Rolle spielen. Die Beiträge von SZALLIES sowie von ADELT & FELDMANN lassen biographische Hintergründe unterschiedlicher Motivationen erkennbar werden.

Die Akzeptanz des Euro in der Bevölkerung ist von herausragender Bedeutung für seine Stabilität. Akzeptanz ist von kognitiven Faktoren (Komplexität, Teilbarkeit und Mitteilbarkeit), aber vor allem motivationalen Faktoren (Nützlichkeit, Kompatibilität) abhängig. KIELL & A. MÜLLER-PETERS (i.d.B.) untersuchen die Erwartungen der Bürger europäischer Nationen im Hinblick auf den Euro. Die Ergebnisse lassen u.a. erkennen, daß die subjektive und objektive Informiertheit der Bürger (wegen der Komplexität) denkbar gering ist und die Bewertung des Euro in außerordentlich starkem Maße von den (positiven oder negativen) Erfahrungen mit der eigenen nationalen Währung und Wirtschaft abhängt. Auch hier sind es insbesondere die motivationalen Elemente, die sich in unsere Systematik schlecht einfügen.

Die Koordinationsdimension steht im Grunde für die soziale Interpretation von Finanztransaktionen durch die Akteure und die daraus resultierenden Prozesse sozialer Beeinflussung. SELZNIK (1957) würde unter Anwendung des Institutionalisierungsbegriff von einer „Sinn-Infusion“ sprechen. Mitunter erweist sich aber auch der Begriff der Koordination als nicht unproblematisch, da hierunter z.B. sowohl soziale Vergleichsprozesse subsumiert werden, die zwar den Marktteilnehmern durchaus ein Plus an subjektiver Verhaltenssicherheit bieten können, u.U. jedoch ebenso im Sinne einer „sozialen Infektion“ (RAPP, 1997) Kontrollillusionen fördern und zu einer rational nicht begründbaren Abweichung vom „fairen Preis“ führen. „Soziale Regulation“ kann also in einem objektiven Sinne zugleich auch Desorientierung bedeuten. Die Frage, welche Deutungssysteme z.B. zu einer erfolgreichen Regulierung der Finanzmärkte führen können, ist sicherlich auch ein weiteres wichtiges Problem, das über den durch die Zweidimensionalität gesetzten Rahmen hinausgeht. Dennoch scheint diese Systematik aus unserer Sicht geeignet, wesentliche Gegenstandsbereiche der gegenwärtigen Finanzpsychologie und das zu ihrer Erklärung geeignete Umfeld angemessener Theorien abzugrenzen.

SOZIALPSYCHOLOGISCHE GRUNDLAGEN DER FINANZPSYCHOLOGIE

3. Kapitel

Geld-Sozialisation

Thomas Kutsch

Lehrstuhl für Wirtschaftssoziologie, Universität Bonn

Was Geld ist, wissen wir aus der alltäglichen Teilnahme an Märkten und am Wirtschaftsgeschehen. Was Sozialisation beinhaltet, wissen wir als Sozialwissenschaftler. Hierzu findet sich im Soziologielexikon von REINHOLD die folgende Aussage: „Sozialisation ... bezeichnet die Aneignung von Werten, Normen und Handlungsmustern, durch die der weitgehend ohne natürliche Instinkte geborene Mensch seine Handlungsfähigkeit und persönliche Identität erwirbt. Neuere Konzepte thematisieren Sozialisation vor allem als einen Prozeß, der das Entstehen der menschlichen Persönlichkeit in Abhängigkeit und Auseinandersetzung von der gesellschaftlich vermittelten sozialen und materiellen Umwelt betrachtet." (REINHOLD, G., [3] 1997, S. 604).

Wissen wir wirklich, was Geld ist? „Geld ist, was gilt", sagen die Finanzwissenschaftler in sehr breiter Auslegung. Also ist Geld nicht nur Münze und Geldschein? So ist es in der Tat. Es gibt ja im gesellschaftlichen Leben durchaus Beispiele für „unbare Münze". So existiert das soziale Phänomen der Gefälligkeiten – wehe dem, der nicht im Geiste das Konto führt, wer ihm wann wieviel und welche Gefälligkeiten erwiesen hat und in welchem Umfang er/sie dieser Person also dementsprechend und seinerseits eine oder mehrere Gefälligkeiten schuldet. Was also ist Geld nun wirklich?

Eine kleine Vorbemerkung vorweg: Das zentrale Thema der Soziologie ist es, die Beziehungen der Menschen untereinander zu analysieren; Geld ist ein prominentes Medium und Symbol dafür, wie insbesondere wirtschaftliche Beziehungen zwischen den Menschen realisiert und zunehmend flexibler gestaltet werden konnten. Insofern braucht es sicher keine umfangreiche Begründung dafür, daß im Rahmen der hier vorgelegten Beiträge auch eine geldsoziologische Betrachtung eingegliedert wird. Schließlich steht auch die spezielle Biographie des hier und heute zu ehrenden Kollegen WISWEDE dafür, daß soziale Phänomene im Wirtschaftsbereich sowohl aus soziologischer wie auch aus sozialpsychologischer Perspektive mit großem Überlappungsgrad analysiert werden können. Soweit die Vorbemerkung.

Unter den häufig genutzten Etiketten, die Gesellschaften unseres Typs angeheftet werden (wie etwa spätindustrielle Gesellschaft, postmoderne Gesellschaft, Freizeitgesellschaft, Konsumgesellschaft etc.), ist die Kennzeichnung als Geldgesellschaft sicher eine, die gleichfalls als gut charakterisierend angesehen werden kann. In diesem Sinne also handelt es sich um einen Gesellschaftstyp, in welchem Geld eine besonders prominente Institution ist, die in besonderer Weise unsere Gesellschaft als Markt- und Wirtschaftsgesellschaft charakterisiert. Das wiederum bedeutet: Wer in dieser Gesellschaft eine angesehene und respektierte soziale Position anstrebt, wird wohl nicht umhin können, in erfolgreicher Weise mit Geld umzugehen und auch über Geld zu verfügen, insbesondere in Form eines gesicherten und nicht zu knapp ausfallenden Einkommens.

Die Frage der Geld-Sozialisation, der wir uns im folgenden zuwenden wollen, kann aus mehreren Blickwinkeln angegangen werden: So ließe sich, menschheitsgeschichtlich betrachtet, etwa die Frage verfolgen, wie die Menschen es zunehmend gelernt und praktiziert haben, von der Naturaltauschwirtschaft zur Geldwirtschaft überzuwechseln. Auch innerhalb der jeweiligen – z.B. unserer – Gesellschaft, wäre es von Interesse gewesen zu verfolgen, wie wachsende Bevölkerungsanteile an der Geldwirtschaft teilhaben, etwa in der Form, daß sie Geldbestände nicht mehr nur horteten, sondern sie dem sich entwickelnden System der Sparkassen bzw. Banken anvertrauten. Es könnte auch die Frage verfolgt werden, wie sich die spezifischen Erfahrungen unterschiedlicher Generationen hinsichtlich Geldwertstabilität und Inflation ausgewirkt haben bezüglich ihrer Einschätzung angemessener Formen der Vorsorge, der Vorratshaltung und der Zukunftssicherung. Zu bedenken wäre auch, inwiefern Geld im Zuge der menschheitsgeschichtlichen Entwicklung in mehrfacher Weise Zusatzbedeutungen hatte und diese zT. sicher auch noch hat. Schließlich kann im Sinne der Sozialisations-Perspektive insbesondere die Frage verfolgt werden, wie in unserer aktuellen Gesellschaft Kinder und Jugendliche in die Geldwirtschaft hineinwachsen, welchen Einflüssen und Eindrücken sie unterliegen, die ihren weiteren Umgang und ihr Vertrautwerden mit dem Geld bestimmen.

In aktueller Perspektive ist festzustellen, daß Probleme der Geld-Sozialisation keineswegs nur auf Kinder und Jugendliche beschränkt sind. So haben es die Bewohner der ehemaligen DDR nach der Wende insgesamt neu zu lernen gehabt, was der Wert des Geldes ist, wie sich seine Kaufkraft manifestiert, was mit Geld gekauft werden kann, wie Gelderwerb und Sicherung des Einkommens unter ganz neuen wirtschaftlichen Rahmenbedingungen zu realisieren sind.

Einige Jahre nach der Wende steht schließlich uns allen eine neue Form der Geld-Sozialisation bevor: Wenn in absehbarer Zeit der Übergang von der gewohnten D-Mark zum EURO zu realisieren ist, so wird einmal mehr ein neues Verhältnis zum Geld zu erlernen und zu internalisieren sein.

Kinder und Jugendliche haben also den Umgang und die Bedeutung von Geld zu erlernen. Lerntheoretische Konzepte weisen aus, daß insbesondere drei Aspekte und

Dimensionen des Lernens zu sehen und zu leisten sind: Hierbei wird die affektive, die kognitive und die konative Dimension unterschieden. Im ersten Sinne etwa mag es um die Gefühle gehen, die Geldbesitz bewirkt, im zweiten Sinne sind Konzepte wie Lohn und Einkommen, Geldanlage und Verzinsung zu verstehen und im dritten Sinne geht es z.B. um etablierte Spar- oder Geldverwendungsmuster. Alle drei Formen des Lernens lassen sich in den nachfolgend dargestellten drei Erfahrungsbereichen der Geld-Sozialisation wiederfinden.

3.1 Die drei Lernbereiche der Geld-Sozialisation

Im Sinne der Geld-Sozialisation lassen sich insbesondere die folgenden drei Erfahrungsbereiche erkennen, welche in der Realität miteinander verwoben sind und wechselseitige Einflüsse beinhalten, die aber an dieser Stelle aus analytischen Gründen einmal auseinander gehalten werden sollen:

1. Kulturelle Normen unserer Gesellschaft und Massenmedien,
2. konkrete Einflußnahme seitens der typischen Sozilisations-“Agenten“ wie Elternhaus, Peers und Gleichaltrigen, der Schule sowie
3. schließlich die Erfahrungsebene des eigenen Umgangs mit Geld.

Diese Determinanten können sich in ihrer Wirkung gegenseitig verstärken oder aber auch aufheben (Gegensozialisation).

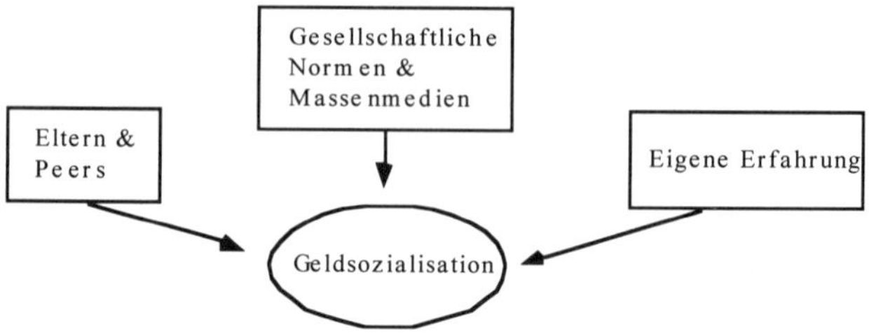

Abbildung 3-1: ***Determinanten der Geld-Sozialisation***

Zu 1: Eine wesentliche Form der Vermittlung von Wertorientierungen und Leitbildern unserer Wirtschaftsgesellschaft findet über die Massenmedien statt. Dabei ist als prägendes Element die Werbung zu sehen – in unserem Zusammenhang insbesondere solche Werbung, welche auf Kinder und Jugendliche „abzielt“. Dabei ist zu erkennen, daß die „Ansprechbarkeit“ von Kindern durch die Werbebranche zunehmend früher ansetzt. Verschiedene Autoren sehen entsprechende Ansätze schon ab dem 8. Lebensjahr, hier finden sich eklatante Beispiele für Markenpositionierung und -bindung. In einer bei uns durchgeführten empirischen Diplomarbeit (Hellweg, 1995) wird deutlich:

- Für die Kinder wurden Netto-Werbeinvestitionen von insgesamt 591,5 Mill. DM getätigt.

- Kinder im Alter zwischen sechs und 13 Jahren sitzen durchschnittlich eineinhalb Stunden pro Tag vor dem Fernsehgerät.
- Kinder sehen pro Tag ca. 30 Werbespots.
- Die Präferenz von Kindern für bestimmte Marken ist z.B. im Bereich von Nahrungs- und Genußmitteln schon erstaunlich früh gegeben.

Aus kritischer Position vertritt z.B. die Verbraucherzentrale NRW die Ansicht, eine neuere Studie (LfR, 1995) habe erneut gezeigt, daß Vorschulkinder nicht in der Lage seien, zwischen Werbung und Programm zu unterscheiden (siehe auch HELLWEG, 1995, S. 80).

In sehr gezielter und direkter Weise erfolgt auch die Prägung der Jugendlichen für eine Scheckkarten-Geldwirtschaft: Jugendliche Schulabgänger, Lehrlinge und Auszubildende werden nachdrücklich umworben, ein eigenes Konto zu eröffnen und sich eine eigene Kreditkarte ausstellen zu lassen; dabei wird die Eingangsschwelle bewußt „tief gelegt“: Für diese Jung-Kunden wird häufig eine gebührenfreie Kontoführung angeboten. Umgekehrt werden solche Angebote seitens der Jugendlichen gerne angenommen, da sie sich hierdurch unabhängig, selbständig und als mögliche Geschäftspartner anerkannt fühlen.

In generalisierender Weise läßt sich konstatieren, daß sich durch solche und weitere Anstöße ein bedeutender Konsumdruck schon auf die Kinder, verstärkt dann noch auf die Jugendlichen ergibt, so daß das Erlernen eines Verhaltensmusters der aufgeschobenen Belohnung (deferred gratification pattern) immer weniger als angemessene Attitüde angesehen wird. Dies kann die problematische Folge haben, daß die Schwelle zum Schuldenmachen und „Über-Seine-Verhältnisse-Leben“ auch für Jugendliche (immer) leichter überschritten wird.

Daß das Erlernen des Belohnungsaufschubs schon im Vorschulalter durchaus bedeutsam ist, wurde von MISCHEL et al. (1988) in empirischen Studien belegt: Je nachhaltiger diese Fähigkeit frühzeitig erlernt wurde, desto stabiler erschienen diese Jugendlichen zehn Jahre später hinsichtlich solcher Kompetenzen wie rationale Planung, Umgang mit Streß, Sozialverhalten und Selbstwertgefühl.

Industriegesellschaften sind Konsum-Gesellschaften. Zu welchem Grade dies so ist, zu welchem Anteil sie auch Spar-Gesellschaften sind, das variiert im internationalen Vergleich, und das hängt *keineswegs proportional* davon ab, als wie wohlhabend der Durchschnittsbürger des jeweiligen Landes anzusehen ist. Es scheint eher umgekehrt so zu sein, daß in ärmeren Ländern wie Portugal und Italien die Sparquote (als Ersparnisse der privaten Haushalte in Prozent des verfügbaren Einkommens) über 20% liegt und in den besonders wohlhabenden USA bei 4%. Auch scheint es außerdem kulturspezifische Vorstellungen darüber zu geben, wie stark man sich verschulden könne, um Anschaffungen zu finanzieren, oder sich sonstige Konsumwünsche zu erfüllen, und zu welchem Grade man erst sparen solle, bevor man Geld ausgeben könne. Daß das Sparen eine Tugend ist, wird offensichtlich im Prozeß der Sozialisation in Portugal stärker vermittelt als in Deutschland, in Deutschland stärker als in den USA, in den USA noch eher als in Schweden. In einem hier zugeordneten Kommentar heißt es: „In Japan beispielsweise wird sogar in Volksliedern Sparen als eine Tugend besungen – für Amerikaner ein befremdlicher Gesang.“

HOFSTEDE (1984) verwendete die Tendenz zur *Unsicherheitsvermeidung* als eine seiner vier Dimensionen zur Differenzierung von Kulturen. Wenn man Sparen als eine Chance zur Absicherung der Zukunft begreift, so liegt die Annahme nahe, daß Kulturen mit starker Tendenz zur Unsicherheitsvermeidung auch hohe Sparquoten aufweisen. In der Tat unterstützt eine Korrelation der – von HOFSTEDE (1984) für die einzelnen Nationen angegebenen – Unsicherheitsvermeidungswerte mit den in der Abbildung 3-2 aufgeführten Sparquoten der Länder von r = 0,72 diese Annahme.

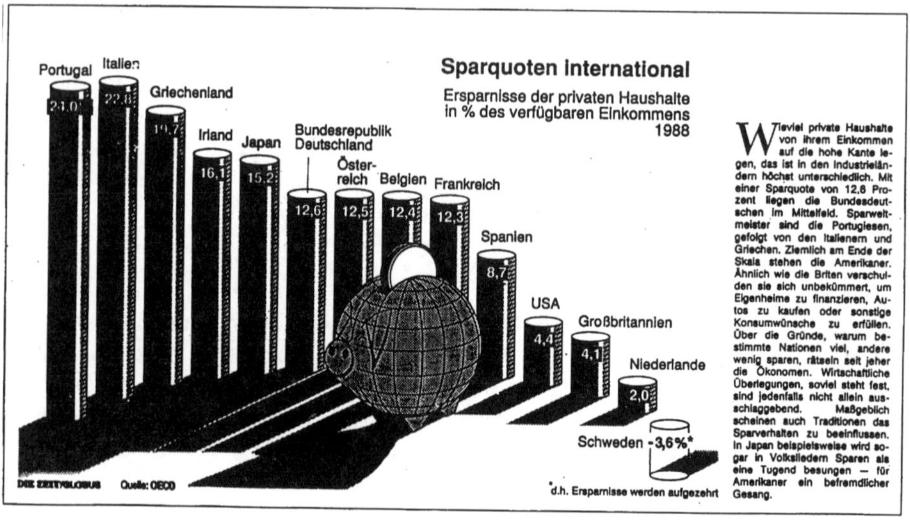

Abbildung 3-2: ***Sparquoten international***

Zu 2: Geld-Sozialisation durch Primärgruppen: Der Einfluß der Eltern, der Gleichaltrigen und der Schule.

Kinder erhalten ihr erstes Geld durch ihre *Eltern*. Im Sinne des Modell-Lernens erfahren sie, wofür Eltern Geld ausgeben, wie diese Preise von Gütern und Dienstleistungen bewerten und wofür sie sparen. Ab einem gewissen Alter der Kinder stellen sie Ihnen Taschengeld zur Verfügung, zT. sogar mit geldpädagogischen Implikationen („Kauf Dir was Vernünftiges dafür, nicht zu viele Süßigkeiten, spar einen Teil für eine größere Anschaffung...“). Daß es diesbezüglich im Vergleich der europäischen Gesellschaften signifikante Unterschiede gibt, – z.B. im Sinne der Taschengeldhöhe, im Sinne der Frequenz, in der es gegeben wird (wöchentlich oder monatlich), im Sinne der Mischung zwischen regelmäßiger Gabe eines festgelegten Betrages oder eher unregelmäßigen „Geldgeschenken“, sowie hinsichtlich der (Un-)Gleichbehandlung von Söhnen und Töchtern, dies wird in dem Forschungsbericht unserer Mitarbeiterin J. FAUTH (gleichfalls in diesem Band) deutlich.

MILLMAN (1991) betont, daß die Geld-Sozialisation im Elternhaus die Basis dafür bildet, was Geld für die Person im Erwachsenenalter bedeutet. Die Ausstattung des Kindes im elterlichen Haushalt mit Geld, die damit verbundenen Grade der Freizügigkeit des Geld-Ausgebens sowie die Beobachtung der Eltern beim Umgang mit Geld ist ein wesentlicher Teil der Geld-Erfahrung. Zum anderen allerdings läßt sich eine unterschiedliche Erfahrung ausmachen, wenn haushaltsinterner und haushaltsexterner Leistungsaustausch verglichen wird: In größerem Umfang erscheint eine familieninterne Aufrechnung von Leistungen verpönt. Typisch ist der Fall des „Hauskommunismus“, daß nach Leistungsvermögen ein Beitrag zum gemeinsamen Haushalt beigesteuert wird, ungeachtet der Frage, ob dadurch auch größere Rechte erworben werden. Keineswegs typisch erscheint etwa, daß Kindern für Handreichungen und Mitwirkung im Haushalt ein Entgelt gezahlt wird (vgl. KUTSCH, 1996). Die „externe“ Erfahrung ist demgegenüber eine deutlich andere: Um Produkte und Dienstleistungen in Anspruch nehmen zu können, muß man durchweg mit Geld bezahlen.

Die Kategorie der *Peers*, der Gleichaltrigen, stellt in diesem Sozialisationsprozeß eine wesentliche Komponente dar, und zwar als Vergleichsgröße. Ob das eigene Taschengeld als „angemessen“ empfunden wird, das entscheidet sich im Abgleich mit den Altersgenossen, den Klassenkameraden. Und dieser Vergleich wird auch häufig in die „Tarifverhandlungen“ mit den eigenen Eltern wieder zurückgespielt: „Die meisten in meiner Klasse bekommen aber soundso viel Taschengeld.“ Es läßt sich beobachten, daß sich Eltern von solchen externen „Richtgrößen“ zunehmend beeinflussen lassen, daß solche Argumente von Kindern also durchaus mit Erfolg eingebracht werden können.

Was schließlich den Einfluß der *Schule* angeht, so ist hier zu unterscheiden, (a) inwiefern Geld und Geldwirtschaft ein Thema im Unterricht sind und (b), inwiefern gerade die Schule der „Marktplatz“ der Jugendlichen ist, an dem sie Geldverfügbarkeit und unterschiedlich prestigeträchtigen Einsatz von Geld für Konsum erleben, und – wenn sie nicht mithalten können – erleiden.

Zu 3: Als dritte Dimension sei hier noch die eigene, sukzessiv akkumulierte Erfahrung mit Geld angesprochen. Zumindest teilweise und implizit war dies natürlich auch schon Thema in den vorangehenden Überlegungen. Über das Gesagte hinaus ist allerdings festzustellen, daß Schüler bzw. Jugendliche zu einem beachtlichen Teil „jobben“, also arbeiten, um Geld zu verdienen. Dies wird durch eine neuere Studie belegt (KSTA, 1991).

Im übrigen macht die aktuellste Shell-Jugendstudie deutlich, daß die Jugendlichen in Deutschland nicht so sehr „Geldprobleme“ verspüren, wenn die Frage darauf abstellt, was ihre größten Befürchtungen und Ängste sind. Wie die folgende Auflistung zeigt, steht hier die Arbeitslosigkeit ganz oben – und „Geld“ als Problem nimmt nur einen mittleren Platz ein. Letztendlich gibt es natürlich doch einen Zusammenhang: Ein gesicherter Arbeitsplatz ist die Voraussetzung dafür, (später) ein angemessenes eigenes Einkommen zu erzielen.

Auf die Frage: „Welches sind denn nach Deiner Meinung die Hauptprobleme der Jugendlichen heute?" antworteten soviel Prozent der befragten Jugendlichen

Arbeitslosigkeit	45
Drogen	36
Familie, Freunde	32
Lehrstellenmangel	28
Schule, Ausbildung	27
Arbeitslosigkeit	21
Gewalt, Kriminalität	20
Geld	19
Gesundheit	19
Freizeitgestaltung	17
Umweltprobleme	11
Unzufriedenheit, Lustlosigkeit	9
Fehler der Politik	9
Erwachsenwerden	7
Konsumdenken	7

Mehrfachnennungen; Umfrage bei 2.100 Jugendlichen im Alter von 14 bis 24 Jahren.

Quelle: 12. Shell Jugendstudie / Institut der deutschen Wirtschaft Köln

Tabelle 3-1: ***Jugend 1997: Was Teens und Twens bewegt***

Daß es Kinder in einer zunehmend bargeldlosen und „entmaterialisierten" Gesellschaft auch schwerer haben, erste eigene Erfahrungen mit dem stattfindenden Geldverkehr zu machen, wird von verschiedenen Autoren angesprochen (BERNDT, 1995; JAHN, 1995; MÜLLER, 1995).

In dem Maße, wie Geld noch weiter „entmaterialisiert" wird, und damit der Geldverkehr (noch) abstrakter wird, erscheint in der Tat das Erlernen dieser Vorgänge durch Kinder und Jugendliche zunehmend schwieriger, und desto größer ist die Gefahr, in die Verschuldung abzurutschen. Studien, welche sich mit den Effekten der Kreditkartennutzung beschäftigen (z.B. RAAB, 1995), bekräftigen solche Vermutungen. Die Geld-Erfahrung der Generationen in ihrer Abfolge ist höchst unterschiedlich. Personen, welche die Weltwirtschaftskrise bewußt erlebt haben, haben eine Inflation in so nachhaltiger Weise „erlitten", daß verständlich wäre, wenn sie das „Urvertrauen" in das Geld, in den Geldwert und in die Kaufkraft des Geldes verloren haben. In welchem Umfang der Verfall des Geldwertes seinerzeit stattfand und welches Ausmaß die „galoppierende Inflation" dann bis zum Jahr 1923 annahm, das sei an der folgenden Darstellung (Tabelle 3-2) ausgewählter Lebensmittelpreise dokumentiert.

Lebensmittelpreise

Jahr	Brot 1 Pfd.	Mehl 1 Pfd.	Kartoffeln 1 Ztr.	Eier 1 Stück	Butter 1 Pfd.	Milch 1 Liter	Fleisch 1 Pfd.	Zucker 1 Pfd.
Mitte 1914	—.13	—.18	4.—	—.08	1.20	—.22	—.90	—.25
. 1916	—.19	—.28	7.—	—.24	2.—	—.24	1.85	—.32
. 1918	—.22	—.30	10.—	—.25	2.40	—.36	2.—	—.34
. 1919	—.26	—.36	12.—	—.35	4.—	—.50	2.20	—.52
. 1920	1.20	1.35	24.—	—.75	15.—	1.50	8.50	2.20
. 1921	1.35	4.—	48.—	1.60	18.—	2.75	13.—	4.—
. 1922	3.50	10.—	160.—	5.—	70.—	8.50	50.—	10.—
Jan. 1923	700.—	600.—	3000.—	270.—	5400.—	330.—	2000.—	300.—
Mai .	1200.—	1500.—	5000.—	500.—	10000.—	850.—	12000.—	1200.—
Aug. .	100000.—	160000.—	5 Mio.	50000.—	1400000.—	110000.—	800000.—	15000.—
Sept. .	2 Mio.	10 Mio.	60 .	18 Mio.	50 Mio.	8 Mio.	22 Mio.	1,2 Mio.
Okt. .	670 .	2400 .	1500 .	1900 .	5800 .	200 .	1500 .	4000 .
Nov. .	—.50	—.45	6.—	—.25	3.—	—.35	2.40	—.60
Dez. .	—.35	—.32	5.70	—.22	2.30	—.33	1.55	—.55

Quelle: Altes Sammelalbum von Notgeld/Ersatz-Scheinen, o. J. (geschätzt: 30er Jahre)

Tabelle 3-2: ***Lebensmittelpreise***

Sowohl in den Kriegsjahren des 1. Weltkrieges wie in denen des 2. Weltkrieges (und danach!) machte die Bevölkerung schließlich auch die Erfahrung der Rationierung von Lebensmitteln (und sonstigen Gütern): Die Märkte schrumpften auf das Wohn-Einzugsgebiet, Bezugsmarken waren – zeitlich begrenzt – bei bestimmten Abholstellen gegen Lebensmittel einzutauschen, auch schlechte „Qualitäten" und zT. minderwertige Waren kamen zur Verteilung.

Die folgende Abbildung eines Musters gibt einen Eindruck hiervon:

Abbildung 3-3: ***Notgeld (nach Original-Vorlage)***

Welche Art der Geld-Sozialisation werden Eltern, die eine, eventuell sogar zwei solcher Phasen erlebt haben, ihren Kindern vermittteln? Mit großer Wahrscheinlichkeit dürfte es die Botschaft sein, daß man eher auf Sachwerte setzen sollte denn auf Kontobestände; auf der anderen Seite wird die Kindergeneration mit Unverständnis reagieren, wenn sie in einer Zeit der Prosperität und des relativen Wohlstandes groß geworden ist. So könnte es ein, daß der haushaltsexterne Einfluß durch eigene Erfahrungs- und Erlebenswerte sowie der „Quervergleich" mit der finanziellen Lage der Altersgenossen prägender ist als das, was eine Elterngeneration aus eigener Erfahrung und Erinnerung der Kindergeneration zu vermitteln sucht.

Schon allein die Erfahrungswerte von bundesdeutschen Nachkriegszeit bis heute weisen so gravierende Veränderungen auf, daß hier Geldbeträge und Güterpreise kaum vergleichbar erscheinen: So betrug etwa der durchschnittliche Stundenlohn eines Industriearbeiters 1958 = 2,32 DM; 1990 lag er bei 20,21 DM. Der erste VW-Käfer, das Grundmodell, kostete in den 50er Jahren etwas über 5.000,- DM. War das viel, war das wenig? Konnte man sich eine solche Anschaffung erst nach mehreren Berufsjahren leisten? Wie bewertet man es dementsprechend, wenn heute Kinder zum Abitur „Führerschein und Auto" fordern?

Die Orientierung an dem Geld, das man damals in der Tasche hatte, ist also für Eltern in der Gegenwart recht wenig als Maßstab dafür geeignet, was man heute z.B. als angemessene finanzielle Ausstattung für die eigenen Kinder ansehen sollte.

Um überhaupt „damals" und „heute" angemessen vergleichen zu können, muß die Kaufkraft je Lohnminute errechnet werden, also die Frage beantwortet werden, wieviel Arbeitseinsatz (Arbeitszeit) damals notwendig war und heute notwendig ist, um ein bestimmtes Gut erwerben zu können. Hierfür als Beispiel die Tabelle 3-3.

Die Tabelle 3-3 zeigt, daß sich die Kaufkraft der heutigen Einkommen hinsichtlich der verschiedenen Güter sehr unterschiedlich entwickelt hat. Die Kaufkraft der Lohnminute ist aufgrund des technischen Fortschritts bei technischen Massenprodukten (z.B. Fernseher) besonders drastisch und bei Dienstleistungen (z.B. Friseur) nur ganz geringfügig gestiegen. Die Eltern haben also keine Möglichkeit, ihre eigenen Kindheitserfahrungen unter Berücksichtigung einer linearen Transformation der Geldbeträge für den Umgang mit ihren eigenen Kindern zu nutzen.

Deshalb wäre von Interesse, welche Erfahrung denn in heutiger Zeit Heranwachsende mit den Einkünften Ihrer Eltern machen bzw. mit denen aus Vergleichshaushalten. Dabei stellt sich die Frage, inwieweit Eltern diesbezüglich ihren Kindern gegenüber ihre finanziellen Verhältnisse überhaupt offenlegen; es könnte gut sein, daß sie, aus Besorgnis – Kinder könnten dieses Tabuthema unbekümmert kolportieren oder aus der Sorge, dann mit hohen Taschengeldforderungen konfrontiert zu werden – ihre tatsächlichen Einkünfte vor ihnen eher verheimlichen. Diese eingeschränkte Kommunikation ist für ein erfolgreiches Modell-Lernen natürlich schädlich.

Kaufkraft der Lohnminute[1]) ausgewählter Güter von 1958 und 1990								
		1958			1990			
	Mengen-einheit	Preis DM	Arbeitszeit Std.	Min.	Preis DM	Arbeitszeit Std.	Min.	
Mischbrot	1 kg	0,85	0	22	3,37	0	10	
Markenbutter	250 g	1,73	0	45	2,12	0	06	
Zucker	1 kg	1,24	0	32	1,90	0	06	
Vollmilch	1 l	0,43	0	11	1,29	0	04	
Eier	1 St.	0,21	0	05	0,27	0	01	
Rindfleisch zum Kochen	1 kg	4,75	2	03	10,36	0	31	
Schweinekotelett	1 kg	5,73	2	28	12,10	0	36	
Kabeljau	1 kg	2,48	1	04	17,52	0	52	
Speisekartoffeln	2,5 kg	0,56	0	14	2,98	0	09	
Edamer	1 kg	3,21	1	23	12,69	0	38	
Bohnenkaffee	250 g	4,85	2	05	4,04	0	12	
Flaschenbier	0,5 l	0,63	0	16	0,97	0	03	
Branntwein	0,7 l	12,26	5	17	14,56	0	43	
Straßenanzug	1 St.	126,00	54	19	408,00	20	11	
Damenkleid	1 St.	26,90	11	36	181,00	8	57	
Herrenstraßenschuhe	1 Paar	27,10	11	41	108,00	5	20	
Damenstraßenschuhe	1 Paar	32,00	13	47	137,00	6	47	
Herrenschuhe besohlen	1 Paar	9,47	4	05	20,90	1	20	
Haare waschen und legen für Damen	1 mal	3,44	1	29	18,54	0	55	
Haushalts-Strom und Grundgebühr	1 kWh	0,18	0	05	0,31	0	01	
Tageszeitung	1 Monat	4,09	1	46	22,70	1	07	
Fernseher	1 St.	984,80	424	33	1552,00	76	45	
Kühlschrank	1 St.	492,00	212	04	579,00	28	38	
Waschmaschine	1 St.	570,00	245	00	1024,00	50	39	
Heimcomputer	1 St.	–	–	–	625,00	30	55	
Briefporto	1 Brief	0,20	0	05	1,00	0	03	
Telefongespräch	1 St.	0,20	0	05	0,23	0	01	

[1]) Berechnungsbasis ist der durchschnittliche Stundenlohn der Industriearbeiter(innen): 1958 = 2,32 DM, 1990 = 20,21 DM.
Quelle: Institut der deutschen Wirtschaft Köln.

Tabelle 3-3: ***Kaufkraft der Lohnminute ausgewählter Güter von 1958 und 1990***

Daß die Verhältnisse auch Mitte der 90er Jahre im West-Ost-Vergleich durchaus unterschiedlich sind, wird schließlich anhand der folgenden Mikrozensusdaten deutlich, die zusätzlich noch einmal nach Berufsgruppen differenziert sind.

Der Unterschied ist auch in den großen Durchschnitten deutlich und kraß: während im Osten 63,5% der Erwerbstätigen im Rahmen von DM 1.400,- bis 3.000,- liegen, liegen 58,3% im Westen in dem Bereich von DM 2.200,- bis deutlich über DM 4.000,-. Wenn berücksichtigt wird, daß der typische Warenkorb für Jugendliche in West und Ost nicht allzu unterschiedlich ist und auch ähnlich teuer, dann läßt sich schon folgern, daß auch die Geld-Sozialisation noch etliche Jahre nach der Wende in den Alten und Neuen Bundesländern stark divergiert.

Erwerbstätige nach Stellung im Beruf und Nettoeinkommen 1995[1]

von ... bis unter ... DM	Insgesamt		Selbständige		Beamte		Angestellte		Arbeiter	
	West	Ost	West	Ost	West	Ost	West	Ost	West	Ost
	in %									
unter 600	6,2	5,5	4,6	6,4	4,4	22,2	5,5	3,7	8,1	6,4
600–1000	7,1	7,7	3,5	9,1	1,5	3,1	7,7	6,9	8,3	8,6
1000–1400	7,1	13,2	4,8	11,7	2,0	·	8,4	11,0	7,0	16,6
1400–1800	8,2	19,4	5,4	11,6	3,2	6,5	8,9	16,4	9,0	24,7
1800–2200	13,1	21,8	7,7	13,7	6,3	11,3	12,8	21,5	16,1	24,1
2200–3000	27,3	22,3	16,8	19,6	20,3	27,3	24,3	27,2	35,4	17,0
3000–4000	15,7	6,8	16,4	12,3	24,7	18,4	15,7	9,3	13,5	2,3
4000 und mehr	15,3	3,3	40,8	15,4	37,7	8,6	16,7	3,9	2,5	0,4

[1] Mikrozensus. Ohne Selbständige in der Land- und Forstwirtschaft, Fischerei und mithelfende Familienangehörige sowie ohne Erwerbstätige, die keine Angaben gemacht haben. Selbsteinstufung. Einschl. Teilzeitbeschäftigte. Ohne Auszubildende.
Quelle: StBA.

Quelle: Institut der Deutschen Wirtschaft Köln, 1997, Zahlen zur wirtschaftlichen Entwicklung der Bundesrepublik Deutschland, Tab. 17

Tabelle 3-4: ***Erwerbstätige nach Stellung im Beruf und Nettoeinkommen 1995***

3.2 Theoretisch-sozialwissenschaftliche Konzepte zur Bedeutung des Geldes in unserer Gesellschaft

Das analysierende Nachdenken über die gesellschaftliche Bedeutung des Geldes hat Tradition unter Sozialwissenschaftlern – auch schon bei den Klassikern und frühen Vertretern des Faches. Entsprechend schien es uns auch sinnvoll, in unserem gemeinsamen Buch „Wirtschaftssoziologie“ (KUTSCH, WISWEDE, 1986) diesem Thema ein eigenes Kapitel zu widmen. Weitere Ausführungen zu diesen Thema finden sich bei WISWEDE in seinem Lehrbuch der Soziologie (WISWEDE, 1991b) unter der Überschrift: „Geld als Austauschmittel“ sowie in seiner Wirtschaftspsychologie (WISWEDE, 1995).

In Rückbezug auf diese ausführlichen Darstellungen seien hier in Kurzform noch einmal einige „Kernsätze“ herausgestellt – wobei damit überwiegend auch (prominente) Zitate formuliert werden:

- Geld wirkt wie ein „Gelenksystem“ des gesellschaftlichen Austauschs (SIMMEL).
- Geld stellt einen Generalnenner dar, einen „Joker aller Waren“ (GESELL).
- Im Rahmen einer Theorie symbolischer Tauschmedien ist Geld ein prominenter Spezialfall (PARSONS). Geld wird dabei als soziales Tauschmedium interpretiert, dessen Besitz u.a. auch Macht bedeutet.
- Es wird im Entwicklungsgang der Verkehrswirtschaft eine Tendenz gesehen, daß immer mehr Güter Warencharakter annehmen und damit „dem Geldverkehr erschlossen werden“.

- Geld fungiert als „institutionalisiertes Vermittlungs- und Kommunikationsinstrument sozialer Erwartungs- und Anspruchsstrukturen" (HEINEMANN).
- Verfügung über Geld beinhaltet auch Konsequenzen der Interaktionssteuerung: Soziale Partizipation ist vielfältig abhängig von Geld-Verfügbarkeit.
- Geld ist ein „generalisierter Verstärker" sozialer Interaktionsprozesse (u.a. PARSONS).
- Die Geldverwendung ist durch soziale Normen kanalisiert: So kann – je nach kulturellem Kontext – eine „Bestechung" als richtiger oder falscher Weg gelten. Geldgeschenke können angebracht sein (etwa bei Hochzeiten in Japan oder Taiwan), wobei ein differenziertes Verständnis ausgebildet ist, bei welchem (entfernten oder nahen) Verwandtschaftsgrad ein wie hohes Geldgeschenk „angemessen" ist – oder mögen als vollkommen deplaziert angesehen werden (etwa als Mitbringsel beim Besuch eines Kollegen).

Die *sozialen Wirkungen des Geldes* sind vielfältig kommentiert worden; so wurde etwa herausgestellt:

(a) in positiver Sicht:

- daß Geld ein Rationalisierungsinstrument darstellt,
- daß seine volle „Entfaltung" (erst) gegeben ist, wenn eine rationalisierte Marktorganisation existiert,
- daß Geld ein soziales Emanzipationsinstrument darstellt,
- daß durch Geld-Verfügbarkeit neue Formen der Selbständigkeit und der Partizipation erreicht werden,
- daß Geldzahlungen in Form von Lohn für 90% aller Erwerbstätigen einen Erfahrungswert darstellen,
- daß Geld die Mobilisierung und Dynamisierung des Wirtschafts- und Soziallebens bewirkt,
- daß Geld ein Mittel der Zukunftsvorsorge ist,
- daß Formen der Geldanlage von verschiedenen sozialen Gruppen und in diversen sozialen Schichten mit unterschiedlichem Gewicht gewählt und wahrgenommen werden,
- daß Geld-Vertrauen in Abhängigkeit vom Ordnung gewährleistenden Herrschaftssystem zu sehen ist und sich manifestiert.

(b) in sozial-kritischer Sicht:

- daß Geld und Geldbesitz immer wieder auch gesellschaftskritisch interpretiert worden ist (Geld als „Zerstörer" von Sozialbindungen),
- Geld als „Ersatz" für religiöse Orientierungen und Bindungen, Zinsnahme als verabscheuungswürdiges Verhaltensmuster („Wucher"),
- Geld als Indikator und Verstärker sozialer Ungleichheit,
- Geld erzwingt ein Kapitalverwertungsinteresse, und schafft fatale Abhängigkeiten,
- „Das Geld erniedrigt alle Götter des Menschen" (MARX),
- Geld ist ein Symbol weltlicher Wertorientierungen und mache den Menschen unfrei (so z.B. die Position armer Orden).

Es ist die Abstraktheit des Mediums Geld, die dazu führt, daß sich sehr unterschiedliche Erfahrungen mit diesem Begriff verbinden und eine klare Diskussion objektiver Konsequenzen oft verstellt wird.

3.3 Methoden und empirische Konzepte

Wenn wir das Wort von der Geld-Sozialisation insbesondere auf das Vertrautwerden von Kindern und Jugendlichen mit Geld als Tauschmedium, als Wertaufbewahrungseinheit und als Recheneinheit beziehen, dann ergibt sich das besondere methodische Problem, wie sich bei einer solchen Klientel entsprechende Daten erheben lassen. Ziemlich verbreitet ist bei dieser Thematik die Vorgehensweise, daß der Weg des Interviews gewählt wird, daß also mündliche Befragungen durchgeführt werden (Beispiele aus neuerer Zeit: NAKHAIE, 1993; LEISER et al., 1990). Auf die Nachteile dieses methodischen Zugangs ist noch einzugehen. Es gibt ferner auch Beispiele für experimentelle Vorgehensweisen (JAHODA, 1983; Durchführung von Rollenspielen, BERTI, 1993; WHITEHEAD, 1986), die als erste Ansätze für die Gewinnung von nomologischen Sätzen in der Theorie der Geld-Sozialisation angesehen werden können.

Inhaltlich/konzeptuell werden durchaus kreative Wege beschritten, um Einschätzungen, Bewertungen und Verhaltensmuster adäquat zu erfassen – so etwa Projektionen (z.B. als Zuordnung finanzieller Ausstattung zu unterschiedlichen sozialen Lagen), Satzergänzungstests, Schätztests (Preise, Einkommen). Vorsorglich ist hier natürlich auch darauf hinzuweisen, daß unser zentrales Stichwort „Geld“ besondere Erfassungsprobleme impliziert: Bei Befragungen von Erwachsenen müssen Interviewer gewärtig sein, daß die Frage nach dem Einkommen (geschweige denn, nach Geldbesitz!) besonders hohe Verweigerungsraten produziert, daß Geld eines der besonderen Tabuthemen ist; „Über Geld spricht man nicht“, ist eine im Alltagsverständnis weit verbreitete Maxime. Von daher stellt sich die Frage, wie schnell Kinder und Heranwachsende sich diese Maxime zu eigen machen und auf Fragen nach Geld und Geldbesitz ausweichend oder gar nicht antworten. Diese Argumente zeigen die Validitätsprobleme üblicher Forschungen, die auf Befragungen beruhen.

Im Prozeß des Heranwachsens läßt sich eine Abfolge des Geldverständnisses registrieren, welche von konkret nach abstrakt fortschreitet: In jüngeren Jahren entwickelt sich zuerst eine vergleichsweise konkrete Vorstellung von Geld als Tauschmittel und als Recheneinheit. Erst später kommt ein Verständnis hinzu für Kategorien wie Einkommen und Gewinn, und noch später dann eine Vorstellung über bargeldlosen Zahlungsverkehr und z.B. die Art von Dienstleistungen, wie sie Banken und Sparkassen anbieten.

Eine noch nicht sehr gut beantwortete Frage, deren Einschätzung auch für die Wahl angemessener Beobachtungs-, Befragungs- und sonstiger Erfassungsmethoden wichtig ist, stellt darauf ab, welche Bedeutung Geld und Gewinn aus der Perspektive von Kindern hat, wie Tausch- und Geldwirtschaft im Sinne der „kindlichen Logik“ funktioniert. Da mag jeder Erwachsene spezifische Rückerinnerungen haben, ab wieviel „Klickern“ (Murmeln aus Ton oder gar aus Glas) er sich auf dem Spielplatz „reich“ gefühlt hat. Solche alltagsbezogenen Sichtweisen werden in der neueren Forschung übrigens vermehrt aufgegriffen: Die Analyse von „Spielplatz-Wirtschaften“ kann hier einen interessanten Beitrag leisten (WEBLEY et al., 1991; PLINER et al., 1994).

In der Wirtschaftspsychologie wird zur Klärung der Frage, wie Kinder Kategorien bzw. kognitive Strukturen zur Beurteilung monetärer Sachverhalte erwerben, üblicherweise auf die Arbeiten von PIAGET (1975b) zurückgegriffen. Er war der bedeutendste Forscher auf dem Gebiet der kognitiven Entwicklung des Kindes. Es sind zwei elementare Prozesse, die an der kognitiven Entwicklung beteiligt sind: Assimilation und Akkomodation. Bei der Assimilation wird die Information, die das Individuum aufnimmt, in vorhandene kognitive Schemata einfügt. Dabei hat das verwendete Schema unmittelbare Wirkungen auf das, was wahrgenommen wird (ein Essen in einem Feinschmeckerlokal wird im Zweifel als schmackhafter wahrgenommen als wenn man dasselbe Essen in einem Dorfkrug zu sich nehmen würde). Bei der Akkomodation werden die Schemata selbst verändert, das Individuum „lernt“ also neue Wahrnehmungskategorien (z. B. das Geld, das ein Kind ausgeben will, mußte vorher von Vater/Mutter verdient werden). Beiden Formen der Anpassung liegt ein allgemeines Entwicklungsprinzip – das Äquilibrationsprinzip – zugrunde. Es beschreibt die Entwicklung des Menschen als fortlaufende Folge von Gleichgewichts- und Ungleichgewichtszuständen, wobei das Ungleichgewicht von einem Gleichgewicht auf höherem Niveau abgelöst wird (PIAGET, 1975 a, b). Eine Diskrepanz zwischen dem, was es sieht und dem, was es denkt, zwingt das Kind, fortlaufend angemessenere innere Strukturen und Prozesse zu entwickeln. Auf diese Weise wird das Kind immer weniger von der unmittelbaren Wahrnehmung und immer mehr vom Denken abhängig. Aufgrund der Austauschprozesse mit seiner Umwelt gelangt das Individuum schließlich zu einer kognitiven Struktur, die differenziert organisiert und flexibel ist und logische Denkvorgänge erlaubt.

PIAGET unterscheidet vier Entwicklungsstufen:

- **Phase der sensumotorischen Intelligenz** (bis zu einem Alter von etwa 2 Jahren): In dieser Phase entwickelt sich die Fähigkeit des Kindes, angepaßt zu reagieren. Kinder dieses Alters verinnerlichen sensumotorische Schemata.
- **Phase der voroperationalen Repräsentation** (von 2 bis etwa 7 Jahre): Das Kind erlangt nun die Fähigkeit, Dinge und Vorgänge der Außenwelt mental nachzuahmen und Symbole zu entwickeln. Wichtigste Voraussetzung hierfür ist die Sprache. Dennoch ist sein Denken weiterhin in stärkerem Maße von konkreten Anschauungen abhängig als von Begriffen und Regeln. Hinzu kommt, daß ein Kind dieses Alters Schwierigkeiten hat, sich eine Szene aus der Sicht eines anderen vorzustellen. Im allgemeinen tritt eine Dezentrierung erst in späteren Entwicklungsphasen auf.
- **Phase der konkreten Operationen** (7 bis 10 Jahre): Kinder dieser Phase erlernen die Fähigkeit, Logik und schlußfolgerndes Denken zum Lösen konkreter Probleme einzusetzen. Zur Konstruktion und Begründung ihrer Schlüsse benutzen sie aber immer noch Symbole für konkrete Ereignisse und Gegenstände, keine Abstraktionen.
- **Phase der formalen Operationen** (11 bis etwa 15 Jahre): Nun gewinnen Denkoperationen eine Unabhängigkeit vom konkreten Gegenstand. Das Individuum erlangt aufgrund von hypothetischen Annahmen die Fähigkeit zum formalen Schlußfolgern. Auf dieser Stufe können nun auch rationale Entscheidungen gelingen.

Bis heute werden PIAGETS Entwicklungsstufen von den meisten Wissenschaftlern anerkannt. Jedoch scheint es, daß PIAGET die kognitiven Fähigkeiten von Kindern unterschätzt hat (vgl. ZIMBARDO, 1992). PIAGET berücksichtigte nicht, daß Kinder durchaus in der Lage sein könnten etwas zu verstehen, ohne daß sie gleichzeitig die Fähigkeit besitzen, es auch erklären zu können.

Abgesehen von diesem Einwand scheint die wirtschaftliche Sozialisation prinzipiell PIAGETS Entwicklungsstufen zu folgen (KIRCHLER, 1995; LEWIS et al., 1995). Eine kleine Auswahl von Beispielen kann dies unterstreichen:

- Vier- bis fünfjährige Kinder meinen, daß große Güter mehr kosten als kleine. Eine Uhr kostet demnach viel mehr als ein Diamant. Mit zunehmendem Alter erscheint der Preis eines Gutes von seinem Nutzen abhängig. Die älteren Kinder überlegen, wie groß der Produktionsaufwand war und machen den Preis von den zu verrichtenden Arbeitsvorgängen und den Materialien abhängig (BURRIS, 1983). Aufgrund dieser Ergebnisse folgert BURRIS, daß Kinder von einem globalen Wissen über soziale und physikalische Vorgänge zu einem differenzierten Wissen über wirtschaftliche Prozesse und Institutionen gelangen.

- Anfangs kennen Kinder nur diffuse Begriffe des Geld- und Güterkreislaufs, die sie nicht miteinander in Verbindung bringen können. Sie wissen zwar, daß der Kunde dem Verkäufer Geld für ein Gut geben muß, glauben aber, dies sei lediglich ein Ritual. Geld kommt von der Bank oder von reichen Leuten. Daß zumindest ein Elternteil einer Arbeit außerhalb der Familie nachgeht, wissen Kinder auch schon im Vorschulalter, jedoch ist ihnen noch nicht klar, daß die Arbeit auch etwas mit dem Gelderwerb zu tun hat (BERTI & BOMBI, 1988).
- JAHODA (1981) stellte die Frage: „Supposing I put (borrow) £100 into (from) a bank, and after one year I take my money out again (pay back my money), would I get (pay back) more, less or the same?". Nur ein Viertel der 14-jährigen verstand die Funktion von Guthaben-Zinsen und Kredit-Zinsen.
- Die grundsätzlichen Funktionen des Geldes erlernen Kinder bis zu einem Alter von etwa 10 Jahren. Dann kennen sie das Geld und dessen Wert genau und verstehen seine Bedeutung beim Kauf und Verkauf. Für sie scheinen zwei voneinander getrennte Bereiche der Ökonomie zu bestehen. Einerseits gibt es Unternehmer, Arbeiter und Löhne, andererseits gibt es Kunden, Verkäufer und Produzenten. Daß diese Bereiche miteinander verzahnt sind, wird erst in der Entwicklungsphase von 10 bis 14 Jahren deutlich. Auf dieser Stufe versteht das heranwachsende Kind auch, woher öffentliche Institutionen ihr Geld erhalten, nämlich über Steuern und Gebühren. Der wesentlichste Entwicklungsschritt auf dieser Denkstufe besteht in der Verbindung des gesamten ökonomischen Wissens zu einem komplexen Netzwerk (vgl. KIRCHLER, 1995).

Wie weiter oben schon herausgestellt, sind bei Lernprozessen kognitive, affektive und konative Dimensionen zu unterscheiden. Dies trifft natürlich auch auf das Erlernen des Umgangs mit Geld zu. In dieser Hinsicht ist im übrigen ein Ungleichgewicht unseres Wissensbestandes zu konstatieren: Während bislang überwiegend Belege für den Lernprozeß in kognitiver Hinsicht beigebracht wurden, erscheinen die affektiven und konativen Dimensionen noch sehr viel weniger gut belegt bzw. erforscht. Vielleicht kann die bei uns z. Zt. durchgeführte Studie zu Konsummustern von 12- bis 14-jährigen in den 15 EU-Staaten (FAUTH, in diesem Band) dazu bald weitere Erklärungen bieten. Hinsichtlich der Taschengeldfrage gibt sie da ja schon jetzt einigen Aufschluß – siehe den Beitrag in diesem Band.

Aus unserer eigenen entwicklungssoziologischen Arbeit lassen sich noch weitere Einschätzungen und Befunde einbringen: Im Rahmen unserer Kooperation mit der Universität Chapingo, Mexiko, war es mehrfach möglich, insbesondere in den urbanen Ballungsgebieten und Zentren Funktionsweisen des sog. „informellen Wirtschafts-Sektors" zu beobachten. Für Mexiko City wird geschätzt, daß dieser Sektor bis zu 50% des gesamten Wirtschaftsgeschehens ausmacht. An diesem Sektor haben Jugendliche und sogar Kinder einen bemerkenswert hohen Anteil. In Form des praktizierten Kleinhandels, oder als Anbieter von Dienstleistungen (z.B. Windschutzscheiben-Putzen an Kreuzungen) sind sie gezwungen, ihr Überleben zu sichern. Hier ergab sich der Eindruck, daß Kinder (aus europäischer Sicht bemerkenswert früh!) ein sehr „erwachsenes" Verständnis entwickeln von Preisen und Leistungen, aber auch von so abstrakten Konzepten wie „Inflation": Der rapide Verfall des mexikanischen Pesos 1995 wurde gerade den Klein-Anbietern schmerzhaft bewußt; für ein einmaliges Windschutzscheiben-Putzen erhielten sie meist nach wie vor einen halben Peso (wenn sie Glück hatten, und der Autofahrer nicht nach erhaltener Dienstleistung einfach weiterfuhr). Der Gegenwert, den die Kinder für diese Münze z.B. in Lebensmitteln bekamen, halbierte sich im Verhältnis zu dem, was sie davor zu erhalten gewohnt waren.

Solche Beispiele des besonders frühen Erlernens von Geld-Konzepten werden auch aus anderen Entwicklungsländern berichtet (z.B. für Brasilien: SAXE, 1991; für Simbabwe: JAHODA, 1983).

3.4 Umgang mit Geld im Rahmen des privaten Haushalts

Zum Jahresende 1997 wurde von der „Stiftung der Private Haushalt" im Wissenschaftszentrum Bad Godesberg die Jahrestagung ausgerichtet – diesmal zum Themenfeld „Vom Umgang mit Geld". Hierbei sind einige Befunde präsentiert worden, welche sich in unserem Zusammenhang ergänzend einbringen lassen (Die Langfassung der Vorträge liegt noch nicht vor; so kann hier nur auf die vorgelegten Kurzfassungen/Thesenpapiere Bezug genommen werden.).

ROSENDORFER etwa macht darauf aufmerksam, daß, wenn von der Kaufkraft von Kindern und Jugendlichen die Rede ist, nach Märkten differenziert werden muß: „Kinder werden heute als potentielle Konsumenten auf drei verschiedenen Märkten umworben, nämlich dem „Gegenwartsmarkt" (Kinder sind selbst Konsumenten), dem „Zukunftsmarkt" (Kinder werden als Konsumenten von morgen angesprochen), und dem „Multiplikatorenmarkt" (Kinder beeinflussen das Kaufverhalten ihrer Eltern; Kurzfassung, S. 1).

Ergänzend stellte die Referentin heraus, daß die Konsumkompetenz sich vor der ökonomischen Kompetenz entwickelt. Hieraus folgert sie: „Die Tatsache, daß Kinder zwar konsumkompetent sind, aber über ein altersspezifisch geringes ökonomisches Verständnis verfügen, macht die Notwendigkeit einer Gelderziehung evident, die über die Handhabung von Taschengeld hinausgeht. In welcher Weise solch eine Gelderziehung in der Familie stattfindet, darüber ist bislang wenig bekannt" (a.a.O., S. 2).

Aufgrund dieser Sachlage wird z.Zt. vom Deutschen Jugendinstitut ein Forschungsprojekt durchgeführt, welches der Frage nachgeht, wie Kinder in die finanziellen Vorgänge in der Familie eingebunden sind und den Umgang mit Geld erlernen.

HOFFMANN behandelte diese Fragen unter Verwendung des Konzepts der „Geldkultur" in Haushalt und Gesellschaft und meint damit dreierlei:

- die Gestalt der monetären Umwelt,
- die Regelmäßigkeiten im Umgang mit Geld,
- die Anpassung von Menschen an diese monetäre Umwelt.

In diesen Dimensionen erkannte er Unzulänglichkeiten der klassischen Theorien: „Die sozialwissenschaftlichen Klassiker beschreiben bereits für die Zeit der Wende zum 20. Jhd. voll ausgebildete Geldfunktionen in der Gesellschaft. Die empirische Forschung lehrt indes, daß die Monetarisierung der Haushalte relativ dazu wenig entwickelt war, die Kindheit der heute Höchstbetagten war oft geradezu geldlos!" (Kurzfassung, S. 2). Angesichts dieser geringen Erfahrungen der älteren Bevölkerung mit

Geld in der eigenen Kindheit dürfte eine zielgerichtete Erziehung selbst der heutigen Kinder im Umgang mit Geld eher die Ausnahme als die Regel darstellen.

FOOKEN diskutierte die Dynamik des Geldes in familiären Beziehungen unter der Überschrift: „(In)diskrete Geheimnisse?“ Im Detail führt sie aus:

„Der hohe Grad an Privatheit und interpersonaler Involviertheit prädestiniert das Beziehungssystem Familie dazu, auch in Gelddingen nicht nur offen und ‚aufklärerisch' miteinander umzugehen, sondern gleichzeitig Tabus und Geheimnisse zu entwickeln, diese aufrecht zu erhalten und mögliche Aufdeckung abzuwehren. Typische Geheimnisse im finanziellen Bereich beziehen sich in Familien u.a. auf verheimlichte Einkünfte, heimliche Schulden, Erbschaften, Testamente, heimliche finanzielle Transfers, familiäre Geschäfte, Erpressung, finanzielle Verluste, ungesetzliche finanzielle Machenschaften etc. Dabei kann problematisches Verhalten im Umgang mit Geld im Dienste ganz anderer Bedürfnisse und Problemlagen stehen bzw. mit in anderen Lebensbereichen entstandenen Problemen zusammenhängen (z.B. wenn ein Arbeiter mit großer Familie und geringem Einkommen in der Kneipe „Runden schmeißt“, um an Ansehen bei seinen „Freunden“ zu gewinnen). Umgekehrt kann aber auch ein auffälliges Verhalten in Bereichen, die scheinbar unmittelbar nichts mit Geldfragen zu tun haben, im Dienste der Kaschierung von finanziellen Schwierigkeiten stehen.“ Und: „Schon die ursprüngliche Wortbedeutung des Wortes ‚Geld' konnotiert das Wort ‚Geltung‘. Der Symbolwert des Geldes wird in vielen Arbeiten thematisiert. Geld wird dabei oft als ‚Spiegel der Seele' gesehen. Es steht u.a. für Macht und Angst vor Ohnmacht, für Liebe und Liebesentzug, für Sicherheit, für Lebensfreude, für Selbstaufwertung und Abwertung anderer, für sexuelle und soziale Potenz. In seiner Symbolfunktion entfaltet Geld somit in vielen öffentlichen und privaten Bereichen – manifest oder subtil – seine zuweilen paradoxe Wirkung.“

Ein besonderes Problem der familiären Situation besteht darin, daß die im wirtschaftlichen Leben dominierende „*Beitragsgerechtigkeit*“ (vgl. ADAMS, 1965) innerhalb der Familie als ungerecht empfunden wird. Wäre es gerecht, wenn die Kinder gar kein Geld ausgeben dürften, nur weil sie keinen Beitrag zum Familieneinkommen leisten?

Babies und Kleinkinder bekommen, was sie physiologisch (manchmal auch psychologisch) brauchen. Diese Gerechtigkeitsauffassung wird als „*Bedürfnisgerechtigkeit*“ bezeichnet. Da aber Bedürfnisse im Prinzip mit dem Alter sehr schnell wachsen und dann zumeist unstillbar werden, muß in zunehmendem Maße das Beitragsprinzip, in Teilen auch das „*Gleichheitsprinzip*“ (allen das Gleiche) angewendet werden. MIKULA (1980) zeigt, daß in überwiegend ökonomischen Beziehungen das Beitrags-, in solidaritätsorientierten Beziehungen das Gleichheits- und in persönlichen Beziehungen das Bedürfnisprinzip angewendet wird (zur Übersicht vgl. FISCHER & WISWEDE, 1997). Das Problem der Familie besteht nun darin, daß die Kinder oft das *Bedürfnisprinzip* („ich brauche das...“) oder das *Gleichheitsprinzip* (ich möchte das auch haben...“) reklamieren, während die Eltern eine Legitimation dafür suchen, daß sie Grenzen ziehen müssen. Da also im Grenzfall ständig neu ausgehandelt werden muß, welches Gerechtigkeitsprinzip zum Tragen kommt, und häufig genug das am weitesten gehende Bedürfnisprinzip den/die Leistungsträger in der Familie „ausbeutet“, sind Täuschungs- oder Tarnstrategien in den Familien an der Tagesordnung.

Im vorliegenden Zusammenhang – Geldverwendung im Haushaltskontext – ist schließlich auch noch ein besonderes „Geld-Phänomen“ in den Blick zu nehmen, die Institution des „Haushaltsgeldes“. Hierzu finden sich bei KUTSCH et al., (1997, S. 214 ff.) detailliertere Ausführungen. Es hat sich empirisch ein gewisses Selbstverständnis dazu entwickelt, was „Haushaltsgeld“ ist und beinhaltet, welches auch durch Gerichtsurteile mit gestützt wird. Die Zentralstelle für rationales Haushalten in Bonn hat bezüglich der „Berechnung“ des Haushaltsgeldes eine Faustregel entwickelt: „Ein Drittel des Netto-Monatseinkommens plus 5% für jedes Kind“ (vgl. a.a.O., S. 215).

Außerhalb des sog. „Haushaltgeldes“ gibt es schließlich auch noch, relativ verbreitet (auch für Erwachsene!), die Institution des Taschengeldes. In einer Modellrechnung des Amtsgerichts Hannover blieb nach Abdecken aller „Verbindlichkeiten“ z.B. für solchen Zweck ein Restbetrag von angenommenen DM 500,--, welcher dann auf die Eltern und das Kind „angemessen“ als Taschengeld aufgeteilt werden sollte. Hierzu führt KUTSCH aus: „Wie auch der Hausfrauenbund es einschätzt, sieht die empirische Wirklichkeit oft anders aus. So wäre es eine interessante Forschungsfrage, einmal systematisch zu prüfen, wie solche als ‚Taschengeld' verfügbaren ‚freien Spitzen' unter den Erwachsenen und Kind(ern) faktisch aufgeteilt werden. Da erscheint es noch keineswegs von vornherein als ausgemacht, daß jeder der Erwachsenen einen gleich hohen Anteil erhält bzw. für sich in Anspruch nimmt, und auch das ‚Gefälle' der Beträge zwischen Erwachsenen und Kindern dürfte milieuspezifisch stark variieren. Nicht zuletzt in der Hinsicht was Kinder von ihrem Taschengeld bezahlen sollen sind deutliche Unterschiede erkennbar.“ (a.a.O., S. 216).

Hier nun zu den weiteren Beiträgen der Tagung „vom Umgang mit Geld“:

In einer methodisch bemerkenswerten Studie analysiert Bergmann die „Neu-Sozialisation“ des Umgangs mit Geld in Familien der Neuen Bundesländer.

Dabei stellt er einerseits als „common sense“ heraus: „Über Geld spricht man nicht“. Andererseits konstatiert er: „Daß die Leute über Geld und ihren Umgang mit Geld reden, trifft vor allem dort zu, wo das Geld seine Selbstverständlichkeit verloren hat“, und diese Situation sei eben mit der Währungsumstellung für die ehemaligen DDR-Bürger zum 1.7.1990 eingetreten. Seine methodische Vorgehensweise: „Zur Aufklärung des Zusammenhangs von Geld, Moral und politischem Wandel wurde eine explorative Studie durchgeführt, die sich auf Tonbandaufzeichnungen aus dem Privatleben von zwei Familien aus Thüringen und Brandenburg stützt. In den Jahren 1992-94 wurden von beiden Familien zahlreiche Spieleabende, Abendessen, Dia-Abende sowie Familienfeiern selbständig in ihren Wohnungen auf Tonband aufgezeichnet und als Datenmaterial zur Verfügung gestellt. Es zeigte sich, daß in diesen Familientischgesprächen häufig das Thema Geld angesprochen wurde.“

In der Auswertung der Tonbandaufzeichnungen stellt Bergmann fest, daß zum einen Formen der moralischen Bewertung gehäuft auftreten, etwa in Form von moralischer Entrüstung darüber, daß bestimmte Dinge oder Dienstleistungen „so-und-soviel kosten“, wie auch häufig in Form von „Tips“, wo man was zu welchem günstigen Preis bekommt. Die häufige Thematisierung von Geld diene dazu, die Familie mit den neuen

Marktmechanismen (und ihren Tücken!) vertraut zu machen. In diesem Zusammenhang lautet sein Kommentar: „Ironischerweise dokumentiert sich in der verbreiteten Praxis der Weitergabe von Tips die Kontinuität einer DDR-spezifischen, vergemeinschaftenden Kommunikationsform: stand früher die Verfügbarkeit eines raren Gutes im Mittelpunkt [als Güter noch sehr viel knapper waren, T.K.] ist es heute der [günstige, T.K.] Preis einer Ware“ (BERGMANN, Kurzfassung, S. 3).

HESSE & THIEDE untersuchen die Einkommensverwendung von Familien mit Kindern auf der Basis der Daten der Einkommens- und Verbrauchsstichprobe. Hieraus sei die folgende Passage erwähnt: „Es stellt sich die Frage, wie die Ehepaare mit Kindern, insbesondere der jüngeren Altersgruppen, mit dem Einkommen auskommen bzw. wie sich das geringere Einkommen der Familien mit Kindern in der Verwendungs- und Verbrauchsstruktur niederschlägt. Hier zeigt sich, daß in den betrachteten „jüngeren“ Altersgruppen die Konsumquoten mit wachsender Kinderzahl deutlich steigen, die Sparquoten demnach sinken. Die detaillierte Betrachtung der Konsumstruktur verdeutlicht, daß mit steigender Kinderzahl insbesondere die Ausgabenanteile für Nahrungsmittel steigen, die Anteile für Verzehr außer Haus und die für die persönliche Ausstattung demgegenüber sinken.“

Gerade der letzte Satz kann bewußt machen, daß Kinder aus größeren Familien in deutlich anderen Mustern der Geldausgabe sozialisiert werden; was etwa an der – im Vergleich zu den Einkind-Familien – geringeren Frequenz des Aufsuchens von Gastronomie demonstriert werden kann.

PIORKOWSKY referiert über Finanzmanagement und Budgetverwaltung in privaten Haushalten und präsentiert dabei die folgenden Ergebnisse: „In Mehrpersonenhaushalten werden Entscheidungen über die Einkommensverwendung – nach den Ergebnissen einer eigenen Repräsentativerhebung 1994 bei 3.000 Wahlberechtigten in Privathaushalten – überwiegend von den Erwachsenen gemeinsam getroffen. Dies gilt vor allem für die Anschaffungen (92,3% der Haushalte) und die Vermögensbildung (84,5%), weniger für das Haushaltsgeld (73,7%). Von den Haushalten mit Kindern haben rund 4% der Befragten angegeben, in den genannten Bereichen echte Familienentscheidungen zu treffen.“ Angesichts der steigenden Komplexität der möglichen Ansprüche in einer großen Familie wächst natürlich das Koordinationsproblem durch gegenseitige Absprachen exponential.

SZALLIES schließlich schärft in seinem Beitrag zur „Rezessionskultur“ den Blick für Zusammenhänge zwischen „Stimmung“ (i.S.v. Konsumklima) und Kaufverhalten. Hierzu führt er international vergleichend aus: „Während noch in den 80er Jahren Deutschland im oberen Drittel bzw. mindestens im Mittelfeld der europäischen Stimmungsrangliste rangierte, hat sich in den 90er Jahren und im besonderen Maße aktuell, d.h. im Jahre 1997, die Position Deutschlands verschlechtert [...] Mittlerweile finden sich die Deutschen zusammen mit den Griechen am unteren Ende der Stimmungsrangliste in Europa...“ (SZALLIES, Kurzfassung, S. 2).

Damit wird sehr deutlich: Geld-Sozialisation hat nicht nur mit Handlungsmustern zu tun, sondern auch sehr viel mit Einstellungen, Bewertungen und Annahmen über die Zukunft.

3.5 „Further research needed“ – Forschungslücken, Forschungsfragen und aktuelle Projekte

Hinsichtlich der Geld-Sozialisation von Kindern und Jugendlichen erscheint der Übernahme- und Internalisierungsprozeß keineswegs so umfassend transparent, wie etwa die Forschung zu sonstigen Prozessen der Umweltwahrnehmung gediehen ist (z.B. hinsichtlich der Sprach- und Kommunikationskompetenz, um ein Beispiel zu nennen).

So lassen sich vielfältig Fragen erkennen, über deren Beantwortung noch keine Klarheit besteht. Bei einer solchen Zusammenstellung seien nachfolgend (nur) zwei Themenkreise angesprochen – obgleich darüber hinaus sicher noch weitere offene Fragen erkennbar sind. Nachfolgend Aspekte, welche unseres Erachtens zum einen (a) im Kontext der Eltern-Kind-Beziehung und im Kontext des Solidaritätsnetzes enger verwandtschaftlicher Beziehungen benannt werden können, und zum anderen solche, die (b) im kulturellen Kontext und hinsichtlich des Wertewandels bedeutsam erscheinen:

(a) Der engere Kreis der Solidaritätsbezüge: Eltern – Kind – Geschwister – Verwandte

- Wie bewußt und systematisch werden von Eltern ihren Kindern gegenüber überhaupt geldpädagogische Konzepte verfolgt?
- Zu welchem Anteil, und in welchem Alter, können Kinder das Einkommen ihrer Eltern realistisch einschätzen, und stehen ihre Geld-Erwartungen oder gar „Geldforderungen“ in spezifisch proportionalem Verhältnis zur jeweiligen Einkommenslage?
- Bleiben Taschengeld-Gaben stabil, auch wenn es der Familie schlechter (z.B. Arbeitslosigkeit) geht?
- Wie lernen Kinder „ihr“ Modell, wenn im Elternhaus keine explizite geldbezogene Sozialisation erfolgt?
- Ist die Geld-Sozialisation der Kinder unterschiedlich, je nachdem, ob als „Finanzminister“ im Haushalt der Vater oder die Mutter fungiert?
- Lassen sich Einflüsse in Abhängigkeit davon erkennen, ob es sich um einen Doppelverdiener-Haushalt handelt oder ob nur ein Elternteil erwerbstätig ist?
- Ist die Geld-Sozialisation für Kinder mit Geschwistern eine andere als für Einzelkinder?
- Wird Kindern im Zusammenhang mit (Taschen-)Geldgaben durch ihre Eltern das Prinzip des haushälterischen Umgangs mit Ressourcen nahegebracht?
- In welchem Umfang werden Handhabungen der Eltern von anderen Einflüssen modifiziert oder konterkariert (z.B. durch Geldgeschenke von Großeltern, Onkeln und Tanten)?

(b) Der große Kreis: Kultureller Kontext und Wertewandel

- Gibt es nationale/kulturelle Unterschiede in den vermittelten geldbezogenen Leitmotiven (z.B. Sparen als Tugend, Freizügigkeit der Ausgabemöglichkeiten von detaillierteren Verfügungsvorschriften, Akzeptanz/Tabu gegenüber Schuldenmachen und Kreditaufnahme)?
- Gibt es einen Zusammenhang zwischen (wenig) Taschengeld und (verstärkter) Neigung zu Ladendiebstahl?
- In welchem Umfang machen auch Kinder schon von „Plastikgeld“ Gebrauch?
- Lernen Kinder aus der Unterschicht ähnlich, oder ganz anders, als Kinder der oberen Mittelschicht/Oberschicht mit Geld umzugehen?

- In welchem Umfang sind Einflüsse der Peers, der Gleichaltrigen, konkurrierend, und sind sie eventuell in bestimmten Phasen des Aufwachsens, der Pubertät, einflußreicher, als das Modell der Eltern (vgl. WARD, 1974)?
- Wie „lernt sich" der „rechte Umgang mit Geld" – als Balance zwischen Geiz und unbedachter Freizügigkeit/Sorglosigkeit?
- Gibt es eine geschlechtsspezifisch unterschiedliche Geld-Sozialisation (wie z.B. FAUTH in ihrem Beitrag glaubt, belegen zu können)?
- Haben generationsspezifische Erfahrungen einen Einfluß – etwa im Sinne der INGLEHART'schen Argumentation, daß Personen (Eltern), welche in Krisenzeiten aufgewachsen sind, anderen Maximen anhängen als Personen (Eltern), die in Zeiten von Prosperität groß geworden sind?
- Jugendliche Schüler gehen häufig „jobben": Wie setzt sich dementsprechend ihr „Gesamtbudget" zusammen – könnte es sein, daß das elterliche taschengeld-pädagogische Konzept hierdurch „überspielt" bzw. außer Kraft gesetzt wird?

In neuerer Zeit wird auch der Frage nachgegangen, ob und inwieweit von Seiten der Wissenschaft begleitend, unterstützend und beratend der Prozeß der Sozialisation von Erwachsenen und Kindern in Gelddingen gefördert werden kann. Dies ist eine Frage, welcher sich insbesondere die Haushaltsökonomie angenommen hat. Diesbezüglich stehen wir an der Universität Bonn im Dialog mit dem Kollegen PIORKOWSKY, der sowohl (für Erwachsene) eine Haushaltsbuch entwickelt hat als auch ein Taschengeldheft für Kinder.

Der Grundgedanke ist einfach – und zweifellos wichtig: Auch und gerade im Haushaltskontext, wo es den Zwang zur Buchführung offiziell nicht gibt – im Unterschied zum „offiziellen" Berufsleben – ist eine entsprechende Dokumentation und Übersicht von zentraler Bedeutung, und zwar gerade für Personen und Haushalte mit beschränktem Budget (WARNECKE, 1997).

Das Besondere dieses Haushaltsführungsbuches liegt in der empirischen Grundlage, also darin, daß es auf der Basis von Vorschlägen von Nutzern entwickelt wurde. Der Vertrieb erfolgt über eine größere Bausparkasse. Die abgesetzte Auflage: 40.000 Stück – nach zwei Jahren! Im Schwerpunkt fragen es Familienhaushalte nach – nach erkennbaren Indizien aus der (oberen) Mittelschicht. Insofern findet es Interesse insbesondere bei den relativ Bessergestellten mit Zukunfts- und Planungsorientierung! Wie auch in anderen Beratungsfeldern, so läßt sich auch hier das Muster erkennen: Wer schon vergleichsweise gut informiert ist, möchte sich noch besser organisieren! So bleibt die Frage offen, wie man diejenigen erreichen kann, die „nachhinken" ...?

Bezüglich des Taschengeldhefts für Jugendliche ist zu sehen, daß Jugendliche in der Pubertätsphase häufiger gegen Ordnungskonzepte Reaktanz entwickeln. Gleichwohl berichtet PIORKOWSKY in diesem Zusammenhang eine fifty/fifty-Erfahrung: Unter den Schülern, denen das Heft vorgelegt wurde, war jeder zweite daran interessiert, es zu nutzen. Das Interesse der Schüler wurde größer, als sie erfuhren, daß das Heft auf der Basis von Schüler-Befragungen entwickelt worden war.

Geld-Sozialisation ist eine Thematik, welche insbesondere der Frage nachgeht, wie Kinder und Jugendliche in unsere Geld-Wirtschaft „hineinwachsen". Aus unserer Sicht gibt es durchaus Argumente dafür, daß der Umgang mit Geld und die Einstellung zum Geld im Lebenslauf bzw. in der Abfolge typischer Lebensphasen noch einmal Veränderungen unterliegt. Vereinfacht gesagt: Wir haben Grund zu der Annahme, daß ein Lehrling einen anderen Bezug zum Geld hat als ein Rentner – unabhängig von der Höhe des ersten Gehalts bzw. der Rentenzahlung. Das erste selbsterarbeitete Geld hat eine andere Qualität als das Geld des letzten Lebensabschnitts. Mit dem „ersten Geld“ sind andere Pläne verbunden als mit dem „letzten Geld“, dazwischen liegt auch die Erfahrung eines lebenslangen Umgangs mit den Einkünften.

Mit Blick auf die moderne Entwicklung der Geldwirtschaft ist häufig herausgestellt worden, daß die Tendenz zur Mobilisierung und die Vertrautheit mit unbaren Transaktionen sich in der Bevölkerung insgesamt immer mehr durchgesetzt hat. Auch wenn Konzepte wie „home-banking“ sich nicht ganz so mit der Geschwindigkeit verbreiten wie sich das die Banken vorstellen und erhoffen: Der Trend weg vom Bargeld hin zu Kreditkarte und „Plastikgeld“ erscheint unaufhaltsam. Dies geht sogar schon so weit, daß in jüngerer Zeit häufiger davor gewarnt wurde, daß konsumschwache Konsumenten aufgrund der niedriger gelegten „Schwelle“ unbekümmerter in die Kreditfalle stolpern würden, aus der sie sich im Falle der Überschuldung nur schwer aus eigener Kraft würden befreien können. So z.B. in einem Beitrag von Udo Reifner, Professor und Leiter des Instituts für Finanzdienstleistungen (IFF) in Hamburg, in einem Beitrag, in dem er auf die drohende Gefahr der Überschuldung bei Studierenden eingeht (AUDIMAX, Die Hochschulzeitschrift, 7/8 1993, S. 28).

Die Tendenz der Institutionalisierung des Geldsystems bis hin zum Plastikgeld ist offensichtlich die „mainstream“-Entwicklung. Wir haben uns nun in einem neueren eigenen Forschungsprojekt der folgenden Frage zugewandt: Gibt es in unserer Gesellschaft auch Prozesse der De-Institutionalisierung dieses Geldsystems? Die Antwort lautet: Ja. In neuerer Zeit läßt sich als soziales Phänomen beobachten, daß es Individuen auch im wirtschaftlichen und wirtschaftenden Kontext vorziehen, Eigenleistung gegen Fremdleistung zu tauschen, unter Vermeidung des „nüchternen“ Geldsystems. Das hat offensichtlich an erster Stelle auch nichts mit der Umgehung oder Vermeidung von Steuern zu tun: Es handelt sich um das Phänomen, daß sich in den letzten Jahren Tauschringe etabliert haben, und daß sich ihre Zahl zügig vermehrt hat. [4]

Hier ein Auszug aus unserer Konzeption und Projektplanung:

In der deutschen Landschaft der Selbst- und Nachbarschaftshilfe wurde in den letzten Jahren eine Form wirtschafts-sozialer Organisation wiederentdeckt, die erstaunlich schnell Fuß fassen konnte: Der Tauschring. Während zu Beginn der 90er Jahre nur vereinzelte, zaghafte Initiativen gegründet wurden, zählt man heute bereits über 150 Tauschringe in Deutschland. Die Literaturlage zu diesem Thema läßt aufgrund der Neuartigkeit dieses Phänomens noch zu wünschen übrig. Verfügbar ist bislang zu dieser Thematik überwiegend sog. „graue Literatur“, welche die existierenden Tauschringe in Deutschland erfaßt und deren Aufbau und Funktionsweise beschreibt. Darunter ist eine wichtige Quelle das Handbuch von Paysys, einer Unter-

---

[4] Mit Blick auf Tauschringe wurde bei uns ein Forschungsprojekt entwickelt und bei der Deutschen Forschungsgemeinschaft als Projektantrag vorgelegt (Bearbeiterin: Frau Dipl. Ing. agr. Patricia Lista). Dieser Antrag wurde bewilligt; zur Zeit findet die Feldarbeit statt.

nehmensberatung, die es sich zur Aufgabe gemacht hat, die Entwicklung der Tauschringe auf der Basis empirischer Erhebungen weltweit zu beobachten und zu dokumentieren. OFFE & HEINZE liefern eine erste wissenschaftliche Analyse, die sich jedoch auf Studien zu Tauschökonomien in Kanada, USA und Holland stützt, da zum Zeitpunkt dieser Untersuchung noch keine Tauschringe in Deutschland bekannt waren. Auch international lassen sich erst wenige wissenschaftliche Arbeiten zu dieser Thematik ausmachen. Hier ist eine empirische Studie über den Erfolg eines LETS (**L**ocal **E**xchange and **T**rading **S**ystem) in Calderdale, West Yorkshire, England aus dem Jahre 1994 zu nennen, die aussagefähiges Datenmaterial bietet.

Was ist ein Tauschring? Oft wird Tauschring synonym zu dem im anglo-amerikanischen Raum gebräuchlichen Begriff ‚LETS' gebraucht. Darunter versteht Paysys (s.o.) ein „organisiertes Verrechnungssystem, das dem bargeldlosen Austausch von Leistungen und Produkten zwischen Privatpersonen, Organisationen und Kleinunternehmen auf lokaler Ebene dient."

LANG, der weltweit das erste Buch über Aufbau und Funktion von LETS vorlegte, charakterisiert dieses durch fünf Kriterien, die nach dem Gründer des ersten LET-Systems in Kanada, Michael LINTON, erfüllt sein sollten: Es muß ein Non-Profit-System sein, es darf keinen Zwang zum Tausch geben, Informationen über die Kontostände sollten allen Mitgliedern zugänglich sein, die Tauscheinheit sollte an das nationale Währungssystem gekoppelt sein und es darf keine Zinskosten bzw. -einnahmen geben. LANG stützt seine Ausführungen, die er auch als Ratgeber für Tauschringinitiatoren verstanden wissen will, auf Erfahrungen mit LETS in England.

Zieht man weitere Definitionen heran, die mal präzise, mal sehr leger gefaßt sind, so wird die herrschende Unsicherheit im Umgang mit dem neuen Phänomen ‚Tauschring' deutlich. So nennen BRANDENSTEIN et al. Tauschringe „eine örtlich beschränkte, auf Dauer angelegte Verbindung einer größeren Zahl von Personen, ausgerichtet auf wechselnden Mitgliederbestand, mit einem Gesamtnamen und dem gemeinsamen Zweck, daß die Personen einander Leistungen hauptsächlich gegen Gutschriften selbstgeschaffener Verrechnungseinheiten erbringen", BLAFFERT et al. Hingegen verstehen darunter einfach nur „lokal oder regional bezogene Gemeinschaften von Menschen (...), die untereinander Fähigkeiten, Tätigkeiten und Güter ohne Geld tauschen."

Die Geschichte der Tauschringe, über welche GODSCHALK und OFFE & HEINZE einen Überblick geben, zeigt, daß häufig geld- und sozialreformerische Ideen für die Entwicklung von Tauschringen ausschlaggebend waren. Als Wegbereiter von nicht-monetären Tauschsystemen gelten die Tauschsozialisten Robert OWEN (1771-1858) und Pierre Joseph PROUDHON (1809-1865). Auf den Begründer der „Freiwirtschaftslehre" Silvio GESELL (1862-1930) geht die Idee einer zinslosen Geldwirtschaft mit laufender Entwertung des Geldes als Umlaufsicherung zurück. Diese war Grundlage einiger Freigeldexperimente in den 30er Jahren dieses Jahrhunderts, von denen das „Wörgler Währungsexperiment" der Gemeinde Wörgl in Tirol (Österreich) und die „Wära-Tauschgesellschaft" in Schwanenkirchen (Deutschland), trotz ihrer Auflösung nach wenigen Jahren, wegen des Verstoßes gegen das Notenbankmonopol, zu einiger Berühmtheit gelangten. Auch heute ist ein Teil der Tauschringe von der Idee eines „gerechteren Geldes“ im Sinne der freiwirtschaftlichen Theorie inspiriert.

Betrachtet man die Entwicklungen in Deutschland und anderen Wohlstandsgesellschaften in den letzten Jahrzehnten, so trifft man auf „schwierige Umstellungskrisen“, von denen vor allem das Schwinden der Erwerbsarbeit, die zunehmende Einbindung in den weltweiten Wettbewerb und die Krise des Sozialstaates weitreichende Folgen für die Lebensqualität weiter Teile der Bevölkerung haben. So muß mit einer Potenzierung individueller Problemlagen wie Armut, Ausgrenzung und Vereinsamung gerechnet werden. Nach BRAND kann die Erfahrung von Krisensituationen als Reaktion einerseits das verstärkte Festhalten an alten Strukturen und Vertrautem hervorrufen, andererseits aber die Bereitschaft steigern, Neues zu entwickeln und auszuprobieren. Tauschringe sind offensichtlich ein Versuch, auf informeller Basis ein altes Prinzip, den Tausch, zu nutzen, um den Krisen mit etwas Neuem zu begegnen.

Wie die Auswertung der verfügbaren Literatur zeigt, sind Tauschringe neue, schillernde und höchst flexible Gebilde unterschiedlicher Ausgestaltung, die eine ganze Reihe von Zielsetzungen verfolgen und mehrere soziale und ökonomische Bereiche ansprechen. Dieser Neuartigkeit und Vielschichtigkeit des Phänomens kann nur eine grundlegende und möglichst umfassende Betrachtungsweise gerecht werden.

Ziel der geplanten Untersuchung ist es, das Phänomen „Tauschring“ zu erfassen, in das wirtschaftliche und soziale Geschehen einzuordnen und seine Entstehung zu erklären. Auf diese Weise soll der so organisierte Tausch als gesellschaftliche und individuelle Alternative zur Überwindung von Knappheitssituationen näher beleuchtet werden. Dafür ist insbesondere die Analyse der sozioökonomischen Funktionen, die dem Tauschring in unterschiedlichen Bereichen zukommen, von Bedeutung.

So weit zu diesem Projekt. Insgesamt sollte deutlich werden, daß die sozialen Rahmenbedingungen wesentlich das Geld-Empfinden und Geld-Nutzungsmuster beeinflussen, daß die Geld-Sozialisation in der Jugend wesentlich fixiert wird, aber auch im Erwachsenenalter noch weiter Facetten gewinnt, und im ganzen, daß dies ein attraktives Forschungsgebiet ist, welches noch zahlreiche wichtige Fragen bereithält.

4. Kapitel

Wieviel ist 1 Milliarde Mark? Zur Diskontinuität der monetären Größenwahrnehmung

Horst W. Brand

Institut für Wirtschafts- und Sozialpsychologie, Universität zu Köln

4.1 Einleitung

„Sehr viel Geld!", so lautete die modale Antwort auf die von uns gestellte Frage „Wieviel ist 1 Milliarde Mark?". Die zweithäufigste Antwort lautete: „Weiß ich nicht!" bzw. „Keine Ahnung!".

Sofern auch der Leser angesichts dieser Frage stutzen und sich mit der Beantwortung schwertun sollte, mag ihm folgende Formulierung die Antwort erleichtern: Nennen Sie ein beliebiges Beispiel für etwas, das 1 Milliarde Mark kostet!

Da auch diese Formulierung nach unseren Erfahrungen die Beantwortung nicht erleichtert, sei folgende Veranschaulichung gegeben: Zweifellos können Sie sich an einige Beispiele erinnern, bei denen Sie an ein und demselben Tag einen Betrag von exakt (oder zumindest in etwa) 1.000,-- DM ausgegeben haben, sei es beim Kauf einer Photo-Kamera, der Begleichung einer fälligen Jahres-Versicherungsprämie, dem Erwerb einer Orient-Brücke oder der Bezahlung einer Arzt-Rechnung. – Wie oft müßten Sie dies – rein rechnerisch – wiederholen, um zu dem Betrag von 1 Milliarde DM zu gelangen?

Dabei muß sich die Beantwortung der aufgeworfenen Frage gar nicht einmal auf den Preis oder den Wert einer Ware (Kosten eines Kernkraftwerks) oder einer Dienstleistung (Aufwendungen der gesetzlichen Krankenversicherungen) beziehen: Sie kann sich gleichermaßen orientieren an Größen wie dem Jahresumsatz eines Konzerns, dem Jahresüberschuß einer weltweit operierenden Bank; sie mag sich darstellen als Haushaltsansatz oder -defizit innerhalb eines nationalen Etats oder als Schätzung der Summe des privaten Geldvermögens in der BRD.

Wenn dennoch dem einzelnen die Bildung von Beispielen für die Größenordnung „1 Milliarde DM“ (oder auch eines beliebigen Vielfachen dieses Betrages) Mühe bereitet – und womöglich völlig realitätsfremd ausfällt -, so muß dies insofern verwundern, als tagtäglich in der medialen Berichterstattung mit dieser Bemessungs- bzw. Bezugsgröße operiert und ein Massenpublikum über entsprechende Sachverhalte „informiert“ wird. Die Häufigkeit der Erwähnung des Begriffs „Milliarde Mark“ dürfte zumindest in der deutschen Medienberichterstattung in den Jahren seit der Wiedervereinigung sogar noch eine immense Steigerung erfahren haben in Zusammenhang mit dem „Umzug nach Berlin“ (wobei zunächst offenbleiben mag, ob Bundestag, Bundesrat, sonstige Bundesbehörden oder auch Firmen und Verbände hierunter zu subsumieren sind), der Finanzierung der „Kosten der deutschen Einheit“, der Vorauskalkulation der Kosten der (vormals angestrebten) Olympischen Spiele in Berlin oder die Höhe der Subventionen für den „Aufschwung Ost“. Die Berichterstattung, Diskussion und Kommentierung über Probleme des Arbeitsmarkts, Renten- und Pflege-Versicherung, das Ausmaß vermuteter Kapitalflucht vor dem Hintergrund von (zeitweiliger) Quellen- und (aktueller) Zinsabschlag-Steuer, die Finanzierung von öffentlichen Haushalten vor dem Hintergrund einer permanent in der Planung, Diskussion und politischen Umsetzung einer Steuerreform sind zweifellos weitere Beispiele tagtäglicher medialer Berichterstattung, die ohne Verwendung der Maßzahl „Milliarde“ kaum formulierbar und kommunizierbar wären.

Ob hierbei allerdings tatsächlich Kommunikation im Sinne der Übermittlung von Information zustande kommt, erscheint uns angesichts der eingangs zitierten frühesten Ergebnisse unserer Untersuchungen eher fraglich und soll im weiteren mit Gegenstand unserer Erörterungen bleiben.

4.2 Entdeckungs-Zusammenhang

Diese unsere Einschätzung teilt auch das Nachrichten-Magazin „Der SPIEGEL“ mit den Worten: „Noch nie ist im Nachkriegsdeutschland so viel von so hohen Zahlen die Rede gewesen“ (Spiegel-Spezial, I/1991, S. 88).

In der Tat tauchen praktisch tagtäglich in den Medien-Nachrichten (Print-Medien wie auch Fernseh-Nachrichten) wiederholt Erwähnungen dieser Größenordnung auf, insbesondere seit dem historischen Ereignis der deutschen Wiedervereinigung. Und in der Tat begründete dieser Eindruck den Entdeckungs-Zusammenhang, der uns zu dieser Forschungs-*Idee* und der tentativen empirischen Untersuchung der voranstehenden Frage veranlaßte ohne über explizit formulierte Hypothesen zu verfügen – aus Gründen, die nachfolgend noch darzulegen sind. Andererseits war es allerdings sehr wohl unser Bestreben, die Stufe einer „nur“ qualitativen bzw. explorativen Studie zu überschreiten.

Gemäß dem etablierten Selbstverständnis von Erfahrungs-Wissenschaften sind Forschungs-*Hypothesen* ‚lege artis’ aus bereits vorliegenden Theorien stringent abzuleiten; Theorien, zu denen günstigenfalls auch bereits etliche empirische Ergebnisse vorliegen, welche die Haltbarkeit der jeweiligen Theorie(n) entweder stützen oder aber in Zweifel ziehen.

Forschungs-*Ideen* hingegen entstehen kaum auf der Basis existenter (und zumindest in jeweiligen Fachkreisen bekannter) Theorien; Ideen resultieren zumeist aus völlig unsystematischer Alltags-Beobachtung, wenngleich nicht notwendigerweise ohne theoriegeprägten Hintergrund. In glücklichen, ertragreichen Fällen – die sich einzig im nachhinein als solche erweisen können – hält die Wissenschaftstheorie hierfür den Begriff „Serendipität" bereit.

Die vorliegend, zurückliegend und nachfolgend von uns verfolgte Fragestellung „Wieviel ist 1 Milliarde Mark?" entwickelte sich jedenfalls vor dem Hintergrund der deutschen Wiedervereinigung zum Jahresende 1989, in deren Folge alsbald im Rahmen der alltäglichen Berichterstattung der Massenmedien sowohl von dem „Erblühen" der ‚neuen' deutschen Bundesländer die Rede war, wie aber gleichzeitig auch zunehmend von ‚Milliarden-Beträgen', die hiermit auf der Kosten- oder Ertrags-Seite einhergehen würden.

Unser Forschungs-Interesse war ferner von einer zusätzlichen, eher medienpolitisch geprägten Neugier getragen: die einzelnen, seitens der jeweiligen Redaktion vorselektierten Mitteilungen in den Hauptnachrichten beschränken sich üblicherweise auf ca. 10 bis 15 Sekunden; kann aber ein Fernseh-Zuschauer binnen dieser jeweils kurz bemessenen Zeit „speichern", daß etwa der Haushaltsentwurf der Bundesregierung für 1998 ein Ausgabe-Volumen von 461 Milliarden DM vorsehe, wohingegen die jährlichen Steuereinnahmen des Bundes sich auf 800 Milliarden DM belaufen, andererseits die „Schwarzgelder" der deutschen Bevölkerung auf ausländischen Konten auf 500 Milliarden DM geschätzt werden? Anders gefragt: Besitzen derlei Nachrichten noch einen „Nachrichtenwert" (HUNZICKER, 1988)?

Andererseits scheint uns die offenkundige Schwierigkeit der Beantwortung der von uns aufgeworfenen Frage keineswegs in der Bezugsgröße „Deutsche Mark" begründet: Die Frage, über wieviel Milliarden (oder sind es nur Millionen?) Quadratkilometer Wasserfläche oder auch Festland unser Globus verfügt, dürfte diesbezüglich Befragten eher noch größere Probleme bereiten wie etwa auch die Frage, vor wieviel Jahren die Entstehung bzw. Entwicklung des ‚homo sapiens sapiens' (in etwa jedenfalls!) zu datieren sei oder – einschlägigen Theorien zufolge – durch einen „Urknall" der Kosmos entstanden sei, wie wir ihn heute kennen – oder zu kennen glauben.

An den letztgenannten Beispielen mag erkennbar oder zumindest intuitiv erahnbar geworden sein, daß es wohl nicht so sehr an der monetären Bemessungsgröße „Deutsche Mark" liegt, was die Beantwortung der Frage offenbar so erschwert (man denke etwa an die italienische oder auch türkische Lira). Hauptverantwortlich dürfte demnach die numerische Dimension „Milliarde" sein. Stützend für diese Vermutung ist die Tatsache, daß offenbar auch in anderen Teildisziplinen der Wissenschaften die hieran Beteiligten ihre Probleme im Umgang mit extrem „großen" (gleichermaßen auch extrem „kleinen") Zahlen haben.

Zweifellos war es kein Zufall, daß die zuletzt angeführten Beispiele dem Bereich der Naturwissenschaften („im engeren Sinne“) entnommen waren; typische Beispiele hierfür wären etwa Astronomie, Geo-Wissenschaften, Archäologie, Medizin und schließlich die „von Amts wegen“ für große und kleine Zahlen zuständige „reine“ Mathematik. Angehörige dieser Disziplinen verzichten allerdings durchweg – offenbar in Erkenntnis des (insbesondere kommunikativen) Problems – auf die Verwendung des Terminus „Milliarde“ und präferieren statt dessen die mathematische Nomenklatur in der Form von (positiven oder negativen) Exponential-Zahlen.

Auf diese Weise wird zwar das Kommunikationsproblem auf „handwerkliche“ Weise praktisch elegant bewältigt, birgt aber umgekehrt – wiederum handwerklich bedingt – immense Probleme auf der Ebene von „Tipp-/Eingabe-“ wie auch „Übertragungs-Fehlern“ innerhalb der jeweiligen Fachliteratur. Dies aber soll nachfolgend ausgeklammert bleiben; schließlich ist dies ein Spezifikum der Naturwissenschaften und der dort stattfindenden Kommunikation: Wenn ein Arzt (infolge einer unzutreffend zitierten Exponential-Ziffer) das 10- oder auch 1000-fache der „gemeinten“ Dosis verabreicht, so hat *er* das Problem – bzw. sein Patient oder auch dessen Nachfahren.

Für die Wirtschafts- und Sozialwissenschaften hingegen wie auch für die Kommunikationswissenschaften können wir in der Verwendung von Exponential-Zahlen keine sinnvolle Alternative erblicken. Wenn etwa der Finanzminister (verbal) mitteilen würde, die vorgesehene Netto-Kreditaufnahme für das bevorstehende Haushaltsjahr (1998) belaufe sich auf „71 mal 10^9 Mark“, so dürfte der Informationsgehalt einer solchen „Information“ – unterstellt, eine solche sei überhaupt angestrebt – zweifellos noch geringer sein als die herkömmliche Formulierung „71 Milliarden Mark“.

Auf der Suche nach eventuell vorliegenden Theorien zur Wahrnehmung bzw. Kognition derart immenser monetärer Dimensionen recherchierten wir die einschlägige Literatur, die wir nachfolgend auszugsweise referieren.

4.3 Psychologische Theorien des Geldes

Für die Beantwortung der unsererseits aufgeworfenen Frage „Wieviel ist eine Milliarde DM?“ sind die seitens der Ökonomie bereitgestellten Theorien des Geldes (Geld als Tauschmittel, Wert-Taxator und -Konservator) ebensowenig hilfreich wie frühe soziologische – eher gar philosophische – Beiträge zum Thema „Geld“ (z.B. SIMMEL, 1900). Aber auch unsere Hoffnungen auf fruchtbare Ansätze seitens der Psychologie blieben letztlich enttäuscht, sowohl in quantitativer wie auch qualitativer Hinsicht.

Wie in der Soziologie, so datiert auch in der Psychologie die unseres Wissens früheste Behandlung dieses Themas Anfang dieses Jahrhunderts und entstammt – vielleicht wenig überraschend – der Psychoanalyse. In Anknüpfung an eine diesbezüglich angeblich existierende unveröffentlichte Skizze von FREUD (vgl. LEA et al., 1987, S. 321), war es zunächst FERENCZI (1976; im Original: 1914), der dieses Thema aufgriff. Im Gegensatz zu den ökonomischen Theorien, denen zufolge Geld vorrangig als Tauschmittel fungiere, betrachten es Theorien psychoanalytischer Prägung bevorzugt als Machtmittel. In Ablösung von den eigenen Fäkalien, die nach psychoanalytischer Sichtweise für Neugeborene das früheste verfügbare Machtmittel (quasi „Ersparnisse" oder „Kapital") darstellen, um sich die physikalische und insbesondere soziale Umwelt untertan zu machen (vgl. BORNEMANN, 1976), übernimmt nach der Überzeugung der Psychoanalytiker in der Ontogenese des Individuums nach Überwindung der „analen Phase" schließlich das Geld diese Funktion.[5]

Da aber Vertreter der Psychoanalyse wenig zur Operationalisierung und noch weniger zur Quantifizierung neigen, uns hingegen zur Beantwortung unserer Frage eine Orientierung an psychologischen Theorien und Konzepten kognitiver Prägung angemessener erscheint, erweist sich der psychoanalytische Ansatz als absolut unergiebig.

Unseren Vorstellungen näher kämen bereits die vorliegenden lerntheoretischen Ansätze, sei es im Sinne des Assoziations-Lernens (eine Schachtel Zigaretten kostet 5 DM), sei es im Sinne der operanten Konditionierung in der Tradition von SKINNER, wonach Geld als generalisierter konditionierter (Sekundär-)Verstärker fungiert, durch den sich (wenn schon nicht sämtliche, so doch relativ viele) primäre Verstärker erlangen lassen. (Es sei darauf hingewiesen, daß mit dieser Sichtweise die symbolische Funktion des Geldes als universellem Tauschmittel keineswegs aufgegeben werden muß; so sprechen etwa AYLLON & AZRIN (1968) explizit von einer *„token economy".*)

Ein dritter, vergleichsweise junger theoretischer Ansatz hebt gerade diese Tauschfunktion des Geldes hervor und ist – geradezu tautologisch – in der Tradition der Exchange- bzw. Austausch-Theorien sensu HOMANS anzusiedeln. Insbesondere in der Konzeption von FOA & FOA (1980), die gemeinhin als „Ressourcen-Theorie" bezeichnet wird, stellt Geld neben dem Besitz von Sachgütern (aber auch immateriellen Ressourcen wie z.B. Wissen, sozialem Ansehen und Liebe) ein Tausch- und damit auch Machtmittel innerhalb des sozialen Austauschs dar. Gewisse Ähnlichkeiten zur psychoanalytischen Sichtweise sind insofern keineswegs zu leugnen. Für die Beantwortung der von uns aufgeworfenen Frage aber bietet auch diese Theorie keine tragfähige Basis, die zur Formulierung von Hypothesen veranlassen könnte.

Insofern war es für uns durchaus überraschend (und enttäuschend zugleich), feststellen zu müssen, daß es an einer streng kognitionspsychologischen „Theorie des Geldes", wie sie sowohl der Sichtweise der Ökonomen wie auch der Konzeption der von uns aufgeworfenen Forschungsfrage noch am ehesten entsprochen hätte, gänzlich mangelt. Nicht minder überraschend war die Erkenntnis, daß am ehesten noch die Entwicklungspsychologie in der Tradition von PIAGET – einer Teildisziplin der Psychologie, die nicht gerade prädestiniert ist für ihre Anwendung auf wirtschaftspsychologische Sachverhalte – leidliche Berührungspunkte zu unserer Frage bereitstellt.

Zwar rekurrieren auch die psychoanalytischen und erst recht die Lern-Theorien unterschiedlicher Prägung auf das Vorliegen von Reifungs- und Lernprozessen im Verlauf der ontogenetischen Entwicklung; insbesondere aber wird dies deutlich bei den Nachfahren PIAGETS (der unseres Wissens seinerseits keinerlei Beiträge zur on-

---

[5] Aus der einschlägigen Literatur geht nicht hervor, ob hierbei die alt-römische Redewendung *„pecunia non olet"* Pate gestanden haben mag.

togenetischen Entwicklung ökonomischer Konzepte hinterließ) in deren Bemühen, sukzessive Stufen der kognitiven Entwicklung zu identifizieren, die in das Erreichen eines gereiften Erwachsenenalters einmünden, zu dessen Kompetenzen (zumindest im hiesigen Kulturkreis) auch die Kenntnis von (und der Umgang mit) Geld zu zählen sind.

Als beispielhaft hierfür seien die Arbeiten von STRAUSS (1952), SUTTON (1962), BURRIS (1983), STACEY (1983) und WEBLEY (1983) angeführt. So berichtet etwa STRAUSS (1952), daß Kinder in einem bestimmten Entwicklungs-Stadium, obwohl im Besitz einer 10-Cent-Münze befindlich, noch der Überzeugung sind, hiermit eine Süßigkeit zum Preise von 5 Cent nicht (!) erwerben zu können, da es ihnen – entwicklungsbedingt – noch an der Vorstellung der *Teilbarkeit* von Geld mangelt. Konvergent sind die erwähnten Arbeiten nicht allein in dem Nachweis eines systematischen ontogenetischen Verlaufs der Entwicklung der Konzeptbildung und der Befähigung zu adäquaten mathematischen Operationen, sondern einig auch darin, daß insbesondere der Erwerb des Konzepts der Teilbarkeit (!) von Geld kennzeichnend ist für eine fortgeschrittene und gereifte Stufe der kognitiven Entwicklung. Ohne daß dies seitens der genannten Autoren sonderlich behandelt würde, impliziert das als zentral erachtete Konzept der Teilbarkeit aber auch jenes der *Multiplizierbarkeit*! Insofern erachteten wir in dieser theoriegeleiteten Entwicklungslinie einen gewissen Anknüpfungspunkt, sehr wohl sehend, daß zwischen dem zitierten 10-Cent-Beispiel und der von uns angegangenen Dimension (1 Milliarde DM) noch eine beträchtliche monetäre, möglicherweise auch psychologische Distanz zu überbrücken sei.

Ebenfalls in die Tradition der von PIAGET geprägten entwicklungspsychologischen Beiträge sind die Arbeiten von SIEGLER & ROBINSON (1982) sowie SIEGLER & RICHARDS (1983) einzureihen. Diese Autoren stellten fest, daß (entwicklungsbedingt) für Kinder anfänglich einzig kategoriale (nominale) Klassifikations-Schemata für Objekte (Eltern, Geschwister, Spielzeug) wie auch für numerische Begriffe (2, 3, 10) verfügbar seien. In einer späteren Entwicklungs-Phase komme dann auch ein gewisses, wenngleich zunächst noch recht diffuses Differenzierungsvermögen hinzu („kleine“ Zahlen vs. „große“ Zahlen). Erst in der vorletzten Stufe komme eine streng hierarchische Struktur der mentalen Repräsentation und kognitiven Verfügbarkeit zustande (2 Eltern, 3 Geschwister, 8 Spielzeuge), die alsdann auch zu gewissen Operationen des Vergleichs von numerischen Größenordnungen (auf ordinalem Niveau) befähige. Die mathematischen Konzepte der Addierbarkeit, Teilbarkeit und Multiplizierbarkeit numerischer Größen werden hingegen (bestenfalls) erst in der letzten Stufe der kognitiven Entwicklung erworben. Numerische Größen, die sich der uns interessierenden Marge von „1 Milliarde“ auch nur annähern würden, bleiben in diesen Arbeiten allerdings ebenso unerwähnt wie etwa die mathematische Operation der *Exponentiation*.

Nur unter einstweiligem Vorbehalt soll abschließend ein letzter theoretischer Ansatz erwähnt werden, der sich innerhalb der Sozialpsychologie Ende der 40er und insbesondere in den 50er Jahren dieses Jahrhunderts entwickelte: die sog. „Social-Perception-Forschung“. Unser Vorbehalt resultiert daraus, daß dieser Ansatz zu einer ausformulierten, in sich geschlossenen „Theorie“ niemals gelangte. Bezogen auf unser Thema ist aber immerhin zu konstatieren, daß dieser Ansatz wie kein anderer engstens angebunden ist an das Thema „Geld“, hierbei ferner die „soziale Komponente“ des Geldes in hohem Maße berücksichtigt und obendrein in maximaler Weise – etwa im Gegensatz zu den soziologischen oder psychoanalytischen Beiträgen – empirisch (insbesondere experimentell) geprägt ist. Darüber hinaus ist zu vermerken, daß dieser Ausgangspunkt die empirische Forschung bis hin zur Gegenwart begleitet.

Mangels einer in sich geschlossenen theoretischen Fundierung wollen wir allerdings dessen Würdigung dem nachfolgenden Kapitel vorbehalten: der Vorstellung einiger ausgewählter experimenteller Untersuchungen und Ergebnisse zum Thema „Geld“ unter dem besonderen Aspekt der monetären Größenwahrnehmung.

4.4 Ausgewählte experimentelle Ergebnisse zur monetären Größenwahrnehmung

Die früheste uns bekannte empirische Untersuchung, die im weiteren Sinne im hiesigen Kontext zu zitieren wäre, ist jene von BRUNER & GOODMAN (1947). Die Autoren führten ein Experiment mit (amerikanischen) Kindern durch, in welchem diese die Größe der (damaligen) US-amerikanischen Münzen durch einen variablen Lichtkegel nachzubilden hatten. Der primäre Befund dieses Experiments bestand darin, daß mit zunehmendem monetären Wert der Münzen deren physikalische Größe tendenziell überschätzt wurde. (Erläuternd ist anzumerken, daß seinerzeit die Größe (der Durchmesser bzw. die Fläche) der amerikanischen Münzen ordinal nicht perfekt mit deren monetärem Wert korrelierte. Zur Veranschaulichung dessen mögen die derzeit noch in Umlauf befindlichen deutschen Münzen herangezogen werden: die 50-Pfennig-Münze ist kleiner als das 10-Pfennig-Stück.).

Diese „Akzentuierung“, wie jene Wahrnehmungs- bzw. Urteils-Verzerrung in der Folgezeit sodann benannt wurde, erfuhr jedoch eine Steigerung darin, daß BRUNER & GOODMAN zusätzlich feststellen konnten, daß Kinder aus wirtschaftlich minder begüterten Elternhäusern (in Slum-Vierteln wohnend) dieser Verzerrungs-Tendenz in deutlich höherem Maße unterlagen als Kinder aus wohlhabenden Familien, womit bereits auf eine mutmaßlich zusätzlich beteiligte motivationale Komponente verwiesen wird. Im Rahmen der „Social-Perception-Forschung“, die sich hieraus insbesondere in den 50er Jahren entwickelte, zog dieses „klassische“ Experiment eine Fülle von Replikationen und Variationen nach sich, darüber hinaus aber auch theoretische Kontroversen, die sich im wesentlichen auf die Frage konzentrierten, ob es sich bei dem festgestellten Akzentuierungs-Phänomen um einen autochthonen Effekt der sensorischen Wahrnehmung oder aber um einen nicht sensorisch bedingten Urteilsfehler handele (vgl. z.B. MCCURDY, 1956; TAJFEL, 1957; SAUGSTAD & SCHIOLDBORG, 1966; LILLI, 1975).

Das Forschungsinteresse an dieser Frage ist auch nach mehr als 50 Jahren noch nicht erloschen (z.B. GINSBERG & CURTIS, 1974; SMITH, FULLER & FORREST, 1975). Dabei fällt auf, daß zunehmend Moderator-Variablen ins Spiel kamen, die unmittelbar im alltäglichen Umgang mit Zahlungsmitteln begründet und letztlich auf politische Entscheidungen zurückzuführen sind. So konnte beispielsweise in Großbritannien die Auswirkung inflationärer Tendenzen innerhalb der nationalen Volkswirtschaft experimentell als Suppressor-Variable für den Akzentuierungs-Effekt nachgewiesen werden (LEA, 1981); mit schwindender Kaufkraft des Geldes erfährt der Akzentuierungs-Effekt eine Dämpfung. Umgekehrt etwa erwies sich die Einführung des Dezimalsystems innerhalb des United Kingdom als effektbegünstigend: Wurde die Größe monetär äquivalenter Münzenwerte unter Verwendung der vormaligen Benennung (1 bzw. 2 Schilling) geschätzt, so fielen die Schätzungen größer aus als bei Verwendung der neuen Namen (5 bzw. 10 Pence) nach Einführung der Dezimalisierung (LEA, 1981; FURNHAM, 1983). Auch für die Ablösung vormals gültiger (wertmäßig gleichlautender!) Münzen durch seitens der Notenbank neu eingeführte, die sich in Größe, Form[6] und Farbe von den vormaligen unterschieden, konnten derlei Effekte experimentell nachgewiesen werden (BRUCE et al., 1983).

Hinsichtlich der Farbgebung von Münzen etwa, die üblicherweise auf Edelmetalle verweist (ohne hierbei faktisch mit dem tatsächlichen Edelmetall-Gehalt korrespondieren zu müssen; relevant ist die Farbgebung der Oberfläche!), wurde festgestellt, daß unter den Münzen die Farbe „Kupfer" wertmäßig durchweg geringer eingestuft wird als die Farbe „Silber", letzere wiederum geringer als die Farbe „Gold" (z.B. BRUCE, GILMORE, MASON & MAYHEW, 1983). (Auch in diesem Falle sei – was die gängig auftretende und experimentell nachgewiesene Illusion betrifft – auf die derzeit (noch) in der BRD in Umlauf befindlichen Scheide-Münzen hingewiesen: Die 5- und 10-Pfennig-Münzen müßten – insbesondere bei Neu-Prägungen – insofern als „golden" eingestuft werden, ohne damit das „nur silberne" 5-DM-Stück wertmäßig zu übertreffen.) Im Sinne von FIEDLER (1993) und GIGERENZER (1993) erscheint uns für diese Fehleinschätzung durchaus das Etikett der „kognitiven Täuschung" angebracht.

Angesichts der Vielzahl und Vielfalt der von BRUNER & GOODMAN (1947) ausgelösten Folge-Arbeiten erscheint es uns nicht verfehlt, einstweilen das Zwischenfazit zu ziehen, wonach der Gegenstand „Geld" über seine rein physikalische Erscheinung hinaus zweifellos mehr repräsentiert als seinen bloßen Tauschwert: Insbesondere die kognitive Repräsentation von Geld – in den voranstehend referierten experimentellen Untersuchungen einstweilen einzig operationalisiert in der monetären Größenordnung von Scheidemünzen – dürfte demnach über die physikalischen Eigenschaften hinaus insbesondere durch „soziale Eigenschaften" und „symbolische" Bedeutungen gekennzeichnet sein (vgl. LEA et al., 1987, S. 331).

Insofern wäre es sehr wohl denkbar und absehbar, daß die derzeit geplante Einführung einer Euro-Währung, sei es, was die Größe, Farbe und Prägung der Münzen sowie deren Gewicht betrifft, wie auch die Größe, Farbe und Motive und sonstige Gestaltung der Banknoten erneutes Forschungsinteresse auslösen dürfte. (Allein die bloßen Produktionskosten für die Versorgung der Wirtschaft der BRD mit Euro-Münzen und -Scheinen wurden seitens der Bundesregierung zuletzt auf 2,7 Milliarden DM geschätzt.)

Wenn wir voranstehend den Theorien-Stand wie auch die empirische Befundlage als eher „enttäuschend" charakterisierten, so resultiert dies im wesentlichen daraus, daß

---

[6] Münzen müssen – wie das Beispiel „United Kingdom" beweist – nicht notwendigerweise kreisrund sein!

einschlägige experimentelle Untersuchungen sich in der Größenordnung von Münzen erschöpfen. Bereits über die Einschätzung von Banknoten und die dabei auftretenden kognitiven Täuschungen liegen hingegen nur theoretische Beiträge vor (z.B. HUFF & GEIS, 1954; KRÄMER, 1991). Und die uns interessierende Größenordnung von „1 Milliarde DM" betreffend ist letztlich ernüchternd festzustellen, daß wir diesbezüglich in der Literatur keinen einzigen Beitrag vorgefunden haben, der diese Größenordnung jemals thematisiert hätte.

Insofern mag unsere nachfolgend vorgestellte Untersuchung – auch aufgrund des diesbezüglichen Theorie-Defizits (vgl. LICHTENSTEIN, FISCHHOFF & PHILLIPS, 1982, S. 333) durchaus als explorativ empfunden werden; wir intendierten sie dennoch als quantifizierend und quasi-experimentell, und keineswegs von impliziten Hypothesen unbegleitet.

4.5 Eigene experimentelle Untersuchungen

4.5.1 Qualitative Untersuchungen

Im Rahmen unserer qualitativen Voruntersuchungen waren wir bestrebt, erste Eindrücke darüber zu gewinnen, welche Kognitionen und Vorstellungen innerhalb der deutschen Bevölkerung mit der monetären Größenordnung von „1 Milliarde Mark" verknüpft sind. Zusätzlich interessierten uns auch denkbare Unterschiede zwischen Angehörigen unterschiedlicher Sub-Populationen (insbesondere unterschiedlichen Intelligenz- und Bildungsgrades).

Die Stichprobe, die uns in dieser ersten qualitativen Untersuchungs-Phase zur Verfügung stand, setzte sich gemäß nachfolgender Tabelle zusammen:

Teil-Stichproben	**N**	**in %**
Studierende	39	41,1
(hiervon Wirtschafts-Studenten)	*(22)*	*(23,2)*
Gymnasiasten	13	13,7
Auszubildende	9	9,5
Arbeiter	6	6,3
Angestellte, Beamte *(ohne akad. Berufe)*	13	13,7
akademische Berufe	6	6,3
Hausfrauen, Ruheständler	9	9,5
Summe	95	100,0

Tabelle 4-1

Unsere frühesten Einsichten, die in qualitativen Einzel-Interviews und Gruppen-Diskussionen mit teils formellen, teils informellen Kleingruppen unterschiedlicher Populationen (z.B. Studenten in Seminaren, Schulklassen, Mitglieder von Vereinen etc.)

gewonnen wurden, waren zunächst keineswegs ermutigend, hierauf aufbauende weitere Phasen einer quantifizierenden Untersuchung überhaupt in Erwägung zu ziehen.

Auf unsere eingangs gestellte Frage „Wieviel ist 1 Milliarde Mark?“ wurde – sofern überhaupt – in aller Regel sinngemäß mit der Floskel geantwortet: „Sehr viel Geld!“ – (umgangssprachlich zumeist: „unheimlich viel“, „sagenhaft viel“ bzw. „unbeschreiblich viel Geld“), vielfach begleitet von Anzeichen der Unsicherheit, der Ratlosigkeit und Verlegenheit.

Die Probanden waren gebeten worden, ihre diesbezüglichen Kenntnisse, Erinnerungen, Einfälle, Vorstellungen und Ideen auf einem neutralen Protokollbogen zu notieren. Hinsichtlich der vorgenommenen Eintragungen waren nur in Ausnahmefällen Stichworte wie „Luxus-Villa“ oder „Luxus-Yacht“ zu verzeichnen, „Düsen-Jet“, „Kernkraftwerk“ oder „Wiedervereinigung“. Sehr viel häufiger hingegen wurde die gestellte Frage seitens der Probanden (ungefragt und offenbar, um sich aus einer unverhofften Verlegenheit zu befreien) schlicht als „zu schwierig“ oder sogar als „unfair“ bzw. „unverschämt“ kommentiert.

Auf die (nach unserer Erwartung möglicherweise hilfreiche) Zusatzfrage „Mit wieviel Nullen schreibt man denn 1 Milliarde Mark?“, ergab sich die in nachstehender Tabelle ausgewiesene Antwort-Verteilung.[7]

Die zusätzlich gestellte Frage „Wenn man 1 Milliarde als Exponential-Zahl darstellen wollte – also 10 mit einer hochgestellten Zahl: Wie müßte diese Hochzahl bzw. diese Zehner-Potenz lauten?“, erbrachte eine Antwort-Verteilung, die ebenfalls in der nachfolgenden Tabelle ausgewiesen ist.

---

[7] Ohne den Leser indignieren zu wollen, sei – da uns mittlerweile differenziertere Auskünfte über das diesbezüglich in der Bevölkerung verbreitete (Nicht-)Wissen vorliegen – die beiden zunächst gestellten Fragen betreffend die jeweils richtige Antwort mitgeteilt: In dezimaler, herkömmlicher Schreibweise weist der numerische Wert „1 Milliarde“ neun Nullen auf; der 10er-Exponent (Hochzahl) bei wissenschaftlicher bzw. exponentieller Schreibweise lautet insofern ebenfalls „9“.

Der Leser mag angesichts dieser „Belehrung“ nicht nur aufgrund der nachfolgend noch mitzuteilenden Ergebnisse nicht indigniert sein, sondern auch aufgrund folgender Begebenheit, die uns keineswegs anekdotenhaft erscheint: Im September 1986 wurde der seinerzeit amtierende Bundes-Wirtschaftsminister (Martin Bangemann) im Rahmen eines Interviews der Zeitschrift „HörZu“ mit der praktisch gleichlautenden Frage konfrontiert: „Wissen Sie, wie viele Nullen eine Milliarde hat?“.

Der Dialog, der daraufhin zustande kam, soll recht kurz gewesen sein. Bangemann: „Ach du lieber Gott! Sieben?“ – Interviewer: „Nein.“ – Bangemann: „Acht?“ – Interviewer: „Nein, neun, Herr Wirtschaftsminister.“ (SPIEGEL-Spezial, I/1991, S. 88).

Ähnlich uninformiert zeigten sich etwa auch befragte Mitglieder des Deutschen Bundestages, als sie im Jahre 1997 nach den Konvergenz-Kriterien für die Teilnahme an der Europäischen Währungsunion nach Maßgabe der „Maastrichter Verträge“ gefragt wurden: Nicht einmal ein Drittel der diesbezüglich interviewten Parlamentarier vermochte die fünf maßgeblichen EWU-Kriterien überhaupt zu benennen, geschweige denn in der Lage zu sein, diese auch hinsichtlich ihrer Minimal- bzw. Maximal-Werte zu beziffern (vgl. WISWEDE, 1997, S. 219).

Fragen: Wieviele Nullen hat 1 Milliarde DM? - Mit welcher Hochzahl schreibt man sie?								
Anzahl der Nullen	**6 Nullen**	**7 Nullen**	**8 Nullen**	**9 Nullen**	**10 Nullen**	**11 Nullen**	**12 Nullen**	**"weiß nicht"**
Angaben in %	2	2	12	51	13	2	1	17
Hochzahl für 1 Milliarde	**6**	**7**	**8**	**9**	**10**	**11**	**12**	**"weiß nicht"**
Angaben in %	0	1	5	37	9	7	5	35

Tabelle 4-2

Die einstweilen abschließenden Fragen, was denn die Begriffe „Mega" und „Giga" in bezug auf eine bestimmte Zahl (z.B. Mega- oder Giga-Byte) bedeuten würden, wurden – entgegen den in obiger Tabelle ausgewiesenen 51% bzw. 37% an zutreffenden Antworten – nur noch zu 7% (Mega = das Millionenfache) bzw. 4% (Giga = das Milliardenfache) zutreffend beantwortet.

Angesichts dessen fuhr der Instrukteur fort mit den auf Illustration gerichteten Worten: „Sie haben doch sicherlich in Ihrem bisherigen Leben einmal einen Tag erlebt und in Erinnerung, an welchem Sie etwa 1.000,-- Mark ausgegeben haben – oder? – Ganz gleich, für welchen Zweck! – Stimmt das? – Aber das machen Sie doch gewiß nicht *jeden* Tag, seit Sie leben! ..." (Kunstpause).

Teils mit Schmunzeln, teils mit ungläubigem Staunen nahmen die Probanden alsdann folgende „Parabel" zur Kenntnis, die der weiteren Veranschaulichung des in Rede stehenden Betrages in Höhe von 1 Milliarde DM dienen sollte:

Da gab es in der Antike einen Mann namens „Krösus"; dieser stammte aus dem Hause „Nabob". Er wurde ca. im Jahre 1000 v. Chr. geboren und konnte es sich – anders als Sie – erlauben, *tagtäglich DM 1.000,-- auszugeben,* gleichgültig zu welchem Zweck. Über die Herkunft seines Vermögens ist nichts weiter bekannt.

Tagtäglich aber 1.000,-- DM zu verausgaben, wurde besagtem „Krösus" von Kind an zur Gewohnheit, seit nunmehr mittlerweile also knapp 3000 Jahren; vor wenigen Tagen soll dieser „Krösus" – obendrein also auch ein „Methusalem" – verstorben sein.

Wenn man nachrechnet, müßte er demnach wegen seiner alltäglichen Verausgabung von 1.000,-- Mark seit seiner Geburt in der Zwischenzeit rund *1 Milliarde DM* ausgegeben haben. – Insofern, nochmals die Frage: „Was denn bekommt man für 1 Milliarde Mark?"

Die erneute Aufforderung, vor dem Hintergrund dieser rechnerischen Veranschaulichung mitzuteilen, was denn etwa der Gegenwert von 1 Milliarde Mark sein könne, führte allerdings zu keiner nennenswerten Steigerung der voraufgegangenen Einfälle und Beispiele.

In Anknüpfung an die von SIEGLER & ROBINSON (1982) sowie SIEGLER & RICHARDS (1983) erzielten Ergebnisse hatten wir im Vorfeld die Überlegung angestellt, daß es dienlich sein dürfe, unseren Probanden ein *Schema* zur Einschätzung monetärer Größenordnungen an die Hand zu geben, welches streng hierarchisch gegliedert ist und unter dem Kriterium der *Multiplizierbarkeit* und *Exponentiation* monetärer Größen *komparative* arithmetische *Operationen* quasi nahelegen würde. Das Ergebnis unserer diesbezüglichen Überlegungen bestand in der Idee, ausgehend von einem (noch anschaulichen) Betrag in Höhe von 1.000,-- DM diese Dimension stufenweise und systematisch zu steigern bis hin zu einem Betrag von 1 Milliarde DM.

Die von uns als tauglich erachtete Stufenfolge entsprach der ersten Spalte der nachfolgenden Tabelle. (Die weiteren Spalten beinhalten bereits die nach inhalts-analytischen Kriterien aufbereiteten Ergebnisse unserer diesbezüglichen Befragung.)

Betrag (in DM)	**Gegenwert (Kategorie)**	**Gegenwert (häufigste bzw. ausgewählte typische Nennungen)**	**Nennungen (in %)**
1.000,--	techn. Geräte	Photo-Apparat, Fahrrad, teure Armbanduhr	36
	Haushaltsgeräte	Fernseher, Video-Recorder, Hifi-Anlage, Waschmaschine, Staubsauger, Kühlschrank, Elektroherd, Mikrowelle	
	Wohnen	Couch-Tisch, Teppich, Gartenmöbel	
	Kleidung	Pelzmantel, Hochzeitskleid, Schmuck	
	Freizeit	Urlaubsreise, Kurz-Urlaub, Ski-Ausrüstung, Segel-Kurs	
	Sonstiges	Rassehund, Führerschein	
5.000,--	Wohnen	Wohn-Schlafzimmer-Einrichtung, Couch-Garnitur, Teppich, Gartenhaus	23
	techn. Geräte	PC incl. Zubehör, Multimedia	
	Haushaltsgeräte	Sauna	
	Freizeit	Urlaubsreise	
	Fahrzeuge	Gebrauchtwagen, Motor-Roller	
	Sonstiges	Reitpferd	
10.000,--	Wohnen	Einbau-Küche, Sauna	12
	Freizeit	Weltreise, Segel-Boot, Caravan, Reitpferd	
	Fahrzeuge	Gebrauchtwagen, Motorrad	
50.000,--	Fahrzeuge	Neuwagen (Mittelklasse)	11
	Wohnen	Wohnungs-Einrichtung	
	Freizeit	Wochenendhaus, Segelyacht, Reisemobil, Swimmingpool	
	Sonstiges	Kreditaufnahme für Geschäfts- bzw. Existenz-Gründung	
100.000,--	Fahrzeuge	Neuwagen (Oberklasse)	5
	Immobilien	Wochenendhaus, Grundstück	
	Freizeit	Segelyacht	
	Sonstiges		
500.000,--	Immobilien	Eigenheim, Einfamilienhaus, Eigentumswohnung	11
	Sonstiges		
1 Million	Immobilien	Luxus-Villa, Einfamilienhaus, Eigentumswohnung, Traum-Grundstück	1
	Sonstiges		
5 Millionen	Immobilien	Luxus-Villa in exclusiver Lage	< .5
	Sonstiges		
10 Millionen	Freizeit	Luxus-Yacht	< .5
	Sonstiges		
50 Millionen	Sonstiges		< .5
100 Millionen	Sonstiges		< .5
500 Millionen	Sonstiges		< .5
1 Milliarde	Sonstiges		< .5

Tabelle 4-3

Die Probanden waren gebeten worden, in beliebiger Reihenfolge in einem Protokollbogen, dessen Layout weitgehend der Tabelle 4-3 entsprach, bis zu drei Beispiele für die jeweils vorgegebene monetäre Kategorie zu benennen.

Wie aus den Ergebnissen hervorgeht (2. und 3. Spalte der Tabelle 4-3), beziehen sich die genannten Beispiele praktisch ausnahmslos auf Güter und Dienstleistungen des privaten Bereichs und ließen sich überdies inhalts-analytisch auf einige wenige Kategorien reduzieren. Darüber hinaus aber fällt auf, daß die relative Häufigkeit der Nennungen (Spalte 4) mit ansteigender monetärer Größenordnung stetig abnahm und letztlich in einer Größenordnung von unter 0,5% der Nennungen verebbte. Dieser Befund mag einstweilen als „Artefakt" verdächtigt werden, sofern unterstellt wird, daß die Probanden das Protokoll-Formular nicht in beliebiger, sondern in aufsteigender Reihenfolge bearbeiteten.

Hiergegen spricht allerdings die augenfällige Tatsache, daß die anfänglich fallende Tendenz innerhalb der Verteilung der Antworthäufigkeiten mit Erreichen der Kategorie von 500.000,-- DM abrupt unterbrochen wird und einen zweiten „Gipfel" aufweist, der im weiteren Verlauf der Verteilung wiederum abrupt unterschritten wird. Wenn überdies hinzukommt, daß unter den innerhalb dieser monetären Kategorie abgegebenen Responses die weitaus meisten (98%) Antworten lauteten: „Eigenheim" (bzw. Einfamilienhaus, Eigentumswohnung, Wohneigentum, eigenes Haus o.ä.), so scheint uns dieser Befund besonderer Betrachtung wert.[8]

Vor dem Hintergrund der Variabilität der Antworten bei den voraufgegangenen (monetär geringerwertigen) Vorgaben muß diese „Einmütigkeit" der Responses, wie sie ansonsten nur experimentell und gewissermaßen artifiziell in Labor-Untersuchungen nach dem Muster der „klassischen" Konformitäts-Experimente in der Tradition von SHERIF, ASCH oder CRUTCHFIELD induziert werden kann, insofern absolut überraschen, als vorliegend keinerlei (unmittelbare) soziale Einflußnahme vorlag. Weder waren andere Personen (im Sinne von *„confederates"*) an der individuellen Response-Bildung beteiligt, noch waren unsere Aufgabestellung bzw. die sie begleitenden Instruktionen geeignet, einen normativen oder informativen Hinweis auf die „Richtigkeit" der Beantwortung zu geben oder auch nur einen approximativen Bezugsrahmen hierfür zu liefern. Wenn man hinzu bedenkt, daß wesentliche preis-bestimmende Determinanten eines (imaginären!) Eigenheims wie Grundstücksgröße, Anzahl der Geschosse, Wohn- und Nutzfläche, qualitative Ausstattung, Baujahr und Wohnlage absolut unausgesprochen blieben, die im Einzelfall durchaus auch zu einem aktuellen Marktpreis bzw. Verkehrswert von 250.000,-- oder auch 1,5 Mio. DM hätten führen können, so nötigt dies zu der Vermutung, daß die Probanden diese preis-relevanten Bestimmungsgrößen implizit entweder als „durchschnittlich" unterstellt hatten und/oder (u.E. minder wahrscheinlich), daß sie eine „kognitive Algebra" applizierten, die zu einer gegenseitigen Kompensation der preis-bildenden Variablen führte.

---

8 Frappant sind hierbei sowohl die Auftretenshäufigkeit wie auch die Durchgängigkeit des Wortstammes *„eigen"* im Rahmen der abgegebenen Nennungen.

Insofern scheint es, als liege mit dem Konzept „Eigenheim" ein – zweiffellos kulturell bedingtes und sozial vermitteltes – *kognitives Schema* vor, welches, ausgelöst durch eine spezifische Stimulus-Situation, in interindividuell gleichartiger Weise spontan verfügbar ist und abgerufen wird im Sinne einer *„dominanten Reaktion"* (ZAJONC, 1965). Im vorliegenden Zusammenhang soll damit keineswegs postuliert werden, daß diese „dominante" Reaktion im Wege der „sozialen Aktivierung" co-agierender Individuen (ZAJONC, 1965) zustande gekommen sei; vielmehr muß es sich vorliegend um eine gelernte S-R-Kontingenz handeln, phänotypisch einer „unkonditionierten Reaktion" keineswegs unähnlich, denn die Uniformität der Beantwortung trat unterschiedslos auch bei jenen Respondenten zu Tage (dies war ca. ein Fünftel der von uns befragten Personen), welche die Bearbeitung des Fragebogens nicht in Gruppen, sondern in Allein-Situation vorgenommen hatten.

Es ist müßig, im nachhinein darüber zu spekulieren, ob dieser Effekt bei der Vorgabe des Wortlauts „1/2 Million DM" (anstelle von 500.000,-- DM) ebenfalls eingetreten wäre oder aber, ob unter diesen (veränderten) Bedingungen ein *„Framing-Effekt"* (TVERSKY & KAHNEMAN, 1986) aufgetreten wäre, demzufolge durch das Auftreten der neuen Dimension „Million" die Anschaulichkeit bzw. die personale Nähe dieser Größenordnung in weitere Ferne gerückt worden wäre.

Auch ergaben qualitative bzw. informelle Nachbefragungen, wie sie im Anschluß an die Bearbeitung des Fragebogens durchgeführt wurden, daß das kognitive Schema „Eigenheim" bzw. „Wohneigentum" gleichermaßen jenen Probanden verfügbar war, die derlei Besitz bereits realisiert hatten bzw. ernsthaft anstrebten, wie auch jenen Befragten, die einen solchen Erwerb in ihrem „Lebensplan" nach eigener Auskunft entweder gar nicht vorgesehen hatten oder aber einräumten, daß ihnen dies aufgrund ihrer aktuellen bzw. erwartbaren Einkommens- bzw. Vermögensverhältnisse zeitlebens wohl versagt bleiben werde. Auch zur realitätsgerechten Einschätzung des individuell Unerreichbaren ist offenbar die bloße Kenntnis monetärer Größenordnungen eine kognitiv dienliche Orientierungs-Hilfe.

Mit Erreichen bzw. Überschreiten der Größenordnung von 500.000,-- DM scheint offenbar ein Schwellenwert erreicht, der den Anschauungsbereich der persönlichen Relevanz begrenzt. So wäre es etwa (rein rechnerisch) ein leichtes gewesen, als Beispiel für die Kategorie „1 Million DM" *zwei* Eigenheime einzutragen; die Tatsache, daß dies bei unserer Stichprobe kein einziges Mal der Fall war, bestärkt uns in unserer Vermutung, daß hiermit bereits die Ebene der konkreten Anschaulichkeit und der „Ich-Relevanz" verlassen wird: Für ein *zweites Eigenheim* liegt offenbar kein subjektiv plausibles Motiv vor, so daß eine solche Vorstellung im Rahmen der „dominanten" Reaktionen nicht mehr verfügbar ist. (Die Denkbarkeit, daß eine *zweite* Immobilie nicht der Befriedigung primärer eigener Bedürfnisse, sondern sehr wohl auch dem Zwecke der Kapitalanlage (Vermietung oder Verpachtung) dienen könne, war den Probanden unserer Stichprobe offenbar verwehrt. Ob dies an unserer Stichprobe oder aber unserer Instruktion gelegen haben mag, ist im nachhinein nicht aufzuklären.)

Jedenfalls aber entdeckten wir in dem Schwellenwert von 500.000,-- DM eine Marge, die wir, da diese seitens unserer Probanden praktisch deckungsgleich mit dem Begriff

„Eigenheim“ assoziiert wurde, als psychologisch aufschlußreich erachteten. Auch schien uns der Begriff „Ich-Bezug“ ein naheliegendes Konstrukt[9], welches die „Diskontinuität“ der erzielten Beantwortungen plausibel erklären könnte: Bis hin zu diesem Schwellenwert liegt noch eine gewisse Anschaulichkeit, personale Relevanz wie auch Diskriminationsfähigkeit vor, die alsdann (im Bereich von 1 Mio. bis 1 Milliarde DM) nicht mehr gegeben ist.

Aufgrund der offenbar recht abstrakten und unvorstellbaren Dimension der Größenordnung von 1 Milliarde DM wurde in einem nächsten Schritt unserseits deren Anschaulichkeit in der Weise zu steigern getrachtet, daß die Probanden ermuntert wurden, doch einmal zurückzudenken an die Nachrichten der voraufgegangenen Tage, Wochen und Monate, etwa an das Fernsehen, den Hörfunk oder die Tages- und Wochen-Zeitungen und Zeitschriften, an Wochenmagazine wie „Der Spiegel“, „Focus“ und ähnliches; dort sei doch nicht gerade selten, sondern praktisch täglich die Rede von einer oder mehreren Milliarden Mark.

Diese ergänzenden Instruktionen wurden abgeschlossen mit den vermeintlich zur Konkretisierung subjektiver Vorstellungen hinführenden Worten: „1 Milliarde Mark – Was bekommt man denn dafür? Was kann man davon kaufen? Was kann man damit finanzieren? Wofür benötigt man 1 Milliarde Mark?“.

Erneut wurde den Probanden ein neutrales Formular für deren Eintragungen ausgehändigt, auf welchem einzig der abschließende (voranstehende) Instruktions-Text nochmals wiederholt wurde. Eine Zeitvorgabe bezüglich des Ausfüllens erfolgte nicht; der Interviewer beendete das Ausfüllen, sobald er den Eindruck gewann, daß aufgrund der beobachteten Untätigkeit der Probanden mit weiteren Eintragungen nicht sonderlich zu rechnen sei.

Die durch diese zusätzliche Instruktion erzielten qualitativen Daten ließen dann in der Tat den Schluß zu, daß durch den vorangehend ergangenen Hinweis auf die Massenmedien und deren Nachrichtenmeldungen eine quantitativ wie auch qualitativ völlig andersartige Dimension des Nachdenkens und der Erinnerungsbemühungen eröffnet worden sei.

Anders als zuvor traten unter den angeführten und nachfolgend beispielhaft zitierten Nennungen nunmehr zunehmend Stichworte wie „Kosten der Wiedervereinigung“ bzw. „Regierungs-Umzug nach Berlin“ auf wie auch etwa „Jahresgewinn der Deutschen Bank“ oder Verkaufspreis der Fa. „Rolls-Royce“. Neben Stichworten wie „Bundeshaushalt“, „Haushaltsdefizit“, „Neuverschuldung“, „Kosten der Arbeitslosigkeit“ und „Steuerausfälle“ waren nunmehr auch Beispiele wie „Euro-Fighter“, „Werbe-Einnahmen des Fernsehens“, Investitionen der „Deutschen Telekom“ und „Jahres-Umsatz der Fa. Microsoft“ zu registrieren. Daneben aber traten auch Nennungen wie „Pflege-Versicherung“, „Arbeitslosengeld“, „Erbschaften“ und „Ausgaben der Deutschen für Urlaub“ oder „Schwarzgelder im Ausland“ auf.

[9] Es sei diesbezüglich auf die unmittelbar voraufgegangene Fußnote zurückverwiesen.

Unter dem Gesichtspunkt der Veridikalität – immerhin war anfänglich nach dem Gegenwert von „1 (!) Milliarde Mark" gefragt worden – fielen diese einstweiligen Ergebnisse allerdings überwiegend recht „chaotisch" aus. So wurde etwa der Bundeshaushalt teils mit 10 Milliarden DM, teils mit 50 Milliarden DM geschätzt (wohingegen sich veröffentlichte Zahlen auf knapp 450 Milliarden DM belaufen). Die Kosten für die Errichtung eines Solar-Kraftwerks wurden mit schätzungsweise 5 Milliarden DM beziffert (publizierte Zahlen liegen im Bereich von 100 bis 150 Milliarden DM), und die Summe der privaten Ersparnisse der Deutschen wurde auf ca. 10 Milliarden DM geschätzt (Veröffentlichungen zufolge sollen sie zwischen 4.600 und 5.200 Milliarden DM liegen).

Immerhin aber gelangten wir aufgrund dieser vermeintlich nur nuanciert veränderten Instruktion (Hinweis auf die Medien) zu der Zuversicht, daß entgegen unseren frühesten Eindrücken sehr wohl ein Differenzierungs-Vermögen auf seiten eines für die Massenmedien dispersen Publikums nachgewiesen werden könne, sofern eine entsprechende (instruktions-bedingte) Sensibilisierung voraufgegangen sei. Des weiteren ließen die auf diese Weise erzielten „qualititativen" Daten die Vermutung zu, daß nicht einzig unter quantitativem Aspekt, sondern darüber hinaus, den quantitativen Aspekt womöglich überlagernd, auch „qualitative" Aspekte vorliegen könnten, die vorliegend – im Sinne sozialer Schemata – quasi als Kategorien fungieren, die subjektiv die Umwelt bzw. die erlebte Realität (wozu auch die Medien-Nachrichten zählen) kognitiv strukturieren.

Aufgrund der Sichtung des gewonnenen „qualitativen" Materials und dessen Aufbereitung nach inhalts-analytischen Kriterien konnte insofern der Eindruck entstehen, als verfügten unsere Probanden über hauptsächlich drei kognitive Schemata oder Kategorien (quasi „Schubladen"), um Größenordnungen dieses Ausmaßes zu verorten.

Diese wurden von uns einstweilen folgendermaßen „etikettiert":

- **Wirtschaft:** Unternehmen betreffend: Groß-Firmen, Banken, Industrie, Konzerne, Märkte, Umsätze, Gewinne, Investitionen
- **Politik:** Regierung und Parlamente betreffend: Etats, Subventionen, Steuer-Einnahmen, Verausgabungen, Verschuldung
- **privater Bereich:** potentiell die eigene Person betreffend, von persönlicher Relevanz und Betroffenheit: Konsum, Kindergeld, BAFöG, Arbeitslosen-Unterstützung, Sozialbeiträge, Geld-Vermögen, Erbschaft, Immobilien-Erwerb oder -Besitz, Luxusgüter.

4.5.2 Quantifizierende Untersuchungen

4.5.2.1 Vorbereitungen

Das wesentliche Fazit der in der „qualitativen Phase" erlangten Eindrücke und Ergebnisse erblickten wir darin, daß im monetären Milliarden-Bereich zwar die diffuse Fähigkeit festzustellen war, derlei Größenordnungen mit den Bereichen „Wirtschaft" und „Politik" zu assoziieren; Äquivalenz-Operationen auf *kardinalem* Meßniveau führten allerdings durchweg zu drastischen Fehlurteilen bzw. „Zufalls-Treffern", die im Einzelfall durchaus auf sehr spezifischen Kenntnissen des einzelnen Probanden beruht haben mögen, ohne daß dies im konkreten Fall von uns hätte kontrolliert werden können. So könnte etwa ein Student, der aktuell mit der Anfertigung einer Seminararbeit befaßt ist, aufgrund des zu bearbeitenden Themas (zufällig) wissen, daß die deutschen Unternehmen jährlich ca. 50 Milliarden DM für Forschung und Entwicklung aufwenden, ein Anlageberater bei einem Kredit-Institut etwa spezifische Kenntnis darüber besitzen, daß das Geldvermögen der Privathaushalte der BRD sich auf schätzungsweise 4.000 bis 5.000 Milliarden DM beläuft; ein leitender Finanzbeamter könnte etwa wissen, daß sich die jährlichen Einnahmen aus der Vermögensteuer bei Bund, Ländern und Gemeinden auf rund 9 Milliarden DM beziffern.

Da uns derlei Beispiele aber eher als die Ausnahme erschienen, zogen wir für die „quantifizierende Phase" nur noch *relationale* Vergleichs-Operationen auf *ordinalem* Meßniveau in Erwägung: Paar- und Tripel-Vergleiche[10] unter seitens der Probanden jeweils zu skalierender ausgewählter Beispiele. Unter den hierfür auszuwählenden Items sollten allerdings die von uns identifizierten Ordnungskategorien „Wirtschaft" und „Politik" nach Möglichkeit aufrechterhalten bleiben, ebenso wie eine Gruppe von Items mit einem gewissen „Ich-Bezug" in dem voranstehend erläuterten Sinne.

So wurden in Vorbereitung der angestrebten „quantifizierenden" Phase über einen Zeitraum von mehreren Monaten Zufalls-Stichproben aus verschiedenen medialen Quellen entnommen, die das Kriterium erfüllen mußten, daß darin der Begriff „Milliarde" auftrat. Als diesbezügliche Informationsquellen dienten zum einen die täglichen Hauptnachrichtensendungen im regionalen Hörfunk wie auch den vier Fernsehanstalten mit den höchsten Einschalt-Quoten, ferner aber auch Print-Medien wie Tageszeitungen mit regionaler („Kölner Stadt-Anzeiger") bzw. bundesweiter Verbreitung (z.B. „Frankfurter Allgemeine", „Süddeutsche Zeitung", „Handelsblatt") wie auch Wochenzeitungen und Magazine (z.B. „Die Zeit", „Der Spiegel", „Focus", „Wirtschaftswoche"). Ergänzt wurde die diesbezügliche Suche durch Recherchen im „Internet", wenngleich hieraus ein nennenswerter Grad an Redundanz resultierte.

Auf diese Weise kam ein Item-Pool von insgesamt über 800 Medien-Nachrichten zustande, in welchen eine Größe von einer oder mehreren Milliarden Erwähnung fand. Nach Beseitigung der Redundanz und zusätzlicher Elimination solcher Beispiele, die

---

[10] Die Idee, im Rahmen der quantifizierenden Phase auf Paar- und Tripel-Vergleiche zurückzugreifen, die den Probanden lediglich *komparative Operationen* abverlangen würden, resultierte zunächst aus den in der „qualitativen" Phase erzielten Befunden, denen zufolge die Probanden zu *kardinalen Operationen* nicht in der Lage waren. Des weiteren ermunterten hierzu aber auch die bereits erwähnten Ergebnisse von Siegler und seinen Mitarbeitern („kleine" vs. „große" Zahlen) sowie die von KELLY (1955) berichteten Erfolge, die dieser im Rahmen des von ihm entwickelten „Rep-Tests" auf der Basis von Tripel-Vergleichen erzielte. Die Tatsache, daß die beiden von uns favorisierten (in der Applikation recht „simplen") Meßverfahren im einen Fall im Rahmen der Kindes- und Entwicklungspsychologie, im anderen Fall im Rahmen der klinischen Diagnostik und Therapie mit Erfolg eingesetzt wurden, mag einstweilen überraschen; schließlich entstammten die von uns realisierten Stichproben der Population der Erwachsenen, und für keinen der Probanden gab es einen erkennbaren Hinweis auf eine „klinische Indikation". Im nachhinein jedoch sollte sich die getroffene Entscheidung zugunsten dieser Verfahren als durchaus angemessen erweisen.

sich auf nicht-monetäre Sachverhalte bezogen (in denen etwa von x-Milliarden Menschen die Rede war, y-Milliarden Jahren etc.), verblieben immer noch mehr als 700 Items, die unsere Auswahl-Kriterien erfüllten. Soweit sich hierunter solche befanden, bei welchen der Milliarden-Betrag in Fremdwährungen beziffert war, wurden diese einstweilen gemäß aktuellem Wechselkurs in DM-Beträge umgerechnet.

Eine erste Sichtung des verbliebenen Materials bestätigte den Eindruck, daß sich hierunter durchaus hinreichend viele und sogar ganz überwiegend solche befanden, die unter die Rubriken „Politik (Staat)", „Wirtschaft" und „Ich-Bezug (personale Relevanz und Betroffenheit, Alltagsnähe)" subsumiert werden konnten, wie wir sie in der qualitativen Phase tentativ als abgrenzbare kognitive Ordnungs-Schemata vorgefunden hatten. Allerdings könnte diese unsererseits vorgenommene Klassifikation als arbiträr empfunden und insbesondere deren Etikettierung einer gewissen Willkür verdächtigt werden; in der Tat war unsere Vorgehensweise eher getragen von Pragmatik, nämlich jener, daß sich in der qualitativen Phase bereits abgezeichnet hatte, daß sich unsere Probanden am ehesten noch in der Lage sahen oder bereit waren Antworten abzugeben, solange es sich um monetäre Größenordnungen handelte, die noch unmittelbar oder zumindest mittelbar mit dem eigenen Erfahrungs- bzw. Erlebensraum in Verbindung standen. Zum weiteren aber waren allein schon die Anzahl wie auch die Streubreite (zwischen 1 und 1.500 Milliarden DM) der einstweilen noch verbliebenen Items bei weitem zu groß, als daß sie für unsere in der quantitativen Phase angestrebten Zwecke tauglich gewesen wären.

Wie voranstehend bereits erwähnt, bestanden diese in geplanten relationalen Paar- und Tripel-Vergleichen unter ausgewählten Items im Milliarden-Bereich. Angesichts des eingetretenen Zwischenstadiums der Item-Selektion erschien es insofern naheliegend, nunmehr „Experten (Wirtschafts-Studenten höherer Semester) einzusetzen, um die Anzahl der verbliebenen Items auf ein praktikables Maß zu reduzieren und insbesondere die Zuordnung zu den Kategorien „Wirtschaft", „Politik" und „Ich-Bezug" von möglicher Subjektivität zu befreien und insofern zu objektivieren.

Im Hinblick auf ein angestrebtes faktorielles 3*3*3-Design wurden die beteiligten „Experten" insofern instruiert, die Anzahl der verbliebenen Items schrittweise zu reduzieren nach Maßgabe folgender (kumulativ zu erfüllender) Kriterien:

- jeweils gleichviele Items sollten innerhalb dreier gleichgroßer Intervalle der gesamten wertmäßigen Spannweite angesiedelt sein, innerhalb der Intervalle also möglichst hohe Homogenität aufweisen (ein Prinzip, wie es etwa der THURSTONE-Skalierung entspricht)
- innerhalb jeder Größenordnung sollten möglichst gleichviele Items den Bereichen „Politik", „Wirtschaft" und „Ich-Bezug" entsprechen
- bei faktorieller Kombination dieser beiden Dimensionen sollte jede der auf diese Weise zustande kommenden Klassen in etwa die gleiche Anzahl von Items aufweisen
- der Wertebereich von 1.000 Milliarden DM sollte nicht überschritten werden.

Insbesondere das zweitgenannte Auswahl-Kriterium erschien uns im Rahmen der erforderlichen Instruktion der „Experten" als besonders erläuterungsbedürftig aufgrund der wechselseitigen Verwobenheit der drei genannten Kategorien, die eine eindeutige, disjunkte und reliable Zuordnung hätten erschweren können. So könnte etwa eine staatlicherseits beschlossene Steuersenkung (Politik) die private Konsum-

Nachfrage (Ich-Bezug) stimulieren, was wiederum zu einer erhöhten Investitionstätigkeit bestimmter Unternehmungen und Branchen (Wirtschaft) veranlassen kann. Ebenso könnte eine individuell zunehmende – allerdings nur aggregiert meßbare – Regenerations-Bereitschaft insbesondere junger Ehepaare (Ich-Bezug) die Versicherungs-Branche (Wirtschaft) dazu veranlassen, die diesbezüglichen Tarife (etwa Kranken- und Ausbildungs-Versicherungen) zu verändern und den Gesetzgeber (Politik) wiederum, die Höhe von Kindergeld, Ausbildungsfreibeträgen, Wohnungsbauförderung etc. anzupassen.

Angesichts dieser gegenseitig interdependenten Verflechtung wurden unsere „Experten“ nach hinreichender Sensibilisierung für denkbare Ursache-Wirkungs-Zusammenhänge (nicht zuletzt dessentwegen erachteten wir Wirtschafts-Studenten in fortgeschrittenen Semestern für besonders tauglich) instruiert, die inhaltlichen Zuordnungen gemäß nachfolgenden Abgrenzungs-Kriterien vorzunehmen:

- **Politik:** vorrangig durch autonome Entscheidungen der Regierung bzw. des Parlaments veranlaßt; prototypisch: Bundes-Etats, Haushalts-Ansätze, Subventions-Programme, Pflege-Versicherung, Solidaritäts-Zuschlag, Steuer-Tarife
- **Wirtschaft**: vorrangig durch unternehmerische Eigen-Interessen verursacht: Investitionen, Umsätze, Gewinne; Kapital-Erhöhungen; Emission von Wertpapieren
- **Ich-Bezug:** persönliche Betroffenheit und vorrangig private Entscheidungen (Haushalt, Familie): Konsum, Bausparen, Kredit-Aufnahme; Kindergeld, BAFöG, Steuern, Arbeitslosengeld oder -hilfe etc.; Sachverhalte, von denen erhofft wurde, daß der einzelne Befragte unter dem Aspekt von Mitgliedschafts- bzw. Referenz-Gruppen eine gewisse „Ich-Relevanz“ entdecken konnte in seiner Eigenschaft als Arbeitnehmer, Student, Rentner, Arbeitsloser, Steuerzahler etc.

Als letztes Auswahl-Kriterium galt ferner, daß Items von extremer Spezifität (z.B. „notleidende Darlehen der japanischen Kreditwirtschaft“, umgerechnet 1.000 Milliarden DM; „Kredite von EU-Banken an Asien“, 650 Milliarden DM) ebensowenig berücksichtigt werden sollten wie solche, die (partei-)politisch umstritten (z.B. „Kosten der Arbeitslosigkeit“) und/oder wenig operational sind (z.B. „Kosten der deutschen Wiedervereinigung“). Letztgenanntes Rejektions-Kriterium schien uns insbesondere deshalb unverzichtbar, als im Rahmen der quantifizierenden Phase die jeweilige Bezifferung in den Medien-Nachrichten das einzige uns verfügbare (externe) Validitäts-Kriterium darstellen konnte hinsichtlich der Beurteilung der Veridikalität (Richtigkeit) der von den Probanden abzugebenden Urteile.

Nach Maßgabe dieser Auswahl-Kriterien waren unsere „Experten“ (unabhängig voneinander) gehalten, den Item-Pool entsprechend zu reduzieren auf eine geringere Zahl an „bestmöglichen“ Items. In sukzessiven Schritten der Reduktion kam schließlich – gemäß dem Kriterium der maximalen Konkordanz der vorgenommenen Zuordnungen seitens der „Experten“ – eine letztgültige Auswahl von (angestrebten) 27 Items zustande, die (kumulativ) folgenden Kriterien genügte:

- jeweils 3 Items aus den Bereichen „Politik“, „Wirtschaft“ und „Ich-Bezug“
- jeweils 3 Items in den Größenordnungen 1 - 10 Milliarden, 10 - 50 und über 50 Milliarden DM
- innerhalb der jeweils 9 kombinatorisch zustande gekommenen Gruppen möglichst geringe (oder zumindest vergleichbare) Streuung.

Die nach Abschluß des Selektions-Prozesses letztlich verbliebenen und nach den genannten Auswahl-Kriterien sortierten Items sind in der Tabelle 4-4 ausgewiesen.[11]

Bereiche/ Beträge	Verwendung/Gegenwert	Mrd. DM
1 - 10 Mrd.		
Wirtschaft	Werbe-Ausgaben der Automobil-Industrie	3
	Gewinn der Daimler-Benz AG	4
	Jahres-Umsatz der Fa. adidas (1996)	6
Politik	Kosten der Vernichtung/Verschrottung von NVA-Waffen der ehem. DDR	2
	Einnahmen aus der Erbschafts-Steuer	4
	Haushalts-Einbuße durch Senkung des "Solidaritäts-Zuschlags" 1997/98	7
Ich-Bezug	BAFöG-Mittel für Studierende	2
	Umsatz für "Barbie"-Puppen	4
	Schäden durch Laden-Diebstähle	5
>10 - 50 Mrd.		
Wirtschaft	Gewinn der Deutschen Bundesbank	25
	Werbe-Einnahmen der Medien (1996)	38
	Umsatz der Deutschen Telekom im Festnetz-Telefondienst	50
Politik	Ausgaben für Sozialhilfe (1996)	25
	zur Anschaffung vorgesehene (180) "Euro-Fighter"	28
	Verteidigungs-Haushalt	47
Ich-Bezug	Arbeitslosenhilfe (1996)	20
	private Ausgaben für Weihnachtsgeschenke	28
	Kindergeld-Zahlungen	49
> 50 Mrd.		
Wirtschaft	Ausgaben für Werbung	56
	im Ausland angelegtes Privat-Kapital	300
	Einzelhandels-Umsatz (1996)	890
Politik	Zinsaufwendungen des Bundes (1996)	85
	"Umzugskosten" nach Berlin	100
	Bundes-Transfer in die neuen Bundesländer (1990-1997)	950
Ich-Bezug	Kaufkraft von Kindern und Jugendlichen (7 - 15 Jahre)	52
	Konsumenten-Kredite (1996)	440
	private Spar-Einlagen (mit gesetzl. Kündigungsfrist)	1200

Tabelle 4-4

4.5.2.2 Paar-Vergleiche

Unter Einsatz der 27 verbliebenen Items[12] wurden zum Zwecke der Quantifizierung die vorgesehenen Paar- und Tripel-Vergleiche wiederum in Kleingruppen aus unter-

[11] Soweit in der Tabelle nicht anders vermerkt, beziehen sich die angegebenen DM-Beträge auf die BRD (einschließlich der „neuen" Bundesländer) und auf das Jahr 1997. Auf die Angabe der jeweiligen Quelle wird verzichtet, um das Literaturverzeichnis nicht zu überfrachten.

schiedlichen Teil-Populationen durchgeführt. Die Zusammensetzung der von uns realisierten Stichprobe von N = 346 Probanden geht aus nachstehender Tabelle hervor.

Teil-Stichproben	**N**	**in %**
Studierende	124	35,8
(hiervon Wirtschafts-Studenten)	*(64)*	*(18,5)*
Gymnasiasten	48	13,9
Auszubildende	35	10,1
Arbeiter	34	9,8
Angestellte, Beamte *(ohne akad. Berufe)*	53	15,3
akademische Berufe	22	6,4
Hausfrauen, Ruheständler	30	8,7
Summe	346	100,0

Tabelle 4-5

Die Größe der Gruppen variierte zwischen 5 und 18 Probanden; bei Überschreitung einer Gruppengröße von 9 Teilnehmern wurden jeweils zwei Teilgruppen von etwa gleicher Größe und bis zu 9 Gruppenmitgliedern gebildet aus Überlegungen, die nachfolgend verdeutlicht werden sollen.

Zur Durchführung der Paar-Vergleiche waren zwei Sets von jeweils 3 Urnen vorbereitet worden, wobei jede Urne je 9 Items in der Form von kleinen „Spiel-Karten" enthielt (vergleichbar „Aufgaben-Karten" bei geläufigen Gesellschafts-Spielen), die den einzelnen Urnen vorbereitend nach unterschiedlichen Kriterien zugeordnet waren.

Die Urnen entsprachen in Form und Größe in etwa einer Konserven- oder Gebäck-Dose und waren hinreichend hoch, um keinerlei Einblick in ihren Inhalt zu gewähren. Pro Set waren die Urnen jeweils in der Form eines gleichseitigen Dreiecks miteinander verklebt, so daß jede Urne jede andere berührte, ohne daß damit eine relative Nähe oder Distanz suggeriert worden wäre. Hierdurch sollten „Demand-Charakteristiken" der Art vermieden werden, daß etwa Vermutungen aufkommen konnten, welche Urne der jeweils anderen „näher" oder aber „ferner" liegen könnte, was die Urteile der Probanden artifiziell hätte beeinflussen können. Aus demselben Grund waren die Urnen äußerlich absolut gleichartig gestaltet und mit weißem Papier umklebt, um keinerlei Präferenz zu begünstigen. Der einzige Unterschied bestand (aus durchführungs- wie auch auswertungstechnischen Gründen) darin, daß die jeweiligen 3 Urnen in dem ersten Set mit den Buchstaben N, D und H gekennzeichnet waren, im zweiten Dreier-Set mit den Buchstaben W, P und I.

[12] Die Tatsache, daß sich eines der 27 Items auf mehr als 1.000 Mrd. DM belief, resultiert daraus, daß sich hierfür im Rahmen des Item-Pools nach Maßgabe der vorgestellten Auswahl-Kriterien kein besser geeignetes Item finden ließ.

Auch die Wahl der Kennzeichnung der jeweiligen Urnen diente der Prävention der Möglichkeit, daß die Probanden allein aufgrund der „alphabetischen Nähe“ der gewählten Buchstaben irgendeine Ähnlichkeit, relative Nähe bzw. Distanz oder Rangfolge unter den Urnen (bzw. ihren Inhalten) hätten erblicken oder erahnen können, was etwa bei Wahl der Buchstaben A, B, C bzw. X, Y, Z sehr wohl denkbar gewesen wäre (vgl. TAJFEL & WILKES, 1963).

Hierbei bedeuteten die von uns gewählten „abstrakten“ Kennzeichnungen der Urnen (die auch in der weiteren Darstellung unserer Vorgehensweise Verwendung finden werden) jeweils folgendes:

N = niedrig (Items von 1 Milliarde bis zu 10 Milliarden DM)

D = durchschnittlich (10 Milliarden bis zu 50 Milliarden DM)

H = hoch (über 50 Milliarden DM),

W = Wirtschaft

P = Politik

I = Ich-Bezug.

Der Inhalt der Urnen bestand aus jeweils 9 Item-Karten der jeweiligen Rubrik. So befanden sich etwa in der äußerlich mit „N“ gekennzeichneten Urne 9 Item-Karten (jeweils 3 aus den Bereichen „P“, „W“ und „I“) in der Größenordnung zwischen 1 und 10 Milliarden DM; für die Urnen „D“ und „H“ galt entsprechendes. So enthielt etwa Urne „H“ 9 Karten mit jeweils 3 Items aus den Rubriken „P“, „W“ und „I“ mit Größenordnungen von über 50 Milliarden DM.[13] Auf diese Weise wurde also die monetäre Varianz *zwischen* den 3 Urnen *maximiert*, während zugleich die diesbezügliche Streuung *innerhalb* jeder der Urnen *minimiert* wurde. Insofern sprachen wir vorangehend von einem „quasi-experimentellen“ Design.

Unsere Erwartung bestand darin, daß unsere Probanden angesichts der beträchtlichen Spannweite der mit den 27 verbliebenen Items einhergehenden monetären Beträge (vgl. Tabelle 4-4) zumindest in der Lage seien, zwischen „kleinen“ und „großen“ Zahlen zu diskriminieren. Wir sprechen hier bewußt von einer *Erwartung*, da wir uns in Ermangelung einer diesbezüglich explizit formulierten Theorie (vgl. LICHTENSTEIN et al., 1982, S. 333) und folglich mangelnder Deduzierbarkeit den Begriff *Hypothese* versagen wollen.

Begonnen wurde mit den Urnen „D“, „H“ und „N“; die an den Probanden-Gruppen beteiligten Personen saßen kreisförmig an einem hinreichend großen Tisch, ähnlich dem Arrangement bei herkömmlichen Gesellschaftsspielen. An die Probanden der jeweiligen Gruppe erging die Instruktion, daß die Urnen – vergleichbar einer Lotterie – kleine Karten enthielten, auf denen sich kurze Texte befänden, die allesamt „etwas mit Geld zu tun“ hätten. Beginnend mit einer durch Würfeln noch zu bestimmenden Per-

[13] Selbstverständlich enthielten die Karten – abweichend von der voranstehenden Tabelle – keinerlei Hinweis auf den dem jeweiligen Text zugehörigen DM-Betrag

son würden die Urnen nunmehr „durch die Runde kreisen" und zwar in der Weise, daß die erste Person aus 2 beliebigen Urnen jeweils eine Karte ziehe und alsdann die Urnen im Uhrzeigersinn an die nächste Person weiterreiche, woraufhin die zweite Person ebenso aus 2 Urnen eigener Wahl jeweils eine Karte ziehe usw. Sobald jede der beteiligten Personen ein Paar von Karten vor sich liegen habe, solle jeder für sich entscheiden (notwendigenfalls: „erraten"), welches der beiden von ihm gezogenen Beispiele den „größeren Geldbetrag" ausmache und sein Urteil auf einem vorbereiteten Protokollbogen eintragen. Alsdann werde jeder das von ihm gezogene Karten-Paar an seinen linken Sitznachbarn weiterreichen und umgekehrt von seinem rechten Nachbarn das von diesem gezogene Paar erhalten, um dies seinerseits im Hinblick auf die Frage „Was ist größer/kleiner?" zu beurteilen. Sobald jedes der gezogenen Paare „die Runde gemacht" habe, werde mit den noch in den Urnen verbliebenen Karten in gleicher Weise fortgefahren. (Wie bereits erwähnt, wurde bei Überschreiten einer Gruppengröße von 9 Personen durch Zufallszuweisung eine zweite Gruppe gebildet, für welche ein weiteres Set an Urnen zur Verfügung stand.)

Auf diese Weise waren für jeden Probanden – a priori – bis zu 13 Paar-Vergleiche realisierbar, bei vorzeitiger Ausschöpfung einer der Urnen im Einzelfall auch weniger. Da bei Entleerung der ersten der drei Urnen die nachfolgenden Probanden sich (durch Ertasten) durchweg der beiden noch nicht entleerten Urnen bedienten, kamen – ex post – im Minimalfall 10 Paar-Vergleiche pro Proband zustande. Summiert über sämtliche Probanden und Gruppen lagen letztlich 4.112 paarige Vergleichsurteile vor.

Bedingt durch das gewählte Procedere dürfen diese Urteile trotz der Tatsache, daß jeder Proband mehrfache (bis zu 13) Urteile abgab, als stochastisch voneinander unabhängig betrachtet werden, da die abgegebenen Vergleichsurteile jeweils entweder von der selbst vollzogenen Zufallsauswahl bzw. von der Ziehung des jeweiligen Vorgängers im Rahmen der rotierenden Ziehungen abhängig war.

Wie aus der nachfolgenden Tabelle hervorgeht, erwies sich – summiert über sämtliche abgegebenen Urteile – keiner der angestellten Paar-Vergleiche („kleine" vs. „mittlere" vs. „große" Milliarden-Beträge) als signifikant.

Paar-Vergleiche	Urnen	Anzahl der Vergleiche	Chi-Quadrat (df = 1)	p
1 - 10 Mrd. vs. > 10 - 50 Mrd.	N vs. D	1402	1,16	> .05
> 10 - 50 Mrd. vs. > 50 Mrd.	D vs. H	1384	1,41	> .05
> 50 Mrd. vs. 1 - 10 Mrd.	H vs. N	1326	3,09	> .05
Summe der Vergleiche		4112		

Tabelle 4-6

Im Vorgriff auf eine summarische Zusammenstellung der erzielten Ergebnisse und deren Interpretation sei somit einstweilen konstatiert, daß bei Größenordnungen von bis zu 10 Milliarden DM kein Differenzierungsvermögen mehr vorliegt gegenüber jenen, die sich auf bis zu 50 Milliarden DM belaufen und auch nicht – was noch am ehesten erwartbar gewesen wäre – gegenüber jenen, die sich auf nahezu 1.000 Milliarden DM (d.h. eine Billion) beziffern.

Unter Verwendung derselben 27 Items wurden die Paar-Vergleiche sodann fortgesetzt in der Weise, daß nunmehr die vorbereiteten Urnen „I“, „P“ und „W“ zum Einsatz gelangten. Wie bereits erwähnt, war bei dieser Variante einzig die Zuordnung der Items zu den Urnen eine andere: in Urne „P“ etwa befanden sich sämtliche 9 Items, die gemäß dem voraufgegangenen „Experten-Ratin“ konkordant dem Bereich „Politik“ zugeordnet worden waren, ungeachtet ihrer numerischen Dimension. (In dem gewählten Beispiel – Urne „P“ – variierte also die monetäre Größenordnung zwischen 2 und 950 Milliarden DM, in der Urne „W“ zwischen 3 und 890 Milliarden DM etc.)

Die Instruktion erging analog zu der voraufgegangenen Instruktion beim ersten durchzuführenden Paar-Vergleich: Jeder Proband werde reihum erneut aus 2 beliebigen Urnen jeweils eine Karte ziehen, sodann die Urnen im Uhrzeigersinn an die nächste Person weiterreichen usw. Wiederum bestünde die Aufgabe darin, für jedes gezogene Paar zu beurteilen (notfalls: zu „erraten“), welches der beiden gelosten Beispiele den „größeren Geldbetrag“ ausmache und die Entscheidung auf einem entsprechenden (neuen) Protokoll einzutragen.

Bedingt durch unterschiedliche (auf stochastisch unabhängiger, da auf jeweils individueller Entscheidung beruhender) Inanspruchnahme der einzelnen Urnen wie auch bedingt durch unterschiedliche Gruppengrößen kamen hierbei insgesamt 4.200 Paar-Vergleiche zustande.

Wie nachfolgende Tabelle ausweist, ergaben sich auch hier keine statistisch signifikanten Unterschiede hinsichtlich der seitens unserer Probanden angestellten Vergleiche.

Paar-Vergleiche	Urnen	Anzahl der Vergleiche	Chi-Quadrat (df = 1)	p
Wirtschaft vs. Politik	W vs. P	1424	0,55	> .05
Politik vs. Ich-Bezug	P vs. I	1440	1,34	> .05
Ich-Bezug vs. Wirtschaft	I vs. W	1336	2,35	> .05
Summe der Vergleiche		4200		

Tabelle 4-7

Signifikante Unterschiede hätten im Prinzip auch nicht erwartet werden dürfen, da die Urnen „I“, „P“ und „W“ bezüglich der monetären Größenordnung im Durchschnitt mit etwa gleichwertigen Items bestückt waren. Insofern bezieht sich dieser Befund auch weniger auf das Diskriminationsvermögen der Probanden, sondern belegt allenfalls die interne Validität unseres „quasi-experimentellen“ Settings bzw. das Gelingen unserer Bemühungen, keinen „Bias“ innerhalb der ausgewählten Items zu begünstigen. Im Sinne der „Akzentuierungs-Hypothese“ hätte etwa erwartet werden können, daß die „ich-bezogenen“ Items von vornherein einem monetär geringer angesiedelten Level zugeordnet würden als die den Bereichen „Wirtschaft“ bzw. „Politik“ zugewiesenen Items; dies war, wie berichtet, nicht der Fall.

4.5.2.3 Tripel-Vergleiche

Wiederum unter Verwendung der vorgestellten 27 Items und unter Einsatz derselben Urnen-Sets wurden nunmehr Tripel-Vergleiche durchgeführt, die lediglich von einer anderslautenden Instruktion eingeleitet wurden.

Erneut gelangten die Urnen „D“, „H“ und „N“ als erste zum Einsatz, und wiederum bestand deren Inhalt aus jeweils 9 ausgewogen (I, P, W) zugeordneten Item-Karten, und erneut konnte jeder Proband anfänglich seine „eigene“ Zufalls-Ziehung realisieren.

Allerdings sah die Instruktion nunmehr vor, daß aus *jeder* der 3 Urnen jeweils eine Karte gezogen werden solle, um sodann zu beurteilen (und auf einem entsprechenden Protokoll zu vermerken), welche zwei von jeweils drei gezogenen Beispielen einander „wertmäßig ähnlicher“ seien in dem Sinne, daß das jeweils dritte Beispiel gegenüber den beiden anderen „wertmäßig deutlich darüber oder darunter“ liege und in diesem Sinne gegenüber den beiden anderen „unähnlich“ sei. (Zu protokollieren war somit lediglich die „*Richtung* der Unähnlichkeit“ (größer vs. kleiner); auf eine Schätzung des *Ausmaßes* der Unähnlichkeit wurde verzichtet, um die Probanden nicht zu überfordern.)

Die Verteilung der zustande gekommenen Urteile ist aus nachfolgender Tabelle ersichtlich.

Tripel-Vergleiche	Ähnlichkeits-Urteile		Summe
	richtig	falsch	
1 - 10 Mrd. vs. > 10 - 50 Mrd.	528	502	1030
> 10 - 50 Mrd. vs. > 50 Mrd.	504	517	1021
> 50 Mrd. vs. 1 - 10 Mrd.	570	493	1063
Summe	1602	1512	3114
Chi-Quadrat = 3,80; df = 2; p > .05			

Tabelle 4-8

Wie die voranstehende Tabelle ausweist, konnte auch im Rahmen der angestellten Tripel-Vergleiche kein über den Zufall hinausgehendes Diskriminationsvermögen auf seiten unserer Probanden festgestellt werden (Chi-Quadrat = 3,80; df = 2; p > 0,05). Zwar mag auffällig erscheinen, daß die von den Probanden realisierte Treffer-Quote beim Vergleich der Größenordnungen von über 50 Milliarden DM gegenüber jenen von bis zu 10 Milliarden DM (plausiblerweise) noch am größten ist; aber auch eine Zerlegung des Chi-Quadrat-Werts unter Berücksichtigung dieses „Kontrasts“ (im statistischen Sinne verstanden) führte zu keinem anderslautenden Ergebnis (Chi-Quadrat = 3,07; df = 1; p > 0,05): die Trefferquoten gingen nicht über das Zufallsniveau hinaus.

In einem erneuten Durchgang wurden die verbliebenen 27 Items ein letztes Mal zum Zwecke von Tripel-Vergleichen verwandt, diesesmal allerdings unter demselben Zuordnungs-Kriterium wie beim zweiten Paar-Vergleich. Erneut gelangten also die Urnen „I“, „P“ und „W“ zum Einsatz; wiederum bestand deren Inhalt aus jeweils 9 ausgewogen (N, D, H) zugeordneten Item-Karten, und ein weiteresmal konnte jeder Proband anfänglich seine „eigene“ Zufalls-Ziehung realisieren.

Allerdings besagte die Instruktion – im Gegensatz zu den Paar-Vergleichen – nunmehr (wie bei den unmittelbar voraufgegangenen Tripel-Vergleichen), daß aus *jeder* der 3 Urnen jeweils eine Karte gezogen werden solle, um sodann zu entscheiden und zu protokollieren, welche zwei von jeweils drei gezogenen Beispielen einander „wertmäßig ähnlicher“ seien in dem voraufgehend bereits mitgeteilten Sinne („wertmäßig darüber oder darunter“). Auch hier war lediglich die „Richtung der Unähnlichkeit“ (größer vs. kleiner) zu protokollieren, um die Probanden nicht durch allzu differenzierte Anweisungen zu überfordern.

Unsere Erwartung ging dahin, daß auch hier in der Summe der Urteile keine statistisch signifikanten Unterschiede hinsichtlich richtiger und falscher Zuordnungen auftreten würden, da ja die Inhalte der Urnen „I“, „P“ und „W“ bezüglich ihrer monetären Wertigkeit „parallelisiert“ worden waren.

Bedingt durch das gewählte Procedere kamen auch hier für jeden Probanden 9 Tripel-Vergleiche und somit insgesamt 3.114 Vergleichs-Urteile zustande, deren Verteilung in nachfolgender Tabelle wiedergegeben wird.

Tripel-Vergleiche	Ähnlichkeits-Urteile		Summe
	richtig	falsch	
Wirtschaft vs. Politik	520	509	1029
Politik vs. Ich-Bezug	513	507	1020
Ich-Bezug vs. Wirtschaft	589	476	1065
Summe	1622	1492	3114
Chi-Quadrat = 6,74; df = 2; p < .05			

Tabelle 4-9

Wie aus voranstehender Tabelle ersichtlich, tritt hiermit – und zwar entgegen unserer Erwartung – erstmalig ein signifikanter Unterschied hinsichtlich der angestellten Vergleiche zutage (Chi-Quadrat = 6,74; df = 2; $p < 0,05$). Eine Zerlegung dieses Chi-Quadrat-Werts führte zu dem Ergebnis, das hierfür letztlich der Kontrast „Ich-Bezug" vs. „Wirtschaft/Politik" verantwortlich war (Chi-Quadrat = 6,72; df = 1; $p < 0,05$).

Dieses Ergebnis könnte zunächst gedeutet werden als Beleg dafür, daß unsere Probanden schließlich dennoch in der Lage waren, monetäre Größenordnungen im Milliarden-Bereich – zumindest bei Vorliegen hinreichend großer Unterschiede – zu diskriminieren. Dieses Ergebnis aber hätte dem Forschungs-Design gemäß gar nicht erwartet werden dürfen: Hinsichtlich ihrer monetären Wertigkeit waren die Urnen – wie erwähnt – absolut äquivalent.

Eine Kommentierung dieses (einzigen) signifikanten Befundes wollen wir jedoch einstweilen zurückstellen zugunsten einer diesbezüglichen Würdigung im Kontext der insgesamt erzielten Ergebnisse.

4.6 Resümee

Das auffälligste der von uns erzielten Resultate erblicken wir darin, daß die Diskriminations-Fähigkeit unserer Befragten praktisch mit dem Erreichen einer Größenordnung von 500.000,-- DM erschöpft war und diese monetäre Größenordnung überdies mit der stereotyp hiermit einhergehenden assoziativen Verknüpfung des Begriffs *„Eigenheim"* verbunden war. Der von uns anfänglich tentativ eingeführte Begriff „Ich-Bezug" erscheint uns insofern auch im nachhinein als durchaus tragfähiges Konstrukt von explikativem Wert.

Mit Erreichen der Marke von 500.000,-- DM scheint insofern ein Schwellenwert vorzuliegen, der die monetären Größenordnungen von 1 Mio. bis hin zu 1 Milliarde DM trotz der ungleich größeren kardinalen Unterschiede, die hier gegeben waren, zu *einer Kategorie* werden läßt. Diese *Diskontinuität* der Wahrnehmungs-, Beurteilungs- oder Klassifikations-Schemata findet sich auch im Größenbereich zwischen 1 Milliarde und 1.000 Milliarden DM wieder – wie erwähnt mit einer Ausnahme.

Irritierend sind insofern die Ergebnisse unseres zweiten Tripel-Vergleichs, bei welchem sich der einzige signifikante Befund einstellte. Dieser bestand darin, daß Items aus den beiden Bereichen „Wirtschaft" und „Politik" einander signifikant häufiger als „ähnlich" zugeordnet wurden, als dies bei den Items der Fall war, die wir mit „Ich-Bezug" etikettiert hatten. Als Beleg für das Vorliegen eines *monetären* Diskriminationsvermögens, welches im Rahmen unseres ersten (!) Tripel-Vergleichs („N" vs. „D" vs. „H") hätte zutage treten müssen, kann dieser Befund jedenfalls *nicht* betrachtet werden, denn aufgrund der Beschreibung der von uns vorgenommenen Zuordnungen der Items zu den Urnen – dies sei in Erinnerung gerufen – waren die Inhalte der Urnen „W", „P" und „I" *monetär* absolut äquivalent. Insofern scheint hier auf seiten der Probanden eine „kognitive Täuschung" vorzuliegen, deren Auftreten womöglich ebenso zwangsläufig sein mag wie das Auftreten „optischer" Täuschungen (vgl. HELL, 1993) und um deren Aufklärung wir uns abschließend bemühen wollen.

4.7 Interpretation und einstweiliges Fazit

Wir betrachten es als wahrscheinlich – können hierfür allerdings einzig eine ex post gebildete Hypothese anbieten –, daß dieser Befund im wesentlichen durch unsere Vorgehensweise bedingt ist, ohne damit sogleich artifiziell sein zu müssen. Durch die Wahl eines Tripel-Vergleichs und dem daraus resultierenden Vorliegen eines *tertium comparationis* könnte es denkbar sein, daß dieses Procedere das Wirksamwerden einer Urteils-Heuristik begünstigte, die unseren Probanden – anders, als instruktionsgemäß vorgesehen – die Vornahme von *monetären* Vergleichsoperationen verunmöglichte[14] und quasi zu *phänomenologischen* Vergleichsoperationen bzw. Kategorisierungen im Sinne kognitiver Schemata nötigte. Diese Deutung setzt allerdings zweierlei voraus: zum einen das *Nicht-Wissen* um die den einzelnen Items entsprechenden (zumindest etwaigen) monetären Größenordnungen, zum zweiten die *Verfügbarkeit solcher Schemata*, und zwar in interindividuell hochgradig konkordanter Weise.

Ersteres betreffend, so scheint uns der Nachweis des diesbezüglichen Nicht-Wissens nicht nur angesichts der Ergebnisse zu unseren (jeweils ersten) Paar- bzw. Tripel-Vergleichen bereits erbracht, sondern etwa auch durch die Tatsache, daß bei keiner der von uns vorgenommenen statistischen Analysen etwa die Gruppe der Studierenden (auch nicht der Wirtschafts-Studenten) oder der Akademiker bessere Diskriminationsleistungen erbracht hätte als dies bei den übrigen Teil-Stichproben der Fall war.[15] Die empirisch vielfach nachgewiesene „Wissens-Kluft", wie sie gerne ursächlich auf die Massenmedien und insbesondere auf die von diesen verbreiteten Nachrichten (Informationen) zurückgeführt wird (z.B. SCHENK, 1987; HUNZICKER, 1988), konnte im vorliegend behandelten Kontext folglich nicht nachgewiesen werden. In jenem Augenblick, in welchem eine persönliche Betroffenheit und subjektive Relevanz nicht mehr empfunden wird – und dies scheint nach unseren Ergebnissen für die weitaus meisten unserer Probanden jenseits von 500.000,-- DM der Fall zu sein – verlieren die massen-medialen Nachrichten ihren „Nachrichtenwert" (HUNZICKER, 1988); die Zurkenntnisnahme derartiger „Nachrichten" verheißt keinerlei „Gratifikationen" (vgl. z.B. BLUMLER & KATZ, 1974) mehr, und der Rezipient gerät – ungeachtet seiner soziodemographischen Merkmale – zum „kognitiven Faulpelz" (FIEDLER, 1993, S. 7).

---

[14] In ähnlicher Weise äußert auch HOFFRAGE (1993) die Vermutung, daß derartige Fehl-Urteile zumindest partiell auf den methoden-bedingten Umstand zurückzuführen sind, daß die in den einschlägigen Experimenten gestellten Urteils- bzw. Entscheidungs-Probleme – gemessen an üblichen „Alltags-Problemen" – von überzogenem Schwierigkeitsgrad seien.

[15] Auch für die Kontroll-Variablen „Geschlecht" und „Alter" konnten keine Unterschiede festgestellt werden; das diesbezügliche „Nicht-Wissen" scheint insofern in der deutschen Bevölkerung recht unterschiedslos verbreitet. Auch würden wir – in Abgrenzung von den zitierten Arbeiten von SIEGLER bzw. KELLY – die von uns realisierten Stichproben als durchaus „normal" charakterisieren. Auch müßte in Abhebung von der These der *„Wissens-Kluft"* vorliegend – nicht ohne Zynismus – eher von einer *„Unwissens-Egalität"* die Rede sein. Diese scheint nach unseren Ergebnissen bei Angehörigen von höherem wie auch minderem sozio-ökonomischem Status ebenso vorzuliegen wie auch bei maßgeblichen Politikern.

Unsere zweite Überlegung betreffend, so wäre es denkbar (und damit das Auftreten der von uns gemutmaßten *phänomenologischen* Vergleichsoperationen auf der Basis kognitiver Schemata begünstigend), daß im Rahmen unserer Items – wenngleich unbeabsichtigt und ungeahnt – eine „latente“ diskriminierende Variable wirksam wurde, die – metaphorisch – im Zusammenhang mit den „ich-bezogenen“ Items als „der kleine Mann“ apostrophiert werden könnte – in Abhebung von „der großen Politik“ oder dem „Moloch Wirtschaft“.

Von H. G. WELLS, vor mehr als 50 Jahren der literarische und futuristische Erfinder der *„Zeitmaschine“*, stammt die These, daß für „mündige Bürger“ im Hinblick auf die Zukunft die intellektuelle Befähigung zu mathematisch-statistischem Denken funktional nicht minder bedeutsam sein werde als die Beherrschung von Lesen und Schreiben (HUFF & GEIS, 1954; GIGERENZER, 1993).

Diese Einschätzung reflektiert ein recht pessimistisches „Menschenbild“, demzufolge auch „Experten“, Wissenschaftler und Politiker[16] vor „kognitiven Täuschungen“ nicht gefeit seien (FIEDLER; 1988, S. 7).

Sofern es zutrifft (wovon auch wir ausgehen), daß – insbesondere vor dem Hintergrund eines durch die Medien bedingten *„information overflow“* – die individuell notwendigerweise *selektiven* Prozesse der Medien-Nutzung und -Rezeption nennenswert durch Moderator-Variablen wie die persönliche Betroffenheit und subjektive Relevanz gesteuert werden, so macht es Sinn, wenn die üblicherweise zur Erklärung der „Wissens-Kluft“ herangezogenen soziodemographischen Variablen (sozioökonomischer Status, formale Bildung etc.) angesichts eines monetären Bezugs-Systems in der vorliegend behandelten Größenordnung letztlich ihre Bedeutung verlieren, jedenfalls im Rahmen der durch unsere Stichproben repräsentierten Bevölkerungs-Segmente.

Wahrscheinlich war es in *diesem* Sinne zu verstehen, wenn (im Rahmen unserer frühesten qualitativen Untersuchungen) angesichts der von uns eingangs gestellten Frage „Wieviel ist 1 Milliarde DM?“ einer der Befragten resignierend antwortete: „Um diese Frage zu beantworten, muß man wohl *Milliardär* sein!“.

[16] Im November 1997 kamen vor dem Hintergrund einer akut in Vorbereitung befindlichen Novellierung des Hochschul-Rahmen-Gesetzes (HRG) in der BRD Studenten-Proteste auf in einem Ausmaß, wie es sie lange zuvor nicht mehr gegeben hatte. Anläßlich dessen stellte sich der zuständige Bundesminister Rüttgers einem Fernseh-Interview (WDR-3) zur Verfügung, in welchem er u.a. mitteilte, daß sich die Bundesregierung angesichts der Proteste spontan zu einem „Sofort-Programm in Höhe von 40 Milliarden DM“ entschlossen habe. – Als der Moderator zurückfragte: „Milliarden oder Millionen?“, korrigierte sich der Minister: „Natürlich Millionen!“ und fügte – in typisch rheinischer Diktion – hinzu: das sei aber doch immerhin *„auch etwas!“. – „Da muß aber eine alte Frau lange dafür stricken!“.* (Hinsichtlich der Anzahl der absehbaren Stunden oder Jahre des Strikkens liegen uns keine weiteren Verlautbarungen aus dem Ministerium vor.)

5. Kapitel

Die Rolle von Urteilsheuristiken bei Finanzentscheidungen: Ankereffekte und kognitive Verfügbarkeit

Ekkehard Stephan

Universität zu Köln / HEC School of Management, Paris

„It ain't so much the things we don't know that get us into trouble. It's the things we know that just ain't so." [17]

5.1 Einführung

Betrachten wir einige finanzielle Entscheidungen aus dem Alltagsleben. Lisa plant im März eine Reise in die USA. Sollte sie die 3.000 Dollar, die sie für die Reise braucht, jetzt eintauschen, wo der Wechselkurs des Dollar bei 1,78 DM steht, oder sollte sie bis zum März warten? Im März könnte der Kurs bei 1,85 DM stehen, was einen Gewinn bedeuten würde, wenn sie jetzt kaufen würde; er könnte aber auch auf 1,68 DM fallen, wodurch sie einen Verlust erleiden würde.

[17] Wie so manches im Leben, ist auch der Ursprungs dieses Zitats unsicher. Es wird abwechselnd J. BILLINGS, A. WARD oder W. ROGERS zugeschrieben.

Sollte Richard seine Erbschaft in Höhe von 300.000 DM jetzt in den Kauf einer Wohnung investieren oder sollte er zwei Jahre warten bis der Preis auf 260.000 DM gefallen ist – aber auch auf 330.000 DM gestiegen sein könnte? – Sollte Jutta ihre 50 Daimler Benz-Aktien jetzt verkaufen, weil sie einen Kursabschwung auf unter 180 DM erwartet, oder sollte sie abwarten, weil die Fusion mit Chrysler den Kurs in den nächsten 12 Monaten auf über 250 DM treiben könnte?

Dies sind typische Beispiele für Finanzentscheidungen privater Haushalte. Ihnen ist gemeinsam, daß sie Entscheidungen unter Unsicherheit darstellen, bei denen der Entscheider künftige Kursentwicklungen in etwa korrekt vorhersagen muß, um finanzielle Verluste zu vermeiden oder finanzielle Gewinne zu realisieren. Forschungsbefunde aus der experimentellen Psychologie zeigen, daß bei Entscheidungen unter Unsicherheit häufig sog. Urteilsheuristiken angewendet werden (für einen Überblick siehe KAHNEMAN, SLOVIC & TVERSKY, 1982). Urteilsheuristiken sind vereinfachte Urteilsstrategien, die es erlauben, mit begrenztem kognitiven Aufwand in kurzer Zeit auch bei komplexen Problemen zu approximativ korrekten Urteilen und Entscheidungen zu kommen. In manchen Fällen führen sie allerdings auch zu Fehlurteilen, was – nicht nur im Kontext finanzieller Entscheidungen – nachteilige Folgen für den Entscheider haben kann.

Dieser Beitrag untersucht, welche Rolle Urteilsheuristiken bei finanziellen Entscheidungen spielen können. Es wird eine Reihe von experimentellen und nicht-experimentellen Befunden präsentiert, die darauf hindeuten, daß heuristische Urteilsstrategien bei solchen Entscheidungen intensiv genutzt werden und daß diese Strategien unter bestimmten Umständen zu vorhersagbaren Beeinträchtigungen der Entscheidungsqualität führen können. Ferner wird untersucht, wie robust diese Urteilsbeeinträchtigungen sind. Welche Rolle spielen finanzielle Anreize für korrekte Urteile, wie wirkt sich die Motivation und die Fähigkeit der Entscheider auf die Urteilsqualität aus, wie groß sind die Unterschiede zwischen Laien und professionellen Experten bei der Nutzung von Urteilsheuristiken?

Die Diskussion beschränkt sich auf zwei Urteilsheuristiken: die Verankerungs- und Anpassungsheuristik sowie die Verfügbarkeitsheuristik. Diese beiden Heuristiken sind in der Literatur bislang verhältnismäßig wenig in anwendungsbezogenen Kontexten diskutiert worden; deshalb erscheint es lohnend, ihre Rolle bei Finanzentscheidungen einmal näher zu untersuchen. Sehr intensiv ist in diesem Kontext die Rolle der Repräsentativitätsheuristik diskutiert worden (für Überblicke siehe EICHENBERGER, 1992; KIELL, 1995 oder OEHLER, 1992); diese Heuristik wird deshalb in diesem Beitrag nicht betrachtet.

Der Beitrag ist folgendermaßen aufgebaut. Zu Anfang (Kap. 5.2) wird der Begriff der Urteilsheuristik (etwas ausführlicher als üblich) erläutert, da sich in der Literatur immer wieder Mißverständnisse dieses Konzepts finden. Davon abgegrenzt werden verwandte Konzepte wie Urteilsfehler und -verzerrung. Eine Systematik der hier diskutierten Heuristiken schließt diese vorbereitenden Bemerkungen ab. Sodann (Kap. 5.3) werden die Implikationen der Verankerungs- und Anpassungsheuristik für Finanzentscheidungen dargestellt, wobei schwerpunktmäßig auf neuere Experimente zu dieser Heuristik eingegangen wird, die u.a. auf eine interessante Verbindung zwischen Anker- und Primingeffekten hinweisen. Die anschließend (Kap. 5.4) dargestellten Befunde zur Verfügbarkeitsheuristik sind weniger experimenteller Natur. Im Vordergrund stehen hier Ergebnisse der finanzwirtschaftswissenschaftlichen Forschung zur suboptimalen Portfoliostruktur privater und institutioneller Anleger, die sich zwanglos mit Verfügbarkeitseffekten erklären lassen. In der abschließenden Diskussion (Kap. 5.5) werden die vorgestellten Befunde in einen größeren theoretischen Zusammenhang eingeordnet und Implikationen für die psychologische und die ökonomische Theoriebildung angesprochen.

5.2 Begriff und Systematik der Urteilsheuristiken

5.2.1 Urteilsheuristik, Urteilsfehler, Urteilsverzerrung

Die Literatur zu Urteilsfehlern und Urteilsheuristiken hinterläßt beim Leser häufig einen etwas chaotischen Eindruck: Unterschiedliche Begriffe bezeichnen mitunter denselben Sachverhalt, unterschiedliche Sachverhalte werden bisweilen mit ein und demselben Begriff belegt. Was beim einen Autor als „Heuristik" beschrieben wird, wird von einem anderen als „Urteilsfehler" oder „Bias" diskutiert. Andere Texte unterscheiden überhaupt nicht zwischen Urteilsheuristiken und Urteilsfehlern und begnügen sich mit schier endlosen Aufzählungen von (teils motivationalen, teils sozialen oder teils kognitiven) Faktoren, die unser Urteilsvermögen beeinträchtigen können. Wir wollen daher zunächst versuchen, die wichtigsten – und in den folgenden Abschnitten im Kontext des Finanzverhaltens diskutierten – Urteilsbeeinträchtigungen zu systematisieren. Zuvor sollen die Begriffe Urteilsheuristik, Urteilsfehler und Urteilsverzerrung näher erläutert und voneinander abgegrenzt werden. Dies geschieht in der dreifachen Zielsetzung, die den Forschungsstand kennzeichnende idiosynkratische Begriffsverwendung zu überwinden, gängige Mißverständnisse dieser Konzepte auszuräumen und auf wichtige theoretische Implikationen hinzuweisen.

Unter einer Heuristik verstehen wir eine *allgemeine*, *einfach anwendbare*, uns meistens aber *nicht bewußte* Regel, die es gestattet, Urteile und Entscheidungen auch unter *ungünstigen Informationskonstellationen* einigermaßen *schnell* und – unter bestimmten Randbedingungen – *hinreichend treffsicher* zu fällen.

Schauen wir uns diese sechs Merkmale einer Heuristik etwas genauer an. *Allgemein* sind diese Regeln deshalb, weil sie jeweils auf große Klassen von Urteils- und Entscheidungsproblemen anwendbar sind. Sie finden Anwendung bei der Schätzung physischer, psychischer, sozialer und wirtschaftlicher Quantitäten und Qualitäten; bei der Vorhersage von Ereignissen in der Zukunft; bei der Rekonstruktion vergangener Ereignisse aus dem Gedächtnis; bei der Wahrnehmung von Merkmalszusammenhängen; bei der Wahrnehmung kausaler Beziehungen zwischen Ereignissen; bei der Beurteilung der Zufälligkeit oder Nichtzufälligkeit von Ereignissequenzen und bei der Beurteilung der Wahrscheinlichkeit von einzelnen und komplexen Ereignissen.

Einfach anwendbar sind diese Regeln, weil sie es erlauben, ohne externe Hilfsmittel (wie Statistiken, sonstige Datenquellen oder rechnergestützter Datenverarbeitung) und ohne aufwendige kognitive Operationen (wie formale Berechnungen und komplizierte logische Deduktionen) zu Ergebnissen zu kommen, die zwar grob sind, für viele Urteile und Entscheidungen aber hinreichend genaue Anhaltspunkte bieten. Man spricht deshalb auch von „kognitiven Daumenregeln".

Wegen ihrer Einfachheit führen die Heuristiken auch meist sehr *schnell* zu einem Ergebnis. Einfachheit und Schnelligkeit zeichnen die Heuristiken als recht ökonomische Strategien des Problemlösens aus.

Wie viele kognitive Operationen wenden wir diese Regeln aber *nicht bewußt* an. Wir vergegenwärtigen uns nicht zuerst ein Menü möglicher (meta-)kognitiver Regeln, wägen dann sorgfältig zwischen den Möglichkeiten ab, entscheiden uns für eine, wenden sie an und überwachen dann in Test-Operate-Test-Exit-Schleifen fortlaufend die Diskrepanz zwischen Ausgangs- und Zielzustand. Vieles spricht dafür, daß sowohl die Auswahl als auch die Ausführung dieser kognitiven Regeln weitgehend automatisch und ohne bewußte Kontrolle ablaufen. Dies hat Vor- und Nachteile: Automatische Informationsverarbeitungsprozesse beanspruchen einerseits weniger kognitive Kapazität, sind aber andererseits kaum kontrollierbar und steuerbar. Dies kann im Kontext von Urteils- und Entscheidungsproblemen zu teilweise drastischen Fehlleistungen führen, nämlich dann, wenn die Randbedingungen für den angemessenen Einsatz dieser Regeln außer Acht gelassen werden.

In den meisten Fällen führen Heuristiken zu *hinreichend treffsicheren* Urteilen. Wäre das nicht so, so wären sie im Verlauf der Evolutionsgeschichte des menschlichen Kognitionsapparates längst in der großen Schublade mit der Aufschrift „Nette Idee, aber leider untauglich" verschwunden. Es ist die Vernachlässigung der besagten Randbedingungen (die evolotionsgeschichtlich bislang wahrscheinlich nicht sehr relevant waren), die heuristisches Urteilen fehleranfällig macht.

Ungünstige Informationskonstellationen sind nicht die Ausnahme, sondern die Regel bei unseren Entscheidungen. Die eingangs genannten Beispiele sind Entscheidungen unter Unsicherheit und haben gemeinsam, daß wir über bestimmte zukünftige Ereignisse in der Welt weniger wissen als wir wissen möchten. Das gleiche trifft zu auf die Entscheidung für einen bestimmten Urlaubsort (hier bezieht sich die Unsicherheit unter anderem auf das Wetter, die Wasserqualität und das Publikum), für einen bestimmten Ehepartner (Entwicklung charakterlicher und körperlicher Eigenschaften), für ein Studienfach (Arbeitsmarktlage in sechs Jahren), für einen Arbeitgeber (Karrierechancen, Arbeitsklima, künftige Marktsituation der Branche) und für betriebliche Investitionsentscheidungen aller Art. Auch Entscheidungen im medizinischen (Diagnose, Wahl einer Behandlungsmethode), technologischen (Wahl einer bestimmten Produktionsmethode) und politischen Bereich (Entscheidung für ein Wahlprogramm, Festlegung der Wahlkampfstrategie, Entscheidungen für bestimmte wirtschafts- und sozialpolitische Maßnahmen) sind typischerweise Entscheidungen unter Unsicherheit.

Aber nicht nur der Informations*mangel* kennzeichnet eine ungünstige Informationskonstellation, sondern auch der Informations*überfluß*. In entwickelten Marktwirtschaften hat der Konsument zu wählen zwischen einer Unzahl gleicher oder sehr ähnlicher Produkte und Dienstleistungen jeglicher Gattung. Bei der Geldanlage hat er buchstäblich tausende von Alternativen zur Verfügung; in Deutschland werden allein über 7.000 Investmentfonds angeboten. Für alle diese Produkte und Dienstleistungen wird intensiv Werbung betrieben, Presse, Fernsehen und Verbraucherverbände veröffentlichen laufend vergleichende Testberichte. Diesen Informationsstrom kann der Verbraucher auch nicht annähernd vollständig verarbeiten. In einer solchen Situation des Informationsüberflusses wird verstärkt von heuristischen Urteilsstrategien Gebrauch gemacht, ebenso aber in Situationen des Informationsmangels, wie wir sehen werden.

Nachdem der Begriff der Heuristik erläutert wurde, sollen nun die Begriffe „Urteilsfehler" und „Urteilsverzerrung" (englisch: Bias) davon abgegrenzt werden. Ein *Urteilsfehler* ist ein Urteil, das im Widerspruch zu einem allgemein anerkannten normativen Urteilsmodell steht. Das Urteilsmodell kann dabei logischer, entscheidungstheoretischer, wahrscheinlichkeitstheoretischer oder einzelwissenschaftlicher (medizinischer, physikalischer, wirtschaftswissenschaftlicher) Natur sein und wurde in der Regel dazu entwickelt, für die jeweilige Problemklasse in einem bestimmten Sinn optimale (in wirtschaftswissenschaftlichen Anwendungen meist nutzenmaximierende) Entscheidungen zu treffen. Lassen sich aus einem geeigneten normativen Urteilsmodell Aussagen ableiten, die eindeutig unvereinbar mit einem empirisch beobachtbaren Urteilsverhalten sind, so bezeichnet man letzteres als fehlerhaft.

Ein verbreiteter logischer Urteilsfehler wird beispielsweise in dem klassischen Vier-Karten-Problem begangen (WASON 1968). Vor den Probanden liegen die folgenden vier Karten, die auf der einen Seite jeweils mit einem Buchstaben, auf der anderen Seite mit einer Zahl bedruckt sind:

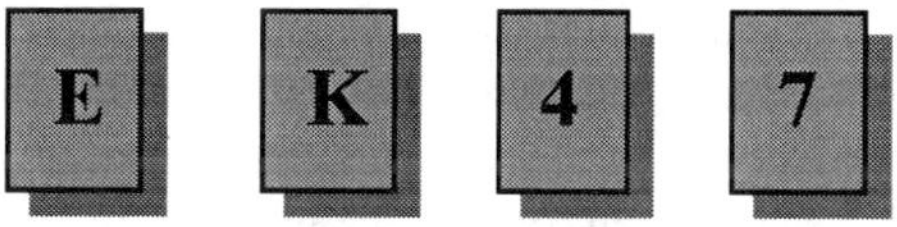

Die Probanden haben die Aufgabe, die Gültigkeit der folgenden Regel zu prüfen:

> *Wenn eine Karte auf der einen Seite einen Vokal hat, dann hat sie auf der anderen Seite eine gerade Zahl.*

Die Probanden sollen genau die (d.h. die und nur die) Karten nennen, die umgedreht werden müssen, um festzustellen, ob die Regel zutrifft oder nicht.

Die meisten Probanden nennen die Karte E oder die beiden Karten E und 4. In zahlreichen Replikationen dieses Experiments zeigte sich, daß typischerweise nur etwa 10 Prozent der Probanden die richtige Lösung finden, nämlich die beiden Karten E und 7 umzudrehen. (Die Karte mit dem K ist für die Gültigkeit der Regel uninformativ, weil sie die „Wenn ..."-Komponente der Regel nicht erfüllt. Auf der anderen Seite könnte eine gerade oder eine ungerade Zahl stehen – beides wäre mit der Regel vereinbar. Auch die „4" braucht (entgegen der Mehrheitsmeinung der Probanden) nicht umgedreht zu werden. Ein Vokal auf der anderen Seite würde die Regel zwar bestätigen;

aber ein Konsonant würde sie nicht falsifizieren, weil die Regel ja nichts darüber aussagt, was auf der anderen Seite steht, wenn auf der einen Seite ein *Konsonant* steht. Die Karte mit der 7 schließlich muß umgedreht werden, weil ein Vokal auf der anderen Seite die Regel falsifizieren würde.) Dieses Beispiel ist eines von vielen dafür, daß Menschen beim Prüfen von Hypothesen dazu neigen, vornehmlich nach Hypothesen-bestätigenden Informationen zu suchen (was dem Umdrehen von E und 4 entspricht) und Hypothesen-falsifizierende Informationen zu vernachlässigen (Nichtbeachtung der 7). Man nennt diesen Urteilsfehler deshalb auch „confirmation trap".

Läßt sich wie im obigen Beispiel eine eindeutige (normativ korrekte) Lösung des Urteilsproblems angeben, so bezeichnet man die davon abweichenden Lösungen als Urteilsfehler. Von einer *Urteilsverzerrung* sprechen wir dann, wenn sich für das Urteilsproblem unter Nutzung eines geeigneten normativen Modells *keine eindeutige* Lösung angeben läßt, sondern nur eine Aussage über die erwartete *Relation* zwischen Urteilen in unterschiedlichen Versuchsbedingungen und wenn die beobachtete Relation zwischen den Urteilen der (normativen) Erwartung widerspricht. Von einer Prognose über den Stand der Bayer-Aktie zum Jahresende läßt sich zum Zeitpunkt des Urteils natürlich nicht feststellen, ob sie korrekt ist. Jedoch sollten sich beispielsweise die Prognosen von weiblichen Aktienanalysten im Mittel nicht von denen ihrer männlichen Kollegen unterscheiden, wenn beide Gruppen über die gleichen Informationen verfügen und die gleichen Strategien bei der Prognosebildung anwenden. Um ein weniger triviales Beispiel zu nennen: Medizinische Diagnosen sollten nicht davon abhängen, mit welchem Krankheitsbild sich die Ärzte zufälligerweise kurz zuvor beschäftigt haben. In den seltensten Fällen läßt sich die Richtigkeit einer Diagnose auf der Basis der zum Diagnosezeitpunkt verfügbaren Informationen eindeutig feststellen; es existiert keine normativ eindeutige Lösung des Diagnoseproblems. Jedoch sollten die Diagnosen – genauer: die bedingten subjektiven Wahrscheinlichkeiten für die möglichen Krankheitsarten – nicht beeinflußt werden durch für die Diagnostik irrelevante Informationen, etwa über das Krankheitsbild eines zufällig vorher untersuchten Patienten. Läßt sich zeigen, daß medizinische Diagnosen von solchen normativ irrelevanten Informationen beeinflußt werden (auch ohne zu diesem Zeitpunkt die Richtigkeit der Diagnose abschließend beurteilen zu können), so liegt ein Fall der Urteilsverzerrung (im Gegensatz zu dem am Vier-Karten-Problem illustrierten Urteilsfehler) vor.

Urteilsfehler und Urteilsverzerrungen haben meistens negative Auswirkungen auf die Konsequenzen von Entscheidungen für den Entscheider oder für die von der Entscheidung Betroffenen. Schon aus diesem Grund ist die Beschäftigung mit der Schattenseite unserer Urteilsfähigkeit eine wichtige und lohnende Angelegenheit. Spieler, die dem Gambler's Fallacy[18] unterliegen, haben eine verzerrte Wahrscheinlichkeitswahrnehmung für die Spielausgänge, die sich leicht durch rationale Gegenspieler (oder die Bank) ausbeuten läßt. Eine mangelnde Risikostreuung bei der Zusammensetzung eines Aktienportfolios aufgrund des übermäßigen Vertrauens in einzelne

---

[18] Was sich bei einem einfachen Münzwurfspiel dadurch äußert, daß sie bei einer längeren Serie von „Kopf" das Ereignis „Zahl" für immer wahrscheinlicher halten.

Firmen oder Branchen kann schnell zu hohen Verlusten führen. Von irrelevanten Informationen beeinflußte medizinische Diagnosen und darauf aufbauende Behandlungsmethoden können im Extremfall fatale Folgen für den Patienten haben. Lottospieler, die bevorzugt auf ihr Geburtsdatum oder auf andere besonders beliebte Zahlen wie zum Beispiel die 7 setzen, vermindern dadurch deutlich ihre Gewinnchancen.[19]

Doch wie in anderen Bereichen auch führen Urteilsfehler beim Lottospielen nicht zwangsläufig zu unangenehmen Konsequenzen, wie der folgende Ausschnitt aus einem Fernsehinterview mit einem spanischen Lottogewinner zeigt (nach THALER, 1992, S. 138):

Interviewer: Wie haben Sie es gemacht? Woher wußten Sie, welches Los Sie kaufen mußten?

Lottogewinner: Ich habe nach einem Losverkäufer gesucht, der mir ein Los verkaufen konnte, dessen Nummer auf 48 endete.

Interviewer: Warum gerade 48?

Lottogewinner: Nun, ich habe von der Zahl 7 geträumt. In 7 aufeinanderfolgenden Nächten habe ich von der Zahl 7 geträumt. Und weil 7 mal 7 schließlich 48 ist ...

5.2.2 Eine Systematik der Urteilsheuristiken

In der folgenden Übersicht werden die wichtigsten und im weiteren Verlauf diskutierten Urteilsfehler und -verzerrungen zwei Heuristiken zugeordnet, und zwar der *Verankerungs- und Anpassungsheuristik* sowie der *Verfügbarkeitsheuristik*. Empirisch abgesicherte Beispiele, die für das Finanzverhalten relevant sind, illustrieren die jeweiligen Urteilsfehler und -verzerrungen.

Heuristik (mit Kurzcharakteristik)	**Urteilsfehler/Urteilsverzerrung**	**Beispiel**
Verankerung und Anpassung	Urteilsverzerrung durch explizite Verankerung	Vorherige Grobschätzungen beeinflussen nachfolgende Feinschätzungen von künftigen Wechselkursen
Bei der Schätzung einer unbekannten quantitativen Größe wird von einem Startwert (Anker) ausgegangen, von dem aus andere mögliche Schätzwerte auf Plausibilität geprüft werden (Anpassung). Die Anpassung des Urteils ist oft nicht ausreichend, die endgültige Schätzung liegt zu nahe am Anker.	Urteilsverzerrung durch implizite Verankerung	Priming von Zahlen beeinflußt Prognosen für den DAX
	Überschätzung der Wahrscheinlichkeiten von konjunktiv verknüpften Ereignissen („conjunctive events bias")	Bei komplexen Lotterien werden die Gewinnchancen für Ereigniskonjunktionen überschätzt
	Unterschätzung der Wahrscheinlichkeiten von disjunktiven Ereignissen („disjunctive events bias")	Bei komplexen Lotterien werden die Gewinnchancen für Ereigniskonjunktionen unterschätzt
	Übersteigerte Urteilssicherheit („overconfidence")	Prognosen von Aktien- und Devisenkursen weisen zu enge Vertrauensintervalle auf

[19] Der Leser überlege sich selbst, warum dies so ist.

Kognitive Verfügbarkeit Bei der Suche nach Handlungsalternativen sowie bei der Schätzung von Klassengrößen, Häufigkeiten und Wahrscheinlichkeiten orientiert sich das Individuum an der kognitiven Verfügbarkeit entsprechender Einzelfälle oder Beispiele. Je leichter diese Einzelfälle zu Bewußtsein gebracht werden, desto stärker bestimmen sie die nachfolgende Handlungsauswahl und desto größer werden die entsprechenden Klassen, Häufigkeiten und Wahrscheinlichkeiten eingeschätzt. Je weniger die kognitive Verfügbarkeit mit den tatsächlichen Handlungsalternativen oder Ereignishäufigkeiten korrespondiert, desto größer sind die diesbezüglichen Urteilsverzerrungen.	Erfahrungsbedingte Verfügbarkeit	Überdurchschnittliches Aktienengagement bei jüngeren Anlegern, besonders jenen ohne Crash-Erfahrung
	Gedächtnisbedingte Verfügbarkeit	Bekanntheit von Aktiengesellschaften verzerrt die Bewertung eines Börsentrends
	Einbildungskraftbedingte Verfügbarkeit („ease of imagination, construction and simulation“)	Bevorzugung lokaler Telefongesellschaften

Tabelle 5-1

5.3 Die Verankerungs- und Anpassungsheuristik

Eine wichtige Komponente bei finanziellen Entscheidungen aller Art ist die Prognose wirtschaftlicher Kenngrößen. Dazu gehören die Prognosen der kurz- und langfristigen Zinsentwicklung, der Löhne und der Kaufkraftentwicklung, der Immobilien- und Mietpreise, der Devisenkurse, Aktienkurse, Börsenindizes, Rohstoffpreise, Preise von Edelmetallen sowie der Umsatz- und Gewinnentwicklungen einzelner Unternehmungen und ganzer Branchen. Bei institutionellen Anlegern liegt dies auf der Hand, aber auch private Haushalte müssen diese Kenngrößen berücksichtigen. Ganz offensichtlich ist dies bei Entscheidungen über den Erwerb oder Verkauf von Renten-, Immobilien- oder Aktienfonds, Umschichtungen von einer Anlageform (z. B. Aktien) in eine andere (z. B. festverzinsliche Wertpapiere) und beim Kauf und Verkauf von Aktien. Prognosen dieser Kenngrößen spielen jedoch auch eine Rolle beim Erwerb von langlebigen (und teuren) Konsumgütern und von Immobilien – oder sollten es zumindest. Wer sich mit dem Gedanken trägt, ein Haus zu bauen, muß die Entwicklung langfristiger Baukreditzinsen berücksichtigen. Eine Aufschiebung (oder Vorziehung) des Bauprojekts um wenige Jahre kann enorme Verminderungen oder Erhöhungen der Gesamtkosten zur Folge haben. Ferner müssen in diesem Fall auch die künftigen Mietpreise (Anmietung als Alternative zum Kauf) abgeschätzt werden – ein Faktor, der beim Immobilienerwerb zum Zweck der Vermietung offensichtlich ist, beim Immobilienerwerb zum Zweck der Eigennutzung aber oft übersehen wird. Prognosen dieser wirtschaftlichen Kenngrößen spielen also implizit oder explizit eine große Rolle bei Finanzentscheidungen von Privathaushalten, Betrieben, institutionellen Anlegern und öffentlichen Haushalten.

Eine wichtige Voraussetzung für rationale Finanzentscheidungen (und der ökonomischen Kapitalmarkttheorien) ist die effiziente Verarbeitung von Informationen. Nach der Kapitalmarkttheorie von FAMA (1976) sind Finanzmärkte dann effizient, wenn die Marktteilnehmer

a) keine für die Preisbildung von Finanzprodukten relevanten Informationen vernachlässigen und

b) rationale Erwartungen bilden, d. h. diese Informationen fehlerfrei und unverzerrt zu Erwartungen über die zukünftigen Renditen der Finanzprodukte (und damit deren Preise) verarbeiten.

Aus diesen Annahmen läßt sich ableiten, daß insbesondere *keine irrelevanten Informationen* die Erwartungsbildung über zukünftige Preise beeinflussen dürfen. Bezogen auf die Verankerungs- und Anpassungsheuristik bedeutet das, daß Kursprognosen von Aktienpreisen, Wechselkursen, Edelmetalpreisen etc. nicht von beliebigen und damit uninformativen Ankerwerten abhängen dürfen.

5.3.1 Urteilsverzerrungen durch explizite Verankerung

Fragt der Geschäftskunde seinen Berater in der Devisenabteilung seiner Bank beispielsweise, ob der Dollarkurs in 6 Monaten über oder unter 1,95 DM liegen wird, so sollte eine nachfolgende genaue Prognose des Dollarwechselkurses unabhängig von der zuvor abgegebenen Grobschätzung sein. Seine Feinprognose sollte nicht anders ausfallen als wenn der Kunde gefragt hätte, ob der Dollarkurs über oder unter 1,70 DM liegen wird (oder ob der Berater ein schönes Wochenende verbracht hat). Solche anfänglichen Grobschätzungen stellen aus der Sicht der normativen Kapitalmarkttheorie bzw. der rationalen Erwartungsbildung nichts anderes dar als völlig beliebige Aufteilungen eines Preiskontinuums. Sie sind damit für die Prognoseaufgabe gänzlich uninformativ und sollten dementsprechend bei der Feinprognose ignoriert werden.[20]

STEPHAN (1992) prüfte diese Hypothese in einem Experiment mit fortgeschrittenen Studenten der Wirtschaftswissenschaften (N = 231). Die Probanden hatten die Aufgabe, 7-Wochen-Prognosen des Dollarwechselkurses, des DAX und des Goldpreises abzugeben.[21] Zur besseren Information wurden den Probanden die tatsächlichen Kursverläufe dieser Größen im ersten Halbjahr 1992 graphisch dargeboten. Damit sollte die Vorinformation der Probanden homogenisiert und die Prognoseunsicherheit reduziert werden. (Man beachte, daß diese Prozedur möglichen Ankereffekten *entgegen*wirkt.) Vor den genauen Prognosen hatten die Probanden Grobschätzungen abzugeben (Dollarkurs über oder unter 1,50 DM (niedriger Ankerwert) vs. 1,70 DM (hoher Ankerwert); DAX über oder unter 1.600 vs. 1.800; Goldpreis über oder unter

---

[20] Bis auf den trivialen Konsistenzeffekt, daß z. B. nach einer Grobschätzung von über „1,95 DM" die Feinschätzung nicht unterhalb dieser Marke liegen kann. Solche Inkonsistenzen wurden in den nachfolgend geschilderten Experimenten aber nicht beobachtet.

[21] Das Experiment fand Mitte Juli 1992 statt, Prognosestichtag war der 1. September 1992.

16.000 DM vs. 18.000 DM).[22] Die anschließenden Feinprognosen unterschieden sich deutlich und waren in Richtung der jeweiligen Ankerwerte verschoben. Für den Dollarkurs waren die mittleren Vorhersagen 1,53 DM vs. 1,58 DM (Kontrollgruppe 1,54 DM), für den DAX 1.719 vs. 1.764 (Kontrollgruppe 1.748) und für den Goldpreis 16.670 vs. 17.082 DM (Kontrollgruppe 16.795 DM). Diese Unterschiede sind nicht nur hochsignifikant, sondern auch von beachtlicher Größenordnung. Legt man COHEN'S (1977) Klassifikation von Effektgrößen zugrunde, so sind diese Effekte als mittelstark bis stark zu bewerten. Für die Vorhersage des Dollarkurses beträgt die Effektstärke 0,74, für die Vorhersage des DAX 0,80 und für die Vorhersage des Goldpreises 0,65.

KIELL (1995) replizierte dieses Experiment in einer Variante, die die Willkürlichkeit der Ankervorgabe explizit betonte. Die Zuteilung der Probanden (wiederum fortgeschrittene Studenten der Wirtschaftswissenschaften, die zum Erhebungszeitpunkt durchschnittlich im 7. Semester studierten) zu den verschiedenen Ankerbedingungen (in diesem Experiment waren es nicht zwei, sondern vier Bedingungen) erfolgte für die Probanden deutlich sichtbar durch einen Zufallsprozeß, wobei die Probanden sogar die Ankerwerte (also die kritischen Werte für die Grobschätzungen) der anderen Versuchsgruppen kennenlernten. Sie hatten „ihren" Wert für die Grobschätzung von einer Liste der vier Möglichkeiten auf ihren Fragebogen zu übertragen, wobei der "eigene" Wert durch eine Zufallszahl bestimmt wurde. Mit diesem zufällig zugewiesenen Wert hatten sie dann die Grobschätzung des DAX-Kurses in 6 Wochen vorzunehmen, anschließend sollten sie eine Feinschätzung abgeben. KIELL fand mit dieser Prozedur nahezu identische Ergebnisse wie STEPHAN (1992): Ein Anker, der eine Standardabweichung oberhalb oder unterhalb der mittleren Kontrollgruppenprognosen (Prognosen ohne Ankervorgabe) liegt, führt zu einer Verschiebung der mittleren Prognosen in Richtung des Ankers um 15 bis 17 % der Standardabweichung in der Kontrollgruppe.

Je weiter entfernt der Anker von der unbeeinflußten Kontrollgruppenprognose liegt, desto stärker verzerrt er die Prognosen in Richtung des Ankers. Diese Beziehung ist, wie die Experimente von STEPHAN und KIELL übereinstimmend zeigen, überdies streng linear. Dies bedeutet, daß die durch die Verankerungs- und Anpassungsheuristik erzeugten Urteilsverzerrungen bei Kursprognosen nicht, wie man annehmen sollte, mit zunehmend extremen (und damit unplausiblen) Werten für die Grobschätzung schwächer werden. KIELL gab beispielsweise in einer Versuchsbedingung einen Anker vor, der 300 DAX-Punkte unterhalb der Kontrollgruppenprognose lag, was damals einer Kursdifferenz von 13 % entsprach. Die Beschäftigung mit der Möglichkeit eines so dramatischen Kursrückgangs innerhalb von 6 Wochen hätte auch dazu führen können, daß die Probanden dieses Szenario als völlig unwahrscheinlich oder gar als absurd einstufen und in Reaktion darauf „Gegenszenarios" entwickeln – was unter Umständen einen umgekehrten Ankereffekt hätte auslösen können. (Die Möglichkeit solcher „Repellationseffekte" diskutiert STEPHAN (1992) unter Bezugnahme auf HELSON'S Adaptationsniveautheorie, die solche inversen Ankereffekte postuliert.) Es

[22] Zum Prognosezeitpunkt stand der Dollar bei 1,52 DM, der DAX bei 1.750 Punkten und der Goldpreis bei 16.900 DM (Kilobarren).

bleibt zu prüfen, ob sich mit noch extremeren Ankerwerten Neutralisierungen oder gar Umkehrungen des Ankereffekts auslösen lassen.

Bemerkenswert an den Ergebnissen von KIELL und STEPHAN ist ferner die Tatsache, daß die Ankereffekte trotz relativ hoher monetärer Anreize, die in beiden Experimenten für gute Prognosen gezahlt wurden, auftreten und daß weder die Fähigkeit noch die Motivation der Probanden einen moderierenden Einfluß auf die Urteilsverzerrungen hatten. Bei STEPHAN (1992) wurden Fähigkeit und Motivation der Probanden für Kursprognosen dieser Art indirekt durch Befragung erfaßt, bei KIELL (1995) wurden sie im Sinne des Elaboration-Likelihood-Modells von PETTY & CACIOPPO (1986) experimentell manipuliert. In keiner dieser Operationalisierungen zeigte sich für die fähigeren oder höher motivierten Probanden eine nennenswerte Reduktion der Ankereffekte. Auch das Konstrukt „Need for Cognition" (NfC), nach PETTY & CACIOPPO ein Persönlichkeitsmerkmal, das die individuell unterschiedliche Freude am Problemlösen und den Spaß an der Bearbeitung kniffliger Aufgaben erfaßt, und von dem nachgewiesen wurde, daß sich Personen mit hohen NfC-Werten in geringerem Maße von irrelevanten peripheren Hinweisreizen bei Persuasionsversuchen beeinflussen lassen, kann nach KIELL (1995) die Ankereffekte nicht erklären. Im Gegenteil, die Probandengruppe mit hohen NfC-Werten wies sogar etwas stärkere Ankereffekte auf als die Gruppe mit niedrigen NfC-Werten.

Die Auswirkungen der Verankerungs- und Anpassungsheuristik erweisen sich also als erstaunlich robust. Weder der explizite Hinweis auf das völlig zufällige Zustandekommen der Ankerwerte, noch monetäre Anreize, noch eine hohe Motivation und Fähigkeit der Probanden für die Aufgabenbearbeitung, noch die Disposition zur Ignorierung irrelevanter Hinweisreize bei argumentativen Beeinflussungsversuchen sind imstande, diese Urteilsverzerrungen zu reduzieren.

Die Probanden der eben geschilderten Experimente verfügen über eine im Vergleich zur Normalbevölkerung überdurchschnittliche Intelligenz, formale Bildung und über ein weit überdurchschnittliches wirtschaftswissenschaftliches Fachwissen. Damit sollten sie eigentlich alle Voraussetzungen eines rationalen Akteurs, den die Theorie der effizienten Kapitalmärkte postuliert, erfüllen. Dennoch wird ihre Erwartungsbildung über wichtige wirtschaftliche Kenngrößen nachhaltig von irrelevanten Ankerwerten beeinflußt, wie wir sahen. Wenn es überhaupt irgendeine Personengruppe gibt, deren Erwartungsbildung dieser Urteilsverzerrung nicht unterliegt, so sollten es professionelle Akteure auf Kapitalmärkten sein, die beruflich tagtäglich mit großen und sehr großen Geldbeträgen handeln. Solche Personen sind speziell für diese Aufgabe ausgebildet, verfügen über eine große Erfahrung und ein enorm großes Wissen über diese Märkte, spekulieren mit beträchtlichen finanziellen Werten, und letztlich hängt ihr berufliches Wohl und Wehe vom Erfolg ihrer Spekulationen ab.

KIELL & STEPHAN (1997) hatten die seltene Gelegenheit, ein Experiment mit hauptamtlichen Devisenhändlern eines großen und weltweit operierenden Brokerhauses durchzuführen. Ein Teil des Experiments bezog sich auf die Wirksamkeit der Verankerungs- und Anpassungsheuristik. Die Probanden hatten die Aufgabe, kurz- und mittelfristige Prognosen für den Dow-Jones-Aktienindex, den Wechselkurs des englischen Pfundes und den Goldpreis abzugeben. Für die kurzfristigen Prognosen betrug der Vorhersagezeitraum 6 Wochen (Stichtag: 31.7.1997), für die mittelfristigen Prognosen betrug er ca. 6 Monate (Stichtag: 31.12.1997). Zuvor gaben die Probanden wieder Grobschätzungen ab. Die entsprechenden Ankerwerte waren für den Dow-Jones 6.600 vs. 8.000, für das Englische Pfund 2,60 vs. 3,00 DM, für den Goldpreis (1 Feinunze Gold) 310 $ vs. 370 $. Wiederum waren sämtliche Prognosen in Richtung dieser Ankerwerte verzerrt, und die Differenzen der Prognosen waren bis auf eine Ausnahme (Prognose des Englischen Pfunds zum 31.12.1997) signifikant und bedeutsam; die Effektstärken variierten zwischen 0,67 und 0,86. Die Verankerungs- und Anpassungsheuristik beeinflußt also die Prognosen professioneller Akteure auf dem Finanzmarkt fast ebenso stark wie die unserer studentischen Probanden. Dieses Ergebnis widerspricht eindeutig der gelegentlich vertretenen These, daß die Verankerungs- und Anpassungsheuristik nur unter der Bedingung geringer Sachkenntnis über den Urteilsgegenstand und unzureichender Lernerfahrung auf dem jeweiligen Sachgebiet auftritt. Im Gegenteil, starke Ankereffekte lassen sich auch bei hochprofessionellen Experten auf dem Gebiet ihrer Expertise beobachten.

Dies bestätigt auch ein Feldexperiment mit amerikanischen Immobilienmaklern, die den Wert eines bestimmten Hauses zu taxieren hatten (NORTHCRAFT & NEALE 1987). Den Maklern wurde ein ausführliches Exposé dieses Hauses übergeben, ferner zum Vergleich Informationen über Häuser in der Nachbarschaft, die kurz zuvor verkauft worden waren, und schließlich nahmen sämtliche Versuchsteilnehmer das Haus durch eine ausführliche Begehung persönlich in Augenschein. Die Versuchsgruppen unterschieden sich lediglich durch den Katalogpreis (listing price) des Hauses, der Teil des Exposés war. Die Makler waren einhellig der Meinung, daß der Katalogpreis keine Relevanz für eine korrekte Taxierung eines Hauses habe und daß sie sich selbst bei der Taxierung von Immobilienobjekten in keiner Weise vom Katalogpreis beeinflussen lassen würden. Tatsächlich waren die Taxierungen der Makler aber stark in Richtung der jeweiligen Katalogpreise verzerrt – ebenso stark wie die Schätzungen einer studentischen Vergleichsgruppe, denen dieselbe Aufgabe gestellt wurde. Der einzige Unterschied zwischen den studentischen Laien und den professionellen Immobilienexperten war der, daß die Makler auch *nach* der Präsentation der Versuchsergebnisse noch abstritten, daß ihre Schätzungen vom Katalogpreis beeinflußt worden waren

5.3.2 Urteilsverzerrungen durch implizite Verankerung

Die bislang dargestellten Ergebnisse bezogen sich auf Urteilsverzerrungen durch *explizite* Verankerung. Damit ist gemeint, daß den Probanden ein Ankerwert explizit vorgeben wird (in der Form einer Grobschätzung oder eines vorgegebenen Katalogpreises). Der Ankerwert wird den Probanden dadurch bewußt und hat eine sachlogische Beziehung zu der nachfolgen Feinschätzung insofern, als sich beide Schätzungen auf dieselbe wirtschaftliche Kenngröße beziehen. Auch zum Zeitpunkt der Feinschätzung ist der Ankerwert noch kognitiv präsent, was sich empirisch dadurch zeigt, daß keine Inkonsistenzen zwischen Grob- und Feinschätzung auftreten und sich die Probanden auch nach dem Experiment noch an den Ankerwert erinnern können.

BECKER & STEPHAN (1994) gingen der Frage nach, ob sich Ankereffekte nur durch solche expliziten Ankervorgaben erzeugen lassen. Zur Untersuchung dieser Frage ersetzten sie die Phase der Grobschätzung durch eine – in dieser Form erstmals angewendete – Primingprozedur (zur Methode des Primings und entsprechenden sozialpsychologischen Befunden siehe z.B. FISKE & TAYLOR, 1991, S. 257 ff.). In einem als „kognitives Aufwärmtraining" getarnten ersten Versuchsabschnitt hatten die Probanden (wiederum fortgeschrittene Studenten der Wirtschaftswissenschaften) in einer Versuchsbedingung zu entscheiden, ob eine bestimmte Zahl in einer Serie von kurzzeitig auf einem Bildschirm auftauchenden Zahlenfeldern enthalten war oder nicht. Die kritische Zahl, nach der die Zahlenfelder zu durchsuchen waren, wurde den Probanden scheinbar durch einen Zufallszahlengenerator zugewiesen. Der Zufallszahlengenerator war von den Versuchsleitern so manipuliert, daß die kritische Zahl in der einen Versuchsgruppe immer 1.784, in der anderen Versuchsgruppe 2.555 lautete. Im Anschluß an dieses „kognitive Aufwärmtraining" hatten die Probanden eine 5 Minuten dauernde Anagrammaufgabe zu lösen. Danach wurde das Experiment für beendet erklärt und den Probanden für ihre Mitarbeit gedankt. In dem Augenblick, in dem die Probanden vom Versuchsleiter verabschiedet wurden, wurden sie von einem anderen Versuchsleiter angesprochen und gebeten, noch an einer weiteren Untersuchung teilzunehmen, allerdings zu einem völlig anderen Thema. In dieser „zweiten" Untersuchung hatten die Probanden u.a. Prognosen des Goldpreises, des DAX und des Dollarwechselkurses abzugeben. Der DAX lag zum Untersuchungszeitpunkt bei 2.250, der Wechselkurs des Dollars bei 1,68 DM und der Goldpreis (Kilobarren) bei 20.300 DM. Die kritische Größe war hier die DAX-Prognose. Ist es möglich, daß das Priming der Zahl 1.748 bzw. 2.555 aus der ersten Untersuchung einen Einfluß auf die Kursprognose des DAX hat? Die geprimten Zahlen hatten schließlich weder einen sachlogischen, noch einen situativen (die beiden Untersuchungen wurden von sämtlichen Probanden als völlig getrennt wahrgenommen, wie eine Nachbefragung ergab), noch einen engen zeitlichen Bezug zu den nachfolgenden Prognosen (zwischen Priming und Prognosen lagen ca. 10 Minuten). Selbst unter diesen Bedingungen wurden die Prognosen von den – in diesem Fall implizit präsentierten – Ankerwerten signifikant beeinflußt. Dieser Effekt ist überdies spezifisch, denn die Ankerwerte hatten, wie erwartet, weder auf die Goldpreis- noch auf die Dollarkursprognosen einen Einfluß. (Siehe hierzu im einzelnen BECKER & STEPHAN (1994).)

Das Ergebnis dieses Experiments ist unter drei Gesichtspunkten bemerkenswert: Es wurde erstmals nachgewiesen, daß Primingeffekte nicht nur für sprachliche Konzepte, soziale Kategorien und geometrische Figuren auftreten können, sondern auch für numerische Werte. (Auf die theoretischen Implikationen dieses Ergebnisses kann hier nicht eingegangen werden.) Zweitens weist das Experiment deutlich auf eine stark automatische Komponente in der Verankerungs- und Anpassungsheuristik hin. Der Ankereffekt tritt auch dann auf, wenn der Ankerwert für die Probanden in keinerlei sachlogischer oder situativer Beziehung zum Schätzurteil steht. Ferner bleibt die Wirksamkeit solcher impliziten Ankerwerte auch dann bestehen, wenn sich die Probanden zum Urteilszeitpunkt nicht mehr aktiv an den Ankerwert erinnern können. In der Nachbefragung, die unmittelbar im Anschluß an die Prognosen durchgeführt wurde, konnte ein Großteil der Probanden den kritischen Zahlenwert aus der Primingphase nicht mehr benennen. Dieser hohe Grad an Automatizität der Verankerungs- und Anpassungsheuristik ist vermutlich auch die Ursache für die außerordentliche Robustheit der damit verbundenen Urteilsverzerrungen, die in den Experimenten von KIELL, STEPHAN, NORTHCRAFT und NEALE und anderen gefunden wurde. Drittens ist unter praktischem Gesichtspunkt relevant, daß Ankereffekte bei der Prognose wirtschaftlicher Kenngrößen, die mittel- oder unmittelbar viele wichtige finanzielle Entscheidungen betreffen, relativ leicht zu erzeugen sind, von dem Entscheider nicht bewußt wahrgenommen werden und damit kaum zu kontrollieren sind.

5.3.3 Verschätzung der Wahrscheinlichkeiten von komplexen Ereignissen

Bei vielen finanziellen Entscheidungen ist es wichtig, nicht nur halbwegs korrekte Einschätzungen der Wahrscheinlichkeiten einzelner Ereignisse vorzunehmen, sondern auch die Wahrscheinlichkeiten komplexer Ereignisse richtig zu beurteilen. Wer sich für einen bestimmten Finanzierungsplan für den Hausbau entscheidet, muß nicht nur die Wahrscheinlichkeiten dafür abschätzen, daß der Zinssatz in den nächsten Jahren eine bestimmte Grenze nicht unterschreitet, daß die Mieten nicht unter ein bestimmtes Niveau fallen und daß der Einkommensstrom in der Zukunft nicht abreißt (etwa durch Arbeitslosigkeit oder Ehescheidung). Die Durchführbarkeit des gewählten Finanzierungsplans hängt häufig davon ab, daß *alle* diese negativen Ereignisse nicht eintreten. Bei einem größeren Börsenengagement sollte der Investor davon ausgehen können, daß er das Geld über einen längeren Zeitraum hinweg nicht anderweitig braucht, daß er also nicht durch äußere Umstände gezwungen ist, in einer Baissephase zu verkaufen. Solche äußeren Umstände können vielfältig sein: Verlust des Arbeitsplatzes, plötzliche Arbeitsunfähigkeit, aufwendige Reparaturen am eigenen Haus, oder gar die Deckung von Spekulationsverlusten mit Nachschußpflicht aus Termingeschäften. Nur wenn mit hinreichend hoher Wahrscheinlichkeit angenommen werden kann, daß *keines* dieser Ereignisse eintritt, kann die Bindung eines Großteils der liquiden Mittel an der Börse eine vernünftige Entscheidung sein. Auch bei der konsumbedingten Verschuldung spielt die Wahrscheinlichkeitseinschätzung komplexer Ereignisse eine kritische Rolle. Die Kreditaufnahme für den neuen Fernseher mag für den Haushalt leicht finanzierbar sein; das zusätzlich gekaufte neue Schlafzimmer ist nur dann abzahlbar, wenn das Einkommen des Haupternährers nicht sinkt; die weitere Belastung durch den Kauf eines Neuwagens ist aber nur dann tragbar, wenn auch das Einkommen der Ehefrau künftig gesichert ist. Die Realisierung aller drei Konsumwünsche setzt voraus, daß beide Ehepartner mit hoher Wahrscheinlichkeit ihren Arbeitsplatz behalten müssen.

BAR-HILLEL (1973) konnte zeigen, daß die Wahrscheinlichkeit konjunktiv verknüpfter Ereignisse systematisch *überschätzt* wird, während die Wahrscheinlichkeit disjunktiv verknüpfter Ereignisse systematisch *unterschätzt* wird. Bei Ereigniskonjunktionen sind die Einzelereignisse logisch durch „und" verbunden (z.B. im ersten *und* im zweiten Versuch eine gerade Zahl zu würfeln), bei Ereignisdisjunktionen sind sie durch „oder" verbunden (im ersten *oder* im zweiten Versuch eine gerade Zahl zu würfeln). BAR-HILLEL demonstrierte diese Effekte u.a. anhand des folgenden einfachen Experiments.

Die Probanden sollten auf eines der folgenden Ereignisse wetten:

A) Eine rote Kugel aus einem Sack mit 50 Prozent roten und 50 Prozent weißen Kugeln zu ziehen.

B) Siebenmal hintereinander eine rote Kugel aus einem Sack mit 90 Prozent roten und 10 Prozent weißen Kugeln zu ziehen (mit Zurücklegen der gezogenen Kugel)

C) Mindestens eine rote Kugel bei sieben aufeinanderfolgenden Ziehungen aus einem Sack zu ziehen, der 10 Prozent rote und 90 Prozent weiße Kugeln enthält (wiederum mit Zurücklegen)

Bevor Sie weiterlesen: Worauf würden Sie am ehesten wetten?

Wenn Sie auf B gesetzt haben (und danach auf A), schätzen Sie die Wahrscheinlichkeiten wie die meisten Personen ein: Intuitiv wird das konjunktive Ereignis B für wahrscheinlicher als das disjunktive Ereignis C gehalten. Tatsächlich ist die Ereigniskonjunktion aber unwahrscheinlicher ($p = 0{,}48$) als die Ereignisdisjunktion ($p = 0{,}52$).[23]

TVERSKY & KAHNEMAN (1974) erklären diese Verschätzung der Wahrscheinlichkeit komplexer Ereignisse mit der Verankerungs- und Anpassungsheuristik. Die Wahrscheinlichkeitseinschätzung des konjunktiven Ereignisses geht aus von der hohen Wahrscheinlichkeit, bei der ersten Ziehung eine rote Kugel zu ziehen (0,90). Dieser Wert fungiert als natürlicher Anker, von dem aus eine Anpassung der Wahrscheinlichkeitsschätzung nach unten für die konjunktiv verbundenen Elementarereignisse ihren Ausgang nimmt. Die Wahrscheinlichkeitseinschätzung des disjunktiven Ereignisses beginnt dagegen mit einem niedrigen Ankerwert (nämlich 0,10) für die Chance, im ersten Versuch eine rote Kugel zu ziehen. Von dort aus erfolgt eine Wahrscheinlichkeitsanpassung nach oben für die disjunktiv verbundene Ereignissequenz. Da die Urteilsanpassung in der Verankerungs- und Anpassungsheuristik typischerweise unvollständig ist – wie wir gesehen haben – endet die Schätzung für die Ereigniskonjunktion bei einem zu hohen, die für die Ereignisdisjunktion bei einem zu niedrigen Wahrscheinlichkeitswert.

Bezogen auf die oben angeführten Beispiele von Finanzentscheidungen, die voraussetzen, daß eine Reihe von bestimmten positiven Ereignissen bzw. keines der negativen Ereignisse eintritt, bedeuten die empirischen Befunde zur intuitiven Wahrscheinlichkeitsbeurteilung komplexer Ereignisse, daß Investoren dazu neigen, die Chancen der für die Entscheidung insgesamt notwendigen günstigen Umweltkonstellationen zu überschätzen bzw. die Chancen für den Eintritt mindestens eines ungünstigen Ereignisses zu unterschätzen. Selbst wenn jede einzelne günstige Umweltbedingung eine sehr hohe Wahrscheinlichkeit hat, kann die Wahrscheinlichkeit der komplexen günstigen Umweltkonstellation erstaunlich gering sein. Bei einer Reihe von finanziellen Entscheidungen privater Haushalte, die in Fehlschlägen enden, spielt vermutlich diese Überschätzung der Wahrscheinlichkeit komplexer günstiger Umweltkonstellationen eine wichtige Rolle. (Empirische Untersuchungen zu diesem Thema stehen allerdings noch aus.) Sie könnte beispielsweise eine der Ursachen für die Überschuldung privater Haushalte sein: Verschuldung bis zur Grenze der finanziellen Belastbarkeit eines Haushalts geht nur dann gut, wenn der gegenwärtige Einkommensstrom nicht sinkt. Dies wiederum setzt voraus, daß keine der vielen kleineren oder größeren

[23] Zur Herleitung siehe z.B. HAYS (1980, S. 140 ff.)

Katastrophen eintritt, die zu einer Einkommensminderung führen. Die Tatsache, daß Schuldner von ihrer Zahlungsunfähigkeit häufig sehr überrascht sind, deutet darauf hin, daß sie das disjunktive Ereignis „Zahlungsunfähigkeit" für höchst unwahrscheinlich gehalten haben – oder es sogar noch nie bedacht haben.[24] Auch viele andere finanzielle Entscheidungen können, wie man sich leicht an den oben erwähnten Beispielen des künftigen Bauherren und des angehenden Aktionärs klarmachen kann, stark durch die Überschätzung der Wahrscheinlichkeit konjunktiver oder durch die Unterschätzung der Wahrscheinlichkeit disjunktiver Ereignisverknüpfungen beeinträchtigt werden.

5.3.4 Übersteigerte Urteilssicherheit

Unter übersteigerter Urteilssicherheit (overconfidence) versteht man das Phänomen, daß man bei Urteilen unter Unsicherheit die Irrtumswahrscheinlichkeit systematisch unterschätzt. Im einfachen Fall von dichotomen Fragen zum Allgemeinwissen (Liegt Mailand südlicher als Toronto? Ist Casablanca die Hauptstadt von Marokko? Hat Goethe die „Wahlverwandschaften" geschrieben?) macht sich dies darin bemerkbar, daß die Anzahl richtiger Lösungen typischerweise überschätzt wird. Sind wir uns beispielsweise sicher, daß wir in einem Test 70 Prozent solcher Fragen richtig beantwortet haben, so haben wir im Durchschnitt nur 50 bis 60 Prozent richtig gelöst; ein Test, den wir glauben zu 90 Prozent richtig gelöst zu haben, enthält typischerweise nur 70 bis 80 Prozent richtiger Lösungen (vgl. LICHTENSTEIN, FISCHHOFF & PHILLIPS 1982). Im Fall der Intervallschätzung unbekannter quantitativer Größen (Gewicht einer Boing 747, Anzahl der OPEC-Mitgliedsstaaten, Durchmesser des Mondes) macht sich die übersteigerte Urteilssicherheit u.a. dadurch bemerkbar, daß wir zu enge Grenzen für unsere Schätzungen angeben, d. h. die tatsächlichen Werte liegen häufiger als wir erwarten außerhalb der von uns angegebenen Grenzen. Wenn Personen aufgefordert werden, die Unter- und Obergrenzen ihrer Schätzungen (sogenannte Sicherheits- oder Konfidenzintervalle) so zu wählen, daß nicht mehr als 10 Prozent der Fragen falsch beantwortet werden (dies bedeutet, sie sollen ihre 90%-Sicherheitsintervalle angeben), dann werden häufig Fehlerquoten von 40-70 Prozent beobachtet (RUSSO & SHOEMAKER 1989). Das bedeutet, daß in nur 30-60 Prozent der Antworten die Unter- und Obergrenzen so gewählt waren, daß sie den korrekten Wert einschlossen. Übersteigerte Urteilssicherheit wird bei Laien und bei Experten[25] beobachtet, ist weitgehend unabhängig vom konkreten Urteilsgegenstand und ist am stärksten für (im Sinne der objektiven Aufgabenschwierigkeit) mittelschwere und schwere Aufgaben – also dort, wo unser objektives Wissen am schlechtesten ist. Bei objektiv sehr leichten Aufgaben wird dagegen oft eine zu geringe Urteilssicherheit (underconfidence) beobachtet.

---

[24] In diesem Fall könnte man von einem "event neglection bias" sprechen, der nicht mehr mit der Verankerungs- und Anpassungsheuristik, sondern mit der Verfügbarkeitsheuristik zu erklären wäre: Das Ereignis "Zahlungsunfähigkeit" ist dem Individuum kognitiv überhaupt nicht präsent, weil entsprechende Szenarien, die dazu führen können, mental nie simuliert wurden.

[25] Mit einer rühmlichen Ausnahme: Amerikanische Wettervorhersager sind nicht overconfident- siehe MURPHY & WINKLER (1974).

Die übersteigerte Urteilssicherheit läßt sich durch die Verankerungs- und Anpassungsheuristik wie folgt erklären: Bei der Schätzung einer unbekannten Größe werden anfangs verschiedene Werte mental „durchgespielt" und auf Plausibilität hin geprüft. Der Wert mit der größten subjektiven Plausibilität dient als Anker für einen nachträglichen Anpassungsprozeß, durch den die Unter- und Obergrenzen des Konfidenzintervalls – in Abhängigkeit von dem angestrebten Sicherheitsniveau des Urteils – festgelegt werden. Ein höheres Sicherheitsniveau führt zu einem breiteren, ein niedrigeres zu einem engeren Konfidenzintervall. Unabhängig von der Höhe des Sicherheitsniveaus ist aber die Urteilsanpassung unzureichend, so daß die Konfidenzintervalle – relativ zu einem gegebenen Sicherheitsniveau – stets zu schmal ausfallen.

Der beschriebene Prozeß ist nicht, wie es zunächst scheinen mag, auf Intervallschätzungen quantitativer Größen beschränkt, sondern läßt sich auch auf qualitative Urteile (Ja/Nein-Urteile, Mehrfachwahlaufgaben, offene kategoriale Fragen) übertragen. In diesem Fall werden die vorgegebenen oder generierten qualitativen Antwortalternativen wiederum zunächst auf Plausibilität geprüft; diejenige mit der höchsten Plausibilität wird als Antwort ausgewählt. Sollen die Probanden nun angeben, wie sicher sie sich bei der Beantwortung der Frage waren, dient die gegebene Antwort als Anker bei der nachträglichen Plausibilitätsbewertung der Alternativen. Unzureichende Urteilsanpassung bedeutet hier, daß der Plausibilitätsraum jenseits der Position der gegebenen Antwort nur wenig erweitert wird und infolgedessen die nichtgewählten Alternativen in den Bereich der Unplausibilität fallen – oder zumindest in der Rückschau als unplausibler erscheinen als vor der Auswahl der Antwortalternative. Diese nachträgliche Plausiblitätsabwertung der nichtgewählten Alternativen hat rückwirkend eine Plausibilitätsaufwertung der gewählten Alternative zur Folge, die sich in einer erhöhten subjektiven Sicherheit, die richtige Antwort gegeben zu haben, manifestiert.

Bei der Prognose von wirtschaftlichen Kenngrößen macht sich die übersteigerte Urteilssicherheit in zu engen Bandbreiten der Schätzungen bemerkbar. Vom praktischen Standpunkt des Investors aus bedeutet das, daß beispielsweise die Kurse, auf die er spekuliert, zum Vorhersagezeitpunkt häufiger als erwartet außerhalb der geschätzten Kursbandbreite liegen werden. In solchen Fällen treten regelmäßig Spekulationsverluste oder entgangene Spekulationsgewinne ein. Wie stark die übersteigerte Urteilssicherheit die Qualität von Kursprognosen selbst bei erfahrenen Experten beeinträchtigen kann, zeigen KIELL & STEPHAN (1997) in dem bereits erwähnten Experiment mit professionellen Devisenhändlern. Die Probanden hatten u.a. Kursprognosen einiger Aktien- und Devisenkurse zum Ende des dritten Quartals 1997 (Stichtag: 30.09.97) abzugeben. Gefordert waren in diesem Fall nicht Punktprognosen, sondern Bandbreiten, die den 90-%-Konfidenzintervallen der Probanden entsprachen. Der Begriff und die Implikationen solcher Intervallschätzungen wurden den Probanden zuvor eingehend erläutert. Von den insgesamt abgegebenen 360 Prognosen (36 Probanden x 10 Prognosen) waren lediglich 24 Prozent korrekt, statt der geforderten 90 Prozent. Die Aktienkurse wurden erwartungsgemäß schlechter als die Devisenkurse prognostiziert. Aber selbst auf dem ureigenen Expertisegebiet der Probanden, den Devisenkursen, war die Trefferquote mit 29 Prozent ausgesprochen mager. Dabei handelte es sich ausschließlich um den Probanden gut vertraute Standarddevisen (US-Dollar, Japanischer Yen, Italienische Lira, Schweizer Franken, Englisches Pfund, Französischer Franc). Hätten die Experten bezüglich dieser Devisen beispielsweise zehn Stillhalte-Positionen für Optionsscheine eröffnet, so hätten sie – statt wie erwartet nur eine – sieben Positionen verloren, weil ihre Prognosen die tatsächlichen Kursbandbreiten dramatisch unterschätzen. Die hierin zum Ausdruck kommende extreme Overconfidence (statt der geforderten 90-%-Konfidenzintervalle gaben die Probanden durchschnittlich ihre 24-%-Konfidenzintervalle an!) mag überraschen, doch sie steht im Einklang mit anderen Forschungsergebnissen zur Urteilssicherheit von Experten (siehe z.B. RUSSO & SHOEMAKER, 1989). Laien dürften bei Kursprognosen dieser Art eine etwas weniger starke Overconfidence zeigen, weil sie ihre dabei deutlicher empfundene Unsicherheit mit entsprechend größeren Konfidenzintervallen kompensieren. Aber Laienprognosen werden auch dann noch zu schmale Konfidenzintervalle aufweisen (zum Überblick über einschlägige Untersuchungen siehe LICHTENSTEIN et al., 1982).

5.4 Die Verfügbarkeitsheuristik

5.4.1 Erfahrungsbedingte Verfügbarkeit

Fragt man eine Gruppe von Arbeitslosen danach, wie hoch sie die Arbeitslosenquote in ihrer Stadt einschätzen, so wird man eine erheblich höhere Durchschnittsschätzung erhalten als wenn man eine Gruppe von Beschäftigten in dieser Stadt befragt. Ähnliche Differenzen wird man feststellen, wenn man Bayern und Baden-Württemberger danach fragt, wieviele ihrer Landsleute es in Sport, Politik oder Wirtschaft zu bundesweiter Prominenz gebracht haben. Die Bayern werden ihren Prominentenanteil höher als den der Baden-Württemberger einschätzen, und die Baden-Württemberger werden ihren Anteil für höher als den der Bayern halten – trotz ähnlicher Einwohnerzahlen in beiden Bundesländern. Eine naheliegende Erklärung für solche Unterschiede in Häufigkeitsschätzungen ist motivationaler Natur: Es ist für den Arbeitslosen weniger selbstwertbedrohlich, wenn er sein Schicksal mit möglichst vielen teilt (nach dem Attributionsmodell von ROTTER (1966) wird er die Ursache seiner Arbeitslosigkeit dann externen Faktoren wie der schlechten Wirtschaftslage oder der Unfähigkeit der Politiker zuschreiben). Dem Patriotismus der Bayern und Baden-Württemberger schmeichelt es, besonders viele ihrer Landsleute im Rampenlicht zu sehen.

Die Urteilsdifferenzen könnten jedoch auch kognitive Ursachen haben. Arbeitslose haben eine deutlich höhere Kontaktfrequenz mit ihren Schicksalsgenossen als Beschäftigte. Sie sehen regelmäßig die überfüllten Flure auf dem Arbeitsamt, begegnen anderen Arbeitslosen bei der Jobsuche und engagieren sich möglicherweise in politischen Veranstaltungen gegen die Arbeitslosigkeit. Beschäftigte dagegen begegnen in ihrem Alltag einer in die umgekehrte Richtung verzerrten Stichprobe von Personen. Am Arbeitsplatz und in ihrer Freizeit haben sie vorwiegend mit anderen Beschäftigten zu tun, ein Arbeitsamt haben sie in der Regel nie von innen gesehen, und die wenigsten beteiligen sich mit Arbeitslosen an politischen Veranstaltungen und Demonstrationen. Arbeitslose und Beschäftigte ziehen also sehr unterschiedliche Personen-

und Ereignisstichproben. Die Schätzung der Arbeitslosenquote wird nach dem Modell der Verfügbarkeitsheuristik (TVERSKY & KAHNEMAN, 1973) nun entscheidend davon beeinflußt, wie leicht sich die Befragten entsprechende Beispiele oder Einzelfälle zu Bewußtsein bringen können. Wer sich in kurzer Zeit sehr viele Fälle von Arbeitslosigkeit vergegenwärtigen kann, wird die Quote entsprechend hoch einschätzen; wer aus seinem Gedächtnis nur wenige Fälle abrufen kann, wird die Quote eher niedrig einschätzen. Sofern objektive Informationen nicht zur Verfügung stehen, werden Klassengrößen, Häufigkeiten und Wahrscheinlichkeiten nach KAHNEMAN & TVERSKY (1982, S. 11) häufig „by the ease with which instances or occurances can be brought to mind" eingeschätzt.

Man beachte, daß diese Heuristik in vielen Fällen zu approximativ richtigen Urteilen führt. Ob Studenten mehrheitlich mit Apple-Computern oder mit PCs arbeiten, ob es im Deutschen mehr Worte mit dem Anfangsbuchstaben O oder mit dem Anfangsbuchstaben R gibt, oder ob es im nahegelegenen Stadtpark mehr Nadel- oder mehr Laubbäume gibt – auch ohne Kenntnis entsprechender Statistiken wird die Leichtigkeit, mit der man sich an einschlägige Beispiele erinnert, ein guter Indikator der tatsächlichen Klassengrößen sein. Die Verfügbarkeitsheuristik stellt gewissermaßen eine bestimmte metakognitive Regel auf den Kopf: Wir wissen, daß Klassen mit vielen Elementen und Dinge, die sich häufig ereignen, besser im Gedächtnis repräsentiert bzw. kognitiv verfügbar sind als Klassen mit wenigen Elementen und seltene Ereignisse. Diese Regel wird in der Verfügbarkeitsheuristik umgekehrt: Von der kognitiven Verfügbarkeit wird auf Klassengrößen und Ereignishäufigkeiten geschlossen. Diese Umkehrung wäre nur dann gerechtfertigt, wenn es eine 1:1-Zuordnung zwischen objektiven Klassengrößen und Ereignishäufigkeiten auf der einen Seite und ihrer gedächtnismäßigen Repräsentation auf der anderen Seite gäbe. Daß dies nicht so ist, zeigte bereits das Beispiel der Schätzung der Arbeitslosenquote. Hier waren zwei Personengruppen sehr unterschiedlichen natürlichen Ereignisstichproben ausgesetzt, die beide nicht repräsentativ für das tatsächliche Ausmaß der Arbeitslosigkeit sind. Die Verfügbarkeitsheuristik führt in solchen Fällen zu verzerrten Einschätzungen der Klassengrößen. Urteilsverzerrungen dieser Art beruhen auf *erfahrungsbedingter Verfügbarkeit*. Sie führt dann zu Urteilverzerrungen, wenn das urteilende Individuum sich des systematischen Stichprobenfehlers seiner Beobachtungen nicht bewußt ist; im Schätzurteil kann dieser Fehler dann nicht berücksichtigt oder korrigiert werden.[26]

Eine Auswirkung der erfahrungsbedingten Verfügbarkeit im Kontext des Finanzverhaltens dürfte zunächst einmal eine gewisse Überschätzung der Verbreitung des eigenen Anlage- und Verschuldungsverhaltens und der diesbezüglichen Einstellungen sein. Je homogener die eigene Bezugsgruppe hinsichtlich des soziales Milieus ist, de-

---

[26] Wenn Stichprobeneffekte offensichtlich sind, wird die Schätzung dagegen oft bewußt korrigiert oder der Stichprobeneffekt wird direkt thematisiert. Fragt man anläßlich der Wohnungssuche einen Makler nach der Kriminalitätsbelastung in einer Stadt, so wird er wahrscheinlich antworten, daß es sehr auf das Viertel ankomme, in das man zieht. Zu Urteilsverzerrungen führt die Verfügbarkeitsheuristik typischerweise dann, wenn der Stichprobencharakter der eigenen Beobachtungen nicht beachtet oder die Stichprobenverzerrung nicht offensichtlich ist.

sto ähnlicher werden auch die Einstellungen und Verhaltensweisen finanziellen Angelegenheiten gegenüber sein – und desto größer wird der Verbreitungsgrad eigener Ansichten und Anlagemuster eingeschätzt werden. Aktienbesitzer werden den Aktienbesitz für verbreiteter und „normaler" halten als Nicht-Aktienbesitzer, weil sich in ihrem sozialen Umfeld relativ mehr andere Aktienbesitzer bewegen, sich die Gespräche öfter um dieses Thema drehen usw. Für sich genommen ist dieser „Egozentrismus" in der Beurteilung der eigenen Einstellungen und Verhaltensweisen zunächst nichts anderes als eine psychologische Kuriosität. Das kann sich dann ändern, wenn die wahrgenommenen oder tatsächlichen sozialen Normen verhaltenswirksam werden, insbesondere wenn sie bestimmte nicht-optimale oder potentiell schädliche Verhaltensweisen im Umgang mit Geld stabilisieren oder initiieren. Exzessive Verschuldung für kurzlebige Konsumgüter und hohe Einsätze bei extrem risikoreichen Spekulationsgeschäften, aber auch die Anlage großer Geldbeträge auf dem Sparbuch, die bei älteren Menschen nicht selten beobachtet wird, können faktische Normen sozialer Bezugsgruppen widerspiegeln, die das eigene Verhalten rechtfertigen und damit stabilisieren.

Die ausgeprägte Sicherheitsorientierung in der älteren Generation und die größere Risikoneigung in den Nachkriegsgenerationen läßt sich ebenfalls auf die sehr unterschiedlichen Erfahrungshintergründe dieser beiden Gruppen zurückführen (Krieg, wirtschaftliche Not, Inflation, Währungsreform). Erfahrungsbedingte Verfügbarkeit könnte auch das z.T. außerordentlich hohe Börsenengagement sehr junger Anlegergruppen erklären, die das Börsengeschehen erst seit Ende der 80er Jahre beobachten. Kursstagnation, Kursrückschläge und gelegentliche Börsencrashs, die für ältere Börsianer zum festen Bestandteil ihrer Erfahrungen und Erwartung gehören, fehlen in der Zeitstichprobe der Junganleger weitgehend. Der seit Anfang der 90er Jahre beobachtete starke und fast ununterbrochene Anstieg der Aktienkurse in den westlichen Industrieländern, der in dieser Form historisch einmalig ist, kann bei solchen Anlegern leicht einen unrealistischen Optimismus für das künftige Börsengeschehen auslösen.

Auch die Auswahl zwischen verschiedenen Geldanlagealternativen wird von der erfahrungsbedingten Verfügbarkeit entscheidend beeinflußt. Betrachtet man die verschiedenen Mengen von Handlungsalternativen, die im Verlauf des Kaufentscheidungsprozesses sukzessive reduziert werden, so kann man vereinfachend von folgender Modellvorstellung ausgehen (vgl. KOTLER, 1997):

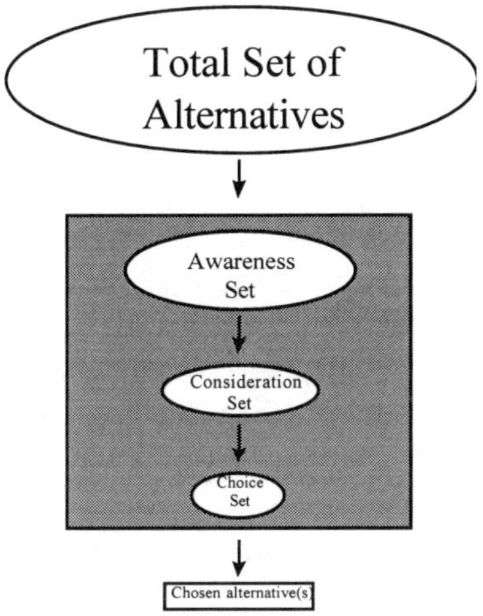

Abbildung 5-1

Der *Total Set of Alternatives* bei Geldanlageentscheidungen umfaßt buchstäblich tausende von Anlagealternativen, vom einfachen Sparbuch über diverse festverzinsliche Anlagen mit unterschiedlichen Laufzeiten, Edelmetalle, Aktien, Immobilien und Devisen, Geldmarkt-, Aktien- und Immobilienfonds, Staatsanleihen, bis hin zu Optionsscheinen und Termingeschäften. Vervielfacht wird diese Alternativenmenge durch die verschiedenen Anbieter (Sparkassen, in- und ausländische Banken, Direktbanken, Fondsgesellschaften), die ähnliche Produkte zu teilweise recht unterschiedlichen Konditionen anbieten. Nur ein Bruchteil der objektiven Alternativenmenge gelangt dem (privaten) Investor gelegentlich zur Kenntnis, etwa über die Werbung und Berichterstattung in den Medien, Informationsbroschüren und Beratung durch die eigene Bank oder durch Tips aus dem Kollegen- und Bekanntenkreis. Die primäre Aufgabe der Werbung für Finanzprodukte ist es, in diesen *Awareness Set* des Verbrauchers vorzudringen. Die unterschiedliche Medienexposition der Verbraucher, die unterschiedliche Werbewirksamkeit einzelner Kampagnen und eine Vielzahl von situativen und personenbezogenen Faktoren (Involvement, Einstellungen, Kaufentscheidungsstile) sorgen dafür, daß die Verbraucher mit sehr unterschiedlichen Awareness Sets in die nächste Phase der Alternativenreduktion eintreten. Ein Großteil der Produkte, die dem Verbraucher gelegentlich zur Kenntnis gelangen, erfüllt nicht die ursprünglichen, oft noch wenig artikulierten Motive und Einstellungen hinsichtlich Risiko, Rendite, Liquidität und Einfachheit (zu diesen Kriterien siehe im einzelnen STEPHAN et al., 1993; H. MÜLLER-PETERS in diesem Band). Solche Produkte werden dann im weiteren nicht mehr näher betrachtet und gelangen nicht in die nächste Stufe der Alternativenselektion, den *Consideration Set.* Die Alternativen in dieser Menge werden etwas genauer betrachtet, eventuell werden zusätzliche Informationen über einzelne Produkte eingeholt, Werbe- und Informationsbroschüren oder Testberichte werden aufmerksamer studiert, oder man läßt sich zu bestimmten Produkten gezielt beraten. Hierdurch wird die Alternativenmenge wiederum drastisch reduziert. Einige wenige Produkte gelangen schließlich in den *Choice Set.* Im Fall einer extensiven

Kaufentscheidung werden diese Produkte dann nochmals eingehend hinsichtlich der Entscheidungskriterien Risiko, Rendite, Liquidität und Einfachheit beurteilt und gegeneinander abgewogen. Das Produkt (ggf. auch mehrere), das die persönlichen Kriterien am ehesten erfüllt, wird schließlich gewählt. Im Fall einer vereinfachten Kaufentscheidung werden verschiedene Stadien der Alternativenreduktion übersprungen. Insbesondere findet weder eine vorläufige Bewertung der Alternativen im Awareness Set noch eine intensivere Bewertung der Alternativen im Consideration Set statt, statt dessen wird gleich zum – meist schon feststehenden – Choice Set gesprungen. Im Extremfall einer habituellen Kaufentscheidung (zur Klassifikation von Kaufentscheidungen siehe WISWEDE, 1995, S. 298 ff.) wird routinemäßig immer das gleiche Produkt gewählt, also ohne weitere Bewertung direkt zur (stets gleichen) *Chosen Alternative* gesprungen.

Die erfahrungsbedingte Verfügbarkeit von Anlagealternativen schlägt sich besonders im Awareness Set und im Consideration Set nieder. Von einigen Anlageformen, etwa Warentermingeschäften, Knock-Out-Optionsscheinen und Range-Warrants, haben viele Privatanleger noch nie etwas gehört; sie gehören damit nicht zum Awareness Set und bleiben von der weiteren Betrachtung und Beurteilung ausgeschlossen – selbst wenn sie den Entscheidungskriterien des Anlegers optimal entsprechen würden. Ausschluß aufgrund mangelnder Kenntnis betrifft aber nicht nur solche exotischen Anlageformen, sondern gelegentlich auch Standardprodukte. Die private Rentenversicherung scheidet für manche ältere Arbeitnehmer deshalb aus, weil sie glauben, den Zeitpunkt für den Beginn einer solchen Versicherung längst verpaßt zu haben. Dabei haben sie aber nur eine der möglichen Vertragsformen für die private Rentenversicherung im Auge, die sog. „aufgeschobene Rente gegen lau-fenden Beitrag“. Würden sie andere Vertragsformen kennen, so wäre die private Rentenversicherung für sie möglicherweise eine recht attraktive Geldanlageform.

Andere Anlageformen, die den Kriterien des Anlegers entsprechen würden, sind zwar im Awareness Set, gelangen aber nicht in den Consideration Set. Wer sein Geld unter dem Motto „kein Risiko, sondern nur langfristige Wertsteigerung“ anlegt, ignoriert eventuell Aktien als Anlegeform. Aktien scheiden bei der Grobsichtung der Alternativen im Awareness Set wegen ihrer Eigenschaft „risikobehaftet“ von vornherein aus. Bei näherer Bewertung dieser Anlageform würde sich allerdings herausstellen, daß eine Aktienanlage dem Kriterium „langfristige Wertsteigerung“ sehr viel besser genügen würde als die vermeintlich sicheren festverzinslichen Wertpapiere (vgl. H. MÜLLER-PETERS in diesem Band). Eine – nach den Kriterien dieses risikoscheuen und langfristig renditesuchenden Anlegers – noch bessere Anlageform wären u.U. Aktienfonds, die aber möglicherweise ebenfalls nicht den Sprung vom Awareness Set zum Consideration Set des Anlegers geschafft haben.

Erfahrungsbedingte Verfügbarkeit kann also in mancherlei Weise finanzielle Entscheidungen negativ beeinflussen: Historische Erfahrungen (oder das Fehlen derselben) können zu extremer Risikomeidung oder -bereitschaft führen; Bezugsgruppeneinflüsse können zu einer Überschätzung der „Normalität“ und damit zur Stabilisierung bedenklicher Geldanlage- und Verschuldungsmuster führen, und manche den Kriterien des Anlegers eigentlich entsprechende Anlagealternativen haben keine

Chance, in den Choice Set vorzudringen, weil sie im Awareness Set oder im Consideration Set des Anlegers nicht repräsentiert sind.

5.4.2 Gedächtnisbedingte Verfügbarkeit

Aber auch bei gleicher Erfahrungsbasis ist die Repräsentation der Erfahrungen im Gedächtnis bei verschiedenen Individuen nicht automatisch gleich. Im Beispiel der relativen Prominenz von Bayern und Baden-Württembergern muß man insbesondere mit Aufmerksamkeits- und Salienzeffekten rechnen, die die Abspeicherung der Informationen im Gedächtnis beeinflussen. In der Sportberichterstattung werden Bayern ihren Landsleuten – auch wenn sie sie vorher nicht kannten – eine erhöhte Aufmerksamkeit zukommen lassen; entsprechend effektiver ist die Gedächtnisspeicherung für den Wettkampfsieg eines bayerischen Sportlers. Auch die Salienz, d. h. die Auffälligkeit bzw. die Hervorgehobenheit eines Reizes relativ zu anderen Reizen, beeinflußt die Speicherung im Gedächtnis. Prominente Bayern und Baden-Württemberger haben für ihre jeweiligen Landsleute eine erhöhte Salienz; Fakten und Episoden, die die „eigenen" Prominenten betreffen, werden relativ mehr beachtet und effektiver abgespeichert.

Ferner wird die Gedächtnisrepräsentation und die Abrufleistung noch stark beeinflußt von der Konkretheit, Lebhaftigkeit und Vertrautheit des Materials sowie vom Zeitpunkt der Speicherung im Gedächtnis. Die Speicherung und Erinnerung ist besser für konkrete, emotional interessante, an vorhandenes Wissen anknüpfende sowie für räumlich und zeitlich „nahe" Informationen als für abstrakte, emotional neutrale, neuartige und räumlich und zeitlich „ferne" Informationen (vgl. NISBETT & ROSS, 1980). Je stärker die Faktoren

- Aufmerksamkeit
- Salienz
- Lebhaftigkeit
- Vertrautheit
- Räumliche und zeitliche Nähe

die Abspeicherung und Erinnerung beeinflussen, desto stärker wird die Schätzung von Klassengrößen, Häufigkeiten und Wahrscheinlichkeiten von der objektiven Erfahrungsbasis abweichen. Solche Urteilsverzerrungen beruhen auf gedächtnisbedingter Verfügbarkeit.

Ein Beispiel für Verfügbarkeitseffekte dieser Art liefert ein Experiment von STEPHAN (1993) zur verzerrten Bewertung eines Börsentrends. In diesem Experiment ging es speziell um den Einfluß der Vertrautheit der Namen von Aktiengesellschaften auf die Erinnerung an einen Börsenbericht. Zu diesem Zweck wurde ein kurzer Börsenbericht zusammengestellt, der die Gewinne und Verluste von 51 Aktiengesellschaften am Ende eines fiktiven Börsentages enthielt. 25 Gesellschaften waren den Probanden sehr gut bekannt, 26 waren weniger bekannt. (Die Bekanntheit der Namen der Aktiengesellschaften wurde zuvor in einem Pretest empirisch ermittelt.)

In einer Version dieses Börsenberichts wurden zwei Drittel der bekannten Aktiengesellschaften als Gewinner notiert (sie hatten im Durchschnitt etwa 5 Prozent des Kurswertes gewonnen), das andere Drittel der bekannten Aktiengesellschaften wurde als Verlierer notiert (mit einem mittleren Kursverlust von ebenfalls 5 Prozent). In der Gruppe der 26 weniger bekannten Aktiengesellschaften war die Relation zwischen Gewinnern und Verlierern umgekehrt: 8 hatten gewonnen und 18 hatten verloren (wie oben, im Durchschnitt jeweils 5 Prozent).[27] Dieser Börsenreport (Form A) hatte also die folgende Form:

Börsenreport A:	25 bekannte AGen:	- 17 Gewinner
		- 8 Verlierer
	26 wenig bekannte AGen:	- 8 Gewinner
		- 18 Verlierer

Dieser Bericht enthielt also 25 Gewinner und 26 Verlierer. Eine unverzerrte Erinnerung der Relation zwischen Gewinnern und Verlierern sollte in etwa eine Gleichverteilung oder die leichte Dominanz von Verlierern widerspiegeln.

Die zweite Version des Börsenberichts (Form B) war mit der ersten identisch, mit der Ausnahme, daß die Vorzeichen der Gewinne und Verlust umgekehrt wurden. Dies bedeutet, daß zwei Drittel der bekannten Aktiengesellschaften als Verlierer notiert wurden, und zwei Drittel der weniger bekannten Gesellschaften wurden als Gewinner notiert:

Börsenreport B:	25 bekannte AGen:	- 17 Verlierer
		- 8 Gewinner
	26 wenig bekannte AGen:	- 8 Verlierer
		- 18 Gewinner

In diesem Börsenbericht waren also 25 Verlierer und 26 Gewinner.

Die Börsenberichte wurden zwei Gruppen von Probanden (wiederum fortgeschrittene Studenten der Wirtschaftswissenschaften, N = 243) vom Tonbandgerät vorgespielt. Nachdem sie den Börsenbericht gehört hatten, wurden sie gefragt, ob unter den 51 genannten Aktiengesellschaften mehr Gewinner oder mehr Verlierer waren. Die Ergebnisse waren wie folgt:

[27] Die Gewinne und Verlust waren normalverteilte Zufallsvariablen mit einem Mittelwert von 5,0 und einer Standardabweichung von 2,0 in jeder der vier Untergruppen von Aktiengesellschaften. Die Gewinne bzw. Verluste wurden den Gesellschaften in jeder Gruppe zufällig zugeteilt. Im Börsenreport wurden die Aktiengesellschaften in alphabetischer Reihenfolge genannt. Diese etwas aufwendige Strategie der Verlust- und Gewinnzuteilung wurde gewählt, um jede systematische Kovariation in der Liste auszuschalten (mit Ausnahme der experimentell induzierten Kovariation).

	Erinnerung der Probanden		
	„Mehr Gewinner“	„Mehr Verlierer“	Summe
Form A (mehr Verlierer)	67%	33%	100%
Form B (mehr Gewinner)	39%	61%	100%
Total	54%	46%	

Tabelle 5-2

Der Unterschied in der Erinnerung zwischen den beiden Gruppen ist hochsignifikant und mit phi = 0,27 von mittlerer Stärke. 67% der Probanden, die den Börsenbericht A gehört hatten, glaubten irrtümlich, daß er mehr Gewinner als Verlierer enthält. 61% der Probanden schätzten den Börsenbericht B falsch ein. In beiden Fällen führte die höhere kognitive Verfügbarkeit der bekannten Aktiengesellschaften zu einer Trend-Fehleinschätzung. Diese Ergebnisse zeigen, daß die Bewertung eines Trends in einer Menge wirtschaftlicher Daten durch die unterschiedliche Verfügbarkeit der Objekte, auf die sich diese Informationen beziehen, deutlich beeinflußt werden kann. Selbst wenn die Beziehung zwischen der Verfügbarkeit und den Daten (wie in diesem Experiment) nur probabilistischer Natur ist, so reicht dies aus, um den Trend deutlich fehleinzuschätzen.

Verfügbarkeitseffekte lassen sich nicht nur in der experimentellen Laborforschung demonstrieren. Sie treten auch in realen Märkten auf und werden dort oft gezielt erzeugt, was am deutlichsten in der Werbung sichtbar wird. Finanzprodukte sind im Gegensatz zu Konsumprodukten abstrakt und sie schaffen keinen unmittelbaren Nutzen. Um so wichtiger ist es, sie in der Werbung konkret, direkt erfahrbar, lebendig und vertraut erscheinen zu lassen. Der Börsengang der Deutschen Telekom im Herbst 1996 ist ein Paradebeispiel für dieses Bemühen. Mit einem in der deutschen Wirtschaftsgeschichte bisher einmaligen Werbeaufwand wurde versucht, breite Schichten von Privatanlegern für eine Aktienanlage zu gewinnen. Im Zentrum der Kampagne stand ein bekannter deutscher Filmschauspieler mit hohen Sympathiewerten, der über mehrere Monate hinweg in Zeitungsanzeigen, Werbeplakaten und unzähligen Werbespots für den Kauf der Telekom-Aktie warb. Angesprochen werden sollte insbesondere der börsenunerfahrene Kleinanleger. Neben der hohen Vertrautheit des Werbeträgers für das Publikum waren wichtige Elemente dieser Kampagne die intensive Visualisierung bekannter und zukünftiger Dienstleistungen und Produkte der Telekom sowie starke emotionale Appelle, eine lebendige, sehr personenbezogene Kameraführung und schnelle Bildschnitte. Auf diese Weise wurden dem Privatanleger die positiven Aspekte des Unternehmens, die für den Erwerb der Aktie sprachen, sehr wirksam kognitiv verfügbar gemacht. Diese positiven Aspekte waren zum Entscheidungszeitpunkt sehr viel besser im Gedächtnis repräsentiert als die von Fachleuten gelegentlich hervorgehobenen negativen Aspekte wie die hohe

Verschuldung der Telekom, die geringe Flexibilität und neue Konkurrenten. Die fast lehrbuchhafte Nutzung der Elemente Vertrautheit, Konkretheit, Lebhaftigkeit und zeitliche Nähe (zum Börsengang im November 1996) der Informationsdarbietung hatte einen überwältigenden Erfolg. Die Aktie wurde fünffach überzeichnet, deutsche Privatanleger orderten allein 880 Millionen Aktien, und 650.000 Personen wurden dadurch erstmals in ihrem Leben zu Aktionären. Verfügbarkeitseffekte können also auch jenseits des Forschungslabors recht dramatische Auswirkungen auf tatsächliche finanzielle Entscheidungen haben, selbst wenn grundsätzliche Einstellungen (hier: die stark ausgeprägte Aktienskepsis der Deutschen – vgl. MÜLLER-PETERS, H. in diesem Band) diesen Entscheidungen entgegenstehen.

5.4.3 Einbildungskraftbedingte Verfügbarkeit

Eine dritte Klasse von Urteilsverzerrungen, die auf die Verfügbarkeitsheuristik zurückgeht, zeigt sich weniger in reproduktiven als in produktiven und kreativen Leistungen.

> Stellen Sie sich vor, Sie sind Abteilungsleiter in einer Werbeagentur. In Ihrer Abteilung arbeiten 10 Personen. Was schätzen Sie, wie viele verschiedene Teams aus 2 Personen können Sie in Ihrer Abteilung bilden? – Wie viele verschiedene Teams aus 8 Personen können Sie bilden?

Nach den Ergebnissen von KAHNEMAN & TVERSKY (1973) wird die Anzahl möglicher 2-Personen-Teams im Durchschnitt auf etwa 70 geschätzt, die Anzahl möglicher 8-Personen-Teams auf etwa 20. Tatsächlich ist die Anzahl der 2-Personen-Teams aber gleich der Anzahl der 8-Personen-Teams, weil jedes gebildete 2-Personen-Team eindeutig ein 8-Personen-Team definiert, das nicht gebildet wurde (und umgekehrt).[28]

Wie kommt die Illusion zustande, daß sich sehr viel mehr 2-Personen-Teams bilden lassen? Nach KAHNEMAN & TVERSKY liegt dies wiederum an der kognitiven Verfügbarkeit von Einzelfällen, hier also von Beispielen entsprechender Teams. In diesem Fall können die Einzelfälle nicht aus dem Gedächtnis abgerufen werden, sondern müssen mental konstruiert werden. 2-Personen-Teams sind leichter vorstellbar und kognitiv disjunkter als 8-Personen-Teams. Aus 10 Personen lassen sich direkt 5 überschneidungsfreie 2-Personen-Teams bilden, aber noch nicht einmal 2 überschneidungsfreie 8-Personen-Teams. Die Leichtigkeit, mit der die Teams mental konstruiert werden können (ease of construction), dient den Probanden als Indikator für die Anzahl möglicher Kombinationen.

Unsere Einbildungskraft beeinflußt nicht nur die Schätzung von Klassengrößen und Häufigkeiten, sondern auch die Einschätzung der Wahrscheinlichkeiten singulärer Ereignisse – etwa die Wahrscheinlichkeit dafür, daß sich ein bestimmtes Ehepaar in den nächsten zwei Jahren trennen wird, daß der nächste Fußballeuropameister Italien sein wird oder daß der DAX im nächsten Jahr unter 4.000 Punkte fällt. In diesen Fällen wird die Wahrscheinlichkeitseinschätzung u.a. davon beeinflußt, wie leicht es

[28] Es können jeweils 45 Teams gebildet werden. Natürlich erwartet niemand, daß in Kombinatorik nicht ausgebildete Personen dieses Ergebnis genau vorhersagen. Interessant ist allein der große Unterschied zwischen den Schätzungen.

fällt, sich vorzustellen, daß diese Ereignisse eintreten. Bezogen auf den Kursrückgang des DAX wird man Szenarien konstruieren, die von der heutigen Situation zu diesem Ergebnis führen. Lassen sich leicht mehrere solcher Szenarien bilden, wird der Kurseinbruch für wahrscheinlicher gehalten als wenn sich nur wenige und/oder unplausible Szenarien konstruieren lassen. Ebenso wie die gedächtnisbedingte Verfügbarkeit von einer Reihe von Faktoren beeinflußt wird, die mit den tatsächlich erfahrenen Klassengrößen oder Ereignishäufigkeiten nichts zu tun haben, unterliegt die Konstruktion von Szenarien diversen psychischen Eigengesetzlichkeiten, die mit der tatsächlichen Eintrittswahrscheinlichkeit des Zielzustandes nichts zu tun haben und die subjektiven Eintrittswahrscheinlichkeiten verzerren. Eine dieser psychischen Eigengesetzlichkeiten ist die bereits erwähnte Überschätzung der Wahrscheinlichkeit von Ereigniskonjunktionen, die sich beim Szenariodenken dadurch bemerkbar macht, daß beispielsweise die Dauer von Projekten (Bauprojekte, Dissertationen), die mehrere aufeinanderfolgende Teilprojekte beinhalten, meist dramatisch unterschätzt wird. Hier wird die Wahrscheinlichkeit, daß sämtliche Teilprojekte pünktlich fertiggestellt werden (eine zeitliche Ereigniskonjunktion), überschätzt. Eine andere psychische Eigengesetzlichkeit im Szenariodenken ist die erhöhte subjektive Plausibilität für solche Szenarien, die besonders dramatische Ereignisse enthalten.

Im Kontext des Finanzverhaltens sind die Effekte dieser Eigengesetzlichkeiten der Szenariokonstruktion (einen Überblick geben KAHNEMAN & TVERSKY, 1982) bislang wenig untersucht worden. Eine Reihe von Forschungsbefunden liegen dagegen zum „differentiellen" Aspekt der Szenariokonstruktion vor. Damit ist gemeint, daß sich für bestimmte Finanzprodukte leichter Szenarien bezüglich der künftigen Kursentwicklung konstruieren lassen als für andere Finanzprodukte. Dies kann dazu führen, daß erstere im Portfolio des Investors stärker vertreten sind als letztere. Diese Überrepräsentanz bestimmter Finanzprodukte im Portfolio kann leicht ein Ausmaß annehmen, daß nicht mehr mit den normativen Implikationen der Portfoliotheorie vereinbar ist, insbesondere mit der Forderung nach einer angemessenen Risikostreuung bei der Geldanlage.

Die Amerikaner haben beispielsweise eine ausgeprägte Vorliebe für die Aktien ihrer lokalen Telefongesellschaften, also für die Gesellschaften, die ihre jeweilige Region versorgen. Dies zeigt eine Analyse der regionalen Aktienstreuung der Bell-Company, der bedeutendsten Telefongesellschaft in den USA (HUBERMAN, 1998). Seit 1984 sind die regionalen Telefongesellschaften von Bell, die sog. Baby Bells, Marktführer; sie haben in 48 Bundesstaaten einen Marktanteil von durchschnittlich 75%. In sämtlichen 48 Bundesstaaten der USA (mit einer Ausnahme: Montana) besitzen die Bürger mehr Aktien von ihrer lokalen Baby Bell als von jeder anderen Bell-Tochter. Diese Bevorzugung der lokalen Telefongesellschaft ist nicht etwa marginal: Die lokale Telefongesellschaft wird durchschnittlich um 63% stärker im Aktienportfolio gewichtet als die zweitwichtigste, also die am stärksten gewichtete nicht-lokale Baby-Bell. Diese Relationen sagen noch nichts über die Bedeutung dieser Bevorzugung der lokalen Gesellschaft aus; wenn die Aktienbesitzer nur geringe Geldbeträge für Telefonaktien ausgeben würden, wäre dies zwar eine interessante, ökonomisch aber wenig bedeutsame Anomalie. Wie hoch ist der Geldwert der jeweiligen Aktienpakte? In Aktien der nicht-lokalen Baby-Bells werden durchschnittlich 8.246 Dollar investiert, in die der lokalen dagegen 14.400 Dollar.[29] Gemessen an dem durchschnittlichen Geldvermögen eines US-Haushaltes von ungefähr 56.000 Dollar (Median-Wert[30]) und einem Aktienbesitz von durchschnittlich 13.500 Dollar (Median für die 41 Prozent der Haushalte, die Aktien besitzen) sind das beträchtliche Anteile. Dies gilt auch dann, wenn man nur das Aktienvermögen der gehobenen Mittelschicht (mit Jahreseinkommen zwischen 50.000 und 100.000 Dollar) betrachtet, in der der Aktienbesitz besonders verbreitet ist. Zwei von drei Haushalten in dieser Gruppe besitzen Aktien oder Aktienfonds; der durchschnittliche Wert dieser Wertpapiere beträgt 21.300 Dollar (Median).

Diese Zahlen zeigen, daß die Aktionäre nicht nur eine ökonomisch nicht zu rechtfertigende starke Vorliebe für die ihnen vertraute Telefongesellschaft gegenüber anderen Telefongesellschaften haben, sondern daß ihre vertraute Gesellschaft eine – gemessen an der von der Portfoliotheorie empfohlenen Diversifikation von Risiken – unverhältnismäßig große Rolle in ihrem gesamten Aktienbestand spielt. Während die Bevorzugung einer bestimmten Telefongesellschaft gegenüber anderen unter dem Gesichtspunkt der Risikostreuung noch akzeptabel sein mag (obwohl auch hierbei Dividenden, Kursschwankungen und Marktchancen der Gesellschaften die vorrangigen Auswahlkriterien sein sollten), so ist die Konzentration eines beträchtlichen Vermögensanteils in die Aktien *einer* Gesellschaft ein rational kaum zu rechtfertigendes Glücksspiel.

Auch in anderen Bereichen zeigt sich, daß der Faktor Vertrautheit private Geldanleger zu einer unangemessenen Risikoakkumulation führen kann. Daß Angestellte Aktien des eigenen Arbeitgebers besitzen ist bis zu einem gewissen Grad sowohl unter ökonomischen wie auch psychologischen Gesichtspunkten wünschenswert (Beteiligung am Produktivkapital, höhere Identifikation mit dem Unternehmen, höhere Arbeitsmotivation). Untersuchungen über die Struktur der betrieblichen Altersvorsorge von amerikanischen Arbeitnehmern („defined contribution pension plans“) zeigen jedoch eine erhebliche Schieflage in der Risikostruktur der entsprechenden Fonds: Zwischen 32 und 42% des angesparten Vermögens sind in Aktien des eigenen Arbeitgebers angelegt – ein Anteil, der „too large to be consistent with reasonable diversification“ ist (HUBERMAN, 1998, S. 16). Zwar wirken die Unternehmen mit diversen finanziellen Anreizen darauf hin, daß ihre Angestellten ihre Pensionsbeiträge in unternehmenseigenen Aktien anlegen, was eine Übergewichtung in dieser Größenordnung aber nicht rechtfertigt. Aber auch unabhängig von solchen finanziellen Anreizen bestehen für den Arbeitnehmer anscheinend gute Gründe, seine Altersversorgung in starkem Maße von der wirtschaftliche Zukunft seines derzeitigen Arbeitgebers abhängig zu machen: Die Aktien der eigenen Firma werden als eine weniger riskante Geldanlage angesehen als ein breitgestreuter Aktien- oder Investmentfond (DRISCOLL et al., 1995). Im Einzelfall mag ein solcher Optimismus ja gerechtfertigt sein; als Ergebnis einer

---

[29] Diese Werte sind arithmetische Mittelwerte. Die entsprechenden Median-Werte betragen 8.727 bzw. 13.447 Dollar (HUBERMAN, 1998, S. 12). – Angegeben sind jeweils durchschnittliche Werte der entsprechenden Aktienkonten. Diese Zahlen beziehen sich nur auf die Besitzer solcher Aktien, der durchschnittliche Aktienbesitz pro Einwohner ist natürlich geringer.

[30] Da das Geldvermögen in den USA extrem linkssteil verteilt ist, ist der Median aussagekräftiger als das arithmetische Mittel.

Befragung einer großen Zufallsstichprobe von Arbeitnehmern ist dieser Optimismus hinsichtlich der eigenen Firma allerdings hoch ausgeprägt.

Hohe kognitive Verfügbarkeit spielt auch bei einem verwandten Phänomen eine Rolle: Es gibt Hinweise darauf, daß sich die regionale Verteilung des Aktienbesitzes in der Nähe der jeweiligen Firmensitze und größerer Produktionsstätten konzentriert. Ein Teil dieses Effektes resultiert natürlich aus der eben beschriebenen Neigung von Angestellten, die Aktien der eigenen Firma zu bevorzugen. Damit allein dürfte sich aber nur schwer erklären lassen, daß in dem Bundesstaat, in dem Coca-Cola seine Zentralverwaltung hat (Georgia), allein 16% des gesamten Aktienvermögens von Coca-Cola konzentriert sind, der Großteil davon in Atlanta, dem Sitz der Firma. Die hohe Salienz der Firma in Form von dort arbeitenden Verwandten und Freunden, die hohe optische Präsenz im Stadtbild, der hohe Stellenwert in der täglichen Berichterstattung in Zeitungen und im Fernsehen, verbunden mit der fast lebenslangen Vertrautheit mit dem Produkt ließ vermutlich auch sehr viele nicht bei Coca-Cola beschäftigte Einwohner Atlantas zu Coca-Cola-Aktionären werden. Bei vielen von diesen wird diese Aktie einen hohen, zum Teil sogar dominierenden Anteil am Wertpapierbestand haben. Ähnliche räumliche Konzentrationen des Aktienbesitzes – auch bei den Nicht-Angestellten – dürften sich auch für andere amerikanische Firmen und in anderen Ländern zeigen (obwohl systematische Untersuchungen hierzu noch fehlen). Auf individueller Ebene manifestiert sich dieser Effekt in einer Übergewichtung der wohnortnahen Aktiengesellschaften und damit wiederum in einer unzureichenden Diversifizierung. Auch in diesem Fall ist weniger die *Art* (ein Getränkehersteller vs. ein anderer) als der zu hohe *Anteil* einer bestimmten Aktie das Problem.

Wie kann die Bevorzugung bekannter und räumlich nahegelegener Aktiengesellschaften im Portfolio und die Konzentration auf Aktien der eigenen Firma in der Altersvorsorge mittels der Verfügbarkeitsheuristik erklärt werden? Der prospektive Aktienkäufer erwartet sich vom Kauf der Aktie eine Kurssteigerung (Zielzustand). Stehen zwei Firmen mit ähnlicher Marktstellung, Ertragskraft und Ertragsaussichten zur Auswahl, wovon eine ihm persönlich als Konsument oder Arbeitnehmer vertraut ist und die andere ihm nur den Namen nach bekannt ist, so wird er nach Hinweisreizen suchen, die die beiden Anlagealternativen hinsichtlich ihrer Erfolgsaussichten differenzieren. Konkrete Erfahrungen mit der hohen Produkt- und Dienstleistungsqualität der ihm bekannten Gesellschaft dienen als Ausgangspunkte für die – oft unwillkürliche – Konstruktion mentaler Szenarios („Mein neues ISDN-Telefon hat eine phantastische Übertragungsqualität, auch mein Nachbar war davon völlig überrascht und wollte sich gleich eins bestellen. Wenn sich das 'rumspricht, werden die einen riesigen Verkaufserfolg mit ihrem neuen Telefon haben..."), die leicht bis zum Zielzustand (Kurssteigerung der Aktien dieser Telefongesellschaft) fortentwickelt werden können. Je mehr dieser konkreten positiven Erfahrungen (Freundlichkeit der Servicemitarbeiter, prompte Reaktion bei Störungen, detaillierter Zeitungsbericht über geplante Neueinstellungen) vorliegen, desto mehr dieser Szenarios werden konstruiert. Verstärkt wird dieser Effekt eventuell noch durch bei diesem Unternehmen beschäftigte Freunde und Bekannte, die über neue technische Vorhaben sowie über die hohe Einsatzbereitschaft der Mitarbeiter lebhaft und anschaulich berichten. Neben der leichten Konstruierbarkeit und der Vielzahl solcher Szenarios dürfte deren Konvergenz auf ein und denselben Zielzustand (Kurssteigerung) eine wesentliche Bestimmungsgröße der subjektiven Wahrscheinlichkeit dieses Ereignisses sein. Bezüglich der nicht-vertrauten Gesellschaft können solche Szenarios nicht konstruiert werden, weil die konkreten Ausgangspunkte für diese subjektiven Kausalketten fehlen. Die ursprüngliche (nehmen wir an: moderat positive) Beurteilung der Chancen auf eine Kurssteigerung dieser Aktien wird nicht durch die Konstruktion von Szenarios verändert. Höhere „Vertrautheit" (der Begriff steht in Anführungszeichen, weil die Einschätzung des Unternehmens sich ja nicht auf normativ relevante Informationen wie aussagekräftige Kundenbefragungen, Markt- und Finanzanalysen gründet) mit einem Unternehmen führt via Szenariokonstruktion also zu einer Erhöhung der subjektiven Erfolgsaussichten für dieses Unternehmen und damit zu einer Präferenz für dessen Aktien.

Den umgekehrten Effekt dürften negative persönliche Erfahrungen mit den Produkten und Dienstleistungen eines Unternehmens haben. In diesem Fall werden die persönlichen Einzelerfahrungen zu Negativ-Szenarios fortentwickelt, die die subjektiven Erfolgsaussichten für das Unternehmen senken, was ceteris paribus für den Erwerb der Aktien des nicht-vertrauten Unternehmens den Ausschlag geben sollte. Persönliche Vertrautheit wirkt also polarisierend: Sowohl negative wie positive Einzelerfahrungen werden durch die Konstruktion von Szenarien der Unternehmensentwicklung in die Zukunft extrapoliert und dadurch generalisiert. Durch diese Generalisierung von Einzelerfahrungen werden schließlich die subjektiven Ertragsaussichten der vertrauten Anlagealternative beeinflußt – nicht aber die der nicht-vertrauten Anlagealternative.

Kognitive Verfügbarkeit, hier in der Form regionaler Vertrautheit und leichter Konstruierbarkeit positiver Unternehmsszenarien, führt nicht nur bei privaten Geldanlegern zu einer unnötigen Risikoakkumulation, sondern auch bei professionellen Investoren. Seit einigen Jahren wird in der finanzwirtschaftlichen Literatur der sog. „Home-Country-Bias" diskutiert (s. z.B. FRENCH & PORTERBA, 1991), also die Tendenz, bei der Anlage von Vermögenswerten zu sehr das Heimatland des Investors und zu wenig die ausländischen Finanzplätze zu berücksichtigen. Bisher ist es nicht gelungen, dieses Investitionsmuster in Einklang mit der Portfoliotheorie zu bringen. Naheliegende Erklärungen, wie etwa Transaktionskosten oder Informationsdefizite des Investors bezüglich der ausländischen Finanzmärkte, lassen sich bei näherer Betrachtung nicht halten (HUBERMAN, 1998, S. 21). Selbst *innerhalb* eines Landes bevorzugen professionelle Investoren Firmen aus der näheren Umgebung (COVAL & MOSKOWITZ, 1996). Auch hierfür sind Informationsasymmetrien entgegen dem ersten Anschein keine hinreichende Erklärung.

Wir haben gesehen, daß bei Investitionsentscheidungen die kognitive Verfügbarkeit der Anlagealternativen eine wichtige und den Interessen der Geldanleger häufig abträgliche Rolle spielt: Durch eine intensive Werbekampagne kann es gelingen, die Anzahl der Aktienbesitzer auch in einem Land mit einer seit Jahrzehnten eher aktienfeindlichen Finanzmentalität erheblich zu erhöhen. Eine Voraussetzung für den Erfolg einer solchen Werbekampagne scheint allerdings zu sein, daß die prospektiven Aktienkäufer sich eine konkrete und lebhafte Vorstellung vom Geschäft des Unternehmens machen können. Die leichte Vorstellbarkeit des Geschäftsverlaufs beim Laien verbessert zwar nicht die Gewinnaussichten eines Unternehmens, dafür aber seine Präsenz im Wertpapierbestand solcher Geldanleger. Angestellte neigen dazu, einen zu großen Teil ihrer Altersversorgung in den Aktien ihres eigenen Arbeitgebers anzulegen. Telefonkunden haben eine Vorliebe für die Aktien ihrer lokalen Telefongesellschaft, nicht für die mit den besten Gewinnaussichten, und investieren erhebliche Vermögensanteile in diese eine Gesellschaft. Private und professionelle Geldanleger legen ihr Geld lieber heimatnah an, obwohl eine breitere regionale Streuung – national wie international – risikoärmer wäre.

Diese Tendenz, bevorzugt in vertraute und bekannte Anlagemöglichkeiten zu investieren („investment in the familiar"), wird neuerdings auch als eine Erklärung des „Equity-Premium-Puzzle" erwogen. Viele Aktienmärkte haben – gemessen an weniger risikoreichen Geldanlagen wie Staatsanleihen und festverzinslichen Wertpapieren – übermäßig hohe Renditen, die sich nicht mehr als reine Risikoprämien interpretieren lassen (MEHRA & PRESCOTT, 1985; SIEGEL & THALER, 1997). Diese Überschußrenditen können im Rahmen der skizzierten Überlegungen gedeutet werden als den Anreiz, der Investoren dazu bringt, ihre Abneigung gegenüber weniger vertrauten Anlageformen wie Aktien (und Aktien sind aus der Perspektive des durchschnittlichen Investors betrachtet die weniger vertrauten Anlagemöglichkeiten) zu überwinden (HUBERMAN, 1998). Man beachte, daß in dieser Interpretation die Überschußrenditen nicht die höhere Volatilität von Aktien kompensieren – diese wird durch die nach dem CAPM „angemessene" (und gegenüber weniger volatilen Papieren deutlich höheren) Renditen kompensiert – sondern daß die Überschußrenditen dem notwendigen Anreiz für das „investment in the unfamiliar" entsprechen. (Eine Alternativerklärung des Equity-Premium-Puzzle wäre die sog. kurzsichtige Verlustaversion – vgl. BERNARTZI & THALER, 1995.)

Private Geldanleger mag es auf den ersten Blick beruhigen, daß, wie wir gesehen haben, auch das Handeln von professionellen Investoren nicht frei von verzerrenden kognitiven Verfügbarkeitseffekten ist. Auf den zweiten Blick ist eben dieser Befund aber eher beunruhigend, denn schließlich ist es ein Teil ihres Geldes, daß auf diese Weise unter dem Gesichtspunkt der Risikostreuung unzureichend diversifiziert angelegt wird.

5.5 Diskussion

Herbert SIMON plädiert seit nunmehr vierzig Jahren vehement für ein realistischeres Menschenbild in der Ökonomie (siehe z.B. SIMON, 1957; 1979). In seinem schließlich mit dem Nobelpreis gewürdigten Konzept der „begrenzten Rationalität" trägt er der psychologischen Tatsache Rechnung, daß der Mensch über ein begrenztes Wahrnehmungsvermögen sowie über eine begrenzte Gedächtnis- und Informationsverarbeitungskapazität verfügt und damit weit entfernt ist vom Modell des ökonomischen Akteurs als einer fehlerfrei arbeitenden nutzenmaximierenden Informationsverarbeitungsmaschine; dieses Modell ist die – meist implizite, selten explizite – Grundannahme der meisten ökonomischen Theorien. Nach SIMON werden von Individuen und Organisationen bei ökonomischen Entscheidungen typischerweise nur sehr wenige (und nicht alle denkbaren) Alternativen erwogen; diese werden nur anhand weniger (und nicht anhand aller relevanten) Merkmale beurteilt; deren Vor- und Nachteile werden meist nur grob abgeschätzt (und nicht mathematisch exakt berechnet); und schließlich wird der Entscheidungsprozeß in aller Regel dann abgebrochen, wenn eine hinsichtlich Kosten und Nutzen befriedigende Alternative gefunden wurde (statt systematisch nach der optimalen Alternative zu suchen – „satisficing" statt „optimizing"). Die hier beschriebenen Urteilsheuristiken können verstanden werden als Ergänzungen und Spezifizierungen des SIMON'schen Konzepts der begrenzten Rationalität. Die Analyse heuristischer Urteilsstrategien hat nicht nur gezeigt, *daß* unser Urteils- und Entscheidungsverhalten in wesentlichen Punkten von den idealisierenden Annahmen des *homo oeconomicus* abweicht; sie hat darüber hinaus gezeigt, *wie* diese Abweichungen zustandekommen und in welcher *Richtung* sie liegen.

Am Beispiel der Verankerungs- und Anpassungsheuristik haben wir gesehen, daß wir uns bei der Schätzung unbekannter Größen leicht von irrelevanten Ankerwerten leiten lassen. Dabei spielt es keine Rolle, ob die Ankerwerte einen engen sachlogischen oder zeitlichen Bezug zum Schätzurteil haben (explizite Verankerung) oder nicht (implizite Verankerung) oder wie deutlich die Willkürlichkeit und damit die normative Irrelevanz des Ankerwerts für das Schätzurteil herausgestrichen wird. Die Ankerheuristik kann auch die Wahrscheinlichkeitsschätzung von komplexen Ereignissen beeinflussen, die besonders bei wichtigen und langfristig wirksamen finanziellen Entscheidungen eine bedeutsame Rolle spielt. Bei vielen finanziellen Entscheidungen ist es ferner wichtig, die künftigen Schwankungsbreiten von Devisenkursen, Aktienkursen oder Zinssätzen einigermaßen richtig einschätzen zu können. Wie unsere Befunde zeigen, werden diese Schwankungsbreiten häufig zu eng eingeschätzt. Die sich darin manifestierende übersteigerte Urteilssicherheit läßt sich ebenfalls mit der Verankerungs- und Anpassungsheuristitk erklären.

Spezifiziert wird das Konzept der begrenzten Rationalität auch durch den Wirkungsmechanismus der kognitiven Verfügbarkeit. Klassengrößen und Ereigniswahrscheinlichkeiten werden u.a. danach eingeschätzt, wie leicht man sich entsprechende Beispiele und Szenarien zu Bewußtsein bringen kann. Deren kognitive Verfügbarkeit hängt allerdings von einer Reihe von Faktoren ab, die mit ihrer tatsächlichen Auftretenshäufigkeit bzw. Eintrittswahrscheinlichkeit nichts zu tun haben: Die eigene Erfahrung kann eine in vielfacher Weise nicht-repräsentative Ereignisstichprobe darstellen; Aufmerksamkeit, zeitliche und örtliche Nähe, Salienz, Lebhaftigkeit und Vertrautheit beeinflussen stark die Speicherung und Erinnerung von Ereignissen; und schließlich wird die subjektive Wahrscheinlichkeit künftiger singulärer Ereignisse davon beeinflußt, wie leicht entsprechende Szenarien mental konstruiert werden können, die zu diesem Ereignis führen. An einer Reihe von Beispielen von fiktiven und realen Geldanlageentscheidungen haben wir erörtert, wie diese drei Spielarten der kognitiven Verfügbarkeit die Qualität dieser Entscheidungen beeinträchtigen können. Die praktische Relevanz dieser Form von begrenzter Rationalität zeigte sich unter anderem darin, daß scheinbare Vertrautheit mit bestimmten Anlagealternativen zu einer unangemessenen Risikoakkumulation im Wertpapierbestand führen kann – und in nicht unbeträchtlichem Ausmaß bereits geführt hat.

Unter theoretischem Gesichtspunkt erscheinen uns fünf Ergebnisse bemerkenswert. Erstens ist es nicht so, wie von Ökonomen häufig behauptet, daß die mit heuristischen Urteilsstrategien gelegentlich verbundenen Abweichungen von den Rationalitätspostulaten der Ökonomie nur auf *unzureichende Anreize* für rationales Verhalten zurückgehen. Geldanreize, auch extrem hohe (siehe z.B. SELTEN & NAGEL, 1998), eliminieren diese Urteilsverzerrungen nicht, reduzieren sie nur selten, lassen sie meist unverändert und verstärken sie gelegentlich sogar (GRETHER & PLOTT, 1979). Das verwundert insofern nicht, als die Urteilsheuristiken kognitive Prozesse mit einem starken Grad an Automatizität und mithin geringer Kontrollierbarkeit darstellen. Motivationale Anreize ändern am Ablauf solcher Prozesse wenig.

Zweitens treten Urteilsverzerrungen nicht nur bei Laien, sondern auch bei Experten für den jeweiligen Urteilsgegenstand auf. Der *Expertisegrad der Probanden* spielt also ebenfalls nicht die ausschlaggebende Rolle. Auch dieser Befund unterstreicht die hohe automatische Komponente der beschriebenen kognitiven Prozesse. Experten sollten Urteilsverzerrungen nur dann nicht unterliegen, wenn die intuitiven Urteilsstrategien durch Ausbildung und Training explizit durch aufwendigere formalisierte Entscheidungsverfahren ersetzt worden sind. Nach bisherigen Forschungsbefunden nutzt die abstrakte Vermittlung der den Heuristiken zugrundeliegenden Urteilsprinzipien wenig; nur ein für das jeweilige Expertisegebiet spezifisches und intensives Training hat die Chance, langfristig Bias-reduzierend zu wirken.

Drittens unterstützen unsere Befunde nicht die neuerdings gelegentlich vertretene These, daß es sich bei den von KAHNEMAN und TVERSKY beschriebenen Urteilsverzerrungen eher um *experimentelle Artefakte* als um robuste und ökologisch valide Phänomene handele (GIGERENZER, 1996). Für die hohe Robustheit sprechen die bereits erwähnte Stabilität der Biases gegenüber finanziellen Anreizen für normativ korrekte Urteile und die Tatsache, daß sie auch in Expertenurteilen auftreten. Der Vorwurf, daß es sich um experimentelle Artefakte handele, gründet sich im wesentlichen auf die Behauptung, daß die Urteilsverzerrungen dann verschwinden, wenn in den Versuchsinstruktionen anstelle von Wahrscheinlichkeiten relative Häufigkeiten verwendet werden, weil „Häufigkeit" das für die Probanden „natürlichere" Konzept sei. Zu diesem für GIGERENZERS Polemik gegenüber den Arbeiten von KAHNEMAN und TVERSKY zentralen Argument ist zu sagen, daß (1) der Unterschied zwischen Häufigkeits- und Wahrscheinlichkeitsinstruktionen, der in manchen Experimenten beobachtet wird, seit langem bekannt ist (TVERSKY und KAHNEMAN selbst haben ihn erstmals (1983) berichtet und theoretisch interpretiert); daß (2) die Urteilsverzerrungen durch Häufigkeits-Instruktionen nicht verschwinden, sondern bestenfalls reduziert werden; daß (3) viele Urteilsverzerrungen auch bei Häufigkeits-Instruktionen auftreten (STEPHAN, 1992; KAHNEMAN & TVERSKY, 1996; KIELL und STEPHAN, 1997; BETSCH et al., 1998); und daß (4) der Umgang mit Wahrscheinlichkeiten – trotz philosophischer Diskussionen auch der mit subjektiven Wahrscheinlichkeiten für singuläre Ereignisse – für viele Probanden ebenso selbstverständlich und „natürlich" wie der Umgang mit Häufigkeiten für frequentistische Ereignisse sein dürfte.

Was viertens die These von der vermeintlich fehlenden *ökologischen Validität* der laborexperimentellen Befunde angeht, so dürften ihrzufolge Urteilsverzerrungen außerhalb des Labors nicht beobachtet werden – und schon gar nicht sich darauf gründende tatsächliche Entscheidungen im Finanzbereich von zT. erheblicher Bedeutung für das Individuum. Die berichteten Ankereffekte bei der Taxierung von Häusern durch professionelle Immobilienmakler, der überwältigende Erfolg der Werbekampagne für die Telekom-Aktien bei den traditionell aktienfeindlich eingestellten deutschen Kleinanlegern, die Übergewichtung lokaler Telefongesellschaften in amerikanischen Aktienportfolios und die übermäßige Konzentration auf Aktien des eigenen Arbeitgebers in der betrieblichen Altersvorsorge sprechen klar gegen die These von der fehlenden externen Validität der laborexperimentellen Befunde der Bias-Forschung.

Fünftens stellen diese Befunde für die *Ökonomie* eine weitere Herausforderung[31] dar, den Anspruch deskriptiver Adäquatheit ihrer Theorien zumindest auf der Makroebene einzulösen. Wenn sich *auf hoher Aggregatebene Abweichungen vom ökonomischen Modell* eines Marktes zeigen, dann sind die individuellen Abweichungen offensichtlich nicht unsystematisch, zufallsbedingt, sich wechselseitig neutralisierend und damit irrelevant für die ökonomische Modellbildung, sondern sie wirken in die gleiche Richtung und formen damit eben jene „pervasive market forces that should be our [‚the economists'] principal concern" – womit ein prominenter Anwalt der reinen ökonomischen Lehre noch vor wenigen Jahren seine Skepsis gegenüber dem verhaltenswissenschaftlichen Ansatz in der Ökonomie begründet hat (MILLER, 1986, S. 283). Die Konzentration der Ökonomie auf solche marktbestimmenden Kräfte ist durchaus legitim. Allerdings häuft sich, wie wir gesehen haben, die Evidenz dafür, daß der verhaltenswissenschaftliche Ansatz – hier konkretisiert durch die Psychologie der Urteilsheuristiken – zur Erklärung dieser marktbestimmenden Kräfte einen substantiellen Beitrag leisten kann.

---

[31] Neben einer Reihe schon länger bekannter Anomalien: Zusammenfassend siehe THALER, 1992; 1993.

6. Kapitel

Motivation und Risikoneigung privater Geldanleger - Millers Ratten statt Skinners Tauben? -

Horst Müller-Peters

psychonomics – Gesellschaft für wirtschaftspsychologische Forschung und Beratung

Zur Beschreibung der Anlagestrategien von Aktionären, insbesondere der dabei oft beobachteten Überschätzung der eigenen Vorhersagen und Vorhersageregeln, wird in der Literatur gerne auf ein Bild aus SKINNERS klassischen Taubenexperimenten zurückgegriffen (SLOVIC, 1972; MAITAL u.a., 1986; FREY & STAHLBERG, 1990):

> „In einem klassischen Experiment fütterte SKINNER Tauben in kurzen, zufallsbestimmten Intervallen. Dies führte zu abergläubischen Handlungen. Welches Verhalten die Tauben auch immer vor der Fütterung zeigten – z.B. mit den Augen zu zwinkern – es wurde durch das Futter verstärkt. So zwinkerten sie stärker ... Skinner schuf einen ganzen Käfig voller sich erratisch verhaltener Tauben, jede von ihnen davon überzeugt, daß ihr Hüpfen, Knicksen oder Zwinkern der Grund für das Futter war – obwohl keinerlei kausale Verbindung zwischen Verhalten und Futter bestand. Die Parallele mit einer Aktienbörse voller Chartisten, Contrairians und anderen, deren Aktionen alle von Zeit zu Zeit verstärkt werden und die sich des Funktionierens ihrer jeweiligen Methode äußerst sicher sind, liegt auf der Hand. Operantes Konditionieren – der Lernprozeß, daß gewisse Reaktionen auf einen Stimulus und die Konsequenzen auf diese Reaktionen miteinander verbunden sind – ist eine hilfreiche Grundlage, um anscheinend irrationales Verhalten in unsicheren Märkten zu verstehen." (Übersetzt nach MAITAL u.a. 1986, S. 281)

Die Handelnden unterliegen danach einer Kontrollillusion. Sie überschätzen ihre eigene Voraussicht, und überschätzen damit zugleich ihre Chancen bzw. unterschätzen ihre Verlustwahrscheinlichkeiten an der Börse.

Nicht nur für „Profis", sondern auch für manchen Privatanleger mag diese Analogie zutreffen. Betrachtet man aber die Gesamtheit der privaten Anleger, scheint nicht Kontrollüberschätzung (mit einer daraus resultierenden höheren Bereitschaft, Risiken einzugehen), sondern strikte Risikomeidung kennzeichnend zu sein. Gerade in

Deutschland stellen Aktionäre eine kleine Minderheit dar, und selbst unter vermögenden Investoren spielen Aktien und andere börsengehandelte Wertpapiere nur eine Nebenrolle. Der von viel Werbung und öffentlicher Diskussion begleitete Börsengang bekannter Unternehmen (Boss, Lufthansa, vor allem aber Deutsche Telekom) sowie das „Kursfeuerwerk“ in der zweiten Hälfte der 90er Jahre mit anscheinend fast unerschöpflicher Kursphantasie („Dax 10.000“ titelte die Wirtschaftswoche in Heft 16 /1998 ihre Coverstory – bei einem Daxstand von ca. 5.300 zum Erscheinungsdatum) erhöhten zwar das Interesse an privatem Aktienbesitz. Von „Deutschland im Aktien-Fieber“ (Titelthema der Zeitschrift Stern, Heft 14, 1998) kann dennoch keine Rede sein, wie aktuelle Umfragedaten belegen (s.u.). Oder – um einen Bankvorstand unter Berufung auf Umfrageergebnisse zu zitieren: "Immer noch glauben mehr Deutsche an die Existenz von UFOs als daran, daß Aktien eine gute Form der Altersvorsorge seien." Ganz im Gegensatz übrigens zur USA – zumindest was die Einschätzung der Aktien betrifft.

Ziel dieses Beitrages ist es daher, der Frage nachzugehen, was Anleger überhaupt dazu bringt, an der Börse in Erscheinung zu treten, und was die überwiegende Mehrheit der Investoren davon abhält, sich in volatilen Anlageformen zu engagieren. Die Kenntnis der Motivation privaten Aktienbesitzes kann dann nicht nur dazu beitragen, mehr private Investoren an börsennotierte Wertpapiere heranzuführen, sondern auch helfen, die Reaktionsweisen privater Anleger an der Börse besser zu verstehen und vorherzusehen. Denn trotz des mit ca. 15% recht geringen Anteils direkten Privatbesitzes am gesamten Aktienkapital (Quelle: IW, 1998) spielt dieser – und darunter gerade der von Kleinanlegern gehaltene Teil – eine erhebliche Rolle für das Börsengeschehen, zumal ein großer Anteil des übrigen Kapitals in Festbesitz liegt und damit dem Marktgeschehen weitgehend entzogen bleibt (vgl. OEHLER, MESEL, 1990; FRITSCH, 1991).

6.1 Aktienanlage: Diskrepanz zwischen Empfehlung und Verhalten

Ihren finanztechnischen Merkmalen nach wird die Aktie in Presse und Literatur meist als vergleichsweise attraktive Form der Geldanlage dargestellt. Von allen weiter verbreiteten Anlageformen zeige sie – so das Ergebnis einer Reihe langfristiger Vergleiche – die höchste Rendite (vgl. BREALEY & MYERS, 1991, für den deutschen Aktienmarkt s. z.B. Wirtschaftswoche, Nr. 7, 1993). In der Literatur wird diese Renditedifferenz durch die Begriffe „Risikoprämie“ oder „Marktpreis für Risiko“ bezeichnet, was zugleich die vorherrschende Auffassung des Entscheidungsproblems spiegelt. Der meist risikoaverse Anleger wägt demnach ab zwischen Risiko und Rendite und ist ab einer gewissen „Prämie“ bereit, das jeweilige Risiko einzugehen. Zugleich zeigt die Portfoliotheorie von MARKOWITZ (1959), wie durch effiziente Diversifikation innerhalb eines Portefeuilles der Risikograd – bei gleichbleibender erwarteter Rendite – zu minimieren ist. Auf Basis dieses rational-normativen Entscheidungsmodells entwickelte sich auch die moderne Kapitalmarkttheorie, die Gleichgewichtspreise auf Kapitalmärkten durch das (systematische) Risiko und die Risikopräferenz der Anleger erklärt und vorhersagt (SHARPE, 1970).

Schließlich sind Aktien – als sachwertgebundene Anlagen – weniger inflationsgefährdet als geldwertbezogene Papiere (wie Anleihen). Die Risikorelation zwischen Aktien und festverzinslichen Wertpapieren stellt sich also in der Regel nicht so klar da, wie es scheint. Entsprechend wird Aktien aus normativer Sicht auch eine bedeutende Rolle in der Portfoliozusammensetzung zugesprochen (BÜSCHGEN, 1986; RUDA, 1988). Je nach Anlagebetrag, Zinsniveau und Präferenzen des Anlegers wird meist ein Aktienanteil am Anlagevermögen von ca. 20 bis 60% vorgeschlagen (vgl. z.B. RUDA, 1988; Capital, Heft 1 / 1995)

Aus normativer Sicht kommt Aktien also durchaus eine hohe Bedeutung für die private Kapitalanlage zu. Eine Beschreibung des Anlageverhaltens zeigt aber ein anderes Bild:

- Das Anlagerisiko wird von den meisten Anlegern mit Kursschwankungen gleichgesetzt. (Inflations-Risiken) geldwertgebundener Anlageformen werden vielfach vernachlässigt (BOEHME, 1961; WISWEDE, 1995). Dies scheint zumindest für Anlagen in inländischer Währung zu gelten, und solange die Inflation langfristig unterhalb bestimmter Schwellenwerte liegt, ab denen Inflationsrisiken erst verstärkt ins Bewußtsein dringen. (Die deutschen Anleger konnten während der letzten 50 Jahre eine entsprechende positive Lernerfahrung machen. Abzuwarten bleibt aber, inwieweit die Ablösung der D-Mark durch eine einheitliche europäischen Währung auch Geldwertrisiken wieder vermehrt ins Bewußtsein der Anleger bringt.)
- Eine Diversifikation im Sinne der Portfolio-Theorie bleibt weitgehend aus. Es erfolgt allenfalls eine Streuung über verschiedene Aktien, nach dem „Nicht-alle-Eier-in-einen-Korb-Prinzip". Korrelationen zwischen den Kursen werden aber in der Regel vernachlässigt (BLUME & FRIEND, 1975; KROLL, LEVY & RAPAPORT, 1988; WEBER & CAMERER, 1992). Statt nach der Entwicklung des Gesamtportefeuilles scheinen Anleger ihren Erfolg stärker nach dem Erfolg der einzelnen Positionen zu beurteilen, es findet im Sinne eines „mental accounting" (THALER, 1979) eine isolierte Bewertung einzelner Anlagepositionen statt. Ferner wird übermäßig stark in bekannte und „vertraute" Papiere investiert, und es erfolgt keine angemessene geographische Diversifikation der Aktien (vgl. STEPHAN in diesem Band).
- Die Einstellungen gegenüber Aktien und anderen als riskant wahrgenommenen Anlageformen sind überwiegend negativ (ADELT, MÜLLER & WISWEDE, 1994). Fast zwei Drittel aller Anleger gaben in einer repräsentativen Befragung (s.u.) an, sie seien nicht bereit, für höhere Rendite auch Risiken einzugehen. Ein annähernd identischer Anteil von Anlegern lehnt riskante Anlageformen grundsätzlich ab und würde selbst einen hohen frei verfügbaren Geldbetrag ausschließlich „sicher" investieren (MÜLLER, 1995). Diese 1/3 – 2/3 – Einteilung in (begrenzt) risikobereite und strikt risikoscheue Anleger wird auch von Anlageberatern bestätigt (OEHLER, 1990). Die Dominanz der Sicherheitsorientierung ist im Zeitverlauf erstaunlich stabil. Während die Renditeorientierung deutscher Anleger in der Vergangenheit deutlich gestiegen ist, blieb die starke Fixierung auf Sicherheit bereits seit den sechziger Jahren weitestgehend konstant (EPPLE, 1991; ADELT, MÜLLER & WISWEDE, 1994; Spiegel-Verlag, 1996).
- Noch risikoscheuer als in ihren Einstellungen zeigen sich private Anleger aber in ihrem tatsächlichen Verhalten. Aktienbesitz findet sich – je nach Stichprobe und Bezugsgröße der herangezogenen Untersuchung – in nur ca. 7 bis maximal 14% aller Haushalte (vgl. z.B. FISCHER, 1991; Deutsche Bank Research, 1994; Spiegel-Verlag, 1996; psychonomics/Capital, 1998). Nach Angaben der deutschen Bundesbank betrug der Anteil von Aktien am Geldvermögen der privaten Haushalte 1996 nur knapp 6%. Der Anteil an der Neuanlage lag in den 70er und 80er Jahren mit ca. 1% sogar weit darunter , betrug 1996 jedoch immerhin 4,4% (Deutsche Bundesbank, 1997). Dieser Anstieg ist insbesondere auf den Börsengang der Telekom im Oktober 1996 zurückzuführen. Selbst im Anlageportfolio vermögender Haushalte nehmen Aktien nur eine nachrangige Stellung ein (GfK, 1989; MÜLLER, 1995; psychonomics/Capital, 1998).

- Auch wenn externe Faktoren, wie z.B. die genannten Neuemissionen oder das jeweilige Zinsniveau (als Maß für die „Opportunitätskosten" des Aktienbesitzes), erhebliche Schwankungen im privaten Aktieninteresse bewirken, belegen die Statistiken also nach wie vor eine starke Zurückhaltung der privaten Anleger gegenüber Aktien. Der Anteil der „Aktienmuffel" steigt sogar gegenüber den bekundeten Einstellungen auf der Verhaltensebene nochmals erheblich an. Lediglich Investmentfonds – aus Sicht der Anleger sozusagen die „Aktie light" – konnten in den letzten Jahren einen deutlichen Zufluß verzeichnen (s. Deutsche Bank Research, 1994; Spiegel-Verlag, 1996).

Insgeamt läßt sich also festhalten: Es besteht eine erhebliche Diskrepanz zwischen normativ-„rationaler" Empfehlung und dem tatsächlichen Verhalten privater Anleger. Der Versuch, breite Anlegerschichten an die Aktie und damit an die Börse heranzuführen, ist bisher mißlungen (s.a. Deutsche Bundesbank, 1989). Auch staatliche Programme zur Förderung des Aktienbesitzes zeigten in der Vergangenheit wenig Erfolg – inwieweit sich dies durch neuere Anreize wie z.B. die Vergünstigung in der Vermögenssteuer ändert, bleibt abzuwarten. Selbst die Anleger, die in Aktien investieren, entsprechen in den seltensten Fällen dem Bild des „rationalen Finanziers": Effiziente Diversifikation bleibt meist aus. Zudem sind die meisten privaten Aktiendepots eher durch geringe Streuung und lange Haltezeiten gekennzeichnet als durch eine breit ausgerichtete, aktive Anlagestrategie (vgl. ROSENSTIEL, 1990; FISCHER, 1991; FISCHER, KOOP & MÜLLER, 1993).

Interessant ist, daß anders als bei vielen anderen Anlageformen wie Prämiensparverträgen, Kapitallebensversicherungen, Bausparverträgen oder Immobilien der Besitz von Aktien weniger eine Frage des Alters, des Vermögens oder der aktuellen Lebenssituation ist, sondern viel stärker von Einstellungen, Präferenzen und Entscheidungsgewohnheiten des einzelnen Investors abhängt (STEPHAN u.a., 1993; MÜLLER, 1995; psychonomics/Capital, 1998). Zwar steigt der Aktienbesitz tendenziell mit Bildungsstand, Einkommen und Vermögen, insgesamt erklären diese Merkmale den Besitz oder Nicht-Besitz von Aktien jedoch nur zu einem sehr geringen Teil. Auch Alter und Geschlecht, sonst gerne zur Erklärung von Risikobereitschaft herangezogen, können kaum zwischen Aktienbesitzern und Nicht-Aktienbesitzern trennen, zumindest wenn ausschließlich Geldanleger mit einem gewissen Mindestanlagebetrag betrachtet werden. Zwar geben sich auch unter den vermögenderen Anlegern die jüngeren Männer besonders risikobereit. Im Risikograd des realisierten Portefeuilles schlägt sich dieser Unterschied in den Einstellungen aber weniger nieder (MÜLLER, 1995).

Die Frage, wer als Anleger an der Börse auftritt, ist demnach weniger durch die Lebensumstände als durch die Mentalität des Anlegers bestimmt. Das Engagement privater Anleger an der Börse ist also vor allem psychologisch und weniger rationalökonomisch oder allein durch die Vermögens- und Lebenssituation zu erklären.

6.2 Psychologische Erklärung des Anlegerverhaltens

Da die bisherige Literatur relativ wenig zur „Psychologie des Anlegers" hergibt, werden im folgenden psychologisch begründete Annahmen über die Entscheidung für oder gegen Aktien und andere volatile Anlageformen aufgestellt und soweit wie möglich auch empirisch geprüft.

Was motiviert – trotz der damit verbundenen Risiken – zum Engagement in Anlageformen wie Aktien, Fremdwährungsanleihen oder Optionsscheinen? Gewiß ist die erwartete Rendite ein wichtiges Argument – und bleibt im Rahmen der meisten Entscheidungs- und Kapitalmarktmodelle auch das einzige, das berücksichtigt wird. Anlageentscheidungen reduzieren sich danach auf das Abwägen zwischen Rendite und Risiko einer Anlageform. Diese Erklärung greift aber zu kurz. Risikoverhalten – und damit auch die Entscheidung für ein Engagement an der Börse – ist in einem wesentlich breiteren Umfeld zu sehen: „The factors that influence human risk taking range from psychophysics to society and from fear to fun. So too should the psychology of risk (LOPES, 1987, S. 292).“ Die geringe empirische Vorhersagekraft von Modellen, die unter mehr oder weniger enger Rationalitätsannahme einseitig den Risiko-Rendite-trade-off berücksichtigen (vgl. OEHLER, 1991; WEBER & CAMERER, 1992; STANLEY, 1994), spricht deutlich gegen die verkürzte Sicht der Kapitalmarkttheorie (selbst unter Berücksichtigung der Forderung nach einer sparsamen Modellbildung).

Risikoverhalten ist abhängig von der Person und der Situation, von Erfahrungen, Erwartungen, Gewohnheiten und Motiven. Eine dieser Komplexität gerecht werdende, integrative Theorie zum Risikoverhalten bieten bisher weder die Ökonomie noch die Psychologie (vgl. BROMILEY & CURLEY, 1992). Allerdings bietet die Literatur eine Anzahl von Ansatzpunkten, die besonders ergiebig zur Erklärung von Risikobereitschaft scheinen, und die im folgenden zur Erklärung risikobereiten Anlageverhaltens aufgegriffen werden.

Grundannahme der meisten Motivations-, Einstellungs- und Entscheidungstheorien ist, daß Verhalten oder zumindest Verhaltensintention mehr oder weniger direkt durch Anreize und Erwartungen über diese Anreize bestimmt wird. Die Frage nach der Anlegermotivation ist also die Frage nach **Erwartungen** und **Anreizen** aus Sicht der Anleger. In neueren Theorien wird darüber hinaus die Frage nach der Umsetzung von Motivation und Intention in Verhalten betont: Folgt unser Handeln willentlichen Prozessen (Volition); oder ist es vor allem durch Gewohnheiten, begrenzte Fähigkeiten und Einflüsse der Situation geprägt? Damit schließt sich die Frage an nach Entscheidungsstilen, Verhaltenskontrolle und Situationseinflüssen, die zwischen Intention und Verhalten stehen. Der deutliche Sprung zwischen Einstellungen zu volatilen Anlageformen und deren realer Verbreitung deuten bereits einen erheblichen Einfluß dieser Faktoren an.

Die folgende Abbildung verknüpft die u.E. wesentlichsten Einflußfaktoren zu einem Modell und gibt damit zugleich einen Überblick über die im weiteren behandelten Variablen.

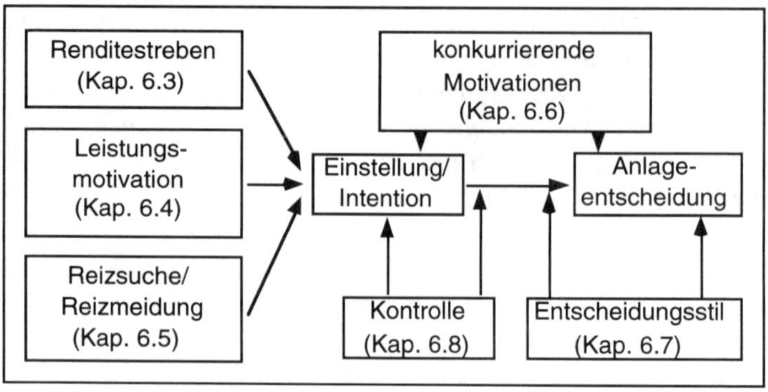

Abbildung 6-1: Ein Erklärungsmodell des Risikoverhaltens in der Kapitalanlage

Soweit empirische Analysen dargestellt werden, beruhen diese auf vier Erhebungen (die zum Teil durch Gruppendiskussionen und qualitative Interviews mit Anlegern vorbereitet wurden).

- **„Anlegerbefragung 1992"**: Eine repräsentative Befragung von 1.039 Personen in den alten Bundesländern, die in ihrem Haushalt jeweils über Geldangelegenheiten entscheiden oder an diesen Entscheidungen zumindest beteiligt sind. Aus dieser Erhebung, die 1992 mit Unterstützung der Gesellschaft zur Förderung der wissenschaftlichen Forschung über das Spar- und Girowesen e.V. durchgeführt wurde (s. ADELT, MÜLLER & WISWEDE, 1994), werden im folgenden nur die Daten derjenigen Befragten berücksichtigt, deren Geldvermögen über 20.000 DM beträgt (bzw. bei denen bei Verweigerung der Vermögensangaben andere Indikatoren auf ein entsprechendes Geldvermögen hinwiesen).
- **„Anlegerbefragung 1998"**: Dabei handelt es sich um eine repräsentative deutschlandweite Erhebung, die Anfang 1998 gemeinsam von psychonomics und der Zeitschrift Capital durchgeführt wurde (s. psychonomics/Capital, 1998). Befragt wurden 3.544 Personen, die in ihrem Haushalt jeweils über Geldangelegenheiten entscheiden oder an diesen Entscheidungen zumindest beteiligt sind. Auch hier werden jeweils wieder nur die „Geldanleger" berücksichtigt, also Personen mit einem Anlagevermögen von mindestens DM 20.000. Daraus resultiert eine Stichprobe von 472 Befragten.
- **„Aktionärsbefragung"**: „Intensiv" anlegende Aktionäre finden sich in repräsentativen Befragungen nur in verhältnismäßig geringer Zahl. Eine Informationsveranstaltung – die Düsseldorfer Aktienmesse – bot uns Gelegenheit, intensivere Interviews mit einer zwar nicht repräsentativen, aber dafür stärker mit Aktionären und Optionsscheinbesitzern besetzten Stichprobe durchzuführen (s. dazu auch MÜLLER, FISCHER & KOOP, 1993). Diese Gruppe kann als Extremgruppe angesehen werden und so wesentliche Ergebnisse in gewollt „überzeichneter" Form beitragen.
- **„Studentenbefragung"**: Um Zusammenhänge zwischen Persönlichkeit und Anlageverhalten zu überprüfen, wurden 1992 in zwei Teilstichproben mit insgesamt 164 Studenten (meist Wirtschaftsstudenten im Hauptstudium an der Universität zu Köln) allgemeine Persönlichkeitsmerkmale sowie Einstellungen zur Geldanlage erhoben.

6.3 Renditestreben

Als eigentlicher, extrinsischer Anreiz der Aktienanlage wird in der kapitalmarkttheoretischen Literatur vor allem die mögliche Rendite angeführt. Ausgangspunkt sind ökonomische oder psychologische Entscheidungstheorien, in deren Mittelpunkt seit BERNOULLIS Überlegungen zum Versicherungsverhalten der Verlauf der Nutzenkurve steht, also die Frage, welchem monetären Betrag welcher subjektive Nutzen beigemessen wird. BERNOULLI (1738/1967) unterstellte dabei einen monoton steigenden, aber konkaven Verlauf der Nutzenkurve. Das heißt also, der subjektive Nutzen nimmt mit steigendem Geldbetrag (Vermögen) zwar kontinuierlich zu, der zusätzliche Nutzen (Grenznutzen) jeder einzelnen Geldeinheit wird dabei aber immer geringer. Damit erklärt sich Risikoaversion durch den abnehmenden Grenznutzen monetärer Beträge. 100 DM mit einer Wahrscheinlichkeit von 100% ergeben z.B. einen höheren erwarteten Nutzen als eine 50-prozentige Aussicht auf 200 DM.

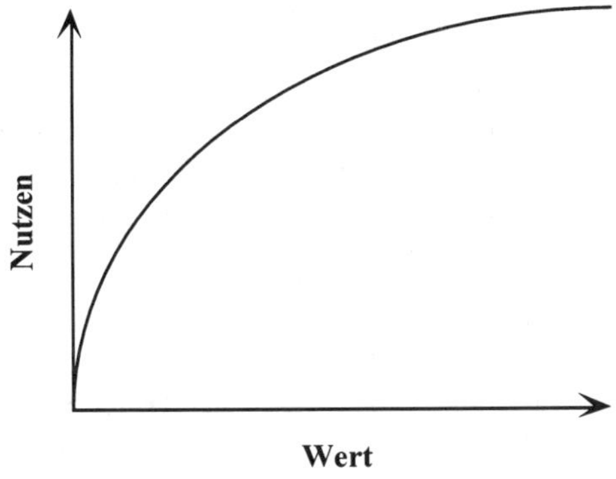

Abbildung 6-2: ***Verlauf der Nutzenfunktion nach BERNOULLI***

Seit Bernouilli wurden zahlreiche weitere „typische" Verläufe der Nutzenkurve vorgeschlagen, um auch Lotteriespiel und andere empirisch beobachtete Verhaltensweisen zu erklären (z.B. von FRIEDMAN & SAVAGE, 1948; MARKOWITZ, 1952; KAHNEMAN & TVERSKY, 1979; LOPES, 1993). In neuerer Zeit wurden dabei auch vermehrt psychologische Erkenntnisse in die Nutzenkurven integriert, um sie so der Entscheidungsrealität besser anzupassen. So unterstellt die Bewertungsfunktion der viel beachteten Prospect-Theorie von KAHNEMAN & TVERSKY (1979); TVERSKY & KAHNEMAN (1992) daß

- subjektive Bewertungen sich nicht auf einen absoluten Betrag (das gesamte Vermögen), sondern auf Änderungen von einem Referenzpunkt aus beziehen;
- sowohl bei positiven als auch bei negativen Abweichungen von diesem Referenzpunkt ein sinkender Grenznutzen besteht, d.h., die Nutzenkurve im Gewinnbereich konkav und im Verlustbereich konvex verläuft;
- Verluste höher gewichtet werden als Gewinne, d.h., die Nutzenkurve im Verlustbereich steiler verläuft.

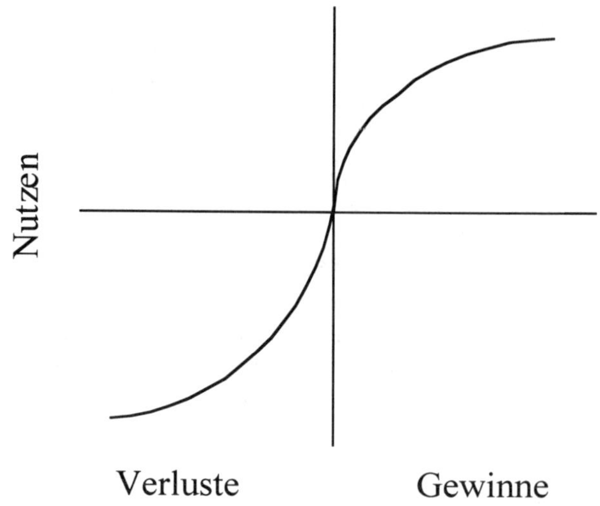

Abbildung 6-3: ***Verlauf der Bewertungsfunktion nach Kahneman & Tversky (1979)***

Danach läßt also sowohl bei Gewinnen als auch bei Verlusten der subjektiv zugemessene Nutzen einer zusätzlichen Geldeinheit mit zunehmender Höhe der Beträge nach. Jedoch „schmerzen" bei gleicher Höhe Verluste mehr, als Gewinne „erfreuen". Was aber als Gewinn, und was als Verlust angesehen wird, hängt ab vom zugrunde gelegten Referenzpunkt.

Auch Risikosuche oder -meidung wird somit abhängig vom Referenzpunkt. Im Gewinnbereich herrscht Risikoaversion vor, im Verlustbereich Risikosuche. Dabei können objektiv identische Entscheidungsprobleme oft so formuliert werden, daß die Ergebnisse im positiven Bereich liegen, oder so, daß die Ergebnisse im negativen Bereich liegen. Kahneman & Tversky (1984) konnten in zahlreichen Experimenten zeigen, daß solch ein unterschiedliches „Framing" ansonsten identischer Ergebnisse von Entscheidungen zu völlig unterschiedlichen Präferenzen führt.

Um ausgehend vom Renditestreben die Bereitschaft zum Eingehen von Anlagerisiken zu erklären, ist also ein Blick auf den Referenzpunkt sowie auf die wahrgenommenen Gewinn- und Verlustwahrscheinlichkeiten bei riskanter Geldanlage notwendig:

6.3.1 Referenzpunkt und Anspruchsanpassung

Referenzpunkte können sich auf den Status quo – in der Geldanlage gleich dem investierten Betrag – oder auf andere Vergleichsniveaus beziehen. Dies können z.B. sein (in Anlehnung an Yates & Stone, 1992):

- durchschnittliche Werte (z.B. die durchschnittliche Marktentwicklung)
- Erfahrungen (in der Vergangenheit persönlich erreichte Performance)
- konkrete Zielvorgaben (explizit formulierte, persönliche Renditeziele)
- Vergleichsniveaus für Alternativen (z.B. der Marktzinssatz für festverzinsliche Papiere).

Es ist offensichtlich, daß je nach Referenzpunkt unterschiedlich „ehrgeizige" Renditeziele verfolgt werden. Der typischste Referenzpunkt für den durchschnittlichen Anleger dürfte, zumindest nach unserem Eindruck aus zahlreichen qualitativen Interviews und Gruppendiskussionen mit Anlegern, der Status quo, also der eingesetzte Betrag sein. Opportunitätskosten im Sinne verpaßter Renditechancen scheinen dagegen eher vernachlässigt zu werden, und selbst die Inflation scheint bei der Bewertung von Anlageergebnissen kaum berücksichtigt zu werden. Dies begünstigt bei der dargestellten Bewertungsfunktion eine sicherheitsorientierte Anlagestrategie, während bei Verschiebung des Referenzpunktes in Richtung höherer Rendite eine höhere Risikoneigung resultiert. Ein solcher höherer Referenzpunkt – und damit ein höheres Anspruchsniveau an die zu erzielende Rendite – dürfte insbesondere für erfahrene und hoch involvierte Anleger kennzeichnend sein.

Das Wissen über die Anpassung des Referenzpunktes an Vergleichsstandards – oft die eigenen Erfahrungen – erklärt auch, warum monetäre Anreize kaum einer Sättigung unterliegen. Auf den Einkommensbereich bezogen, konnte gezeigt werden, daß die Ansprüche mit der Entwicklung zumindest Schritt halten, wenn sie ihr nicht sogar vorauseilen (CENTERS & CANTRIL, 1946; WACHTEL & BLATT, 1990). BRICKMAN & CAMPBELL (1971) vermuten gar für fast jede Art objektiver Verbesserung eine kurzfristige Anspruchsanpassung, was sie anschaulich als „hedonistische Tretmühle" umschreiben.

6.3.2 Gewinn- und Verlusterwartung

Wie nehmen Anleger Gewinn- und Verlustwahrscheinlichkeiten wahr? Zur Bildung von Erwartungen an der Börse – vor allem in Bezug auf einzelne Aktienkurse – haben FREY & STAHLBERG (1990) bereits eine umfassende Übersicht beigetragen, so daß hier lediglich auf die grundsätzliche Frage eingegangen wird: Werden die Erfolgsaussichten eher über- oder unterschätzt, oder herrscht eine realistische Einschätzung vor?

Aus der Psychologie sind dazu eine Reihe von Regelmäßigkeiten in der Wahrnehmung bekannt, die auch für die Anlageentscheidung von erheblicher Bedeutung sein können:

- Wir neigen zu einer **Untergewichtung mittlerer und hoher Wahrscheinlichkeiten** (KAHNEMAN & TVERSKY, 1979, 1984; LICHTENSTEIN, FISCHHOFF & PHILIPS, 1982). Dies führt im Falle von Gewinnerwartungen eher zu einer Unterschätzung der Renditeaussichten. D. h., eine Erfolgswahrscheinlichkeit von 50% oder auch 80% wird in einer Entscheidung im Vergleich zu einem sicheren Ereignis meist untergewichtet.
- Wir neigen zu einer **Überschätzung der Vorhersagbarkeit und Kontrollierbarkeit von Ereignissen** (SLOVIC, 1972; LANGER, 1975), was eher zu hohe Erfolgserwartungen nahelegt. (Ein solcher Effekt wurde ja bereits eingangs an Skinners Taubenexperiment dargestellt, und ließ sich sogar bei reinen Zufallssituationen und bei Entscheidungen von sehr hoher Relevanz nachweisen).

Darüber hinaus besteht – in Entscheidungstheorien meist nicht berücksichtigt – eine gegenseitige Abhängigkeit zwischen Bewertungen und Erwartungen:

- Im Sinne eines **optimistic bias** werden positive Ereignisse für wahrscheinlicher gehalten als negative (IRWIN, 1953; LICHTENSTEIN, FISCHHOFF & PHILIPS, 1982). In umgekehrter Richtung beeinflussen Erwartungen – insbesondere Kontrollerwartungen – auch Bewertungen. Kurzfristig gesehen scheinen nicht oder schwer erreichbare Objekte höher bewertet zu werden (Reaktanz oder „verbotene Früchte-Reaktion"), während langfristig im Rahmen von Konsistenzbemühungen die Präferenzen eher den Möglichkeiten angepaßt werden („saure Trauben-Reaktion"). Letzteres scheint für viele Kapitalanleger typisch, indem sie aus mangelnder Kontrollwahrnehmung eine generelle Abwertung von Aktien und verwandten Anlageformen vornehmen. Auch eine weitere Reaktion, nämlich **„defensiver Pessimismus"** (NOREM & CANTOR, 1986; MCGUIRE & MCGUIRE, 1992) scheint für viele Anleger kennzeichnend zu sein. Um das eigene Bedauern über ausgelassene Chancen zu reduzieren, wird „vorsichtshalber" die Wahrscheinlichkeit von Verlusten über- und die von Gewinnen unterschätzt.

Die genannten Beobachtungen legen vorerst widersprüchliche Effekte auf die Wahrnehmung von Gewinn- und Verlustchancen an der Börse nahe. Auch hier scheint eine Unterscheidung nach Anlegergruppen notwendig zu sein, nämlich optimistic bias und „overconfidence" in die eigenen Vorhersagen bei aktiven Börsianern versus Untergewichtung mittlerer Erfolgswahrscheinlichkeiten, Abwertung der möglichen Anlageergebnisse und defensiver Pessimismus beim Gros der risikoscheuen Anleger. Beides hätte zum Effekt, daß sich eine einmalige Entscheidung für oder gegen die Börse im weiteren Verlauf durch Anpassung von Erwartungen und Präferenzen noch weiter verfestigt, sich die Gruppen im Zeitablauf also immer weiter voneinander entfernen.

Empirisch finden sich deutliche Belege für den vermuteten positiven Zusammenhang zwischen Renditestreben und der Bereitschaft, Anlagerisiken einzugehen. So wurde in der Aktionärsbefragung die „Gewinnaussichten" als häufigster Grund angeführt, in Aktien einzusteigen (Abb.:6-4).

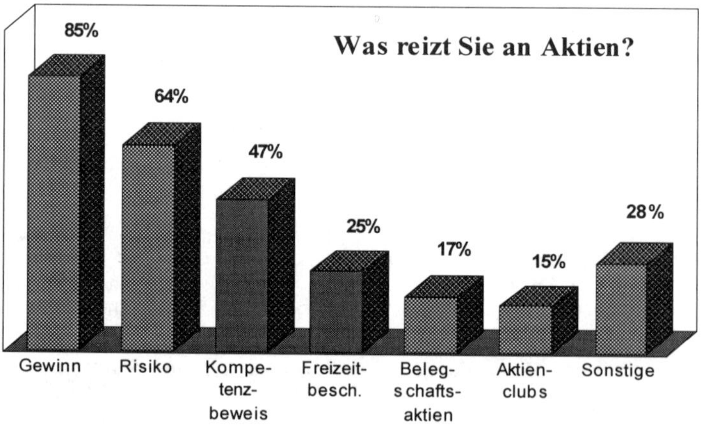

Abbildung 6-4: ***Anreiz von Aktien aus Anlegersicht (Aktionärsbefragung, n = 215, Mehrfachantwort)***

Bei den Anlegern der Repräsentativbefragung zeigte sich eine deutlich positive Korrelation zwischen Ertragsmotivation und Risiko – sowohl in den Einstellungen als auch im Verhalten. Dies gilt gleichermaßen für zwei unterschiedliche Komponenten der Ertragsmotivation, die sich faktorenanalytisch unterscheiden ließen, nämlich einerseits das Streben nach langfristiger Vermögensvemehrung, andererseits das eher kurzfristige Streben nach hoher Verzinsung bzw. Rendite.

Auch für die beiden hier aufgegriffenen Komponenten, die zur Erklärung des Zusammenhangs zwischen Renditestreben und Risikobereitschaft beitragen sollten, nämlich unterschiedliche Erwartungen und Referenzpunkte, lassen sich einige empirische Befunde aufführen:

1. Deutliche Zusammenhänge zwischen **Erwartungen** und Risikobereitschaft finden sich in der Anlegerbefragung 1992 und in der repräsentativen Befragung 1998:
    c) Risikobereite Anleger sehen optimistischer in die Zukunft.
    d) Risikobereite Anleger empfinden deutlich höhere Kompetenz in Finanzfragen und führen Aktiengewinne eher auf Fähigkeit als auf Glück zurück.

    Eine indirekte Möglichkeit der Messung von Kontrollerwartungen ist die Erfassung von Emotionen, namentlich der empfundenen Stärke (Potenz) im Umgang mit Aktien (s. FISCHER, KOOP & MÜLLER, 1993). In der Aktionärsbefragung nahm das Gefühl von Stärke mit steigendem Risikograd im Portfolio deutlich zu.

    Natürlich ist hier eine beiderseitige Beeinflussung anzunehmen. Anleger mit positiveren (Kontroll-) Erwartungen sind risikobereiter, Anleger mit größerer Erfahrung haben eine höhere Kompetenz und damit mehr Kontrolle. Für solch einen spezifischen Einfluß der Erfahrung spricht auch ein Ergebnis aus der Studentenbefragung: Zwischen allgemeiner, nicht geldanlagespezifischer Kontrollerwartung (Locus of control nach ROTTER, 1966) und der Einstellung zu Anlagerisiken findet sich nur ein geringer Zusammenhang.

2. Anleger verwenden unterschiedliche Referenzpunkte, je nachdem, ob sie die nominale Entwicklung des Anlagebetrages zugrunde legen oder die Inflation berücksichtigen. Durch die Verschiebung des Referenzpunktes läßt sich bei Anlegern mit hoher Inflationserwartung eine stärkere Tendenz zu volatilen Anlageformen annehmen. (Hinzu kommt, daß wichtige volatile Anlageformen – insbesondere Aktien – Sachwerte darstellen und damit eine gewisse Sicherheit gegen Geldwertverluste bieten.) Diese Hypothese bestätigt sich in der Anlegerbefragung (1992) jedoch nicht. Der Zusammenhang ist eher entgegengesetzt, inflationsängstliche Anleger investieren sicherer. Möglicherweise ist dies auf einen höheren Pessimismus dieser Anleger zurückzuführen, der zwar zu höheren Inflationsbefürchtungen führt, gleichzeitig aber auch die Renditeerwartung bei volatilen Anlageformen reduziert.

    Daß unterschiedliche Anspruchsniveaus jedoch auch die Einstellung zur Geldanlage beeinflussen, zeigt ein deutlich positiver Zusammenhang zwischen dem allgemeinem Anspruchsniveau an die eigene Leistung und der Bereitschaft, Risiken in der Geldanlage einzugehen (Studentenbefragung).

    Besondere Bedeutung in der Diskussion um zukünftige Trends im Anlageverhalten hat die Frage nach der „**Erbengeneration**" erhalten. Insbesondere erscheint uns hier von Interesse, wie sich der Umgang mit einem plötzlich zugeflossenem Vermögen gegenüber demjenigen mit allmählich erarbeitetem und angespartem Geld verhält (ADELT, MÜLLER & WISWEDE 1994; Deutsche Bank Research, 1994). Zu erwarten wäre, daß ersteres noch nicht dem Status quo zugerechnet wird, also in geringerem Umfang in den Referenzpunkt eingeht als eigene Ersparnisse. Dies würde aufgrund der unterschiedlichen Steigung der Nutzenkurven im Verlust- und Gewinnbereich (s.o.) eine höhere Risikobereitschaft der Erben bedeuten. In der Anlegerbefragung (1992) zeigen sich zumindest Indizien dafür, daß unerwartet zugeflossene Gelder mit höherem Risiko investiert werden als die eigenen Ersparnisse.

Weitere Bezüge zwischen (vom ökonomischen Modell abweichenden) Kognitionen und Urteilsstrategien und dem Geldanlageverhalten stellt STEPHAN (in diesem Band) dar.

6.4 Selbstwert und Leistungsmotivation

Gewinne oder Verluste in der Geldanlage treffen nicht alleine das Portemonnaie, sondern direkt oder indirekt auch den Selbstwert. Die Bedeutung der Rückmeldung von Erfolgen oder Mißerfolgen auf die eigene Leistungsfähigkeit, und damit auf eine wesentliche Komponente des Selbstwertes, ist Gegenstand einer der wesentlichen Zweige der Motivationstheorien, nämlich der Theorien zur Leistungsmotivation (McClelland, 1953; Atkinson, 1964). Diese unterstellen ein Leistungsmotiv, das immer dann relevant wird, wenn das Ergebnis einer Handlung an einem „standard of excellence", also einem Tüchtigkeitsmaßstab, gemessen wird und damit eine Rückmeldung über die Leistung des Handelnden gibt.

Das bekannteste Modell der Leistungsmotivation, Atkinson's Risikowahl-Modell (Atkinson, 1964), stellt explizit die Wahl zwischen mehr oder weniger riskanten Aufgaben in den Mittelpunkt. Der Leistungsanreiz einer Aufgabe ist nach Atkinson abhängig von der Schwierigkeit der Aufgabe. Ein Erfolg wiegt um so schwerer, je geringer die Erfolgswahrscheinlichkeit ist, weil natürlich ein besonders schwer zu erreichender Erfolg mehr über die eigene (positive) Leistung aussagt als ein Erfolg in einer besonders leichten Aufgabe. Aus dem gleichen Grund ist ein Mißerfolg um so unangenehmer, je einfacher die gestellte Aufgabe war.

Multipliziert man nun diese Bewertungen eines Erfolgs oder Mißerfolgs mit ihren Wahrscheinlichkeiten, ist die Motivation, eine Aufgabe anzustreben (Erfolgssuche) oder zu meiden (Mißerfolgsmeidung), jeweils bei mittlerem Schwierigkeitsgrad am größten.

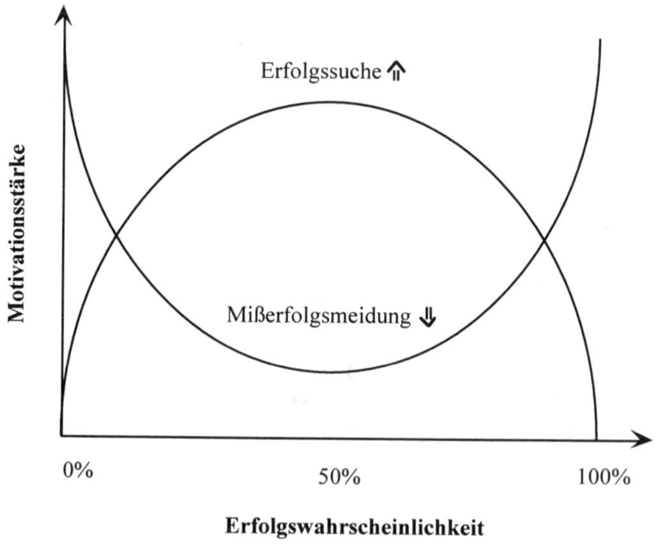

Abbildung 6-5: ***Erfolgssuche und Mißerfolgsmeidung in Abhängigkeit von der Erfolgswahrscheinlichkeit***

Ob eine Person nun eher einfache oder schwierige Aufgaben bevorzugt, hängt davon ab, ob sie Mißerfolge oder Erfolge höher gewichtet. Dominiert Mißerfolgsmeidung, wählt sie eher besonders leichte oder besonders schwierige Aufgaben, da diese ihren Selbstwert am wenigsten bedrohen. Ist sie stärker durch das Streben nach Erfolgen motiviert, wird sie sich eher für mittelschwere Aufgaben entscheiden, da sie sich daraus die höchsten positiven Konsequenzen für den eigenen Selbstwert verspricht.

Betrachtet man die Erzielung positiver Renditen (nominal oder auch real) als Erfolg, so sinkt die Erfolgswahrscheinlichkeit mit dem Risiko des Investments. Da in der Kapitalanlage wirklich schwere „Aufgaben", also extrem unsichere Investitionen mit einer „Erfolgswahrscheinlichkeit" deutlich unter 50%, zwar vorkommen (z.B. im Optionsscheinhandel), aber für die meisten Anleger kaum zugänglich sind bzw. kaum ernsthaft in Betracht gezogen werden, läßt sich für die Geldanlage vereinfacht annehmen:

Je höher die Erfolgsmotivation ist, desto höher ist die Risikobereitschaft. Und je höher die Motivation zur Mißerfolgsmeidung ist, desto risikoscheuer ist der Anleger. Für die Börse ließe sich folgern, daß sie überwiegend erfolgsmotivierte Anleger anzieht, und Mißerfolgsmeider eher die Ausnahme darstellen. Wohlgemerkt beziehen sich beide genannten Motivationen, Erfolgssuche und Mißerfolgsmeidung, auf die Konsequenzen für den Selbstwert, und nicht oder nur mittelbar auf die eigentlichen finanziellen Konsequenzen, die im Rahmen der Leistungsmotivation nur die Funktion eines Indikators für Erfolg oder Mißerfolg haben.

Einen ersten empirischen Beleg für die These, daß leistungsmotivierte Anleger eher in volatilen Anlageformen investieren, gibt die zitierte Studentenbefragung. Dort gaben sich erfolgsmotivierte Personen deutlich risikobereiter als primär mißerfolgsmeidende Personen, was sich auch – allerdings stark abgeschwächt – in der aktuellen Portfoliozusammensetzung spiegelte. Auch in einer weiteren Untersuchung an unserem Institut (OHL, 1991) zeigte sich ein positiver Zusammenhang zwischen Leistungsmotivation und dem Risikograd einer simulierten Portfolioentscheidung.

6.5 Reizsuche und Reizmeidung

Die mit Risiken verbundene „Spannung" kann, muß aber nicht notwendigerweise negativ erlebt werden: Erregung kann gemieden werden, kann aber auch im Gegenteil als positiver Anreiz empfunden werden. Risikosuche oder -meidung läßt sich aktivationstheoretisch erklären. Unter Aktivation oder Aktivierung ist danach die „Erregung von neuralen und psychischen Prozessen" (DORSCH, HÄCKER & STAPF, 1987) zu verstehen. Das Aktivierungsniveau ist damit das Erregungsniveau des Organismus, das sich in zahlreichen physiologischen Reaktionen wie Pulsfrequenz, EEG-Wellen oder Hautwiderstand nachweisen läßt. HEBB (1955) nimmt an, daß ein mittleres Aktivierungsniveau angestrebt wird. Damit wirken alle Veränderungen in Richtung dieses Niveaus bekräftigend. Bei geringerer Aktivierung resultiert Reizsuche, bei höherer Aktivierung Reizmeidung, und damit auch Suche bzw. Meidung von Risiken (Abb. 6-6).

Nach der Theorie BERLYNE'S (1974) wird dagegen ein möglichst niedriges Aktivierungsniveau angestrebt. Nach BERLYNE führt aber nicht nur ein hoher, sondern auch ein zu geringer Zustrom von Reizen mit „Aktivierungspotential" zu einem Anstieg des Aktivierungsniveaus (in letzterem Fall durch Langeweile). Damit wirken alle Veränderungen positiv, die – „sei es durch Korrektur des Überschusses oder des Mangels an Aktivierungspotential" (BERLYNE, 1974, S. 244) – in Richtung des optimalen Aktivierungsniveaus gehen; es gibt eine situationsspezifisch optimale Zufuhr an Aktivierungspotential. Die Folgerungen für Reizsuche und -meidung sind also für beide Ansätze gleich: Wird ein bestimmtes Optimum an Anregung über- oder unterschritten, wird dies als unangenehm erlebt. Das Individuum versucht daher durch Reizsuche oder Reizmeidung, sich seinem optimalen Niveau von Aktivierung (level of arousal) zu nähern.

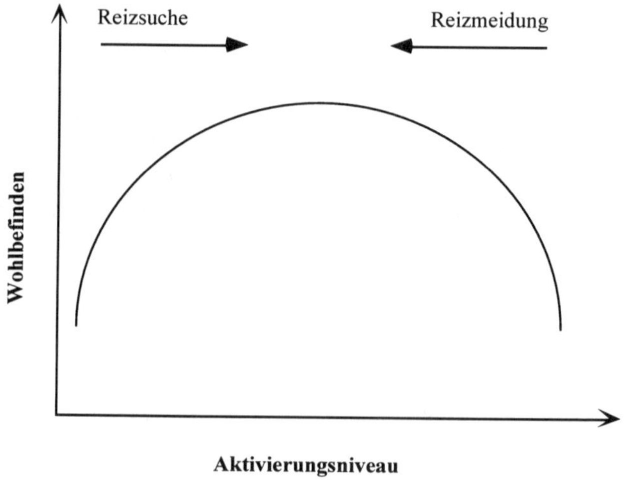

Abbildung 6-6: ***Reizsuche und Reizmeidung nach HEBB (1955)***

Daneben werden sogar kurzzeitige „Aktivierungsspitzen" über dem optimalen Niveau angestrebt, da die darauffolgende Aktivierungsabnahme – als Veränderung in Richtung des Optimalwertes – belohnend wirkt. Gerade diese **Suche nach Aktivierungsspitzen** wird als wesentliches Motiv für Risikoverhalten angeführt (HEBB, 1955; BERLYNE, 1974). Die Risikosuche zur Realisation von Aktivierungsabfall scheint sogar vielfach zwanghaften Charakter anzunehmen, etwa bei Spielern und Extremsportlern.

In welchem Ausmaß Aktivierung – und damit Risiko – gesucht oder gemieden wird, hängt einerseits von der Person und andererseits vom Anregungsgrad der Lebenssituation ab.

Persönlichkeitsbezogene Unterschiede werden in der Literatur durch ein individuell unterschiedliches genetisch-physiologisch bedingtes Optimum an äußerer Anregung erklärt (EYSENCK, 1953; GRAY, 1981; ZUCKERMAN, 1990). Nach EYSENCK'S bekannter Persönlichkeitstheorie werden bei extravertierten Personen alle psychischen Prozesse gehemmt, während sie bei introvertierten Personen eher gesteigert werden. Daraus folgt, daß Extravertierte für die gleiche subjektive Erlebnisintensität auf wesentlich stärkere Außenreize angewiesen sind, was in einem starken Bedürfnis nach anregenden Reizen wie Abwechslung, Erlebnis und Geselligkeit resultiert. Entsprechend wurden deutliche Zusammenhänge zwischen Extraversion (bzw. den verwandten Konstrukten „sensation seeking" bzw. „Risikolust") und zahlreichen risikoreichen Verhaltensweisen gezeigt (z.B. FULKER, EYSENCK & ZUCKERMAN, 1980; BRENGELMANN & QUAST, 1987; ZUCKERMAN, 1990).

Fehlende Anregung – kurz Langeweile – kann ein wesentlicher, **situativ bedingter Grund** zur Bereitschaft zu Anlagerisiken sein. Beispielsweise trafen wir im Rahmen der Aktionärsbefragung auf zahlreiche Ruheständler, für die Börsengeschäfte anscheinend eine kompensatorische Funktion für die nunmehr ausbleibende Anregung im Beruf haben (FISCHER, MÜLLER & KOOP, 1994). Im Zuge einer tendenziell immer reizärmeren Wohlstandsgesellschaft mit hohem Grad an Motivsättigung läßt sich auch der Trend zum Erlebniskonsum als Reizsuche interpretieren (SCITOVSKY, 1977; SCHULZ, 1992). Hier könnte Börsenhandel eine vergleichbare Rolle spielen wie viele „moderne" Sportarten mit hohem Risiko- und Aktivierungspotential. Angesichts steigender Vermögenswerte, bei zugleich zunehmender arbeitsfreier Zeit (Vorruhestand, Teilzeitarbeit etc.), ist daher noch erhebliches Entwicklungspotential zu vermuten.

Lust am Risiko – oder die Vermeidung der damit verbundenen Belastung – wird auch von den Anlegern explizit als Grund für oder gegen volatile Anlageformen angeführt:

- Risiko, nicht etwa geringer Ertrag oder zu hoher Aufwand, wird von den Befragten als wesentlichster Grund gegen Aktienbesitz genannt (MÜLLER, 1995).
- Andererseits möchten 40% der Anleger nach eigenen Angaben mit ihrem Geld auch gerne „ein bißchen spielen" (Anlegerbefragung 1992); 16% möchten einen Teil ihres Geldes „spekulativ anlegen" (Anlegerbefragung 1998).
- Aktionäre nennen Lust am Risiko – nur kurz hinter Gewinnerwartung – als zweiten wesentlichen Anreiz der Aktienanlage (s.o.).

Entsprechend finden sich auch deutliche Zusammenhänge zwischen der Suche oder Meidung von anregenden Reizen und dem Anlageverhalten:

- Anleger, die im Alltag oder auch speziell in der Geldanlage nach Anregung und Aktivierung suchen, zeigten sich in der Anlegerbefragung (1992) deutlich aufgeschlossener gegenüber volatiler Geldanlage. Anleger, die vor allem zur Absicherung sparen („fühle mich dann bedeutend wohler"), geben sich dagegen auch in der Wahl der Anlageform sicherheitsorientierter.
- In der Studentenbefragung zeigt sich ein deutlicher Zusammenhang zwischen allgemeiner Risikolust (nach ZUCKERMAN und BRENGELMANN, s.o.) und der Risikoneigung in der Geldanlage.

6.6 Konkurrierende Motivationen

Die drei Komponenten Rendite, Selbstwert und Aktivierung lassen sich wohl als die drei wesentlichen Motivationskomponenten bezeichnen, die bei einer an Rendite und Risiko orientierten Entscheidung wirksam werden. Reale Anlageentscheidungen stehen aber nicht isoliert in dieser Rendite-Risiko-Dichotomie. Anlageverhalten wird wie fast jedes andere Verhalten auch – von Normen ebenso bestimmt wie von direkten sozialen Einflüssen, von konkurrierenden Motiven ebenso wie von situativen Einflußfaktoren. Diese Einflüsse lassen sich in ihrer Komplexität natürlich nicht vollständig erfassen. Dennoch ist die Beachtung zumindest einiger Faktoren für das Verständnis des Verhaltens von Anlegern wichtig.

- **Normen und soziale Einflüsse:** Risiken werden gesellschaftlich eher negativ bewertet und tabuisiert (vgl. WIEDEMANN, 1993). Gerade die Deutschen zeigen sich im internationalen Vergleich als besonders sicherheitsorientiert (STRÜMPEL, 197; HOFSTEDE, 1980). Geld und Sparen ist stark durch puritanisch-sicherheitsorientierte Normen besetzt, Spiel und Spekulation mit Geld gilt dagegen als verwerflich. „Ehrlich erarbeitetes“ Geld wird höher gewertet als Zins- oder Spekulationsgewinne, nicht nur biblisch oder historisch, sondern auch bei den heutigen Sparern (vgl. BURGHARDT, 1978; SCHNEIDER, 1991). Riskante Geldanlage gilt vielen als „Anmaßung“, Kapitalerträge als „Geld fürs Nichtstun“ (so einige, nicht untypische Äußerungen in qualitativen Interviews mit Anlegern).
- Der **Einfluß der Anlageberatung** ist äußerst hoch. In der Anlegerbefragung 1998 stimmten 78% der Anleger zu, sich "in Geldfragen meist an einen Anlageberater einer Bank oder Sparkasse oder an einen Finanzberater zu wenden". Ähnlich sind die Einschätzungen durch Anlageberater selbst (RUDA, 1988; OEHLER, 1990). Anlageberatung in Deutschland ist jedoch deutlich auf den konservativ-sicherheitsorientierten Anleger ausgelegt, so zumindest das Ergebnis einer Studie der Stiftung Warentest. Soweit die Berater volatile Wertpapiere überhaupt ansprachen, wiesen sie stets auch auf vorhandene Kurs- oder Währungsrisiken hin und empfahlen, allenfalls den kleineren Betrag des Kapitals entsprechend anzulegen (Test, Heft 6/1990). Aus Sicht der Geldinstitute spricht dabei einiges gegen die Förderung des Aktienengagements von Kleinanlegern (vgl. RUDA, 1988), z.B. mangelnde Kenntnis bei vielen Anlageberatern, nicht kostendeckende Provisionen bei Kleinaufträgen und die höheren Erträge im Einlagengeschäft. Hinzu kommt seit Anfang 1995 die deutlich verstärkte Haftung der Geldinstitute. Und schließlich ist Beratern auch aufgrund des Phänomens selbstwertdienlicher Attribution, wonach Mißerfolge vom Anleger eher externen Ursachen (dem Berater) und Erfolge internen Ursachen (sich selbst) zugeschrieben werden, eine risikofördernde Anlagestrategie wenig zu empfehlen.
- Auch wenn börsengehandelte Anlageformen in der Regel jederzeit liquidierbar sind, sorgen Transaktionskosten und die Aussicht, ggf. Kursverluste im ungünstigen Zeitpunkt realisieren zu müssen, zu einer zumindest leichten Widersprüchlichkeit von **Liquiditätszielen** und Risikobereitschaft (s. die Ergebnisse bei ADELT, MÜLLER & WISWEDE, 1994; SCHNEIDER, 1991; STEPHAN, 1991)

Von besonderer Bedeutung bei Anlageentscheidungen ist der Drang zur Bequemlichkeit im Denken und Handeln. Entsprechend ist auch „Einfachheit“ neben den klassischen Komponenten Rendite, Risiko und Liquidität (dem sogenannten „magischen Dreieck“) das vierte aus Anlegersicht wesentliche Entscheidungskriterium (**„magisches Viereck“** vgl. ADELT, MÜLLER & WISWEDE, 1994). Bei der Befragung 1992 nennen 31% der Anleger die „Einfachheit und Unkompliziertheit“ der Anlageform als ganz besonders wichtigen, weitere 39% als ziemlich wichtigen Gesichtspunkt bei Anlageentscheidungen, die Bedeutung liegt damit noch über der von Liquidität. Diese Tendenz zeigt sich in noch größerem Ausmaß anhand der aktuelleren Erhebungsdaten (psychonomics/Capital, 1998): 37% der Anleger stimmen der Aussage "Geldanlage muß für mich möglichst einfach und unkompliziert sein" voll und ganz zu, bei 46% der Befragten trifft diese Aussage eher zu.

"Geldanlage muß für mich einfach und unkompliziert sein"

Anlegerbefragung 1992 (n = 476)

ganz besonders wichtig	31%
ziemlich wichtig	39%
nicht so wichtig	20%
eher unwichtig	9%
völlig unwichtig	2%

Anlegerbefragung 1998 (n = 472)

trifft voll und ganz zu	37%
trifft eher zu	46%
trifft eher nicht zu	14%
trifft überhaupt nicht zu	3%

Tabelle 6-1: ***Risikoneigung bei der Geldanlage***

Entsprechend verhält sich die Informationsintensität. Zwar finden es – nach der Anlegerbefragung (1992) – immerhin 49% der Anleger „interessant und spannend", sich „mit Geldangelegenheiten zu befassen", „ausgiebig und intensiv" um das Thema kümmern sich dagegen nur noch 39%, und 73% beschäftigen sich höchstens monatlich mit Fragen der Kapitalanlage. Bezieht man nicht nur die eigentlichen Anleger, sondern auch Kleinstsparer mit ein, zeigt sich noch eine weit größere Bequemlichkeit in Anlageentscheidungen, während sich die Verhältnisse bei echten „Börsianern" wie den Besuchern der Aktionärsmesse natürlich umkehren.

	Bevölkerung insgesamt (Entscheider) n = 1.039	nur Anleger (ab 20.000 DM Geldvermögen) n = 478	Besucher der Aktionärsmesse n = 237
täglich	4,6	8,4	70,5
mehrmals wöchentlich	4,0	7,1	12,2
einmal pro Woche	7,7	11,7	5,9
einmal pro Monat	17,1	21,1	5,1
unregelmäßig/ selten	46,3	42,9	3,4
fast nie/ überhaupt nicht	20,2	8,8	3,0
	100%	100%	100%

Tabelle 6-2: ***Informationshäufigkeit über Geldangelegenheiten (in %)***

6.7 Vereinfachte Entscheidungen

Der Mensch – als „kognitiver Geizhals" – ist bestrebt, seinen Aufwand nicht nur im Handeln, sondern auch im Denken zu reduzieren. Als Wege solcher Entscheidungsvereinfachung führt die Literatur z.B. an:

- Verwendung nicht-maximierender Entscheidungsregeln (z.B. „satisficing", SIMON, 1957)
- Einschränkung der Zahl der Auswahlkriterien (z.B. Orientierung an Schlüsselinformationen, JACOBY, 1977)
- a-priori Einschränkung der Alternativen, zwischen denen gewählt wird (z.B. THALER, 1980: „choosing not to choose")
- Rückgriff auf vorgefertigte Regeln oder Denkschablonen in der Entscheidungsfindung (z.B. TVERSKY, 1972)
- Orientierung an Normen, Rollen und Gewohnheiten (Rückgriff auf „Verhaltens-Chunks") (z.B. HOWARD, 1977)

Dazu ließen sich noch ergänzen:

- „**Entscheidung auf Vorrat**" durch Abschluß langfristiger bzw. fortlaufender Verträge
- die **Delegation** der Entscheidung an Bezugspersonen oder „Spezialisten"

Die Bedeutung dieser Vereinfachungstendenzen für ein potentielles Engagement an der Börse lassen sich leicht abschätzen (zur Rolle von vereinfachter Informationsverarbeitung bei konkreten Börsenentscheidungen siehe MAAS & WEIBLER, 1990; STEPHAN, 1993; STEPHAN in diesem Band). Normen und Gewohnheiten sprechen in einem konservativ-sicherheitsorientierten Umfeld deutlich gegen ein Börsenengagement. Börsengehandelte Titel sind meist wesentlich komplexer als alternative Anlageformen (so können zwar 70% der Sparer „Prämiensparen" erklären, bei Aktien müssen dagegen schon 51% passen, bei Investmentfonds sogar 77%, vgl. ADELT, MÜLLER & WISWEDE, 1994), und erfordern wiederholte Beurteilungs- und Entscheidungsprozesse. Auch die Delegation an den Anlageberater (s.o.) und das weit verbreitete vertragliche („kontraktuelle") Ansparen sprechen gegen die Anlage in Aktien und anderen volatilen Anlageformen. Und selbst wenn „echte" Entscheidungen getroffen werden, erfolgen diese angesichts der Vielfalt von Anlagealternativen und angesichts der Beschränktheit möglicher Informationsverarbeitung noch vereinfacht. Das Risiko, also die Gefährdung des eingesetzten Geldes, als „lebendigste" Information volatiler Anlageformen dürfte auch bei diesen Entscheidungen eher übergewichtet werden. Entsprechend zeigt sich in der Anlegerbefragung (1992, 1998) auch ein deutlich negativer Zusammenhang zwischen dem Wunsch nach einfacher Kapitalanlage einerseits und Renditeorientierung und vor allem Risikobereitschaft andererseits (s. auch ADELT, MÜLLER & WISWEDE, 1994; psychonomics/Capital, 1998).

Es läßt sich also festhalten: Anlageentscheidungen erfolgen mehr oder weniger vereinfacht. Je weniger extensiv entschieden wird, desto unwahrscheinlicher ist ein Engagement an der Börse. Zeitliche und kognitive Belastung durch Anlageentscheidungen werden von den meisten Anlegern als negativ angesehen. Für eine Minderheit ist die mit Börsengeschäften verbundene Auseinandersetzung jedoch ein eigenständiger Anreiz.

6.8 Von der Einstellung zum Verhalten

An früherer Stelle wurde bereits von einer Kluft zwischen Einstellung zu volatiler Geldanlage einerseits und realisiertem Anlageverhalten gesprochen. Der Anteil der „Aufgeschlossenen" reduzierte sich dabei von ca. 1/3 auf nur etwa 10% aller Sparer.

Werden zudem Verhaltensintentionen in simulierten Anlageentscheidungen erfaßt, liegt der Anteil der Aufgeschlossenen dabei i.d.R. zwischen den beiden Einstellungs- und Verhaltenswerten.

Ein Grund für diese Diskrepanzen liegt teilweise in der beschriebenen Tendenz zu bequemer Entscheidung. In der Literatur wird darüber hinaus vielfach mangelnde Verhaltenskontrolle angeführt, also die Unfähigkeit, die entsprechenden Handlungen tatsächlich auszuführen (s. AJZEN, 1988). Hier ist aber zu differenzieren, ob mangelnde Bereitschaft vorliegt, den damit verbundenen Aufwand einzugehen, oder aber echte Unfähigkeit besteht (z.B. mangelnde Fähigkeiten). Nur im zweiten Fall ist tatsächlich von fehlender Kontrolle zu sprechen. Sofern mangelnde Kontrolle antizipiert wird, geht sie zudem bereits in die Einstellungen (und Intentionen) mit ein.

6.8.1 Willensstärke und Geldanlage

Entscheidend für die Realisation von Einstellungen und Intentionen in Verhalten ist besonders die Willensstärke (Volition) und damit die Fähigkeit, eine Intention gegenüber konkurrierenden Motivationstendenzen wie Bequemlichkeit oder sozialen Einflüssen abzuschirmen (HECKHAUSEN, GOLLWITZER & WEINERT, 1987; KUHL, 1983). Aufschlußreich ist hier z.B. die Unterscheidung nach Lage- und Handlungsorientierung (KUHL, 1983; KUHL, GOSCHKE & KAZEN-SAAD, 1991), also danach, ob die aktuellen Kognitionen eher auf die Realisierung der Intention oder auf eher ablenkende Aspekte der derzeitigen, vergangenen oder zukünftigen Situation bezogen sind. Lage- versus Handlungsorientierung kann situativ bedingt sein, läßt sich darüber hinaus aber auch als recht stabile Persönlichkeitsdisposition erfassen (KUHL, 1983). Angesichts der Tatsache größerer Aufgeschlossenheit gegenüber Aktien und anderen volatilen Anlageformen in den Einstellungen als im Verhalten läßt sich so ein positiver Zusammenhang zwischen – situativ oder personal induzierter – Handlungskontrolle und Portfoliorisiko vermuten.

Im Rahmen der Studentenbefragung (die natürlich für die Erfassung realisierten Anlageverhaltens keine ideale Basis ist) zeigte sich ein solcher Zusammenhang nur in einer der beiden einbezogenen Teilstichprobe, in der Gesamtstichprobe besteht jedoch kein signifikanter Zusammenhang mehr. Weitere empirische Quellen zu diesem Zusammenhang liegen bisher nicht vor, dafür existiert eine Reihe von Ergebnissen zu einem der KUHL'schen Handlungskontrolle in manchen Punkten nahestehendem Konstrukt, nämlich zum Machiavellismus.

6.8.2 Machiavellisten an die Börse?

Machiavellismus bezeichnet – in Anlehnung an Nicollo MACHIAVELLI (1532/1940) Grundsätze politischer Machtausübung – die Bereitschaft, Ziele weitestgehend unabhängig von ethisch-moralischen Bedenken zu verfolgen (vgl. CHRISTIE & GEIS, 1970). Ebenso wie Handlungskontrolle beschreibt also auch Machiavellismus eine Fähigkeit zur Durchsetzung von Intentionen, und zwar hier insbesondere durch das Abschotten gegenüber sozialen Einflüssen.

Auch bei starker Ausprägung von Machiavellismus ist also eine höhere Übereinstimmung zwischen Einstellungen, Intentionen und Verhalten anzunehmen. Darüber hinaus wurde wiederholt ein direkter Zusammenhang vermutet zwischen Machiavellismus und der Bereitschaft zu Aktienanlage und anderen finanziellen Risiken (MAITAL, FILER & SIMON, 1986; FISCHER, 1991). BROMILEY & CURLEY (1992) verweisen auf positive Korrelationen von Machiavellismus mit dem eingegangenen Risiko in Geldwetten. MAITAL u.a. (1986) nennen positive Zusammenhänge sowohl mit dem Risikograd als auch mit der Umschichtungshäufigkeit in realen Portefeuilles. Auch in unserer Studentenbefragung zeigte sich ein positiver Zusammenhang zu Risikobereitschaft in der Geldanlage sowie ein – allerdings schwacher und damit nicht signifikanter – Zusammenhang zum Aktienbesitz (zum Stichprobenproblem s.o.). Dagegen konnte FISCHER (1991, S. 29) bei mehreren Einstellungen, die dem Konstrukt Machiavellismus zumindest recht nahe stehen dürften, keinerlei Unterschiede zwischen Aktionären und anderen Anlegern feststellen.

6.8.3 „Kalte Füße“: Motivationswandel im Zeitablauf

Schließlich bietet sich eine weitere, auf die Experimente von MILLER (1944, 1959) basierende Erklärung für die Kluft zwischen Einstellung, Intention und Verhalten an. Risikobereite Kapitalanlage birgt – wie in den vorhergehenden Abschnitten gezeigt – gleichzeitig positive und negative Konsequenzen, und stellt damit einen Konflikt dar zwischen Appetenz und Aversion – zwischen Annäherungs- und Vermeidungstendenzen. MILLER (1944, 1959) hat aufbauend auf zahlreichen Experimenten an Ratten ein lerntheoretisches Modell eines solchen Appetenz-Aversionskonfliktes entwikkelt. Danach ist

1. die Annäherungstendenz um so stärker, je näher das Ziel ist;
2. die Vermeidungstendenz um so stärker, je näher das Ziel ist;
   (Nähe bezog sich dabei ursprünglich auf räumliche Distanz, wurde von MILLER aber auch auf zeitliche Nähe bezogen. Die Steigerung der Verhaltenstendenzen wird von MILLER als Appetenz- bzw. Aversionsgradient dargestellt.)
3. das resultierende Verhalten entspricht der Differenz zwischen Annäherungs- und Vermeidungstendenz;
4. die Vermeidungstendenz steigt mit zunehmender Zielnähe stärker an als die Annäherungstendenz.

Beide Motivationen sind also um so stärker, je näher die Konsequenzen sind. Damit nimmt mit zunehmender Zielnähe auch die Stärke der inneren Konflikte zu, und Vermeidungstendenzen werden aufgrund ihres stärkeren Anstiegs immer verhaltensbestimmender. Letzteres kann, wenn Appetenz- und Aversionsgradient sich schneiden, zu einer Verhaltensblockade führen – die Ratten verharrten in diesen Fällen kurz vorm Ziel. Die Abbildung zeigt für einen solchen Fall die beiden Motivationsstärken (a) sowie die aus Subtraktion dieser Gradienten resultierende Verhaltenstendenz (b). Während in unmittelbarer Zielnähe die Vermeidungstendenz dominiert, herrscht bei größerer Distanz zum Ziel Annäherung vor. Auf Höhe des Schnittpunktes der beiden Gradienten heben sich die beiden Motivationen auf, die Verhaltenstendenz ist gleich Null.

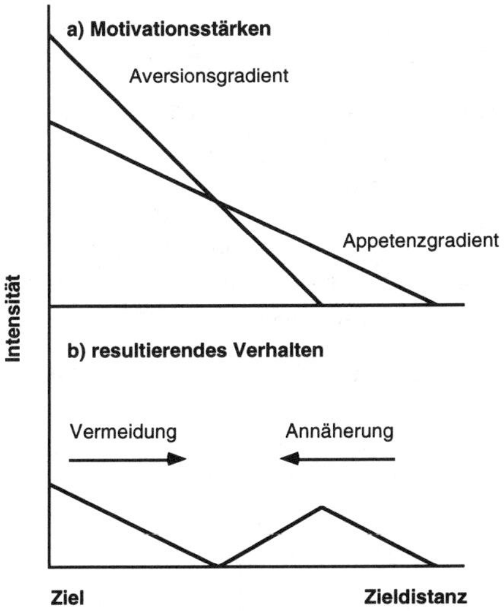

Abbildung 6-7: Motivationsstärken und resultierende Verhaltenstendenz nach MILLER

MILLERS Ergebnisse wurden zumindest teilweise auch in Humanexperimenten repliziert (s. AMSTAD, 1971; HERKNER, 1975). HERKNER (1975) schlägt jedoch vor, die (eigentlich entscheidende) vierte Prämisse zugunsten eines allgemeineren Modells aufzugeben. Danach steigen zwar weiterhin beide Tendenzen mit Zielnähe an, die Verschiebung der resultierenden Verhaltenstendenz in Richtung der Vermeidung ist aber nicht mehr vorgegeben. HERKNER erwähnt allerdings – unter Verweis auf WEINER (1972) – eine Bedingung, die eine Vorhersage des Steigungsgrades erlaubt. Danach ist ein Gradient steiler, wenn er **situationsabhängig** ist (also die Motivation unmittelbar mit der Situation verknüpft ist), und flacher, wenn er **personabhängig** ist. Bei MILLER erhielten die Ratten im Ziel Nahrung oder elektrische Schläge. Appetenz war also durch – individuumsabhängigen – Hunger bedingt, Aversion durch situationsbedingte, da unmittelbar mit dem Ziel verknüpfte Angst.

MILLERS behavioristischer Ansatz unterscheidet nicht explizit, ob die Änderungen auf unterschiedliche Präferenzen oder Erwartungen zurückzuführen ist. Es spricht jedoch einiges dafür, daß ein solcher Wandel sowohl die Präferenzen als auch die Erwartungen betrifft.

- Zunehmende **Valenz** von Anreizen wurde in zahlreichen Experimenten zum „delay of gratification" gezeigt, meist anhand von sicheren Geldprämien in verschiedenen Zeitpunkten. Positive Konsequenzen werden danach höher gewertet, wenn sie sofort erfolgen; negative Konsequenzen werden weniger negativ bewertet, wenn sie erst in der Zukunft liegen (vgl. LEA, TARPY & WEBLEY, 1987; MOWEN & MOWEN, 1991).
- Die Erklärung des Effektes bei MILLER (und auch WEINER), nämlich durch Reizgeneralisierung, spricht eher für eine Änderung der **Erwartungen**. Zusätzlich ist ein weiterer Prozeß anzunehmen: Erwartungen sind – wie gezeigt – stark von Kontrollüberschätzung und

einem „optimistic bias" geprägt. Solches „Wunschdenken" weicht bei zunehmender Nähe gezwungenermaßen realistischeren – und damit eben auch negativeren Einschätzungen.

Die Erklärung durch zunehmend realistische Erwartungen gibt eine von HERKNERS Kritik unabhängige Begründung für den steileren Anstieg des Aversionsgradienten, und stützt damit die vierte These MILLERS.

Welche Vorhersagen lassen sich aus den Modellen von MILLER & HERKNER für risikobereite Geldanlage ableiten? Die oben dargestellten konkurrierenden Motivationskomponenten können danach beurteilt werden, ob sie

1. eher Appetenz (Annäherung) oder Aversion (Vermeidung) bedingen
2. eher personal oder situationsbedingt sind
3. die Konsequenzen zeitlich nah oder fern vom Entscheidungszeitpunkt liegen. (So ist z.B. der kognitive Aufwand während oder sogar schon vor der Entscheidung zu leisten, mögliche Gewinne oder Verluste treten aber erst später ein. Die Unsicherheit über die Performance schließlich hält den gesamte Anlagezeitraum über an.)

Bei zunehmender Nähe zur Anlageentscheidung steigt die jeweilige Motivation nun stärker an

ad 1. bei Aversion als bei Appetenz (nach dem Modell von MILLER)
ad 2. bei personaler Bedingtheit als bei situativer Bedingtheit (nach dem Modell von HERKNER)
ad 3. wenn die Konsequenzen dem Entscheidungszeitpunkt nahe sind als wenn sie noch weit von dem Entscheidungszeitpunkt entfernt sind. Diese Annahme beruht auf der Prämisse, daß der Anstieg der Gradienten mit zunehmender Zielnähe nicht linear, sondern exponentiell verläuft (siehe auch LEWIN, 1946; nach HECKHAUSEN, 1989, S. 102).

Aus diesen Annahmen läßt sich für jede genannte Motivationskomponente die Steigung des jeweiligen Gradienten abschätzen (wobei nach MILLERS ersten beiden Thesen grundsätzlich eine Zunahme der Motivationsstärke zu unterstellen ist).

Insgesamt zeigt sich ein deutliches Bild: Motivationen, die ein Börsenengagement begünstigen, verlieren bei zunehmender Entscheidungsnähe relativ an Bedeutung! Das Modell scheint damit gut geeignet zu sein, zusammen mit weiteren Variablen wie situativen Einflüssen und Willensstärke den Unterschied zwischen „Maulhelden" und denjenigen, die sich tatsächlich an der Börse engagieren, zu erklären. Er verdeutlicht, daß mit zunehmender Nähe (assoziativ, räumlich oder zeitlich) zur Entscheidung die Bedeutung konservativ-sicherheitsorientierter Motivationen zunimmt, wodurch

- Einstellungen und Intentionen um so risikobereiter ausfallen, je entfernter vom Entscheidungszeitpunkt sie gebildet wurden, und
- ein späteres Überdenken von Intentionen zu tendenziell mehr sicherheitsorientierten Entscheidungen führt (der „Kalte-Füße-Effekt").

Daraus ergeben sich auch Konsequenzen für die empirische Kapitalmarktforschung. Wird nämlich die Intentions- oder Einstellungsbildung in Befragungen fernab von realen Entscheidungen durch eine Befragung künstlich induziert, wird die Risikobereitschaft überschätzt. Dieser Befragungs-Bias wäre herauszurechnen oder zumindest in der Interpretation zu berücksichtigen. Vor allem sollten aber abstrakte Fragen soweit wie möglich durch Verhaltensangaben oder zumindest die Simulation möglichst realistischer Entscheidungssituationen ersetzt werden.

Motivation	*Verhal-tenstendenz*	*Motivation eher personal oder situativ bedingt*	*Distanz der Entscheidung zu ihren Konsequenzen*[32]	*Entwicklung der Motivationsstärke mit zunehmender Entscheidungsnähe*[33]
Renditestreben	Appetenz	personal	hoch	**leicht zunehmend**
Erfolgssuche	Appetenz	personal	hoch	**leicht zunehmend**
Reizsuche	Appetenz	personal	hoch	**leicht zunehmend**
Mißerfolgsmeidung	Aversion	personal	hoch	**zunehmend**
Reizmeidung	Aversion	personal	hoch	**zunehmend**
Kognitiver Aufwand	Aversion	situativ	gering	**stark zunehmend**
Soziale Einflüsse	Aversion	situativ	gering	**stark zunehmend**

Tabelle 6-3: ***Bedeutungszunahme relevanter Motivationskomponenten mit sinkender Entscheidungsdistanz***

6.9 Fazit

Die Entscheidung für eine Investition in Aktien, ebenso wie für ein intensiveres Engagement in börsengehandelten Wertpapieren, folgt nicht alleine Gewinnerwartungen, sondern ist durch eine Reihe unterschiedlicher und zum Teil widersprüchlicher Motivationen bedingt: Die unterschiedliche Gewichtung von Gewinnen und Verlusten spielt hier ebenso eine Rolle wie die Suche nach Erfolg oder die Furcht vor Mißerfolg als Rückmeldung für den eigenen Selbstwert. Ebenso sind die Suche oder Meidung risikobedingter Aktivierung, Bequemlichkeit, sowie verinnerlichte Normen zum Geld, nach denen Sicherheit höher gewertet wird als Rendite, zu berücksichtigen.

Selbst von einer positiven Einstellung zur Aktie ist es noch ein weiter Weg bis hin zum tatsächlichen Engagement an der Börse. Vereinfachte Entscheidungen, das Festhalten an Gewohnheiten, soziale Einflüsse u.a. aus der Anlageberatung, geringe Willensstärke und vor allem der „kalte-Füsse-Effekt" halten viele Anleger von der Realisierung ihrer Vorstellungen ab. SKINNERs Bild der Tauben mit Kontrollillusion oder zumindest Kontrollüberschätzung trifft daher nur einen kleinen Kreis echter „Börsianer". Die Mehrheit der Gruppe der gegenüber Anlagerisiken tendenziell aufgeschlossenen Anleger erinnert dagegen eher an MILLERs Ratten. Die Mehrheit der

[32] Die Distanz zwischen der Anlageentscheidung und ihren Konsequenzen ist gering, wenn die Konsequenzen direkt mit der Entscheidungssituation verbunden sind, und hoch, wenn diese an die spätere Performance der Investition gebunden sind.

[33] Entspricht dem resultierenden Steigungsgrad des Motivationsgradienten.

Anleger insgesamt schließt aber ein Engagement in Risikowerten a priori aus und scheint am ehesten durch die Bilder des „kognitiven Geizhalses“ oder des „homo habitualis“ geprägt zu sein. Der „homo oeconomicus“, der ungeachtet sonstiger Einflüsse seine persönliche Balance zwischen Risiko und Renditeerwartung optimiert, bleibt dagegen der ökonomischen Theorie vorbehalten – und gehört ansonsten ins Reich der Fabeln.

FINANZPSYCHOLOGIE UND IHRE GEGENSTANDSBEREICHE

7. Kapitel

Ein Modell der Steuerzufriedenheit – psychologische Grundlagen (un)ökonomischen Handelns

Eva Jonas (Universität München), Klaus Heine (Universität Marburg), Dieter Frey (Universität München)

7.1 Übersicht

Ausgangspunkt dieser Arbeit ist das sich verschärfende Problem des Steuerwiderstandes in Deutschland und anderen Industrieländern, sowie die Frage, wie man erreichen kann, daß Menschen steuerehrlich bleiben. Die ökonomische Erklärung des Tatbestandes der Steuerhinterziehung erfolgt mittels des Handlungsmodells des Homo Oeconomicus, das jedoch erhebliche Schwierigkeiten hat, Kategorien wie Steuermoral oder -gerechtigkeit als empirisch testbare Hypothesen zu formulieren. Diesen blinden Fleck der ökonomischen Theorie kann die Psychologie, die von einem weitaus differenzierteren Handlungsmodell des Menschen ausgeht, auffüllen: Vor dem Hintergrund psychologischer Theorien und Befunde erscheint die Betrachtungsweise, daß der Mensch seinen Nutzen maximiert, indem er jede „lohnende“ Gelegenheit zur Steuerhinterziehung ausnützt, verkürzt. Es wird ein Modell der Steuerzufriedenheit vorgestellt, welches vier Prinzipien postuliert, deren Verwirklichung dazu führt, daß Menschen sich mit einer Situation identifizieren, bereit sind, Verantwortung zu übernehmen und damit ihr Eigeninteresse zurückzustellen. Diese Prinzipien wirken wie ein Puffer gegenüber dem ökonomischen Streben nach Nutzenmaximierung. Um das Steuerzahlverhalten von Personen vorherzusagen, reicht es jedoch nicht allein aus, die Einstellung zur Steuer zu kennen. Vielmehr sind weitere Einflußfaktoren wie Verhaltenskonsequenzen, soziale Normen und wahrgenommene Verhaltenskontrolle von zentraler Bedeutung. Unserer Meinung nach kann mit Hilfe dieser Vorgehensweise das Problem des Steuerwiderstandes erheblich besser erklärt werden als es allein mit Kosten-Nutzen-Kalkülen möglich ist. Ein weiterer Vorteil des Modells liegt in der Ableitung von konkreten wirtschaftspolitischen Folgerungen aus den vier Prinzipien.

7.2 Fragestellung

Jedes Jahr werden in Deutschland ca. 160 – 170 Milliarden DM Steuergelder hinterzogen[34] – Geld, das in private Taschen statt in die Staatskasse fließt. Dieser Betrag entsteht nicht nur durch Schwarzarbeit, also nicht versteuerter Arbeit, sondern auch dadurch, daß Einnahmen in geringerer als der tatsächlichen Höhe deklariert und Ausgaben durch Kulanzbelege von Privatpersonen und Firmen in einem höheren als dem tatsächlichen Maße angegeben werden. Zu den 160 – 170 Milliarden DM verminderter Steuereinnahmen addieren sich schließlich noch die legalen Möglichkeiten der Steuerersparnis, wie z.B. Abschreibungen von Ostimmobilien, als deren Folge sich viele Millionäre brüsten, überhaupt keine Steuern mehr bezahlen zu müssen. Sprichwörtlich geht in diesem Staat das Bonmot um: „der Ehrliche – bzw. der Steuerzahler – ist der Dumme“.

Durch eine strengere Überprüfung könnte nach Aussage von Experten ein Großteil der derzeit hinterzogenen Steuern realisiert werden. Je öfter Menschen die Erfahrung machen, daß Betrug beim Steuerzahlen ohne Folgen bleibt, umso stärker testen sie die Grenzen der Hinterziehungsmöglichkeiten aus. Entsprechend steigt die Tendenz, Steuern zu hinterziehen. Dieses Phänomen wirft eine Vielzahl von Fragen auf:

- Warum kommt es trotz der Zahlen nicht zu entsprechenden Handlungen, also Gegenstrategien der Finanzbehörden? Warum wird Steuerhinterziehung mehr oder weniger geduldet?
- Wie gehen Menschen mit Unehrlichkeit beim Steuerzahlverhalten um? Wie verarbeiten und wie rechtfertigen sie diese Unehrlichkeit?
- Unter welchen personalen und situationalen Bedingungen erfolgt Steuerhinterziehung?
- Wann überträgt sich Unzufriedenheit mit dem Steuersystem in faktisches Verhalten der Steuerhinterziehung?
- Unter welchen Bedingungen entwickelt sich das Erleben von Steuergerechtigkeit und – damit verbunden – von Steuerzufriedenheit?
- Ist ein höheres Ausmaß an empfundener Steuerzufriedenheit verknüpft mit einem geringeren Ausmaß an Steuerhinterziehung? Und wie verhält es sich mit der Ausnutzung legaler Möglichkeiten der Steuerausweichung?

Auf die Frage, unter welchen Bedingungen Personen die ihnen auferlegte Steuer als gerecht empfinden und bereit sind, diese zu bezahlen, und unter welchen Bedingungen sie die Steuer als ungerecht erleben und folglich mit Steuerwiderstand reagieren, geben Ökonomie und Psychologie partiell unterschiedliche Antworten:

---

[34] Diese Zahlen beruhen auf Schätzungen der Deutschen Steuergewerkschaft (DSTG), die das Ausmaß der Steuerhinterziehung für 1994 auf ca. 150 Mrd DM geschätzt haben. Es ist jedoch davon auszugehen, daß die Zahlen in den letzten Jahren nochmals deutlich gestiegen sind, – so beträgt der Umfang der Schattenwirtschaft 1998 ca. 548 Mrd gegenüber 435 Mrd im Jahr 1994 (vgl. SCHNEIDER, 1998) – so daß es nach Aussagen der DSTG realistisch erscheint, von einer Steuerhinterziehung für 1998 von mindestens 160-170 Mrd DM auszugehen.

Gemäß dem ökonomischen Paradigma versuchen Menschen, die ihnen auferlegte Steuerlast zu minimieren, unabhängig davon, ob sie die Steuer als gerecht ansehen oder nicht. In der orthodoxen Finanzwissenschaft (siehe bspw. ATKINSON & STIGLITZ, 1980) wird die Anpassung an steuerliche Tatbestände meist ausschließlich vor dem Hintergrund der *neoklassischen Maximierungshypothese* betrachtet. Es wird angenommen, daß sich Individuen als rationale Nutzenmaximierer verhalten und bestrebt sind, ihre Steuerlast zu minimieren, um damit ihren Nutzen zu maximieren – unabhängig von Fairneß- und Gerechtigkeitsüberlegungen.

Steuern zu hinterziehen, gilt in der Ökonomie als Entscheidung unter Unsicherheit: Das Individuum geht das Risiko ein, als Steuerbetrüger entlarvt zu werden. Die objektiven Kosten der illegalen Steuerausweichung errechnen sich für den Steuerpflichtigen aus der Wahrscheinlichkeit, entdeckt zu werden, gewichtet mit der Höhe der Strafe. Ein risikoneutrales Individuum maximiert den Erwartungswert des eigenen Einkommens oder des hieraus gezogenen Erwartungsnutzen E(U) formal betrachtet nach folgendem Kalkül (vgl. ALLINGHAM & SANDMO, 1972):

$$E(U) = (1\text{-}p) * U(Y_w - t * Y_b) + p * U[Y_w - t * Y_b - \pi * (Y_w\text{-}Y_b)],$$

mit p als Wahrscheinlichkeit der Entdeckung der Steuerhinterziehung, (1-p) als Wahrscheinlichkeit, nicht entdeckt zu werden, Y_w als tatsächliches Einkommen, Y_b als deklariertes Einkommen, t als Steuersatz und π als Ausmaß der Strafe, die dem hinterzogenen Betrag auferlegt wird.

Der Steuerpflichtige deklariert somit sein Einkommen in für ihn optimaler Höhe. Dabei geht er folgendermaßen vor: Sofern das Produkt aus der Wahrscheinlichkeit entdeckt zu werden und dem Ausmaß der Strafe geringer ist als die Höhe des aktuellen Steuerbetrages, wird der Steuerpflichtige weniger Einkommen angeben als er eigentlich müßte. Wenn dieses Produkt größer ist als der aktuelle Steuerbetrag, wird er keine Steuern hinterziehen.

Ökonomen neigen dazu, das Problem der Steuerhinterziehung als rein technisches Problem zu betrachten (vgl. CULLIS & LEWIS, 1997, S. 310). Es geht zum einen um die Frage, welche Möglichkeiten zur Steuerhinterziehung überhaupt bei einer bestimmten Steuer bestehen. Zum anderen wird das Steuerzahlverhalten aus der individuellen Kosten-Nutzen-Betrachtung des Steuerzahlers abgeleitet, der den Gewinn aus der Steuerhinterziehung gegen die möglichen Verluste aus einer Bestrafung bei Entdeckung der Unehrlichkeit abwägt. Ethisch-moralische Überlegungen spielen bei dieser Betrachtungsweise entweder keine Rolle oder werden in der Weise ökonomisiert, daß sie Teil des rational nutzenmaximierenden Kalküls werden (siehe bspw. zum Thema Altruismus BECKER, 1976). Damit wird dem Menschen aber gleichsam überhaupt die Möglichkeit abgesprochen, sich anders als der Homo Oeconomicus zu verhalten, da nun alle seine Handlungen immer Ausdruck egoistischer Berechnungen sind. Sozialwissenschaftlich problematisch ist ein solches Vorgehen deswegen, weil die Verhaltenshypothesen, die generiert werden, entweder ohne weiteres von der Realität widerlegt werden, oder so weit gefaßt werden müssen, daß keine eindeutigen Aussagen über menschliches Verhalten mehr möglich sind. Es erscheint daher als Forschungsstrategie geeigneter, moralisch-ethisches Verhalten als ein empirisch beobachtbares Phänomen zu begreifen, das im Widerspruch zum Modell des rationalen Egoisten steht.

Psychologen und Soziologen sehen Steuerhinterziehung als Problem eines sozial eingebundenen Individuums: Was ist gerecht? Wie verhalten sich meine Nachbarn, Kollegen etc.? Welche Verantwortung übernehme ich für die Gemeinschaft? Dadurch ergeben sich zusätzliche Einsichten in das Steuerzahlverhalten, die bei der rein neoklassisch ökonomischen Analyse des Problems übersehen werden. Im folgenden soll deshalb das ökonomische Handlungsmodell des rational-egoistischen Steuerzahlers um einige zentrale psychologische Variablen erweitert werden, die sich aus der Vielzahl empirischer Befunde zur Steuermoral und zum Steuerverhalten herauskristallisieren. Bei dem daraus resultierenden Modell wird es jedoch wichtig, zwischen der Einstellung zur Steuer und der Einstellung zum Steuerzahlen zu unterscheiden (vgl. Abschnitt III). Auf diese Weise gelangt man zu einem Modell des Steuerzahlverhaltens, das sowohl die analytische Strenge der Ökonomik besitzt als auch von einem komplexen Handlungsmodell des Menschen ausgeht.[35]

7.3 Empirische Befunde

20-30% der Steuerpflichtigen westlicher Industrienationen deklarieren ihr Einkommen nicht vollständig und zum eigenen Vorteil; ca. 10-20% der Gesamteinnahmen werden dadurch rechtswidrig der Besteuerung entzogen (vgl. ROBBEN et al., 1990; HESSING, ELFFERS & WEIGEL, 1988). Da die methodische Erfassung des Ausmaßes an Steuerhinterziehung problematisch ist, muß bei den Schätzungen jeweils eine hohe Dunkelziffer miteinberechnet werden.[36]

DEAN, KEENAN & KENNY (1980) stellten für Großbritannien fest, daß die Mehrzahl der befragten Personen (62,1%) ihre Einkommenssteuerlast als zu hoch einschätzten, 70% dachten, daß sie relativ zu anderen zu viele Steuern bezahlten, und 60% waren der Meinung, daß sie mehr Steuern als andere mit dem gleichen Einkommen bezahlen müßten. Es ist anzunehmen, daß ähnliche Zahlen auch für die Bundesrepublik gelten, obwohl neuere systematische Untersuchungen fehlen.

---

[35] Einen grundlegenden Überblick über das Verhältnis zwischen Ökonomie und Psychologie gibt RABIN (1998).

[36] Es stellt sich die Frage, welchen Einfluß unterschiedliche methodische Verfahren auf die geschätzte Höhe der Steuerhinterziehung haben. So werden z.B. bei Steuerkontrollen in der Regel keine Zufallsstichproben gezogen, die für jeden Steuerpflichtigen die gleiche Kontrollwahrscheinlichkeit implizieren. Viemehr unterliegen bestimmte Personengruppen, wie beispielsweise Selbständige, einer höheren Wahrscheinlichkeit kontrolliert zu werden. Wenn also ein höherer Prozentsatz der Selbständigen als Steuerbetrüger identifiziert wird, dann könnte dieses auch ein methodisches Artefakt sein. Eine weitere Möglichkeit der methodischen Erfassung der Steuerhinterziehung sind Selbstberichte. Auch diese sind jedoch nur bedingt aussagekräftig, da man hier auf die Ehrlichkeit bzw. Aufrichtigkeit der Befragten angewiesen ist. Wünschenswert wäre es daher, eine Kombination aus mehreren Untersuchungsverfahren einzusetzen.

Im folgenden werden exemplarisch einige Ergebnisse empirischer Untersuchungen aufgeführt, die zum einen Beiträge zur Erklärung einer positiven oder negativen Einstellung zur Steuer und damit zur Steuerzufriedenheit bzw. -unzufriedenheit liefern und zum anderen auch faktische Steuerhinterziehung ansprechen. Die empirische Forschung zum Steuerverhalten kann in Befunde zum Einfluß von Situations- und Personenmerkmalen zusammengefaßt werden (siehe Tabelle 7-1). Ökonomische Untersuchungen konzentrieren sich dabei ausschließlich auf situationale Variablen, während psychologische Forschung auch Personen- und Wahrnehmungsfaktoren berücksichtigt.

Situationale Merkmale:
- Gelegenheiten
- Entdeckungswahrscheinlichkeit
- Höhe des Einkommens und der Grenzsteuerbelastung
- Höhe der Sanktionen
- Institutionelle Rahmenbedingungen
- Wahrgenommene Steuergerechtigkeit bzw. -fairneß
- Unterscheidung zwischen Steuerrückerstattung und Steuernachzahlung

Personenmerkmale:
- Einstellung zum Staat
- Einstellung zur Gesetzgebung
- Wahrgenommene Gerechtigkeit der Ressourcenverteilung
- Religion und Moral
- Entfremdung von der Gemeinschaft
- Einstellung zum Gelderwerb
- Ausbildung

Wahrnehmungsverzerrungen:
- Einfluß situativer Merkmale auf die Wahrnehmung
- Einfluß von Einstellungen zur Besteuerung auf die Wahrnehmung

Tabelle 7-1: ***Zusammenfassung zentraler empirischer Befunde der Forschung zum Steuerzahlen***

7.3.1 Der Einfluß situationaler Merkmale

Zum Einfluß situationaler Merkmale gibt es folgende Ergebnisse:

Gelegenheiten: Je mehr objektive Gelegenheiten eine Person zur Steuerhinterziehung hat, um so eher nützt sie diese auch aus und umso häufiger zeigt sie steuerhinterziehende Verhaltensweisen (vgl. WEBLEY et al., 1991; ROBBEN et al., 1990; WÄRNERYD & WALERUD, 1982). So tritt Steuerhinterziehung bei Selbständigen häufiger auf als bei nicht selbständigen Personen, da sie über mehr Möglichkeiten verfügen, Einkommen entweder nicht zu deklarieren oder Ausgaben anzugeben, die de facto gar nicht oder nur im Rahmen ihres privaten Haushaltes entstanden sind (vgl. VOGEL, 1974; WÄRNERYD & WALERUD, 1982).

Entdeckungswahrscheinlichkeit: Je größer die Wahrscheinlichkeit der Entdeckung von Steuerhinterziehung, um so seltener ist ihr Auftreten, da der erwartete Nutzen aus der Steuerhinterziehung sinkt (vgl. WEBLEY et al., 1991; POMMEREHNE & WECK-HANNEMANN, 1989; SPICER & THOMAS, 1982; SPICER & LUNDSTEDT, 1976). Interessanterweise zeigen Untersuchungen allerdings, daß die wahrgenommene Entdeckungswahrscheinlichkeit von Personen, die Steuern hinterziehen, als niedriger wahrgenommen wird als von anderen Personen (vgl. z.B. VOGEL, 1974; WÄRNERYD & WALERUD, 1982).

Höhe des Einkommens und der Grenzsteuerbelastung: Je höher das tatsächliche Einkommen und damit auch der Grenzsteuersatz (die Höhe des Steuersatzes auf jede zusätzlich verdiente Geldeinheit), um so höher der Prozentsatz derjenigen Personen, die Steuern hinterziehen (vgl. POMMEREHNE & WECK-HANNEMANN, 1989 sowie die dort angegebene Literatur). Aufgrund des höheren Grenzsteuersatzes ist für Personen mit hohem Einkommen die Steuerersparnis durch jede zusätzlich hinterzogene Geldeinheit höher als für Personen mit niedrigerem Einkommen. Ähnlich verhält es sich auch mit den legalen Steuerabzugsmöglichkeiten.

Höhe der Sanktionen: Hier gibt es unterschiedliche Ergebnisse. Vor allem Untersuchungen von Ökonomen haben gezeigt, daß die Steuerhinterziehung umso geringer ist, je höher die angedrohte Strafe ist, da hierdurch der erwartete Nutzen aus der Steuerhinterziehung sinkt (vgl. z.B. POMMEREHNE & WECK-HANNEMANN, 1989). Dies wird von Befragungsstudien gestützt (vgl. WÄRNERYD & WALERUD, 1982). In anderen Untersuchungen hat sich jedoch gezeigt, daß die zunehmende Höhe der Sanktionen keinen Einfluß auf das Verhalten der Steuerpflichtigen hat, weniger Steuern zu hinterziehen (vgl. WEBLEY et al., 1991; SPICER & LUNDSTEDT, 1976).

Institutionelle Rahmenbedingungen: Der Einfluß institutioneller Rahmenbedingungen spielt insofern eine Rolle, als ein höheres Maß an politischer Mitbestimmung der Bürger hinsichtlich des Angebots an öffentlichen Gütern und Dienstleistungen das Ausmaß der Steuerhinterziehung verringert (vgl. POMMEREHNE, 1985; sowie WECK-HANNEMANN & POMMEREHNE, 1989; FREY & EICHENBERGER, 1996). Offensichtlich erhöht die Partizipationsmöglichkeit der Bürger ihre Zufriedenheit mit dem politischen Geschehen. Je höher außerdem die Zufriedenheit mit den politischen Akteuren in bezug auf den sparsamen und funktionellen Umgang mit den Steuermitteln ist, umso geringer ist auch die Steuerhinterziehung (vgl. SCHNEIDER, 1994).

Wahrgenommene Steuergerechtigkeit bzw. -fairneß: Je höher die wahrgenommene Steuergerechtigkeit bzw. Steuerfairneß, um so positiver die Einstellung zur Steuer und umso geringer die Steuerhinterziehung (vgl. z.B. SPICER & BECKER, 1980; COWELL, 1992). Die wahrgenommene Steuergerechtigkeit ergibt sich aus dem Vergleich zwischen dem abgeführten Steuerbetrag und den öffentlichen Leistungen, die der Steuerzahler im Sinne des *Reziprozitätsprinzips*[37] vom Staat erhält. Zum anderen wird die wahrgenommene Steuergerechtigkeit durch den Vergleich mit anderen

[37] Zur Erklärung des Reziprozitätsprinzips vgl. z.B. BIERHOFF (1992).

Steuerpflichtigen und deren Verhältnis von Steuerbeiträgen und öffentlichen Leistungen im Sinne des *Equity-Prinzips* (ADAMS, 1965) beeinflußt. Wenn eine Person annimmt, daß sie im Verhältnis zu dem von ihr geleisteten Input zu wenig Output erhält oder im Vergleich zu anderen Personen mehr Steuern bezahlen muß, resultiert daraus wahrgenommene Steuerungerechtigkeit, die häufig Steuerhinterziehung zur Folge hat (vgl. SPICER & LUNDSTEDT, 1976).[38]

Unterscheidung zwischen Steuerrückerstattung und Steuernachzahlung: Die Steuerhinterziehung ist dann wahrscheinlicher, wenn sie zur Verringerung einer Steuernachzahlung vorgenommen wird. Wenn dagegen Steuerhinterziehung begangen werden muß, um eine erhöhte Steuerrückvergütung von seiten des Finanzamtes zu erreichen, ist sie eher unwahrscheinlicher (vgl. WEBLEY et al., 1991; SCHEPANSKI & SHEARER, 1995; sowie ROBBEN et al., 1990, die diesen Befund länderübergreifend bestätigen konnten). Dies steht in Übereinstimmung mit der *Prospect theory* (KAHNEMAN & TVERSKY, 1979), die besagt, daß Personen davor zurückscheuen, einen sicheren Verlust (Steuernachzahlung) zu realisieren, und zur Abwendung des Verlustes lieber das Risiko eingehen, bei einer Steuerhinterziehung erwischt zu werden. Bei einem sicheren Gewinn (Steuerrückzahlung) ist man hingegen weniger risikofreudig, diesen durch falsche Angaben aufs Spiel zu setzen.

7.3.2 Der Einfluß von Personenmerkmalen

Personenmerkmale haben sowohl einen konsistenten Einfluß auf die Einstellung zu Steuern als auch auf das faktische Verhalten der Steuerhinterziehung.

Einstellung zum Staat: Je positiver die Einstellung zum Staat, um so größer die wahrgenommene Steuerzufriedenheit und umso geringer die Steuerhinterziehung; je negativer die Einstellung zum Staat, umso eher wird die Steuerzahlung als belastend und ungerecht verteilt wahrgenommen (vgl. SCHMÖLDERS, 1966; LEWIS, 1982A; GROENLAND & VAN VELDHOVEN, 1983).

Einstellung zur Gesetzgebung: Je positiver die Einstellung zur Gesetzgebung insgesamt, um so seltener die Steuerhinterziehung (vgl. WEBLEY et al., 1991; ELFFERS, ROBBEN & HESSING, 1992).

---

[38] Die Neigung zur Steuerhinterziehung ist bei Personen umso größer, je stärker sie der Meinung sind, sie zahlten durchschnittlich mehr Steuern als andere Personen (SPICER & BECKER, 1980). Allerdings gibt es hier zum Teil auch widersprüchliche Befunde, nach denen der Vergleich mit anderen irrelevant ist (SPICER & HERO, 1985; ROBBEN et al., 1990). Wie bei Darstellung der Equity-Theorie (S. 19 ff.) erläutert werden wird, müssen bei solchen Vergleichen verschiedene Mechanismen beachtet werden – so spielen offensichtlich neben interpersonalen auch temporale Vergleiche eine Rolle. Dies könnte die unterschiedlichen Befunde erklären.

Weitere Experimente zeigen, daß die Information, andere Personen erzielten einen höheren Nettogewinn (d.h. Bruttogewinn minus Steuern), zu einer vermehrten Steuerhinterziehung führt. Die Information über den Durchschnittssteuersatz anderer (15%, 30% oder 45%) im Vergleich zum eigenen Durchschnittssteuersatz wirkte sich dagegen nicht auf die Steuerhinterziehung aus (WEBLEY, ROBBEN, ELFFERS & HESSING, 1991, S. 60 f).

Wahrgenommene Gerechtigkeit der Ressourcenverteilung: Je größer die wahrgenommene Gerechtigkeit der Ressourcenverteilung in einer Gesellschaft, um so positiver ist die Einstellung zur Steuer und umso seltener ist Steuerhinterziehung (vgl. SCHMÖLDERS, 1966; LEWIS, 1982A; GROENLAND & VAN VELDHOVEN, 1983).

Religion und Moral: Je größer das religiöse Engagement und die moralische Orientierung von Personen, um so höher ist die Steuermoral und umso seltener die Steuerhinterziehung (vgl. SCHMÖLDERS, 1966; LEWIS, 1982A; GROENLAND & VAN VELDHOVEN, 1983).

Entfremdung von der Gemeinschaft: Je stärker die Entfremdung einer Person vom sozialen System bzw. von der Gemeinschaft, um so eher betreibt sie Steuerhinterziehung. Die Entfremdung wurde z.B. über folgende Fragen erfaßt: „Für Leute wie mich wird das Leben heutzutage immer unerfreulicher.“, „Man kann sich auf andere einfach nicht verlassen.“, „Kaum jemand kümmert sich mehr darum, wie es Menschen in seiner Nähe geht.“ (vgl. WEBLEY, et al., 1991; ELFFERS, ROBBEN & HESSING, 1992).

Einstellung zum Gelderwerb: Je stärker eine Person Geld und Gewinn als Ausdruck von Erfolg erlebt, um so eher wird sie Steuern illegal zurückbehalten (vgl. SCHMÖLDERS, 1966; LEWIS, 1982A; GROENLAND & VAN VELDHOVEN, 1983). Geld hat für diese Personen eine so hohe Bedeutung, daß jegliche Steuer als Verlusterlebnis interpretiert wird, das (im Sinne der Prospect-Theorie) vermieden werden muß.

Ausbildung: Personen mit besserer Ausbildung bewerten das Steuersystem positiver. Möglicherweise haben sie – da sie in der Regel auch über ein höheres Einkommen verfügen – mehr Chancen, Steuerrückerstattungen geltend zu machen, und empfinden daher eine geringere Belastung durch das Steuersystem. Trotz der positiven Bewertung zeigen diese Personen in höherem Maße Steuerhinterziehung, was vermutlich dadurch zu erklären ist, daß sie eher über das dazu notwendige Wissen verfügen (GROENLAND & VAN VELDHOVEN, 1983). Eine weitere Erklärung wäre, daß sie bei einem höheren Grenzsteuersatz natürlich auch einen größeren Nutzen aus der Steuerhinterziehung in Form von steuerlich nicht abgeführtem Einkommen ziehen als Personen, die weniger verdienen.

7.3.3 Der Einfluß von Wahrnehmungsverzerrungen

Viele der Aspekte, die mit dem Steuerzahlen verbunden sind, wie z.B. die Einschätzung der Steuerbelastung, werden vom Steuerzahler *subjektiv* wahrgenommen. Dabei bestimmen situative Merkmale, wie eine Situation wahrgenommen und bewertet wird. Eine Verzerrung der Wahrnehmung steuerlicher Situationen kann jedoch auch durch Einstellungen herbeigeführt werden.

Untersuchungen zum Einfluß von Steuerreformen zeigen, daß Personen keinesfalls auf jede steuerliche Änderung reagieren (vgl. z.B. SCHOLZ et al., 1992; WAHLUND, 1992). Die subjektive Wahrnehmung steuerlicher Tatbestände wird nämlich in starkem Maße durch die Salienz steuerlicher Tatbestände beeinflußt: Steuern, die nicht salient sind, werden in ihrer Höhe systematisch unterschätzt (vgl. LEWIS, 1978). Dies gilt insbesondere für indirekte Steuern, wie Umsatz- oder sonstige Verbrauchsteuern, die auch als unmerkliche Steuern bezeichnet werden.

Wie für die Wahrnehmung aller komplexen Situationen gilt auch für die Wahrnehmung steuerlicher Tatbestände, daß sich Personen aufgrund begrenzter Informationsverarbeitungskapazität von kognitiven Schemata und Frames leiten lassen. Diese heben bestimmte Aspekte einer Situation hervor und vernachlässigen andere (vgl. FISKE & TAYLOR, 1991; LILLI & FREY, 1993). So können Situationen beispielsweise durch einen *ergebnisorientierten Frame* dominiert sein. Die Bewertung einer Situation hängt dann vom Verhältnis zwischen dem Ausmaß der bezahlten Steuern und den zur Verfügung gestellten öffentlichen Leistungen ab. Ein *normorientierter Frame* fokussiert hingegen eher auf soziale Vergleiche zwischen reicheren und ärmeren Personen. Dies führt zu einer Bewertung der vertikalen Gerechtigkeit[39] bei der Verteilung der Steuerlasten (vgl. KINSEY, GRASMICK & SMITH, 1991).

Auch Einstellungen zur Besteuerung beeinflussen die Wahrnehmung und Beurteilung von Situationen (vgl. zusammenfassend STAHLBERG & FREY, 1992). Daraus resultierende systematische Wahrnehmungsverzerrungen werden durch die Intransparenz von Steuersystemen und das mangelnde Wissen von Personen über steuerliche Tatbestände noch verstärkt (vgl. SHEFFRIN, 1993; WAHLUND, 1992; LEWIS, 1982b; VOGEL, 1974). Nach der *Hypothesentheorie der Wahrnehmung* (vgl. BRUNER & POSTMAN, 1951; sowie als Überblick LILLI & FREY, 1993) ist dabei ein sich selbst verstärkender Prozeß zu beobachten: Hypothesen über reale Tatbestände beeinflussen die Aufnahme neuer Informationen insofern, als bestehende Einstellungen überwiegend bestätigt werden und sich hierdurch weiter verfestigen. So nehmen Personen in der Regel an, daß sie im Vergleich zu anderen zu viel Steuer bezahlen (vgl. z.B. KINSEY, GRASMICK & SMITH, 1991[40]). Dies gilt sowohl für den vertikalen Vergleich mit Personen, die über ein höheres Einkommen verfügen, als auch für den horizontalen Vergleich mit Personen, die über ein ähnlich hohes Einkommen verfügen (vgl. DEAN, KEENAN & KEENEY, 1980; LEWIS, 1982b). Die Annahme, daß man im Vergleich zu anderen zu viel Steuer bezahle, kann sich schließlich zu einer generellen Erwartungshypothese ausbilden, durch die neue Informationen entsprechend gefiltert und verzerrt werden.

Aufgrund der Komplexität der Steuerrichtlinien ist das Beurteilungsvermögen der eigenen Steuerlast oder der anderer Personen eingeschränkt (vgl. LEWIS, 1978; CALDERWOOD & WEBLEY, 1992). Daher sind subjektive Einschätzungen der Steuerlast

---

[39] Vertikale Gerechtigkeit besagt, daß Individuen mit einer größeren Kapazität, Steuern zu bezahlen (also einer höheren steuerlichen Leistungsfähigkeit), auch einen höheren Anteil an Steuern zu tragen haben. Horizontale Gerechtigkeit bedeutet demgegenüber, daß Steuerpflichtige in gleichen wirtschaftlichen Ausgangstatbeständen, also mit einer ähnlichen steuerlichen Leistungsfähigkeit bezüglich ihrer steuerlichen Belastung, gleich zu behandeln sind.

[40] In der Untersuchung von KINSEY, GRASMICK & SMITH (1991) gaben 14% der Befragten an, daß sie „bei weitem zuviel“, 54% „zuviel“, 28% „etwa angemessen“ und nur 5% „zu wenig“ Steuern bezahlen (S. 852).

mit Hilfe der zugänglichen Informationen, wie der Lohnsteuerpflicht, der Lohngruppe oder Kinderfreibeträgen, ausschlaggebend für die Beurteilung. Im Rahmen der deutschen Einkommensteuer ist es wegen der hohen Zahl von Sonderregelungen kaum möglich, die effektive Einkommensteuerbelastung einer anderen Person zu ermitteln, selbst, wenn deren Bruttogehalt bekannt sein sollte. Dieses führt dann dazu, daß die Hypothese, man selber zahle im Vergleich zu anderen zuviele Steuern, durch die selektive Sammlung von Erfahrungen aufrecht erhalten bleibt.

Hinzu kommt die subjektiv verzerrte Einschätzung bei der Beurteilung der von anderen Personen empfangenen öffentlichen Leistungen. Die Zurechnung staatlicher Transfer- und Transformationstätigkeit auf Einkommensklassen stellt bereits die traditionelle Finanzwissenschaft vor erhebliche Probleme.[41] Auf der Ebene des einzelnen Individuums wird dieses Problem zusätzlich noch dadurch verstärkt, daß dem Individuum lediglich selektive Informationen über die Staatstätigkeit zur Verfügung stehen. Zudem macht der Staat nicht ausreichend transparent, was in welchem Umfang mit den Steuergeldern finanziert wird.

Insgesamt verstärken die geschilderten Wahrnehmungsverzerrungen die Tendenz, die Steuerlast anderer zu unterschätzen und die eigene zu überschätzen. Die in Anspruch genommenen öffentlichen Leistungen anderer Personen werden demgegenüber relativ zur eigenen Inanspruchnahme als zu hoch eingeschätzt. Dies steht in Übereinstimmung mit dem *Egocentric Bias* (vgl. z.B. MULLEN, 1983 oder GREENBERG, 1983): Demnach neigen Menschen dazu, staatliche Leistungen, die sie im Vergleich zu anderen erhalten, insgesamt zu unterschätzen und das, was sie an Steuern hierfür abführen müssen, zu überschätzen.

7.4 Ein Modell der Steuerzufriedenheit

7.4.1 Überblick

Die ökonomische Analyse geht davon aus, daß es für Personen aversiv ist, Steuern zu zahlen, weil die Besteuerung mit einem Verlust an Einkommen verbunden ist. Demgegenüber stehen Vorteile der staatlichen Leistungen, die aus dem Steueraufkommen finanziert werden. Diese haben allerdings den Charakter eines öffentlichen Gutes: Auch diejenigen Personen, die sich nicht am Zustandekommen des Steueraufkommens beteiligen, kommen in den Genuß der öffentlichen Leistungen. Hieraus resultiert ein Anreiz zum Trittbrettfahren, d.h. man ist bemüht, die eigene Steuerleistung so gering wie möglich zu halten und gleichzeitig von den öffentlichen Leistungen zu profitieren, die die anderen Steuerzahler finanziert haben. Dies entspricht dem rational-egoistischen Verhalten des Homo Oeconomicus, der nach der Maximierung seines Einkommens strebt.

---

[41] Ein grundsätzlicher Überblick über die vielfältigen Zurechnungsprobleme der Staatstätigkeit auf Einkommensklassen findet sich in HENKE (1975).

Aus der psychologischen Forschung ist hingegen bekannt, daß Personen, die sich mit einer Situation identifizieren, auch bereit sind, Verantwortung zu übernehmen (vgl. z.B. STAUB, 1982). Unsere zentrale Annahme ist die, daß Menschen sich auch mit aversiven Situationen – wie es ja beim Steuerzahlen für viele der Fall ist – identifizieren können und entsprechend Verantwortung übernehmen, wenn einige wenige, klar umrissene Bedingungen erfüllt sind (vgl. Abbildung 7-1). Voraussetzung für Identifikation und Verantwortungsübernahme auch in aversiven Situationen sind:

- Sinn und Erklärbarkeit der Regelungen und Gesetze in bezug auf Steuerbeiträge und öffentliche Ausgaben
- Transparenz und Vorhersehbarkeit dieser Regelungen und Gesetze
- Partizipation und Beeinflußbarkeit dieser Regelungen und Gesetze
- Fairneß zwischen steuerlichen Beiträgen und der Nutznießung öffentlicher Leistungen im Vergleich zu anderen Personen

Diese Faktoren beeinflussen unserer Meinung nach die Einstellung zur Steuer und fördern somit die Bereitschaft, zur Finanzierung von Leistungen beizutragen, von denen die Allgemeinheit profitiert, und damit ihr Eigeninteresse bzw. die Maximierung des eigenen Nutzens im ökonomischen Sinne zurückzustellen. Menschen sind bereit, auch hohe Steuersätze zu akzeptieren,

- wenn sie wissen, warum (Prinzip des *Sinns* und der *Erklärbarkeit*), wenn also ein hoher Steuerbetrag durch umfangreiche und sinnvolle staatliche Leistungen gerechtfertigt ist; dieses wird maßgeblich durch das Bewußtsein der persönlichen Verantwortlichkeit für die Gemeinschaft und deren Zukunft und durch die Wahrnehmung von persönlichem Nutzen aus einer Situation beeinflußt,
- wenn Ziele, Verfahren und gesetzliche Regelungen transparent, verstehbar und nachvollziehbar sind (Prinzip der *Transparenz*) und wenn klar ist, mit welchen steuerlichen Veränderungen in Zukunft zu rechnen ist, – ob beispielsweise die Steuern kontinuierlich ansteigen oder ob bestimmte Grenzen nicht überschritten werden (Prinzip der *Vorhersehbarkeit*),
- wenn sie am politischen Prozeß partizipieren können und Regelungen, die keine Zustimmung in der Bevölkerung finden, demokratisch entgegengewirkt werden kann (Prinzip der *Beeinflußbarkeit* und *Partizipation*) und
- wenn der eigene Beitrag im Vergleich zum Beitrag anderer und zur Verteilung der öffentlichen Leistungen als fair empfunden wird (*Fairneß*-Prinzip).

Diese Prinzipien können das „harte" ökonomische Modell der individuellen Nutzenmaximierung ergänzen und erweitern. Ob eine Person Steuern zahlt oder nicht, hängt natürlich nicht allein von der Verwirklichung der vier aufgeführten Prinzipien ab (siehe Abbildung 7-1). In Anlehnung an die Theorie des überlegten Handelns bzw. des geplanten Verhaltens (vgl. AJZEN & FISHBEIN, 1980; sowie AJZEN & MADDEN, 1986) können Faktoren benannt werden, die in starkem Maße beeinflussen, ob sich eine positive oder negative Einstellung zum Steuersystem in entsprechendem Steuerzahlverhalten niederschlägt: Es handelt sich hierbei um die Verhaltenskonsequenzen, die sozialen Normen in der Umgebung der handelnden Person und der von ihr wahrgenommenen Verhaltenskontrolle. Diese Faktoren bestimmen die Einstellung zum Steuer*zahlen.* In ihnen finden sich zahlreiche der zuvor genannten empirischen Befunde wider – insbesondere auch die Faktoren, die von der ökonomischen Theorie benannt werden.

Das in Abbildung 7-1 postulierte Modell der Steuerzufriedenheit macht folgende Vorhersagen: Ist sowohl die Einstellung zur Steuer als auch die Einstellung zum Steuerzahlen negativ, so ist das Ausmaß der Steuerhinterziehung am vergleichsweise stärksten ausgeprägt. Sind die Einstellung zur Steuer und die Einstellung zum Steuerzahlen positiv, ist das Ausmaß der Steuerhinterziehung am geringsten.

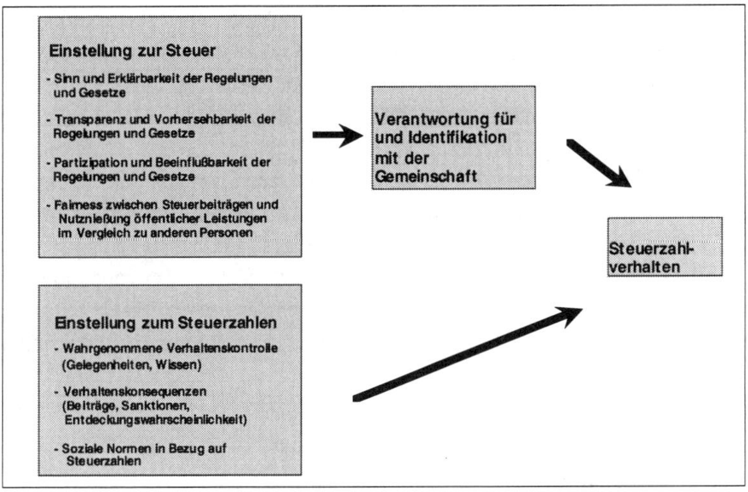

Abbildung 7-1: ***Modell der Steuerzufriedenheit***

Ist die Einstellung zur Steuer zwar positiv, die Einstellung zum Steuerzahlen aber negativ, so findet ein mittleres Ausmaß an Steuerhinterziehung statt. Dieses trifft genauso für den Fall zu, daß die Einstellung zum Steuerzahlen positiv ist, die Einstellung zur Steuer jedoch negativ.

7.4.2 Ausführliche Beschreibung der Faktoren des Modells der Steuerzufriedenheit

7.4.2.1 Faktoren, die die Einstellung zum Steuerzahlen bestimmen

a) Wahrgenommene Verhaltenskontrolle

Dieser Faktor bezeichnet das Ausmaß der wahrgenommenen Verhaltensmöglichkeiten und die Einschätzung, Verhaltensbarrieren bewältigen zu können. Wenn eine Person nicht über die Kontrolle verfügt, ein Verhalten der Steuerhinterziehung zu zeigen, weil sie z.B. keine Gelegenheiten zur Steuerhinterziehung hat oder über kein Wissen darüber verfügt, kann aus Steuerunzufriedenheit auch keine Steuerhinterziehung folgen. Umgekehrt kann jedoch auch bei geringer Steuerunzufriedenheit die Gelegenheit, ohne Risiko Steuern zu hinterziehen, dazu führen, daß das Verhalten ausgeführt wird (WEBLEY et al., 1991; ROBBEN et al., 1991).

b) Verhaltenskonsequenzen

Hierbei werden alle positiven und negativen Verhaltenskonsequenzen mit ihrer Eintrittswahrscheinlichkeit gewichtet und dann aufaddiert. Eine positive Verhaltenskonsequenz der Steuerhinterziehung ist z.B. die Erhöhung des verfügbaren Einkommens. Je mehr Einkommen durch Steuerhinterziehung gespart werden kann, um so eher wird diese auftreten (siehe auch POMMEREHNE & WECK-HANNEMANN, 1989). Als negative Verhaltenskonsequenz steht dem jedoch das Strafmaß bei der Entdeckung der Steuerhinterziehung gegenüber. Je negativer die Strafe von einer Person bewertet wird, um so unwahrscheinlicher wird es sein, daß eine negative Einstellung zur Steuer in das tatsächliche Verhalten der Steuerhinterziehung mündet (siehe auch WÄRNERYD & WALERUD, 1982; POMMEREHNE & WECK-HANNEMANN, 1989*)*. Gewichtet werden müssen diese beiden genannten Verhaltenskonsequenzen mit der Wahrscheinlichkeit ihres Eintretens, also mit der Entdeckungswahrscheinlichkeit der Steuerhinterziehung (siehe auch WEBLEY et al., 1991; POMMEREHNE & WECK-HANNEMANN, 1989; SPICER & THOMAS, 1982; SPICER & LUNDSTEDT, 1976). Weitere Verhaltenskonsequenzen sind z.B. die Mühen, die mit dem Aufstellen einer Steuererklärung verbunden sind, genauso aber auch der Aufwand, der bei der Hinterziehung von Steuern betrieben werden muß.

c) Soziale Normen in bezug auf das Steuerzahlen

Mit sozialen Normen sind Erwartungen gemeint, die sich von seiten wichtiger Bezugspersonen an die handelnde Person richten. Wenn die soziale Norm besteht, seine Steuern ehrlich zu bezahlen und nicht zu hinterziehen, kann eine solche Norm auch bei bestehender Steuerunzufriedenheit wie ein Puffer wirken, der von Steuerhinterziehung abhält. Umgekehrt verhält es sich bei der Norm „der Ehrliche ist der Dumme". Dann mag sogar bei Steuerzufriedenheit und geringer wahrgenommener Steuerungerechtigkeit Steuerhinterziehung in Verhalten umgesetzt werden (siehe auch SPICER & LUNDSTEDT, 1976; STALANS, KINSEY & SMITH, 1991; WALLSCHUTZKY, 1984).

Das hier aufgestellte Modell der Steuerzufriedenheit besagt, daß bei der Verwirklichung der Prinzipien Sinn/Erklärbarkeit, Transparenz/Vorhersehbarkeit, Partizipation/Beeinflußbarkeit und Fairneß nicht *jede* Gelegenheit zur Steuerhinterziehung *maximal* ausgenützt wird. Sofern die vier Prinzipien verwirklicht sind, wirken sie wie ein Puffer gegenüber eigennützigem Verhalten. Auch dann, wenn die Strafe als gering erachtet wird und wenn Gelegenheiten zur Steuerhinterziehung vorhanden sind, nutzen Menschen diese nicht maximal aus, sondern sind sogar dazu bereit, relativ hohe Steuersätze zu zahlen und diesen nicht zu entfliehen. Sind diese Prinzipien verwirklicht, so resultiert daraus Verantwortungsbewußtsein für die und Identifikation mit der Gemeinschaft und daraus abgeleitet eine positive Einstellung zur Steuer sowie die Bereitschaft, auch hohe Steuern zu bezahlen. Sind diese Prinzipien nicht verwirklicht, besteht hingegen die Gefahr von Entfremdung und Demotivation, die unter bestimmten Voraussetzungen (soziale Normen, Gelegenheiten etc.) in das Verhalten der Steuerhinterziehung umschlagen. Die aufgeführten Prinzipien sollen im folgenden ausführlicher erläutert werden.

7.4.2.2 Faktoren, die die Einstellung zur Steuer bestimmen

a) Das Prinzip *Sinn* und *Erklärbarkeit* der Regelungen und Gesetze in bezug auf Steuerbeiträge und öffentliche Leistungen

Wenn Menschen wissen, warum sie Steuern zahlen und wozu sie verwendet werden, dann sind sie bereit, auch hohe Steuersätze zu ertragen. Sie müssen erkennen, daß das Steuerzahlen sinnvoll ist (zur Bedeutung der Sinn-Komponente vgl. SCHULZ-HARDT & FREY, 1997).

Es liegt im Interesse des Steuerzahlers zu wissen, welche Leistungen durch die Steuer finanziert werden und ob diese vereinbar sind mit seinem persönlichen Wertesystem. Ist ein Sinn in den öffentlichen Leistungen und somit in dem eigenen Steuerbeitrag zu erkennen, so erzeugt dies ein Verantwortungsgefühl. Keinen Sinn sieht ein Steuerzahler hingegen in den zu zahlenden Steuern, wenn er etwa das Gefühl hat, der Staat verschwende die Steuergelder – eine negative Einstellung zur Steuer ist die Folge (vgl. WECK, POMMEREHNE & FREY, 1984, S. 24 ff.). In diesem Zusammenhang ist ebenso wichtig, welches Feedback Personen wahrnehmen, d.h. ob eher die positive Verwendung von Steuermitteln oder eher Fehlinvestitionen bzw. öffentliche Leistungen, mit denen keine Identifikation stattfindet, wahrgenommen werden. Die „Positiv- oder Negativbrille" ist hier entscheidend.

Finanzsoziologische Untersuchungen (vgl. PEACOCK & WISEMAN, 1967) zeigen, daß sich Steuerwiderstände in Krisenzeiten, wie z.B. in Kriegen, eher überwinden lassen. In normalen, krisenfreien Zeiten stoßen Politiker dagegen häufig auf Steuerwiderstand bei ihren Bürgern, wenn sie versuchen, das Budget auszuweiten – vermutlich, weil der Sinn einer Steuererhöhung in krisenfreien Zeiten weniger einsehbar ist. Interessanterweise gewöhnen sich Steuerzahler allmählich an das in der Krise erreichte höhere Steuerniveau, so daß das neue Niveau auch nach Beendigung der Krise gehalten werden kann (vgl. PEACOCK & WISEMAN, 1967).

Die in Abschnitt II.2 aufgeführten empirischen Befunde, daß eine positive Einstellung zum Staat und zur Gesetzgebung sowie ein starkes religiöses Engagement mit einer positiven Einstellung zur Steuer und einer geringeren Steuerhinterziehung zusammenhängen, können unserer Meinung nach auch damit erklärt werden, daß Personen, auf die diese Beschreibungen zutreffen, eher einen Sinn in der ihnen auferlegten Steuerlast sehen.

Ob Menschen einen Sinn in ihrem Steuerbeitrag sehen bzw. diesen als erklärbar empfinden, wird maßgeblich durch zwei Faktoren beeinflußt: durch ein Bewußtsein der persönlichen Verantwortlichkeit für die Gemeinschaft und deren Zukunft sowie die Wahrnehmung von persönlichem Nutzen aus einer Situation.

(1) Persönliche Verantwortlichkeit für die Gemeinschaft und deren Zukunft

Menschen, die sich für die Gesellschaft und deren Zukunft verantwortlich fühlen, sehen eher einen Sinn in ihrem Steuerbeitrag als Menschen, die nicht über dieses Verantwortungsbewußtsein verfügen. Der Philosoph Hans JONAS hat das Prinzip der persönlichen Verantwortung folgendermaßen definiert: Menschen sind die einzigen Wesen auf diesem Planeten, die zur Verantwortung fähig sind. „Können" impliziert hierbei auch „Sollen", d.h. Verantwortung ist zugleich ein Recht und eine Pflicht. Dies schließt nach JONAS sowohl Verantwortung für die Natur als auch für die Menschenwürde ein und impliziert letztlich, daß man Verantwortung für den persönlichen Bereich wie für die Gemeinschaft und die Zukunft der Gesellschaft übernimmt (JONAS, 1979). Wenn der Beitrag des einzelnen im subjektiven Bewußtsein zählt, wächst auch das Verantwortungsgefühl für die Gemeinschaft und die Zukunft – und um so eher werden Steuern bezahlt und umso weniger hinterzogen.

Verantwortung ist eine personale wie situationale Komponente. Wie schon BERKOWITZ (1970) nachgewiesen hat, unterscheiden sich Personen in ihrem Engagement, Beiträge für die Gemeinschaft zu leisten und sich für den Zustand der Gemeinschaft verantwortlich zu fühlen. Es kann jedoch auch von der Situation abhängig sein, wie wichtig man seinen Beitrag für die Gemeinschaft erachtet: So hat der eigene Beitrag in kleineren Gruppen im allgemeinen einen stärkeren Einfluß darauf, ob ein Gemeinschaftsgut bereitgestellt werden kann, als dies in größeren Gruppen der Fall ist (vgl. OLSON, 1965; OSTROM, 1990). Die Bedeutung solcher Wertauffassungen wird auch darin deutlich, daß eine Aktualisierung des Verantwortungsbewußtseins eher zu einem ehrlicheren Steuerzahlverhalten führt als eine Sensibilisierung für mögliche Strafen (SCHWARTZ & ORLEANS, 1967).

Eng mit der persönlichen Verantwortung verknüpt ist das *Solidaritätsprinzip*: Der einzelne leistet einen Beitrag, um im Schadensfall abgesichert zu sein. Versicherungsbetrug ist demnach – vergleichbar mit der Steuerhinterziehung – als ein Signal dafür zu deuten, daß dieses Prinzip nicht im Bewußtsein der Beitragszahler verankert ist.

(2) Persönlicher Nutzen aus einer Situation

Die Bereitschaft, mit seinen Steuern die Finanzierung öffentlicher Leistungen mitzutragen, wird auch maßgeblich dadurch beeinflußt, ob der einzelne wahrnimmt, daß er einen persönlichen Nutzen aus den öffentlichen Leistungen zieht. Eine positive Identifikation mit dem Steuerbeitrag wird dadurch gefördert, daß Personen erkennen, von welchen öffentlichen Leistungen sie selber und die Allgemeinheit profitieren, welche Leistungen nicht mehr erfüllt werden könnten, wenn der Staat weniger Steuereinnahmen hätte, welche Konsequenzen z.B. in Form noch größerer persönlich wahrgenommener Ungerechtigkeiten oder sozialer Unruhen möglich wären und sie letztlich wiederum persönlich treffen könnten. Ein Großteil der staatlichen Leistungen ist jedoch nicht unmittelbar sichtbar. Durch die Betonung singulärer Ereignisse in den Medien werden Verschwendungen und getätigte Fehlinvestitionen in das Zentrum der Aufmerksamkeit des Steuerzahlers gerückt, was zu einer verzerrten negativen Wahrnehmung in der individuellen Bewertung der öffentlichen Leistungen führt.

Empfängerindifferente Leistungen, die allen Bürgern gleichermaßen zugute kommen, wie öffentliche Güter mit nationalem Nutzerkreis (z.B. Verteidigung), werden in der Regel als weniger salient wahrgenommen als empfängerdifferente bzw. gruppenspezifische öffentliche Leistungen.[42] Die Steuerbereitschaft wird daher umso höher sein, je mehr empfängerdifferente öffentliche Leistungen der Steuerpflichtige zu seinen Gunsten wahrnehmen kann. Die *Politische Ökonomie* leitet aus diesen Wahrnehmungsverzerrungen das Auftreten von politischen Unternehmern ab (SCHUMPETER, 1993). Diese bieten empfängerdifferente Wahlgeschenke an, um ihre Wählerstimmen zu maximieren, wie z.B. eine Erhöhung der Subventionen für die Landwirtschaft oder den Kohleabbau. Gleichzeitig versucht der politische Unternehmer, die Steuerbereitschaft dadurch aufrechtzuerhalten, daß die Besteuerung möglichst unmerklich erfolgt.

b) Das Prinzip *Transparenz* und *Vorhersehbarkeit* der Regelungen und Gesetze in bezug auf Steuerbeiträge und öffentliche Ausgaben

Transparenz bedeutet, daß die Verwendung öffentlicher Gelder sowie die Existenz entsprechender Regeln und Gesetze nachvollziehbar ist. Zudem spielt die Vorhersehbarkeit steuerlicher Entwicklungen eine wesentliche Rolle, also das Wissen darüber, ob in Zukunft noch mehr oder eher weniger Steuern bezahlt werden müssen.

Die in Abschnitt II.3 diskutierte Bedeutung von Wahrnehmungsverzerrungen zeigt, welche negativen Auswirkungen aus einer mangelnden Transparenz des Steuersystems auf die Einstellungen zur Steuer resultieren können. Werden die Erkenntnisse zur Bedeutung von Transparenz zur Erlangung von Lohnzufriedenheit (vgl. GERUM & HERRMANN, 1981) auf den Bereich der Steuerzufriedenheit übertragen, so kommt man zu der Forderung, daß die Steuern zwar hinsichtlich der unterschiedlichen Leistungsfähigkeit der Steuerpflichtigen differenzieren dürfen, dabei aber dem Gleichbehandlungsgrundsatz genügen sollten. Dazu ist es notwendig, daß das Steuersystem so transparent gestaltet wird, daß die Differenzierungen widerspruchsfrei sind und von den Steuerpflichtigen auch verstanden werden können. Dies erfordert nicht zuletzt, daß die Differenzierungsmerkmale überschaubar bleiben.

c) Das Prinzip *Beeinflußbarkeit* und *Partizipation* bei Regelungen und Gesetzen in bezug auf Steuerbeiträge und öffentliche Ausgaben

Empirisch konnte gezeigt werden, daß staatliche Leistungen dann am ehesten als faire Gegenleistung für die Steuerzahlung angesehen werden, wenn die Steuerpflichtigen Mitwirkungsrechte an den Abgaben- und Ausgabenentscheidungen haben (vgl. WECK-HANNEMANN & POMMEREHNE; 1989, S. 546 sowie S. 552*)*. Verknüpft ist diese Einschätzung mit der *procedural justice*, d.h. der Fairneß der Entscheidungs-

---

[42] Bei der Bewertung öffentlicher Leistungen nehmen sich Personen in der Regel nicht als Einzelpersonen, sondern als Mitglieder von Gruppen wahr. Experimentelle Befunde der Gruppenpsychologie und der Theorien des sozialen Urteilens weisen darauf hin, daß bei der Wahrnehmung und Beurteilung gruppenspezifischer Leistungen noch zusätzliche Verzerrungen zu beachten sind, die die bereits beschriebenen Effekte extremisieren müßten (vgl. z.B. die Assimilations-Kontrast-Theorie (SHERIF & HOVLAND, 1961 sowie SHERIF & SHERIF, 1967), die Theorie der sozialen Akzentuierung (TAJFEL & WILKES, 1963) und die Theorie der sozialen Identität (TAJFEL & TURNER, 1979). Zur Abwertung einer anderen Gruppe (Outgroup) kommt es insbesondere dann, wenn sich eine Person nicht als einzelnes Individuum, sondern als Mitglied der eigenen Gruppe gegenüber der anderen Gruppe benachteiligt fühlt.

prozedur, die auf den Steuerbereich bezogen eine „gerechte" Entstehung der Steuergesetze bedeutet (vgl. z.B. TYLER & FOLGER, 1980; sowie TYLER, 1997).[43]

Der Zusammenhang von Partizipation und Zufriedenheit wurde im Rahmen von Gewerkschaftstheorien (vgl. HARDES, 1993) beleuchtet. Dabei wurde untersucht, ob Arbeitnehmer, die auf Unternehmens- bzw. Betriebsebene die Möglichkeit zur Mitbestimmung haben, eine höhere Arbeitszufriedenheit erreichen und dadurch produktiver sind als Arbeitnehmer, denen keine Möglichkeit zur Mitbestimmung gegeben wird. Zwar konnte empirisch kein allgemeiner Zusammenhang zwischen Zufriedenheit und Produktivität der Mitarbeiter festgestellt werden, hingegen zeigten sich spezielle Zusammenhänge, wie eine höhere Bereitschaft der Mitarbeiter zur Investition in Humankapital, eine geringere Fluktuation und ein geringerer Krankenstand (vgl. HARDES, 1993).

Darüber hinaus konnte für die Schweiz gezeigt werden, daß in Gemeinden und Kantonen mit politischen Mitwirkungsrechten die Steuerhinterziehung deutlich seltener ist als in solchen ohne diese Partizipationsmöglichkeiten (vgl. POMMEREHNE, 1985, sowie WECK-HANNEMANN & POMMEREHNE, 1989).[44] Eine Untersuchung von GREENBERG (1987) gibt Hinweise auf eine Wechselwirkung zwischen prozeduraler und distributiver[45] Gerechtigkeit: Bei positivem Ergebnis machte es für die eingeschätzte distributive Gerechtigkeit keinen Unterschied, ob ein faires oder unfaires Verfahren eingesetzt worden war. Bei einem negativen Ergebnis hatte die wahrgenommene Fairneß des Verfahrens hingegen einen erheblichen Einfluß auf die eingeschätzte distributive Gerechtigkeit: die Personen, die fair behandelt worden waren, schätzten sie als höher ein als die Personen, die unfair behandelt worden waren.

Daß die Partizipationsmöglichkeit einen Wert an sich hat, konnte empirisch sowohl bei individuellen als auch kollektiven Wahlhandlungen gezeigt werden: Ein Beispiel aus dem Bereich *individueller* Wahlhandlungen ist die kursmäßige Höherbewertung von stimmberechtigten Stammaktien gegenüber stimmrechtslosen Vorzugsaktien, die bei der Dividende einen Bonus erhalten (entsprechende Daten finden sich z.B. bei WEBER, BERG & KRUSE, 1992). Dieser empirisch feststellbare Tatbestand widerspricht dem rationalen Kalkül des Homo Oeconomicus. Aus dessen Sicht wäre zu erwarten, daß verstärkt die rentableren Vorzugsaktien erworben werden und damit deren Kurs hochgetrieben wird. Dem Stimmrecht kann nämlich aus ökonomischer Sicht kein besonderer Wert beigemessen werden, weil die Menge an Aktien, die einzelne Personen in ihren Besitz bringen können, meist so gering ist, daß ihre Stimme auf Hauptversammlungen nichts zählt. Wenn aber die einzelne stimmberechtigte Aktie keinen entscheidenden Einfluß ausüben kann, so ist es klüger, von vornherein auf das

---

[43] Siehe zum Faktor Beeinflußbarkeit und Partizipation auch die Reaktanztheorie (vgl. DICKENBERGER, GNIECH & GRABITZ, 1993) sowie das Modell der Selbstdetermination von DECI & RYAN (1985).

[44] Dies steht im Einklang mit psychologischer Forschung, nach der distributive und prozedurale Gerechtigkeit voneinander unabhängig die Zufriedenheit beeinflussen (vgl. TYLER & FOLGER, 1980 sowie GREENBERG, 1986).

[45] Distributive Gerechtigkeit bezeichnet die Gerechtigkeit der Verteilungsergebnisse.

Stimmrecht zu verzichten und dafür eine höhere Dividende zu beziehen. Weil sich aber im Vergleich der Kurse von stimmberechtigten Stammaktien und Vorzugsaktien dieses rationale Kalkül nicht signifikant widerspiegelt, muß die Möglichkeit von *Voice* (Mitbestimmung) einen Wert an sich haben, da anzunehmen ist, daß Aktionäre sich ihrer bescheidenen Einflußmöglichkeit auf Hauptversammlungen bewußt sind. Ein Beispiel aus dem Bereich der *kollektiven* Wahlhandlungen ist die aus ökonomischer Sicht unverhältnismäßige Wertschätzung des Wahlrechts. Ähnlich wie beim Aktienbeispiel müßte der wohlkalkulierende Bürger bereit sein, sein Wahlrecht zu verkaufen, da er nicht damit rechnen kann, daß seine Stimmabgabe wahlentscheidend ist. Empirische Tests, in denen eine Verkaufsmöglichkeit bestand, zeigten jedoch, daß von der Verkaufsoption verhältnismäßig wenig Gebrauch gemacht wurde (vgl. GÜTH & WECK-HANNEMANN, 1997). Es stellt sich daher die Frage, ob nicht auch hier der Partizipationsmöglichkeit ein Eigenwert beigemessen wird, der nicht ohne weiteres dem ökonomischen Kalkül zugänglich ist.

d) Prinzip der *Fairneß* zwischen steuerlichen Beiträgen und der Nutznießung öffentlicher Leistungen im Vergleich zu anderen Personen

Wenn Menschen annehmen, im Vergleich zum Input-Output-Verhältnis anderer benachteiligt zu werden, sinkt langfristig ihre Bereitschaft, Verantwortung zu übernehmen und den eigenen Beitrag für die Gemeinschaft zu leisten. Vielmehr wächst dann das Bestreben, die Unausgewogenheit der eigenen Beitrags-Ergebnis-Relation im Vergleich zu anderen auszugleichen. Steuerpflichtige beurteilen ihre steuerliche Behandlung häufig im Vergleich mit der Situation anderer Steuerpflichtiger. MACKSCHEIDT (1994, S. 52) betont deshalb, daß es ein wesentlicher Unterschied sei, ob die „selbst zu tragende Last mit der Last anderer in versöhnlichem Einklang steht oder nicht." Der Steuerpflichtige beurteilt also seine empfangenen Leistungen und die als angemessen erachtete Steuerbelastung im Lichte der entsprechenden Beiträge und Ergebnisse der Bezugspersonen. Wird die Relation der Bezugspersonen günstiger beurteilt als die eigene, sinkt die Steuerbereitschaft.[46] Die Situation wird allerdings dadurch verkompliziert, daß bei diesen interpersonalen Vergleichen „höchst subjektive Bewertungsmaßstäbe angelegt werden" (BRANDSTÄTTER, 1994, S. 219). Daher können Fehleinschätzungen und Wahrnehmungsverzerrungen auftreten. Im folgenden soll die *Equity-Theorie* (ADAMS, 1965) näher erläutert werden, da sie einzelne Komponenten spezifiziert, anhand derer Personen Situationen als gerecht oder ungerecht beurteilen, und Handlungsmöglichkeiten aufzeigt, mit denen auf Unausgewogenheiten reagiert wird.

Die Equity-Theorie geht davon aus, daß Menschen nach adäquaten bzw. gerechten Input-Output-Relationen streben. Wenn sie in einen Austausch investiert haben, erwarten sie, daß die für sie resultierenden Ergebnisse proportional zu ihren getätigten

---

[46] Die Equity-Theorie geht damit von einem Menschen aus, der nach Fairneß strebt und bei wahrgenommener Unfairneß die Situation so verändert, daß er nicht länger benachteiligt wird. Dieses Menschenbild unterscheidet sich vom rational egoistischen Menschbild der Ökonomie, da der Homo Oeconomicus keine Fairneßüberlegung in sein Entscheidungskalkül miteinbezieht, sondern bestrebt ist, jede Situation zu seinem eigenen Vorteil auszunutzen.

Investitionen sind (HOMANS, 1958, 1961). Dabei dient aber nicht nur der eigene Standard als Bezugspunkt für die Bewertung, was als adäquat bzw. gerecht angesehen wird, sondern ebenso Vergleiche mit anderen Personen (vgl. Tabelle 7-2).

$$\frac{\text{eigener Output}}{\text{eigener Input}} \overset{!}{=} \frac{\text{Output von Vergleichspersonen}}{\text{Input von Vergleichspersonen}}$$

Tabelle 7-2: ***Die Komponenten des Austauschprozesses***

Stimmt ein Austauschverhältnis nicht mit der vom Individuum als angemessen erachteten Gerechtigkeitsregel überein, führt dies zu einem Unbehagen, das von Schuldgefühlen, Ärger oder Frustration begleitet ist, und in der Folge zur Wiederherstellung eines als gerecht erlebten Zustandes motiviert.[47] Dieses Unbehagen kann sowohl auf relativer Gratifikation als auch auf relativer Deprivation beruhen.[48]

Das Erleben von Gerechtigkeit beruht damit nicht nur auf der absoluten Größe des erzielten Ergebnisses, sondern auch auf Erwartungen hinsichtlich eines als angemessen erlebten Ergebnisses. THIBAUT und KELLEY (1959) sprechen in ihrer Variante der Austauschtheorie vom comparison level CL, also dem Vergleichsniveau. Die Erwartung bzw. das Vergleichsniveau resultiert aus Erfahrungen mit früheren Austauschbeziehungen und normativen Überzeugungen darüber, wie Austauschbeziehungen gestaltet sein sollten. Sie ist eine Art gewichteter Mittelwert aus allen selbst erfahrenen und bei anderen beobachteten Ergebnissen[49] (vgl. MIKULA, 1985, S. 285). Das Vergleichsniveau gibt an, ab wann man mit einem Ergebnis zufrieden ist. Übertragen auf die Steuersituation gibt es Aufschluß über die als adäquat empfundene Steuerhöhe. Betrachtet man Input und Output als angemessen, so entspricht dieses dem CL von THIBAUT & KELLEY. Entspricht das Verhältnis von Input und Output nicht den internen Standards, also nicht dem CL, so resultiert daraus vor allem Unzufriedenheit,

---

[47] In der Sprache der Dissonanztheorie (FESTINGER, 1957) könnte man hier auch davon sprechen, daß ein als ungerecht erlebter Zustand eine kognitive Dissonanz auslöst. Jedoch ist die Equity-Theorie hier präziser, indem sie spezifiziert, woraus die kognitive Dissonanz resultiert, nämlich durch ein Ungleichgewicht der eigenen Input-Output-Relationen gegenüber denen von Vergleichspersonen.

[48] Übertragen auf die Beurteilung einer empfangenen Entlohnung könnte also sowohl Unterbezahlung als auch Überbezahlung zu Unzufriedenheit führen. Überbezahlung erzeugt ein Schuldgefühl, während sich bei Unterbezahlung Unbehagen aufgrund des Gefühls ungerechter Behandlung einstellt (vgl. LAWLER, 1977, S. 104 ff.). In empirischen Untersuchungen konnte gezeigt werden, daß Personen bestrebt sind, erlebter Ungerechtigkeit entgegenzusteuern und sich so zu verhalten, daß sie einen als gerecht erlebten Zustand wiederherstellen (vgl. LAWLER, 1968; PRITCHARD, 1969; MÜLLER & CROTT, 1978; zusammenfassend MIKULA, 1985, S. 283 sowie MÜLLER & HASSEBRAUCK, 1993, S. 227 f.).

[49] Das Vergleichsniveau entspricht weitgehend den Konzepten des Adaptationsniveaus bei HELSON (1964) und des Anspruchsniveaus (LEWIN et al., 1944): Eine Person bewertet eine Beziehung dann als zufriedenstellend und attraktiv, wenn ihr Ergebnis oberhalb des Vergleichsniveaus liegt.

nicht jedoch automatisch das Erleben von Ungerechtigkeit (AUSTIN, MCGINN & SUSMILCH, 1980; zusammenfassend MÜLLER & HASSEBRAUCK, 1993). Für das Erleben von Ungerechtigkeit ist der Vergleich der eigenen Input-Output-Verhältnisse mit denjenigen der Bezugspersonen ausschlaggebend, bei dem man sich entweder besser- oder schlechtergestellt sieht (vgl. Tabelle 7-2).

Aus der *Theorie der sozialen Vergleichsprozesse* (FESTINGER, 1954) ist bekannt, daß bei interpersonalen Vergleichen in der Regel Bezugspersonen herangezogen werden, die ähnliche Ausprägungen in relevanten Eigenschaften haben.[50] Dabei werden jene Eigenschaften herausgestellt, die für die jeweilige Situation als wichtig erachtet werden. Allerdings ist die Auswahl außerdem von Motiven des Individuums abhängig, wie z.B. Selbstwertschutz bzw. -erhöhung, so daß nicht in jedem Fall ein Vergleich mit einer ähnlichen Person stattfindet, sondern i.S. des Selbstwertschutzes auch mit Personen, von denen man sich positiv abgrenzen kann (vgl. FREY, DAUENHEIMER, PARGE & HAISCH, 1993). Bei der Analyse der Steuerzufriedenheit sind beide Arten von Vergleichen relevant: Strebt eine Person danach, die Verwirklichung horizontaler Gerechtigkeit zu beurteilen, nimmt sie Vergleiche mit solchen Bezugspersonen vor, die ihr in relevanten Attributen (hier in der steuerlichen Leistungsfähigkeit) ähnlich sind. Strebt eine Person hingegen danach, vertikale Gerechtigkeit einzuschätzen, wird sie solche Personen auswählen, von denen sie sich positiv abgrenzen kann, d.h. die trotz eines höheren Einkommens, eine vergleichsweise geringere Steuerlast tragen müssen. Den Vergleich mit Personen, die vergleichsweise höhere Steuern bezahlen, wird sie vermeiden.

Fazit: Mit Hilfe des von uns vorgestellten Modells zur Steuerzufriedenheit wurde gezeigt, unter welchen Bedingungen Steuerzahler vom Verhalten der Nutzenmaximierung, wie es in der Ökonomie vorausgesagt wird, abweichen. Ein Abweichen vom reinen Maximierungsverhalten liegt dann vor, wenn Bürger die ihnen zwangsweise aufgebürdete Steuerlast akzeptieren und nicht versuchen, ihr auszuweichen – selbst wenn die objektive Möglichkeit dazu durch legale und illegale Steuerausweichung bestünde. Mit Hilfe der beschriebenen Prinzipien kann vorhergesagt werden, wann Personen sich mit einer Gemeinschaft identifizieren, ein Verantwortungsgefühl für die Gemeinschaft ausbilden und bereit sind, Beiträge für die Gemeinschaft, z.B. in Form von Steuern, zu leisten. Die Verwirklichung der genannten Prinzipien insgesamt kann einen Mangel bei einzelnen Prinzipien, wie z.B. wahrgenommene Ungerechtigkeiten im Sinne eines Puffers bis zu einem gewissen Ausmaß kompensieren, aber nicht unendlich. Es ist unrealistisch, vom einzelnen zu verlangen, bei der Einhaltung von Normen dauerhaft massive Benachteiligung in Kauf nehmen zu müssen (vgl. HOMANN, 1998).

---

[50] Dies entspricht der von GOETHALS & DARLEY (1977) modifizierten Ähnlichkeitshypothese der Theorie der sozialen Vergleichsprozesse. Die Wahl der relevanten Attribute ist sowohl von der Situation als auch von der Person (im Sinne identitätsdefinierender Merkmale) abhängig (vgl. FREY, DAUENHEIMER, PARGE & HAISCH, 1993).

Reaktionen auf mangelnde Fairneß (Inequity): Was passiert nun, wenn es zu einer Diskrepanz zwischen der subjektiv als angemessen bewerteten Steuerbelastung und dem tatsächlichen Steuerbetrag kommt? Zum Umgang mit einer als aversiv erlebten Situation gibt es grundsätzlich zwei Reaktionsweisen: Konfrontationsmechanismen (fight) oder Vermeidungsmechanismen (flight) (vgl. GREY, 1982). Fight zieht entweder eine aktive Verhaltensänderung oder eine kognitive Verzerrung der Realität nach sich. Flight hingegen bedeutet, aus der Situation zu entfliehen. Auf die Equity-Theorie bezogen heißt dies, daß einer Person, die einen Zustand als ungerecht erlebt, folgende Handlungsmöglichkeiten zur Verfügung stehen:

a) eine aktive Veränderung des als ungerecht erlebten Zustandes: also eine verhaltensmäßige Erhöhung oder Verringerung der Beiträge bzw. Ergebnisse (= fight),

b) eine kognitive Verzerrung des Zustandes derart, daß er letztlich doch als gerecht angesehen wird, d.h. der Wert oder die Relevanz der Beiträge und Ergebnisse könnte neu eingeschätzt werden (= fight).

   Diese beiden Handlungsmöglichkeiten können sich auf die Änderung jeder beliebigen der vier in Tabelle 7-2 dargestellten Austauschkomponenten beziehen also der eigenen Inputs und Outputs sowie der In- und Outputs der Vergleichspersonen.

c) ein Abbruch der Beziehung oder ein Wechsel der Vergleichsperson (= flight)

Welche Handlungsmöglichkeit schließlich von einer Person gewählt wird, hängt davon ab, wie zentral die einzelnen Komponenten im Selbstkonzept der Person verankert sind und wie „ökonomisch effizient" sie ist, also wie hoch der Aufwand im Verhältnis zum Ertrag einer Änderung erscheint (vgl. MÜLLER & HASSEBRAUCK, 1993, S. 224). Da die eigenen Beiträge und Ergebnisse im allgemeinen stärker mit dem Selbstkonzept verbunden sind als diejenigen der Vergleichspersonen, neigen Personen dazu, bei eigener Bevorteiligung den Wert der Beiträge der anderen eher herabzuwürdigen als für einen Ergebnisausgleich zu sorgen. Umgekehrt verhält es sich entsprechend bei der eigenen Benachteiligung: Man strebt eher nach einem Ergebnisausgleich als den eigenen Beitrag abzuwerten. Unter anderen Bedingungen, wie beispielsweise bei der Aktivierung moralischer Normen, kann es allerdings auch effizienter sein, die Einstellung gegenüber der eigenen Bevorteiligung gegenüber zu ändern und auf einen Ausgleich hinzuwirken, d.h., etwas vom eigenen Ergebnis abzugeben (vgl. MÜLLER & HASSEBRAUCK, 1993, S. 224).

Nachdem nun die Handlungsmöglichkeiten bei einem Empfinden von Inequity theoretisch dargestellt wurden, sollen im folgenden einige konkrete Reaktionsmöglichkeiten auf Inequity beim Steuerzahlen diskutiert werden. Hierbei muß unterschieden werden zwischen Reaktionen aufgrund einer relativen Benachteiligung der eigenen Person, aus der Steuerunzufriedenheit resultiert (vgl. Abschnitt 7.5), und der Steuerunbehaglichkeit aufgrund von Bevorzugung (vgl. Abschnitt 7.6).

7.5 Reaktionen auf Steuerunzufriedenheit

Um Steuerunzufriedenheit entgegenzuwirken und wahrgenommene Unausgewogenheiten abzubauen, kann der Steuerpflichtige durch legale oder illegale Steuerausweichung auf den tatsächlich von ihm abzuführenden Steuerbetrag Einfluß nehmen. Bei der Auswahl der Reaktionsweise auf Steuerunzufriedenheit spielen insbesondere soziale Vergleichsprozesse eine wesentliche Rolle, wie z.B. die Orientierung an den Strategien von Kollegen (vgl. STALANS, KINSEY & SMITH, 1991). Bei der Frage, welche konkrete Handlungsmöglichkeit von einer Person gewählt wird, müssen wiederum die Einflußfaktoren – erwartete Verhaltenskonsequenzen, soziale Normen und wahrgenommene Verhaltenskontrolle – des Einstellungs-Verhaltensmodells berücksichtigt werden (vgl. AJZEN & FISHBEIN, 1980; AJZEN & MADDEN, 1986; zur Anwendung auf die Steuerthematik vgl. LEWIS, 1982a). Wenn Personen die ihnen auferlegte Steuer als ungerecht empfinden, so resultiert daraus nicht automatisch Steuerhinterziehung. Genausowenig sind Personen, die die ihnen auferlegte Steuerlast als gerecht empfinden, allein deshalb auch zwangsläufig bereit, alle Steuern zu bezahlen.

7.5.1 Illegale Steuerausweichung

Zum Tatbestand der illegalen Steuerausweichung wird der gesamte Bereich der Schwarzarbeit und der unvollständigen Deklaration des Einkommens gezählt sowie die nicht rechtmäßige Verlagerung von steuerpflichtigen Einnahmen ins Ausland. Die Wahl der Option „illegale Steuerausweichung" ist für den Steuerpflichtigen jedoch nicht per se kostenlos. Er muß nämlich im Falle der Entdeckung mit einer Strafe rechnen. Dabei ist auf die *subjektiv* erwarteten Kosten abzustellen, die sich nicht mit dem objektiven Erwartungswert der Strafe decken müssen (vgl. WECK, POMMEREHNE & FREY, 1984, S. 24; vertiefend WECK-HANNEMANN & POMMEREHNE, 1989). Als weitere Einflußfaktoren, die auf die illegale Steuerausweichung wirken, sind die Wahrnehmung von Gelegenheiten zur Steuerhinterziehung (vgl. ROBBEN et al., 1990; KIRCHLER, 1995; sowie WAHLUND, 1992) und moralische Bedenken des Steuerpflichtigen zu nennen (vgl. SCHMÖLDERS, 1966).

7.5.1.1 Auswirkungen von unehrlichem Verhalten

Wenn Menschen mit der Norm „ehrlicher Steuerzahler" sich durchgerungen haben, sich beim Steuerzahlen unehrlich zu verhalten, entsteht ein Zustand der kognitiven Dissonanz. Wie gehen Personen mit dieser Dissonanz um? Die *Dissonanztheorie* von FESTINGER (1957; vgl. als Überblick FREY & GASKA, 1993) besagt, daß Menschen versuchen werden, dieses unehrliche Verhalten in irgendeiner Weise zu rechtfertigen. Sie werden Gedanken anstellen, wie „so schlimm ist dieses Verhalten nicht", „andere machen es auch", „ich bezahle immer noch genügend Steuern", „die Steuerquote, die ich normalerweise zu bezahlen hätte, wäre ohnehin zu hoch". Dieses Rechtfertigungsverhalten läuft – im Sinne der *Theorie der gerechten Welt* (LERNER, 1980) – daraufhinaus, einen Zustand zu erreichen, in dem die Welt als gerecht empfunden werden kann.

Wenn das unehrliche Verhalten keine negativen Konsequenzen hat, sind Menschen dazu geneigt, die Grenzen ihres Verhaltens auszutesten. Es kommt zu einer fortwährenden Eskalation. Die Erfahrung, nicht negativ sanktioniert zu werden, erzeugt einerseits eine gewisse Sorglosigkeit, d.h. man bildet eine Monopolhypothese aus, man könne auch in Zukunft weiterhin ungestraft Steuern hinterziehen. Potentielle Risiken werden immer weniger wahrgenommen. Das Modell der Extension erklärt dieses Phänomen (vgl. FREY & SCHULZ-HARDT, 1998): Wo ein Vakuum vorhanden ist und wo Menschen keine Barrieren sehen, versuchen sie, Bereiche zu erobern, die ihnen weitere Vorteile verschaffen. Dieses menschliche Verhalten zeigt sich nicht nur beim Hinterziehen von Steuern, sondern auch beim riskanten Autofahren, bei der Verletzung von Sicherheitsvorschriften am Arbeitsplatz, bei der Vernachlässigung des Tragens von Arbeitsschutzkleidung oder der Nichteinhaltung von Sicherheitsvorkehrungen, etwa beim Bergwandern oder Skifahren usw. Dabei ist jegliches Austesten von Grenzen verbunden mit Rechtfertigungen gemäß der Dissonanztheorie.

7.5.2 Legale Steuerausweichung

(a) Substitutionseffekt zwischen Arbeit und Freizeit

Eine Möglichkeit, ein Ungleichgewicht zwischen wahrgenommener Steuerbereitschaft und Steuerlast zu reduzieren, besteht darin, den personalen Input zu variieren. Der personale Input wird aus der subjektiv wahrgenommenen Arbeitsleistung[51] gebildet. Aus ihr resultiert das Arbeitseinkommen des Steuerpflichtigen, aus dem die Steuerlast aufgebracht werden muß, die der Steuerpflichtige bei der von ihm erbrachten Leistung wiederum als mehr oder weniger angemessen empfinden kann. So mag beispielsweise ein Arbeitnehmer die „normale" Besteuerung von Überstunden deswegen als ungerecht empfinden, weil er offensichtlich seine Leistungsbereitschaft zur Situation ohne Überstunden erhöht hat. Allgemein gilt daher: Je höher der Steuerpflichtige seine erbrachten Inputs bewertet, desto größer sollte aus seiner Sicht auch die Aneigenbarkeit der Früchte der Arbeit sein (vgl. LAWLER, 1977, S. 113). Der Steuerpflichtige wird dann seine zusätzliche Arbeitsleistung reduzieren, wenn er den Grenzsteuersatz als zu hoch empfindet. Für die Erzielung von Steuerzufriedenheit ist dieser Mechanismus deshalb besonders bedeutsam, weil der Steuerpflichtige seine persönlichen Arbeitsinputs und damit seine persönliche Steuerlast selbst in gewissen Grenzen steuern kann. Ein Arbeitnehmer kann beispielsweise Überstunden nicht akzeptieren oder ein Unternehmer weitere Aufträge ablehnen. Der dadurch entstehende Substitutionseffekt von Arbeit durch Freizeit kann auf zwei verschiedene Arten erfolgen:

- Der Steuerpflichtige reduziert als Arbeitnehmer seine vertragliche Arbeitszeit, wodurch die Bemessungsgrundlage der einkommensabhängigen Steuern vermindert wird und sich folglich der tatsächliche Steuerbetrag senkt. Analog gilt dies für den Unternehmer, der seine Auftragseingänge reduziert. Schließt man sich der Terminologie von HIRSCHMAN (1970) an, dann nimmt der Steuerpflichtige die „Exit-Option" wahr, um die Steuerlast zu verringern. Dabei ist zu beachten, daß dieser Substitution Grenzen gesetzt sind, da es zum Genuß der Freizeit der Ausstat-

[51] Arbeitsleistung wird hier in einem umfassenden Sinne verstanden. Sie umfaßt sowohl die eigentliche Arbeitsanstrengung als auch die vorgeleistete Arbeit, die in der Ausbildung des Humankapitals des Steuerpflichtigen steckt.

tung mit ausreichenden Mitteln bedarf, die vom Steuerpflichtigen in der Regel erst durch das Einkommen aus Arbeit gewonnen werden müssen.[52] [53]

- Bei Arbeiten, deren Ergebnis oder Produktionsvorgang nur eingeschränkt durch Vorgesetzte beobachtet werden kann, besteht für Arbeitnehmer die Option der „unvollständigen Kontrollmöglichkeiten". In der Sprache der ökonomischen *Prinzipal-Agent-Theorie* heißt dies, daß Informationsasymmetrien, die zwischen Arbeitnehmer und Arbeitgeber bestehen, opportunistisch ausgenutzt werden. Die Leistung innerhalb eines Arbeitsvertrages kann infolgedessen vom Arbeitnehmer nach unten angepaßt werden. Der Arbeitnehmer substituiert somit Arbeit gegen Freizeit, ohne daß dies vom Arbeitgeber beobachtbar ist (vgl. RICHTER & FURUBOTN, 1996, S. 163). Damit bleibt der tatsächliche Steuerbetrag zwar zunächst derselbe, aber die Steuerlast wird nun als niedriger wahrgenommen. Doch auch diesem Substitutionsvorgang sind Grenzen gesetzt, weil zum einen die personalen Inputs nicht beliebig verkürzt werden können, ohne daß die Minderleistung entdeckt wird. Zum anderen besitzen Arbeitnehmer häufig ein hohes Maß an Loyalität gegenüber ihrem Arbeitgeber und ihren Kollegen, so daß ein „hidden action" zur Erlangung von zusätzlicher bezahlter Freizeit zu Schuldgefühlen führt.

(b) Substitutionseffekt zwischen Konsum und Sparen

Faßt man den Begriff „personaler Input" weiter und bezieht neben personengebundenen Tatbeständen (Arbeitsleistung und Fähigkeiten) auch das dem Produktionsprozeß durch Sparen hinzugefügte Kapital in die Betrachtung mitein, läßt sich ein weiterer Substitutionseffekt beobachten. Dabei handelt es sich um die Substitution zwischen Konsum und Sparen. Will der Steuerpflichtige eine doppelte Belastung des Kapitals durch die Ertragsbesteuerung der Kapitalerträge einerseits und die Substanzbesteuerung des Kapitalstocks andererseits vermeiden, besteht die Möglichkeit, die Kapitalbildung zugunsten einer erhöhten individuellen Konsumquote zu vermindern. Die wahrgenommene Steuerlast läßt sich auf diese Weise für den Steuerpflichtigen senken, da er bei Erhöhung des Konsums zwar immer noch mit einer Verbrauchsbesteuerung rechnen muß, diese Verbrauchsbesteuerung fiele jedoch für den Steuerpflichtigen auch bei späterem Konsum in jedem Fall an, gleichgültig wie weit der Konsum durch Sparen intertemporal verschoben wird (vgl. SLEMROD, 1983, S. 366; sowie zu den langfristigen Substitutionseffekten einer Kapitalbesteuerung vgl. SUMMERS, 1981).

(c) Weitere Formen legaler Steuerausweichung

Weiterhin sind alle rechtlich zulässigen Handlungen des Steuerpflichtigen zu berücksichtigen, die den tatsächlichen Steuerbetrag senken. Hierunter fallen verschiedene Möglichkeiten der sachlichen, zeitlichen oder räumlichen Anpassung, wie z.B.

---

[52] Der eben beschriebene Vorgang ist in der Finanzwissenschaft zwar als Substitutionseffekt zwischen Arbeit und Freizeit hinlänglich bekannt. In Ergänzung der traditionellen Sichtweise folgt der Substitutionseffekt in dem hier vorgestellten Modell jedoch noch nicht allein aus dem Kalkül des Steuerpflichtigen, bei dem zwischen dem Nutzen des höheren Einkommens bei höherer Arbeitsleistung und dem Nutzen der Freizeit bei Verzicht auf zusätzliches Einkommen abgewogen wird. Der Substitutionseffekt wird nämlich erst nach einem Soll-Ist-Vergleich der wahrgenommenen Steuerbereitschaft mit der Steuerlast bei Steuerunzufriedenheit in Gang gesetzt.

[53] Empirische Befunde zeigen, daß Steuererhöhungen im Durchschnitt zu einem erhöhten Arbeitseinsatz der Männer führen, um das entgangene Einkommen aus der Steuererhöhung auszugleichen (sogenannte Ansporn-Wirkung der Steuern), und zu einem verminderten Einsatz der Frauen aufgrund gestiegener Opportunitätskosten (vgl. LEA, TARPY & WEBLEY, 1987).

Rechtsformwechsel, Wechsel von Anlageformen, Ausnutzung von Sonderabschreibungen oder Wechsel des Steuersystems durch Abwanderung ins Ausland.

Der legalen Steuerausweichung sind allerdings Grenzen gesetzt. Nicht alle Steuerpflichtigen besitzen die gleichen Möglichkeiten zur legalen Steuerausweichung. Lohnsteuerpflichtige haben im Rahmen der deutschen Einkommensteuer fast nur die Möglichkeit, durch den Ansatz von Werbungskosten ihre Bemessungsgrundlage zu verringern. Liegt hingegen ein Gewerbebetrieb vor, ergeben sich eine Vielzahl von Abzugsmöglichkeiten und Veranlagungsspielräumen, die zur Steuerplanung genutzt werden können. Viele Steuerpflichtige verfügen jedoch gar nicht über die Informationen von legalen Steuerschlupflöchern, und sie können diese Kenntnisse nur mit im Vergleich zur Steuerersparnis hohen Transaktionskosten erwerben. Personen mit hohem Einkommen sind hingegen meist besser aufgeklärt, da sie sich einen Steuerberater leisten können.

7.6 Steuerunbehaglichkeit aufgrund von Bevorzugung

Neben dem Effekt der Steuerunzufriedenheit aufgrund der relativen Benachteiligung der eigenen Person ist es möglich, daß Menschen sich bevorteilt fühlen, wenn sie die Höhe ihrer eigenen Steuerlast mit der anderer Steuerzahler und dem Verhältnis zu dem, was sie und andere an öffentlichen Leistungen erhalten, vergleichen. In diesem Fall entsteht beim Steuerpflichtigen ein Unbehaglichkeitsgefühl, und es werden Mechanismen in Gang gesetzt, die diesem Unbehaglichkeitsgefühl entgegenwirken: Dem Steuerpflichtigen steht z.B. die Möglichkeit zur Verfügung, auf den in Deutschland möglichen Lohnsteuerjahresausgleich zu verzichten. Eine andere mögliche Anpassung ist durch das Spenden gegeben. Diese gibt dem Spender die Gelegenheit, den Empfänger weitgehend selbst zu bestimmen und damit entsprechend eigener Wertvorstellungen zu helfen. Diese gezielte Zuschreibung der eigenen Hilfe wirkt sich salienter auf die kognitive Verarbeitung aus als der indirekte Beitrag durch die Steuerzahlung.

Daß solche Equity-Mechanismen tatsächlich in Kraft treten, konnten FEHR, KIRCHLER, WEICHBOLD & GÄCHTER (1998) für den Arbeitsmarkt experimentell belegen. Bietet ein Unternehmer einen höheren als den markträumenden Lohnsatz, so antizipiert er die Reziprozitätstendenz des Arbeitnehmers, der auf das höhere Lohnangebot mit einer höheren Leistungsmenge antwortet. Diese experimentellen Befunde müssen jedoch insofern relativiert werden, als bisher noch nicht gezeigt werden konnte, daß dieser Effekt über längere Zeit stabil bleibt. Auch kann durch eine Verzerrung der Wahrnehmung im Zeitablauf die eigene Leistung höher wahrgenommen werden als dies ursprünglich der Fall war, wodurch sich die kognitive Dissonanz verringert. Außerdem muß einschränkend hinzugefügt werden, daß eine Person in einer Situation, die sie als zu vorteilhaft empfindet, die Möglichkeit hat, ihre Referenzpersonen zu wechseln. Gewöhnlich findet sie nämlich andere Menschen in ähnlich vorteilhafter Lage (vgl. LAWLER, 1977, S. 114). Oft bestehen zudem Klischees dergestalt, daß bestimmte „Sündenböcke“ wie Unternehmer oder Politiker beschuldigt werden, weniger

Steuern als andere zu bezahlen. Diese werden – ganz im Sinne der Dissonanztheorie (vgl. FREY & GASKA, 1993) und der Theorie der gerechten Welt (vgl. LERNER, 1980) – als Rechtfertigung dafür herangezogen, selbst weniger Steuern zu bezahlen. Schließlich kann eine Person auch die Vorstellung darüber ändern, inwiefern sie subjektiv von den öffentlichen Leistungen des Staates profitiert. So kann sie den persönlichen Nutzen staatlicher Infrastruktur relativ geringer einschätzen und damit die vergleichsweise niedrige Steuerlast rechtfertigen.

7.7 Finanzpolitische Folgerungen

Welche Folgerungen lassen sich aus den Prinzipien des Modells der Steuerzufriedenheit für die Wirtschafts- und Finanzpolitik ableiten?

a) Prinzip des *Sinns* und der *Erklärbarkeit* der Regelungen und Gesetze in bezug auf Steuerbeiträge und öffentliche Ausgaben

Wäre der Staat ein Profit-Center mit einer eigenen Marketingabteilung, wäre es selbstverständlich, den Steuerzahlern zu erklären, wozu Steuern erhoben werden und warum die Steuersätze ihre aktuelle Höhe haben. Es würden wesentlich mehr Anstrengungen unternommen, durch eine gute Informationspolitik Einsicht bei den Bürgern für deren Steuerbeitrag zu erreichen. Zudem könnten die Bürger besser kontrollieren, ob das von der Regierung angebotene Steuer-Leistungs-Paket tatsächlich ihren Wünschen entspricht.[54] Eine solche Sinnvermittlung wird aber de facto bisher nicht hergestellt.

Um die Entwicklung persönlicher Verantwortlichkeit für die Gemeinschaft und deren Zukunft zu fördern, ist es wichtig, dem einzelnen Steuerzahler die Bedeutung seines individuellen Beitrags für die Gemeinschaft zu verdeutlichen. Daher sollte dem Bürger Wissen über die positiven Folgen der Steuerleistungen transportiert werden, so daß Erfolge beim Angebot öffentlicher Leistungen sichtbar werden. Gleichzeitig sollte aber auch nachvollziehbar sein, welche negativen Konsequenzen in Form von Lücken bei öffentlichen Leistungen ein Ausbleiben oder eine Reduktion der Steuereinnahmen hätte. Natürlich wird es bei der Erklärung und Sinnvermittlung letztlich immer um Wertungen gehen. So werden die Behörden in Bund, Land und Gemeinde begründen und erklären müssen, warum sie Steuergelder in konkrete Projekte der Verteidigung, der Bildung, des Verkehrs oder der Umwelt investieren. Es hängt von den jeweiligen staatlichen Behörden ab, inwieweit es ihnen gelingt, für ihr jeweiliges Projekt ein Gefühl der Notwendigkeit und Sinnhaftigkeit zu transportieren und damit möglichst viele Menschen zu erreichen.

---

[54] Inwiefern im Zuge der Globalisierung und der mit ihr einhergehenden Wanderungsbewegungen von Kapital und Arbeit Regierungen zu einem präferenzkonformen Leistungsangebot gegenüber ihren Bürgern gezwungen werden, bleibt abzuwarten. Für eine theoretische Diskussion siehe die Beiträge in KENYON & KINCAID (1991), sowie SINN (1997). Einen Überblick aus soziologischer Sicht gibt BECK (1996).

Um die Wahrnehmung des persönlichen Nutzens aus der Steuerleistung zu fördern, könnte die unterschiedliche Merklichkeit verschiedener Steuerarten genutzt werden. Lokale öffentliche Güter könnten über eine merkliche Steuer wie z.B. die Einkommensteuer finanziert werden. Damit würde eine Verbindung von Steuerzahlung und empfangenen öffentlichen Leistungen verstärkt wahrgenommen. Zur Finanzierung derjenigen öffentlichen Güter, die einen unspezifischen Nutzenkreis haben und deren individuelle Wahrnehmung durch den Bürger erschwert ist, sollte hingegen eine unmerkliche allgemeine Verbrauchssteuer benutzt werden.[55]

b) Prinzip der *Transparenz* und der *Vorhersehbarkeit* der Regelungen und Gesetze

Um Wahrnehmungsverzerrungen zu reduzieren, sollte der Staat ausreichend transparent machen, welche Leistungen in welchem Umfang mit den Steuergeldern finanziert werden. Außerdem sollte das Steuersystem transparent und einfach gestaltet sein (vgl. LEWIS, 1982b). Dies kann steuerpolitisch am ehesten erreicht werden, wenn die Staatseinnahmen von wenigen ergiebigen Steuern gedeckt werden. Dies impliziert breite Bemessungsgrundlagen und wenig Abschreibungsmöglichkeiten. Diese Merkmale werden auch von der *Neuen Finanzwissenschaft* immer wieder als effizienzsteigernde Eigenschaften eines Steuersystems hervorgehoben.

Eine Erhöhung des Steuerwissens wirkt ebenfalls Wahrnehmungsverzerrungen entgegen, führt zu einer positiveren Einstellung gegenüber der Besteuerung und läßt sie fairer erscheinen (vgl. ERIKSEN & FALLAN, 1996). ERIKSEN & FALLAN konnten darüber hinaus zeigen, daß ein besseres Wissen über steuerliche Tatbestände zu einer stärkeren Ablehnung von Steuerhinterziehung führt und die wahrgenommene Fairneß der Besteuerung ansteigen läßt.

c) Prinzip der *Partizipation* und der *Beeinflußbarkeit* der Regelungen und Gesetze

Bedeutung kommt ferner den Partizipationsmöglichkeiten der Bürger in steuer- und ausgabenpolitischen Fragen zu. Dabei kommt es nicht nur darauf an, daß der Steuerzahler eine Möglichkeit hat, seine speziellen Interessen im politischen Prozeß durchzusetzen, sondern bereits die Partizipationsmöglichkeit an sich leistet einen Beitrag zur Steuerzufriedenheit (vgl. FREY & EICHENBERGER, 1996).

Sicherlich stößt Partizipation bei der Steuerverwendung zunächst auf gesetzliche und verfassungsrechtliche Grenzen. Unserer Meinung nach sollte man hier jedoch von

---

[55] Eine Aufteilung der Steuern in merkliche und unmerkliche Steuern ist deshalb notwendig, da bei relativ unmerklichen Steuern wie z.B. allgemeinen Verbrauchssteuern im Gegensatz zu merklichen Steuern, wie der Einkommensteuer, einerseits die Gefahr besteht, daß sie von der Politik zur übermäßigen Ausweitung des Budgets mißbraucht werden. Andererseits wird bei einem Verzicht auf die „unmerklichen" allgemeinen Verbrauchsteuern das Budget in einer Demokratie zu klein – die Bürger sind sich dann der *steuerlichen Belastung* zwar in größerem Maße bewußt, sehen aber keineswegs gleichzeitig auch den *empfangenen Nutzen* öffentlicher Güter mit räumlich oder personell unspezifischem Nutzenkreis (DOWNS, 1974).

den positiven Erfahrungen anderer Länder, wie der Schweiz oder dem Bundesland Bayern, lernen und Gesetzesänderungen wagen.

d) Prinzip der *Fairneß* zwischen den Steuerbeiträgen und der Nutznießung öffentlicher Leistungen im Vergleich zu anderen Personen

Eine wichtige Funktion zur Erlangung von Steuerzufriedenheit kommt den Prinzipien der Allgemeinheit und Gleichmäßigkeit der Besteuerung zu. Die Durchsetzung dieser Prinzipien bewirkt, daß der Steuerpflichtige „lernt", daß seine Bezugspersonen bei der Besteuerung ihm gegenüber generell nicht privilegiert werden. Die Befolgung von Prinzipien und Grundsätzen der Finanzpolitik erhält auch deswegen besondere Relevanz, weil das Vertrauen in ihre Anwendung den Steuerpflichtigen in gewissen Grenzen „tolerant" gegenüber erlebten Diskrepanzen von wahrgenommener Steuerlast und Steuerbereitschaft macht (Kontextsicherheit).

Die bereits erwähnten finanzsoziologischen Untersuchungen zur Entwicklung des Staatsanteils (vgl. PEACOCK & WISEMAN, 1967) konnten zeigen, daß sich der Steuerwiderstand gegenüber Steuererhöhungen, der in normalen, krisenfreien Zeiten auftritt, in Krisenzeiten überwinden läßt, da dann alle Bürger gleichmäßig von der Krise erfaßt werden (z.B. in Kriegen) und diese allgemeine Mehrbelastung von den Bürgern auch wechselseitig beobachtet wird. Hierdurch wird deutlich, daß die Steuerbereitschaft auch vom spezifischen gesellschaftlichen Kontext abhängig ist, in dem der Steuerpflichtige seine Erfahrungen mit der Steuerfairneß macht (vgl. LEWIS, 1982a, S. 206; SHEFFRIN, 1993, S. 302 ff.; COWELL, 1992; sowie KAHNEMAN, WAKKER & SARIN, 1997).

Aus den in diesem Beitrag angestellten Überlegungen zum Prinzip der Fairneß läßt sich auch die Notwendigkeit *legaler* Steuerschlupflöcher (z.B. individuell nutzbare Abschreibungsmöglichkeiten) ableiten. Sie sind nötig, damit der einzelne Steuerpflichtige die Möglichkeit hat, im Falle einer individuell empfundenen Diskrepanz von wahrgenommener Steuerbereitschaft und Steuerlast in gewissen Grenzen eine Korrektur seiner Belastung vorzunehmen. Dieser psychologisch motivierte Einbau sog. loopholes in das Steuersystem deckt sich zum Teil mit Ergebnissen der konstitutionellen Steuerlehre, wie sie beispielsweise von BRENNAN & BUCHANAN (1980) vertreten wird.[56] Allerdings stehen diese individuellen Anpassungsmöglichkeiten, die aus dem Prinzip der Fairneß abgeleitet werden, in gewissem Konflikt zum Prinzip der Transparenz und Vorhersehbarkeit, das breite Bemessungsgrundlagen und wenige Abschreibungsmöglichkeiten fordert, um den interpersonellen Vergleich zu ermöglichen.

---

[56] Zu einer ähnlichen finanzpolitischen Schlußfolgerung, die finanzwissenschaftliche und verhaltenswissenschaftliche Forschung verbindet, kommen HASSELDINE & BEBBINGTON (1991).

8. Kapitel

Zur Psychologie des Versicherungsbetrugs

Detlef Fetchenhauer

Institut für Kriminologie, Ruhr-Universität Bochum

8.1 Einleitung

Seit Jahren beklagt die Versicherungswirtschaft die zunehmende Betrugsneigung ihrer Kunden. In den Medien tauchen hierzu immer wieder Schlagzeilen auf wie "Volkssport Versicherungsbetrug" (Capital, 1994, Heft 7, 1994), "Brave Bürger klauen mit" (DÖNCH & HOFMANN, 1994) oder "Otto Normalbetrüger" (STOLL, 1996). Die jährlichen Betrugsquoten werden auf mindestens drei bis fünf Milliarden DM geschätzt (WITTKÄMPER et al., 1990, S. 34), was für einen Vier-Personen-Haushalt einem jährlichen Betrag von 200 bis 330 DM entspricht (HINZMANN, 1994).

Demoskopische Umfragen bestätigen, daß von vielen Kunden falsche Angaben gegenüber ihrer Versicherung als Kavaliersdelikt angesehen werden. So waren in einer Umfrage des Instituts für Demoskopie in Allensbach 1996 zwar 64% aller befragten Versicherungskunden der Meinung, Versicherungsbetrug sei unter keinen Umständen zu rechtfertigen, immerhin 27% hielten Versicherungsbetrug allerdings – zumindest "in Ausnahmefällen" – für legitim (Gesamtverband der deutschen Versicherungswirtschaft, 1996, S. 126).

Vor diesem Hintergrund versucht der vorliegende Aufsatz vor allem folgende Fragen zu beantworten:

- Ist Versicherungsbetrug wirklich so weit verbreitet, wie oftmals angenommen wird?
- Durch welche Faktoren kann die Bereitschaft eines Kunden, seiner Versicherung gegenüber unwahre Angaben zu machen, erklärt werden?

- Können diese Faktoren aus allgemeinen Theorien abweichenden Verhaltens abgeleitet werden und wie lassen sie sich in einem integrativen Modell miteinander verknüpfen?

8.2 Der Forschungsstand zum Thema Versicherungsbetrug

8.2.1 Einleitung

Vor dem Hintergrund der finanziellen Bedeutsamkeit von Versicherungsbetrug erscheint es überraschend, daß bisher kaum theoriegeleitete empirische Untersuchungen zu diesem Thema vorliegen. In der Literatur überwiegen bislang weitgehend Erklärungsansätze, die von Versicherungspraktikern vorgeschlagen wurden und zumeist auf Plausibilitätserwägungen und eigenen Erfahrungen beruhen (HINZMANN, 1994; BREMKAMP, 1989; GAS, 1990; ELLERMANN & ELLERMANN, 1994). Hierbei wird als Ursache einer vermeintlichen Zunahme von Versicherungsbetrug in der Bundesrepublik sehr häufig ein vermuteter allgemeiner Wertewandel bemüht (siehe z.B. Schweizer Rückversicherungsgesellschaft, 1993, S. 29; Münchener Rückversicherungsgesellschaft, 1988, S. 8; KÖCHER, 1993, S. 39).

Eine Ausnahme bilden die Untersuchungen von WITTKÄMPER et al. (1990), SCHWARZ (1987) sowie VERSCHUUR (1992), die sich dem Thema aus jeweils unterschiedlichen theoretischen Blickwinkeln genähert haben. Diese drei Untersuchungen sollen im folgenden etwas näher erläutert werden, da sie für die Ableitung der Untersuchungshypothesen der dieser Arbeit zugrunde liegenden empirischen Untersuchungen von Bedeutung waren.

8.2.2 Der Erklärungsansatz von WITTKÄMPER et al. (1990)

WITTKÄMPER et al. haben das Thema Versicherungsbetrug vor dem Hintergrund vorliegender allgemeiner kriminologischer Erklärungsansätze abweichenden Verhaltens theoretisch aufgearbeitet und zusätzlich eine Befragung von ca. 100 Experten aus verschiedenen Versicherungen durchgeführt.

Als einen ersten Grund für eine vermeintliche Zunahme von Versicherungsbetrug diskutieren sie die Zunahme an Versicherungsverträgen in den letzten Jahren. So stieg die Zahl der Versicherungsverträge im Bereich der Schaden- und Unfallversicherung allein zwischen 1990 und 1994 von 207 auf 246 Millionen (Gesamtverband der deutschen Versicherungswirtschaft, 1995, S. 35; die Angaben beziehen sich auf alte und neue Bundesländer). Die durchschnittlichen Ausgaben eines Bundesbürgers für Versicherungen (ohne Sozialversicherungen) stiegen von 1215 DM im Jahr 1980 auf 2780 DM im Jahr 1995, wobei diese Werte allerdings noch nicht inflationsbereinigt sind. Aussagekräftiger ist hier die Tatsache, daß die sogenannt Privatschutzquote, d.h. der Wert der Beiträge in Relation zum Bruttosozialprodukt, von 1980 bis 1995 von 5,1% auf 6,6% gestiegen ist (Gesamtverband der deutschen Versicherungswirtschaft, 1995, S. 31). Die Deutschen geben also einen immer größeren Teil ihres verfügbaren Einkommens für Versicherungen aus.

Die Existenz eines Versicherungsvertrags ist jedoch eine triviale, aber dennoch wichtige Voraussetzung für die Begehung eines Versicherungsbetrugs. Ein Teil der Zunahme der Betrugsraten, so es ihn denn gegeben hat, ist deshalb wahrscheinlich allein aus der Zunahme der Versicherungsverträge zu verstehen.

Als einen weiteren Grund für die Zunahme von Versicherungsbetrug diskutieren WITTKÄMPER et al. (1990) die zunehmende Verstädterung und die dadurch begründete Anonymisierung Deutschlands, welche zum Nachlassen informeller Kontrolle führt. Die von ihnen befragten Experten wiesen diesem Faktor eine erhebliche Relevanz zu. Aus diesen Überlegungen läßt sich die Hypothese ableiten, daß Versicherungsbetrug auf dem Land seltener ist als in der Stadt (siehe S. 202).

Darüber hinaus werden von WITTKÄMPER et al. Arbeitslosigkeit bzw. materielle Armut als Determinante versicherungsbetrügerischen Verhaltens genannt. Allerdings ist die Befundlage zum Zusammenhang zwischen Arbeitslosigkeit und Kriminalität allgemein sehr heterogen (SCHWIND, 1997, S. 242). So zeigte sich z.B. in der Untersuchung von KERSCHKE-RISCH (1993, S. 191) kein Einfluß relativer Deprivation auf die Wahrscheinlichkeit delinquenten Verhaltens.

Dem Wertewandel wird auch von WITTKÄMPER et al. bzw. den von ihnen befragten Experten eine hohe Bedeutung für die Erklärung von Versicherungsbetrug zugesprochen. Nach WITTKÄMPER et al. lassen sich als wesentliche Auswirkungen des Wertewandels vor allem eine Veränderung des Verhältnisses zu fremden – insbesondere kollektivem – Eigentum sowie ein verstärktes Anspruchsdenken feststellen. Darüber hinaus habe der Stellenwert von "Selbstverwirklichung" als Lebensorientierung im Zuge des allgemeinen Wertewandels erheblich zugenommen (S. 158).

WITTKÄMPER et al. beklagen das mangelnde Unrechtsbewußtsein in der Bevölkerung gegenüber Versicherungsbetrug. Als Grund hierfür wird die subjektiv perzipierte positive Ertragslage der Versicherungswirtschaft diskutiert. So waren in einer Umfrage der GfK (1991) 90% aller Befragten der Meinung, daß die Versicherungen wesentlich mehr einnehmen als sie ausgeben. 65% formulierten dies noch viel drastischer: Sie gaben an, daß sich die Versicherungen an ihren Kunden "dumm und dämlich" verdienen. Eine weitere Ursache des fehlenden Unrechtsbewußtseins sehen WITTKÄMPER et al. in einem mangelnden Verständnis für den Grundgedanken von Versicherungen. Dieser Mangel wird aus der Unsichtbarkeit des Produktes "Versicherungsschutz" abgeleitet, die dazu führt, daß die Übernahme eines Schadenrisikos durch die Versicherung noch nicht als Leistung wahrgenommen wird, so daß viele Kunden, wenn eine Zeitlang kein Schaden eintritt, das Gefühl haben, ihre Beiträge zu bezahlen, ohne von der Versicherung hierfür eine Gegenleistung zu erhalten.

Aber auch in dem Verhalten der Versicherungsunternehmen sehen WITTKÄMPER et al. Ursachen für die weite Verbreitung von Versicherungsbetrug. Da Versicherungsgesellschaften gewinnorientierte Unternehmen sind, haben sie das Ziel, möglichst hohe Prämieneinnahmen zu erzielen, andererseits jedoch im Schadenfall eine Zahlung an den Kunden nach Möglichkeit zu vermeiden. Dies führt dazu, in der Werbung Leistungen zu versprechen, die im Schadenfall aufgrund bestehender Ausschlußklauseln nicht erbracht werden. Die Gewinnorientierung der Versicherer bedingt darüber hinaus, daß diese "lediglich ein betriebswirtschaftlich definiertes (begrenztes) Interesse an der Betrugsaufdeckung haben" (S. 241), so daß Verdachtsmomenten oftmals nicht nachgegangen wird. Dies gilt vor allem für die einzelnen Versicherungsvertreter, die zumeist auf Provisionsbasis bezahlt werden und deshalb kaum Anreize zur Betrugsbekämpfung aufweisen, weshalb die Risiken für potentielle Betrüger eher niedrig sind.

8.2.3 Der tiefenpsychologische Erklärungsansatz von SCHWARZ (1987)

Einen gänzlich anderen Erklärungsansatz verfolgt die Studie von SCHWARZ (1987), in der versucht wird, Versicherungsbetrug aus tiefenpsychologischer Perspektive zu untersuchen. Aufgrund der hermeneutischen Vorgehensweise bleiben manche Ergebnisse und Schlußfolgerungen von SCHWARZ spekulativ, dennoch sollen sie aufgrund ihrer Originalität und heuristischen Fruchtbarkeit kurz erläutert werden.

Nach SCHWARZ übernehmen moderne Versicherungen viele Funktionen, die in früheren Zeiten von den christlichen Kirchen ausgeübt wurden. So dienen sie unter anderem dazu, die Endlichkeit des Daseins als wesentliches Charakteristikum der menschlichen Existenz zu überwinden. Rational dient eine Versicherung der Begleichung finanzieller Schäden nach einem eingetretenem Schadenfall. Unbewußt aber ist nach SCHWARZ das Zahlen von Versicherungsprämien das Darbringen eines Opfers mit dem Ziel, den Eintritt des Schadens zu verhindern. So wie in archaischen Zeiten ein Tier der Herde geopfert wurde, um die Herde als ganzes zu schützen, werden Versicherungsprämien gezahlt, um den Eintritt eines Schadens zu verhindern. Daß es sich bei dieser Hoffnung um Selbstbetrug handelt, wird jedoch spätestens im Schadenfall deutlich. Auf die damit verbundene Enttäuschung reagiert der Kunde mit Verärgerung und einer verstärkten Neigung, seine Versicherung zu betrügen.

Wenn ein Kunde erkannt hat, daß Versicherungen den Eintritt von Schadenfällen nicht verhindern können, versucht er u.U. Kontrolle über die Situation dadurch zurückzugewinnen, daß er den Zeitpunkt, zu dem ein Schaden eintritt, selbst bestimmt, indem er einen Schaden absichtlich herbeiführt. SCHWARZ erläutert diesen Gedankengang mit der Schilderung eines Kindes, das im Sommerurlaub am Strand eine Sandburg baut und am nächsten Morgen feststellen muß, daß diese von anderen Kindern zerstört wurde. Daraufhin wird das Kind dazu tendieren, selber am Abend die eigenen Sandburgen zu zerstören, um "nicht erleben zu müssen, daß durch eine äußere, unkontrollierbare Einwirkung die Ohnmacht des Ichs zutage tritt" (S. 58).

Versicherungen verlangen nach SCHWARZ von ihren Kunden erhebliche Abstraktionsleistungen. Diese beziehen sich darauf, daß jeder eingetretene Schaden seiner sämtlichen "qualitativen Bestimmungen entkleidet und auf das Quantitative reduziert" wird, indem der Schaden auf einen meßbaren Geldbetrag umgerechnet wird (S. 99). Diese finanziellen Entschädigungen bemessen sich am objektiven Wert des versicherten Objekts (in der Schadenversicherung) oder an der Versicherungssumme (z.B. in der Unfall- und Lebensversicherung). Dies bedeutet, daß der Kunde von seinem subjektiven Schadenempfinden auf die Ebene des objektiv eingetretenen Schadens abstrahieren muß. Dies wird ihm vor allem dann schwer fallen, wenn der Schaden mit immateriellen bzw. ideellen Verlusten verbunden ist, z.B. wenn alte Erb- oder Erinnerungsstücke einem Schaden zum Opfer fallen. Aus dieser Argumentation von SCHWARZ kann die Hypothese abgeleitet werden, daß ein Übertreiben der Schadensumme von den Kunden umso weniger verurteilt wird, je mehr immaterielle Verluste mit einem Schadenfall verbunden sind (siehe S. 207).

Darüber hinaus sieht SCHWARZ die weitverbreitete Neigung zum Versicherungsbetrug darin begründet, daß private Versicherungen gedanklich oftmals mit gesetzlichen Sozialversicherungen assoziiert werden, die ihre Leistungen an die Bürger in der Regel nach einem Mischsystem aus Beitrags- und Bedürftigkeitsprinzip auszahlen, oftmals ohne daß dem Bürger die eigenen Beiträge zu diesen Versicherungen bewußt sind. Da Sozialversicherungen in aller Regel nicht am Ziel der Gewinnerzielung orientiert sind, läßt sich aus dieser Argumentation unter anderem die Hypothese ableiten, daß privaten Versicherungen weniger als anderen Unternehmen das Recht zugestanden wird, Gewinne zu erzielen.

8.2.4 Die Studie von VERSCHUUR (1992)

VERSCHUUR (1992) hat Versicherungsbetrug in Anlehnung an ein sozialpsychologisches Modell zur Erklärung von Steuerhinterziehung untersucht (siehe HESSING et al., 1988; KIRCHLER, 1995), das hier allerdings aus Platzgründen nicht weiter ausgeführt werden kann. Die Studie von VERSCHUUR ist damit die m.W. bislang einzige Untersuchung, die theoriegeleitet durchgeführt wurde. In seiner Untersuchung arbeitete VERSCHUUR mit einem Kontrastgruppendesign. Während die eine Gruppe der Probanden in seiner Untersuchung in den zwei Jahren vor der Untersuchung wegen Versicherungsbetrugs aufgefallen war, lagen bei dem anderen Teil der Stichprobe keinerlei Hinweise auf Versicherungsbetrug vor[57].

Als wesentliche Determinanten versicherungsbetrügerischen Verhaltens wurden folgende Dimensionen identifiziert:

- ***Egoismus.*** Je mehr eine Person ganz allgemein dazu neigt, ihre eigenen Interessen auch auf Kosten ihrer Umwelt zu verfolgen, desto höher war die Neigung zum Versicherungsbetrug (siehe hierzu weiter unten).
- ***Wahrgenommene Risiken beim Versicherungsbetrug.*** Die Wahrscheinlichkeit, bei einem Versicherungsbetrug entdeckt zu werden, wurde von den "ehrlichen" Kunden deutlich niedriger eingestuft als von den als "Betrügern" klassifizierten Probanden. Dieses Ergebnis ist allerdings wahrscheinlich darauf zurückzuführen, daß sich die Gruppe der Betrüger ja ausschließlich aus entdeckten Tätern zusammensetzte. Allgemein läßt sich etwa aus der ökonomischen Theorie der Kriminalität bzw. lerntheoretischen Annahmen ableiten, daß die Wahrscheinlichkeit einer kriminellen Handlung umso höher ist, je niedriger vom potentiellen Täter das Entdeckungsrisiko perzipiert wird (siehe hierzu auch weiter unten).
- ***Einstellung gegenüber Versicherungsbetrug.*** "Betrüger" verurteilten Versicherungsbetrug deutlich weniger als "ehrliche" Kunden.

[57] Die Daten für seine Untersuchung erhielt VERSCHUUR von der niederländischen Stiftung CIS (Centraal Informatie Systeem). CIS ist ein zentrales computergestütztes Datenerfassungssystem, welches vom niederländischen Versicherungsverband finanziert wird und in dem Daten über 80% aller in den Niederlanden anfallenden Schadenfälle gespeichert werden (VERSCHUUR, 1992, S. 12).

- ***Zufriedenheit mit dem sozioökonomischen Status.*** "Betrüger" waren mit ihrer finanziellen Situation im Schnitt unzufriedener als die Vergleichsgruppe. Dies bestätigt den von WITTKÄMPER et al. (1990) diskutierten Einfluß relativer Deprivation auf die Betrugsneigung (siehe hierzu auch Kap. 8.2.2 und 8.4.4).
- Darüber hinaus hatten von den "ehrlichen Kunden" 98% in der Vergangenheit ihre Rundfunk- und Fernsehgebühren regelmäßig bezahlt, bei den „Betrügern" hingegen nur 76%; ein Ergebnis, das auf die Bedeutung allgemeiner Einstellungen gegenüber anonymen Kassen verweist.

Die Generalisierbarkeit der Ergebnisse von Verschuur ist allerdings dadurch eingeschränkt, daß sich seine Analysen lediglich auf eine Stichprobengröße von N = 100 Versicherungskunden stützen[58].

8.3 Theoretische Ansatzpunkte zur Erklärung von Versicherungsbetrug

In diesem Abschnitt sollen wesentliche Erklärungslinien abweichenden Verhaltens vorgestellt werden. Hierbei erscheint es jedoch aus Platzgründen nicht möglich, einen Überblick über den gesamten Bereich der vorliegenden Theorien delinquenten bzw. kriminellen Verhaltens zu geben (vgl. hierzu z.B. AMELANG, 1986; LAMNEK, 1994; SCHWIND, 1997 SOWIE WISWEDE, 1979). Wichtig erscheint es deshalb vor allem, verschiedene Dimensionen zu verdeutlichen, die bei der Erklärung abweichenden Verhaltens zu berücksichtigen sind und die deshalb auch bei der Analyse von Versicherungsbetrug beachtet werden sollten.

8.3.1 Abweichendes Verhalten als Nutzenmaximierung: Die ökonomische Kriminalitätstheorie

Von Ökonomen und Soziologen, die sich dem Rational Choice Ansatz verpflichtet fühlen, wird abweichendes Verhalten aufgefaßt wie jedes andere Verhalten auch, nämlich als Versuch der Nutzenmaximierung (FREY & OPP, 1979, S. 282). Einfluß auf die Entscheidung nehmen gemäß der ökonomischen Kriminalitätstheorie vor allem folgende Variablen:

- Die Wahrscheinlichkeit, daß die kriminelle Handlung zum Erfolg führt. Beispiel: Wie hoch ist bei einer Entführung die Wahrscheinlichkeit, daß das geforderte Lösegeld auch tatsächlich gezahlt wird?
- Die Höhe des zu erwartenden Gewinns aus der kriminellen Handlung. Beispiel: Wieviel Geld wird durch den Überfall auf eine Bank X voraussichtlich erbeutet?
- Die Wahrscheinlichkeit des Scheiterns der kriminellen Handlung, d.h. das Entdeckungsrisiko. Beispiel: Wie wahrscheinlich ist es für die Person Y, daß ihre Steuerhinterziehung vom Finanzamt entdeckt wird[59]?

---

[58] Als Grundlage der Stichprobenziehung diente VERSCHUUR eine Liste mit den Namen von 2.400 Versicherungskunden. Daß von diesen nur 4% bereit waren, an der Untersuchung teilzunehmen, ist wahrscheinlich z.T. dadurch zu erklären, daß den Pbn die Anonymität ihrer Angaben zwar zugesichert, von diesen aber nicht immer als gegeben wahrgenommen wurde. Die Befürchtung der Pbn, mit Hilfe der Befragung ausgehorcht zu werden, wurde wahrscheinlich noch dadurch gesteigert, daß dem Anschreiben der Universität Leiden, die die Untersuchung durchführte, ein Brief des niederländischen Versicherungsverbands beigelegt war (Persönliche Mitteilung von VERSCHUUR an den Autor).

- Die Höhe der mit einer Entdeckung der kriminellen Handlung verbundenen Kosten. Bei diesen Kosten kann es sich z.B. um Geldstrafen, aber auch erwartete Haftstrafen handeln. Beispiel: Mit welcher Strafe muß jemand rechnen, der mit einem Blutalkoholwert über 0,8 Promille von der Polizei angehalten wird?

Empirisch konnten die zentralen Annahmen dieser Theorie allerdings nur teilweise bestätigt werden. So zeigte sich z.B. in den Studien von CARROLL (1978) sowie PILIAVIN et al. (1986) eine einseitige Berücksichtigung von Kriminalitätsgewinnen, während zu erwartende Risiken weitgehend vernachlässigt wurden.

Kritisch ist darüber hinaus folgendes anzumerken:

Ökonomen gehen bei der Erklärung abweichenden Verhaltens von eigennutzmaximierenden Verhalten aus. Moralische Hemmungen oder Fairneßüberlegungen der handelnden Akteure spielen keine Rolle[60] (KIRCHGÄSSNER, 1991; WEEDE, 1992). Empirische Überprüfungen dieses Eigennutzaxioms haben jedoch immer wieder nachgewiesen, daß Menschen bei ihren Handlungen durchaus darauf achten, bestehende Fairneßregeln nicht zu verletzen und daß sie zur Durchsetzung fairer Aufteilungen zum Teil auch bereit sind, auf nennenswerte Geldbeträge zu verzichten (FRANK, 1992; THALER & DAWES, 1992).

Ferner werden in ökonomischen Theorien die erforderlichen Fähigkeiten und Kenntnisse, die jemand zur Durchführung eines kriminellen Verhaltens braucht, meistens vernachlässigt. So mag z.B. jemand meinen, daß Steuerhinterziehung nur selten entdeckt wird und ein lohnendes Geschäft sei, aber dennoch eine ehrliche Steuererklärung abgeben, weil er wahrnimmt, daß ihm zu einer erfolgreichen Steuerhinterziehung das erforderliche Detailwissen fehlt. Von BANDURA (1977) ist die Wahrnehmung, eine bestimmte Handlung, die mit positiven Konsequenzen verbunden ist, auch erfolgreich ausführen zu können, als "Effizienzerwartung" bezeichnet worden. In einer Vielzahl von Anwendungsbereichen hat sich diese Variable als wichtiger Verhaltensprädiktor bestätigt (AJZEN, 1989).

8.3.2 Normative Einflüsse auf abweichendes Verhalten

Im Gegensatz zu Ökonomen betonen Soziologen und Psychologen häufig die Bedeutung sozialer Normen für die Erklärung menschlichen Verhaltens (AKERS, 1985; OPP, 1986). Hierbei wird für gewöhnlich zwischen externen und internalisierten Normen unterschieden. Externe Normen beziehen sich hierbei auf die normativen Erwartungen relevanter Bezugspersonen, wobei bei Nichtbefolgen mit negativen Sanktionen durch diese Bezugspersonen zu rechnen ist (z.B. Liebesentzug durch Kinder und Ehefrau, wenn bekannt wird, daß der Familienvater Steuern hinterzieht). Im Laufe der Sozialisation werden viele Normen (z.B. "Du sollst nicht stehlen") jedoch internalisiert, d.h.,

---

[59] Genaugenommen ist hierbei zwischen Entdeckungs- und Bestrafungswahrscheinlichkeit zu unterscheiden. So mag z.B. jemand glauben, auch im Falle einer Entdeckung von Steuerhinterziehung durch einen geschickten Anwalt von Strafe verschont zu bleiben.

[60] MILGRAM und ROBERTS (1992, S. 42) schreiben hierzu: "People will be ... fundamentally amoral, ignoring rules, breaking arrangements, and employing guile, manipulation, and deception if they see personal gain to do so."

sie werden auch in Abwesenheit von Normsendern befolgt. Die Wirksamkeit sozialer Normen bei der Entscheidung der Akteure im Hinblick auf potentielle abweichende Handlungen konnte in einer Vielzahl von Studien empirisch belegt werden (für eine Zusammenfassung der Befunde vgl. AMELANG, 1986). So zeigte sich z.B. in einer Längsschnittstudie von BISHOP (1984), in der ca. 3.000 Teenager innerhalb von neun Monaten zweimal befragt wurden, daß die Kriminalitätsbelastung zum zweiten Befragungszeitpunkt vorhergesagt werden konnte durch das Ausmaß, indem zum ersten Befragungszeitpunkt Gesetzesverletzungen moralisch verurteilt wurden (Beispielitem: *"We all have a moral duty to abide by the law"*), sowie der Furcht vor informellen Sanktionen durch Freunde der Befragten.

8.3.3 Persönlichkeit und abweichendes Verhalten

Persönlichkeitspsychologische Erklärungsansätze betonen die Bedeutung von als stabil angenommenen interindividuell variierenden Persönlichkeitseigenschaften, welche als Determinanten kriminellen Verhaltens angesehen werden (z.B. WILSON & HERRNSTEIN, 1985). Soziologen und Ökonomen stehen diesem Erklärungsansatz grundsätzlich eher ablehnend gegenüber (siehe WEEDE, 1992, S. 51; WISWEDE, 1979), da sie eher die Situationsspezifität menschlichen Handelns betonen (NAGIN & PATERNOSTER, 1993). Dennoch hat es in neuerer Zeit so etwas wie eine Renaissance von Erklärungsansätzen gegeben, die Persönlichkeitsmerkmale als wichtige Determinanten abweichenden Verhaltens sehen. Deshalb sollen im folgenden vier Konzepte vorgestellt werden, die sich empirisch als fruchtbar erwiesen haben:

1. ***"Niedrige Selbstkontrolle"*** nach GOTTFREDSON und HIRSCHI (1990). Nach diesen Autoren ist niedrige Selbstkontrolle eine Schlüsselvariable zur Erklärung abweichenden Verhaltens. Diese kann nach GOTTFREDSON und HIRSCHI verstanden werden als die Unfähigkeit einer Person, auf die kurzfristigen positiven Folgen eines bestimmten Verhaltens zu verzichten, obwohl dieses Verhalten langfristig mit negativen Konsequenzen verbunden ist[61]. Kriminelle Handlungen sind nach GOTTFREDSON und HIRSCHI in aller Regel dadurch gekennzeichnet, daß sie nur mit wenig Aufwand und Planung verbunden sind und daß der Gewinn aus der kriminellen Handlung unmittelbar nach der Tat zur Verfügung steht (z.B. Geld, Lustgewinn), während die negativen Folgen aus der Tat erst zu einem späteren Zeitpunkt eintreten (z.B. formale Sanktionen durch Polizei und Justiz). Personen mit niedriger Selbstkontrolle sind jedoch aufgrund ihrer Kurzzeitorientierung nicht in der Lage, diese längerfristigen Folgen ihres Verhaltens bei ihren Entscheidungen zu berücksichtigen.

   Empirisch konnten mittlerweile wiederholt Zusammenhänge zwischen Selbstkontrolle (gemessen durch Selbsteinschätzungen in einem Fragebogen) und Kriminalitätsbelastung identifiziert werden (z.B. bei GRASMICK et al., 1993 sowie NAGIN &

---

[61] Das Selbstkontrollkonzept bei GOTTFREDSON und HIRSCHI weist vielfältige Bezüge zu anderen psychologischen Konzepten auf (z.B. dem "delay of gratification" bei MISCHEL, 1984 sowie lerntheoretischen Überlegungen bei AINSLEE, 1992 und HERRNSTEIN, 1990). Diese werden jedoch von GOTTFREDSON und HIRSCHI weitgehend vernachlässigt.

PATERNOSTER, 1993). Allerdings zeigten diese Untersuchungen, ähnlich wie eine erste experimentelle Überprüfung der Theorie (FETCHENHAUER & SIMON, im Druck), daß neben der Variable "Selbstkontrolle" eine Vielzahl weiterer Variablen für die Erklärung abweichenden Verhaltens von Bedeutung ist, so daß der imperialistische Erklärungsanspruch, mit dem GOTTFREDSON und HIRSCHI ihr Selbstkontrollkonzept versehen, nicht berechtigt erscheint.

Im Hinblick auf das Thema Versicherungsbetrug stellt sich zudem die Frage, ob dieser wirklich, wie viele andere Delikte, dadurch gekennzeichnet ist, daß der Nutzen aus der kriminellen Handlung unmittelbar eintritt. Denn hier muß ja zunächst – unter Umständen mit viel Aufwand – eine falsche Schadenmeldung an die Versicherung gegeben werden, während die Auszahlung der Betrugssumme erst zu einem späteren Zeitpunkt anfällt.

2. ***"Egoismus"*** nach WEIGEL, HESSING und ELFFERS (1996). Nach WEIGEL et al. ist die in der ökonomischen Verhaltenstheorie angenommene Tendenz, nach der Menschen sich grundsätzlich eigennützig verhalten, keine interindividuelle Konstante, sondern kann als interindividuell variierendes Persönlichkeitskonstrukt aufgefaßt werden. Eine Skala, die von WEIGEL et al. (1996) zur Messung dieser Variable "Egoismus" entwickelt wurde, beinhaltet drei Subdimensionen: Machiavellismus, Anomie sowie eine allgemeine Toleranz gegenüber abweichendem Verhalten. Die Validität dieser Egoismus-Skala konnte in einer Vielzahl von Studien mittlerweile empirisch bestätigt werden. So tendieren Personen mit einer hohen Ausprägung auf dieser Skala eher zu Steuerhinterziehung (HESSING et al., 1988), zum ungerechtfertigten Bezug von Sozialleistungen (HESSING, ELFFERS & WEBLEY, 1993), zum Überschreiten von Verkehrsregeln (WEIGEL et al., 1996) sowie Versicherungsbetrug (VERSCHUUR, 1992; siehe oben).

3. ***"Gesetzestreue"*** nach TYLER (1990). Nach TYLER unterscheiden sich Individuen in dem Ausmaß, indem sie bereit sind, Gesetze auch dann zu befolgen, wenn sie diese im Einzelfall für ungerecht halten. Anhand einer repräsentativen Stichprobe der Stadt Chicago konnte TYLER zeigen, daß eine von ihm entwickelte Skala zur Messung von "Gesetzestreue" (Beispielitem: "*People should obey the law, even if it goes against what they think is right*") signifikant mit der Häufigkeit leichter Gesetzesübertretungen wie zu schnellem Fahren oder Parken im Halteverbot korrelierte ($r = 0{,}22$; $p < 0{,}01$). Zu ähnlichen Ergebnissen gelangte KERSCHKE-RISCH (1993) im Hinblick auf die Delikte Leistungserschleichung und Steuerhinterziehung.

4. ***"Religiosität"***. In einem Übersichtsartikel berichten TITTLE & WELCH (1983), daß in 55 von 65 Studien signifikant negative Zusammenhänge zwischen der Religiosität einer Person und ihrer Neigung zu abweichendem Verhalten nachgewiesen werden konnte (für Befunde zum Thema Steuerhinterziehung siehe GRASMICK et al., 1991 sowie KERSCHKE-RISCH, 1993). Diese Zusammenhänge werden von KERSCHKE-RISCH (1993) damit erklärt, daß Menschen, die religiös erzogen wurden, im Laufe ihrer Entwicklung in erhöhtem Maße konventionelle Normen internalisiert haben.

8.3.4 Zum Einfluß der konkreten Situation

In Erklärungen abweichenden Verhaltens ist der Einfluß der ganz konkreten Situation, in der das Verhalten stattfindet, bislang kaum berücksichtigt worden, obwohl die spezifische Tatgelegenheitsstruktur zumindest theoretisch im Rational Choice Ansatz eine dominierende Rolle spielt.

Wie sehr vor allem die moralische Rechtfertigung betrügerischen Verhaltens von situativen Apekten beeinflußt wird, verdeutlicht ein Experiment von GREENBERG (1993):

Den Vpn (N = 102) wurde eine Aufgabe gestellt, die darin bestand, Preise, die auf einer Liste standen, bestimmten Artikeln in einem Katalog zuzuordnen. Als Coverstory diente der Hinweis, es gehe darum, den Einfluß unterschiedlicher Gestaltungsmittel bei Katalogen zu untersuchen. Als Entlohnung für die ca. eine Stunde dauernde Aufgabe wurde den Vpn ein Betrag von 5$ in Aussicht gestellt.

Einer Hälfte der Vpn wurde im Laufe des Experiments mitgeteilt, daß – entgegen der ursprünglichen Zusage – nur eine Entlohnung von 3$ möglich sei. Neben der Höhe der Entlohnung wurden zwei weitere unabhängige Variable untersucht: die Ausführlichkeit ("validity of information") und die interpersonelle Sensitivität, mit der der Auszahlungsbetrag begründet wurde.

Im Anschluß an das Experiment erklärte der Vl den Vpn, er müsse eilig zu einem anderen Termin, legte einen Geldbetrag auf den Tisch und forderte die Vpn auf, sich selber die Entlohnung davon zu nehmen. Auf diese Weise wurde den Vpn die Möglichkeit gegeben, sich mehr Geld zu nehmen als ihnen vom Vl zugesagt worden war.

Die Ergebnisse des Experiments lassen sich wie folgt zusammenfassen:

- Wenn die Vpn sich die ihnen urprünglich zugesagten 5$ nehmen sollten, fand so gut wie kein Diebstahl statt (der Mittelwert des Betrages, den die Vpn an sich nahmen, lag bei 5,02$).
- Wurden den Vpn jedoch nur 3$ zugestanden, so nahmen sich diese im Schnitt 3,84$.
- Wurde den Vpn die Entscheidung, daß sie nur mit 3$ entlohnt wurden, ausführlich und höflich begründet, so sank die Diebstahlsquote deutlich. In der Bedingung "niedrige Informationsvaliditát/niedrige interpersonale Sensitivität" lag sie bei 1,45$, in der Bedingung "hohe Informationsvalidität/hohe interpersonale Sensitivität" hingegen nur bei 0,32$.

Zusammenfassend läßt sich zu dem Experiment von GREENBERG festhalten, daß Diebstahl in nennenswerten Umfang durch die Vpn nur dann stattfand, wenn das Verhalten des Vl einen solchen aus Sicht der Vpn gerechtfertigt erscheinen ließ. Die Bedeutung von situativen Randbedingungen für die moralische Bewertung von Betrugs- und Diebstahlsdelikten wird auch in einer Vielzahl weiterer Experimente belegt (für eine Zusammenfassung siehe FETCHENHAUER, 1998).

8.3.5 Ein integratives Modell zur Erklärung von Versicherungsbetrug

Die bisherigen Ausführungen sollten deutlich machen, von welchen Faktoren die Bereitschaft einer Person, sich in einer bestimmten Situation betrügerisch zu verhalten, abhängig ist. Im einzelnen wurden folgende Aspekte diskutiert:

- Der erwartete Nutzen aus dem betrügerischen Verhalten. Gemäß der ökonomischen Kriminalitätstheorie ist dieser unter anderem abhängig vom erwarteten Gewinn aus dem Betrug sowie dem subjektiv perzipierten Entdeckungsrisiko bzw. der erwarteten Sanktionsschwere im Falle einer Betrugsaufdeckung.

- Externe und internalisierte Normen, die einen Betrug als mehr oder weniger gerechtfertigt erscheinen lassen.
- Persönlichkeitsvariablen wie Selbstkontrolle, Egoismus, Getzestreue oder Religiosität.
- Die ganz konkrete Situation, in der ein Betrug stattfindet.

Darüber hinaus ist zu vermuten, daß die subjektive Wahrnehmung der betrogenen Institution (z.B. der Steuerbehörde, der Versicherungsgesellschaft) durch einen potentiellen Betrüger von Bedeutung ist. So wurde z.B. in einer Untersuchung von ELFFERS & VARGA (1994) Steuerhinterziehung umso milder bewertet, je mehr die Befragten das Gefühl hatten, durch die Steuerbehörde werde ihnen etwas weggenommen und je weniger sie glaubten, mit ihren Steuern einem Beitrag zu einem großen Ganzen zu leisten.

ABRIC (1982) zeigte im Rahmen von Experimenten, die auf dem Gefangenendilemma aufbauten, daß die Vpn sich deutlich kooperativer verhielten, wenn sie glaubten, gegen eine andere Vpn zu spielen als wenn ihnen mitgeteilt wurde, mit einem Computer zu interagieren, obwohl das Verhalten des "Mitspielers" vorgegeben war und sich nicht zwischen beiden Versuchsbedingungen unterschied.

Im folgenden soll versucht werden, die bislang identifizierten Einflußvariablen zur Erklärung von Versicherungsbetrug in einem einheitlichen Erklärungsmodell zu integrieren[62]. Die folgende Abbildung zeigt, wie die einzelnen Variablenbündel miteinander verknüpft sind.

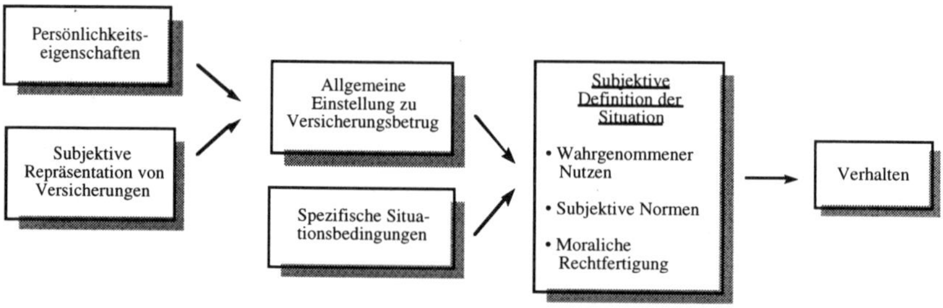

Abbildung 8-1

Gemäß diesem Modell ist das Verhalten eines Akteurs davon abhängig, wie die konkrete Entscheidungssituation von ihm wahrgenommen wird. Elemente dieser subjektiven Definition der Situation (ESSER, 1996) sind die Bewertung des zu erwartenden Nutzens aus dem Betrug, die vom handelnden Akteur antizipierte Haltung relevanter

---

62 In einer abstrakteren Fassung versucht dieses Modell nicht nur Versicherungsbetrug, sondern ganz allgemein betrügerisches Verhalten gegenüber einem anonymen Geschädigten zu erklären (siehe hierzu ausführlich FETCHENHAUER, 1998).

Bezugspersonen (subjektive Normen) sowie das Ausmaß, in dem ihm selbst ein Betrug moralisch gerechtfertigt erscheint.

Diese Situationsdefinition ist beeinflußt von spezifischen Situationsbedingungen sowie der allgemeinen Einstellung zu Versicherungsbetrug.

Diese allgemeine Einstellung wiederum ist determiniert von Persönlichkeitseigenschaften sowie der Art und Weise, wie Versicherungen von einem potentiellen Betrüger wahrgenommen werden. Weiter unten wird verdeutlicht, welche Situationseigenschaften die Bereitschaft zum Versicherungsbetrug beeinflussen bzw. welche Dimensionen in der Wahrnehmung von Versicherungen unterschieden werden können.

Ein Vorteil dieses Modells ist es, Annahmen über die kausale Verknüpfung der unterschiedlichen Betrugsdeterminanten zu entwickeln und somit einer eklektischen Aneinanderreihung verschiedener unabhängiger Variablen zu entgehen (zu einer ausführlichen Begründung der kausalen Verknüpfung der Modellelemente siehe FETCHENHAUER, 1998, Kap. 5).

8.4 Empirische Ergebnisse der durchgeführten Untersuchungen

8.4.1 Einleitung

Im folgenden werden wesentlichen Ergebnisse der empirischen Studien vorgestellt, die zur Überprüfung des im letzten Abschnitt diskutierten Modells versicherungsbetrügerischen Verhaltens durchgeführt wurden. Diese fußen im wesentlichen auf folgenden Untersuchungen:

- Insgesamt fünf umfangreiche Befragungen studentischer Stichproben mit insgesamt mehr als 1.000 Pbn. Diese dienten vor allem der Generierung von Untersuchungshypothesen für die Hauptuntersuchung.
- Eine Hauptuntersuchung in Form einer bundesweiten, repräsentativen postalischen Befragung von Versicherungskunden (N = 730)[63].
- Qualitative Gruppendiskussionen (N = 21). Zielsetzung dieser Gruppendiskussionen war die Validierung der Resultate der Hauptuntersuchung mit einem anderen Befragungsverfahren sowie die Gewinnung von Hinweisen auf mögliche Interpretationen der quantitativen Ergebnisse.
- Zwei Kollektivgut-Experimente (mit insgesamt ca. 80 Vpn). Diese dienten vor allem der Validierung der Befragungsdaten. Es konnte gezeigt werden, daß zuvor in einem Fragebogen geäußerte Intentionen zum Versicherungsbetrug mit dem Verhalten in den Kollektivgut-Experimenten korrelierten[64].

---

[63] Insgesamt wurden 6.000 Fragebögen verschickt, so daß sich eine Rücklaufquote von lediglich 12% ergibt, obwohl durch ein Erinnerungsschreiben und ein Preisausschreiben mit Gewinnen von insgesamt 1.500 DM versucht wurde, die angeschriebenen Versicherungskunden zur Teilnahme an der Befragung zu motivieren. Auffallend ist zudem der hohe Anteil an Männern (73%) und Akademikern (28%) in der Stichprobe. Wegen dieser Verzerrungen und der geringen Rücklaufquote sollten die deskriptiven Ergebnisse dieser Untersuchung nur vorsichtig interpretiert werden.

[64] Das grundsätzliche Ziel von Kollektivgut-Experimenten besteht darin, zu überprüfen, inwiefern Individuen bereit sind, sich an der Produktion von kollektiven Gütern zu beteiligen, auch wenn

8.4.2 Deskriptive Ergebnisse

Im Rahmen der Hauptuntersuchung wurden die Pbn mit folgendem Item danach gefragt, ob sie schon einmal ihre Versicherung betrogen haben: *"Viele Menschen haben ihrer Versicherung gegenüber schon einmal Angaben gemacht, die nicht vollständig zutrafen. Wie oft haben Sie so etwas schon einmal getan?"* Eine Mehrheit von 73% gab an, ihren Versicherungen gegenüber immer ehrlich gewesen zu sein, immerhin 27% aller Befragten gab jedoch zu, schon mindestens einmal ihre Versicherung betrogen zu haben. In der Gruppe der "Betrüger" überwogen ganz eindeutig Gelegenheitstäter. 18% aller Befragten gab an, einmal unwahre Angaben gemacht zu haben, 6% haben zweimal betrogen und nur drei Prozent aller Befragten gestand, drei oder mehr als dreimal betrogen zu haben.

Um die Höhe der den Versicherungen durch Betrug entstehenden Schäden abschätzen zu können, wurde nach der Summe gefragt, die man beim (letzten) Betrug von der Versicherung erhalten hat. Die Spannweite reichte hierbei von 20 DM bis 39.000 DM. Hohe Summen bildeten allerdings die Ausnahme, der typische Betrug war insgesamt durch moderate Beträge gekennzeichnet. Der Median lag bei 200 DM, das arithmetische Mittel – aufgrund der Verzerrung durch Ausreißerwerte – mit 687 DM deutlich darüber.

Wenn man die in der Stichprobe ermittelten Betrugshäufigkeiten und -summen auf die Grundgesamtheit hochrechnet, ergibt sich, daß bei ca. 13% aller Schadensmeldungen an die Versicherungen durch die Kunden (zumindest zum Teil) unwahre Angaben gemacht werden, und daß 4,2% aller Zahlungen der Versicherungen an ihre Kunden diesen juristisch nicht zustehen. Dies entpricht einer jährlichen Betrugssumme von 2,9 Milliarden DM. Diese Zahl entspricht der weiter oben zitierten Schätzung bei WITTKÄMPER et al. (1990), wobei es allerdings empirische Hinweise darauf gibt, daß mittels Befragungen ermittelte Prävalenz- und Inzidenzraten eines bestimmten Deliktes tendenziell zu einer Unterschätzung des wahren Wertes führen (AMELANG, 1986, S. 110).

Am häufigsten wurden von den befragten Versicherungskunden die private Haftpflicht-, Hausrat- und Kasko- sowie die Reisegepäckversicherung betrogen. Diese Ergebnisse entsprechen im wesentlichen einer Untersuchung der GfK (1991), in der zudem gezeigt werden konnte, daß bevorzugt solche Versicherungen betrogen werden, in denen den Kunden ein Betrug besonders leicht erscheint.

Bemerkenswert erscheint darüber hinaus, daß in jedem vierten Fall der Versicherungsvertreter von den Betrugsabsichten des Kunden wußte, in jedem siebten Fall den Kunden beim Betrug sogar aktiv unterstützte[65].

ihnen daraus keine individuellen Vorteile erwachsen, da das Kollektivgut (in der Regel Geld aus einer gemeinsamen Kasse) zwischen allen Vpn zu gleichen Teilen aufgeteilt wird, unabhängig davon, ob sie zu seiner Beschaffung beigetragen haben, in dem sie selber Geld in die gemeinsame Kasse eingezahlt haben (zum grundsätzlichen Aufbau von Kollektivgut-Experimenten siehe THALER & DAWES, 1992).

[65] Dieses Ergebnis ist nicht überraschend, wenn man sich klarmacht, daß der typische Provisionsvertreter kaum Anreize hat, gegen Versicherungsbetrüger vorzugehen, sondern im Gegenteil

8.4.3 Zur Operationalisierung der abhängigen Variablen

Die Tendenz zu versicherungsbetrügerischen Verhalten wurde in der Hauptuntersuchung durch folgende Variable gemessen:

1. ***Bisheriges Verhalten.*** Die Probanden wurden danach unterschieden, ob sie zugaben, in der Vergangenheit schon einmal ihre Versicherung betrogen zu haben, oder ob sie angaben, immer ehrlich gewesen zu sein (siehe oben).
2. ***Verhaltensintentionen.*** Zur Messung der Bereitschaft zum Versicherungsbetrug wurden den Pbn sechs Szenarien vorgegeben, in denen eine Person ihrer Versicherung gegenüber falsche Angaben macht. Anschließend wurden die Pbn danach gefragt, in welchem Maße sie sich vorstellen können, sich in einer vergleichbaren Situation ähnlich zu verhalten wie die Person in dem Szenario. Das erste und sechste Szenario wurde in insgesamt 22 verschiedenen Versionen des Fragebogens systematisch variiert, um den Einfluß situativer Randbedingungen auf die Bereitschaft zum Versicherungsbetrug zu überprüfen[66] (siehe unten). Das zweite bis fünfte Szenario hingegen war für alle Befragten identisch. Aus den hinsichtlich dieser Szenarien geäußerten Verhaltensintentionen wurde eine Skala gebildet, die zur Messung der allgemeinen Betrugsbereitschaft eingesetzt wurde (CRONBACHS alpha = 0,74).
3. ***Die moralische Bewertung von Versicherungsbetrug.*** Zur Messung dieser Variablen wurde bzgl. der einzelnen Szenarien danach gefragt, für wie schlimm die Befragten das Verhalten der in dem Szenario agierenden Person halten. Zusätzlich wurde in drei Einstellungsitems die generelle Haltung zu Versicherungsbetrug erhoben. Aus diesen Variablen ließ sich eine homogene Skala bilden (CRONBACHS alpha = 0,79), die im folgenden als Indikator der moralischen Bewertung von Versicherungsbetrug verwandt wird.

8.4.4 Zusammenhänge mit soziodemografischen Variablen

Von den soziodemografischen Variablen korreliert lediglich das Alter mit allen drei abhängigen Variablen: Je jünger ein Kunde, desto höher ist seine Bereitschaft zum Versicherungsbetrug ($r = -0,35$; $p < 0,01$), desto weniger wird Betrug moralisch verurteilt ($r = 0,29$; $p < 0,01$) und desto eher hatte er auch schon in der Vergangenheit bereits einmal betrogen ($r = -0,18$; $p < 0,01$).

Die Höhe des Einkommens korreliert signifikant mit dem bisherigen Betrugsverhalten ($r = 0,09$; $p < 0,05$), wobei eine Partialkorrelation zeigt, daß dieser Zusammenhang hauptsächlich darauf zurüchgeführt werden kann, daß das Einkommen mit der Anzahl an Versicherungsverträgen korreliert, über die ein Befragter durchschnittlich verfügt. Die Anzahl an Versicherungsverträgen kann ihrerseits jedoch als Indikator der Betrugsgelegenheiten verwandt werden, die sich für einen Kunden ergeben (siehe unten).

Darüber hinaus zeigte sich, daß die Zufriedenheit mit der eigenen finanziellen Situation signifikant mit den Betrugsintentionen bzw. mit der moralischen Bewertung von Betrug korreliert ($r = -0,15$ bzw. $0,20$; p jeweils $< 0,01$). Während diese Werte für eine

---

davon profitiert, wenn er Kunden durch Beihilfe zum Betrug an sich bindet. Ebenfalls nicht überraschend ist, daß dies von den Versicherungsvertretern gänzlich anders gesehen wird. So bezweifelte der Vorsitzende des Bundesverbands deutscher Versicherungskaufleute die Validität der ermittelten Zahlen (STOLL, 1996, S. 26).

[66] Bei diesen insgesamt 44 unterschiedlichen Szenarien wurde u.a. zusätzlich erhoben, welche Risiken die Pbn wahrnehmen würden, wenn sie sich so verhielten wie die Person in dem Szenario und inwiefern sie glauben, die nötigen Fähigkeiten und Kenntnisse für ein solches Verhalten zu besitzen.

höhere Betrugsneigung finanziell Unzufriedener sprechen, ergaben sich im Hinblick auf das bisherige Verhalten keine signifikanten Zusammenhänge. Dieses Ergebnis kann u.U. dahingehend interpretiert werden, daß finanziell Unzufriedene (z.B. Arbeitslose) zwar eine erhöhte Betrugsbereitschaft aufweisen, aufgrund ihrer nur mangelhaften Ausstattung mit Versicherungsverträgen hierzu jedoch häufig nicht die Gelegenheit haben[67].

Hinsichtlich des Geschlechts sowie der Bildung der Befragten zeigen sich keinerlei signifikanten Korrelationen mit den verschiedenen Indikatoren der Bereitschaft zum Versicherungsbetrug. Dies gilt auch für die Frage, ob ein Befragter in den alten oder neuen Bundesländern lebt sowie im Hinblick auf die Gemeindegröße. Dieses Ergebnis steht somit im Widerspruch zu WITTKÄMPER et al. (1990), die vermutet haben, daß Versicherungsbetrug in der Großstadt aufgrund der niedrigeren sozialen Kontrolle und höheren Anonymität verbreiteter sei als auf dem Land (siehe oben). Somit ist der Schweizer Rückversicherung zuzustimmen, wenn sie schreibt: "Als generelles Phänomen ist Versicherungsbetrug ... weder an einzelne Gesellschaftsschichten noch an bestimmte Milieus gebunden, sondern tritt überall auf" (1993, S. 19).

8.4.5 Persönlichkeit und Versicherungsbetrug

Im folgenden soll diskutiert werden, inwiefern die Tendenz zum Versicherungsbetrug mit den weiter oben diskutierten Persönlichkeitsvariablen korreliert. Hierbei wurden die einzelnen Konstrukte wie folgt gemessen:

Die Operationalisierung der Variable "Selbstkontrolle" orientierte sich an dem von GRASMICK et al. (1993) entwickelten Persönlichkeitsfragebogen, wobei zur Verringerung des Fragebogenumfangs nur die Items zur Messung der Subdimensionen "Impulsivität" und "Risikoorientierung" verwendet wurden, da diese als die Kerndimensionen des Selbstkontrollkonzepts von GOTTFREDSON und HIRSCHI angesehen werden können (s. LAMNEK, 1994, S. 148).

"Egoismus" wurde durch sechs Items aus der Skala von WEIGEL et al. (1996) gemessen, wobei jeweils zwei Items den Subdimensionen "Machiavellismus", "Anomie" und "Toleranz gegenüber abweichendem Verhalten" entnommen wurden.

"Gesetzestreue" wurde in Anlehnung an KERSCHKE-RISCH (1993) bzw. TYLER (1990) durch zwei Items erhoben (Beispiel: *"Gesetze zu brechen ist unmoralisch, auch dann, wenn man sie für ungerecht hält"*).

"Religiosität" wurde erhoben, indem die Probanden angeben sollten, wie häufig sie in die Kirche gehen und in welchem Maße sie sich selbst als religiös bezeichnen würden.

Die folgende Tabelle verdeutlicht, inwiefern die abhängigen Variablen mit Hilfe dieser Persönlichkeitsvariablen erklärt werden konnten. Angegeben sind jeweils die stan-

[67] Gegen eine solche Interpretation spricht allerdings die Tatsache, daß die finanzielle (Un-) Zufriedenheit auch dann nicht dem bisherigen Betrugsverhalten korreliert, wenn die Anzahl an Versicherungsverträgen bzw. Schadenfällen in der Vergangenheit simultan berücksichtigt wird.

dardisierten Regressionskoeffizienten (bzw. im Hinblick auf das bisherige Verhalten die standardisierten Diskriminanzkoeffizienten) sowie in Klammern die bivariaten Korrelationskoeffizienten[68]:

Unabhängige Variablen	**Abhängige Variablen**		
	Moralische Bewertung	Betrugsbereitschaft	Bisheriges Verhalten
Selbstkontrolle	0,23** (37**)	-0,25** (-0,34**)	-0,51** (-0,11**)
Egoismus	-0,36** (-0,44**)	0,24** (0,32**)	0,58** (0,13**)
Gesetzestreue	0,19** (0,27**)	-0,14** (-0,23*)	-0,22 (-0,07*)
Religiosität	0,07 (0,19**)	0,06 (-0,17**)	-0,17 (-0,08*)
Multiples R^2	0,31	0,21	0,05

Tabelle 8-1

Es zeigt sich, daß vor allem die Merkmale "Selbstkontrolle" und "Egoismus" substantiell mit der moralischen Bewertung und der Betrugsbereitschaft korrelieren. Das bisherige Verhalten kann allerdings deutlich schlechter vorhergesagt werden. Dieses Ergebnis steht jedoch durchaus im Einklang mit dem weiter oben entwickelten Modell zur Erklärung von Versicherungsbetrug, da das konkrete Verhalten maßgeblich davon abhängt, ob sich für einen potentiellen Täter günstige Gelegenheiten ergeben, die einen Betrug moralisch vertretbar und die Risiken kalkulierbar erscheinen lassen.

8.4.6 Die subjektive Repräsentation von Versicherungen

Bei der Frage, wie Versicherungen von ihren Kunden wahrgenommen werden, erschienen aufgrund der verschiedenen Pretests und theoretischer Vorüberlegungen folgende Dimensionen relevant:

- ***Inwiefern dürfen Versicherungen Gewinne erzielen?*** 40% aller Befragten in der Hauptuntersuchung gaben an, daß nach ihrer Meinung Versicherungen nicht das Recht hätten, einen Gewinn zu erzielen. Anhand einer studentischen Stichprobe zeigte sich, daß Versicherungen sehr viel weniger als anderen Unternehmen (z.B. in der Automobilbranche) ein Recht auf Gewinnerzielung zugesprochen wird.
- ***Verständnis für das Solidarprinzip von Versicherungen.*** Lohnen sich Versicherungen nur, wenn man ab und zu einen Schaden hat, oder wird bereits der Schutz gegen potentiell ein-

[68] Zur Überprüfung der Zusammenhänge zwischen den verschiedenen Persönlichkeitsvariablen wurde zunächst eine Faktorenanalyse durchgeführt. Es zeigte sich, daß die a priori unterschiedenen Dimensionen sich auch empirisch identifizieren ließen und zu hinreichend homogenen Skalen zusammengefaßt werden konnten (Die Werte für CRONBACHS alpha lagen zwischen 0,62 und 0,83, für die Skala Gesetzestreue allerdings nur bei 0,48).

tretende Schadenfälle als Leistung der Versicherer aufgefaßt? Inwiefern begreifen die Kunden Versicherungen als Solidargemeinschaften? Empirisch zeigte sich, daß die meisten Kunden das Solidarprinzip von Versicherungen verstanden haben, eine Minderheit von 21% meint allerdings, daß sich Versicherungen nur im Schadenfall bezahlt machen.

- ***Akzeptanz von Regeln bei der Schadenregulierung.*** Inwiefern akzeptiert ein Kunde, wenn sich die Versicherer bei der Schadenregulierung an festen Regeln orientieren? Eine Mehrheit von 60% hat Verständnis dafür, wenn ein Versicherungsunternehmen nur dann einen Schaden bezahlt, wenn es rechtlich auch dazu verpflichtet ist. Immerhin 38% aller Befragten fordern allerdings Kulanz gegenüber langjährigen Kunden und 33% sind dafür, daß im Falle eines Schadens die Bedürftigkeit des Kunden mit berücksichtigt wird.
- ***Allgemeine Bewertung von Versicherungen.*** Auch in der vorliegenden Studie bestätigte sich das bereits in anderen Untersuchungen identifizierte schlechte Image von Versicherungen (ADELT et al., 1994). So sind 57% der Meinung, Versicherungen seien gierig beim Kassieren der Prämien und knauserig beim Bezahlen vertraglicher Leistungen.
- ***Häufigkeit von Versicherungsbetrug.*** 37% aller Befragten sind der Meinung, daß fast jeder Kunde einmal "seine Versicherung übers Ohr haut".

Die folgende Tabelle (8-2) verdeutlicht den Einfluß der subjektiven Repräsentation von Versicherungen auf die Tendenz zum Versicherungsbetrug[69]:

	Abhängige Variablen		
Unabhängige Variablen	Moralische Bewertung	Betrugsbereitschaft	Bisheriges Verhalten
Legitimität von Gewinnnen	-0,01 (-0,11**)	0,08 (0,03)	-0,01 (0,04)
Verständnis für das Solidarprinzip	0,25** (0,36**)	-0,24** (-0,32**)	-0,41* (-0,15**)
Akzeptanz von Regeln	0,25** (0,35**)	-0,22** (-0,29**)	-0,07 (-0,08)
Allgemeine Bewertung von Versicherungen	-0,11* (-0,27**)	0,13** (0,19**)	0,37* (0,11**)
Wahrgenommene Häufigkeit von Versicherungsbetrug	-0,27** (-0,34**)	0,18** (0,23**)	0,72** (0,22)**
Multiples R^2	0,31	0,21	0,05

Tabelle 8-2

[69] Angegeben sind auch hier (wie bei den Ergebnissen zum Einfluß von Persönlichkeitsvariablen) jeweils die standardisierten Regressions- bzw im Hinblick auf das bisherige Verhalten die standardisierten Diskriminanzkoeffizienten. In Klammern stehen jeweils die bivariaten Korrelationskoeffizienten. Vorab wurde mittels Faktorenanalyse überprüft, ob die theoretisch abgeleiteten Dimensionen auch empirisch unterschieden werden können (für Details siehe FETCHENHAUER, 1998, S. 257).

Je mehr die Befragten Verständnis für das Solidarprinzip von Versicherungen zeigen, je mehr sie feste Regeln bei der Schadenregulierung akzeptieren, je positiver sie Versicherungen allgemein bewerten und je seltener ihrer Meinung nach Versicherungsbetrug verübt wird, desto niedriger ist die Neigung zum Versicherungsbetrug. Das Ausmaß, in dem Versicherungen ein Recht auf Gewinnerzielung zugestanden wird, hat erstaunlicherweise jedoch kaum Einfluß auf die Betrugsneigung.

Die Ergebnisse bestätigen insgesamt, daß die Tendenz eines Kunden, seiner Versicherung gegenüber falsche Angaben zu machen, maßgeblich davon beeinflußt ist, wie diese von ihm wahrgenommen werden.

8.4.7 Situative Einflüsse

In diesem Abschnitt soll gezeigt werden, in welchem Maße die Bereitschaft zum Versicherungsbetrug von den spezifischen Randbedingungen beeinflußt wird, unter denen ein Betrug stattfindet.

Es gibt wahrscheinlich nahezu unbegrenzt viele Möglichkeiten, seine Versicherung zu betrügen. Die meisten Deliktformen (modi operandi) lassen sich jedoch zu folgenden Kategorien zusammenfassen:

- ***Umdefinieren*** eines nicht versicherten Schadens in einen Versicherungsfall. Beispiel: Ein Fahrrad wird um 23^{00} gestohlen, der Kunde gibt jedoch an, das Fahrrad sei bereits um 19^{00} entwendet worden, da es nach 22^{00} nicht mehr versichert war.
- ***Übertreiben*** der Schadenhöhe. Beispiel: Jemand läßt sich nach einem Verkehrsunfall von der Werkstatt, in der sein Wagen repariert wurde, einen Kostenvoranschlag machen, dessen Betrag deutlich über dem liegt, der zur Reparatur des Schadens wirklich notwendig wäre.
- ***Fingieren*** eines Schadens. Beispiel: Ein Kunde gibt vor, in seine Wohnung sei eingebrochen worden, obwohl gar kein Einbruch stattgefunden hat.
- ***Herbeiführen*** eines Schadenfalls. Beispiel: Jemand verursacht absichtlich einen Verkehrsunfall.

Die eingesetzten Szenenarien zeigten, daß diese vier verschiedenen Deliktformen äußerst unterschiedlich bewertet werden. Während das Umdefinieren und Übertreiben eines Schadens in bestimmten Situationen legitim erscheint, lehnen die meisten Befragten das Fingieren oder Herbeiführen eines Schadens kategorisch ab. Diese Tendenz kann erklärt werden durch das geringe Ausmaß an Änderung des „wahren" Schadenhergangs bzw. die vergleichsweise geringen finanziellen Vorteile für den Betrüger beim Umdefinieren bzw. Übertreiben eines Schadens.

Die Probanden, die zugaben, schon einmal ihre Versicherung betrogen zu haben, wurden danach gefragt, welcher der vier verschiedenen Deliktformen ihre falschen Angaben zugeordnet werden können. Die folgende Tabelle zeigt die unterschiedliche Häufigkeit der verschiedenen modi operandi.

Wie man sieht, stehen die beiden Betrugsformen des Umdefinierens und Übertreibens eindeutig im Vordergrund. Das tatsächliche Verhalten bei bisherigen Betrugshandlungen entspricht somit den moralischen Bewertungen im Hinblick auf die vorgegebenen Szenarien.

"Als Sie das letzte Mal ihrer Versicherung gegenüber Angaben gemacht haben, die nicht vollständig zutrafen, wie sah das aus?"	
Es lag tatsächlich ein Schaden vor, der aber nicht versichert war, so daß der wahre Schadenverlauf etwas anders dargestellt wurde.	50,6% (89)
Ich habe bei der Höhe des eingetretenen Schadens etwas übertrieben.	43,8% (77)
Ich habe einen Schaden angegeben, der gar nicht eingetreten war.	5,1% (9)
Ich habe einen Schaden absichtlich herbeigeführt.	0,6% (1)

Tabelle 8-3

Eine weitere Randbedingung, die sich zwischen verschiedenen Betrugsfällen ganz erheblich unterscheiden kann, ist die Summe, um die die Versicherung betrogen wird.

Zur Überprüfung des Einflusse der Betrugssumme wurde eine studentische Stichprobe (N = 600) in sechs Gruppen unterteilt. Einem Teil der Stichprobe wurde folgende Geschichte erzählt (Fingieren eines Schadenfalls):

> Herr X gibt bei seiner Versicherung an, in seinem Haus sei während seines letzten Urlaubs eingebrochen worden. Bei diesem Einbruch seien Gegenstände im Wert von ... DM gestohlen worden. Tatsächlich hat kein Einbruch stattgefunden.

Ein anderer Teil der Stichprobe erhielt die folgende Version (Umdefinieren eines Schadens):

> Während eines Urlaubs wurde in das Haus von Herrn X eingebrochen. Hierbei ist ein Schaden von ... DM entstanden. Für den entstandenen Schaden besteht aber kein Versicherungsschutz, da Herr X versäumte, vor Antritt des Urlaubs die Rollos herunterzulassen. Herr X verschweigt dies bei seiner Versicherung und erhält den Schaden ersetzt.

In jeder der beiden Versionen wurden unterschiedliche Beträge von 100 DM, 1.000 DM oder 10.000 DM eingesetzt, so daß insgesamt sechs Versionen der Geschichte resultierten. Die nachfolgende Tabelle zeigt den Anteil der Personen, die das Verhalten von Herrn X für moralisch gerechtfertigt halten:

Betrugssumme / Deliktform	100 DM	1.000 DM	10.000 DM
Umdefinieren	40%	39%	45%
Fingieren	13%	5%	4%

Angegeben ist jeweils der prozentuale Anteil der Vpn, die das gezeigte Verhalten für moralisch vertretbar halten.

Tabelle 8-4

Die Bewertung des Verhaltens von Herrn X wird sehr viel stärker von der Deliktform als von der Betrugssumme beeinflußt. Während 45% es für legitim halten, der Versicherung zu verschweigen, daß die Rolladen nicht heruntergelassen waren, auch wenn sie dadurch 10.000 DM erhalten, die ihnen juristisch nicht zustehen, halten nur 13% das Fingieren eines Schadens über 100 DM für vertretbar. Eine ähnliche Verteilung der Werte ergibt sich hinsichtlich der Frage, inwiefern die Befragten sich vorstellen können, sich ähnlich zu verhalten wie die in dem Szenario agierende Person.

Weiter oben war bereits die aus den Untersuchungen von SCHWARZ (1987) ableitbare Hypothese diskutiert worden, daß ein Übertreiben der Schadensumme umso weniger verurteilt wird, je mehr neben materiellen auch immaterielle Schäden zu beklagen sind. Hierzu wurde den Pbn der Hauptuntersuchung ein Szenario vorgelegt, in dem eine Person nach einem Wohnungsbrand die Höhe des eingetretenen Schadens übertreibt, wobei in der Bedingung "Hoher immaterieller Schaden" darauf hingewiesen wird, daß bei dem Brand auch alte Tagebücher, Briefe und Fotoalben vernichtet wurden (vgl. Tab. 8-5).

Es wird deutlich, daß sich die Bewertung des Verhaltens zwischen beiden Versionen deutlich unterscheidet: Wenn hohe immaterielle Schäden zu beklagen sind, wird das Übertreiben der Schadensumme signifikant weniger verurteilt ($p < 0{,}01$) und können sich deutlich mehr Probanden vorstellen, sich in einer vergleichbaren Situation ähnlich zu verhalten wie Herr X ($p < 0{,}05$).

	Moralische Bewertung	Verhaltensintention
<u>Kein immaterieller Schaden</u> In der Wohnung von Herrn X kommt es ohne sein Verschulden zu einem Brand, durch den Gegenstände im Wert von 6.000 DM vernichtet werden. Herr X gibt bei seiner Versicherung an, der Schaden habe 9.000 DM betragen.	15,4%	15,4%
<u>Hoher immaterieller Schaden</u> In der Wohnung von Herrn X kommt es ohne sein Verschulden zu einem Brand, durch den Gegenstände im Wert von 6.000 DM vernichtet werden. *Schwerer als der finanzielle Verlust wiegt für Herrn X, daß dem Brand auch alte Tagebücher, Briefe und Fotoalben zum Opfer gefallen sind, mit denen er viele Erinnerungen verbunden hatte.* Herr X gibt bei seiner Versicherung an, der Schaden habe 9.000 DM betragen.	28,0%	24,0%

Angegeben ist jeweils der prozentuale Anteil der Vpn, die das gezeigte Verhalten für moralisch vertretbar halten bzw. sich vorstellen können, sich in einer ähnlichen Situation genauso zu verhalten.

Tabelle 8-5

Weitere Szenarien zeigten, daß das Übertreiben eines Schadens nicht nur bei immateriellen Schäden legitimierbar erscheint, sondern auch, wenn der Kunde einen hohen Aufwand bei der Schadenregulierung hat, bzw. er durch den Schaden psychischen Belastungen (z.B. Schock, Alpträume nach einem Wohnungseinbruch) ausgesetzt ist.

Das Umdefiniereren eines Schadens erscheint vor allem dann entschuldbar, wenn der wahre Schadenhergang nur geringfügig abgeändert werden muß, bzw. der Kunde die Ausschlußklauseln, die er durch seine falschen Angaben umgeht, für nicht legitim hält.

Die Höhe der eingezahlten Beiträge scheint interessanter Weise keinen Einfluß auf die Betrugsbereitschaft zu haben, obschon dies in der Literatur oftmals vermutet wird (WITTKÄMPER et al., 1990, S. 165; HINZMANN, 1994, S. 16; Gesamtverband der deutschen Versicherungswirtschaft, 1996, S. 128; SCHWARZ, 1987, S. 164) und eine solche Hypothese auch equitytheoretisch begründet werden kann.

Hingegen zeigte sich die Tendenz, daß vor allem leichtere Formen von Versicherungsbetrug entschuldbarer erscheinen, wenn der Kunde das Geld dringend benötigt, weil er unverschuldet in eine finanzielle Notlage geraten ist.

8.4.8 Der Einfluß von Rational Choice Variablen

Gemäß der Rational Choice Theorie ist Versicherungsbetrug ein rationaler Akt mit dem Ziel der (finanziellen) Nutzenmaximierung (siehe oben). Empirisch wurde der Einfluß folgender Variablen überprüft:

Gelegenheitsstruktur. Es zeigte sich, daß Befragte, die angaben, in der Vergangenheit bereits einmal ihre Versicherung betrogen zu haben, über signifikant mehr Versicherungsverträge verfügen als solche, die sich als (bislang) ehrlich bezeichneten (durchschnittlich 6,9 vs. 6,2 Versicherungsverträge, $p < 0{,}01$). Die Anzahl an Verträgen kann jedoch als Indikator für die Häufigkeit angesehen werden, mit der jemand die Gelegenheit zum Versicherungsbetrug hat. Weiter oben war bereits erwähnt worden, daß der Zusammenhang zwischen Einkommen und Betrugserfahrung vollständig auf die mit dem Einkommen korrelierende Anzahl an Verträgen zurückgeführt werden kann.

Durch die Anzahl an Verträgen kann auch ein zunächst sehr überraschendes Ergebnis erklärt werden, nämlich daß Befragte, die angaben, in der Vergangenheit schon einmal besonders zufrieden mit ihrer Versicherung gewesen zu sein, signifikant häufiger (!) schon einmal ihre Versicherung betrogen haben: Je mehr Verträge jemand hat, desto mehr Schadenfälle (und damit Betrugsgelegenheiten) hat er im Durchschnitt und desto höher ist gleichzeitig die Wahrscheinlichkeit positiver Erlebnisse mit der eigenen Versicherung.

Erwartete Sanktionsschwere. Als je ernsthafter im Falle einer Betrugsaufdeckung zu erwartende Sanktionen durch die Versicherung bewertet werden, desto niedriger sind die Betrugsintentionen (durchschnittliches $r = -0{,}19$). Bemerkenswert ist hierbei der Befund, daß Befragte, deren Betrug in der Vergangenheit von der Versicherung bemerkt worden ist, deutlich weniger schwere Sanktionen im Falle einer Betrugsaufdeckung erwarten als Befragte, deren Betrug in der Vergangenheit unbemerkt geblieben ist ($p < 0{,}05$); ein Ergebnis, das auf die geringe Sanktionsneigung der Versicherer verweist.

Bemerkenswert erscheint z.B. folgender Fall: Ein Kunde hat einen Schaden an seinem Pkw und betrügt seine Kaskoversicherung durch eine überhöhte Rechnung. Die Versicherung bemerkt den Betrug und droht daraufhin damit, den Betrug bei der Polizei anzuzeigen. Der Kunde bestreitet, daß ein Betrug vorliegt und droht seinerseits mit Kündigung. Daraufhin bietet ihm sein Versicherungsvertreter folgenden Kompromiß an: Die Versicherung zahlt nur den tatsächlich angefallenen Schaden, verzichtet aber auf eine Anzeige, wenn der Kunde verspricht, seine Verträge bei der Versicherung nicht zu kündigen.

Perzipiertes Entdeckungsrisiko. Als je geringer die Befragten ihr Risiko einschätzen, daß ihr Versicherungsbetrug bemerkt wird, desto höher ist ihre Betrugsbereitschaft (durchschnittliches $r = -0{,}27$). Hierbei zeigt sich, daß die Einschätzung des Entdeckungsrisikos maßgeblich von bisherigen Erfahrungen beeinflußt ist: Wer in der Vergangenheit nicht entdeckt wurde, geht auch im Hinblick auf zukünftige Betrugshandlungen davon aus, nicht entdeckt zu werden, da die Erfahrungen in der Vergangenheit (oftmals unzulässig?) generalisiert werden. Es ist denkbar, daß unentdeckte Betrüger aufgrund dieses Mechanismus dazu neigen, immer häufiger zu betrügen und hierbei zunehmend unvorsichtig zu agieren[70].

Effizienzerwartungen. Weiter oben war kritisiert worden, daß Effizienzerwartungen in Rational Choice Erklärungen bislang kaum berücksichtigt wurden. Tatsächlich zeigte sich, daß die Verhaltensintentionen von den subjektiv wahrgenommenen eigenen Fähigkeiten und Kenntnissen hinsichtlich Versicherungsbetrugs beeinflußt wurden (durchschnittliches $r = 0{,}26$), wobei diese mit dem perzipieren Entdeckungsrisiko lediglich zu 0,40 miteinander korrelierten, so daß es gerechtfertigt erscheint, beide Variablen getrennt voneinander zu betrachten und nicht unter eine Variable zu subsumieren. Ähnlich wie beim Entdeckungsrisiko zeigt sich im übrigen auch hinsichtlich der Effizienzerwartungen, daß die Befragten von ihren eigenen Erfahrungen auf zukünftige Betrugsgelegenheiten schließen. Pbn, deren Betrug in der Vergangenheit nicht entdeckt wurde, schreiben sich signifikant mehr Kenntnisse und Fähigkeiten zum Versicherungsbetrug zu als solche, deren Betrug aufgedeckt wurde.

Zusammenfassend läßt sich zu den Variablen, die aus dem Rational Choice Ansatz abgeleitet wurden, feststellen, daß sie tatsächlich die Bereitschaft zum Versicherungsbetrug beeinflussen, wobei ihrer Erklärungsstärke insgesamt jedoch beschränkt erscheint (zu ähnlichen Befunden siehe z.B. die bei AMELANG, 1986, diskutierte Literatur). So konnte die Varianz der geäußerten Verhaltensintentionen mit Hilfe dieser Variablen nur zu 13% aufgeklärt werden, ein Wert, der deutlich unter den entsprechenden Werten für die Persönlichkeitsvariablen bzw. den subjektiven Repräsentationen von Versicherungen liegt.

---

[70] Der Autor dankt Herrn Prof. WISWEDE für diesen Hinweis. Die geringe Zahl an Mehrfachtätern in der Stichprobe spricht allerdings dafür, daß solche Fälle eher selten sind.

8.4.9 Normative Einflüsse

Zur Messung normativer Einflüsse wurde bei den einzelnen Szenarien danach gefragt, wie das Verhalten der Person X von relevanten Bezugspersonen der Befragten bewertet würde (Subjektive Normen) bzw. wie diese selber das Verhalten der Person in dem Szenario beurteilen. Hierbei zeigte sich der auch schon in anderen Studien erhobene Befund, daß die Betrugsbereitschaft maßgeblich von normativen Variablen beeinflußt ist (vgl. auch AMELANG, 1986). So korrelierten die subjektive Normen mit den angegebenen Verhaltensintentionen durchschnittlich mit einem Wert von –0,44, der Zusammenhang zwischen der eigenen moralischen Bewertung und der Betrugsbereitschaft lag mit einem Wert von 0,80 noch deutlich höher.

Bei der Interpretation dieser Koeffizienten ist allerdings zu berücksichtigen, daß diese unter Umständen eine Überschätzung der wahren Zusammenhänge darstellen, da schon aus dissonanztheoretischen Überlegungen heraus zu vermuten ist, daß kaum ein Proband angeben wird, einen Betrug zu intendieren, den er nach eigener Darstellung moralisch aufs Schärfste verurteilt. Insofern ist nicht auszuschließen, daß die tatsächlichen Betrugsneigungen weniger von moralischen, sondern in viel stärkerem Ausmaß von Nutzenüberlegungen abhängig sind, als dies die hier ermittelten Ergebnisse vermuten lassen[71].

8.4.10 Überprüfung des integrativen Modells zur Erklärung von Versicherungsbetrug

Weiter oben war betont worden, daß die hier behandelten Determinanten von Versicherungsbetrug nicht unverbunden und eklektisch nebeneinander gestellt werden, sondern in einem integrativen Erklärungsmodell kausal miteinander verknüpft werden (siehe Kapitel 8.3.5). Zur Überprüfung dieses Modells wurden die einzelnen Variablengruppen schrittweise als unabhängige Variablen in eine hierarchische Regressionsanalyse aufgenommen. Die Ergebnisse dieser Analysen können als Bestätigung dieses Modells aufgefaßt werden: So erklären z.B. die Randbedingungen, die zwischen den verschiedenen Versionen des Fragebogens variiert wurden, im Schnitt 3,3% der Varianz der gemessenen Verhaltensintentionen; wenn zuvor der Einfluß internalisierter und externer Normen sowie des erwarteten Nutzens berücksichtigt wird, sinkt dieser Wert jedoch auf 0,8%. Das Verständnis für das Solidarprinzip von Versicherungen, welches auf bivariater Ebene mit den Verhaltensintentionen mit einem Wert von –0,32 korreliert, weist im Rahmen der hierarchischen Regressionsanalyse lediglich einen ß-Koeffizienten von –0,01 auf. Ähnliches gilt für die anderen Dimensionen der subjektiven Repräsentation von Versicherungen sowie die weiter oben diskutierten Persönlichkeitsvariablen.

---

[71] Auf das komplizierte Verhältnis von Moral, Nutzenüberlegungen und Betrugsbereitschaft kann hier aus Platzgründen nicht eingegangen werden. Es zeigten sich jedoch empirische Hinweise darauf, daß Nutzenüberlegungen nur dann die Betrugsbereitschaft beeinflussen, wenn ein Betrug aus Sicht der Befragten moralisch zu rechtfertigen ist (siehe hierzu ausführlich FETCHENHAUER, 1998).

8.4.11 Zusammenfassung

Zusammenfassend läßt sich zu den empirischen Ergebnissen der hier diskutierten Untersuchungen festhalten, daß sie die Bedeutung einer Vielzahl von Einflußvariablen belegt haben. Versicherungsbetrug ist das Ergebnis eines komplexen Zusammenspiels von moralischen Überlegungen und Nutzenabwägungen, die ihrerseits von den ganz spezifischen Situationsbedingungen, in denen ein Betrug stattfindet, der Wahrnehmung von Versicherungen sowie Persönlichkeitseigenschaften der potentiellen Betrüger beeinflußt sind. Darüber hinaus ließ sich zeigen, wie diese Vielzahl an Variablen in einem einheitlichen Erklärungsansatz integriert werden kann, ohne daß die identifizierten Einflußfaktoren eklektisch und isoliert voneinander betrachtet werden.

8.5 Möglichkeiten der Betrugsbekämpfung

Abschließend sollen mögliche Handlungsempfehlungen diskutiert werden, die sich aus den empirischen Ergebnissen der hier vorgestellten Untersuchungen ableiten lassen. Hierbei können jedoch aus Platzgründen nur grobe Umrisse möglicher Präventionsmaßnahmen skizziert werden (für eine ausführlichere Darstellung siehe FETCHENHAUER & MÜLLER, 1996).

8.5.1 Reduzierung von Tatgelegenheiten

Eine elegante Möglichkeit, die Häufigkeit von Versicherungsbetrug zu reduzieren, kann darin bestehen, Versicherungsverträge so zu gestalten, daß sie möglichst wenige Möglichkeiten und Anreize zum Betrug eröffnen.

Damit jemand einen Versicherungsbetrug begeht, muß er zunächst zu der Überzeugung gelangen, durch diesen Betrug einen Gewinn zu erzielen, der sonst nicht möglich wäre.

> Über Jahre hatten z.B. die Versicherer das Problem, daß sehr viele Autodiebstähle "zufällig" knapp zwei Jahre nach dem Kauf des Autos eintraten, wenn die Kaskoversicherung bis zu einem Zeitraum von zwei Jahren für den Fall eines Diebstahls den Neuwert des Wagens ersetzt hat. Diese Regelung ist mittlerweile abgeschafft, der Anreiz, sein Auto kurz vor Ablauf der Zweijahresfrist als gestohlen zu melden, ist dadurch erheblich gesunken, da man von seiner Versicherung nur eine Zahlung in der Höhe zu erwarten hat, die auch bei einem legalen Verkauf des Wagens zu erwarten wäre.
>
> Ein weiteres Beispiel für den Zusammenhang zwischen Schadenquoten und Anreizstrukturen des Versicherungsvertrags geben MILGRAM & ROBERTS (1992, S. 178). Bei Lebensversicherungen besteht eine Zahlungsverpflichtung des Versicherers im Falle von Selbstmord meist erst nach einer Laufzeit des Vertrages von 12 bzw. 24 Monaten. Es läßt sich beobachten, daß die Anzahl an Selbstmorden bei einer Vertragslaufzeit von 11 bzw. 23 Monaten am niedrigsten, nach 12 bzw. 24 Monaten am höchsten ist: "The inference seems unmistakable: People postpone their suicides to allow their beneficeries to collect the life insurance proceeds."

Eine Empfehlung an die Versicherungsunternehmen lautet deshalb, die eigenen Vertragsbedingungen systematisch nach Klauseln zu untersuchen, die in sich bereits einen Anreiz zum Versicherungsbetrug bergen.

Darüber hinaus können Betrugsgelegenheiten auch durch eine zügige Schadenaufnahme vermindert werden. Wenn ein Kunde einen Schaden, unmittelbar nachdem er eingetreten ist, bei seiner Versicherung meldet (z.B. telefonisch), ergeben sich für den Kunden sehr viel weniger Gelegenheiten, den Schaden im nachhinein umzudefinieren bzw. zu übertreiben und hierbei auf die Tips und Ratschläge von Freunden zurückzugreifen (immerhin 45% aller Kunden der Hauptuntersuchung, die zugaben, schon einmal betrogen zu haben, haben hierzu die Hilfe anderer benutzt). Die unmittelbare Aufnahme eines Schadens sollte natürlich aus Sicht der Versicherer den Kunden nicht als Maßnahme zur Betrugsabwehr, sondern als Servicemaßnahme dargestellt werden.

8.5.2 Erhöhungen der moralischen Schranken gegenüber Versicherungsbetrug

Die hier vorgestellten Untersuchungen zeigen, daß die Bereitschaft zum Versicherungsbetrug maßgeblich davon beeinflußt ist, in welchem Maße in der gegebenen Situation ein Betrug moralisch vertretbar erscheint. Die empirischen Ergebnisse der hier referierten Untersuchungen implizieren eine Vielzahl an möglichen Maßnahmen, die dazu dienen könnten, das "schlechte Gewissen" potentieller Betrüger zu aktivieren:

- Die Versicherer sollten sich verstärkt darum bemühen, ihren Kunden den Gedanken der Solidargemeinschaft zu verdeutlichen und klar zu machen, daß sich Versicherungen nicht nur im Schadenfall lohnen.
- Es sollte vermieden werden, daß beim Kunden unrealistische Erwartungen hinsichtlich des Verhaltens der Versicherer im Schadenfall entstehen. Dies betrifft zum einen den frühzeitigen Hinweis auf bestehende Ausschlußklauseln, wobei besonders darauf zu achten ist, daß diese dem Kunden plausibel erscheinen und nicht lediglich als Versuch der Versicherungen aufgefaßt werden, die Übernahme eines Schadens zu vermeiden. Zum anderen sollte dem Kunden klargemacht werden, daß eine Versicherung einen einmal eingetretenen Schaden nicht ungeschehen macht (wie dies z.B. rückwärts laufende Filme in der Werbung suggerieren), sondern daß Versicherungen lediglich einen eingetretenen finanziellen Schaden begleichen, immaterielle Schäden und psychische Belastungen jedoch durch den Kunden alleine getragen werden müssen.
- Es erscheint kontraproduktiv, daß sich die Versicherungsbranche immer wieder über (vermeintlich) zunehmende Betrugsraten öffentlich empört, da dies bei bislang ehrlichen Kunden den Eindruck erweckt, die große Mehrheit der „Betrüger" durch ihre eigenen Prämien zu subventionieren. Empirisch zeigte sich, daß die Betrugsneigung der Befragten in hohem Maße davon abhing, für wie verbreitet sie Versicherungsbetrug halten (siehe oben). Deshalb sollte darauf hingewiesen werden, daß die Mehrzahl aller Kunden als ehrlich einzustufen ist.

8.5.3 Erhöhung der perzipierten Risiken

Eine weitere Möglichkeit der Betrugsbekämpfung besteht darin, bei den Kunden die Wahrnehmung der mit einem Betrug verbundenen Risiken zu erhöhen. Hierzu zählt zum einen die Erhöhung des subjektiven Entdeckungsrisikos beim Kunden sowie zum anderen die Schaffung von Erwartungen, daß aufgedeckte Fälle von Versicherungsbetrug scharfe Sanktionen nach sich ziehen. Es ist zu vermuten, daß diese Maßnahmen bei Gewohnheitstätern, die mit erheblicher krimineller Energie arbeiten, die einzige Möglichkeit darstellen, die Betrugsbereitschaft zu senken (WITTKÄMPER et al., 1990, S. 211). Im Hinblick auf die Masse der Gelegenheitstäter ist allerdings darauf hinzuweisen, daß eine Verschärfung der Kundenkontrolle mit unerwünschten Nebenwirkungen verbunden sein könnte. Bereits von STRÜMPEL wurde (im Hinblick auf das

Thema Steuerhinterziehung) darauf aufmerksam gemacht, daß eine Verschärfung der Kontrolle zwar die Betrugsneigung verringert, u.U. jedoch gleichzeitig die Bereitschaft zur freiwilligen Mitarbeit unterminiert (1969). Nach FREY (1993) kann dieser Effekt theoretisch damit begründet werden, daß die Steigerung von Kontrollaktivitäten zu einer Verringerung der intrinsischen Motivation zu kooperativem Verhalten führt (DECI, 1975). Der Effekt, daß verstärkte Kontrolle die Anreize zum Betrug erhöht, ist m.E. allerdings auch reaktanztheoretisch zu erklären, da die vor der Kontrolle offenstehende Alternative unehrlicher Angaben gegenüber der Versicherung nicht mehr zur Verfügung steht und deshalb aufgewertet wird („Der Reiz des Verbotenen"). Neben Korrumpierungseffekten i.S. Decis verändert darüber hinaus die Wahrnehmung eines Kunden, daß seine Versicherung ihn kontrolliert (d.h. mißtraut), die Art und Weise, in der die Beziehung zwischen ihm und der Versicherung von diesem Kunden subjektiv definiert wird[72].

Aus diesen Gründen sollten die Versicherer sehr vorsichtig sein mit dem Versuch, die Betrugsneigung ihrer Kunden durch verstärkte Kontrollen zu senken und dieses Mittel vor allem zur Bekämpfung von (kriminellen) Gewohnheitstätern einsetzen. Im Hinblick auf die große Masse der Gelegenheitstäter scheint hingegen eine Betrugsbekämpfung durch die Reduzierung von Tatgelegenheiten und die Erhöhung moralischer Schranken gegenüber Versicherungsbetrug mehr Erfolg zu versprechen.

---

[72] Diesen Effekt kann man sich an folgendem Beispiel verdeutlichen: Man stelle sich einen Ehemann vor, der feststellt, daß seine Ehefrau ihn von einem Detektiv überwachen läßt, um seine eheliche Treue zu kontrollieren. Die Ehefrau wird vielleicht argumentieren, daß dem Ehemann diese Überwachung gleichgültig sein kann, solange er sich nichts zu Schulden kommen läßt. Dennoch wird der Ehemann wahrscheinlich verärgert reagieren, weil er das Verhalten seiner Ehefrau als Beweis mangelnden Vertrauens interpretiert.

9. Kapitel

Das Taschengeld im 15-Länder-Vergleich – Kinder, Kies, Konsum und Kultur –

Julia Fauth

Lehrstuhl für Wirtschaftssoziologie, Universität Bonn

9.1 Einleitung

In den Haushaltswissenschaften wird von dem Haushalt auch gerne als „Hauskommunismus“ gesprochen. Die Bezeichnung Hauskommunismus bedeutet hierbei, daß in Mehrpersonenhaushalten in aller Regel nicht durchgängig das ökonomische Prinzip gilt, sondern eher eine Mischung von Leistungsträgern und Leistungsempfängern typisch ist (vgl. WEBER, 1956, S. 214). In diesem Sinne sind Taschengeldzahlung und -verwendung wichtige Bestandteile der Geld-Sozialisation. Gleichzeitig wird den Kindern ein Fenster zur Wirtschaftswelt geöffnet. Es ist eine erste Etappe auf dem Weg, ein selbständig handelnder Wirtschaftsteilnehmer zu werden.

Es brauchte einige Zeit, bis Kinder und Jugendliche als selbständige Konsumenten wahrgenommen wurden. In den Nachkriegsjahren mußte zunächst die Wirtschaft wieder angekurbelt werden. Andere Probleme standen hier im Vordergrund. Zwar verfügten Kinder auch damals schon über eigenes Geld, doch wurden sie aus den Noterfahrungen der Eltern dazu angehalten, dieses Geld eher zu sparen statt auszugeben. Mit der Wirtschaftsblüte folgte der Babyboom und die Wohlstandsentwicklung. So wurde dann in den 60er Jahren erkannt, daß Kinder und Jugendliche durch Taschengeldausstattung, Geldgeschenke und sonstige Einkünfte über eine erstaunliche Kaufkraft verfügen und somit gesamtwirtschaftlich gesehen interessant sind. Dementsprechend wurden nach und nach regelrechte Kinder- und Jugendmärkte mit spezifischen Produkten aufgebaut. In Deutschland wurde das bei Teenagern und Twens verfügbare Geld bereits 1965 auf rund 12 Milliarden DM pro Jahr geschätzt (vgl. SCHARMANN, 1965, S. 23).

Dabei ist die Kaufkraft und der Einfluß dieser Altersklientel nicht nur auf dem Gegenwartsmarkt interessant. Die Kinder und Jugendlichen werden auch von zwei anderen Märkten – dem Zukunfts- und dem Multiplikatorenmarkt – intensiv umworben. Als Konsumenten von morgen sind sie existenziell für die Wirtschaft, und als Multiplikatoren üben sie großen Einfluß auf ihr Umfeld aus (vgl. MCNEAL, 1991, S. 15 ff.). Dies wird unmittelbar deutlich, wenn man an die Gruppenzwänge innerhalb der Peer-Groups oder an die Einflußnahme auf den Konsum der Eltern denkt (vgl. Index Funk 5546).

Im folgenden Beitrag werden Teilergebnisse einer EU-weiten Studie (15-Länder-Vergleich) zum Thema „Junge Verbraucher in Europa – Konsum- und Umweltverhalten von Kindern und Jugendlichen im 15-Länder-Vergleich“, die am Lehrstuhl für Wirtschaftssoziologie der Universität Bonn durchgeführt wurde, vorgestellt. Neben der bloßen Betrachtung der Aspekte einer Geld-Sozialisation von Kindern und Jugendlichen ist bei dieser Studie interessant, daß nicht nur Ergebnisse aus einem Land zur Diskussion vorliegen, sondern Datenmaterial in allen 15 EU-Staaten erhoben wurde. So ist zusätzlich ein cross-nationaler Vergleich möglich. Als Interpretationsrahmen bieten sich die sog. Kulturdimensionen von G. HOFSTEDE an. HOFSTEDE untersuchte seit den siebziger Jahren die Unterschiede nationaler Wertesysteme und bediente sich dazu seines selbsterhobenen Datenmaterials aus über 50 Ländern der Welt. Es gelang ihm, die vier Grundproblembereiche „Machtdistanz“, „Kollektivismus/Individualismus“, „Feminität/Maskulinität“ sowie „Unsicherheitsvermeidung“, die schon von INKELES et al. herausgestellt wurden, als *zentrale* Kulturdimensionen zu erfassen (vgl. INKELES, 1969). HOFSTEDE hat u.a. für jede Dimension eine Rangliste der Länder aufgestellt, aus der sich beispielsweise für die Dimension „Feminität/Maskulinität“ herauslesen läßt, ob eine Kultur eher feminine oder maskuline Strukturen aufweist. Für jede Ausprägung werden außerdem *die jeweils typischen Unterschiede* in den Verhaltensweisen dargestellt (vgl. HOFSTEDE, 1993). Die Frage ist, ob sich diese kulturspezifischen Verhaltensweisen auch bei unseren Ergebnissen wiederfinden lassen.

Es folgt nach einer Kurzdarstellung der wichtigsten Ergebnisse unserer EU-Studie zunächst eine Beschreibung des Untersuchungsdesigns. Im nachfolgenden Teil geht es dann explizit um Geldeinnahmen der Kinder und Jugendlichen allgemein, um die Taschengeldhöhe speziell, die Geldverwendung sowie um die Phasen des Kaufentscheidungsprozesses.

9.2 Kurzdarstellung der Ergebnisse

Bei der durchgeführten schriftlichen Untersuchung von Kindern und Jugendlichen im Alter von 10 bis 16 Jahren zum Thema Konsum- und Umweltverhalten konnten insgesamt 3307 Personen aus allen 15 EU-Ländern befragt werden. Dies entsprach einer Rücklaufquote von 54% im EU-Durchschnitt. Im folgenden werden die wichtigsten Ergebnisse kurz dargestellt.

Fast jedes der befragten Kinder (80 – 90%) verfügt über Taschengeldeinnahmen. Lediglich in Italien sind es nur etwa zwei Drittel der Kinder; hier bekommen die Schülerinnen und Schüler stattdessen eher Geldgeschenke. Hinsichtlich des Zahlungsrhythmus′ läßt sich feststellen, daß nur in Deutschland, Österreich und Schweden das Taschengeld vorwiegend monatlich ausgezahlt wird. Alle anderen Länder ziehen einen wöchentlichen Rhythmus vor.

Allein an Taschengeldeinnahmen (ohne Geldgeschenke, Jobeinnahmen und Ersparnisse) stehen nach Hochrechnungen der vorliegenden Daten den 10- bis 14-jährigen Kindern EU-weit insgesamt 7 Milliarden DM zur Verfügung. Grundsätzlich ist die Tendenz zu beobachten, daß im Süden der EU weniger Taschengeld gezahlt wird als im Norden. Bei der Frage nach den zusätzlichen Einnahmen zum Taschengeld konnte festgestellt werden, daß mit zunehmendem Alter auch die Jobtätigkeiten häufiger werden, weil sie eine weitere Unabhängigkeit von den Eltern bedeuten. Diese Jobeinnahmen erhalten in der Altersklasse 14 bis 16 Jahre eine größere Bedeutung als die Geldgeschenke.

Hinsichtlich der Taschengeldverwendung sind bei jeder Art der Geldverwendung national größere Unterschiede zu verzeichnen. Im EU-Durchschnitt jedoch steht das Sparen an erster Stelle (53%). Danach kommen Ausgaben für Kleidung und Süßigkeiten (49%), CDs und MCs (46%), Bücher (39%), diverse Hobbies (28%), Sportartikel und Schulsachen (26%), Eintrittsgelder (22%), Computer (14%) sowie Spielsachen (4%). Bezüglich der Produktwahl lassen sich außerdem geschlechtsspezifische Unterschiede erkennen. Jungen bevorzugen Sportartikel, Computer bzw. -zubehör, Spielsachen und Hobbyartikel, während Mädchen eher Kleidungsstücke, Schulsachen und Bücher vorziehen.

Während des Kaufentscheidungsprozesses werden zur Beratung und Kaufbegleitung vor allem Eltern und Peers herangezogen. Dabei ergibt sich wieder ein deutliches „EU-Gefälle“: Im Süden der EU und bei der jüngeren Altersklasse sind es eher Familienmitglieder, die in die Beratung miteinbezogen werden, im Norden der EU und in der älteren Altersklasse sind es eher die Peers.

Auch als Informationsquelle vor dem Kauf stellen Gespräche mit Familienmitgliedern und Freunden die wichtigste Dimension dar. An zweiter Stelle stehen – ungefähr als gleich wichtig einzustufen – das Hinzuziehen von Fachverkäufern, Prospektmaterial und TV-Werbung. Produktinformationen, die während der Schulzeit eingeholt werden, sei es während des Unterrichts, im Gespräch mit älteren Mitschülern oder auch Peers, nehmen eine mittlere Bedeutungsposition ein. Schaufensterauslagen, Fachlektüre und Radiowerbung sind bei der Meinungsbildung dagegen eher unwichtig. Auch hier sind deutliche nationale Unterschiede zu beobachten.

9.3 Studienbeschreibung und Methodik

Es handelt sich bei dem vorzustellenden Projekt um eine quantitative, innerhalb der Europäischen Union durchgeführte Studie. In allen 15 Ländern der EU wurden Kinder und Jugendliche im Alter von 10 bis 16 Jahren u.a. zum Thema Konsumverhalten befragt.

Die Datenerhebung erfolgte postalisch, mittels schriftlicher Befragung in Gruppen in Anwesenheit eines Versuchsleiters (Lehrer). Nach Beendigung der Befragungsphase wurde eine Rücklaufquote von 54% im EU-Durchschnitt verzeichnet. Die Rücklaufquote errechnete sich aus dem Mittelwert der Summe der Rücklaufquoten der einzelnen Länder. Die so erhaltene Stichprobe umfaßte insgesamt 3307 verwertbare Fragebögen.

Das Erhebungsinstrument stellte ein vollständig standardisierter Fragebogen dar. Der Fragebogen wurde in die jeweilige Landessprache übersetzt und bestand aus 27 geschlossenen Fragen. Die stark standardisierte Befragungsform wurde vor allem aus zwei Gründen gewählt. Zum einen sollten *Unschärfen* aufgrund sprachlicher Differenzen, wie sie gerade auch bei offenen Fragen entstehen können, vermieden werden. Zum anderen erschien die Befragung durch die Versuchsleiter im Klassenverband fälschungssicherer als die Form von Interviews außerhalb der Schule. Letztlich sprachen auch die *geringeren* Kosten für diese Form der Befragung.

9.4 Ergebnisse im 15-Länder-Vergleich

9.4.1 Geldeinnahmen – Zahlungsrhythmus und Art der Einnahme

Über Sinn und Zweck des Taschengeldes wurde schon in den 50er Jahren nachgedacht (NEUMANN, 1954, S. 1 ff.). Dabei standen erzieherische Aspekte im Vordergrund. Zum einen lernt ein Kind mit Hilfe des Taschengeldes, mit eigenen Ressourcen umzugehen, zum anderen kann durch zusätzliche Maßnahmen eine Konsumerziehung erfolgen. Das Bedürfnis, Geld zu besitzen, ist dem Menschen nicht angeboren wie beispielsweise das Bedürfnis nach Nahrung. Kinder lernen vielmehr schon früh, daß Geld eine Funktion als Tauschmittel hat. Für diese Erkenntnis ist es unerheblich, ob sie auf einer Beobachtung beruht oder auf Erfahrungen mit eigenem Geld. Erst wenn regelmäßig ein Taschengeld gezahlt wird, kann eine Beziehung zum Geld aufgebaut werden. Der Besitz von Geld bedeutet: Geld ausgeben zu können, mit dem festgesetzten Geldbetrag planen zu können und die Erfahrung zu machen, daß manchmal auch Fehlentscheidungen getroffen werden und dann daraus zu lernen. Wie die Pädagogin NEUMANN schon in den 50er Jahren feststellte, hat „Geld auch mit Macht, mit Sicherheit und Anerkennung, mit Bestätigung und innerer Freiheit etwas zu tun. Der Gewinn des Taschengeldes liegt nicht nur im Vertrautwerden mit diesem Zahlungsmittel unserer Kultur. Der zentrale Gewinn liegt im Erlebnis der persönlichen Freiheit." (1954, S. 3). Diese persönliche Freiheit ist natürlich nur gewährt, wenn Kinder auch die Möglichkeit bekommen, selbst zu entscheiden, was mit dem Geld gemacht wird. Damit wird deutlich, daß es nicht primäres Ziel einer Gelderziehung sein kann, den Umgang mit Geld einzuüben, sondern vielmehr, in eine neue Lebenssituation zu führen: In die erste Phase der Unabhängigkeit (vgl. KRÜGER, 1982, S. 7 f).

Auch das Bürgerliche Gesetzbuch beschäftigt sich in dem sog. „Taschengeldparagraphen“ mit dieser Thematik: Schließt ein Minderjähriger einen Kaufvertrag und bezahlt mit seinem Taschengeld, so ist der Vertrag auch gültig, wenn die Eltern mit dem Kauf nicht einverstanden sind (vgl. BGB, § 110).

Es gibt immer wieder Fälle, in denen Eltern die Taschengeldverwendung teilweise oder ganz bestimmen und kontrollieren, wie beispielsweise zum Zwecke des Sparens. Die betroffenen Kinder könnten bei dieser Variante dann nicht frei über ihr Taschengeld verfügen, da sie die elterliche Vorgabe „Sparen“ zu befolgen haben. Wie oft dies bei unserer europäischen Studie der Fall war, wurde nicht erhoben. Es konnte jedoch nachgewiesen werden (Chi-Quadrat-Unabhängigkeitstest; $p = 0,05$), daß diejenigen, die sparen, ihr Taschengeld eher in einem regelmäßigen, monatlichen Rhythmus beziehen, als diejenigen, die nicht sparen. Umgekehrt stecken Kinder, die in unregelmäßigen Abständen ein Taschengeld bekommen, dieses seltener in die Spardose.

Im Vergleich mit anderen Studien (BODZENTA et al., 1982; Institut für Jugendforschung 1990), die Taschengeldeinnahmen von Kindern und Jugendlichen untersuchten, waren auch in der hier beschriebenen europäischen Verbraucherstudie ähnliche Tendenzen beim Taschengelderhalt zu beobachten. In der Schüler-Media-Analyse 1990 des *Instituts für Jugendforschung* bekamen von 100 Schülern in Deutschland im Alter von 10 bis 15 Jahren 96 Taschengeld und 4 keines (Institut für Jugendforschung 1990, S. 128). Unsere Ergebnisse in Tabelle 9-1, nur für Deutschland betrachtet, bestätigen diese Zahlen in etwa (Die Fragestellung lautete: „Bekommst Du Taschengeld?“; Antwortkategorien: „nein“, „ja“, und zwar „einmal im Monat“, „wöchentlich“, „anderer Rhythmus bzw. unregelmäßig“).

	D	A	S	DK	FIN	B/L	NL	GB	IRL	F	P	ES	GR	I
N	(333)	(43)	(43)	(149)	(130)	(51)	(152)	(114)	(275)	(175)	(143)	(667)	(304)	(300)
Keine	**6%**	**9%**	**12%**	**21%**	**17%**	**16%**	**4%**	**4%**	**21%**	**28%**	**22%**	**12%**	**9%**	**36%**
Ja, davon:	**94%**	**91%**	**88%**	**77%**	**82%**	**84%**	**95%**	**94%**	**77%**	**72%**	**77%**	**87%**	**90%**	**62%**
monatlich	55%	46%	65%	33%	31%	16%	39%	24%	2%	36%	12%	9%	6%	12%
wöchentlich	30%	33%	9%	24%	36%	57%	51%	54%	55%	16%	24%	57%	37%	35%
unregelmäßig	9%	12%	9%	20%	16%	12%	4%	14%	18%	19%	39%	20%	46%	13%
ohne Angabe	-	-	5%	-	-	-	1%	2%	2%	1%	2%	1%	1%	2%
Keine Antwort	-	-	-	**2%**	**1%**	-	**1%**	**2%**	**2%**	-	**1%**	**1%**	**1%**	**2%**

Quelle: Lehrstuhl für Wirtschaftssoziologie der Universität Bonn

Legende: D = Deutschland, A = Österreich, S = Schweden, DK = Dänemark,
FIN = Finnland, B = Belgien, L = Luxemburg, NL = Niederlande,
GB = Großbritannien, IRL = Irland, F = Frankreich, P = Portugal, ES = Spanien,
GR = Griechenland, I = Italien.

Tabelle 9-1: ***Taschengeldeinnahmen der 10- bis 16-jährigen (n = 2879)***

Eine österreichische Untersuchung zu Geld und Konsum kam im Jahr 1982 zu sehr ähnlichen Ergebnissen wie unsere Teil-Studie für das Land Österreich. Die Autorengruppe BURGER et al. befragte Kinder und Jugendliche im Alter von 8 bis 16 Jahren: 89% bekamen Taschengeld, 11% nicht (1982, S. 28).

Bei einer vertieften Betrachtung von Tabelle 9-1 lassen sich interessante Unterschiede im 15-Länder-Vergleich feststellen: So fällt auf, daß in Ländern wie Deutschland, Österreich, Schweden, Niederlande, England, aber auch Spanien und Griechenland Kindern zu einem höheren Prozentsatz als in den restlichen Ländern Taschengeld gezahlt wird. In Italien bekommen dagegen nicht einmal zwei Drittel der befragten Kinder Taschengeld. Eine Begründung dafür wird später in dem Kapitel über zusätzliche Einnahmen zum Taschengeld gegeben. Dort zeigen die Ergebnisse, daß beispielsweise Kinder in Italien ihr Kaufpotential vor allem in Form von Geldgeschenken gewinnen.

Hinsichtlich des Rhythmus' der Taschengeldzahlungen läßt sich erkennen, daß die monatlichen, regelmäßigen Zahlungen etwas typisches für Deutschland, Österreich und Schweden sind. Alle anderen Länder ziehen andere Zahlungsweisen vor (insbesondere Irland, Spanien, Griechenland und Italien). Vor allem in den Benelux-Staaten, auf den Britischen Inseln und in Spanien werden kürzere Spannen zwischen den einzelnen Geldzahlungen gewählt: Hier bekommt mehr als die Hälfte der Kinder einmal wöchentlich Taschengeld. Dies hat unseres Erachtens pädagogisch zur Folge, daß Kinder in diesen Ländern zwar zu regelmäßigen Zeiten ihren Geldbetrag ausgehändigt bekommen, geldplanerische Prozesse jedoch schwerer erlernt werden können, da eine Einteilung über sieben Tage wesentlich unkomplizierter und leichter ist, als einen ganzen Monat mit dem Geld haushälterisch umzugehen. Weiterhin fällt auf, daß in Portugal und Griechenland die Anteile derjenigen, die kein festes, regelmäßiges Taschengeld bekommen, überdurchschnittlich hoch sind: Jedes zweite bis dritte Kind bekommt ein Taschengeld „nach Bedarf". Zu vermuten ist, daß in diesen beiden Ländern das Taschengeld weniger gelderzieherischen Charakter besitzt als vielmehr zu Belohnungszwecken und zum Anspornen benutzt wird. In zahlreichen Gesprächen mit Griechen wurde beispielsweise einheitlich festgestellt, daß Kinder immer dann Geld bekommen, wenn sie etwas benötigen.

Des weiteren läßt sich in diesem Zusammenhang ein Bezug zur Theorie von HOFSTEDE herstellen.

Wie einleitend erwähnt, unterscheidet HOFSTEDE vier Dimensionen, hinsichtlich derer sich Kulturen grundlegend voneinander unterscheiden: Machtdistanz (power distance), Unsicherheitsvermeidung (uncertainty avoidance), Individualismus vs. Kollektivismus und Maskulinität vs. Feminität. Diese Kulturdimensionen gewann er aus umfangreichen empirischen Untersuchungen in 40 (später erweitert auf 53) Ländern mit insgesamt 117.000 Angestellten eines großen US-amerikanischen Konzerns, der seit Jahrzehnten weltweit operiert. Unter „Machtdistanz" versteht HOFSTEDE das in einer Kultur wahrgenommene Autoritätsgefälle zwischen „oben" und „unten" bzw. – bezogen auf den Arbeitskontext – das Maß an Achtung und Respekt, das Untergebene ihren Vorgesetzten entgegenbringen. Arabische und südamerikanische Länder kennzeichnet beispielsweise nach HOFSTEDE eine hohe Machtdistanz, nordeuropäische Länder eine geringe. Mit „Unsicherheitsvermeidung" ist die Tendenz zum Absichern gegenüber den Wechselfällen des Lebens durch Planung, Regelbeachtung und das Eingehen langfristig stabiler Beziehungen gemeint. In „individualistischen" Gesellschaften definieren sich die Menschen primär über ihre persönlichen Werte, Leistungen und Lebensziele, in „kollektivistischen" Gesellschaften dagegen über die Werte, Leistungen und Ziele der Gruppe, der sie sich zugehörig fühlen. Die Dimension „Maskulinität vs. Feminität" bezieht sich auf das Vorherrschen kompetitiver, leistungsbezogener vs. kooperativer, harmoniebezogener Werte.

Was die oben angesprochene Regelmäßigkeit der Taschengeldzahlung in den verschiedenen Ländern angeht, so läßt sich im Hinblick auf HOFSTEDES Kulturdimensionen vermuten, daß insbesondere individualistische Kulturen dazu tendieren, ihren Kindern durch regelmäßige Taschengeldzahlungen einen selbstgesteuerten und eigenverantwortlichen Umgang mit Geld beizubringen. Die Daten bestätigen diese Vermutung: Griechenland und Portugal weisen von den hier betrachteten 15 europäischen Ländern die höchsten Kollektivismuswerte auf der entsprechenden HOFSTEDE-Skala auf, gleichzeitig ist dort der Anteil der Kinder ohne regelmäßiges Taschengeld mit Abstand am höchsten. Der Zusammenhang zwischen der Kulturdimension „Individualismus" und der Regelmäßigkeit der Taschengeldzahlung ist auch für die restlichen Länder erstaunlich hoch: Die Korrelation zwischen diesen Variablen beträgt $r = 0{,}84$[73]. Je individualistischer (kollektivistischer) ein Land ist, desto höher ist die Tendenz zu einer regelmäßigen (unregelmäßigen) Taschengeldzahlung.

In den 80er Jahren wurde in einer österreichischen Studie beobachtet, daß ein geschlechtsspezifischer Unterschied beim Zahlungsrhythmus von Taschengeld besteht: Mädchen bekommen eher als Jungen in monatlichen Abständen Geld. Jungen erhalten die Taschengeldzahlungen häufiger wöchentlich (vgl. BURGER et al., 1982, S. 33 f). Dies wird häufig so interpretiert, daß Mädchen damit auf ihre spätere Rolle als Verwalterin der Haushaltskasse vorbereitet werden – eine Rolle, die ihnen in vielen europäischen Ländern seit Jahrhunderten traditionell zukommt. Der Auszahlungsrhythmus ihres Taschengeldes wird in pädagogischer Intention an den des späteren Haushaltseinkommens angepaßt. Bei unserer Studie war diese Tendenz zwar bei rein deskriptiver Betrachtung der Kreuztabellen auch zu beobachten, sie ließ sich aber für kein Land als statistisch signifikant nachweisen. Daß sich dieses traditionelle Erziehungsmuster in keinem der EU-Länder statistisch absichern läßt, legt die Vermutung nahe, daß hier Auflösungsprozesse dieser *früher* typischen *Rollenzuweisung* begonnen haben. Die Emanzipation der Frau und ihre Umsetzung im Erziehungs- und Sozialisationsprozess der Kinder dürften hierzu in erheblichem Maße beigetragen haben (vgl. auch KROEBER-RIEL, 1996, S. 465 ff.).

---

[73] Hier und im folgenden werden Produkt-Moment-Korrelationen berichtet. Analysen mit entsprechenden Rangkorrelationen (SPEARMAN's rho) führen zu ganz ähnlichen Schlußfolgerungen.

9.4.2 Taschengeldhöhe

Neben der Bereitschaft zur Zahlung eines Taschengeldes ist die Taschengeldhöhe pro Kopf ein weiteres wichtiges Untersuchungskriterium der Studie. Im Fragebogen wurden keine absoluten Zahlen erhoben, sondern lediglich nach Geldspannen gefragt („Könntest Du mir anhand der folgenden Gruppen andeuten, wieviel Taschengeld Du insgesamt im Monat bekommst?“ Antwortkategorien waren: „Ist es weniger als 20 DM“, „ist es zwischen 20 und 29 DM“ etc.). Die Art der Fragestellung ergab sich aus den Erfahrungen des Pretests: Kinder reagierten sehr sensibel auf Geldfragen, und die Bereitschaft zur Antwort bei vorgegebenen Geldspannen war größer als bei der Erfassung absoluter Zahlen. Die errechneten Mittelwerte verstehen sich somit nur als Anhaltspunkte und können nicht so genau sein, wie es absolute Zahlen wären.

9.4.2.1 Taschengeldhöhe in verschiedenen Ländern

Tabelle 9-2 zeigt eine Hochrechnung, in der die Altersklassen so gewichtet wurden, daß die vorhandenen Daten mit dem Zahlenmaterial des Statistischen Bundesamts verknüpfbar sind. Aus diesem Grund wurde nur die Altersklasse der 10- bis 14-jährigen herausgestellt, das Pro-Kopf-Taschengeldeinkommen neu berechnet und dann mit den Bevölkerungsdaten für diese Altersklasse hochgerechnet. Auf diese Weise ergibt sich das Kaufpotential aufgrund der Taschengeldeinnahmen (ohne Spareinlagen, Verdienste und Geldgeschenke) aller 10- bis 14-jährigen in der EU.

Betrachtet man das absolute durchschnittliche Pro-Kopf-Taschengeldeinkommen, fällt auf, daß vor allem in Österreich, Dänemark und Luxemburg ein besonders hohes Taschengeld gezahlt wird. Relativiert wird diese Beobachtung, wenn die Taschengeldhöhe mit dem Kaufkraftindex multipliziert wird, da sie sich dann in etwa den Zahlen der anderen Länder annähert. Umgekehrt haben die spanischen und italienischen Kinder eine größere Kaufkraft, als es die absoluten Zahlen zunächst vermuten lassen. Tendenziell ist festzuhalten, daß Kinder in den südlichen Ländern sowie in Belgien, Irland und Frankreich weniger Taschengeld bekommen als in den nordeuropäischen Ländern und in Großbritannien, Deutschland, Österreich und den Niederlanden. Auch hier läßt sich eine Parallele zu einer der HOFSTEDE'schen Kulturdimensionen ziehen: Länder mit geringen Taschengeldzahlungen zeichnen sich durch eine eher hohe Machtdistanz aus, Länder mit vergleichsweise hohen Taschengeldzahlungen weisen eine geringe Machtdistanz auf. Die Korrelation zwischen der Taschengeldhöhe und der Machtdistanz beträgt für die hier betrachteten Länder immerhin $r = -0{,}70$. In Ländern mit geringer Machtdistanz ist das Autoritätsgefälle zwischen Erwachsenen und Kindern weniger stark, die Kinder genießen einen den Erwachsenen eher gleichgestellten Status, der sich u.a. durch größere finanzielle Unabhängigkeit der Kinder von den Eltern ausdrückt. Wie wir später noch sehen werden, ist die Taschengeldhöhe natürlich auch eine Funktion des Einkommens der Eltern, doch spielt dieser ökonomische Faktor interessanterweise eine viel schwächere Rolle als die Kulturdimension Machtdistanz (Einkommen und Taschengeldhöhe korrelieren nur mit $r = 0{,}28$).

Land	Bevölkerung 10-14 Jahre[3] gesamt in 1000	Taschengeldhöhe[1] DM pro Kopf / Monat	Taschengeldhöhe[1] in Milliarden DM / Jahr	in Kaufkraft[2] umgerechnet DM pro Kopf / Monat
D	4.494	32,-	1,7	32,-
A	480	38,-	0,2	33,-
S	499	33,-	0,2	33,-
DK	273	40,-	0,1	31,-
FIN	330	30,-	0,1	26,-
B	609	20,-	0,2	20,-
L	23	40,-	0,01	o.A.
NL	904	28,-	0,3	30,-
GB	3.660	32,-	1,4	28,-
IRL	337	26,-	0,1	24,-
F	3.920	19,-	0,9	19,-
P	672	27,-	0,2	27,-
ES	2.590	20,-	0,6	22,-
GR	694	25,-	0,2	25,-
I	3.056	21,-	0,8	23,-
Summe	22.546		7	

1) Das Zahlenmaterial beruht auf eigenen Hochrechnungen.
2) Statistisches Bundesamt, Mitteilungen für die Presse 192/97, Wiesbaden 8.7.97.
3) Amt für amtliche Veröffentlichungen der Europäischen Gemeinschaften, Bevölkerungsstatistik 1997, S. 28 f.(Ortsangabe: Luxemburg 1997)

Tabelle 9-2: ***Taschengeldeinnahmen pro Kopf, Jahr und Land ohne andere Einnahmen (Altersklasse 10-14 Jahre)***

Als schwierig hat es sich erwiesen, zu Vergleichszwecken auf Datenmaterial aus anderen Taschengelderhebungen der einzelnen EU-Länder zurückzugreifen. Wenn hierzu überhaupt Quellen auffindbar waren, dann aus verschiedenen Jahren, mit unterschiedlich definierten Altersklassen oder zum Teil auch mit zu kleiner Stichprobengröße. Ungeachtet dieser Differenzen wurde dennoch versucht, Tendenzen aufzuzeigen und eine Aussage bezüglich der Zuverlässigkeit der vorliegenden EU-Verbraucherstudie treffen zu können. Insgesamt ist festzustellen, daß in den Ländern, in denen zu diesem Thema Datenmaterial zur Verfügung stand, durchaus eine Übereinstimmung mit den Ergebnissen unserer Studie zu beobachten ist: Für Großbritannien liegen Zahlen von 1995 vor, aus denen hervorgeht, daß in der Altersklasse der 11- bis 13-jährigen durchschnittlich 30 DM gezahlt wurden. Vermerkt war in der Quelle, daß das Taschengeld in der Region Schottland mit Abstand am höchsten ist (vgl. GALLUP, 1995). In Italien sind es in der gleichen Altersklasse nur etwa 18 DM (vgl. Istituto Nazionale di Statistica, 1992, S. 236 ff.). Für die Niederlande sind Zahlen des *Consumentenbonds* verfügbar, die besagen, daß die durchschnittliche Taschengeldhöhe der 12- bis 14-jährigen bei 32 DM liegt (vgl. Consumentenbond, 1997). In Schweden schließlich liegt die Höhe bei 34 DM pro Kopf in der Altersklasse 10 bis 13 Jahre (vgl. RÅD & RÖN, 8/97, S. 23). In Spanien liegen keine Gesamtzahlen für das Land vor. Einige spanische Provinzen haben zu dieser Thematik Fallstudien durchgeführt. Dabei wird deutlich, daß je nach wirtschaftlichem Stand der Provinzen die Taschengeldhöhe variiert. Eine durchschnittliche Zahl für ganz Spanien wird nicht genannt (vgl. Direccion de Consumo, 1997). Zusammenfassend läßt sich festhalten, daß die hier festgestellten länderspezifischen durchschnittlichen Taschengeldhöhen durch die wenigen anderen Untersuchungen zu diesem Thema tendenziell bestätigt werden.

9.4.2.2 Taschengeldhöhe bei Jungen und Mädchen

Weitere interessante Unterschiede ergeben sich bei der geschlechtsspezifischen Betrachtung der Ergebnisse. Einleuchtend scheint, daß die Höhe des Taschengeldes mit zunehmendem Alter ansteigt. Daß es aber einen Unterschied zwischen Mädchen und Jungen in bezug auf die absolute Taschengeldzuwendung gibt, erscheint nicht unbedingt logisch. In einer vom *Axel-Springer-Verlag* 1993 durchgeführten Studie wurde jedoch u.a. festgestellt, daß Jungen mehr Taschengeld als Mädchen erhalten (vgl. Axel-Springer-Verlag, 1994, S. 17 f). Dieses Ergebnis wurde auch anhand statistischen Materials anderer EU-Staaten überprüft. Bei dem Datenmaterial handelte es sich um jeweils landeseigene Taschengeldstudien einiger EU-Staaten, in denen bei der Ergebnisdarstellung teilweise auch eine Trennung nach Geschlecht vorgenommen wurde: Für die Niederlande, Großbritannien und Spanien ging die Tendenz in diesen Studien eindeutig dahin, daß Mädchen ein niedrigeres Taschengeldeinkommen haben als Jungen (vgl. Consumentenbond, 1997; GALLUP, 1995; Direccion de Consumo, 1997). Bei der italienischen Studie war kein deutlicher Unterschied zu erkennen (vgl. Istituto Nazionale di Statistica, 1992, S. 236 ff.). (Allerdings ging aus keiner der genannten Studien hervor, ob die gefundenen Unterschiede statistisch signifikant sind.)

Neben der Erhebung vom *Axel-Springer-Verlag* bestätigen auch andere deutsche Studien die geschlechtsspezifischen Ergebnisse (vgl. Institut für Jugendforschung, 1990, S. 128). In einer Trendstudie von BUTZ, die über sechs Jahre gelaufen ist, wird zusätzlich ein Ost-West-Vergleich gezogen. Die Befragten waren Kinder und Jugendliche der Klassen 8 bis 10, also etwa im Alter von 13 bis 17 Jahren. Sie bekamen 1996 durchschnittlich 67 DM im Monat (West) und 53 DM (Ost). Mädchen erhielten auch hier weniger Taschengeld als Jungen (vgl. BUTZ, 1997). BUTZ stellt hierzu eine These auf: „... in sozial schwierigen Zeiten, wie sie gegenwärtig in der BRD herrschen, [werden] vor allem Mädchen aus Familien mit geringerem Bildungsniveau finanziell benachteiligt. Offensichtlich sind es noch immer die Söhne, die im Entscheidungsfalle stärker gefördert werden, sei es aus traditionellen Gründen, sei es, weil diese ihre Rechte besser einklagen“ (BUTZ, 1997). In diesem Zusammenhang bestätigt auch eine von KUTSCH et al. herausgestellte These die Aussage von BUTZ, indem sie feststellten, daß Frauen bei der Verwaltung des Haushaltsbudgets besonders dann dominieren, wenn es sich um Mangelsituationen oder Krisenzeiten handelt. Bei dieser Interpretation kommt die schichtspezifische Betrachtung noch hinzu (vgl. KUTSCH et al., 1997, S. 209). Die Frage ist, ob sich diese von BUTZ aufgestellte These auch EU-vergleichend bestätigen läßt.

Land	n	Altersklassen					
		10 bis 13 Jahre			14 bis 16 Jahre		
		gesamt	davon m	davon w	gesamt	davon m	davon w
		in DM					
D	433	**27,-**	30,-	25,-	**39,-**	38,-	40,-
A	38	**33,-**	---	33,-	**39,-**	45,-	36,-
S	83	**30,-**	25,-	35,-	**39,-**	42,-	35,-
DK	186	**38,-**	38,-	39,-	**45,-**	44,-	45,-
FIN	105	**32,-**	40,-	30,-	**32,-**	35,-	30,-
B/L	41	**23,-**	20,-	25,-	**27,-**	26,-	31,-
NL	142	**26,-**	29,-	24,-	**30,-**	33,-	27,-
GB	107	**27,-**	31,-	26,-	**39,-**	39,-	38,-
IRL	214	**24,-**	26,-	23,-	**28,-**	26,-	28,-
F	124	**18,-**	19,-	18,-	**24,-**	23,-	24,-
P	111	**27,-**	25,-	28,-	**28,-**	32,-	20,-
ES	646	**19,-**	21,-	18,-	**24,-**	23,-	24,-
GR	333	**24,-**	26,-	23,-	**26,-**	28,-	25,-
I	185	**20,-**	20,-	21,-	**39,-**	33,-	41,-

Quelle: Lehrstuhl für Wirtschaftssoziologie der Universität Bonn

Tabelle 9-3: Taschengeldhöhe in Abhängigkeit von Geschlecht und Alter

Tabelle 9-3 zeigt das durchschnittliche monatliche Taschengeldeinkommen in den beiden Altersklassen nach Geschlecht getrennt. Grundsätzlich sollten jedoch die Ungenauigkeiten, die sich aus der Tatsache ergeben, daß nach Geldspannen und nicht nach absoluten Zahlen gefragt wurde, berücksichtigt werden. Die Verwendung von Spannen ist möglicherweise nicht genau genug, um den in anderen Studien festgestellten Unterschied exakt zu replizieren. Ein Blick auf Tabelle 9-3 läßt erkennen, daß sich rein deskriptiv für einige Länder der genannte geschlechtsspezifische Unterschied bestätigen läßt. Daß Mädchen weniger Taschengeld als Jungen bekommen, ließ sich statistisch signifikant jedoch nur für Deutschland (in der jüngeren Altersklasse), Griechenland und die Niederlande mittels Chi-Quadrat-Unabhängigkeitstest (p = 0,05) nachweisen.

Neben Deutschland läßt sich auch für Griechenland und die Niederlande die These von BUTZ *bestätigen*: In den Niederlanden trifft die Regierung Sparmaßnahmen im sozialen Bereich wie Kürzungen von Kinder- und Pflegegeld sowie der Arbeitslosenunterstützung und der Renten (vgl. Fischer Weltalmanach ,96, S. 491 ff.). Der griechische Staat hat einschneidende wirtschafts- und finanzpolitische Maßnahmen für den frühzeitigen Beitritt zur Europäischen Währungsunion ergriffen (vgl. Fischer Weltalmanach ,98, S. 307).

Nach der These von BUTZ müßten allerdings auch viele andere EU-Staaten diese geschlechtsspezifischen Unterschiede zeigen, da es wirtschaftliche Probleme und soziale Kürzungen auch in anderen Ländern gibt.

Die These von BUTZ kann die unterschiedlichen Taschengeldhöhen von Jungen und Mädchen in den verschiedenen EU-Staaten also höchstens partiell erklären. Geben HOFSTEDES Kulturdimensionen hier mehr Aufschluß? Eine simple Sexismus-These würde vielleicht vorhersagen, daß in Ländern mit stark maskulin geprägten Wertvorstellungen (nach HOFSTEDE sind dies Großbritannien, Deutschland, Österreich, Italien und Irland – im Gegensatz zu Schweden, Finnland, Dänemark, den Niederlanden und Portugal mit stark feminin geprägten Werten) Jungen gegenüber Mädchen bevorzugt werden. In der jüngeren Altergruppe der 10- bis 13-jährigen läßt sich diesbezüglich überhaupt kein Muster erkennen, bei den 14- bis 16-jährigen läßt sich tendenziell der umgekehrte Zusammenhang ausmachen: „Feminine" Länder wie die Niederlande, Schweden, Finnland und Portugal bevorzugen bei der Taschengeldzahlung eher die Jungen, „maskuline" Länder wie Italien und Irland eher die Mädchen. Da wir hierzu allerdings über keine detaillierteren Daten verfügen, soll hier auf weitere Spekulationen verzichtet werden.

Im Vergleich des Taschengeldeinkommens der 10- bis 14-jährigen mit der volkswirtschaftlichen Größe des privaten Verbrauchs insgesamt wird deutlich, daß der Anteil prozentual sehr gering ist, besonders in Frankreich und Italien. Werden alle Einkünfte der Jugendlichen einschließlich der Ersparnisse in allen Altersstufen bis 18 Jahre zusammengenommen, so steigt laut Schätzungen des *Deutschen Jugendinstituts* der Anteil am Privaten Verbrauch auf 0,5 bis 1,5% (vgl. ROSENDORFER, 1997).

Interessant ist es außerdem, das Pro-Kopf-Einkommen ins Verhältnis zu den durchschnittlichen Taschengeldzahlungen zu setzen. Die Betrachtung von Tabelle 9-4 zeigt, daß hier zum Teil größere Unterschiede zwischen den einzelnen EU-Staaten bestehen. Den größten Anteil ihres persönlichen Einkommens geben die Portugiesen und Griechen für Taschengeldzahlungen an ihre Kinder aus. In beiden Ländern ist das Pro-Kopf-Einkommen *gemessen an deutschen Verhältnissen* sehr gering. Trotzdem sind hier Eltern vergleichsweise großzügig. Dagegen fällt besonders auf, daß Italiener, Franzosen und Belgier den Taschengeldbetrag für Kinder eher sparsam bemessen.

Land[4]	Taschengeldhöhe (Kaufkraftindex)[1] pro Kopf/Monat	Privater Verbrauch[2] in Mrd. DM/Jahr	davon Anteil des Taschengeldes 10- bis 14-j. in %	Pro-Kopf-Einkommen[3] in DM	davon Anteil des Taschengeldes in %
D	32,-	1.975	0,09	3.528,-	0,9
A	33,-	194	0,1	3.628,-	0,9
S	33,-	177	0,1	3.187,-	1,0
DK	31,-	124	0,08	3.694,-	0,8
FIN	26,-	98	0,1	2.952,-	0,9
B	20,-	275	0,07	3.631,-	0,6
NL	30,-	371	0,08	3.342,-	0,9
GB	28,-	1.423	0,1	3.178,-	0,9
IRL	24,-	72	0,1	3.055,-	0,8
F	19,-	1.451	0,06	3.157,-	0,6
P	27,-	168	0,1	2.158,-	1,3
ES	22,-	719	0,08	2.468,-	0,9
GR	25,-	195	0,1	2.083,-	1,2
I	23,-	1.429	0,06	3.387,-	0,7

1) Das Zahlenmaterial beruht auf eigenen Berechnungen anhand der erhobenen Daten. Diese wurden mit dem Kaufkraftindex des jeweiligen Landes in Verbindung gesetzt, vgl. Statistisches Bundesamt, Mitteilungen für die Presse 192/97, Wiesbaden 8.7.97.
2) Statistisches Bundesamt, Statistisches Jahrbuch für das Ausland 1997, Wiesbaden 1997, S. 168 ff.
3) Statistisches Bundesamt, Statistisches Jahrbuch für das Ausland 1997, Wiesbaden 1997, S. 149.
4) Für Luxemburg fehlt die Berechnungsgrundlage.

Tabelle 9-4: ***Taschengeldeinnahmen der 10- bis 14-jährigen bezogen auf den privaten Verbrauch und das Pro-Kopf-Einkommen in der EU***

Wir hatten oben bereits darauf verwiesen, daß die Höhe des Taschengeldes von ökonomischen Faktoren (hier: dem durchschnittlichen Pro-Kopf-Einkommen des Landes) nur unzureichend erklärt wird (r = 0,28). Erklärungskräftiger ist der kulturelle Faktor „Machtdistanz“ (r = 0,70): In „egalitären“ Ländern wird ein höheres Taschengeld als in eher hierarchisch orientierten Ländern gezahlt. Die relative Dominanz kultureller gegenüber monetären Faktoren in der Bestimmung der Taschengeldhöhe ist schon als solche interessant; überraschend ist die Stärke dieser Dominanz: Das Konzept der Machtdistanz erklärt immerhin einen fünffach so großen Varianzanteil in der Taschengeldhöhe wie das durchschnittliche Pro-Kopf-Einkommen (49% gegenüber 9%).

9.4.3 Zusätzliche Einnahmen

Neben dem Taschengeldeinkommen, welches fast jedes Kind mehr oder weniger regelmäßig bezieht, sind die zusätzlichen Einnahmen von Bedeutung. Diese sind beispielsweise Geldgeschenke zu diversen Anlässen wie Geburtstag, Weihnachten, für Zeugnisse etc. oder auch Einnahmen aus „selbständiger Arbeit". Es ist häufig zu beobachten, daß Jugendliche zur Aufbesserung des Taschengeldes zusätzliches Geld mit Tätigkeiten im Haushalt, im familieneigenen Betrieb oder auch mit sog. Schülerjobs in der freien Wirtschaft verdienen. Schon in den 60er Jahren besserte etwa ein Drittel der 15-jährigen und mehr als die Hälfte der 17-jährigen durch diese Tätigkeiten das Taschengeld auf und das vorwiegend außerhalb des Familienkreises (vgl. SCHARMANN, 1965, S. 31). Das Düsseldorfer Sozialministerium gab 1990 eine große Umfrage in Auftrag, bei der u.a. erfragt werden sollte, wie groß die Anzahl der Kinder ist, die neben der Schule Geld verdienen. Das Ergebnis zeigte, daß mehr als 40% der Schüler in der Altersklasse 13 bis 15 Jahre regelmäßig gegen Entgelt arbeiten (vgl. Kölner Stadt-Anzeiger, 4.6.1991). Daß die Geldbeträge, die dabei erwirtschaftet werden, größere Dimensionen annehmen, haben andere Untersuchungen bereits belegt (Institut für Jugendforschung).

Der Gesetzgeber untersagt ausdrücklich Kinderarbeit. Ausnahmen wurden bisher nur in den Bereichen Landwirtschaft, Austragen von Zeitungen und Handreichungen beim Sport gemacht, da hier die Arbeiten als leicht und für Kinder geeignet definiert wurden (vgl. Jugendarbeitsschutzgesetz, 1991, § 5). In einer Gesetzesänderung vom 24. Februar 1997 wurde festgelegt, daß die genannten Bereiche unzureichend sind und um weitere Dienstleistungsbereiche erweitert werden sollen, in denen Kinder geeignete Arbeit leisten dürfen. Die Tätigkeitsarten in diesen geeigneten Bereichen müssen noch definiert werden. Bis die Bundesregierung diese Bereiche näher bestimmt und der Bundesrat seine Zustimmung gegeben hat, ist das Gesetz sehr weit auszulegen. Demnach könnten Kinder bis zur Neuregelung auch in Industriezweigen leichte Arbeiten verrichten (vgl. Bundesministerium für Arbeit und Sozialordnung, 1991, § 5).

Um die Relationen zwischen Taschengeldeinnahmen, Geldgeschenken und Gespartem aufzuzeigen, seien an dieser Stelle Zahlen des *Instituts für Jugendforschung* genannt: In den Altersstufen von 7 bis 15 Jahren betragen die durchschnittlichen jährlichen Taschengeldeinnahmen 708 DM sowie die Geldgeschenkeinnahmen 231 DM. Kinder und Jugendliche in diesen Altersklassen haben durchschnittlich 1034 DM erspart. Das bedeutet, daß zu den durchschnittlichen Taschengeldbeträgen ungefähr ein Drittel des Wertes an Geldgeschenken dazukommt (vgl. Institut für Jugendforschung 1990, S. 129). Und das ist nicht alles: Des weiteren ist im Normalfall noch mit Jobeinnahmen zu rechnen.

In unserer Studie lautete die Frage nach zusätzlichen Einnahmen der befragten Kinder und Jugendlichen: „Kannst Du außer mit Taschengeld noch mit anderen Zuwendungen rechnen?" Antwortkategorien waren dabei „nein", „ja", und zwar durch „Geldgeschenke", „Jobben".

Abbildung 9-1 zeigt im Durchschnitt aller EU-Staaten, daß sich in den beiden Altersklassen 10 bis 13 Jahre sowie 14 bis 16 Jahre das Verhältnis Jobeinnahmen zu Geldgeschenken ändert: Es konnte signifikant nachgewiesen werden, daß die älteren Jugendlichen (14 bis 16 Jahre) seltener Geldgeschenke bekommen und häufiger jobben als die 10- bis 13-jährigen (p = 0,01%).

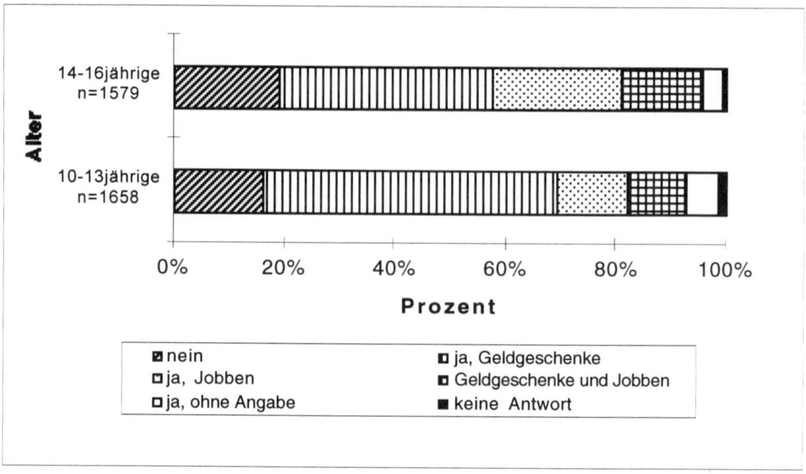

Quelle: Lehrstuhl für Wirtschaftssoziologie der Universität Bonn

Abbildung 9-1: ***Zusätzliche Einnahmen zum Taschengeld im EU-Durchschnitt nach Altersklassen***

Mit zunehmendem Alter ist zum einen der Anteil derer, die kein Taschengeld mehr bekommen, größer, da zum Teil schon mit einer praktischen Berufsausbildung begonnen wird, aus der eigene Einnahmen erzielt werden. Zum anderen kommt der Geldeinnahmequelle „Jobben" eine wachsende Bedeutung zu. Einerseits bestehen in diesem Alter bei den Jugendlichen vermutlich größere Konsumbedürfnisse, die sie mit den Taschengeldeinnahmen allein nicht mehr decken können. Oder Kinder bekommen kein Taschengeld mehr mit der Begründung, sie könnten ja nun selbst etwas verdienen. Sind es bei den Jüngeren (Altersklasse 10 bis 13 Jahre) noch Geldgeschenke, die den größten Wertebereich einnehmen, so nimmt diese Kategorie in der nächst höheren Altersklasse deutlich ab. Andererseits könnte Jobben aber auch als erweiterte Stufe der Unabhängigkeit angesehen werde: Zum ersten Mal spüren Kinder eine Unabhängigkeit, wenn sie über eigenes Einkommen selbständig verfügen können. Die Zahlungen bedeuten aber gleichzeitig eine Bindung des Empfängers an den Gebenden. Jobben bedeutet nun eine neue Dimension: Finanzielle Unabhängigkeit von den Eltern und neue Abhängigkeit von Dritten, nämlich den „Arbeitgebern".

In Tabelle 9-5 sind die Ergebnisse noch einmal im detaillierten Länder-Vergleich dargestellt. Dabei lassen sich einige interessante Unterschiede zeigen: Vor allem in Österreich, Spanien, Griechenland sowie Italien bekommen Kinder in den Altersklassen 10 bis 16 Jahre besonders häufig Geldgeschenke. In Schweden, Finnland und

Portugal ist der Anteil derjenigen, die zusätzlich zum Taschengeld keine weiteren Einnahmen haben, auffallend hoch. In allen anderen Ländern wird sehr häufig gejobbt, an der Spitze stehen Dänemark und Irland. Zumindest für Irland ist als Begründung einleuchtend, daß hier der größte Bedarf bestehen mag, durch Jobben *zusätzliche* Einnahmen zu erzielen, da es sich um das Land mit der größten Kinderzahl handelt: Ein Viertel der Gesamtbevölkerung ist jünger als 15 Jahre alt (Statistisches Jahrbuch 1997, S. 38). In den anderen Ländern fällt nur fast jeder fünfte Einwohner in diese Altersgruppe. Für Kinder steht daher in Irland ein kleinerer Teil des verfügbaren Einkommens zur Verfügung.

Diese Befunde lassen sich wieder im Sinne HOFSTEDEs interpretieren. Betrachtet man die Länder mit starker Neigung zur Unsicherheitsvermeidung (GR, P, F, ES, I und A), so stellt man fest, daß Kinder in diesen Ländern häufiger Geldgeschenke bekommen und weniger jobben. Dies verdeutlicht wieder, daß Geldgeschenke, d.h. also unregelmäßige Zahlungen, einen unsicheren Planungshorizont bewirken. Dieser löst letztlich das Bedürfnis nach Vermeidung unsicherer Situationen aus.

Land	**n**	**„NEIN“**	**„JA“** „Geldgeschenke“	„Jobben“	„Geldgeschenke + Job“	„ohne Angabe“	**Keine Antwort**
			in Prozent				
D	468	14	42	21	20	2	1
A	43	9	72	7	12	-	-
S	90	33	25	19	18	4	1
DK	242	8	20	41	25	5	1
FIN	130	29	32	19	19	1	2
B/L	51	14	35	26	16	4	6
NL	152	20	32	29	16	3	1
GB	114	20	40	24	16	-	-
IRL	275	20	31	34	13	2	-
F	175	19	30	24	17	6	5
P	144	38	45	3	3	7	4
ES	754	15	60	9	8	8	-
GR	369	19	62	10	3	4	2
I	300	12	65	10	5	7	1

Quelle: Lehrstuhl für Wirtschaftssoziologie der Universität Bonn

Tabelle 9-5: ***Zusätzliche Einnahmen zum Taschengeld der 10- bis 16-jährigen im EU-Vergleich***

9.4.4 Geldverwendung

Bisher wurde dargestellt, wie oft und in welcher Höhe Kinder Taschengeld bekommen und über welche zusätzlichen Einnahmen sie verfügen. Nun stellt sich natürlich die Frage, was Kinder mit diesem Geld anfangen. Auch bei dieser Fragestellung („Wofür gibst Du Dein Geld normalerweise aus?“ – Mehrfachnennungen waren möglich) ergeben sich interessante Unterschiede im 15-Länder-Vergleich. Im folgenden werden die deutlichsten Differenzen dargestellt.

	D	A	S	DK	FIN	B	L	NL	GB	IRL	F	P	ES	GR	I
n	(468)	(43)	(90)	(242)	(130)	(40)	(11)	(152)	(115)	(275)	(174)	(144)	(754)	(369)	(300)
Schulsachen	16%	14%	2%	4%	6%	13%	27%	16%	22%	20%	16%	59%	27%	60%	34%
Süßigkeiten	38%	63%	72%	57%	62%	23%	36%	47%	47%	57%	37%	62%	55%	39%	39%
CDs, MCs	65%	70%	50%	68%	38%	55%	73%	47%	61%	47%	52%	28%	35%	28%	39%
Sport	26%	16%	14%	34%	22%	28%	27%	13%	24%	29%	18%	29%	29%	27%	21%
Hobby	39%	37%	30%	35%	36%	38%	46%	24%	36%	29%	21%	21%	27%	20%	19%
Eintrittsgelder	37%	40%	34%	27%	18%	20%	27%	19%	31%	28%	21%	12%	19%	15%	3%
Spiele	6%	7%	6%	7%	6%	20%	18%	7%	4%	2%	12%	6%	10%	12%	8%
Bücher etc.	33%	30%	31%	14%	26%	28%	64%	21%	58%	57%	21%	49%	40%	59%	45%
Kleidung	39%	40%	38%	55%	54%	28%	55%	33%	70%	65%	44%	57%	48%	59%	43%
Computer	25%	12%	2%	20%	10%	20%	9%	16%	19%	11%	5%	15%	8%	14%	12%
Sparen	54%	58%	39%	53%	50%	68%	46%	62%	50%	51%	43%	53%	62%	40%	50%

Quelle: Lehrstuhl für Wirtschaftssoziologie der Universität Bonn

Tabelle 9-6: ***Wofür das Taschengeld ausgegeben wird (Mehrfachnennungen), n = 3307***

Der Kauf von CDs und MCs vom Taschengeld nimmt in einigen Ländern, wie auch in Deutschland, den prozentual höchsten Stellenwert ein. Dagegen fallen ganz deutlich der Süden (P, ES, GR und I) und Finnland ab. Hier liegen die Werte etwa um 30% niedriger als in anderen Ländern. Die Entwicklung des Bestandes an Compact-Disc-Abspielgeräten in privaten Haushalten zeigt, daß der prozentuale Zuwachs (in % der Fernsehhaushalte) an Geräten in Spanien, Großbritannien und Italien am größten ist. Der Bestand der Geräte ist in Frankreich, Spanien und Deutschland am höchsten (vgl. Europäische audiovisuelle Informationsstelle, S. 42). Zu vermuten ist, daß der Konsum von Compact-Discs mit der zunehmenden Ausstattung der südländischen Haushalte in Zukunft ebenfalls steigen wird.

Die „vernaschtesten" Kinder in der EU finden sich in Österreich, Irland, Portugal und Spanien sowie in Skandinavien: Hier wird der prozentual größte Anteil für Süßigkeiten ausgegeben. Für Skandinavien erklärt sich dieses Ergebnis dadurch, daß auch der Pro-Kopf-Zuckerverbrauch generell sehr hoch ist. Gleichzeitig ist im übrigen in Dänemark die Zahngesundheit der Bevölkerung am besten (vgl. WHO, 1992). Dies zeigt, daß ein hoher Zuckerkonsum nicht mit schlechter Zahngesundheit korrelieren muß, sondern daß eine gute Zahnhygiene zu guter Zahngesundheit führt und dann auch hohen Zuckerkonsum kompensieren hilft (vgl. WHO, 1992). Besonders wenig Geld geben Kinder in Deutschland, Belgien, Luxemburg, Frankreich, Griechenland und Italien für Süßigkeiten aus. Sofern Datenmaterial über den Pro-Kopf-Zuckerverbrauch der genannten Länder vorliegt (nicht für Belgien und Luxemburg), bestätigen die geringen Verbrauchswerte die niedrigen Ausgaben (vgl. Statistisches Bundesamt, Pflanzliche Erzeugnisse, 1997). Grundsätzlich stellt sich bei der Beurteilung der Ergebnisse jedoch das Problem, daß wir nicht kontrollieren können, in welchem Maße den Kindern „Sweets" im Haushalt zur Verfügung stehen. Wo beispielsweise Schokolade in hohem Maße verfügbar ist, hat der Zukauf eine andere Bedeutung. Dies ist ein möglicher, beeinflussender Faktor, der mit dem vorliegenden Datenmaterial nicht kontrolliert werden konnte.

Auch der prozentuale Anteil der Befragten, die ihr Taschengeld zu Sparzwecken, also einem späteren Konsum, einsetzen, ist sehr hoch: In den meisten Ländern sparen mehr als 50% der Kinder einen Teil ihres Taschengelds. In Belgien, den Niederlanden und Spanien ist der Anteil dabei am größten (über 60%), in Schweden, Frankreich und Griechenland am geringsten (etwa 40%). Einige weitere Differenzen ergaben sich bei der Verknüpfung des Merkmals Sparen mit den Merkmalen Alter und Geschlecht sowie den Geldeinnahmen allgemein. So konnte mit dem Chi-Quadrat-Unabhängigkeitstest auf einem Signifikanzniveau von 5% statistisch nachgewiesen werden, daß im EU-Durchschnitt Mädchen (56%) eher als Jungen (43%) sparen. Kinder der Altersklasse 10 bis 13 Jahre sparen häufiger (56%) als die 14 bis 16-jährigen (44%; $p = 0{,}01$). Am ehesten wird gespart, wenn das Taschengeld im monatlichen Rhythmus bezogen wird und wenn neben Taschengeld auch noch andere Einkünfte aus Geldgeschenken und Jobs vorhanden sind. Keine signifikanten Unterschiede lassen sich dagegen in Abhängigkeit von der Geschwisterzahl feststellen.

Aus einer österreichischen Studie der *GfK* des Jahres 1981 geht hervor, daß die Spargewohnheiten von Kindern damals noch etwas intensiver waren als heute: 88% der befragten Kinder sparten *damals* einen Teil ihres Taschengeldes. Je weniger Geld den Kindern dabei zur Verfügung stand, desto ausgeprägter war der Konsumverzicht (vgl. FESSEL, 1981, S. 78). Auch unsere EU-Studie zeigte interessanterweise diesen statistischen Zusammenhang zwischen Sparbereitschaft und niedrigem Taschengeldeinkommen. Wir können daher davon ausgehen, daß Kinder mit geringem Taschengeldeinkommen anders mit Geld umgehen als Kinder mit höheren Einnahmen. Erstere bilden eher finanzielle *Rücklagen*.

Hinsichtlich der soziodemographischen Merkmale Geschlecht und Alter gab es EU-einheitliche Ausprägungen. Daher sind in Abb.9-2 die Ergebnisse bezüglich der geschlechtsspezifischen Unterschiede im EU-Durchschnitt gewichtet dargestellt.

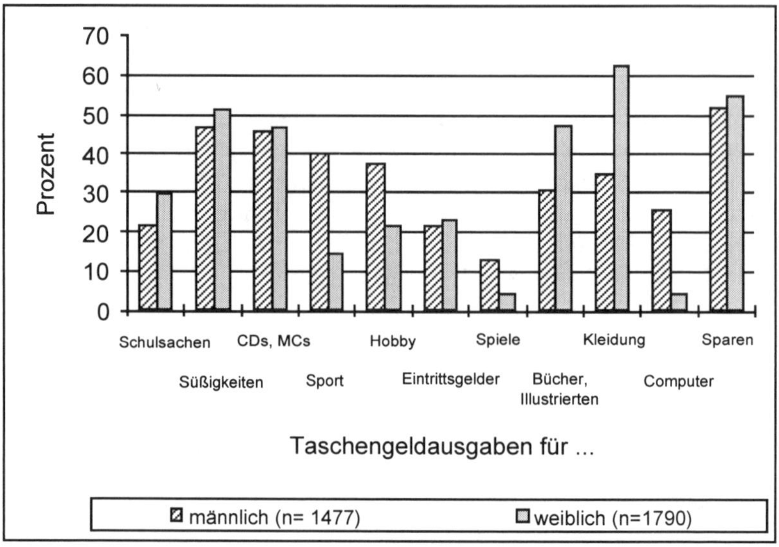

Quelle: Lehrstuhl für Wirtschaftssoziologie der Universität Bonn

Abbildung 9-2: ***Taschengeldverwendung in Abhängigkeit vom Geschlecht***

Die deutlich zu sehenden Tendenzen sind auch statistisch signifikant und sagen aus, daß Jungen ihr Taschengeld eher für Sport, Computer, Spiele und aufwendige Hobbies ausgeben als Mädchen. Letztere legen signifikant mehr Wert auf Kleidung, Schulsachen, Bücher, Zeitschriften und Süßigkeiten als Jungen. Da die beschriebenen Tendenzen EU-einheitlich sind, handelt es sich um typische geschlechtsspezifische Merkmale hinsichtlich der Produktwahl. Ergebnisse der *12. Shell-Jugendstudie* sowie der *Axel-Springer-Studie* von 1993 bestätigen diese geschlechtsspezifischen Unterschiede. Dort wurden Freizeitbeschäftigungen erfragt. Als eher maskuline Freizeitbeschäftigungen wurden (neben Fernsehen) Sport, Computer und Spielautomaten genannt. Bei den Mädchen waren die typischen Beschäftigungen (neben sozialen Kontakten): Einkaufsbummel, Lesen, Tanzen und Kulturelles (vgl. Jugendwerk der Deutschen Shell, 1997, S. 344, sowie Axel-Springer-Verlag, 1993, S. 20). Daß die zwischenmenschlichen Beziehungen und das häusliche Umfeld bei den Mädchen im Vordergrund stehen, entspricht dem Rollenaspekt des „Hegens und Umsorgens“, der in fast allen Kulturen als charakteristisch für die Rolle der Frau festgestellt wird (vgl. HOFSTEDE, 1993, S. 99).

Hinsichtlich der Sensibilität des weiblichen Geschlechts für Kleidung und Mode bestätigten die Ergebnisse einer anderen Frage unseres Fragebogens, daß Mädchen bei der Auswahl eines Produktes sehr stark modischen Gesichtspunkten folgen. KROEBER-RIEL sieht dabei die Frau als Agenten, um Modenormen an das andere Geschlecht weiterzugeben. Die Motivation zu dieser Weitervermittlung der Modenormen bestünde in der gesellschaftlichen Anerkennung, die damit den Männern und letzlich auch den Frauen zuteil werde (vgl. KROEBER-RIEL/WEINBERG, 1996, S. 485).

Die Ergebnisse in der Unterscheidung nach den beiden Altersklassen werden aus Platzgründen nicht grafisch dargestellt. Jedoch sind auch hier EU-einheitliche Ergebnisse festzustellen: In der Altersklasse 10 bis 13 Jahre wird das Taschengeld häufiger für Schulsachen und Spiele ausgegeben oder in die Spardose gesteckt als von den 14 bis 16-jährigen (p = 0,1%). Letzteres bedeutet, daß der Konsum lediglich aufgeschoben wird. Die älteren Kinder und Jugendlichen kaufen dagegen signifikant mehr MCs und CDs, Kleidung, Eintrittskarten oder geben mehr Geld für diverse Hobbies aus als die 10 bis 13-jährigen.

9.4.5 Gesprächspartner bei Kaufabsicht und Kaufbegleitung

In der soziologischen Grundlagenforschung wurde festgestellt, daß bei jüngeren Menschen vor allem die Familie und die Peer-Group bei Kaufentscheidungen von großer Bedeutung sind (vgl. WISWEDE, 1991, S. 113). Die Familie hat diese Bedeutung, da sie aufgrund ihrer Sozialisationsfunktion im allgemeinen einen großen Einfluß auf die Kinder ausübt. Dabei prägt das Elternhaus vorwiegend das rational-praktisch orientierte Konsumverhalten (vgl. MOSCHIS et al., 1977, S. 70).

	D	A	S	DK	FIN	B/L	NL	GB	IRL	F	P	ES	GR	I
n	(467)	(43)	(90)	(242)	(130)	(51)	(150)	(114)	(275)	(175)	(143)	(754)	(369)	(299)
Eltern	67%	58%	44%	69%	80%	65%	68%	59%	65%	64%	69%	82%	84%	84%
Freunde	54%	63%	33%	43%	57%	29%	43%	52%	59%	19%	34%	38%	42%	46%
Keiner	21%	28%	57%	35%	19%	37%	24%	24%	21%	46%	14%	14%	14%	9%
Geschwister	19%	14%	14%	19%	13%	16%	23%	26%	29%	22%	24%	34%	45%	21%
Andere	7%	5%	4%	9%	1%	10%	4%	3%	6%	4%	5%	9%	5%	3%

Quelle: Lehrstuhl für Wirtschaftssoziologie der Universität Bonn

Tabelle 9-7: Gesprächspartner bei Kaufabsicht (Mehrfachnennungen, n = 3304)

Der Peer-Group kommt ihre Bedeutung aufgrund der Tatsache zu, daß Jugendliche einen Identitätsfindungsprozeß durchlaufen und versuchen, durch anerkannten Konsum die Akzeptanz der Gruppe zu erlangen (vgl. SCHMITZ et al., 1996, S. 69). Medien und Peers prägen im Gegensatz zum Elternhaus eher ein expressives, emotional orientiertes Konsumverhalten (vgl. MOSCHIS et al., 1977, S. 70). Inwieweit sich diese Erkenntnisse bestätigen lassen und im internationalen Vergleich Unterschiede sichtbar werden, sollte ebenfalls bei der EU-Verbraucherstudie untersucht werden.

Die Fragestellung war folgende: „Wenn Du Dir etwas von Deinem Geld kaufen möchtest, mit wem sprichst Du meistens darüber?“ (Zur Verfügung stehende Antwortkategorien waren: „Eltern“, „Freund/Freundin“, „mit niemandem“, „Geschwister“ und „mit anderen“; Mehrfachantworten waren möglich.) Die Analyse der Ergebnisse macht deutlich, daß der vorhergenannte Bezugspersonenkreis tatsächlich sehr häufig bei Kaufentscheidungen beratend zur Seite steht. Gesprächspartner Nummer 1 sind, mit Ausnahme von Österreich und Schweden, die Eltern. Dies war auch deswegen zu erwarten, da Eltern normalerweise die Hauptgeldgeber der Kinder sind. Wenn höherwertige Anschaffungen anstehen, wird so auch eher ein Konsens mit den Wünschen der Eltern zu treffen sein (vgl. SCHMITZ et al., 1996, S. 248).

Besonders häufig werden Eltern in Finnland sowie in Spanien, Griechenland und Italien zu Rate gezogen. Geschwister gehören zwar auch zum familiären Bereich, ihnen kommt aber trotz der vielleicht altersnahen Kompetenz insgesamt keine sehr große Bedeutung zu. Durchschnittlich beziehen weniger als ein Viertel aller Befragten Bruder oder Schwester in ein Kaufgespräch mit ein. Spanien und Griechenland bilden hier die Ausnahme: Mehr als ein Drittel aller Kinder und Jugendlichen holen hier den geschwisterlichen Rat ein. Diese Tendenz in den südlichen Ländern legt die Vermutung nahe, daß dort die Familie im traditionellen Sinne die wichtigste Bezugsgröße darstellt. Ferner ist dort aufgrund der durchschnittlich höheren Kinderzahl die Wahrscheinlichkeit größer, daß Kinder eine „große“ Schwester oder einen „großen“ Bruder haben. Älteren Geschwistern kommt eine Vorbildfunktion zu, und sie werden im Bedarfsfall wohl eher als beratender Elternersatz gesehen.

Die Peers werden vermutlich den jüngeren Geschwistern als Gesprächspartner bei geplanten Käufen vorgezogen. In den südlichen Ländern werden Peers nur zu etwa einem Drittel als Gesprächspartner genutzt. In Ländern wie Deutschland, Österreich, Finnland, Großbritannien und Irland werden diese Bezugsgruppen von mehr als der Hälfte aller Befragten in Kaufentscheidungsprozesse miteinbezogen.

Es ergeben sich außerdem hinsichtlich der soziodemographischen Merkmale Geschlecht und Alter EU-einheitliche Tendenzen. So suchen Mädchen häufiger ihre Gesprächspartner bei den Eltern und den Peer-Groups als ihre männlichen Altersgenossen. Jungen suchen vor einem Kauf wesentlich seltener Beratungsgespräche als Mädchen. Diese Beobachtung bestätigt das immer wieder beschriebene Phänomen, daß Frauen sich besonders stark am sozialen Umfeld orientieren und entsprechende Beratungsangebote gerne suchen und annehmen. Demnach würden Mädchen Kaufentscheidungen besser planen und durchdenken, möglicherweise aber auch mehr beeinflußt werden als Jungen.

Zur altersspezifischen Betrachtung ist festzustellen, daß in der Altersklasse der 10- bis 13-jährigen im wesentlichen die Familie die Gesprächspartner stellt. Mit zunehmendem Alter gewinnen dann die Peers an Bedeutung: Die 14- bis 16-jährigen sprechen sehr viel häufiger mit Ihresgleichen über Kaufentscheidungsmöglichkeiten als die Jüngeren (10 bis 13 Jahre). Auch überwiegt im Gegensatz zu den 10- bis 13-jährigen in der älteren Altersklasse (14 bis 16 Jahre) signifikant die Zahl derjenigen, die ihre Kaufentscheidungen ohne vorherige Beratung treffen. Diese Ergebnisse stehen im Einklang mit der bisherigen Forschung (vgl. SCHMITZ, 1996, S. 68).

Bei der Frage danach, wer die Kinder und Jugendlichen bei Einkäufen in der Regel begleitet, wurden die Tendenzen aus der vorangehenden Frage nach den Gesprächspartnern bestätigt (Fragestellung: „Wenn Du einkaufen gehst, wer geht meistens mit Dir?“ – Mehrfachnennungen waren möglich.).

	D	A	S	DK	FIN	B/L	NL	GB	IRL	F	P	ES	GR	I
n	(465)	(43)	(90)	(242)	(130)	(51)	(152)	(114)	(275)	(175)	(142)	(754)	(369)	(299)
Mutter	59%	70%	62%	68%	69%	53%	58%	57%	65%	71%	76%	82%	77%	80%
Vater	22%	23%	32%	34%	25%	12%	20%	16%	11%	29%	32%	40%	27%	32%
Oma/Opa	8%	5%	6%	6%	2%	4%	7%	4%	3%	14%	17%	10%	4%	8%
Freund/Freundin	68%	72%	72%	68%	75%	29%	48%	90%	79%	26%	27%	50%	42%	47%
Geschwister	20%	16%	28%	28%	29%	19%	22%	20%	20%	21%	24%	41%	41%	20%
Andere	10%	12%	19%	14%	5%	12%	5%	13%	15%	8%	15%	15%	6%	8%
Niemand	31%	30%	52%	28%	26%	61%	43%	17%	13%	37%	24%	42%	28%	15%

Quelle: Lehrstuhl für Wirtschaftssoziologie der Universität Bonn

Tabelle 9-8: Kaufbegleitung (Mehrfachnennungen)

Die Ergebnisse zeigen, daß die Mutter bei durchschnittlich etwa zwei Dritteln der Befragten die Hauptbegleitperson bei Einkäufen ihrer Kinder ist. Diese Tendenz ist in allen 15 EU-Ländern gleich, besonders stark ausgeprägt allerdings in den südlichen Ländern (F, P, ES, G und I sowie DK). An zweiter Stelle der Begleitpersonen rangieren bei mehr als der Hälfte der Befragten die Freundinnen und Freunde der betreffenden Kinder. Dies ist besonders häufig in Skandinavien, Großbritannien, Irland, Deutschland und Österreich der Fall. Geschwister werden ebenfalls gerne um Kaufbegleitung gebeten. Immerhin fast ein Drittel der Kinder und Jugendlichen wählen aus diesem familiären Personenkreis ihre Kaufbegleitung aus, vor allem in Skandinavien, Spanien und Griechenland. Väter als Kaufbegleiter sind nicht sehr gefragt. Sie liegen auf Platz fünf der Rangordnung. Durchschnittlich bittet nur jeder vierte bis fünfte den männlichen Elternteil um Begleitung und dies vermehrt in Skandinavien, Portugal und Spanien.

Die Großelterngeneration wird sehr selten aufgefordert, beim Einkauf mitzugehen. Wahrscheinlich sind es vor allem gesundheitliche Gründe, die häufige räumliche Trennung und auch unterschiedliche Auffassungen über Konsum im allgemeinen und Kinder- und Jugendprodukte im speziellen, die nur etwa jeden zwanzigsten die Großeltern zum Kauf mitnehmen lassen. Attraktiv dürfte dabei der Aspekt sein, eventuell einen zusätzlichen „Sponsor“ in Form von Großmutter oder Großvater gefunden zu haben. Aber auch hier treten wieder Unterschiede innerhalb der EU auf: In Frankreich, Portugal und Spanien nimmt schon jeder achte einen Großelternteil zum Kaufen mit. Für Portugal und Spanien könnte als Erklärung angeführt werden, daß hier Großfamilien, d.h. zum einen Vielpersonen-Familien mit mehreren Kindern und zum anderen auch Mehrgenerationen-Familien, noch Tradition haben. So stehen Großeltern durch ihre räumliche Nähe auch eher zur Verfügung als etwa in nördlichen Industrienationen.

Im Hinblick auf die geschlechts- und altersspezifischen Unterscheidungen läßt sich feststellen, daß es auch hierbei wieder EU-einheitliche Tendenzen gibt: Jungen nehmen signifikant häufiger „niemanden" mit zum Kauf als Mädchen. Kinder und Jugendliche wählen von den beiden Elternteilen bevorzugt den gleichgeschlechtlichen als Kaufbegleitung, wobei dieser als Rollenvorbild fungiert. Mädchen nehmen außerdem häufiger als Jungen die Freundin oder Geschwister mit zum Kaufen. Dies bestätigt auch wieder das Ergebnis der *12. Shell-Jugendstudie*, wonach gerade Mädchen ihre Hauptfreizeitaktivitäten vor allem im familiären Bereich stattfinden lassen, sei es durch gemeinsame Unternehmungen oder auch Gespräche. Folglich ist es verständlich, wenn die Familienmitglieder bei Mädchen in Kaufentscheidungsprozesse häufiger mit einbezogen werden als dies bei Jungen der Fall ist (vgl. Jugendwerk der Deutschen Shell, 1997, S. 345).

Bezüglich der Betrachtung der Altersklassen ergibt sich, daß mit zunehmendem Alter weniger Begleitpersonen aus dem familiären Umfeld gewählt werden als vielmehr aus dem Freundeskreis. Außerdem zeigt sich in der Altersklasse der 14- bis 16-jährigen signifikant häufiger die Tendenz, alleine Einkaufen zu gehen als bei den 10- bis 13-jährigen.

9.4.6 Genutzte Informationen für Kaufentscheidungen

Welche Informationsquellen im kindlichen Kaufentscheidungsprozeß genutzt werden, dürfte vor allem für die Werbewirtschaft interessant sein. Mit der Kenntnis der Informationsquellen, der präferierten Produktattribute und der Kaufkraft der Zielsegmente versuchen Marketing und Werbung, den Kaufentscheidungsprozeß systematisch zu beeinflussen. Ständig werden neue Konzepte entworfen, um neue Käufer zu gewinnen und Kaufintensitäten zu verstärken (vgl. SCHMITZ, 1996, S. 122).

Die Reizüberflutung über die Medien nimmt seit Jahrzehnten beständig zu, Schaufenster werden immer aufwendiger gestaltet und schneller umdekoriert und schließlich werden Produkte mehrmals jährlich bestimmten Modewellen unterworfen. SCHMITZ stellte fest, daß Kinder und Jugendliche genauso wie Erwachsene auf diese Umstände reagiert haben und nicht mehr so reizempfindlich wie beispielsweise in den Nachkriegsjahren sind (1996, S. 248). Es konnte festgestellt werden, daß die Medienbeeinflussung mit zunehmendem Alter der Jugendlichen sinkt und die Bedeutung der gruppendefinierten Normen zunimmt. Im frühen Kindesalter dagegen können Medien überdurchschnittlich stark das Kaufverhalten bzw. die Konsumwünsche beeinflussen (1996, S. 248).

Bei der vorliegenden EU-Studie wurde gefragt, welche Informationsquellen die Kinder und Jugendlichen zur Kaufentscheidung heranziehen („Wenn Du eine größere Anschaffung planst, wie informierst Du Dich normalerweise über das jeweilige Produkt?" – Mehrfachantworten waren möglich). In Abbildung 9-3 ist eine Rangfolge *der am häufigsten genannten Informationsquellen* in EU-gewichteter Form dargestellt.

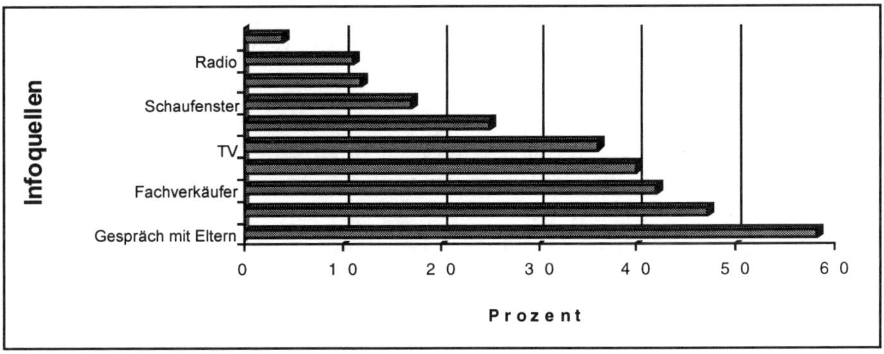

Quelle: Lehrstuhl für Wirtschaftssoziologie der Universität Bonn

Abbildung 9-3: Informationsquellen bei der Kaufentscheidung, Rangfolge im EU-Durchschnitt

Die vorangehend dargestellten Ergebnisse bestätigend, liegt das Gespräch mit den Eltern auf dem ersten Rang. Durchschnittlich versucht mindestens jeder zweite, sich mit Hilfe dieses Gespräches Informationen zur Entscheidungsfindung zu beschaffen. An zweiter Stelle folgt das Gespräch mit Freunden. Immerhin fast jeder zweite *sucht* auf diese Weise die gewünschten Informationen. Im Süden der EU (P, ES, GR, I) sind die Elterngespräche überdurchschnittlich häufig, im Norden der EU (Britische Inseln und Skandinavien) stehen eher Freundesgespräche an erster Stelle. Zu vermuten ist, daß dies mit der unterschiedlichen Bedeutung der Familienwerte in Zusammenhang steht. Hierbei könnte auch die sog. Metakommunikation, also in diesem Fall die Wiedergabe und Kommentierung des Medienangebots im persönlichen Gespräch mit den Eltern, eine Bedeutung haben (vgl. KROEBER-RIEL, 1996, S. 616).

Des weiteren wird es wahrscheinlich generell von der Art der Produkte abhängen, ob eher in Gesprächen mit Eltern oder Freunden nach Informationen gesucht wird. Vermutungen gehen dahin, daß bei Verbrauchsgütern wie Nahrungsmitteln eher Eltern als Gesprächspartner vorgezogen werden und bei High-Involvement-Gütern wie Kleidung oder Fahrrad eher Freunde (vgl. SCHMITZ et al., 1996, S. 248). Nach den Ergebnissen der EU-Studie ist diese Aussage jedoch anzuzweifeln. In der Frage*formulierung* wurde ausdrücklich festgelegt, daß sich die Überlegungen, welche Informationsquellen herangezogen werden, auf größere Anschaffungen beziehen sollen. Zu diesen größeren Anschaffungen werden normalerweise weniger Nahrungsmittel als vielmehr die High-Involvement-Güter zählen. In die Interpretationen sollten vielmehr die Werte- und Normensysteme, in denen die Kinder der einzelnen EU-Staaten aufwachsen, mit einbezogen werden.

In alterspezifischer Betrachtung ist wieder festzustellen, daß in der Altersklasse der 10- bis 13-jährigen noch Elterngespräche an vorderer Stelle stehen, mit zunehmendem samt ist auch hier die Variante der umfassenden Informationsgewinnung eher feminin als maskulin (p = 0,01).

Wie dargestellt wurde, stehen Gespräche mit Eltern und Freunden bei der Informationsbeschaffung deutlich an der Spitze. Es folgen die Möglichkeiten der Informationsnutzung durch Fachverkäufer, Prospekte und Fernsehwerbung. Gerade Werbemedien wie Fernsehen und Prospekte können sehr beeinflussend auf Kinder wirken, da sie manch latentes Konsumbedürfnis fördern. In Anbetracht dessen, daß jedes Kind im Monat durchschnittlich 900 Werbespots sieht, läßt sich vermuten, daß enorme Mengen dieser Werbeinhalte unbewußt gespeichert werden, um dann ihre Wirkung zu einem späteren Zeitpunkt zu entfalten (vgl. GAUERT, 1996). In diesem Kontext scheint die folgende Feststellung von SCHMITZ et al. eher einem Wunschdenken zu entsprechen: „Zu den Medien haben Jugendliche ein ambivalentes Verhältnis. Zwar sehen sie in den Medien ein unterhaltendes und informatives Instrument der Kommunikation, dennoch nehmen sie sich vor ihnen in acht. Denn sie erkennen in ihnen die ausdrückliche Absicht der Anbieter, sich an ihnen bereichern zu wollen." (1996, S. 249).

Auffallend im internationalen Vergleich ist, daß Fernsehwerbung noch stärker als in Deutschland (jeder dritte) in Dänemark, Finnland, auf den Britischen Inseln sowie in Griechenland (fast jeder zweite) der Informationsgewinnung dient. Zu erklären ist dies vermutlich mit dem Anteil der Werbung am Fernsehprogramm, der zu einem nicht unerheblichen Teil mit der Finanzierung der Sender zusammenhängt.

Fachverkäufer werden in Schweden und Dänemark nur von jedem neunten bis zehnten Jugendlichen um Produktinformationen gebeten. In den anderen Ländern dagegen ist es ungefähr jeder dritte. Prospektmaterial ist in auffallend starkem Maße in Österreich und den Benelux-Ländern ein verbreitetes Mittel zur Informationsbeschaffung. Etwa zwei Drittel aller Kinder und Jugendlichen nutzen es. Portugal bildet in dieser Hinsicht das Schlußlicht: Nur jeder zwanzigste nennt hier Prospektmaterial zu Informationszwecken. Prospektmaterial wird dabei lieber von Jungen als von Mädchen und eher von der älteren Altersklasse (14 bis 16 Jahre) als von den 10- bis 13-jährigen gelesen. Ebenso verhält es sich mit der Fachberatung in Geschäften.

Ein Informationsaustausch bzw. die Informationsgewinnung findet *daneben* auch in der Schule, beim Schaufensterbummel, durch Radiowerbung und durch die Lektüre von Fachliteratur statt. In der Schule beschaffen sich besonders gerne Kinder der Britischen Inseln und aus Spanien Informationen. Insgesamt gesehen bevorzugt diese Möglichkeit die Generation der 10- bis 13-jährigen vor den 14- bis 16-jährigen. Die Schaufensterauslagen werden signifikant häufiger von Mädchen als von Jungen wahrgenommen (p = 0,05). Am wenigsten wird diese Art der Informationsbeschaffung in Portugal und Spanien praktiziert. Dies liegt vermutlich daran, daß hier Schaufensterdekoration und Geschäftsausstattung noch nicht in dem Maße verkaufsfördernd eingesetzt werden wie beispielsweise in Deutschland.

Bezüglich der Aufnahme von Werbebotschaften im Radio muß Irland herausgehoben werden. Hier gibt jedes vierte Kind an, diese Möglichkeit der Informationsgewinnung zu nutzen. In den anderen Ländern ist es lediglich jedes zehnte.

Auch hier ist es wieder eher maskulin als feminin, keine Informationsquellen vor der Kaufentscheidung zu nutzen (p = 0,01).

Insgesamt läßt sich feststellen, daß zwar die Gesprächsmöglichkeiten mit Eltern und Freunden besonders häufig zur Informationsbeschaffung genutzt werden, die Medienwirtschaft aber trotzdem immer noch genügend Einflußmöglichkeiten besitzt. Wahrscheinlich stehen die Aufnahme von Werbebotschaften und die Weckung von Konsumwünschen zeitlich an erster Stelle. Im weiteren Verlauf des Kaufentscheidungsprozesses werden Gespräche dazu genutzt, die richtige Produktwahl zu treffen.

9.5 Schlußwort

Daß Kinder und Jugendliche aufgrund diverser Einnahmequellen über eine große und wirtschaftlich bedeutende Kaufkraft verfügen, konnte mit der EU-weit durchgeführten Studie wieder bestätigt werden. Die Ergebnisse zeigten jedoch auch, daß es innerhalb der Geld-Sozialisation in den verschiedenen Ländern erhebliche Unterschiede und auch Mängel gibt.

Die Sozialisation des heranwachsenden Konsumenten findet zunächst vor allem im familialen Bereich statt. Dabei werden die Konsummuster der Erwachsenen weitervermittelt, Konsumstandards und Lebensstilerwartungen vorgegeben. In der Familie erleben Menschen auch ihre erste kulturelle Prägung. Die Betrachtung der HOFSTEDE'schen Kulturdimensionen legt nahe, daß kulturelle Faktoren nicht nur den Rhythmus, sondern auch die Höhe der Taschengeldzahlungen sowie die diesbezüglich unterschiedliche Behandlung von Jungen und Mädchen beeinflussen.

Hinsichtlich der Produktwahl haben Kinder große Einflußmöglichkeiten *auf den Wirtschaftskreislauf*. Bei entsprechender Nachfrage könnten ganze Industriezweige umgestellt und umweltbelastende Produktionsweisen vermindert werden. Allerdings müßte hierfür das notwendige Wissen und die Überzeugung bei den Eltern vorhanden sein, um eine verbraucherbewußte Erziehung zu realisieren. Wünschenswert wäre eine die Sozialisation in der Familie begleitende verbraucherpolitische Bildung in den Kindergärten und Schulen. Angesetzt werden müßte dafür schon in der Erzieher- und Lehrerausbildung und bei der Konzeption von Lehrplänen im Grundschul- und Sekundärbereich.

10. Kapitel

Anlagemotive im Wandel

Rüdiger Szallies
icon Forschung & Consulting, Nürnberg

10.1 Der Ausgangspunkt

Ausgangspunkt für die nachfolgenden Überlegungen sind zwei Faktoren, die die grundlegenden Motive, Geld anzulegen, verändert haben. Man muß dort beginnen, wo es für die Finanzdienstleister interessant wird: Bei der Möglichkeit des Bundesbürgers, Geld nicht nur zu konsumieren, sondern Passivgeschäfte nachzufragen.

Während sich in den letzten 25 Jahren (alte Bundesländer) das Nettoeinkommen der Privaten Haushalte nominal vervierfachte, stieg die Sparquote in diesem Zeitraum um den Faktor 6 und erhöhte sich das private Geldvermögen um den Faktor 10. Keine Zahl war in der Vergangenheit so gut zu prognostizieren wie die Höhe des privaten Geldvermögens, das sich Ende 1997 auf knapp DM 5 Billionen belief. Da sich dieses Geldvermögen auf immer breitere Bevölkerungsschichten erstreckt, ist für viele in Deutschland der Wohlstand Realität geworden.

In diesen 25 Jahren Wohlstandskumulation haben sich deshalb sowohl die Bedingungen als auch die Möglichkeiten, mit dem Geld umzugehen, total geändert. Man kann noch länger zurückblicken und Untersuchungen der GfK Nürnberg zur Bedarfsstruktur im Käufermarkt zitieren, in denen 1953 erstmals Fragen zum Thema „Sparen" gestellt wurden. Bereits 1953 gaben 59% der Haushalte an zu sparen, obwohl zum damaligen Zeitpunkt die Befriedigung existentieller Bedürfnisse noch nicht abgeschlossen war. So konzentrierte sich das primäre Sparmotiv in 70% der Fälle darauf, für geplante Anschaffungen Geld zurückzulegen. Nur in 20% der Fälle wurde die Sicherung gegen Notfälle als Sparmotiv in den Vordergrund gestellt.

Bemerkenswert sind auch die Angaben von damals, wo gespart wurde. 1953 war das „Strumpfsparen“ – sei es aus Skepsis gegenüber einem plötzlichen Wertverlust des mühsam Angesparten oder möglicherweise aufgrund mangelnder Angebote der Geldinstitute – noch weit verbreitet, denn knapp 40% der Haushalte bedienten sich dieser Sparform. Insbesondere die unteren Einkommensschichten hielten sich zu diesem Zeitpunkt noch stark darin zurück, ihr Geld den Banken und Sparkassen anzuvertrauen. Erwähnenswert scheint auch, daß das durchschnittliche Nettohaushaltseinkommen Anfang der 50er Jahre monatlich DM 400 betrug.

10.2 Die Analyse der Anlagemotive

Dieser Blick in die Retrospektive mag genügen. Wie sieht es heute aus? Das Zwecksparmotiv hat sich deutlich zurückentwickelt. Das Vorsorgemotiv ist geblieben. Es wird sogar aufgrund unsicherer Renten noch weiter an Bedeutung gewinnen. In den letzten Jahren verstärkt hat sich auch ein Motiv, das vor 20 bis 30 Jahren noch gar nicht existent war, das Renditemotiv. Das erscheint logisch, wenn man bedenkt, welche Möglichkeiten ein wachsender Anteil der Bevölkerung hat, sich dem Reiz, mit dem Geld Geld zu verdienen, hinzugeben bzw. ihn – pointiert formuliert – lustvoll auszukosten.

Das war der erste Aspekt. Der andere betrifft den neuen Umgang mit dem Geld. Von Martin LUTHER stammt der schöne Spruch:

> Wer mit 20 Jahren nicht schön,
> mit 30 nicht stark,
> mit 40 nicht klug,
> mit 50 nicht reich ist,
> der darf nicht hoffen!

Dies war sozusagen eine Persiflage auf die damaligen Lebensumstände bzw. den Zeitgeist: „Mensch, Du hast nichts zu erwarten – nur wer ohne Hoffnung lebt, lebt angenehm.“ Der Mensch der heutigen Zeit kann nicht nur hoffen, sondern er wird die sich ihm bietenden Möglichkeiten, den Wohlstand zu genießen und einen neuen Umgang mit dem Geld zu praktizieren, intensiv nutzen. Dies trifft natürlich insbesondere für die jüngere Generation zu.

Günther SCHMÖLDERS hat den schönen Vergleich angestellt, daß ein Kind, dem ein schöner Apfel und daneben eine blanke Münze zur Auswahl angeboten wird, den Apfel wählt. Dieses Bild stammt aus dem Jahr 1975. Man sollte dieses Beispiel einmal mit seinen Kindern nachvollziehen. Man kann sich denken, was herauskommen wird. Es ist empirisch abgesichert, daß es die Kinder geschafft haben, selbst in den Zeiten, in denen die Eltern weniger Geld verdienten, also z.B. in den Jahren 1983/84 oder aktueller in den Jahren 1993/94, ihr Taschengeldvolumen permanent zu erhöhen. Hier wächst eine ungeduldige Generation heran, die den Umgang mit dem Geld, natürlich auch mit dem Wohlstand, frühzeitig erfahren hat und ihre Forderungen an die Eltern auch dann noch hartnäckig aufrecht erhalten wird, wenn sie schon längst eigenständig geworden ist.

Zu denken ist an die vererbbaren Potentiale, an welche die Erben versuchen werden, möglichst frühzeitig heranzukommen, um sie dann nach dem Motto: „Bei jungen Erben wird das Geld nicht alt" kurzfristig wieder auszugeben. Hier entsteht allerdings u.U. ein neuer Generationenkonflikt, weil sich auch andeutet, daß sich die Älteren immer weniger häufig dem Sparaltruismus hingeben und für sich reklamieren: „Warum sollen es die Kinder eigentlich besser haben als man selber?" Vielleicht muß deshalb ein Teil der Erben damit rechnen, nicht voll ausgezahlt zu werden.

Wie dieser Konflikt ausgehen wird, ist sicherlich eine spannende Frage, aber sie sollte an anderer Stelle angesprochen werden. Die Banken stehen vor der Herausforderung, neue Zielgruppen zu begreifen, da zwei Entwicklungen eingetreten sind, die diametral entgegengesetzt verlaufen: Die Nachfragestrukturen differenzieren sich immer mehr, die Angebote der Banken sind aber auf immer größere Standardisierung ausgelegt.

Die klassische Differenzierung nach Mengen-Geschäft bzw. gehobenem Privatkundengeschäft ist grundsätzlich zu grob, da die unzuverlässiger werdende Einkommens- und Vermögensinformation die Grenzen zwischen diesen beiden Kundengruppen immer mehr verwischt. Wenn 50% des Neugeschäfts von Hauptbankkunden eines Kreditinstituts schon bei der Konkurrenz getätigt werden, dann ist es immer schwerer nachvollziehbar, zu welcher Kategorie der Kunde gehört.

Ebenso ist die häufig praktizierte lebensplanorientierte Kundensegmentierung obsolet, weil zumindest die jüngere Generation nicht mehr nach den konventionellen Lebensplänen leben will. „Nicht mehr heute sparen, um morgen gut leben zu können", sondern „hier und jetzt leben" ist die Devise.

Auch die Lebensphasendifferenzierung funktioniert durch die Erosion der Familienstrukturen nicht mehr. Der klassische Familientyp zwei Kinder, zwei Erwachsene kommt – wenn es so weitergeht – bald auf die Liste der bedrohten Arten. Er macht nur noch 7% der privaten Haushalte aus.

Wenn es überhaupt noch Zielgruppen gibt, dann sind es eigentlich in dem Sinne keine Zielgruppen mehr, sondern Kundentypen, die aus einer speziellen Lebenssituation heraus einen differenzierten Finanzbedarf aufweisen, der aber nicht exakt berechenbar ist, sondern bei der wachsenden Disponibilität der Einkommensverwendung in die verschiedensten Kanäle vagabundieren kann.

Diese Gruppen haben zum Teil Leitbildcharakter, d.h. sie nehmen quantitativ an Bedeutung zu und erfüllen gleichzeitig eine Art Trendsetter-Funktion. Beispielhaft sind folgende herauszustellen:

1. Die Electronic-Kids, die sich spielerisch dem Homebanking und damit auch der Möglichkeit nähern, relativ schnell eigene Erfahrungen – vielleicht auch mit unkonventionellen Geldanlagen – zu machen. Diese Gruppe sollte wachsam verfolgt werden.
2. Die jungen Doppelverdiener im Entscheidungsprozeß pro und contra Familie.
3. Die Etablierten zwischen 35 und 55 Jahren mit viel frei disponibler Kaufkraft und der schönen Erfahrung eines gleichsam frühzeitigen und respektablen Erbes.
4. Die Gruppe der beruflich stark Engagierten und Erfolgreichen mit viel Geld, wenig Zeit und ausgeprägtem Frust, weil sie das Gefühl haben, zuviel Steuern zu bezahlen sowie gleichzeitig mit großer Naivität im Umgang mit Finanzjongleuren ausgestattet sind.
5. Die neuen Alten ab 55 Jahren mit Partner und gesundheitlich wohlauf, die in der Ausgabe ihres Vermögens unter Umständen die bessere Anlage sehen als sich dem altruistischen Vererbungsdrang oder sogar dem Vererbungsdruck der Jungen zu stellen.

Diese Kundentypen, die in den nächsten Jahren an Bedeutung gewinnen werden, sind keine klassischen Zielgruppen mehr, die man mit einem Standardangebot wie mit einer Schrotflinte treffen könnte. Diese Kundentypen sind agil, leichtfüßig und sprunghaft. Nicht das schöne Bild von der „cash cow“, die sich gemütlich melken läßt, trifft hier zu, sondern das vom Känguruh mit gut gefülltem Beutel, das leichtfüßig von Angebot zu Angebot hüpft.

Diesen Gruppen ist eines gemein: Ihre Einstellung zum Geld und natürlich auch zur Geldanlage ist geprägt von sich evolutionär vollziehenden Entwicklungen im Umgang mit dem Geld, die in ihren sozialpsychologischen Auswirkungen bisher kaum untersucht worden sind.

Der erste Schritt wurde mit dem bargeldlosen Zahlungsverkehr vollzogen. Die Lohntüte konvertierte zum Gehaltskonto. Die Unmittelbarkeit, daß Geld das Äquivalent für Arbeit darstellt, löste sich langsam auf. Die physische Distanz zwischen Geld und Leistung, d.h. Geld für Arbeit zu bekommen, vergrößert sich. Der unmittelbare Gegenwert dessen, was Arbeit einbringt bzw. was Ware kostet, kann immer häufiger nicht mehr direkt nachvollzogen werden. Mit dem Dispositionskredit wurde der Umgang mit dem Geld noch leichter und flexibler. Mit der Kreditkarte wurde diese Entwicklung weiter verstärkt: „Die Freiheit nehm' ich mir, mit meinem guten Namen zu zahlen.“ Das Geld, die Münze, der Schein abstrahierte sich immer mehr, kondensierte sich zu einem Stückchen Plastik, das im „global village“ grenzenlose finanzielle Freiheit verspricht. Und dann kam noch der „stumme Diener“, der Geldausgabeautomat, der zu jeder Zeit – wenn man liquide ist – verfügbar ist.

Diese Entwicklungen haben den Kunden verändert. Natürlich nicht alle Kunden, sondern nur einen Teil, doch dieser vergrößert sich jährlich um ungefähr 1 bis 1,5%. Das ist der Anteil, der sich jährlich aufgrund des natürlichen Prozesses verabschiedet bzw. neu hinzukommt. Welche Kunden hat diese Entwicklung besonders geprägt? Man kann die Menschen in Deutschland grundsätzlich in drei Kategorien aufteilen:

1. Die vor 1930 Geborenen, geprägt von wirtschaftlichem und politischem Chaos, charakterisiert durch Entbehrungsmentalität und Sparaltruismus. Diese Generation stirbt aus, obwohl sie noch vielfach die solide, verläßliche Grundlage des konventionellen Passivgeschäfts darstellt.
2. Die Übergangsgeneration der zwischen 1930 und 1960 Geborenen, die zwar in ihrer Jugend noch die schweren Zeiten erlebten, aber schon die Spanne zwischen Verzicht und Wohlstand auskosten konnten. Diese Aufbaugeneration, die bereit war und ist, Kapital durch Konsumverzicht aufzubauen, prägt gegenwärtig das Geschäft.

3. Interessant wird es jedoch mit der Generation der zwischen 1960 und 1985 Geborenen. Im Wohlstand aufgewachsen, ist „What's in it for me, Ego statt Lego" ihre Devise, „Hier und jetzt leben" ihre Philosophie. Sarkastiker meinen, daß diese Generation das, was die Vorgängergeneration an Kapital kumuliert hat, in relativ kurzer Zeit „verfrühstücken" wird.

Bei dieser Gruppe, aber auch bei einem Teil der zweiten Gruppe sind folgende Einstellungen, aber auch Verhaltensweisen charakteristisch:

- Je abstrakter das Geld bzw. der Geldtransfer ist, umso mehr verliert das Geld seinen Mythos bzw. diejenigen, die den Geldtransfer handlen, ihren elitären Anspruch. Der Respekt vor den Banken wird immer mehr verschwinden.
- Finanzprodukte werden zunehmend konsumiert, werden zu einem ganz alltäglichen Gut. Selbst die Nachfrage im qualifizierten Passivgeschäft „demokratisiert" sich immer mehr, weil die Zahl der Wohlhabenden stärker wächst als die Zahl der Armen.
- Die Substitutionskonkurrenz der Passivprodukte untereinander nimmt zu. Der Wechsel zwischen den Produktkategorien forciert sich, je nach Zinssituation springt der Kunde kurzfristig zwischen den verschiedenen Anlageformen. Diese Entwicklung wird noch dadurch verstärkt, daß die Banken zunehmend den Preis in den Vordergrund ihrer Aktivitäten stellen – eine Entwicklung, die das vagabundierende Finanzverhalten weiter fördern wird.
- Die Geldverwendung konkurriert aber auch horizontal. D.h. die Anlage eines frei disponiblen Betrags von z.B. DM 10.000 auf dem Festgeldkonto konkurriert gleichermaßen mit der Geldausgabe für z.B. eine aufwendige Autoausstattung oder auch den Kauf eines Tickets für den Abenteuertrip nach Alaska.

Die Motive, Geld anzulegen, werden sich deshalb mehr von den traditionellen Motiven wie Sicherheit oder Liquidität hin zu anderen Motiven entwickeln, d.h. die Motivstruktur wird differenzierter. Natürlich kann sich diese Entwicklung nur bei denjenigen vollziehen, die mit dem entsprechenden Kapital ausgestattet sind. Gleichzeitig wird das Bild, das man sich von diesen Kunden macht, neu zu zeichnen sein.

Wie könnten sich die Anlagemotive bei denjenigen ändern, die man als entsprechende Zielgruppe im Bereich des qualifizierten Passivgeschäfts im Visier hat? Zu diesem Zweck sollen hier Ergebnisse einer kleinen psychologischen Studie bei Einkommensbeziehern ab DM 150.000 Jahreseinkommen erörtert werden, um zumindest ansatzweise den Versuch zu unternehmen, das aktuelle Motivationsgefüge bei der Geldanlage zu analysieren.

Die Struktur der Anlagemotive läßt sich wie folgt skizzieren. Auch in der Gruppe derjenigen, die primär für die qualifizierte Geldanlage in Frage kommt, dominieren noch die Motive Sicherheit/Vorsorge und Liquidität. Das Motiv der Liquidität ist naturgemäß dann umso ausgeprägter, je unsicherer einem die Zeiten erscheinen.

Unverkennbar ist aber, daß das Renditemotiv an Bedeutung gewinnt. Wenn sich dieses mit einer gewissen Risikofreude ergänzt, die natürlich je nach Temperament und Alter unterschiedlich ausgeprägt ist, kommt eine Motivausprägung hinzu, die man mit dem Bedürfnis des Menschen nach Reiz und Erregung beschreiben kann.

Die Menschen in den Industrieländern der westlichen Welt sind zu Suchern von Reizen geworden. Wir leben in einer Gesellschaft, die die Amerikaner als die Gesellschaft der „grazers" bezeichnen. So wie die Kühe auf der Weide das saftigste Gras suchen, um es abzugrasen, so ziehen wir grasend durchs Leben auf der Suche nach Reizen. Zapping bezieht sich nicht allein auf das Fernsehen. Das An- und Abschalten von Interesse geschieht durch das Vorhandensein oder den Mangel an Reizen auf allen

Gebieten. Vielleicht ist der Schritt etwas gewagt: Doch der lockere Umgang mit dem Geld fördert auch die Versuchung, sich auf eine spielerische Art und Weise mit der Geldanlage zu beschäftigen.

Drastischer formuliert heißt das: Es ist sicherlich leichter, geerbtes als selbst erarbeitetes Kapital aufs Spiel zu setzen. Die neue Generation der gehobenen Privatkunden wird sich zum Teil dem Nervenkitzel nicht verschließen, häufiger als ihre Vorgängergeneration das Glück herauszufordern und das Spiel mit dem Risiko wagen. D.h. als viertes Motiv der Geldanlage wird das Reizmotiv an Bedeutung gewinnen.

Diese Grundmotive haben wir in den Rahmen eines Motivationsgefüges gestellt, das die Interdependenz zwischen den jeweiligen Motiven darstellt, da diese nicht isoliert nebeneinander stehen.

Grundstruktur der Anlagemotive

Die Schwerpunkte der Geldanlage sind individuell verteilt, je nach Temperament (Sicherheitsbedürfnis, Risikofreude) und persönlicher Situation (Ziele, vorhandenes Vermögen)

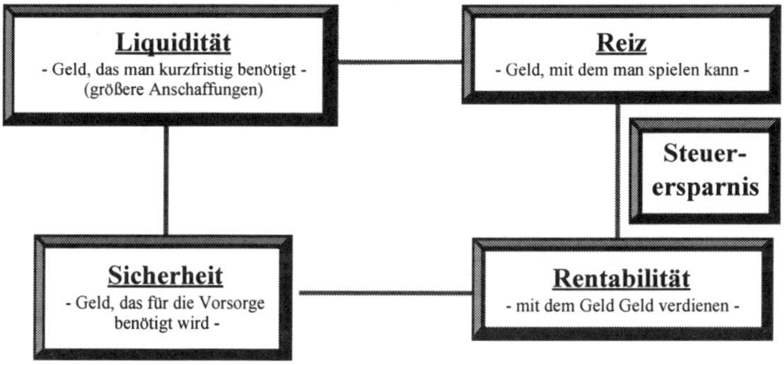

Abbildung 10-1: Grundstruktur der Anlagemotive

Die Studie hat gezeigt, daß eine Grundspannung zwischen „sein Geld nicht verlieren wollen" und „mehr aus seinem Geld machen wollen" besteht. Jeder, der sein Geld anlegen möchte, steht in dieser Grundspannung.

Geldanlage – so rational sie auch immer wieder betrachtet wird – hat eine emotionale Komponente. Diese bestimmt sehr stark, wie man sein Geld anlegt. Ihre Entwicklung hat deutliche sozialpsychologische Einflüsse.

Man braucht nur an die Generation zu denken, die ihr Vermögen zweimal in ihrem Leben verloren hat. Es ist nicht verwunderlich, daß diese Generation ihr Geld am liebsten gar nicht mehr aus der Hand geben möchte. Der Grundspannungspol „sein Geld nicht verlieren wollen" ist hier ausgesprochen dominant. „Sein Geld erhalten wollen" ist wichtiger als „aus seinem Geld etwas machen wollen".

Aber auch die nachfolgende Generation ist von den Erfahrungen ihrer Eltern geprägt worden. „Das Geld sichern" ist auch für diese Generation ein wichtiges Anliegen. Mehr Geld zu haben ist allerdings eine Motivation, die die meisten Menschen anspricht. Wenn man sieht, daß Freunde und Bekannte durch gezielte Geldanlage mehr aus ihrem Geld machen ohne zu großes Risiko einzugehen, ihr eingesetztes Geld zu verlieren, gewinnt der Spannungspol „mehr aus seinem Geld machen wollen“ an Bedeutung. Die guten Erfahrungen der anderen sind ein Beleg dafür, daß man sein erworbenes Geld nicht auf's Spiel setzt und doch etwas gewinnen kann. Der Spannungspol „sein Geld nicht verlieren wollen“ bleibt trotzdem dominant.

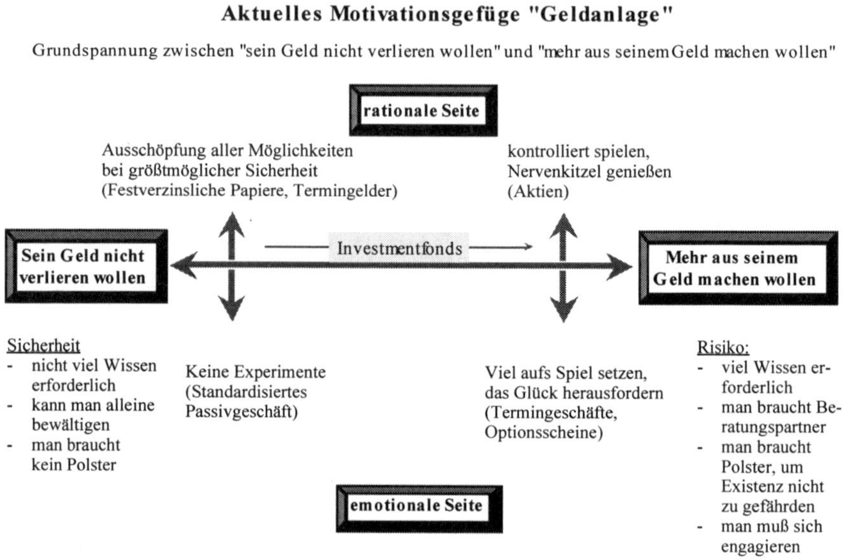

Abbildung 10-2: Aktuelles Motivationsgefüge „Geldanlage”

Die Angst vor dem Verlust des Angelegten ist also eine Barriere gegen risikoreichere Geldanlagen, die eine höhere Rendite versprechen. Diese Aussage klingt zwar banal, aber es verbirgt sich dahinter eine bestimmte Einstellung zum Geld. Das Geld, das man erworben hat, möchte man auf keinen Fall mehr aus der Hand geben, auch nicht, wenn die Chance besteht, deutlich mehr daraus machen zu können. Insofern sind viele Anleger in einem von Skepsis und Angst geprägten Verhaltenskorsett gefangen. Sind diese Einflüsse nicht so stark, kann der Spannungspol „mehr aus seinem Geld machen wollen“ einen stärkeren Reiz ausüben. Dann präferieren die Anleger Investmentfonds. Investmentfonds kann man als einen Kompromiß zwischen den beiden Spannungspolen ansehen. Man geht ein gewisses Risiko durch die Streuung in unterschiedlich riskante Titel ein, aber letztlich bleibt man immer noch auf einer sicheren Seite.

Für viele Privatanleger ist aber der Schritt, den Sicherheitspol zu verlassen und sich auf den Risikopol stärker einzulassen, immer noch zu groß. Es ist undurchschaubar und mit Angst („das ist mir zu heiß“) verbunden.

Die Analyse der Motivation von Aktienanlegern macht dagegen deutlich, daß sie eine andere Einstellung zu Geld bzw. zur Geldanlage haben als die bisher dargestellten Anleger. Man hat oft – meist im Kontakt mit guten Beratern – die Aktienanlage in kleinen Schritten geübt. Die Undurchschaubarkeit dieser Geldanlage, die oft Angst auslöst, hat durch kleine Erfolge, die man erzielt hat, an Bedeutung verloren. Das Risikoerleben hat eine neue Erlebnisqualität erhalten. Die Angst vor dem Risiko weicht durch den vertrauteren Umgang einem kalkulierten Nervenkitzel.

Dem Sicherheitspol der Grundspannung trägt man dadurch Rechnung, daß man nur einen Teil des erworbenen Geldes in risikoreiche Geldanlagen investiert. Der Pol der Grundspannung „aus seinem Geld mehr machen wollen" kann erst dann eine stärker motivierende Bedeutung erhalten, wenn die risikoreichere Geldanlage eine Art „Spielcharakter" erhält. Man muß sich gefühlsmäßig bereits von dem Geld, das man in diese Form der Geldanlage investiert, gelöst haben. Erst dann kann man diesen kalkulierten Nervenkitzel genießen.

Die Einstellung zum Geld ist bei Aktienanlegern also anders als bei denen auf der Seite des Sicherheitspols. Unter den sozialpsychologischen Einflüssen auf die Einstellung zum Geldanlegen kann man deshalb davon ausgehen, daß die kommende Generation mit Sicherheit nicht in dem Maße durch die Erziehung auf den Spannungspol „sein Geld nicht verlieren wollen" fixiert ist wie die Generation vorher. Sie wird eine andere Einstellung zum Geld haben, weil sie über Geld verfügen wird, das sie selber nicht erworben hat.

Es ist also zu erwarten, daß der Spannungspol „mehr aus seinem Geld machen wollen" eine stärkere motivierende Wirkung bekommen wird. Die Begehrlichkeit, in risikoreicheren Geldanlagen zu investieren, wird zunehmen.

Die Feststellung, daß in den USA die Bereitschaft zur risikoreicheren Geldanlage deutlich größer ist als in Deutschland, ist dadurch zu erklären, daß es in den USA die sozialpsychologischen Einflüsse wie in Deutschland nicht gegeben hat. Diese Einflüsse werden aber auch in Deutschland zunehmend geringer, so daß man davon ausgehen kann, daß auch in Deutschland das Reiz- und Spekulationsmotiv an Bedeutung gewinnen wird.

10.3 Konsequenzen für die Beratung

Zusammenfassend ist festzuhalten:

Die Voraussetzungen für risikoreiche Geldanlagen haben sich verbessert, nicht zuletzt weil die Kapitalausstattung der privaten Haushalte in Deutschland hervorragend ist. Über sechs Billionen DM privates Geldvermögen im Jahr 2000 sind der Fundus für zum Teil sogar erhebliche Umwälzungen in den Anlagestrukturen. Insbesondere die aktuelle Entwicklung bringt zum Ausdruck, daß der normale Sparer sozusagen zum Minikapitalisten mutiert, der sich immer häufiger dem Reiz hingibt, mit dem Geld Geld zu verdienen. Sowohl die Situation auf den Aktienmärkten als auch der Run auf die Investmentfonds sind ein klarer Beleg dafür, daß immer breitere Bevölkerungsschichten ihr Anlageverhalten grundlegend ändern.

Offen bleiben muß die Beantwortung der Frage, ob der gegenwärtige Boom der Aktien nur ein temporäres Phänomen ist und bei rückläufiger Kursentwicklung sofort ein Umschichten in die konventionellen Anlageformen vorgenommen wird. Das Prinzip „more risk, more fun" bei der Geldanlage wird wohl nur solange Gültigkeit haben, wie sich die Performance der Anlagen in Aktien bzw. in Fonds so herausragend gut darstellt, denn nach wie vor ist die Angst, zu viel aufs Spiel zu setzen, stark ausgeprägt.

So zeigte die Studie auch, daß eine maßgebliche Barriere für eine noch weitere Popularisierung der modernen Anlageformen darin besteht, daß die angebotenen Produkte vielfach undurchschaubar sind (Finanzirritationen statt Finanzinnovationen). Zwar sind großen Teilen der Bevölkerung die neuen Anlageprodukte durchaus bekannt, aber auf die Frage, ob sie auch in der Lage wären, die entsprechende Geldanlage einem Bekannten oder Verwandten hinreichend genau zu erklären, ist sofort erkennbar, daß hier doch erhebliche Informationsdefizite bestehen.

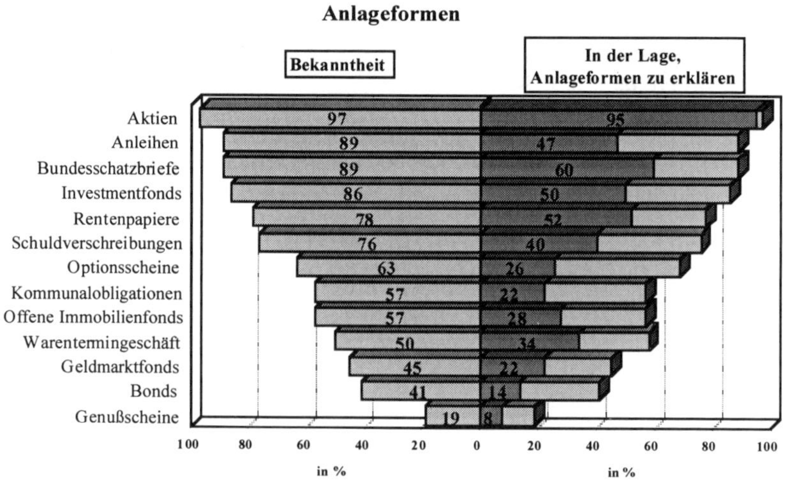

Abbildung 10-3: Anlageformen

Das kommt auch darin zum Ausdruck, daß die Anleger vielfach die Beratung in den Kreditinstituten als unzureichend empfinden. Statt an einer einmaligen Beratung sind sie vielmehr an einem kontinuierlichen Kontakt interessiert. Man will mit seiner Unsicherheit eben nicht allein gelassen werden.

Eine Barriere ist aber auch die vermutete Einflußnahme auf die Kursentwicklung durch Großanleger, gegen die sich der Kleinanleger eigentlich überhaupt nicht wehren bzw. deren Einfluß er überhaupt nicht abschätzen kann. Darüber hinaus wird für sich selbst reklamiert, zu wenig Zeit zu haben, um sich selbst mit der nötigen Sorgfalt um sein Geld zu kümmern.

Wichtig für den Abbau von Barrieren ist somit eine neue Ausrichtung in der Kommunikation. Es müssen potentiellen Anlegern die Begrifflichkeiten und Zusammenhänge nähergebracht werden.

Die Kunden der Kreditinstitute erwarten eine Art Gedankenaustausch, z.B. mit anderen Kunden unter Anleitung bzw. permanenter Kontrolle eines Experten der Bank. So könnte man sich vorstellen, in einer Gruppe ähnlich gelagerter Kunden gemeinsam Geld anzulegen und sich in kleineren Anlagebeträgen die Kompetenz, die notwendig ist, zu erarbeiten. Grundsätzlich gilt also: Akzeptanz setzt Transparenz voraus. D.h. das beste Verständnis der Geldanlage, insbesondere im Effektengeschäft, ist der Schlüssel dafür, daß das neue Motivationsgefüge der Anleger auch richtig genutzt wird.

11. Kapitel

Spar- und Anlageentscheidungen älterer Menschen

Peter Adelt und Bert Feldmann

psychonomics – Gesellschaft für wirtschaftspsychologische Forschung und Beratung

11.1 Zielsetzung

Eine niedrige Geburtenziffer und eine ansteigende Lebenserwartung führen dazu, daß der Anteil älterer Menschen in unserer Gesellschaft stetig zunimmt. Prognosen gehen davon aus, daß der Anteil der über 60-jährigen an der Bevölkerung in Deutschland von gegenwärtig einem Fünftel auf über ein Drittel ansteigen wird. Angesichts dieser demographischen Entwicklung – und der dementsprechend steigenden Bedeutung der Älteren auch als Zielgruppe für das Marketing – verwundert es, daß sich die wirtschafts- und sozialwissenschaftliche Forschung bislang noch vergleichsweise wenig mit „den Senioren" beschäftigt hat.

Ziel des vorliegenden Beitrags ist eine vertiefende Untersuchung der Spar- und Anlageentscheidungen älterer Menschen (als Altersuntergrenze wurden hier 50 Jahre zugrundegelegt). Zum übergreifenden Themenbereich Konsum- und Finanzverhalten von Senioren liegen bislang Analysen mit unterschiedlicher thematischer Ausrichtung, Breite und Tiefe vor, unter anderem:

- inhaltlich breit angelegte Sammelbände, in denen die Alterung der Gesellschaft unter verschiedenen *demographischen, ökonomischen und soziologischen Aspekten* erörtert wird (siehe KLOSE, 1993)
- volkswirtschaftlich orientierte Analysen im Hinblick auf das *Sparen im Alter* (LANG, 1993)
- breiter angelegte empirische Erhebungen zum *Konsum- und Sparverhalten* älterer Menschen (GFK, 1993)
- inhaltlich stärker fokussierte empirische Studien, z.B. zum Thema *Altersvorsorge* (CKAG, 1994)

- Ansätze zur *Segmentierung des Seniorenmarktes* auf der Basis einer Lebensstil-Typisierung (MÜLLER, 1998, unter allerdings eher beiläufigem Bezug auf Geldanlagen)
- Beiträge, die wiederum thematisch breiter angelegt den Umgang älterer Menschen mit *Risiken und Chancen* einer empirischen (sozial-) psychologischen Analyse unterziehen (FISCHER & MÜLLER, 1996, unter anderem in Bezug auf die erlebte finanzielle Sicherheit bzw. Unsicherheit älterer Menschen).

Während die vorliegenden Beiträge teilweise thematisch breiter angelegt sind, existiert unseres Wissens noch keine vertiefende Analyse der Sparziele und Anlageentscheidungen älterer Menschen (einzelne Ergebnisse siehe in GFK 1993; zu den Ergebnissen einer früheren Untersuchung des Instituts für Wirtschafts- und Sozialpsychologie siehe ADELT, MÜLLER & WISWEDE, 1993, 1994).

- Im Unterschied zu den bislang vorgelegten zeitpunktbezogenen Analysen erfolgt hier eine *Verknüpfung mit einer Längsschnittbetrachtung*, um Hinweise darauf zu gewinnen, welche Ergebnisse wirklich auf alterstypische Merkmale zurückgehen (im Unterschied etwa zu Kohorteneffekten).
- Anders als bei den oftmals etwas vereinfachenden Darstellungen *der* Senioren (oder *der* „Neuen Alten" etc.) greift der vorliegende Beitrag im weiteren auf der Basis eines Vergleichs verschiedener Alters-Teilgruppen und auf clusteranalytischer Grundlage die Frage auf, *welche Teilsegmente* (oder „Typen") älterer Menschen im Hinblick auf Sparziele und Anlageentscheidungen zu unterscheiden sind.

Die Analysen basieren auf einer Sekundäranalyse einer für die gesamtdeutsche Wohnbevölkerung ab 14 Jahren repräsentativen Befragung von knapp 5000 Personen (N = 4981) aus dem Jahr 1996, die von der psychonomics GmbH (Köln) im Auftrag der DEKA Deutsche Kapitalanlagegesellschaft mbH (heute: Deka Bank GmbH) mit einer anderen Zielsetzung als der hier aufgegriffenen durchgeführt wurde. Befragt wurden dabei ausschließlich Personen, die an den Anlageentscheidungen des betreffenden Haushalts zumindest beteiligt sind. Für die Längsschnitt-Betrachtung werden die früheren Soll-und-Haben-Studien des Spiegel-Verlags herangezogen.[74]

11.2 Querschnittbetrachtung

In der Querschnittbetrachtung sollen – auf der Basis der Erhebung aus dem Jahr 1996 – gegenwärtige Charakteristika der Spar- und Anlageziele sowie der Anlageentscheidungen älterer Menschen genauer betrachtet werden. Um anzunehmende Verhaltensunterschiede innerhalb des Seniorensegments möglichst genau zu erfassen und die Ansatzpunkte für eine zielgruppenbezogene Anwendung der Ergebnisse zu erhöhen, wurden die Befragten ab 50 in fünf Altersgruppen unterteilt. Die auf 5-Jahres-Schritten basierende Segmentierung gewährleistet gleichzeitig eine gewisse Korrespondenz zu kritischen, sich auch auf das Spar- und Anlageverhalten auswirkenden Lebensereignissen – wobei diese Korrespondenz, die im folgenden stichwortartig dargestellt ist, aufgrund der zunehmenden Heterogenität individueller Lebensverläufe selbstverständlich einen *stark idealtypischen Charakter* hat.

[74] Die Verfasser möchten sich bei der DEKA für die freundliche Genehmigung zur Nutzung des Datensatzes zum Zwecke der vorliegenden Analysen ganz herzlich bedanken. Ein weiteres herzliches Dankeschön möchten die Verfasser an dieser Stelle dem Spiegel-Verlag für die Erlaubnis zur Datensatz-Nutzung aussprechen.

Einteilung der Altersgruppen		Teil-Stichproben
14 – 50 Jahre	Referenzgruppe	n = 2953
51 – 55 Jahre	Oft Ende der „Familienphase“: „leeres Nest“	n = 336
56 – 60 Jahre	Ende der Berufstätigkeit, Ruhestandsphase rückt näher	n = 462
61 – 65 Jahre	Ruhestand steht unmittelbar bevor bzw. beginnt	n = 346
66 – 70 Jahre	Beginn des Ruhestands mit notwendiger Neuorientierung in verschiedenen Lebensbereichen	n = 363
über 70 Jahre	Altersphase	n = 555

Tabelle 11-1: Einteilung der Altersgruppen

Anfang 50 haben in der Regel die Kinder das Haus verlassen und die Konfrontation mit dem ‚leeren Nest' führt zu einer Neuorientierung der Lebensplanung, verbunden mit einer Vergrößerung des finanziellen Spielraums. Zwischen 50 und 60 dürfte dann auch der berufliche Werdegang weitgehend abgeschlossen sein und die Phase des Ruhestandes immer mehr in´s Blickfeld rücken. Mit spätestens 65 ist die ganz überwiegende Zahl der Berufstätigen pensioniert und sieht sich wiederum einer neuen Lebenssituation gegenüber. Möglicherweise erfüllt man sich nun langgehegte Wünsche (z. B. Reisen) und kann dazu die im aktiven Berufsleben angesparten Mittel nutzen.

11.2.1 Spar- und Anlageziele

Zur Analyse des Stellenwerts der wichtigsten Spar- und Anlageziele bei den Senioren werden im folgenden zunächst die Häufigkeiten der Nennung dieser Ziele in der Seniorengruppe denen der Befragten bis 50 Jahre gegenübergestellt (vgl. Abb.11-1).

Bei der älteren Bevölkerung erfolgt die Spar- und Anlagetätigkeit (noch) stärker absicherungsorientiert als bei den Personen bis 50 Jahren: die Schaffung von *Rücklagen für Notfälle* steht ganz im Vordergrund, gefolgt von der *Altersvorsorge*, die bei den jüngeren Befragten zugunsten des Sparens für größere Anschaffungen auf Rang drei verwiesen wird.[75]

Nicht überraschend ist, daß die insbesondere auf Vermögensaufbau und die auf den Bau eines Hauses bzw. Immobilienerwerb gerichtete Sparaktivität bei den Befragten bis 50 deutlich wichtiger ist als bei den älteren Befragten (das Gleiche gilt für das noch stärker für bestimmte Lebensphasen spezifische Ziel der Ausbildungsfinanzierung).

[75] Aufgrund der großen (Teil-) Stichproben wird im vorliegenden Beitrag darauf verzichtet, Signifikanzen zu berichten.

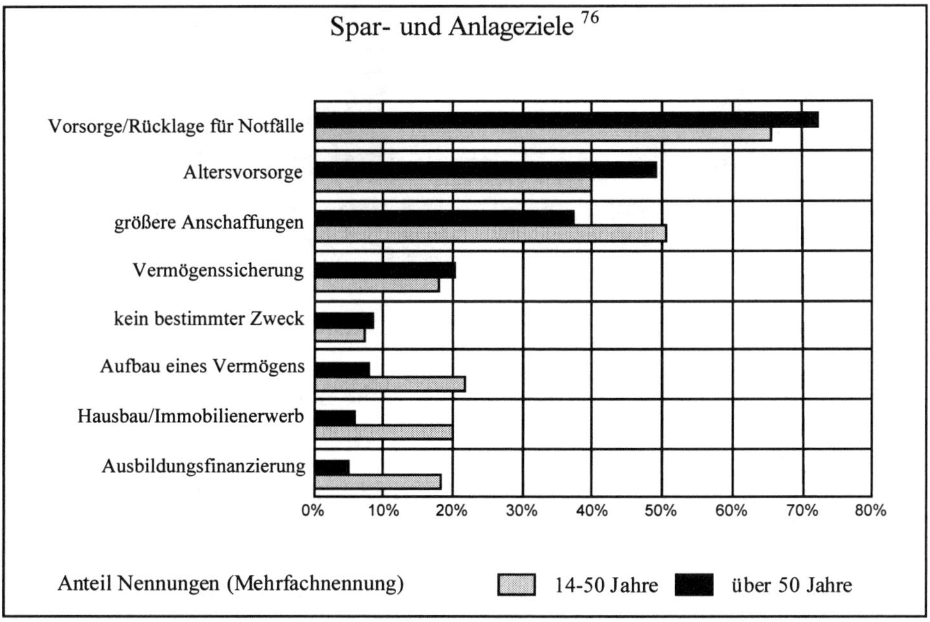

Abbildung 11-1: Spar- und Anlageziele

Der Bau bzw. Kauf einer Immobilie, insbesondere Wohnimmobilie, wird ganz überwiegend in früheren Lebensphasen verwirklicht, und auch der Aufbau eines Vermögens ist im Alter von etwa 50 Jahren für viele bereits weitgehend abgeschlossen.

Ein Blick auf die unten folgenden Graphiken, bei denen die Wichtigkeit (Nennungshäufigkeit) der verschiedenen Spar- und Anlageziele differenziert für die verschiedenen Altersklassen innerhalb des Seniorensegments dargestellt wird[77], verdeutlicht, daß sowohl der *Vermögensaufbau* als auch das Ziel der *Immobilie* bei den höheren Altersklassen geringer ausgeprägt sind.

---

[76] Die hier aufgegriffene Frage beinhaltet die Ziele der Geldanlage, die für die zugrundeliegende Untersuchung aus dem Investment-Bereich besonders relevant sind – deckt damit aber sicherlich nicht alle Ziele des Sparens erschöpfend ab (z.B. Sparen zur Sicherung des Lebensunterhalts). Weitere Merkmale aus dem Kontext der Zielsetzungen der Geldanlage, z.B. die Erwirtschaftung guter Renditen, werden später noch im Kapitel über Kriterien der Geldanlage (Kap. 11.2.2) behandelt.

[77] Bei diesen Graphiken ist im Hinblick auf die Wichtigkeit der Ziele der (zum Teil unterschiedliche) Maßstab besonders zu berücksichtigen.

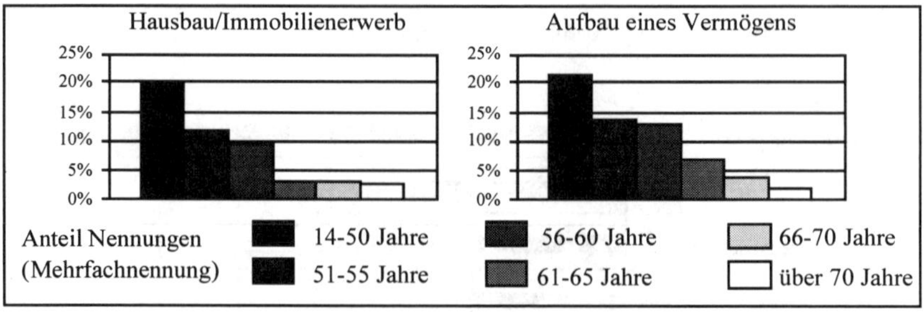

Abbildung 11-2

Auch das Sparziel der *größeren Anschaffungen* (siehe Graphik) scheint mit dem Alter kontinuierlich zurückzugehen (wobei die hier vorliegende Querschnittbetrachtung natürlich strenggenommen eine solche Verlaufs-Feststellung nicht zuläßt). Allerdings deutet der insbesondere bis zum Alter von etwa 65 Jahren nur sehr moderate Rückgang darauf hin, daß die Ansprüche an den Lebensstandard im Grundsatz aufrechterhalten werden, aber mit etwas verminderter Nachhaltigkeit verfolgt werden. Ein, etwa gegenüber jungen Familien, in fortgeschrittenen Altersklassen vergrößerter finanzieller Spielraum erübrigt es zum Teil auch, für Anschaffungen eigens zu sparen. Die relativ geringe Bedeutung dieses Sparziels der Anschaffungen bei den Befragten über 65 und ein nochmaliger deutlicher Wichtigkeitsabfall bei den über 70-jährigen weist möglicherweise auch auf eine gewisse Sättigung mit Konsumgütern im Alter einerseits sowie auf weniger konsumfreudige Einstellungen dieser Altersgruppen (Kriegsgeneration, Sparsamkeitsnormen) andererseits hin – und ist eventuell auch eine Folge geringerer sozialer Integration im hohen Lebensalter.

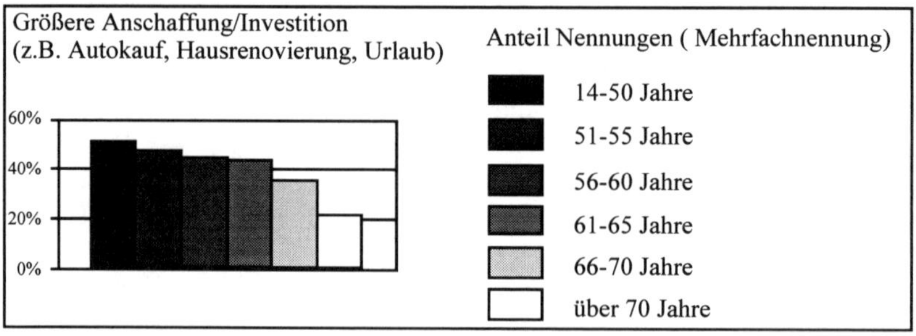

Abbildung 11-3

Die Nähe zum Renten- bzw. Pensionsalter wirkt sich deutlich auf das Sparziel der *Altersvorsorge* aus: die Bedeutung dieses Sparziels erreicht in der Altersklasse zwischen 50 und 60 Jahren ihr Maximum. Hier werden gleichsam „letzte Möglichkeiten" zur Verbesserung der finanziellen Absicherung des Ruhestands genutzt. Die Personen höheren Alters, insbesondere die über 70-jährigen, befinden sich dagegen häufig bereits in der Phase der Nutzung der angesparten Mittel – das Sparziel Altersvorsorge wird dementsprechend weniger bedeutsam.

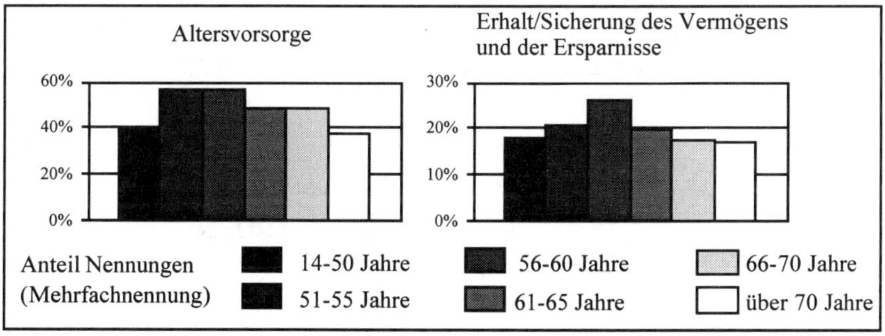

Abbildung 11-4

Längerfristig angedachte Vorsorge für die Ruhestandsphase dürfte auch dafür ausschlaggebend sein, daß das Ziel des *Erhalts und der Sicherung des Vermögens und der Ersparnisse* im Alter zwischen 55 und 60 Jahren etwas wichtiger erscheint als in allen anderen Altersgruppen, allerdings ist der Unterschied nicht groß. Das im Hinblick auf die potentielle Verwendung der Mittel wohl mit einem kürzeren Zeithorizont verbundene Ziel der *Rücklagenbildung für Notfälle* scheint in dieser Altersphase zugunsten der längerfristigen Absicherung etwas zurückgedrängt zu werden. Wichtiger ist diese Notfallabsicherung durch Rücklagen dann wieder im Alter über 60 Jahren, wo mit dem hier häufig erfolgenden Pensionseintritt eine Lebensphase mit vermindertem Einkommen beginnt. (Angesichts der eher geringen Unterschiede des Ziels der Rücklagen/Vorsorge für Notfälle zwischen den Altersklassen innerhalb des Seniorensegments könnte es sich dabei allerdings auch um Zufallseffekte handeln.)

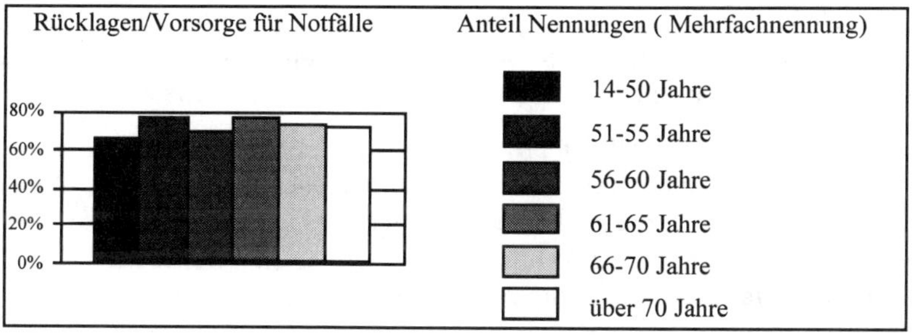

Abbildung 11-5

In den Altersklassen über 65 Jahren ist die Bedeutung fast aller Sparziele geringer als in den anderen Seniorensegmenten. Lediglich das Sparen ohne einen bestimmten

Zweck – das eher intrinsisch motivierte „Sparen als Selbstzweck" – ist bei den Personen ab 65 überdurchschnittlich ausgeprägt. Möglicherweise offenbart sich hier ein stärkeres eher diffuses Risikobewußtsein dieser Altersgruppe, die als Kohorte zudem durch die Entbehrungen der Kriegs- und Nachkriegszeit vermutlich besonders geprägt ist. (Mit insgesamt 8% Nennungen ist das Sparen ohne bestimmten Zweck im Vergleich zu den genannten Sparzielen aber relativ unbedeutend.)

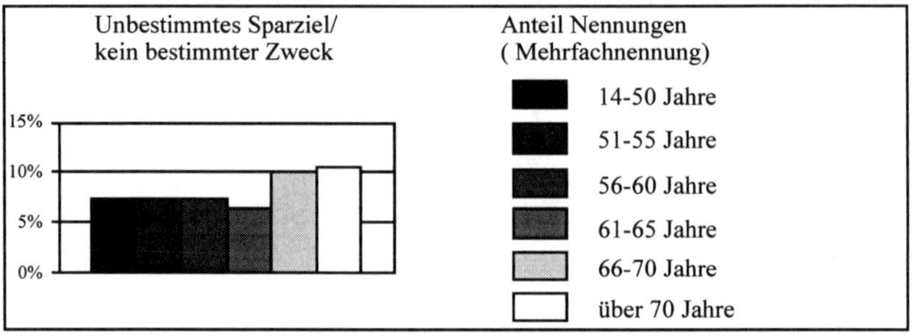

Abbildung 11-6

11.2.2 Kriterien der Geldanlage

11.2.2.1 Kognitiver und motivationaler Rahmen der Anlageentscheidung

Während die Sparziele verdeutlichen, ob überhaupt und warum gespart wird, geht es im folgenden um die konkrete Anlageentscheidung. Zu diesem Themenkomplex wurde eine Reihe von Merkmalen erhoben, die neben der Bereitschaft zur Beschäftigung mit Anlageentscheidungen und den Einstellungen zur entsprechenden Beratung vor allem konkrete Entscheidungskriterien aus den Bereichen Fristigkeit / Liquiditätsorientierung, Stellenwert der Rendite und Risikobereitschaft beinhalten. Zur Strukturierung im Hinblick auf zugrundeliegende Dimensionen wurden durch eine Hauptkomponentenanalyse 5 Faktoren extrahiert, die in Tabelle 11-2 anhand der jeweils am höchsten ladenden Items charakterisiert werden.

Die Items aus Tabelle 11-2 wurden pro Faktor zu einem Skalenwert verrechnet (durch Summierung und Division durch die Anzahl der eingehenden Items, so daß die 5-fach gestufte Skalierung der Einzelmerkmale übertragbar ist). Die Mittelwerte der Altersgruppen pro Faktor sind in der Abbildung 11-7 dargestellt, wobei auch hier die verschiedenen Maßstäbe der Darstellung zu beachten sind. Inhaltlich kommentiert werden die Unterschiede in den nachfolgenden Abschnitten; dabei werden auch weitere Befragungsergebnisse aus den betreffenden Themenbereichen aufgegriffen.

- **Involvement und Renditestreben**
  „Es reizt mich, möglichst viel aus meinem Geld zu machen."
  „Ich möchte mehr aus meinem Geld machen und es nicht auf einem Sparbuch ruhen lassen."
  „Sich mit Geldangelegenheiten zu befassen finde ich interessant und spannend."
- **Risikobereitschaft**
  „Bis zu einem gewissen Betrag würde ich mein Geld auch spekulativ anlegen."
  „Ich möchte vor allem kurzfristige Gewinne mit stärker spekulativen Wertpapieren erzielen."
  „Um eine höhere Verzinsung bzw. Rendite zu erzielen, nehme ich auch ein erhöhtes Risiko (z.B. Kursschwankungen) in Kauf."
- **Präferenz langfristiger Anlagen**
  „Mein Geld lege ich lieber längerfristig an."
  „Mit langfristigen Anlagen bindet man sich zu stark. Ich möchte jederzeit über mein Geld frei verfügen können." (negative Ladung)
  „Entscheidend ist für mich der Wertzuwachs auf lange Sicht."
- **Delegationsbereitschaft und Einfachheit**
  „Die Auswahl geeigneter Anlageformen und die Entscheidung, zu günstigen Zeitpunkten umzuschichten, würde ich am liebsten ganz an Experten übertragen."
  „Am liebsten lasse ich mir Anlageformen von meinem Geldinstitut empfehlen."
  „Geldanlage muß für mich möglichst einfach und unkompliziert sein."

Tabelle 11-2

Unter den kognitiven und motivationalen Rahmenbedingungen der Anlageentscheidung betrachten wir zunächst das Involvement im Sinne eines aktiven Interesses am Bereich Geldanlage, des Spaßes an finanziellen Entscheidungen und der Bereitschaft, sich mit ihnen auseinanderzusetzen. Damit hängen das praktizierte Informationsverhalten sowie die Bereitschaft, den Anlageempfehlungen eines Instituts zu folgen oder sogar die Entscheidung vollständig zu übertragen, zusammen.

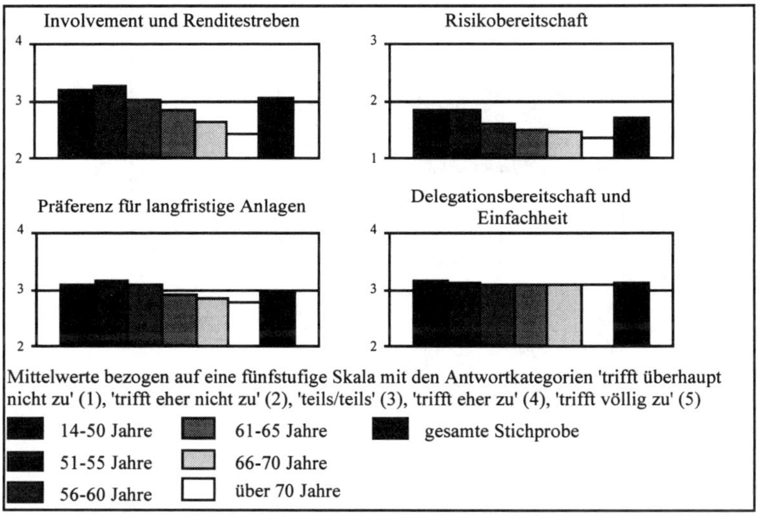

Abbildung 11-7

Hinsichtlich des Merkmals *‚Involvement und Renditestreben'* erweisen sich die jüngeren Anleger – aber sogar noch etwas stärker das Alterssegment Anfang 50 – als die aktivsten Gruppen. Beide Teilmerkmale – Involvement und Renditeorientierung – nehmen dann über die Altersstufen kontinuierlich ab. Ein mit dem Alter rückläufiges Maß an Interesse und kognitiver Auseinandersetzung mit Finanzangelegenheiten entspricht einerseits etwas dem Bild der Disengagement-These; andererseits entspricht eine Reduktion des persönlichen Aufwands angesichts der hier häufig gelösten Aufgaben der Sicherung der finanziellen Altersvorsorge und des Lebensstandards einem durchaus rationalen Energie-Einsatz. In das Bild des niedrigeren Involvements fügt sich ein, daß die Forderung nach einer „möglichst einfachen und unkomplizierten Geldanlage", der insgesamt alle Altersklassen in hohem Maße zustimmen, für die Befragten über 60 Jahren noch stärker gilt.

Die vergleichsweise involviertesten Anleger zwischen 50 und 55 Jahren sind offenbar auch informationsaktiver. So sind sie offener als die anderen Altersgruppen für telefonische und schriftliche Informationen ihres Geldinstituts über Anlageformen (bei insgesamt verhaltener Bereitschaft: Mittelwert nach der obigen Skala insgesamt 2,6).

Die *Akzeptanz der neuen Medien* wie der Online-Medien (Computer/BTX) und auch von Telefon und Telefax zur Abwicklung von Geldanlagen ist insgesamt gering. Erwartungsgemäß ist diese Akzeptanz bei den jüngeren Altersgruppen noch am stärksten ausgeprägt. Das kontinuierliche Sinken der Akzeptanz neuer Medien bei höheren Altersgruppen wird auch in anderen Repräsentativerhebungen bestätigt (Spiegel-Verlag, 1995).

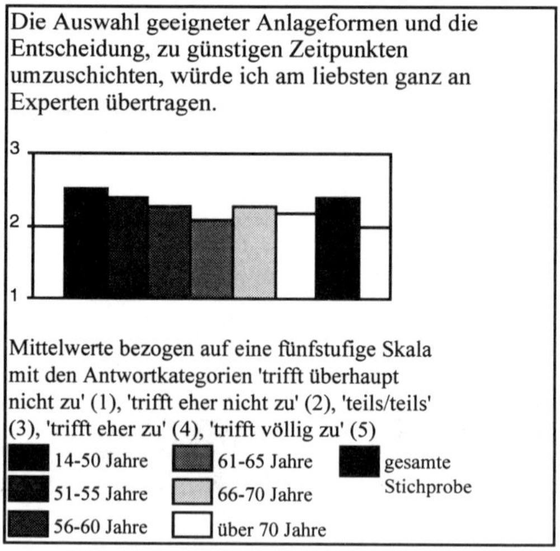

Abbildung 11-8

Daß die Mittelwerte des Faktors *‚Delegationsbereitschaft und Streben nach Einfachheit'* sich zwischen den Altersgruppen kaum unterscheiden, geht darauf zurück, daß die in den Gesamtwert einfließende Neigung, sich Anlageformen von seinem Geldinstitut empfehlen zu lassen, kaum zwischen den Altersklassen divergiert. Angesichts des rückläufigen Involvement bei den höheren Altersgruppen überrascht zunächst, daß die von uns erhobene Delegationsbereitschaft (siehe Abbildung 11-8) bei den älteren Gruppen ebenfalls niedriger ist: bei geringerem eigenem Engagement hätte man eine stärkere Übertragung der Entscheidungen an Experten erwartet. Das sich hier dagegen abzeichnende Bild – rückgängige Delegationsneigung über die Altersgruppen, mit einem leichten Anstieg für die älteren Senioren (Altersgruppe über 65 Jahren) – dürfte mit der zugrundeliegenden Aussage zusammenhängen, die eine sehr umfassende Form der Delegation beinhaltet und diese allgemein auf „*Experten*" bezieht. Offenbar herrscht hier bei den Älteren eher Mißtrauen[78]. Daß demgegenüber die Delegationsneigung im Hinblick auf die „eigene" *Bank oder Sparkasse* bei den Senioren höher ist, zeigt die folgende Ergebnis-Graphik, die auf drei der Soll-und-Haben Repräsentativerhebungen des Spiegel-Verlags basiert:

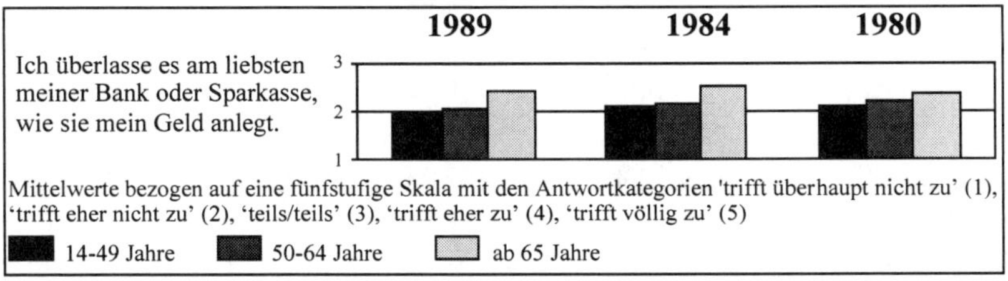

Abbildung 11-9

Die hier erhobene Form der Delegation bezieht sich allerdings auch auf „Entscheidungs-Übertragungen" bei einfachsten Anlageformen wie dem Sparbuch.

11.2.2.2 Kriterien der Anlageentscheidung

Zu den Kriterien der Anlageentscheidung zählen wir

- neben den „klassischen" Merkmalen Rendite, Sicherheit und Liquidität – die um die bereits unter dem „kognitiven und motivationalen Rahmen" der Anlageentscheidung behandelte Einfachheit einer Geldanlage zu ergänzen sind (WISWEDE, 1995)
- auch die Einstellung zu regelmäßigem Sparen und die Fristpräferenz des Anlegers. Beide Merkmale stehen in unmittelbarem Bezug zu Eigenschaften von Anlageformen – und übernehmen bei Anlageentscheidungen vermutlich häufig sogar die Funktion von Vorauswahlkriterien (eine bestimmte Bindungsdauer oder eine bestimmte regelmäßige Belastung kommt in Frage oder auch nicht) (siehe ADELT, MÜLLER & WISWEDE, 1993).

Regelmäßiges Sparen hat bei allen Befragten einen relativ hohen Stellenwert (Mittelwert insgesamt 3,74). Im Vergleich der Altersgruppen findet die Aussage „Man sollte jeden Monat eine feste Summe sparen" bei den Anlegern zwischen 50 und 55 Jahren die meiste Zustimmung, möglicherweise im Hinblick auf die nahende Ruhestandsphase. Diese Neigung ist dann in höheren Altersgruppen immer geringer ausgeprägt.

---

78 Außerdem bezieht sich das Item explizit auch auf Umschichtungen von Geldanlagen. Die Neigung dazu dürfte bei Älteren geringer sein.

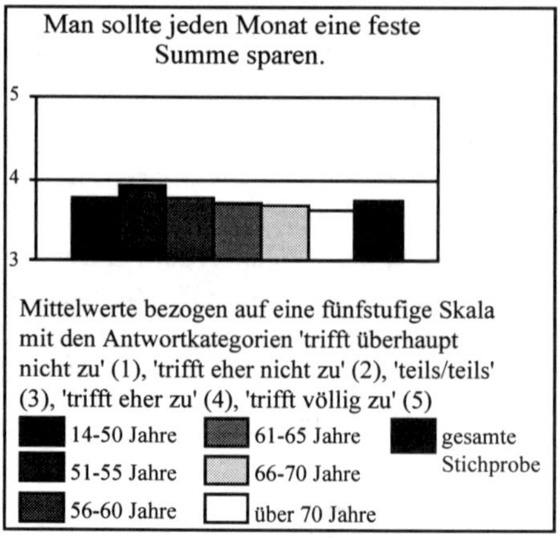

Abbildung 11-10

Ein sehr ähnliches Bild zeigt sich bei der *Präferenz für langfristige Anlagen*. Auch bei diesem Faktor ist die Zustimmung bei den Befragten Anfang 50 am höchsten und sinkt dann bei den höheren Altersgruppen kontinuierlich ab (siehe Abbildung 11-7). Erwartungsgemäß gegenläufig ist die Tendenz bei dem unmittelbar auf die Liquiditätsneigung bezogenen Teilmerkmal dieses Faktors: Die Zustimmung zu der Aussage „mit langfristigen Anlagen bindet man sich zu stark – ich möchte jederzeit über mein Geld frei verfügen können“ ist bei den 51- bis 55-jährigen mit Abstand am geringsten und steigt bei den höheren Altersgruppen – wie schon bei den Jüngeren – wieder an.

Hinsichtlich der klassischen Kriterien der Anlageentscheidung sind die älteren Anleger im Vergleich zu den jüngeren Gruppen *insgesamt* zu kennzeichnen als:

- sehr sicherheitsorientiert
- dementsprechend weniger renditebezogen
- und liquiditätsorientiert.

Die altersübergreifend ohnehin geringe *Risikobereitschaft* „sackt“ in den Segmenten ab etwa 60 Jahren nochmals deutlich ab. Diese besondere Sicherheitsorientierung der Älteren harmoniert mit ihren vorrangigen Sparzielen – der Rücklagenbildung für Notfälle und der Altersvorsorge –, für die Erhalt und Sicherung der Ersparnisse einen höheren Stellenwert haben als eine auf Gewinnmaximierung abzielende Risikostrategie. Das kurzfristige spekulative Gewinnstreben wird allenfalls für „einen gewissen Betrag“ und im Alterssegment am ehesten von den 51- bis 55-jährigen akzeptiert. Lediglich 3,5% aller Befragten sind bereit, zugunsten höherer Rendite ein Risiko in Kauf zu nehmen (Skalenstufen 4 – „trifft eher zu“ und 5 – „trifft völlig zu“ einer 5stufigen Skala). Dieser Anteil sinkt von 5,9% bei den 51- bis 55-jährigen bis auf 1,0% bei den über 70-jährigen. Am wenigsten akzeptiert sind dabei – bei allen Altersgruppen – Bonitätsrisiken, noch weniger als Zinsrisiken, Währungsrisiken und allgemeine Marktrisiken einer Branche oder Region.

Mit der Risikobereitschaft korreliert die *Renditeorientierung* der Anleger (Korrelation des Faktors „Risikobereitschaft" mit den beiden Merkmalen der folgenden Abbildung jeweils r = 0,29): Die meisten renditebewußten Anleger sind sich offenbar der Notwendigkeit risikoreicherer Anlagen zur Erreichung ihres Ziels bewußt. Entsprechend der geringen Risikobereitschaft und ähnlich zum Involvement im engeren Sinne (die Beschäftigung mit Geldanlagen wird als interessant und spannend erlebt) ist der Wunsch, möglichst viel aus seinem Geld zu machen, bei den höheren Altersgruppen gering – bei den Befragten Anfang 50 jedoch relativ stark ausgeprägt.

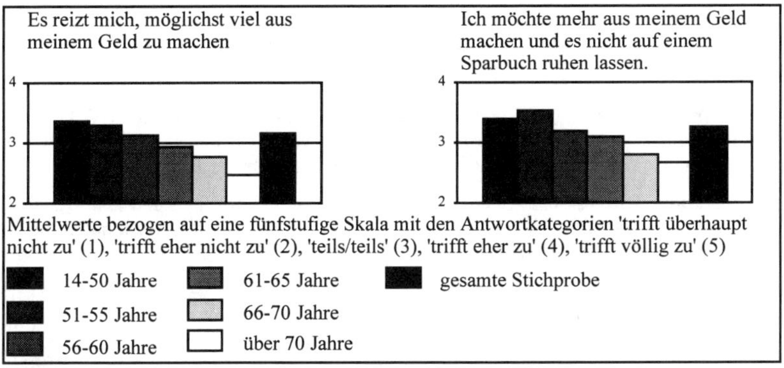

Abbildung 11-11

In den Kontext der Kriterien der Anlageentscheidung ist schließlich noch die Möglichkeit zur *Ausnutzung steuerlicher Vorteile* einzureihen. Es ist nicht überraschend, daß dieser mit dem Einkommen korrelierende Wunsch bei den Befragten „um die 50" ähnlich stark ist wie bei Jüngeren und mit zunehmendem Alter, wenn das Einkommen durch den Ruhestand vermindert ist, deutlich unwichtiger wird.

11.3 Längsschnittbetrachtung

Die bisherigen Ergebnisse beziehen sich im zeitlichen „Querschnitt" auf das Jahr 1996. Es könnte daher sein, daß die dargestellten Merkmale typisch sind für die Senioren Mitte der 90er Jahre und sich für ältere Menschen anderer Generationen anders darstellen – etwa im Fall von Kohorteneffekten. Sowohl die den Haushalten zur Verfügung stehenden finanziellen Mittel wie auch die sich abzeichnenden Notwendigkeiten (zusätzliche Alterssicherung etc.) lassen veränderte Anlagestrategien wahrscheinlich werden.

Um genauere Hinweise darauf zu gewinnen, welche der dargestellten Ergebnisse zum Komplex Spar- und Anlageentscheidungen generell für die höheren Lebensaltersstufen typisch sind, wird im folgenden der Blickwinkel um eine Betrachtung im zeitlichen Längsschnitt erweitert. Der Erhebung aus dem Jahr 1996 werden Daten der

SPIEGEL-Studien „Soll und Haben" 1 bis 3 aus den Jahren 1980, 1984 und 1989 gegenübergestellt. Es handelt sich jeweils um für die Grundgesamtheit der Wohnbevölkerung ab 14 Jahren in Westdeutschland repräsentative Haushaltsstichproben:

- 1980: Soll und Haben 1, N = 5792 Befragte
- 1984: Soll und Haben 2, N = 4957 Befragte
- 1989: Soll und Haben 3, N = 5066 Befragte.

Im Sinne der Vergleichbarkeit werden im folgenden aus der Erhebung des Jahres 1996 lediglich Ergebnisse aus den alten Bundesländern einbezogen. Um alterstypische Merkmale übersichtlicher zu erfassen, werden die Befragten hier in drei Altersgruppen aufgeteilt: Personen unter 50, zwischen 50 bis 64 und ab 65 Jahren.

Im Hinblick auf die Längsschnittbetrachtung sind einschränkende Anmerkungen erforderlich:

- Der Zeitraum, für den nutzbare Ergebnisse vorlagen, beträgt insgesamt nur 16 Jahre (1980 bis 1996). Wünschenswert wäre ein größerer Zeitraum gewesen, um hinsichtlich des Sozialisationshintergrundes möglichst unterschiedliche Alterskohorten zu betrachten.
- In der Operationalisierung existieren gewisse Unterschiede zwischen den Datensätzen, so daß die Längsschnittbetrachtung nicht vollständig, sondern nur für die Merkmale, die inhaltlich und formal *hinreichend* vergleichbar erhoben wurden, möglich ist.

Die Spar- und Anlageziele wurden jeweils dichotom erhoben (Zutreffen / Nicht-Zutreffen), wobei die Listen der insgesamt vorgelegten Ziele allerdings etwas variierten. Im Hinblick auf die einbezogenen Einstellungsmerkmale (z.B. Anlagekriterien) ist einschränkend darauf hinzuweisen, daß die Skalierung zum Teil unterschiedlich ist (Zutreffen versus Zustimmen). Die 6stufige Skalierung wurde durch Multiplikation mit 5/6 transformiert, um die Mittelwerte mit denen der 5stufigen Erhebung aus dem Jahr 1996 vergleichbar zu machen.

Trotz der Einschränkungen begründen die Vergleiche Hinweise auf alterstypische Merkmalsausprägungen. Zur Beantwortung der Frage, inwieweit es sich bei einem Ergebnis um ein für ältere Menschen typisches Phänomen handelt, wird hier vor allem die in den Häufigkeitsverteilungen bzw. in den Mittelwerten deutlich werdende Relation, die „Abstufung" zwischen den Altersklassen betrachtet. Diese Relation erscheint zu diesem Zweck als aussagekräftiges Kriterium, da die „absolute" Ausprägung eines Merkmals (etwa die Frage, ob exakt X% oder Y% regelmäßig sparen oder für die Altersvorsorge anlegen) sehr viel stärker von den jeweiligen situativen Rahmenbedingungen, also Zeiteffekten wie dem gewandelten konjunkturellen bzw. allgemein wirtschaftlichen und sozialen Umfeld abhängt. Aus diesem Grund werden auch zwischen den Altersgruppen gleichgerichtete Verschiebungen im (durchschnittlichen) Ausprägungsniveau eines Merkmals hier nur sekundär betrachtet. (Zum Teil spricht auch das erwähnte Vorliegen von Skalierungs-Unterschieden dafür, gleichgerichtete Verschiebungen in prozentualen Häufigkeiten oder Mittelwerten nicht zu interpretieren.)

11.3.1 Sparziele

Bei den betrachteten Spar- und Anlagezielen zeigt sich insgesamt eine relativ deutliche altersspezifische Struktur (siehe Abbildung 11-12), die einige Ergebnisse der Querschnittbetrachtung (siehe Kap. 11.2.1) bestätigt.

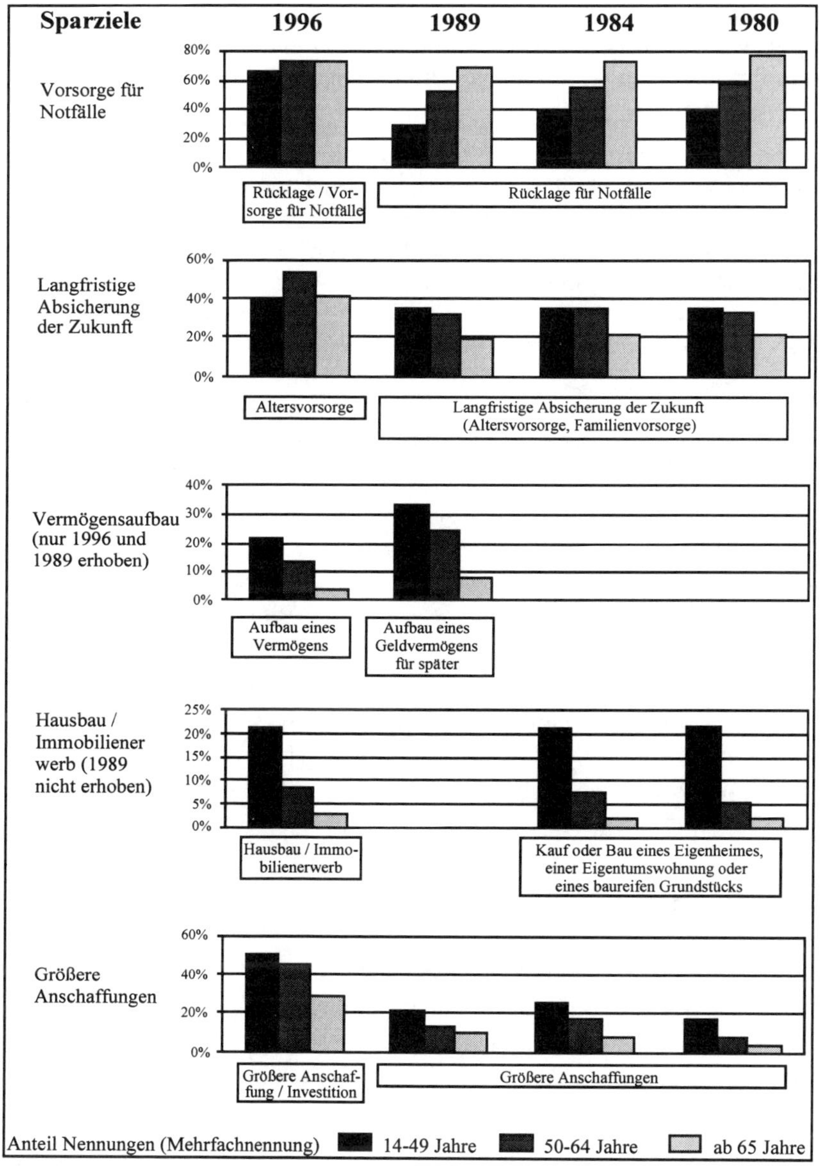

Abbildung 11-12

Als für die höhere Altersgruppe – ab 50 Jahren und noch stärker ab 65 Jahren – typische Merkmale im Bereich der Spar- und Anlageziele wird zunächst eine stärkere *Absicherungsorientierung* im Sinne der allgemeinen Rücklagenbildung für Notfälle deutlich. Aufgrund der meist erreichten Stellung im Lebens- und Familienzyklus überrascht nicht, daß die längerfristig ausgerichteten Ziele der Alters- und Familienvorsorge sowie das Anlageziel des Vermögensaufbaus und entsprechende spezifischere Ziele des Hausbaus bzw. Immobilienerwerbs insbesondere bei den älteren Senioren gering ausgeprägt sind. Auch der oben bereits erörterte geringere Stellenwert des Sparens für größere Anschaffungen bei den Älteren wird in der Längsschnittperspektive bestätigt.

Die altersgruppenübergreifenden Verschiebungen im Häufigkeitsniveau einiger Merkmale im Vergleich der 96er-Erhebung mit den früheren Befragungen sollen hier nur kurz zusammenfassend betrachtet werden. Der gemeinsame ursächliche Hintergrund dieser Verschiebungen besteht wohl in der im Vergleich zu den 80er Jahren verschlechterten konjunkturellen Situation, hoher Arbeitslosigkeit, in breiten Kreisen eher stagnierenden Realeinkommen und zunehmenden Befürchtungen im Hinblick auf das Funktionieren der gesetzlichen Altersversorgung.

Vor diesem Hintergrund ist

- die *Vorsorge für Notfälle heute auch für Jüngere und Personen mittleren Alters* ein sehr wichtiges Sparziel, während der „Notgroschen“ früher eher den Älteren vorbehalten schien
- die *Altersvorsorge* bei allen Gruppen im Stellenwert gestiegen, obwohl sie in der Erhebung von 1996, im Unterschied zu dem auch auf Familienvorsorge bezogenen Datensatz „Soll und Haben“, nur als isoliertes Ziel erfragt wurde (darauf, aber wohl auch auf die gewachsene inhaltliche Bedeutung geht der besondere Stellenwert dieses Sparziels in der Altersgruppe ab 50 Jahren zurück)
- der Stellenwert des *Vermögensaufbaus* in der jüngsten Befragung deutlich zurückgegangen, wohingegen das kürzerfristig orientierte Sparen für größere Anschaffungen wichtiger geworden zu sein scheint (das Item in der Erhebung von 1996 ist allerdings breiter gefaßt und beinhaltet neben dem Sparen für Anschaffungen, bis hin zum Urlaub, auch das für Investitionen wie z.B. Hausrenovierungen).

11.3.2 Geldanlage

11.3.2.1 Kognitiver Rahmen der Anlageentscheidung

Wie schon die Sparziele scheinen erstaunlicherweise auch Interesse und Kompetenz im Bereich Geldanlage sowie die Kriterien der Anlageentscheidung häufig alterstypisch geprägt zu sein (siehe Abbildung 11-13 und Abbildung 11-14).

Für das Involvement in Fragen der Geldanlage bestätigt sich der bereits bei der Querschnittbetrachtung erörterte Rückgang bei den höheren Altersklassen. (Die niedrigeren Involvement-Werte in der Erhebung von 1996 dürften auf den unterschiedlichen Wortlaut bzw. „Schwierigkeitsgrad“ der Items zurückgehen: Der Aussage, Geldangelegenheiten interessant und spannend zu finden, dürften auch zu gleichen Zeitpunkten weniger Befragte zustimmen als der Aussage, daß einem Fragen der Geldanlage und des Sparens nicht so wichtig sind.)

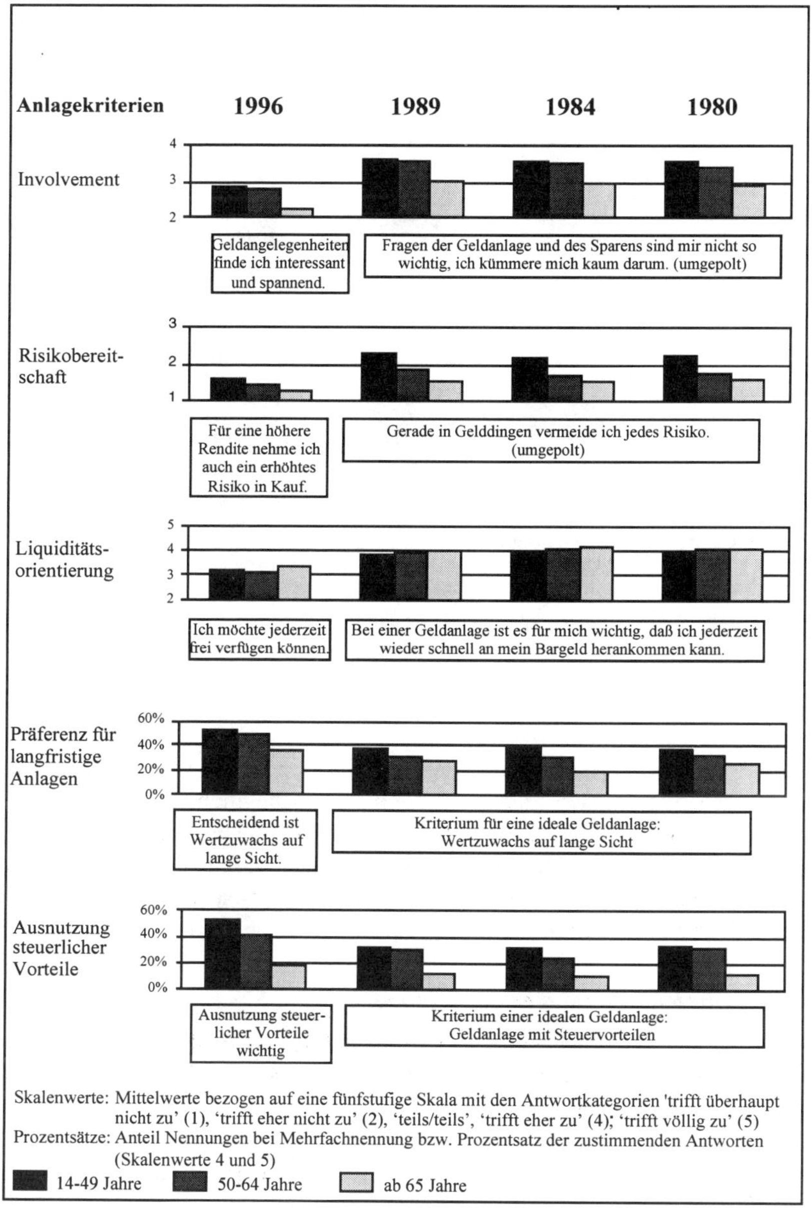

Abbildung 11-13

Ergänzend zum Involvement soll hier bei der Längsschnittbetrachtung die im Bereich Geldanlage selbst-attribuierte Kompetenz aufgegriffen werden, die vermutlich mit einer entsprechenden Kontrollüberzeugung einhergeht[79]. Diese (subjektive) Kompetenz/Kontrollüberzeugung ist durchgängig für die verschiedenen Erhebungszeitpunkte in der Altersklasse zwischen 50 und 65 Jahren am stärksten ausgeprägt.

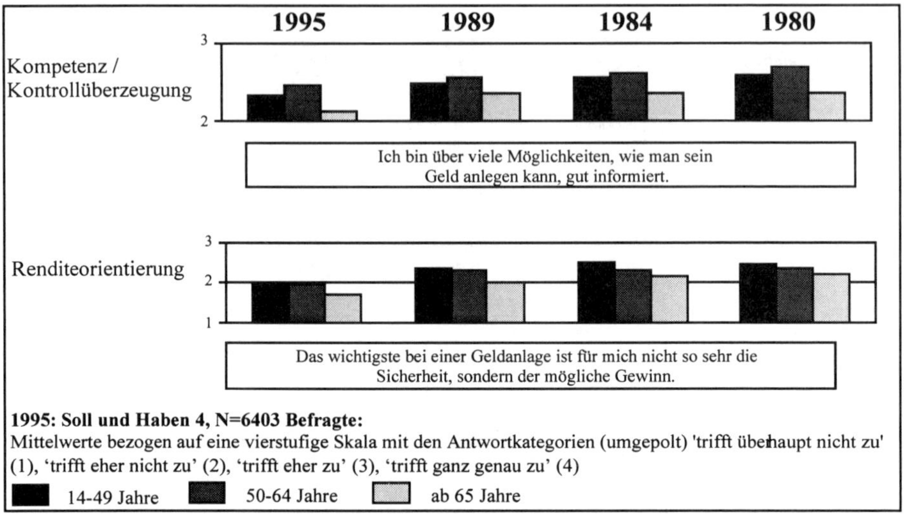

Abbildung 11-14

Darin dürfte sich die Gesamtmenge der im Anlagebereich erworbenen Erfahrungen niederschlagen, die bei den älteren Senioren wahrscheinlich infolge geringerer Beschäftigung mit dem Thema wieder abnehmen. Das bei allen Altersgruppen seit 1980 geringfügig schwächer gewordene Gefühl, über viele Möglichkeiten der Geldanlage gut informiert zu sein, spiegelt die wachsende Komplexität und Unübersichtlichkeit von Geldanlagemöglichkeiten wider.

11.3.2.2 Kriterien der Anlageentscheidung

Auch hinsichtlich der Entscheidungskriterien bei der Geldanlage bestätigt der Blick auf die Längsschnittperspektive einige Ergebnisse der Querschnittbetrachtung zu Merkmalen älterer Anleger:

- Auf insgesamt niedrigem Niveau ist die Gruppe der Befragten unter 50 zu allen Erhebungszeitpunkten risikofreudiger als die Senioren. (Das insgesamt niedrigere Niveau in der Erhebung von 1996 dürfte auf den Bezug der hier abgefragten Aussage auf ein erhöhtes – im Unterschied zu jedem – Risiko zurückgehen.)

---

[79] Da in der Erhebung von 1996 kein entsprechendes Item einbezogen wurde, wird hierzu – und zum Merkmal der Renditeorientierung – auf die Erhebung „Soll und Haben 4“ aus dem Jahr 1995 zurückgegriffen.

- Ein entsprechendes Bild zeigt sich in der durchgängig geringeren Renditeorientierung der älteren Menschen (wobei das Renditestreben in der zugrundeliegenden Aussage in engen Bezug zur Risikobereitschaft gesetzt wird).
- Die steuerliche Optimierung einer Geldanlage ist zu allen Erhebungszeitpunkten für die älteren Senioren ab 65 am unwichtigsten.
- Ebenso zeigt sich für die Älteren eine geringere Präferenz für langfristige Anlagen bzw. die Suche nach Wertzuwachs auf lange Sicht.
- Der Liquiditätswunsch ist durchgängig in der ältesten Gruppe (ab 65 Jahren) am höchsten. Kein einheitliches Bild zeigt sich zu der Frage, ob in der Altersgruppe zwischen 50 und 65 die Liquiditätsorientierung höher oder niedriger ist als bei Jüngeren.

11.4 Anlegertypen im Seniorensegment

Älteren Menschen lassen sich also (für die betrachtete Zeitspanne) übergreifend bestimmte Charakteristika der Spar- und Anlageentscheidung zuordnen. In einer abschließenden Betrachtungsperspektive soll nun – wiederum im zeitlichen Querschnitt der Erhebung von 1996 – auf der Grundlage einer Clusteranalyse untersucht werden, welche Anlegertypen in der Altersgruppe ab 50 Jahren unterschieden werden können. Dabei wurden fünf Cluster identifiziert, die sich hinsichtlich der vier Merkmale

- Involvement und Renditestreben
- Risikobereitschaft
- Präferenz für langfristige Anlagen sowie
- Delegationsbereitschaft und Suche nach Unkompliziertheit

voneinander möglichst stark unterscheiden und intern möglichst homogen sind. Diese aktiven Variablen (Skalen) waren das Ergebnis einer Faktorenanalyse, die im Abschnitt 11.2.2 bereits dargestellt wurde. Als beschreibende Merkmale (passive Variablen) dienen neben den soziodemographischen Daten die Spar- und Anlageziele, das Informationsverhalten sowie die Nutzung verschiedener Anlageformen.

Die aufgrund der genannten Merkmale des Anlageverhaltens abgegrenzten Cluster zeigen deutliche Unterschiede auch hinsichtlich soziodemographischer Merkmale – insbesondere in der Einkommens- und Vermögenslage, aber auch hinsichtlich Alter und Geschlecht. Demnach ist ein aktives und nicht nur rein sicherheitsorientiertes Anlageverhalten der Senioren verbreiteter bei

- hohen Einkommen und Geldvermögen,
- jüngeren Senioren
- und etwas stärker bei Männern, was auf tradierte Rollenverteilungen zurückgehen dürfte, die den Bereich Geldanlage eher dem Mann zuordnen.

Es zeigen sich zwei Cluster – die „Unbeteiligten“ und die „Unterstützungssucher“ –, die plakativ als ärmer und älter zu kennzeichnen sind und einen höheren Frauenanteil aufweisen. In beiden Clustern ist – bei z.T. deutlich eingeschränkter finanzieller Sparfähigkeit – das Interesse am Bereich Sparen und Geldanlage sehr gering.

Die Unbeteiligten (16,7% der Senioren)

Die Unbeteiligten sind zu charakterisieren durch *minimale* (bzw. praktisch nicht existente) *Risikobereitschaft* in Geldfragen und *minimales Involvement* in Finanzangelegenheiten – mit dementsprechend weitgehend fehlendem Informationsverhalten. Die mit Abstand *niedrigsten Werte* weist diese Gruppe auch beim *verfügbaren Einkommen und beim Geldvermögen* auf: das fehlende Interesse für Geldanlagen geht offenbar großenteils auch auf mangelnde objektive Sparfähigkeit zurück. Mit einem Durchschnittsalter von 68 Jahren handelt es sich um die *älteste Gruppe* – mit einem *erhöhten Anteil von Frauen und Alleinlebenden.* Angesichts des Mangels an Möglichkeiten und an Interesse verwundert es nicht, daß für die Unbeteiligten alle Sparziele von unterdurchschnittlicher Bedeutung sind. Wenn gespart wird, geschieht dies zur Absicherung gegen Notfälle oder zur weiteren Vorsorge für das Alter, allenfalls noch für Anschaffungen – oder das Sparziel bleibt ganz unbestimmt. Als Sparform kommt fast nur das Sparbuch ernsthaft in Betracht: das Geld muß kurzfristig verfügbar sein (auch die Bereitschaft zu längerfristigen Anlagen entspricht dem Minimalwert). Trotz der eigenen Unsicherheit in Gelddingen zeigt diese Gruppe aber auch nur minimale Bereitschaft zur Übertragung von Entscheidungen an Experten wie z.B. Anlageberater; offenbar besteht auch eine gehörige Portion an *Mißtrauen und unsicherer Zurückhaltung gegenüber sämtlichen Geldanlagen* und den Beratern. Insgesamt ähnelt das Senioren-Cluster der Unbeteiligten einem Typus, den wir im Rahmen einer altersgruppenübergreifenden Typologie als „die Resignierten" charakterisiert haben (siehe psychonomics & Capital, 1998). Die konkrete Erwartung, daß angelegtes Geld Erträge bringen kann, ist auch für Kinder ein schwieriger Lernprozeß (vgl. LEWIS et al., 1995). Ein gewisser Anteil der Bevölkerung dürfte diese Lernerfahrung nie machen.

Die Unterstützungssucher (17,0% der Senioren)

Diese Gruppe weist hinsichtlich der soziodemographischen Merkmale und des Verhaltens bei Anlageentscheidungen manche Ähnlichkeiten zum Segment der Unbeteiligten auf: Die Unterstützungssucher sind ebenfalls risikoscheu, wenig involviert und passiv im Informationsverhalten. Das Durchschnittsalter ist hoch (66 Jahre), ebenso der Frauenanteil und der Anteil Alleinlebender; Einkommen und Geldvermögen sind höher als bei den Unbeteiligten, aber insgesamt noch deutlich unterdurchschnittlich. Entscheidender Unterschied zum ersten Segment ist jedoch die *hohe Bereitschaft*, bei Anlageentscheidungen auf den *Rat und die Unterstützung von Experten* zurückzugreifen – bzw. diese Entscheidungen ganz an die Fachleute zu übertragen. Dabei ist es für die Unterstützungssucher wichtig, daß die *Geldanlage einfach und unkompliziert* ist. Obwohl eine gewisse Offenheit für die längerfristige Anlage besteht, steht das Sparbuch für diese Gruppe ganz im Vordergrund (stärkste Nutzung von Spareinlagen, die insgesamt für alle Seniorencluster noch die dominierende Anlageform sind). Das im Vergleich zu den Unbeteiligten etwas höhere Involvement – und die größeren finanziellen Sparmöglichkeiten – spiegeln sich in einem etwas höheren Stellenwert der verschiedenen Sparziele wider, wobei auch hier (wie generell) der Bereich *Vorsorge* eindeutig *dominiert*. Etwas verbreiteter als in anderen Segmenten ist das Selbstzwecksparen, d.h. das Sparen mit unbestimmtem Ziel.

Die vorsichtigen Durchschnittssparer (27,2% der Senioren)

Das größte Cluster wird hier mit dem Begriff „Durchschnittssparer" etikettiert, weil es in den soziodemographischen Merkmalen und den Merkmalen des Anlageverhaltens häufig den Durchschnittswerten der Senioren nahe kommt – und von daher offenbar am ehesten ein „typisches" Verhalten älterer Menschen im Geldanlagebereich repräsentiert. Dieses Verhalten ist zu charakterisieren als *risikomeidend* und hinsichtlich des Anlagezeitraums *kurzfristig orientiert* (für das Cluster recht deutlich). Ein Interesse am Bereich Geldanlage – und an der Erzielung passabler Erträge – ist durchaus gegeben, für den Rat von Experten bzw. die Übertragung der Entscheidungen an Fachleute sind die vorsichtigen Durchschnittssparer offen. Die Sparziele werden eindeutig von der *Absicherung für Notfälle* und der *weiteren Altersvorsorge* dominiert, ansonsten spielen größere Anschaffungen noch eine gewisse Rolle. Für schriftliche und telefonische Kontaktaufnahme der Bank oder Sparkasse ist die Empfänglichkeit eher gering und entspricht damit etwa den Durchschnittswerten aller Senioren. Die vorsichtigere Einstellung gegenüber dem Umgang mit Geld verdeutlicht sich in der (auch im Vergleich der Senioren) *überdurchschnittlichen Nutzung des Sparbuchs* und der Zurückhaltung gegenüber Aktien, Rentenpapieren und Fonds. Eine gewisse Rolle spielen neben den Spareinlagen allenfalls noch Termingeld und noch laufende Kapital-Lebensversicherungen.

Die Personen dieser Gruppe sind durchschnittlich 65 Jahre alt und leben überwiegend in Mehrpersonenhaushalten, die Anteile an Männern und Frauen sind ausgeglichen. Das Einkommen liegt nahe am Gesamtdurchschnitt; auch das Geldvermögen kommt im Segmentvergleich dem Mittelwert am nächsten, bleibt dabei aber insgesamt etwas unterdurchschnittlich.

Schließlich zeigten sich zwei Senioren-Cluster mit deutlich überdurchschnittlichem Einkommen und Geldvermögen, niedrigem Durchschnittsalter und etwas erhöhtem Männeranteil. Diese beiden Anlegertypen – die Konservativen und die „Neuen Alten" – unterscheiden sich insbesondere in ihrer Risikobereitschaft.

Die Konservativen (23,3%)

Der konservative Anleger ist zwar einerseits in den Bereich Geldanlage *involviert* und *ertragsorientiert*, andererseits aber *eindeutig risikoscheu*. Seine Bereitschaft, sich an den *Empfehlungen des Anlageberaters* zu orientieren oder diesem Entscheidungen ganz zu übertragen, ist hoch. *Vorsorge* ist das dominierende Sparziel des Konservativen: die Vorsorge für Notfälle hat hier den höchsten Wert aller Senioren, auf Platz zwei folgt die Altersvorsorge. Auch aufgrund dieser Vorsorgeorientierung hat die Sicherheit seiner Anlagen für ihn Priorität, daneben zeigt er die höchste Präferenz für langfristige Anlagen.

Wie erwähnt, sind die Konservativen *eines der beiden Segmente mit dem höchsten Geldvermögen und Einkommen.* Sie leben überwiegend in Mehrpersonenhaushalten und gehören mit durchschnittlich 62 Jahren zu den jüngeren Senioren; der Männeranteil ist leicht überdurchschnittlich. Aufgrund der finanziellen Sparfähigkeit und des Alters spielt für diese Gruppe auch das Sparen für größere Anschaffungen eine bedeutende Rolle; zum Teil kommt auch das Sparziel Vermögensaufbau in Betracht – wichtiger jedoch ist der *Vermögenserhalt.* In ihren Anlageformen bleibt das Segment der Konservativen nicht beim Sparbuch stehen: auch Termingeld und zum Teil noch laufende Kapital-Lebensversicherungen sind von gewisser Bedeutung, darüberhinaus auch Wertpapiere, wobei sich die Sicherheitsorientierung hier in einer weitgehenden Konzentration auf deutsche Rentenpapiere widerspiegelt. Angesichts ihres Spar- und Anlagevolumens zeigen die Konservativen sich vergleichsweise offen für schriftliche Informationen seitens der Kreditinstitute – telefonischer Kontaktaufnahme begegnen sie noch überwiegend ablehnend.

Die „Neuen Alten" (15,9%)

Trotz der uns bewußten Problematik haben wir hier zur Cluster-Bezeichnung diesen etwas abgedroschenen Marketing-Modebegriff gewählt, weil die Senioren dieses Segments Merkmale zeigen, die am ehesten den „Neuen Alten" zugeschrieben werden. In diesem Segment vereinen sich die deutlich *involvierten* und *renditeorientierten Senioren* – man will etwas aus seinem Geld machen, und hat Spaß an der Beschäftigung mit der Materie. Bei den „Neuen Alten" läßt sich auch *am ehesten von risikobereiten Anlegern* sprechen (der Wert ist deutlich höher als bei den anderen Seniorensegmenten[80]). Die Bereitschaft zu langfristigen Anlagen ist höher als beim Durchschnitt der Senioren, aber geringer ausgeprägt als bei den Konservativen. Letzteres gilt auch für die insgesamt durchschnittlich ausgeprägte Delegationsbereitschaft: die „Neuen Alten" sind *aktive Anleger*, die dabei auch einiges selbst machen wollen.

Es handelt sich hier um das *jüngste Seniorencluster* (Durchschnittsalter 60 Jahre), der Anteil der Männer ist hier am höchsten, und man lebt überwiegend in Mehrpersonenhaushalten. Das Segment ist, wie erwähnt, *finanziell sehr gut ausgestattet*: das Haushaltseinkommen liegt etwas höher, das Geldvermögen nur leicht unter dem der (durchschnittlich älteren) Konservativen. Es dürfte mit dem Alter zusammenhängen, daß das Sparziel *Altersvorsorge* bei den „Neuen Alten" höher ausgeprägt ist als in allen anderen Segmenten – die Vorsorge für Notfälle ist dagegen nicht ganz so bedeutsam wie für die anderen Seniorengruppen. Investive Anlageziele – wie der Vermögensaufbau und der Immobilienbereich – sind dagegen im Gruppenvergleich bedeutsamer, ganz eindeutig auch das Sparen für größere Anschaffungen.

Das hohe Involvement, Renditestreben und Flexibilität äußern sich in einer breiten Streuung in den Anlageformen: außer dem unterdurchschnittlich genutzten Sparbuch

[80] Der Mittelwert auf der 5-stufigen Skala beträgt 2,83, liegt allerdings deutlich über dem Mittelwert der Gesamtstichprobe (siehe Abbildung 11-7).

werden alle Anlageformen stärker genutzt als in den anderen Segmenten. Im Portfolio finden sich hier insbesondere auch verschiedene Wertpapiere und Fondsanteile. Zwar überwiegen dabei deutsche Festverzinsliche und entsprechende Rentenfonds, aber die Anteile der Aktien- und Aktienfondsbesitzer sind deutlich überdurchschnittlich. Mit dem hohen Involvement geht die im Gruppenvergleich höchste Aufgeschlossenheit gegenüber einer aktiven Ansprache seitens der Banken und Sparkassen einher, mit Vorliebe schriftlich, aber auch für die telefonische Ansprache besteht größere Offenheit als bei anderen Senioren.

11.5 Zusammenfassung

Angesichts des stetig zunehmenden Anteils älterer Menschen in unserer Gesellschaft beabsichtigt der vorliegende Beitrag auf der Grundlage von Repräsentativdaten eine vertiefende Analyse der Spar- und Anlageentscheidungen von Senioren. Über eine reine Querschnittbetrachtung hinaus wird dabei eine Verknüpfung mit Längsschnittergebnissen hergestellt, um Hinweise auf wirklich alterstypische – und nicht nur für bestimmte Alterskohorten charakteristische – Merkmale zu gewinnen. Ergebnissen aus dem Jahr 1996 werden dabei Ergebnisse der Spiegel-Studien „Soll und Haben" 1 bis 3 aus den Jahren 1980, 1984 und 1989 gegenübergestellt. Ein weiterer Akzent des Beitrags ist mit den Stichworten Differenzierung und Segmentierung zu umschreiben, der Unterscheidung zwischen verschiedenen Gruppen oder „Typen" älterer Menschen.

Älteren Menschen lassen sich – für die betrachtete Zeitspanne – relativ übergreifend bestimmte Charakteristika der Spar- und Anlageentscheidung zuordnen.

Bei den betrachteten Spar- und Anlagezielen zeigt sich insgesamt eine deutliche altersspezifische Struktur. So ist das Sparverhalten der Senioren noch stärker absicherungsorientiert als das der jüngeren Altersgruppen: die Vorsorge für Notfälle nimmt einen sehr hohen Stellenwert ein. Aufgrund der Stellung im Lebens- und Familienzyklus überrascht nicht, daß die längerfristig ausgerichteten Ziele der Alters- und Familienvorsorge sowie vor allem das Anlageziel des Vermögensaufbaus und entsprechende spezifischere Ziele des Hausbaus bzw. Immobilienerwerbs insbesondere bei den älteren Senioren geringer ausgeprägt sind. Auch der geringere Stellenwert des Sparens für größere Anschaffungen bei den Älteren wird in der Quer- und Längsschnittperspektive bestätigt.

Wie schon die Sparziele scheinen auch das Interesse im Bereich Geldanlage sowie die Kriterien der Anlageentscheidung häufig alterstypisch geprägt zu sein. Hinsichtlich der klassischen Kriterien der Anlageentscheidung sind die älteren Anleger im Vergleich zu den jüngeren Gruppen *insgesamt* zu kennzeichnen als: sehr sicherheitsorientiert, dementsprechend weniger renditebezogen und weniger zu längerfristigen Anlagen bereit.

- Für das Involvement in Fragen der Geldanlage zeigt sich ein Rückgang bei den höheren Altersklassen. Das Alterssegment Anfang 50 erweist sich dagegen als besonders involvierte und renditeorientierte Gruppe. Bereits für die Altersgruppen ab etwa 55 Jahren nimmt das Engagement in der Materie und das Gewinnstreben jedoch kontinuierlich ab.

- In das Bild des niedrigeren Involvements der Älteren fügt sich ein, daß die Forderung nach einer „möglichst einfachen und unkomplizierten Geldanlage", der insgesamt alle Altersklassen in hohem Maße zustimmen, für die Befragten über 60 Jahren noch stärker gilt.
- Die altersübergreifend geringe Risikobereitschaft „sackt" in den Segmenten insbesondere ab etwa 60 Jahren nochmals deutlich ab. Diese besondere Sicherheitsorientierung der Älteren harmoniert mit ihren vorrangigen Sparzielen der Rücklagenbildung für Notfälle und der Vorsorge, für die Erhalt und Sicherung der Ersparnisse einen höheren Stellenwert haben als eine auf Gewinnmaximierung abzielende Risikostrategie.

Als eine markante Veränderung im Bereich der Spar- und Anlageziele belegt die Längsschnittbetrachtung ein deutliches Ansteigen der Motivation zur eigenständigen finanziellen Altersvorsorge schon bei den Jüngeren (Alterskohorte bis 50 Jahre) und insbesondere bei den „jungen Alten". Für die Zukunft ist eine starke Ausrichtung von Anlageentscheidungen an dieser Zielsetzung zu erwarten.

Für die Erhebung von 1996 werden schließlich auf der Grundlage einer Clusteranalyse verschiedene Anlegertypen in der Altersgruppe ab 50 Jahren identifiziert. Die aufgrund der Entscheidungskriterien bei der Geldanlage (als aktive Variablen) abgegrenzten Cluster zeigen deutliche Unterschiede auch in soziodemographischen Merkmalen – insbesondere in der Einkommens- und Vermögenslage, aber auch in Altersgruppe und Geschlecht. Demnach ist ein aktives und nicht nur rein sicherheitsorientiertes Anlageverhalten der Senioren verbreiteter bei vermögenderen, jüngeren und männlichen Senioren. Auch die tatsächlich genutzten Anlageformen unterscheiden sich zwischen den Clustern deutlich.

Es zeigen sich zwei Cluster – die „Unbeteiligten" und die „Unterstützungssucher" –, die etwas plakativ als ärmer und älter zu kennzeichnen sind und einen höheren Frauenanteil aufweisen. Das Interesse am Bereich Sparen und Geldanlage ist in beiden Clustern sehr gering. Das größte Cluster wird als „vorsichtige Durchschnittssparer" etikettiert, weil es in den soziodemographischen Merkmalen und dem Anlageverhalten häufig den Durchschnittswerten der Senioren nahe kommt – und von daher offenbar am ehesten ein „typisches" Verhalten älterer Menschen im Geldanlagebereich repräsentiert (ähnlich den in den früheren Abschnitten bereits beschriebenen Merkmalen). Schließlich werden zwei jüngere Senioren-Cluster mit deutlich überdurchschnittlichem Einkommen und Geldvermögen und etwas erhöhtem Männeranteil ermittelt, die sich insbesondere in ihrer Risikobereitschaft unterscheiden: die „Konservativen" und die „Neuen Alten".

Insgesamt weisen auch unsere Ergebnisse darauf hin, daß das Vordringen „neuer" Einstellungen und Verhaltensmuster unter den Senioren bei weitem nicht so rasant vonstatten geht, wie es ursprünglich im Marketing z.T. prophezeit wurde, sondern vielmehr zunächst auf kleinere Teilsegmente der Älteren beschränkt bleibt (zu ähnlichen Feststellungen siehe auch WISWEDE & ENGELMANN, 1997; MÜLLER, 1998). Die Klärung des weiteren Verlaufs muß hier künftigen Erhebungen vorbehalten bleiben.

12. Kapitel

Die Einstellungen der Europäer zum Euro

Guido Kiell und Anke Müller-Peters

Institut für Wirtschafts- und Sozialpsychologie, Universität zu Köln

12.1 Einleitung

12.1.1 Fragestellung

Seit Ende der 60er Jahre wurden in der Europäischen Union immer wieder Anläufe zur Einführung einer gemeinsamen europäischen Währung unternommen. Die Unterzeichnung des Maastrichter Vertrages im Februar 1992 legte endgültig das Szenario für den Übergang zu einer einheitlichen Währung fest.

Aus Sicht der Ökonomen hat Geld in erster Linie Tausch und Zahlungsmittelfunktion, dient aber auch als Wertaufbewahrungsmittel. Unterschiedliche Währungen in verschiedenen Volkswirtschaften haben unter anderem den Nutzen, daß sie über den Mechanismus der Wechselkurse Unterschiede zwischen den verschiedenen Wirtschaftspolitiken ausgleichen können. Zahlreiche Ökonomen haben sich nun mit der Frage beschäftigt, wie groß ein optimaler Währungsraum sein soll, d.h. wie groß das Gebiet sein soll, in dem eine einheitliche Währung gilt (WAGNER, 1995). Dabei spielt die Konvergenz, d.h. die Vergleichbarkeit bestimmter ökonomischer Eckdaten (z.B. ein hoher Grad an Faktormobilität und Offenheit der beteiligten Volkswirtschaften, Produktdiversifizierung, finanzielle Integration und Ähnlichkeit der Inflationsraten) eine wichtige Rolle für die Bestimmung des optimalen Währungsraumes.

Ökonomen sind darüber hinaus auch der Frage nachgegangen, in welcher Reihenfolge eine Wirtschafts- und Währungsunion bzw. eine politische Union realisiert werden sollten, wenn als Ziel sowohl die ökonomische als auch die politische Konvergenz der europäischen Länder angestrebt wird. Dabei wird zwischen der *Krönungs-* und der *Grundsteintheorie* unterschieden (WAGNER, 1995). Der erste Ansatz geht davon aus, daß die Staaten zunächst die politische und ökonomische Integration vollenden müssen, bevor sie gleichsam als Krönung eine gemeinsame Währung einführen. Letzterer Ansatz geht davon aus, daß eine politische Union ohne den Grundstein einer vorherigen ökonomischen Integration, welche die monetäre Integration (d.h. eine gemeinsame Währung und Aufgabe der nationalen Geldpolitiken) umfaßt, in Europa nicht realisierbar ist.

Letztlich gibt die Ökonomik keine klare Antwort auf die Frage, ob und welchen Nutzen eine europäische Währungsunion für die beteiligten Volkswirtschaften hat[81]. Einig ist man sich aber weitgehend in dem Urteil, daß die Idee einer europäischen Währung stark von politischen Motiven geprägt ist, welche die rationale ökonomische Bewertung des Sachverhaltes überlagern könnten. So zitiert DER SPIEGEL in seiner Ausgabe vom 2.3.1998 Ottmar Issing, Bundesbank Direktoriumsmitglied, mit den Worten, daß die Euro-Einführung „eine politische Entscheidung ist, die außer Diskussion“ steht (Der Spiegel, 2.3.98 , S. 23).

Was aus ökonomischer Sicht jedoch nicht in die Beurteilung der Europäischen Währungsunion einfließt, ist die Perspektive des einzelnen Bürgers, aus der heraus er eine gemeinsame Währung und die Aufgabe der eigenen Währung beurteilt. Während sich ein Ökonom weitestgehend an rationalen Maßstäben bei der Beurteilung der Europäischen Währungsunion orientiert, kann die Tatsache, daß auf individueller Ebene die eigene Währung auch eine, von diesen rationalen Maßstäben unabhängige, psychologische Bedeutung hat, nicht verleugnet werden: u.a. ist die nationale Währung eng verknüpft mit Tradition und Kultur eines Landes, als verbindendes Element ist die Währung in einigen Ländern nationales Symbol. In der aktuellen Diskussion wird daher auch die psychologische Dimension des Geldes über die rational-ökonomische Beurteilung hinaus immer wieder betont. Die Umstellung auf eine einheitliche Währung wird damit nicht nur zu einer ökonomischen und politischen, sondern auch zu einer psychologischen Frage.

Die Psychologie und vielmehr noch die „Sozialpsychologie befaßt sich mit dem Erleben und dem Handeln von Individuen im sozialen Kontext“ (FISCHER & WISWEDE, 1997, S. 8) – insofern gehört es auch zu ihren Aufgaben, das Verhalten von Menschen im wirtschaftlichen Kontext zu erklären. Hinsichtlich der Währungsunion können aus einem psychologischen Blickwinkel heraus die Akzeptanz bzw. Ablehnung sowie mögliche daraus resultierende Verhaltensweisen erklärt werden. Dazu ist es wichtig, Ängste und Hoffnungen der Menschen in bezug auf die Währungsunion aufzudecken und zu verstehen.

---

[81] Die Kosten bzw. Nutzen einer EWWU wurden in dem sog. Cecchini-Bericht "Kosten der Nichtverwirklichung Europas" (1988) und der Studie "Ein Markt – eine Währung" (EMERSON, 1991) untersucht. Hierauf basieren auch die Hoffnungen der Europäischen Kommission. Ein Überblick zur Kritik an diesen Studien findet sich in WAGNER (1995, S. 24 ff.)

12.1.2 Aufbau und Ziele der Arbeit

In den nun folgenden Teilen des Aufsatzes werden zunächst in einem Überblick relevante psychologische und ökonomische Determinanten der individuellen Beurteilung des Euro dargestellt. Theoretische Implikationen im Hinblick auf die Wirkungsweise dieser Konzepte werden expliziert und auf der Grundlage einer im Jahre 1997 durchgeführten Untersuchung diskutiert. Eine ausführliche Darstellung der Studie findet sich bei MÜLLER-PETERS, A., PEPERMANS & KIELL (1998).

Im Anschluß an die Darstellung der Konzepte werden diese aufgegriffen, um mit ihrer Hilfe eine Typologie der Europäer im Hinblick auf ihre Einstellung zum Euro zu erstellen.

12.1.3 Datenerhebung und Stichprobe

Die hier berichteten empirischen Befunde basieren auf einer in den Monaten Mai bis September 1997 in den 15 Mitgliedstaaten der Europäischen Union durchgeführten Erhebung. Im Rahmen dieser Untersuchung wurden 15088 Personen per mailing mittels eines standardisierten Instrumentes zu ihrer Einstellung und Meinung über die zukünftige einheitliche europäische Währung – den Euro – befragt. Ziel der Untersuchung war die Erklärung der Einstellung zum Euro mittels der in den Abschnitten 12.2 ff. beschriebenen Konzepte.

Das Auswahlverfahren

Aus Kostengründen[82] erfolgte die Datenerhebung nach dem Quotaverfahren. Quotiert wurde nach den Merkmalen Alter, Geschlecht sowie sozioökonomischer Status (Bildung, persönliches Einkommen und Haushaltseinkommen). Hier berichtete Populationsparameter sind aufgrund des Auswahlverfahrens der Stichprobe unter Vorbehalt zu interpretieren (KOOLWIJK, 1974). Da jedoch einerseits Kostenargumente für dieses Verfahren sprachen und andererseits das Hauptaugenmerk dieser Studie der Überprüfung bestimmter Zusammenhangshypothesen galt, erschien das gewählte Verfahren vertretbar.

Die Stichprobe

Das Alter der Befragten lag zwischen 14 und 93 Jahren ($\overline{x} = 41{,}1$ Jahre, Stdv. = 15,3). Es wurden 51% Frauen und 49% Männer befragt. Tabelle 12-1 gibt einen Überblick über die Stichprobengröße pro Land.

---

[82] Ermöglicht wurde diese Studie durch finanzielle Unterstützung der Europäischen Kommission, DG X und weiterer zahlreicher Sponsoren.

Länder	**Anzahl der Befragten**	**in %**
Belgien	721	4,8
Dänemark	1167	7,7
Deutschland	1046	6,9
Finnland	1079	7,2
Frankreich	526	3,5
Griechenland	643	4,3
Großbritannien	1140	7,6
Irland	396	2,6
Italien	4707	31,2
Luxemburg	301	2,0
Niederlande	762	5,1
Österreich	534	3,5
Portugal	504	3,3
Schweden	1152	7,6
Spanien	410	2,7
Gesamt	**15088**	**100**

Tabelle 12-1: Stichprobengröße pro Land

Sofern nachfolgend bivariate Zusammenhänge zwischen verschiedenen Konzepten auf Länderebene wiedergegeben werden, basieren diese Maße auf den ungewichteten Stichproben der betrachteten Nation. Werden Zusammenhänge auf Basis der Gesamtstichprobe berichtet, dann basieren die Angaben auf gewichteten Einzelstichproben. Normiert wurde auf 1000 Befragte pro Land.

12.2 Relevante psychologische Konzepte

Die folgenden Analysen haben das Ziel, Unterschiede in den Einstellungen zum Euro aufzuzeigen und zu erklären. Als potentielle Determinanten wurden eine Reihe von Variablen in die Analyse einbezogen, die sich in qualitativen Vorstudien als relevant erwiesen hatten.

Abbildung 12-1 gibt einen Überblick über die im Folgenden beschriebene(n) abhängige und unabhängigen Variable(n).

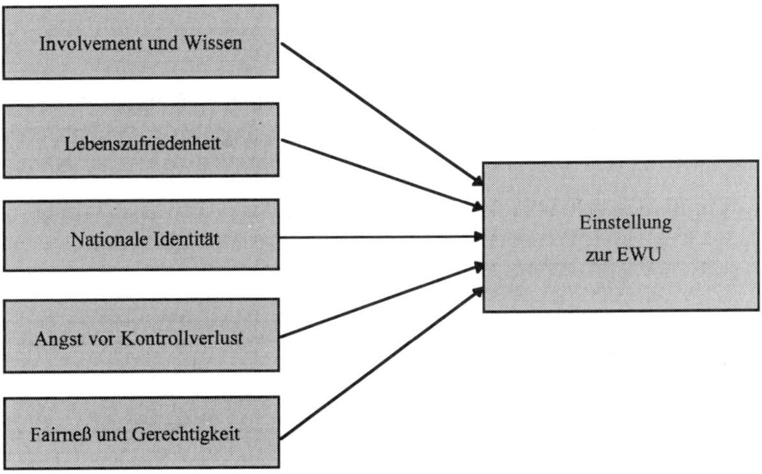

Abbildung 12-1: Unabhängige und abhängige Variablen der Studie

12.2.1 Einstellung zum Euro

Abhängige Variable der Untersuchung ist die Einstellung der EU-Bürger zur zukünftigen gemeinsamen europäischen Währung.

An dieser Stelle sollen lediglich einige grundsätzliche Anmerkungen zum Einstellungskonzept in der Sozialpsychologie folgen. Ziel dieses Aufsatzes ist es nicht, einen vollständigen Literaturüberblick über die zum Teil recht kontrovers geführte Diskussion des Einstellungskonzeptes bzw. über das Problem der Messung von Einstellungen zu geben (CHAIKEN & STANGOR, 1987).

Unter der Einstellung einer Person zu einem Objekt – in diesem Fall zum „Euro" – verstehen wir in Anlehnung an HERKNER (1991, S. 181) die subjektive Bewertung dieses Objektes durch die Person. Hiermit wird der eindimensionalen Definition von Einstellungen aus praktischen Gründen der Vorzug gegenüber einer mehrdimensionalen Definition eingeräumt.

Mehrdimensionale Definitionen stammen z.B. von KATZ (1967), der Einstellungen aus den Subdimensionen Affekt – Bewertung eines Objektes – und Kognition – Meinungen über die Eigenschaften eines Objektes – bestehend definiert oder der dreidimensionalen Definition von ROSENBERG und HOVLAND (1960). Sie fügen diesen beiden Komponenten noch eine dritte, nämlich die Verhaltenskomponente (z.B. Vermeidungsverhalten gegenüber dem Objekt) hinzu. Zusätzliche Differenzierung erfährt das Einstellungskonstrukt z.B. in den Modellen von FISHBEIN (1967) oder AJZEN & FISHBEIN (1980) durch die Unterscheidung zwischen Meinungen über ein Einstellungsobjekt und diesbezüglichen Erwartungen. Problematisch erscheint bei der Hinzunahme weiterer Dimensionen vor allem deren Unabhängigkeit voneinander (BRECKLER, 1984). Meint Herr A bspw., sein Auto habe einen sehr hohen Benzinverbrauch, dann erscheint es unwahrscheinlich, daß diese Meinung bzgl. einer (negativ ausgeprägten) Eigenschaft seines Fahrzeugs keinen Einfluß auf die Bewertung des Objektes hätte.

Die Messung der Einstellung erfolgt hier mittels eines gekürzten Standardinstruments der sozialpsychologischen Einstellungsforschung: dem semantischen Differential (OSGOOD, SUCI & TANNEBAUM, 1957).

Ausgangspunkt des semantischen Differentials ist der empirische Befund, daß Individuen jedes Konzept (Person, Gruppe, Objekt, Kultur, etc.) anhand dreier fundamentaler semantischer Dimensionen verorten. Diese sind:

- **Evaluation:** Wie wird eine Person oder ein Objekt beurteilt; ist sie/es z.B. gut oder schlecht, schön oder schrecklich?
- **Aktivität:** Welche affektiv-emotionalen Reaktionen löst eine Person oder ein Objekt aus; ist sie/es z.B. erregend oder beruhigend, besänftigend oder angsteinflössend?
- **Potenz:** Wie kontrollierbar ist eine Person oder ein Objekt;. ist sie/es z.B stark oder schwach, kann man sie/es kontrollieren (kontrollierbar) oder kontrolliert sie/es mich (unkontrollierbar)?

Üblicherweise wird die Verortung von Objekten auf den drei Dimensionen beim semantischen Differential mittels einer Reihe bipolarer Adjektivpaare erfaßt. Es wurden Adjektivpaare ausgewählt, welche sich in kulturvergleichenden Studien als besonders universal erwiesen haben. D.h. es konnte nachgewiesen werden, daß bestimmten Begriffspaaren unabhängig von den untersuchten Kulturen gleiche Bedeutungsinhalte zugesprochen werden (OSGOOD, MAY & MIRON, 1975). Ergänzend wurde ein Item aus dem Standardeurobarometer aufgenommen, um den Vergleich der Ergebnisse zu ermöglichen.

12.2.2 Determinanten der Einstellung zum Euro

12.2.2.1 Involvement und Wissen

Das Involvement und das Informationsniveau haben, psychologisch gesehen, eine ganz bestimmte Funktion für die Einstellung zu einem Objekt wie z.B. zum Euro.

Grundsätzlich kann davon ausgegangen werden, daß ein starkes Involvement höhere Informiertheit über den Euro und somit eine höhere Entscheidungs- und Handlungskompetenz bezüglich aller hiermit zusammenhängenden Fragen zur Folge hat. Involvement meint hier die persönliche Wichtigkeit und die Bereitschaft zu einer aktiven gedanklichen Auseinandersetzung mit einem Thema. Psychologisch möglich, aber im Zusammenhang dieser Fragestellung eher hinderlich, wäre allerdings auch, daß eine Person von ihrem subjektiv wahrgenommenen Kenntnisstand auf das eigene Involvement attribuiert: „Ich weiß nichts über das Thema X, also muß dieses Thema unwichtig sein".

Im Hinblick auf das gegenstandsbezogene Wissen, d.h. die Informiertheit, wurde hier zwischen zwei Wissensebenen unterschieden: Zum einen dem *Gefühl,* persönlich im Vergleich zum Durchschnitt der Bevölkerung über den Euro *gut* bzw. *schlecht informiert* zu sein – wir kommen hierauf weiter unten zurück. Zum anderen wurde der Versuch unternommen, mittels einiger Indikatoren den „objektiven" bzw. *faktischen Wissensstand* einer Person zu messen.

Zur Messung des faktischer Wissens wurden sechs Fragen mit Bezug zum Euro gestellt (vgl. Tabelle 12-2). Im internationalen Vergleich zeigen sich die Niederländer am besten informiert (im Durchschnitt zwei richtige Antworten), gefolgt von den Deutschen. Am schlechtesten informiert sind die Italiener, Iren, Griechen und Dänen. Dort braucht man im Durchschnitt zwei Personen, um eine Frage korrekt zu beantworten. Auch unsere Ergebnisse zeigen folglich das in der öffentlichen Diskussion häufig beklagte Informationsdefizit im Hinblick auf den Euro.

Euro als Name	60%
Umtauschkurs	35%
Deutschland als Sitz der EZB	28%
Frankfurt als Sitz der EZB	23%
Mitgliedsstaaten der EU	13%
2002 als Jahr für neue Noten	6%

Tabelle 12-2: ***Kenntnisse über die EWU in Deutschland***

Neben dem tatsächlichen Informationsdefizit fällt auch die subjektive Meinung über das eigene Wissen im Durchschnitt negativ aus. Europaweit wurde auf einer fünfstufigen Skala (mit den Endpolen schlecht informiert – gut informiert) zur Erfassung des subjektiven Informationsstandes lediglich ein Durchschnittswert von 2,6 gemessen. Während sich rund 58% der Befragten schlechter informiert fühlen als der Durchschnitt, glauben lediglich 24,4%, überdurchschnittlich gut informiert zu sein. Relativ gut informiert wähnen sich die befragten Spanier und Finnen ($\overline{x}$ = 2,9) sowie die Italiener und Niederländer ($\overline{x}$ = 2,8). Schlecht informiert zu sein, glauben hingegen die Portugiesen ($\overline{x}$ = 2,2) und Iren ($\overline{x}$ = 2,3).

D.h. die Mehrheit der Europäer ist schlecht informiert und die Mehrheit der Europäer fühlt sich schlecht informiert.

Dabei sind diejenigen, die sich schlecht informiert fühlen, nicht notwendigerweise die, welche tatsächlich schlecht informiert sind. Der Zusammenhang zwischen subjektivem Wissen und faktischem Wissen beträgt lediglich r = 0,29[83]. Man könnte vermuten, daß die Befragten in ihrer subjektiven Einschätzung des eigenen Wissens noch eine andere Information als die Einschätzung über ihr tatsächliches Wissen transportieren.

---

[83] Hier und im folgenden gilt, sofern nicht anders berichtet, daß die Korrelationskoeffizienten (PEARSON) bei einer Irrtumswahrscheinlichkeit von p (einseitig) ≤ 0,000 von Null verschieden sind.

Zum einen gibt es die Individuen, die ihr Wissen überschätzen: Sie zeigen ein übermäßiges Vertrauen in die eigenen Fähigkeiten. Der eigene Informationsstand wird insbesondere von denjenigen überschätzt, die den Euro für eine gute Sache halten. Dissonanztheoretisch (FESTINGER, 1957) erklärbar ist die Tatsache, daß es offensichtlich schwer fällt zuzugeben, daß eine positive Haltung nicht auf differenziertem Wissen beruht. Denkbar ist es darüber hinaus, daß mit der übertrieben positiven Darstellung des eigenen Wissens, also einer Form von Impression-Management-Strategie (SCHLENKER, 1980), ein positiver Eindruck gegenüber der sozialen Umwelt vermittelt werden soll.

Auf der anderen Seite gibt es Personen, die sich nicht gut informiert fühlen, tatsächlich aber vergleichsweise gut Bescheid wissen. Hier wird offensichtlich Unsicherheit und der Bedarf nach mehr Informationen artikuliert. Menschen, die dazu neigen, ihren eigenen Informationsstand zu pessimistisch zu sehen, bringen damit die Angst zum Ausdruck, der Umstellung auf den Euro nicht gewachsen zu sein.

Wie bereits oben erwähnt, kann davon ausgegangen werden, daß Involvement und Wissen, insbesondere der subjektive Informationsstand, positiv miteinander korrelieren. Weiterhin kann angenommen werden, daß Involvement und Informationsstand positiv auf die Einstellung zum Euro wirken. Im Vergleich zu nicht involvierten und nicht informierten Menschen kennen Personen mit hoher Ausprägung dieser Merkmale die Vor- und Nachteile des Euro besser – oder glauben zumindest, sie besser zu kennen. Auch wenn sie vom Euro selbst nicht überzeugt sind, wissen sie doch eher, welche Probleme mit ihm verbunden sind und wie sie mit diesen Problemen umzugehen haben. Hier spricht man auch von sekundärer Kontrolle (ROTHBAUM, WEISZ & SNYDER, 1982): Selbst wenn man auf die Umwelt selber keinen Einfluß nehmen kann (die Entscheidung, ob und wie der Euro kommt, wird ja nicht vom Einzelnen gefällt), so kann man sich bei ausreichendem Kenntnisstand doch mit seiner Umwelt arrangieren und „noch das Beste aus einer Situation machen". Die Kontrollorientierung, seine Umwelt gemäß den eigenen Zielen und Erwartungen ändern zu können, bezeichnet man als primäre Kontrolle bzw. Kontrollüberzeugung.

Das Gefühl informiert zu sein, hängt weitaus stärker mit der Einstellung zur Europäischen Währungsunion zusammen als das faktische Wissen. Dieses Ergebnis bezeichnen wir als **Informationsillusion**: Für den subjektiv perzipierten Kenntnisstand des Einzelnen ist es nicht entscheidend, wieviel Faktenwissen er oder sie über den Euro gesammelt hat. Oben hatten wir bereits diskutiert, daß über die Einschätzung des eigenen Wissens noch mehr Informationen transportiert werden, wie z.B. „Die da oben haben mir nie erklärt, was auf mich zu kommt" oder aber „Ich finde den Euro gut, und ich weiß auch, was er bedeutet".

Nachfolgende Tabelle gibt einen Überblick über die Interkorrelationen zwischen der Einstellung zum Euro, dem Involvement, dem subjektiven und dem faktischen Wissensstand.

	Einstellung zum Euro	Involvement	Subjektives Wissen	Faktisches Wissen
Einstellung zum Euro	1,000			
Involvement	0,390	1,000		
Subjektives Wissen	0,265	0,268	1,000	
Faktisches Wissen	0,116	0,091	0,289	1,000

Tabelle 12-3: ***Korrelationen zwischen der Einstellung zum Euro, dem Wissen und dem Involvement***

12.2.2.2 Erwartungen

Ein klassischer Ansatzpunkt für die Frage der Akzeptanz von Innovationen sind die Arbeiten von ROGERS (1962). ROGERS nennt fünf Kriterien, die die Akzeptanz einer Neuerung begünstigen: 1. Die relative Vorteilhaftigkeit (Nützlichkeit), 2. die Kompatibilität mit bestehenden Strukturen und Wertvorstellungen, 3. die Komplexität (Durchschaubarkeit), 4. die Teilbarkeit (sukzessive Einführbarkeit) und 5. die Mitteilbarkeit (Diskutierbarkeit, Möglichkeit zum Austausch von Informationen) der Innovation.

Im psychologischen Sinne handelt es sich bei der Einführung des Euro natürlich um eine Innovation, denn die Rezipienten dürften das Objekt als neu definieren (WISWEDE, 1995). Der Aspekt, daß das Verständnis eines Sachverhalts (die Komplexität und in Verbindung damit auch die Mitteilbarkeit – was nicht verstanden wird, kann nicht besprochen werden) die Akzeptanz erhöht, wurde bereits im letzten Abschnitt diskutiert.

Im folgenden geht es nun um die relative Vorteilhaftigkeit der Innovation. Naheliegend ist die Hypothese, daß der Euro um so eher akzeptiert wird, je höher dessen perzipierte ökonomische Nützlichkeit eingestuft wird.

Wie bereits in KATONAS (1951) früher Operationalisierung von ökonomischen Erwartungen unterscheiden wir auch in der vorliegenden Untersuchung, ob die relative Vorteilhaftigkeit des Euro für die individuelle ökonomische Situation (erwartete Änderungen auf der Mikro-Ebene: Arbeitsplatzsicherheit, Wert der Ersparnisse, Höhe des Einkommens, Einkäufe [billiger oder teurer]) und/oder für die wirtschaftliche Lage des ganzen Landes (Makro-Ebene: Arbeitslosenquote, Inflationsrate, Staatsverschuldung, Wachstum) gesehen wird.

In allen Ländern, mit Ausnahme von Italien, *erwartet die Mehrheit der Befragten*, daß sich die individuelle ökonomische Situation nach der Einführung des Euro *verschlechtert* ($\bar{x}_{EU} = 2{,}8$, $\bar{x}_{It.} = 3{,}1$). Am pessimistischsten sind dabei die Erwartungen der Österreicher, Deutschen und Briten ($\bar{x} = 2{,}5$).

Auf der Makro-Ebene erwartet eine leichte Mehrheit der Spanier ($\bar{x} = 3{,}3$) und Italiener ($\bar{x} = 3{,}2$) sowie die Dänen, Griechen, Iren und Portugiesen Verbesserungen ($\bar{x} = 3{,}1$), in den restlichen Ländern sind die Erwartungen negativ. Zu den größten Pessimisten zählen wiederum die Österreicher, Briten und Deutschen ($\bar{x} = 2{,}6$, $\bar{x}_{EU} = 2{,}9$).

Beide Aspekte sind von außerordentlicher Wichtigkeit für die Akzeptanz des Euro ($r = 0{,}52$ für die Mikro-Erwartungen und $r = 0{,}54$ für die Makro-Erwartungen). Weiterhin zählen auch die erwarteten Reiseerleichterungen zu der antizipierten Vorteilhaftigkeit des Euro. Wer durch die Einführung des Euro deutliche Reiseerleichterungen erwartet, akzeptiert die Innovation eher ($r = 0{,}30$).

Weiterhin hängt, wie bereits oben erwähnt, die Akzeptanz einer Innovation auch von dem Grad ihrer Komplexität ab. Neben dem Wissen über eine Neuerung ist auch das subjektive Selbstvertrauen in den Umgang mit der Innovation entscheidend, also die Frage, ob man erwartet, sich schnell an veränderte Umweltbedingungen anzupassen (vgl. zum Konstrukt des „environmental mastery" RYFF, 1989). Die Korrelation zwischen der Erwartung, sich schnell an das neue Geld gewöhnen zu können, und der Einstellung zum Euro beträgt $r = 0{,}47$.

Fast ein Viertel der Europäer ist allerdings überhaupt nicht in der Lage, sich eine Meinung über die ökonomischen Folgen einer gemeinsamen Währung zu bilden. Mangelndes Verständnis über die konkrete Bedeutung einer entscheidenden Änderung der Lebensumstände birgt, psychologisch gesprochen, die Gefahr des Kontrollverlustes in sich. Es kommt zu einer neuen Situation, von der man nicht weiß, ob und wie man sich mit ihr arrangieren kann. Es fehlt folglich nicht nur die Handlungs- und Entscheidungskontrolle (AVERILL, 1973) über das Geschehen, sondern es fehlt auch die oben bereits angesprochene sekundäre Kontrolle. Hat man keine Vorstellung davon, welche ökonomischen Konsequenzen die europäische Währung hat, kommt zu der fehlenden primären Kontrolle (i.S.v. ROTHBAUM et al.) bzw. Beeinflußbarkeit noch die fehlende Vorhersehbarkeit (i.S.v. THOMPSON, 1981).

12.2.2.3 Zufriedenheit mit dem Leben und Vertrauen in das gesellschaftliche System

Lebenszufriedenheit ist ein zentraler Wert in nahezu jeder Gesellschaft. Psychologen haben sich bisher meist mit der Frage beschäftigt, wodurch Zufriedenheit bestimmt wird (MYERS, 1994). Dabei wird zum einen die Hypothese diskutiert, Zufriedenheit sei ein Persönlichkeitsmerkmal (VEENHOVEN, 1993). Dahinter steckt die Vorstellung, daß ein Mensch entweder grundsätzlich zufrieden und optimistisch oder aber grundsätzlich unzufrieden und pessimistisch ist. In diesem Zusammenhang steht auch die Adaptionstheorie der Zufriedenheit (BRICKMAN et al, 1978), welche annimmt, daß ein Mensch sich an eine neue Situation gewöhnt und abgesehen von kurzfristigen Abweichungen (nach unten z.B. durch einen Unfall, nach oben z.B. durch einen Lotteriegewinn), wieder auf sein ursprüngliches Zufriedenheitsniveau zurückkehrt. Als zweites werden soziale Vergleichsprozesse (EASTERLIN, 1974; DIENER, 1984) als wichtige Determinante der subjektiven Zufriedenheit diskutiert. Danach schätzt ein Individuum seine Zufriedenheit nicht unabhängig von seiner Umwelt ein, sondern immer im Vergleich zu relevanten anderen Personen. Ein Mensch ist dann besonders zufrieden, wenn er im Vergleich zu anderen gesünder ist, mehr Geld verdient, einen höheren Sozialstatus oder liebenswertere Kinder hat (FISCHER, 1989, 1996). Als drittes gibt es die Überlegung, daß der objektive Wohlstand die subjektive Zufriedenheit bestimmt. VEENHOVEN (1995) konnte im Gegensatz zu EASTERLIN zeigen, daß sehr wohl eine positive Korrelation zwischen dem durchschnittlichen subjektiven Glück einer Nation und der Höhe des Sozialproduktes besteht. Letztlich dürfte der realisierte soziale Vergleich die ausschlaggebende psychologische Determinante sein.

Für unsere Untersuchung geht es nun weniger um die Frage, welche Faktoren Zufriedenheit determinieren. Es soll vielmehr analysiert werden, ob man aufgrund der subjektiven Zufriedenheit die Einstellung zum Euro erklären kann.

Diese Überlegungen sind auf zweifache Weise in die Arbeit eingeflossen. Zum einen betrachten wir die persönliche Lebenszufriedenheit und zum anderen die Zufriedenheit mit und das Vertrauen in zentrale gesellschaftliche Systeme (Verfassung, Bildungssystem, Streitkräfte, Polizei, Rechtssystem, Gesundheitssystem, Wirtschaftssystem, politisches System, Einkommensniveau und Vermögensverteilung, Arbeitsmarkt). Für den Einfluß von Zufriedenheit als unabhängiger Variable zur Erklärung der Einstellung zum Euro lassen sich nun zwei Hypothesen formulieren:

- Diejenigen, die mit ihrer augenblicklichen Lebenssituation und dem gesellschaftlichen Zustand ihres Landes unzufrieden sind, begrüßen den Euro als eine bedeutsame Änderung der jetzigen Situation und hoffen durch die Einführung der neuen Währung auf eine Änderung zum Besseren. Umgekehrt wollen die Zufriedenen den Status quo erhalten und lehnen eine so entscheidende Änderung, wie die Einführung einer neuen Währung, ab.
- Andererseits könnte Zufriedenheit besonders dann, wenn sie als Persönlichkeitsdisposition aufgefaßt wird, eine Voraussetzung für die Akzeptanz von Neuerungen sein. Eine optimistische und zufriedene Lebenseinstellung würde die Akzeptanz des Euro demnach begünstigen. Auch Vertrauen in die derzeitigen politischen und gesellschaftlichen Systeme könnte eine gute Voraussetzung für die Akzeptanz des Euro sein.

In Tabelle 12-4 finden sich die Mittelwerte der Skalen „Private Zufriedenheit“ und „Zufriedenheit mit dem eigenen Land“ sowie die Korrelation zwischen den Zufriedenheitsskalen und der Einstellung zum Euro.

In allen Ländern (mit Ausnahme von Großbritannien) begünstigt das Vertauen in das augenblickliche gesellschaftliche System die Akzeptanz des Euro. Auch für die persönliche Lebenszufriedenheit gilt in den meisten Ländern: wer zufriedener ist, ist eher für den Euro. Die Daten bestätigen somit – zumindest was die Varianz innerhalb der Nationalitäten angeht – die oben unter Punkt zwei formulierte Hypothese.

RYFF (1989) stellt fest, daß bei der Faktorisierung von 14 Persönlichkeitsvariablen internale Kontrollüberzeugung, das Gefühl, seine Umwelt meistern zu können (environmental mastery) und Lebenszufriedenheit zusammen mit weiteren Persönlichkeitsmerkmalen wie Selbstvertrauen einen Faktor markieren. In dem Zusammenhang zwischen interner Kontrollüberzeugung und Lebenszufriedenheit könnte eine Erklärung für die Korrelation zwischen Zufriedenheit und Einstellung zum Euro liegen. Wer das Gefühl hat, seine Umwelt selbst kontrollieren und bestimmen zu können, ist einerseits zufriedener und hat andererseits eher die Fähigkeit, mit einer komplexen Innovation wie dem Euro umzugehen. Gelegentlich wird in diesem Zusammenhang auch vom „mastery-complex" als der „Überzeugung, die Dinge meistern zu können" (FISCHER & WISWEDE, 1997) gesprochen. Diese Überzeugung dürfte auch die Akzeptanz des Euro begünstigen.

	Private Zufriedenheit		Zufriedenheit mit dem eigenen Land	
	$\bar{x}$	r	$\bar{x}$	r
Belgien	3,40	0,21	2,49	0,36
Dänemark	4,05	0,00	3,51	0,23
Deutschland	3,33	0,21	2,91	0,35
Finnland	3,71	0,14	3,17	0,24
Frankreich	3,25	0,22	2,55	0,21
Griechenland	3,02	0,08	2,35	0,12
Großbritannien	3,36	0,00	2,78	-0,01
Irland	3,46	0,08	3,10	0,14
Italien	3,18	0,19	2,41	0,18
Luxemburg	3,46	0,28	2,75	0,26
Niederlande	3,99	0,14	3,40	0,30
Österreich	3,71	0,07	3,20	0,37
Portugal	3,15	0,30	2,46	0,09
Schweden	3,63	-0,03	2,75	0,21
Spanien	3,40	0,21	2,76	0,25
EU	3,48	0,08	2,84	0,11

Tabelle 12-4: ***Zufriedenheit und die Einstellung zum Euro***

Ein gegenläufiger Zusammenhang zwischen Zufriedenheit und der Einstellung zum Euro zeigt sich jedoch, wenn man allein Kollektivmerkmale, also die Unterschiede zwischen den Nationen betrachtet: Zunächst einmal ist sowohl die private Zufriedenheit als auch die Zufriedenheit mit dem eigenen Land in reichen Nationen größer als in armen Nationen. Dies bestätigt VEENHOVENS (1995) Ergebnis, daß der absolute Wohlstand (neben anderen) eine Determinante der Zufriedenheit zu sein scheint. Die Daten zeigen darüber hinaus, anders als auf der Individualebene, einen klaren negativen Zusammenhang zwischen der Einstellung zum Euro und der Zufriedenheit ($r = -0{,}44$, $p \leq 0{,}1$, $n = 15$). Auf der Ebene des Ländervergleiches bestätigt sich damit These 1. Vorsicht ist also bei Rückschlüssen von Zusammenhängen auf der Kollektivebene zu Zusammenhängen auf der Individualebene geboten (man würde hier auch von einem ökologischen Fehlschluß sprechen; ROBINSON, 1950).

12.2.2.4 Nationale Identität und Europäische Identität

In der öffentlichen Diskussion wird oft die Vermutung geäußert, die nationale Identität stehe der Akzeptanz des Euro im Wege. Diese einfache Erklärung kann ohne weitere Differenzierung nicht akzeptiert werden, denn nationale Identität kann verschiedene Gesichter haben (BIRNBREIER-STAHLBERGER & BONATH, 1997).

Nationale Identität bedeutet einerseits, daß man sich seinem Land und seinen Leuten verbunden fühlt. Hier geht es um die positive emotionale Bindung an das nationale Kollektiv, ohne daß andere Länder abgewertet oder diskriminiert werden. Wir sprechen auch von *Patriotismus.*

Davon wird andererseits eine zweite Dimension nationaler Identität unterschieden, die wir *Nationalismus* nennen. Die nationalistisch gefärbte Meinung ist durch die Einstellung charakterisiert, die eigenen Landsleute seien besser als Menschen aus anderen Ländern. Schon die Tendenz zur sozialen Kategorisierung (TAJFEL & TURNER, 1979, TAJFEL, 1982) verbunden mit dem Bedürfnis nach positiver Distinktheit kann zur Diskriminierung der „Outgroup" führen.

Zur Erklärung der Einstellung zum Euro unterscheiden wir von den beiden zuvor genannten Dimensionen nationaler Identität eine dritte Dimension, die wir Europäischen Patriotismus nennen. Im Sinne der Theorie sozialer Identität haben wir europäische Identität gemessen als Gefühl von Verbundenheit zu den Gruppenmitgliedern, wobei die Gruppe hier „Europa" ist.

Empirisch lassen sich die drei Dimensionen nicht so klar trennen, wie oben angenommen. Während sich die genannten Dimensionen faktoranalytisch für ganz Europa bestätigen, zeigen sich in den einzelnen Ländern z.T. andere Faktoren.

- In einigen Ländern (z.B. Großbritannien) zeigt sich die Mehrdimensionalität von nationaler Identität nicht. D.h. alle Items, die die Bewertung der eigenen Nation zum Inhalt haben, sei es mit oder ohne diskriminierender Aussage, laden auf einen Faktor hoch.
- In anderen Ländern (z.B. Deutschland und Frankreich) stellen patriotische Gefühle, unabhängig davon, ob sie das eigene Land oder ganz Europa betreffen, eine Dimension dar. Die Bereitschaft, sich mit einem großen Kollektiv zu identifizieren, scheint die dahinter liegende Gemeinsamkeit zu sein. Faktoranalytisch kann hiervon die Diskriminierungsfunktion nationaler Identität (Nationalismus) unterschieden werden.

Für den internationalen Vergleich arbeiten wir mit den drei angenommenen Dimensionen weiter, auch wenn die Reliabilität (Nationalismus: CRONBACH'S $\alpha = 0{,}51$, Nationaler Patriotismus: CRONBACH'S $\alpha = 0{,}50$ und Europäischer Patriotismus CRONBACH'S $\alpha = 0{,}49$) der gebildeten Skalen aufgrund der oben dargestellten Unterschiede in den einzelnen Ländern nur mäßig ist (LIENERT, 1969, S. 309, hält Reliabilitäten dieser Größenordnung für Gruppenvergleiche noch für vertretbar).

Während patriotische Gefühle der Akzeptanz des Euro in den wenigsten Ländern im Wege stehen ($r = -0{,}05$), sind nationalistisch denkende Menschen meist gegen den Euro ($r = -0{,}40$). Für sie wird nationale Identität vor allem dadurch erlebt, anders und besser als Menschen anderer Nationen zu sein. Ein verbindendes europäisches Symbol wie eine eineitliche Währung widerspricht diesem Abgrenzungsbedürfnis. Folglich wird der Euro von nationalistisch orientierten Menschen eher abgelehnt.

In allen Ländern ist es so, daß die Menschen sich ihrem nationalen Kollektiv stärker verbunden fühlen als Europa und den Europäern. Mit einem Mittelwert von $\bar{x}_{EU} = 3{,}2$ auf einer fünfstufigen Skala kann man aber durchaus davon sprechen, daß sich neben einer nationalen Identität auch eine europäische Identität entwickelt. Das Gefühl der Verbundenheit mit Europa begünstigt eine positive Haltung zum Euro ($r = 0{,}43$).

12.2.2.5 Die Kompensationsfunktion des kulturellen Stolzes

An die generelle Bedeutung nationaler Identität schließt sich die Frage nach dem Gegenstand und der Relevanz von Nationalstolz an. Nationale Identität wird sichtbar in bestimmten nationalen Symbolen und kulturellen Leistungen. Das Zusammengehörigkeitsgefühl innerhalb eines Landes wird oft erst durch bestimmte Traditionen, eine gemeinsame Sprache oder auch durch die Landeswährung erlebt.

In Anlehnung an FESTINGERS (1954) Theorie sozialer Vergleichsprozesse postuliert TAJFEL (1974) soziale Vergleichsprozesse zwischen der Eigengruppe und der Fremdgruppe. Ziel dieser Vergleiche ist die positive Eigenart oder Distinktheit der „Ingroup" im Vergleich zur „Outgroup". Es werden also vorzugsweise solche Vergleichsdimensionen gewählt, auf denen die eigene Gruppe im Vergleich zu der „Outgroup" positiv abschneidet. Demzufolge kann vermutet werden, daß Nationalstolz mit den Symbolen gefüllt wird, auf denen das eigene Land im Vergleich zu anderen gut abschneidet.

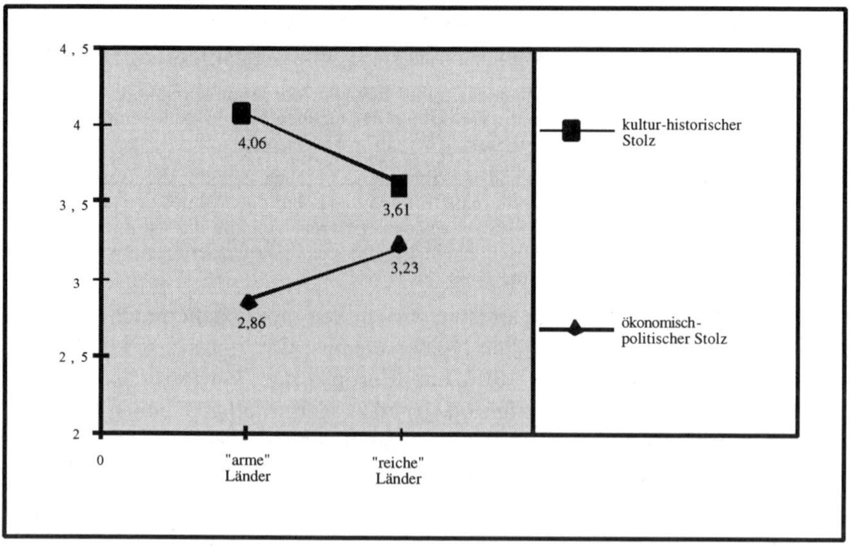

***Abbildung 12-2: Selbstwertdienliche Definition von Nationalstolz*[84]**

[84] Arme bzw. reiche Länder sind diejenigen, welche über ein im europäischen Vergleich unter- bzw. überdurchschnittliches Bruttosozialprodukt pro Kopf verfügen.

Empirisch lassen sich zwei wesentliche Dimensionen nationalen Stolzes identifizieren: zum einen der Stolz auf die nationale Kultur und Geschichte, zum anderen der Stolz auf politische und ökonomische Leistungen.

Für alle Länder wurde eine Skala zur Messung des kultur-historischen Stolzes (Geschichte, Sitten und Gebräuche, Sprache) und eine Skala zur Messung des ökonomisch-politischen Stolzes (Stolz auf die Sicherheit im eigenen Land, das Wohlfahrtssystem, den politischen Einfluß in der Welt und die wirtschaftliche Stärke) gebildet. Der Stolz auf die eigene Währung läßt sich faktoranalytisch nicht eindeutig einer der beiden Dimensionen zuordnen. In Deutschland, Österreich und Großbritannien lädt „Stolz auf die eigene Währung" hoch auf dem kultur-historischen Faktor, in Italien hingegen hoch auf den ökonomisch-politischen Faktor. In der weiteren Analyse wird die Währung daher getrennt von den beiden zuvor genannten Dimensionen des Nationalstolzes betrachtet.

Die kultur-historische Dimension ist für die Definition des Nationalstolzes in allen europäischen Ländern wichtiger als die politisch-ökonomische Dimension. Während Menschen aus ökonomisch stärkeren Ländern ihre nationale Identität jedoch fast ebenso sehr über die kulturelle Dimension wie über die politisch-ökonomische Dimension definieren, ist bei Menschen aus ökonomisch schwächeren Ländern der kultur-historische Stolz deutlich stärker ausgeprägt. Dieses Ergebnis bestätigt das oben dargestellte Bedürfnis nach selbstwertdienlicher Definition von Identität. Was bedeuten die unterschiedlichen Schwerpunkte bei der Definition von Nationalstolz nun für die Einstellung zum Euro? In Ländern, in denen der Nationalstolz stark kultur-historisch definiert wird (wie z.B. in Griechenland oder in Italien), verträgt sich der so definierte Nationalstolz gut mit einer positiven Einstellung zum Euro. Offensichtlich wird die kultur-historische Dimension des Nationalstolzes durch die Einführung des Euro kaum bedroht. Im Gegenteil, für den Nationalstolz dieser Länder wäre es sogar vorteilhaft, durch die Einführung einer starken europäischen Währung in Zukunft auch auf der politisch-ökonomischen Dimension selbstwertdienliche Gefühle nationaler Identität entwickeln zu können. Andererseits ist es so, daß in Ländern, in denen Nationalstolz neben kulturell-historischen Aspekten auch stark über politische und ökonomische Leistungen definiert wird, ein Teil der Definition nationaler Identität durch die Einführung des Euro bedroht wäre.

Im europäischen Ländervergleich zeigt sich also, daß die Bürger der Länder, die im Durchschnitt sehr stolz auf ihre kulturellen und historischen Leistungen sind, den Euro eher wollen, und die Bürger der Länder, die sehr stolz auf ihre politisch-ökonomischen Leistungen sind, den Euro negativer beurteilen.

12.2.2.6 Gerechtigkeit

Sowohl die Anwendung von Ausschlußkriterien wie auch weiterer Bedingungen des Beitritts zur WU aktualisiert im Bewußtsein der Bürger das Gerechtigkeitsempfinden. Gerechtigkeit stellt dabei ein zentrales und gleichzeitig sehr vielschichtiges Phänomen der menschlichen Gesellschaft dar. Während Sozialpsychologen Gerechtigkeitserwägungen bisher meist in face-to-face Interaktionen behandelt haben, wird hier versucht, die Relevanz der Gerechtigkeitstheorie auf größere sogenannte Quasi-Gruppen auszudehnen. In der Literatur (THIBAUT & WALKER, 1975) werden u.a. zwei Aspekte der Gerechtigkeit unterschieden: die prozedurale und die distributive Gerechtigkeit.

Die prozedurale Gerechtigkeit betrifft die Frage nach dem Zustandekommen eines Austausches von Ressourcen: Ist man selbst an diesen Entscheidungen beteiligt, ist es allein der Tauschpartner oder gar ein „anonymer Dritter", der entscheidet? TYLER, RASINSKI & SPONDICK (1985) kommen zu dem Ergebnis, daß allein die Möglichkeit, sich zu einer Entscheidung zu äußern – z.B. durch eine Volksabstimmung -, das Urteil über die Verfahrensgerechtigkeit erhöht, obwohl der Einfluß auf die Entscheidung faktisch gering ist.

Bezogen auf die Währungsunion zeigt sich die Bedeutung von politischer Partizipation und Gerechtigkeitsvorstellungen am deutlichsten in dem Ergebnis, daß die Europäer die Einführung des Euro ohne ihre vorherige Zustimmung ausgesprochen ungerecht finden. Dieses Urteil wirkt sich dementsprechend negativ auf die Akzeptanz aus ($r = 0{,}42$).

Auch die Verletzung distributiver Gerechtigkeitsvorstellungen (DEUTSCH, 1975) führt zu Abwehrreaktionen. An die Beurteilung ökonomischer Beziehungen wird zumeist das Beitragsprinzip (*Equity,* ADAMS, 1965) angelegt, welches besagt, daß hinsichtlich der „Inputs" und „Outcomes" eine ausgewogene Relation hergestellt werden soll. Erhält der Andere, gemessen an seinem Input, mehr als man selbst, dann wird im Ergebnis die Interaktionsbeziehung negativ bewertet. Anders gesagt: Wer mehr investiert, sollte auch mehr vom Ergebnis haben. Dabei ist es durchaus möglich, daß alle Beteiligten das Interaktionsergebnis als ungerecht empfinden, da die Interaktionspartner unterschiedliche subjektive Kriterien an die Beurteilung des Ergebnisses anlegen. Bezogen auf die Währungsunion ergibt sich, daß sich die Menschen in allen Ländern im Durchschnitt dessen bewußt sind, ob ihr Land Nettozahler oder Nettoempfänger von EU-Geldern ist. Die Mehrheit der Dänen, Iren, Griechen, Portugiesen und Spanier weiß, daß ihr Land mehr Geld von der EU bekommt als es einzahlt und andererseits sind sich die restlichen Länder ihrer Nettozahlerposition bewußt. Allerdings hält nur in Irland und Portugal eine Mehrheit der Bevölkerung diese Aufteilung für gerecht. In allen anderen Ländern wird die monetäre Input-Outcome-Relation als ungerecht eingestuft. Dies zeigt die subjektiv unterschiedlichen Kriterien, die an die Interaktion angelegt werden.

Der im folgenden verwendete Gerechtigkeitsindex subsummiert sowohl prozedurale als auch distributive Aspekte von Gerechtigkeit. Dabei ergibt sich ein deutlicher Zusammenhang ($r = 0{,}49$) zwischen den subjektiven Gerechtigkeitsurteilen und der Einstellung zum Euro: je ungerechter das Verfahren bzw. die Distribution von Ressourcen beurteilt wird, desto negativer ist die Einstellung zum Euro.

12.2.3 Typologie der Europäer

12.2.3.1 Methodisches Vorgehen

Nachfolgend wird der Versuch unternommen, eine Typologie der Einstellung zum Euro auf der Basis der befragten EU-Bürger zu erstellen.

Das Ziel einer solchen Typologie besteht darin, eine große Anzahl von Objekten – hier: die befragten Bürger der EU – in möglichst wenige und in sich homogene Gruppen, sogenannte Cluster, einzuteilen. Die verschiedenen Cluster sollten untereinander wiederum möglichst heterogen sein.

12.2.3.2 Aktive und passive Variablen der Typologie

Grundsätzlich kann jede der im Rahmen dieser Befragung erhobene Variable zur Bildung der Cluster verwendet werden. Aus der Vielfalt von Variablen bzw. der hinter den Variablen stehenden Konzepte wurden jedoch nur einige ausgewählt und in einem ersten Schritt nochmals auf eine überschaubare Anzahl grundlegender Faktoren verdichtet. Diese Faktoren sind maßgebliche Determinanten der Einstellung zum Euro. Die derart gewonnenen Faktoren wurden im Anschluß zur Typologisierung verwendet.

Im Rahmen der Clusteranalyse werden die typenbildenden Variablen als **aktive Variablen** bezeichnet. Hiervon zu unterscheiden sind die sogenannten **passiven Variablen.** Sie können im Anschluß an die erfolgreiche Clusterung der Objekte zur weiterführenden Deskription der Cluster verwendet werden.

Die Auswahl der aktiven Variablen und ihre Verdichtung erfolgte dabei nach den folgenden Gesichtspunkten:

- die ausgewählten Konzepte sollten psychologisch relevant sein
- die verwendeten Konzepte bzw. die zu ihrer Messung verwendeten Variablen sollten im faktoranalytischen Sinne eindimensional sein
- die Konzepte sollten in nennenswerten Zusammenhang zur Einstellung zum Euro stehen
- die Konzepte sollten untereinander in keinem substantiellen Zusammenhang zueinander stehen
- die Befragten sollten auf den ausgewählten Konzepten hinreichend unterschiedliche Ausprägungen aufweisen.

Zu den aktiven Variablen wurden diejenigen gerechnet, die im Prinzip als Determinanten vorgestellt werden können, den passiven Variablen wurden andererseits diejenigen zugerechnet, die als psychologische „Ergebnisse“ vorgestellt werden können. Dieses Vorgehen kann bei Querschnittsuntersuchungen nur nach seinem heuristischen Wert beurteilt werden.

Die Einstellung zum Euro wurde dementsprechend nicht als aktive Variable verwendet, da sie im Rahmen dieser Untersuchung die zentrale abhängige Variable darstellt, die durch die anderen Konzepte erklärt werden soll.

Die aktiven Variablen

Involvement: Wie wichtig ist das Thema Euro für den Befragten?

Subjektives Wissen: Wie gut fühlt sich der Befragte über das Thema Euro informiert?

Private Zufriedenheit: Wie zufrieden ist der Befragte mit seiner aktuellen Lebenssituation?

Nationalismus: In welchem Maße neigt der Befragte zur Aufwertung der eigenen Nation bei gleichzeitiger Abwertung anderer Nationen?

Patriotismus: In welchem Maße fühlt sich der Befragte dem eigenen Land verbunden, ohne dabei andere Nationen abzuwerten?

Europäischer Patriotismus: In welchem Maße fühlt sich der Befragte dem Kollektiv Europa verbunden?

Politische Unabhängigkeit: Wie beurteilt der Befragte die Aufgabe der nationalen politischen Unabhängigkeit durch Einführung des Euro?

Stolz auf die eigene Währung: Wie stolz ist der Befragte auf die eigene Währung?

Subjektive Adaptionsfähigkeit: Wie schnell glaubt der Befragte, sich an die neue Währung zu gewöhnen?

Notwendigkeit vorbereitender Maßnahmen: Hält der Befragte Maßnahmen, um sich selbst auf die zukünftige Währung vorzubereiten, für nötig?

Reiseerleichterung: Erhofft sich der Befragte Reiseerleichterungen durch Einführung des Euro?

Gerechtigkeit: Wie stark ist die Gerechtigkeitssensitivität des Befragten im Hinblick auf den Einführungsprozeß des Euro und die Umverteilungspolitik innerhalb und zwischen den einzelnen europäischen Mitgliedsstaaten?

Die passiven Variablen:

Einstellung zum Euro: Wie beurteilt der Befragte den Euro?

Einstellung zur EU: Wie beurteilt der Befragte die Mitgliedschaft seines Landes in der EU?

Faktisches Wissen: Wie vertraut ist der Befragte mit grundlegenden Fakten zum Euro?

Zufriedenheit mit dem eigenen Land: Wie zufrieden ist der Befragte auf ökonomische und politische Leistungen seines Landes?

Stolz auf die nationale Kultur und Geschichte: Wie stolz ist der Befragte auf kulturhistorische Leistungen seines Landes?

Ökonomische Erwartungen: Erwartet der Befragte positive oder negative ökonomische Impulse auf der Mikro- und Makroebene?

Tabelle 12-5: Aktive und passive Variablen der Clusteranalyse

Unter Berücksichtigung der nachfolgenden Kriterien wurde das sogenannte k-means-Verfahren („auch Minimaldistanzverfahren für das Varianzkriterium“) ausgewählt (BACHER, 1993).

1. Im Ergebnis sollte eine empirische Klassifikation und keine hierarchische Ähnlichkeitsstruktur zwischen den Objekten ermittelt werden.
2. Die aktiven Variablen weisen metrisches Skalenniveau auf.
3. Die Repräsentanten, d.h. die Clustermittelwerte, sollten den clusterspezifischen Ausprägungen der aktiven Variablen und nicht der Ausprägung einer typischen Person des Clusters entsprechen.
4. Die Klassifikation einer sehr großen Anzahl von Objekten sollte mit akzeptablem Rechenaufwand erfolgen.

Als Distanzmaß wurden die ungewichteten quadrierten euklidischen Distanzen verwendet, da die aktiven Variablen nicht substantiell miteinander interkorrelierten. Die Startpartitionierung erfolgte mittels Quick-Clustering. Als Optimierungkriterium wurde die Minimierung der Intra-Cluster-Varianzen gewählt.

Zur Bestimmung der optimalen Clusterzahl wurden mit diesem Verfahren diverse Analysen mit unterschiedlicher Clusteranzahl (1 – 20 Clusterlösungen) gerechnet. Unter inhaltlichen Gesichtspunkten, nicht notwendigerweise aus statistischem Blickwinkel, erschien die sechs-Clusterlösung optimal. Sie erklärt rund 32,2% der Gesamtvarianz und ist im inferenzstatischen Sinne höchst signifikant gegenüber der Nullhypothese abgesichert. Hierzu wurde der erklärte Varianzanteil von 20 zufallsimulierten sechs-Clusterlösungen gegen die clusteranalytische Lösung verglichen ($z = 117.628$; $p < 0,000$).

Die Mittelwertunterschiede der jeweiligen Cluster sind für alle aktiven Variablen signifikant verschieden von null. (Dies gilt in jedem Fall für den Vergleich von mindestens drei Clustermittelwerten und mehr.)

12.2.3.3 Beschreibung der Typen

Nachfolgend findet sich eine Beschreibung der clusteranalytisch bestimmten Typen. In Abbildung 12-3 sind die Clustermittelwerte der einzelnen Typen dargestellt.

Die Nationalen Bewahrer

Die Nationalen Bewahrer sind sowohl nationalistisch als auch patriotisch. Sie sind sehr stolz auf ihre kulturellen und historischen Errungenschaften und sie sind auch die Gruppe der Europäer, die am stolzesten auf ihre Währung ist. Dementsprechend denkt der Nationale Bewahrer auch nicht „europäisch". Er fühlt sich weder anderen Europäern verbunden, noch interessiert ihn, was in anderen europäischen Ländern geschieht. Die unterdurchschnittliche Bildung und das vergleichsweise geringe Einkommen der Nationalen Bewahrer legen jedoch die Vermutung nahe, daß die *starke Bindung an das eigene Land* eher eine *Kompensationshandlung* darstellt. Anders gesagt, die nationale Orientierung – die sich durchaus auch als Gefühl der Überlegenheit gegenüber anderen Ländern darstellt – scheint vielfach eine Kompensation fehlenden persönlichen Erfolges darzustellen. Die Identifikation mit der Nation und das Arrangement in der eigenen „kleinen" Welt erlaubt es dem Nationalen Bewahrer, trotz relativer sozialer Benachteiligung ein durchschnittliches individuelles Zufriedenheitsniveau zu äußern.

Vor diesem Hintergrund stellt Veränderung – und damit auch der Euro – eine Bedrohung dar und wird so deutlich wie in keiner anderen Gruppe abgelehnt. Diese Ablehnung beruht nicht auf hohem Involvement oder gar Wissen über das Thema – vielmehr bildet der Nationale Bewahrer hier jeweils das Schlußlicht. Es wird der bereits beschriebene Effekt deutlich, daß das abgewehrt wird, was nicht verstanden wird. Die subjektive Bedrohung, die der Euro für die Nationalen Bewahrer darstellt, wird auch durch die Erwartung artikuliert, sich nur sehr schwer an das neue Geld gewöhnen zu können.

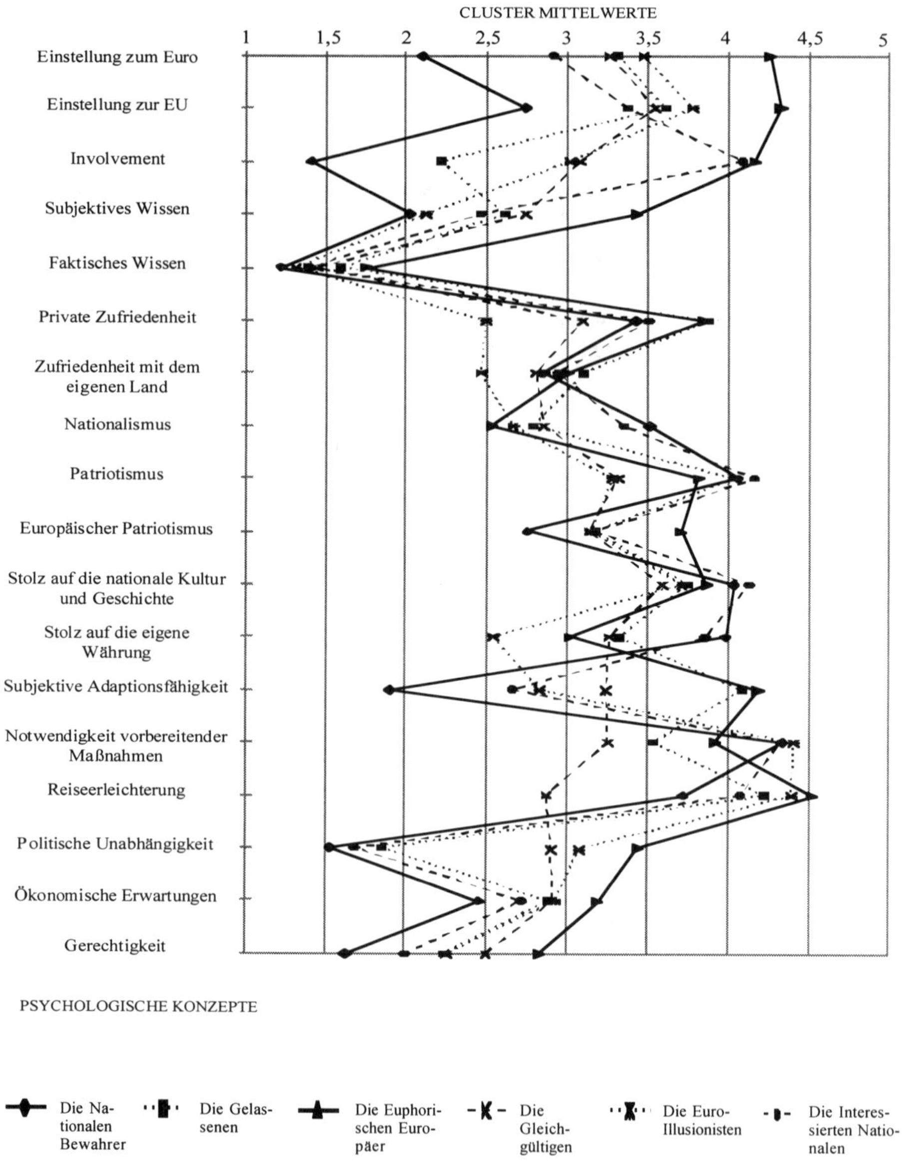

Abbildung 12-3: Clusterprofile

Entsprechend spiegeln die Erwartungen einen extremen Pessimismus wieder. Die Nationalen Bewahrer erwarten, daß sich die ökonomische Situation durch die Einführung einer gemeinsamen Währung deutlich verschlechtert und glauben im übrigen, daß der Euro sowohl innerhalb ihres Landes als auch im Verhältnis zu den anderen europäischen Ländern viel Ungerechtigkeit bringt. Nationale Souveränität aufgrund der Einführung einer neuen Währung zu verlieren, lehnen sie ab. Die Nationalen Bewahrer brauchen ihre Nation so sehr zur Selbstbehauptung, daß ein zusammenwachsendes Europa für sie bedrohlich wirkt. Ihre ablehnende Haltung dürfte sich nicht ändern, unabhängig davon, wie die EWU konkret ausgestaltet wird.

Dieser Typ findet sich in Schweden und Dänemark besonders häufig und in Italien und Spanien besonders selten (vgl. Tabelle 12-4).

Die Interessierten Nationalen

Die Interessierten Nationalen sind ebenso wie die Nationalen Bewahrer ausgesprochen stark an das nationale Kollektiv gebunden. Diese Bindung ist ebenfalls mit dem Bedürfnis verbunden, sich von anderen Nationen abzugrenzen. Die Identifikation mit dem eigenen Land manifestiert sich im Stolz auf kultur-historische Erfolge und die eigene Währung.

Nationales Bewußtsein bedingt für diesen Typ allerdings nicht die Ablehnung des europäischen Gedankens, was sich darin ausdrückt, daß er die Mitgliedschaft seines Landes in der Europäischen Union positiv beurteilt. Die Interessierten Nationalen sind vom Typ her aufgeschlossen, was sich in der hohen Wichtigkeit, die sie dem Thema Euro zumessen, ausdrückt. Sie wollen auf dem Laufenden sein und bei Themen des aktuellen politischen Geschehens mitreden. Die starke Bindung an das eigene Land einerseits und die hohe Wichtigkeit des Themas Euro andererseits stürzen die Interessierten Nationalen in einen Konflikt bezüglich der Bewertung des Euro. Somit ist für diese Gruppe sowohl eine positive als auch eine negative Meinung zum Euro möglich. Die Vorstellung an die Umstellungsphase bleibt aber in jedem Fall bedrohlich, denn auch die Interessierten Nationalen erwarten, daß sie sich nur schwer an das neue Geld gewöhnen werden. Die ideale EWU müßte aus ihrer Sicht einen Großteil der nationalen Souveränität erhalten, denn Einschnitte in die politische Unabhängigkeit ihres Landes bewerten sie sehr negativ. Besonders typisch ist diese Haltung für GB und Österreich, untypisch dagegen für die Niederlande und Italien.

Die Euphorischen Europäer

Die Euphorischen Europäer lieben ihr Land und sind mit dem Leben ausgesprochen zufrieden. Dazu trägt sicher auch ihre meist gehobene ökonomische und soziale Position bei. Ihre nationale Identität ist rein durch patriotische Gefühle gekennzeichnet. Mit anderen Worten, sie fühlen sich ihrem Land und ihren Leuten verbunden, ohne daß sie sich Menschen aus anderen Ländern überlegen fühlen. Symbole der nationalen Abgrenzung, wie z.B. die Landeswährung, stellen für sie kein zentrales Element des Nationalstolzes dar. Daher ist es für sie kein Konflikt, sich sowohl als Europäer als auch als Bürger ihrer Nation zu fühlen. Im Vergleich zu den anderen Gruppen artikulieren die Euphorischen Europäer die stärkste europapatriotische Haltung. Auf dem Weg des europäischen Zusammenwachsens einen Teil der politischen Souveränität aufzugeben, erscheint ihnen nicht von Nachteil.

Der Euphorische Europäer ist überdurchschnittlich gebildet; rund ein Viertel aller Befragten Selbständigen finden sich in diesem Cluster und sowohl im Hinblick auf das persönliche als auch im Hinblick auf das Haushaltseinkommen belegt dieser Typ den

Spitzenplatz. Die Einstellung der Euphorischen Europäer zum Euro fußt auf einer fundierten Informationsverarbeitung, denn sie halten das Thema für sehr wichtig und zeigen sich insofern motiviert, Informationen zum Euro aufnehmen. Sie haben gleichzeitig ein hohes Vertrauen in ihre eigene Informiertheit und wissen tatsächlich vergleichsweise gut Bescheid. Konsequenterweise erwarten die Euphorischen Europäer keine großen Schwierigkeiten, sich an das neue Geld zu gewöhnen. Ihre ausgesprochen positive Haltung gegenüber einer einheitlichen europäischen Währung liegt sowohl darin begründet, daß sie an die ökonomische Vorteilhaftigkeit des Euros glauben, als auch darin, daß sie für sich persönlich Vorteile, wie z.B. leichteres Reisen, erwarten. Daß es im Zuge der Einführung des Euro zu ungerechten Situationen kommt, halten sie eher für unwahrscheinlich.

Insgesamt scheint der Optimismus dieser Gruppe – die ja bisher schon im Leben meist „obenauf" schwimmt – nicht unberechtigt. Nicht nur dürften sie besonders von den konkreten Vorteilen, wie Reiserleichterungen, profitieren, sondern ebenso überproportional am – zumindest von ihnen erwarteten – ökonomischen Aufschwung teilhaben; haben sie es doch schon im bisherigen Leben verstanden, Chancen zu nutzen. Sie sind besonders in Italien und Spanien anzutreffen.

Die Euro-Illusionisten

Die Euro-Illusionisten sind unzufrieden, sowohl mit dem Leben als auch mit ihrem politischen und ökonomischen System. Konsequenterweise fühlen sie sich ihrem Land und ihrer Kultur und auch ihrer Währung nicht verbunden. Anders als die Nationalen Bewahrer kompensieren sie ihre Unzufriedenheit nicht durch Identifikation mit dem nationalen Kollektiv, weder in einem „positiven" Patriotismus noch in einem abgrenzenden Nationalismus. Letztlich fehlen diesen Europäern die Wurzeln in der eigenen Kultur. Diese fehlende nationale Bindung wird auch nicht durch europäischen Patriotismus ersetzt.

Vor diesem Hintergrund erscheint der Euro als Chance für Veränderungen. Als grundlegende Reform setzt er Hoffnungen auf ein besseres Leben frei. So wie von dieser Gruppe wahrscheinlich jede Veränderung als Möglichkeit gesehen wird, der ungeliebten Gegenwart zu entkommen. Folglich gründet die positive Meinung zum Euro nicht in einem hohen Informationsstand, sondern in der Hoffnung, das politische und ökonomische System zumindest partiell durch ein neues zu ersetzen. Der Verlust nationaler Souveränität schmerzt dementsprechend nicht. Im Vergleich zu ihrer grundsätzlich pro-europäischen Haltung drücken die Euro-Illusionisten eine erstaunlich hohe Ungerechtigkeitssensitivität aus. Wahrscheinlich sieht sich diese Gruppe relativ stabil in einer wenig zufriedenstellenden Opferrolle. Die EWU stellt eine willkommene Chance dar, der gegenwärtigen Situation zu entkommen. Ähnlich einem Lotterieschein scheint der Euro als Projektionsfläche vager Zukunftshoffnungen zu dienen, denn Hoffnungen auf positive ökonomische Konsequenzen werden nicht artikuliert.

Was den Euro-Illusionisten bisher zu fehlen scheint, ist eine realistische Einschätzung der Möglichkeiten und Grenzen einer europäischen Währungsunion. Sollten sich die Hoffnungen, die an den Euro geknüpft werden, nicht schnell erfüllen, so ist zu befürchten, daß die Unzufriedenheit auch in die Zukunft fortgeschrieben wird. Sie kommen in Italien besonders häufig, in Dänemark, Österreich, Finnland und den Niederlanden besonders selten vor.

Die Gleichgültigen

Die Gruppe der Gleichgültigen ist durchweg durch Unentschlossenheit gekennzeichnet. Sie sind sich nicht sicher, ob sie den Euro wollen, und wissen nicht genau, ob sie das Thema wichtig finden sollen. Politische Meinungslosigkeit scheint ein charakteristisches Merkmal dieser Gruppe zu sein – oft vor dem Hintergrund geringer Bildung. Charakteristisch ist darüber hinaus, daß die Anzahl der Arbeitslosen in dieser Gruppe überdurchschnittlich hoch ist. Sie fühlen sich ihrem Land nicht verbunden und empfinden keinen besonderen Stolz, wenn sie an kulturelle oder historische Errungenschaften denken. Im Vergleich zu den anderen Gruppen handelt es sich um eher unzufriedene Menschen. Die Traditionslosigkeit und die vergleichsweise geringe Bedeutung von Lebenswerten – seien sie konservativer oder moderner Natur – vervollständigen das Bild von einem desinteressierten Menschen ohne Wurzeln im eigenen Land. Vom Euro erwarten sie für sich selber nichts. Weder in positiver Hinsicht (z.B. Reiseerleichterungen betreffend) noch in negativer Hinsicht (z.B. ökonomische Veränderungen betreffend) haben die Gleichgültigen sich bisher ein Urteil über die Folgen des Euro gemacht. Konsequenterweise halten sie es nicht für notwendig, sich auf den Übergang zur einheitlichen Währung vorzubereiten, und reagieren wenig sensibel, wenn politische Entscheidungen über ihre Köpfe hinweg getroffen werden. Diese finden sich mit ca. 20 Prozent in fünf verschiedenen Ländern am häufigsten (unter ihnen Deutschland).

Die Gelassenen

Die Gelassenen gehören zu den zufriedenen Menschen und leben gerne in ihrem – meist kleinen – Land. Sie sind überdurchschnittlich gebildet und wohlhabend. Dabei ist ihr Bedürfnis, sich gegenüber anderen Nationen abzugrenzen, nicht sehr ausgeprägt. Allerdings finden sie die Vorstellung, ihr eigenes Land könnte im Zuge der europäischen Integration an Unabhängigkeit verlieren, eher negativ – eine Einstellung, die wohl vor dem Hintergrund der „kürzeren politischen Wege" in den kleineren Mitgliedsstaaten der EU zu interpretieren ist. Das Thema Euro interessiert sie nicht besonders, und sie haben auch keine sehr dezidierte Meinung dazu. Man gewinnt den Eindruck, sie sitzen zufrieden im gemachten Nest und lassen sich nur schwer aus der Ruhe bringen. Mit dem Gedanken an eine gemeinsame europäische Währung verbinden sie weder ökonomische Prosperität noch ökonomische Nachteile. Letztlich suchen sie die Zufriedenheit eher im kleinen und glauben auch nicht, daß diese durch den Euro bedroht wird. Selbstbewußt erwarten die Gelassenen keine Umstellungsprobleme bei der Einführung der neuen Währung.

Tabelle 12-6 gibt einen Überblick der Typenverteilungen in den einzelnen EU-Mitgliedstaaten.

Land / Prozent	Die Nationalen Bewahrer	Die Interessierten Nationalen	Die Euphorischen Europäer	Die Euro-Illusionisten	Die Gleichgültigen	Die Gelassenen
Österreich	21	30	14	4	5	26
Belgien	14	12	24	14	20	16
Dänemark	33	19	10	1	3	34
Finnland	28	12	19	4	3	34
Frankreich	13	17	24	16	15	15
Deutschland	21	24	11	7	21	16
Griechenland	16	28	13	19	12	12
Irland	18	23	20	12	6	21
Italien	7	9	32	25	19	8
Luxemburg	13	18	25	6	19	19
Niederlande	22	7	13	4	10	44
Portugal	19	22	20	13	19	7
Spanien	9	26	32	12	13	8
Schweden	33	12	12	8	8	27
GB	22	34	10	10	5	19
Gesamteuropa	**17**	**21**	**19**	**12**	**14**	**16**

Tabelle 12-6: ***Verteilung der Typen in den Ländern***

12.3 Resumee

Zusammenfassend zeigt die Verteilung der Typen ein interessantes Bild von Europa. Ein besonders hoher Anteil an „Gelassenen" findet sich in kleinen wirtschaftlich starken Ländern. Während in Dänemark und Schweden die Gelassenheit sicher auch dadurch erklärt werden kann, daß diese Länder in der ersten Stufe des Euro nicht dabei sein werden, könnte z.B. in den Niederlanden und Österreich der Grund für die Gelassenheit in der Tatsache liegen, daß die geldpolitische Souveränität dieser Länder durch die D-Mark-Bindung weitgehend aufgegeben wurde. Den Typ der Gleichgültigen gibt es in diesen Ländern kaum; er kommt eher in den Ländern im Zentrum Europas vor. Der überproportional hohe Anteil der Gleichgültigen in großen Ländern wie Deutschland, Frankreich und Italien könnte auf die subjektive Perzeption der Tatsache zurückzuführen sein, daß man in großen Kollektiven wenig Einfluß auf das politische Geschehen nehmen kann. Die Gruppe der Euro-Illusionisten, welche in Gesamteuropa den geringsten Anteil hat, ist mit Abstand am stärksten in Italien vertreten. Gerade dort besteht sicherlich die Gefahr, daß aufgrund hoher Unzufriedenheit mit dem augenblicklichen wirtschaftlichen und politischen System ohne fundiertes Wissen illusorische Hoffnungen in den Euro gesetzt werden, die, sofern sie nicht befriedigt werden, in noch größere Unzufriedenheit münden dürften. Die Gruppe der Europhorischen Europäer ist in Europa die zweitstärkste. In Italien und Spanien aber auch in Luxemburg, Belgien und Frankreich gibt es besonders viele Euphorische Europäer. Viele Menschen in der sehr homogenen Ländergruppe Luxemburg, Belgien und Frankreich (vgl. MDS in MÜLLER-PETERS, A., PEPERMANS & KIELL, 1998) zeichnen sich durch nationalen sowie europäischen Patriotismus aus. Wie oben diskutiert, sind sowohl die Nationalen Bewahrer als auch die Interessierten Nationalen durch eine ausgeprägte nationale Identität durchaus verbunden mit dem Bedürfnis nach positiver Distinktheit gekennzeichnet. Der Unterschied besteht darin, daß die Nationalen Bewahrer Europa mit ausgesprochener Ablehnung und Desinteresse gegenüberstehen, während die Interessierten Nationalen das Thema Euro durchaus wichtig finden. Dabei sind unter den Briten besonders viele Interessierte Nationale. Gerade die nordeuropäischen Länder Schweden, Dänemark und Finnland zeichnen sich durch besonders viele nationale Bewahrer aus. Vermutlich ist die Dauer der Mitgliedschaft in der EU auch eine Determinante des Involvements, welche den Unterschied zwischen den beiden national orientierten Typen ausmacht.

Abschließend kann man sagen, daß die bisherige Analyse der Psychologie der Europäischen Währungsunion schon ein recht interessantes Bild der psychologischen Dimensionen der Akzeptanz des Euro zeigt. Detaillierte Analysen einzelner Konzepte, bzw. einzelner Länder oder Ländergruppen vervollständigen das bisher gewonnene Bild. Dazu sei der interessierte Leser insbesondere auf MÜLLER-PETERS, A., PEPERMANS & BURGOYNE (1998) verwiesen.

DIE SOZIALE ORGANISATION VON FINANZDIENST-LEISTUNGEN

13. Kapitel

Zur Gestaltung von Investor Relations: Eine Typologisierung von Finanzanalysten und ihren Erwartungen

Thomas Bittner

psychonomics – Institut für Wirtschaftspsychologische Forschung und Beratung

13.1 Einleitung

Investoren und Privatanleger sind immer häufiger das Ziel betrieblicher Kommunikationsmaßnahmen. Die wichtigsten Multiplikatoren dieses Informationsprozesses sind Finanzanalysten, denn ihre Meinung bestimmt oftmals die Handlungen der Investoren und somit die Performance einer Aktie. Folglich beziehen sich eine Reihe von Investor-Relations-Maßnahmen speziell auf Analysten. Börsennotierte Aktiengesellschaften sind daher besonders an Informationen über Bedürfnisse und Verhaltensweisen dieser Meinungsmacher des Finanzanlagebereichs interessiert.

Im vorliegenden Artikel werden, nach einer kurzen Einführung in die Thematik, die Ergebnisse einer empirischen Studie zu Anforderungen, Motivation und Meinungen der Analysten zu persönlichen Investor-Relations-Maßnahmen dargestellt sowie Möglichkeiten zur zielgruppengerechten Optimierung aufgezeigt.

Unter Investor Relations (IR) wird im folgenden die Kommunikationspolitik eines Unternehmens gegenüber Finanzmärkten bezeichnet.[85]

IR-Instrumente reichen von Jahres- und Quartalsberichten, Unternehmenspräsentationen und Einzelgespräche (s.u.), Betriebsbesichtigungen und Unternehmensdarstellungen im Internet bis hin zu Videofilmen und Preisausschreiben.[86]

---

[85] Hiervon abzugrenzen sind das verwandte "Creditor Relations" und das davon abzugrenzende „Public Relations", siehe BITTNER (1996).

13.2 Finanzanalysten und Investor Relations

13.2.1 Finanzanalysten

Finanzanalysten, meist bei Investmentbanken, Universalbanken oder Brokerhäusern angestellt, erarbeiten ausführliche Studien über Branchen und einzelne Unternehmen und leiten daraus Kauf-, Halten- oder Verkaufsempfehlungen ab. Aufgrund ihrer zum Teil sehr ausführlichen Studien und der ihnen zukommenden Beachtung seitens der (institutionellen) Investoren können sie die Performance der Aktie eines Unternehmens erheblich beeinflussen (DE BONDT & THALER, 1990; LOEHR, 1990).

13.2.1.1 Funktionen der Finanzanalysten für Kapitalmarktteilnehmer

Für SCHOENEN (1994) ist der Finanzanalyst das Bindeglied zwischen Markt und Anleger und hat eine dreifache Funktion:

- Mittler zwischen Kapitalgeber (Anleger) und -nehmer (Unternehmung) und daher Hauptzielgruppe von Investor-Relations-Aktivitäten,
- informationstechnischer Multiplikator: Schnelle, vollständige und kostengünstige Informationsversorgung des Marktes zur Transparenz- und Effizienzsteigerung desselben (vgl. auch O'BRIEN & BHUSHAN, 1990),
- Beraterfunktion für den Investor: Aufzeigen von Ertrags- und Risikopotentialen durch eine fundiert aufbereitete und qualitativ hochwertige Interpretation.

Die Leistung der Finanzanalysten wird sowohl vom Finanzmarktteilnehmern als auch von der Literatur durchaus gemischt beurteilt (siehe BADEN, 1995; BJERRING, LAKONISHOK & VERMAELEN, 1983; DE BONDT & THALER, 1990; DIMSON & MARSH, 1984; DREMAN, 1977; MALKIEL, 1973). Schließlich sind jedoch immerhin 87% der Fonds-Manager der Meinung, daß Finanzanalysten eine bedeutende Informationsquelle darstellen (CARPENTER, 1994), die sie auch entsprechend nutzen (vgl. auch Handelsblatt (1991, Punkt 13.2.2.4)).

13.2.1.2 Persönliche Zielsetzungen der Analysten

Nach BALOG (1991) sind die persönlichen Ziele des Analysten:

- Clever zu erscheinen, indem er die „richtigen" Aktien empfiehlt, damit das Vermögen des Kunden vermehrt wird,
- Verlegenheit zu vermeiden, d.h. nicht der Letzte zu sein, der etwas erfährt.

Um diese Ziele zu erreichen, ist er auf einen stetigen Informationsfluß angewiesen. Analysten suchen permanent nach aufschlußreichen Neuigkeiten zur Unternehmens-Performance. Dazu bemühen sie eine Vielzahl unterschiedlichster Quellen – nicht zuletzt ihre Kollegen und die im Fokus stehenden Kapitalgesellschaften selbst. Diesen Informationstransfer vom Unternehmen zum Analysten leistet Investor Relations.

---

[86] Für einen Überblick, siehe LINK (1993).

13.2.2 IR-Systematik

13.2.2.1 Zielsetzung von IR

Kapitalgesellschaften nutzen IR, um bestimmte Unternehmensziele zu erreichen.

PAUL (1993) stellt die „angemessene“ Aktienbewertung mittels Korrektur falscher Vorstellungen als Zwischenziel dar, um

1. durch einen höheren Börsenkurs bei künftigen Aktienemissionen kostengünstiges Eigenkapital[87] und höhere Rücklagen zu ermöglichen,
2. Nachteilen bei der Eigenkapitalbeschaffung gegenüber der meist ausländischen Konkurrenz zu entgehen,
3. das Unternehmen gegen feindliche Übernahmen (aus Managementsicht) abzusichern (vgl. auch SCHMITZ, 1993 und SCHREIB, 1993).

13.2.2.2 Persönliche IR-Instrumente

Unter den IR-Instrumenten, die eingesetzt werden, um die „angemessene“ (oder möglichst hohe) Unternehmensbewertung zu erreichen, treten Unternehmenspräsentationen sowie Einzel- und Kleingruppengespräche aufgrund ihrer Eignung zur effizienten Informationsübermittlung besonders hervor.

Unternehmenspräsentationen sind Veranstaltungen, bei denen sich das Unternehmen einer Zahl von zehn bis einigen hundert Mitgliedern einer Zielgruppe vorstellt. Der „face-to-face“-Kontakt zu den Analysten ist für IR-Beauftragte die wichtigste Maßnahme auf dem Weg der Zielerreichung (siehe GRAVES, 1982; MAHONEY, 1991). Die Themen der Meetings reichen von der Darstellung des Jahresabschlusses über langfristige Ertragsaussichten bis hin zu qualitativen Merkmalen des Unternehmens oder einzelner Geschäftsfelder.

Der Analyst macht sich bei diesen Veranstaltungen zudem ein Bild vom Management, um dessen Fähigkeiten abschätzen zu können; denn Qualifikation und Engagement der Geschäftsführung entscheiden über den Erfolg eines Unternehmens (JUNGEN, 1994).

Problematisch bei Unternehmenspräsentationen ist, daß es sich oft um größere Veranstaltungen mit einer Vielzahl von Teilnehmern handelt, und folglich Unternehmensrepräsentanten einzelne Bemerkungen und Fragen von Analysten nicht in der nötigen Ausführlichkeit behandeln können (GRAVES, 1982). Auch werden Analysten in einem großen Kreis nicht alle subjektiv relevanten Fragen stellen und deshalb kleinere Veranstaltungen vorziehen (BAUER, 1990). Denn sie wollen nicht, daß ihre Konkurrenten die Anworten auf (subjektiv) bedeutende Fragen kennen und somit ihr persönliches Spezialwissen auch von anderen genutzt wird (BALOG, 1991).

---

87 Da sich der Kurs der jungen Aktien immer am Kurs der alten Aktien (= Obergrenze) orientiert, bedeutet ein höherer Kurs vor Emission einen höheren Emissionskurs neuer Aktien und damit geringere Kapitalkosten (bei gleichbleibender Dividende pro Aktie). Dieses Ziel nennen auch BRUNS (1993), SCHMIDT (1993), SCHMITZ (1993) und SCHOENEN (1993).

Finanzanalysten bevorzugen daher häufig regelmäßige, kleinere Meetings mit kompetenz- und hierarchiemäßig adäquaten Gesprächspartnern (CHATLOS, 1974; LINK, 1991). Bei Kleingruppen- und Einzelgesprächen können einzelne Themen der Unternehmenspräsentation herausgegriffen und intensiviert werden. Der kleine Gesprächskreis bietet die Möglichkeit zur offenen Diskussion über positive und negative Ereignisse im Unternehmen. Auch ist Feedback gegenüber dem Unternehmensvertreter eher möglich als bei Unternehmenspräsentationen.

Als Folge dieser IR-Maßnahmen kann es zu deutlichen Kursbewegungen der Aktien kommen (vgl. SIENEL, 1995; WALMSLEY, YADAV & REES, 1992). Für die IR-treibenden Unternehmen ist es also von Bedeutung, welche Informationen wie an wen verbreitet werden. Um den Prozeß der Informationsübermittlung zielgerecht steuern zu können, bedarf es der Kenntnis über „psychologische Faktoren" der Rezipienten wie Einstellungen, soziale Normen, sozialer Vergleich etc., und wie man über diese das Informationsbeschaffungsverhalten der Analysten beeinflussen kann.

13.3 Empirische Untersuchung

13.3.1 Untersuchungsrahmen

Die diesem Bericht zugrunde liegende Untersuchung fand im Winter 1995/96 statt.

Da die Zahl der Finanzanalysten sehr begrenzt ist (die *Deutsche Vereinigung für Finanzanalyse und Anlageberatung GmbH (DVFA)* hat bspw. nach SIENEL (1995) eine Mitgliederzahl von ca. 700 Personen (Finanzanalysten, Portfolio Manager, Anlageberater)) und dieser Personenkreis unter extremem Zeitdruck leidet, war nur ein kurzer Fragebogen realisierbar.

Für die empirische Untersuchung konnten 90 Finanzanalysten von in Deutschland ansässigen Banken gewonnen werden, deren Vorgesetzte in einer telefonischen Vorauswahl ihre generelle Bereitschaft zur Beantwortung von Fragen bzw. Weitergabe der Fragebögen erklärt hatten.[88] Analysten in anderen Ländern wurden nicht untersucht, weil hier Unterschiede aufgrund der zum Teil fortgeschrittenen Erfahrung mit IR vorliegen, die zu Verzerrungen hätte führen können. Jeder Analyst hatte die Möglichkeit, den Fragebogen anonym, zu einer ihm genehmen Zeit auszufüllen und kostenfrei zurückzusenden. Außer der Mitteilung der Untersuchungsergebnisse gab es für die Teilnehmer keine weiteren Incentives.

13.3.2 Eine Typisierung der Finanzanalysten

Im folgenden werden Ergebnisse aus dieser Studie präsentiert und deren Bedeutung für die IR-Arbeit diskutiert. Dazu werden die Meinungen, Erwartungen und Einstellungen der Analysten unter verschiedenen Aspekten beleuchtet. Denn zur effizienten Einflußnahme auf diesen Personenkreis ist es erforderlich, zwischen den Analys-

[88] Es wurden 158 Fragebögen an 35 Bankhäuser gesandt.

ten zu differenzieren. Die Differenzierung sollte anhand von Merkmalen erfolgen, deren Ausprägung von Unternehmensvertretern relativ einfach in Erfahrung zu bringen ist. Eine Differenzierung, die sich auf psychologische Konstrukte beschränkt, leidet darunter, daß ihre Ergebnisse – aufgrund der mangelnden unmittelbaren Beobachtbarkeit der Konstrukte – vom untersuchten Personenkreis kaum auf eine nur oberflächlich bekannte Zielgruppe transferiert werden können. Es fehlen beobachtbare oder leicht festzustellende Leit- oder Hilfsgrößen, nach denen man die Zielgruppe bei der Ausprägung ein oder mehrerer Variablen differenzieren kann.

Aus diesem Grunde orientiert sich die weitere Beschreibung und Diskussion an folgenden erhobenen Merkmalen:

- *Erfahrung*; gemessen durch Anzahl der Berufsjahre; erfahrene („Seniors" – es handelt sich hierbei zum Teil auch um Analysten in Führungspositionen) vs. wenig erfahrene Analysten („Juniors") (Median = 5 Jahre Berufserfahrung),
- *Nutzung von IR-Veranstaltungen* (Unternehmenspräsentationen, Einzel- und Kleingruppengespräche); gemessen durch indexierte Teilnahmehäufigkeit an diversen Veranstaltungsarten; „Heavy-users" vs. „Pickers" (= eher sporadische Teilnahme),
- *Analyseumfang*; gemessen durch die Anzahl der zu analysierenden Unternehmen; „Spezialisten" vs. „Generalisten"; (Median = 25 Unternehmen).

Welche Bedeutung hat diese Differenzierung für die IR-Arbeit?

Eine Unausgewogenheit bei den Teilnehmern der Veranstaltungen kann die Zielerreichung von IR beeinträchtigen. Wer bspw. feststellt, daß die eigenen Veranstaltungen nur von Spezialisten besucht werden, muß sich fragen, ob dies nicht seinem Ziel des Aufbaus von Aktionärsvermögen in den Händen von Kleinaktionären zwecks

- Schutz vor feindlichen Akquisitionen und
- Dämpfung der Kursausschläge in volatilen Börsenphasen

widerspricht.

Denn die Generalisten repräsentieren häufig große Sparkassen und Verbundinstitute der Genossenschaftsbanken – mit unmittelbarem Zugang zu der begehrten Zielgruppe.

Entsprechend unserer differenzierten Betrachtungsweise können Empfehlungen abgeleitet werden, deren Umsetzung es ermöglicht, Generalisten intensiver an IR-Veranstaltungen zu binden.

Manche Analysten wird der IR-Beauftragte bei jeder Veranstaltung seines Unternehmens antreffen. Einige werden jedoch nur sehr selten erscheinen. Sie „picken" sich die lohnenden „Events" heraus. Diese sog. Pickers können der qualitative Gradmesser guter IR-Arbeit sein (dies gilt vor allem für Gesellschaften, die nicht so im Fokus stehen wie die im allgemeinen vielbeachteten DAX-Werte). In dieser Arbeit werden Maßnahmen beschrieben, wie persönliche IR für Pickers attraktiver dargestellt werden kann.

Der Schlüsselbegriff der IR-Arbeit ist „Glaubwürdigkeit". Um diese zu erlangen, bedarf es im wesentlichen perzipierter Kompetenz und perzipierter (mangelnder) Interessengebundenheit des Unternehmensvertreters (siehe HOVLAND et al., 1953).[89] Glaubwürdigkeit zu erreichen ist mühsam – gerade bei Finanzanalysten handelt es sich um ein sehr kritisches Publikum.

Der Aufbau der erwünschten Glaubwürdigkeit ist ein Lernprozeß, der Zeit braucht. Daher ist es entscheidend, daß nicht nur altgediente Finanzanalysten den IR-Veranstaltungen folgen, sondern auch Berufsneulinge. Hier liegt die Chance, eine offene und langfristige Verbindung aufzubauen, die auch manche (Unternehmens-) Krise überstehen und sogar ausgleichen kann. Möglichkeiten zur gezielten Einflußnahme auf das Besuchsverhalten von Juniors werden ebenfalls vorgestellt.

Gemäß der unternehmensindividuellen IR-Zielsetzung können aus den Ergebnissen der Untersuchung zielgruppengerechte Maßnahmen abgeleitet werden.

Auch für Kapitalanleger ist die ausgewogene Verteilung der Unternehmensinformationen auf die Analystentypen von Bedeutung. Gründliche Unternehmensanalysen sind die Basis einer erfolgreichen Anlageberatung. Denn mit dem Informationsstand des Analysten steht und fällt die Beurteilung von Rendite und Risiko der Wertpapiere. Folglich ist es auch im Sinne der Anleger, daß Analysten ihres Bankinstitutes Unternehmenspräsentationen und Einzelgespräche nutzen und Kapitalgesellschaften Maßnahmen treffen, um sie mit Informationen zu versorgen.

13.3.3 Ergebnisse der Untersuchung

13.3.3.1 Einstellungsfragen

Die Messung der Einstellung zu einer IR-Veranstaltung erfolgte gemäß der Einstellungsdefinition nach FISHBEIN & AJZEN (1975) durch Multiplikation einer Erwartung mit der Bewertung derselben. Aufgrund der im Vergleich zum Bevölkerungsdurchschnitt hohen kognitiven Fähigkeiten der Zielgruppe ist der Verfasser der Ansicht, daß die Analysten zwischen der Wahrscheinlichkeit eines Ereignisses und der Bewertung desselben unterscheiden können, weshalb die Trennung in eine Erwartungs- und eine Bewertungskomponente sinnvoll ist. Auch die empirischen Ergebnisse zeigen, daß die Analysten zwischen der Erwartung eines Ereignisses und dessen Bewertung differenzieren können.

Zunächst soll der Frage nachgegangen werden, was der Gesamtheit der Analysten bei IR-Veranstaltungen besonders wichtig ist und demgegenüber, was sie bei der Veranstaltung tatsächlich erwarten. Dazu wurde eine Reihe von Items vorgegeben:[90]

a) zur Bewertung der *Wichtigkeit*,

---

[89] Zu weiteren Faktoren der Glaubwürdigkeit, siehe auch BERLO, LEMERT & MERTZ (1970) zur "Dynamik" und TUPPEN (1974) zu "Ko-Orientierung" und "Ausstrahlung" des Kommunikators.

[90] Eine Einstellung kann, je nach Komplexität des Einstellungsobjektes, durch eine Vielzahl kognitiver und affektiver Komponenten bestimmt werden. In dieser Arbeit wird die affektive Komponente als Wertung der kognitiven aufgefaßt. Diese wiederum stellt die Wahrnehmung bzw. Erwartung zum Einstellungsobjekt und dessen Attributen oder Konsequenzen dar.

b) zur Einschätzung der *Erwartung*.

Bei der Beurteilung der *Wichtigkeit* auf einer 7er-Skala („sehr wichtig" (7) bis „absolut unwichtig" (1)) ergibt sich folgendes Bild:

1. Glaubwürdigkeit der Informationen (Mittelwert $\overline{x}$ = 6,60),
2. Kompetenz der Unternehmensvertreter ($\overline{x}$ = 6,58),
3. Möglichkeit zur Einschätzung des Managements ($\overline{x}$ = 6,56),
4. Übermittlung wichtiger Informationen ($\overline{x}$ = 6,37),
5. Beantwortung relevanter Fragen ($\overline{x}$ = 6,31),
6. Möglichkeit zum Meinungsaustausch mit anderen Analysten ($\overline{x}$ = 5,09).

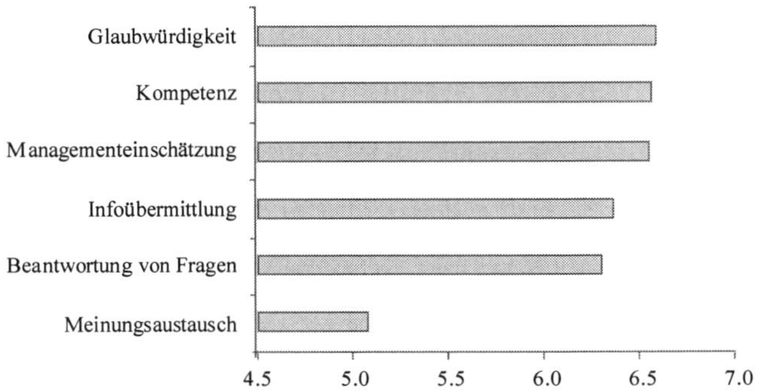

Abbildung 13-1

Was können Analysten von den Veranstaltungen tatsächlich *erwarten*?

Aufgrund der Untersuchung (Wahrscheinlichkeitsskala: „sicher" (1,0) bis „unmöglich" (0,0)) ergibt sich folgende Reihenfolge:

1. Möglichkeit zum Meinungsaustausch mit anderen Analysten ($\overline{x}$ = 0,84),
2. Kompetenz der Unternehmensvertreter ($\overline{x}$ = 0,78),
3. Möglichkeit zur Einschätzung der Managementqualität ($\overline{x}$ = 0,69),
4. Übermittlung bedeutender Informationen ($\overline{x}$ = 0,65),
5. Glaubwürdigkeit der Informationen ($\overline{x}$ = 0,64),
6. Beantwortung relevanter Fragen ($\overline{x}$ = 0,62).

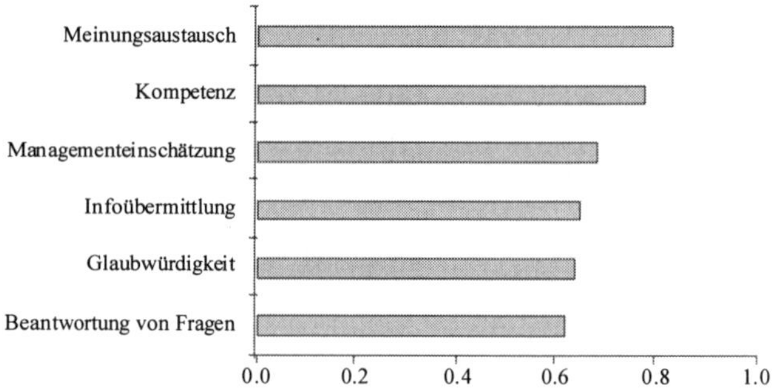

Abbildung 13-2

Angesichts der Abweichung bei den für IR zentralen Punkten der Glaubwürdigkeit und der Beantwortung relevanter Fragen sind die Unternehmen zum Handeln aufgefordert. Wenn Glaubwürdigkeit aus perzipierter Kompetenz und Interessengebundenheit besteht (s.o.) und das Management als kompetent eingestuft wird, ist im Bereich der Interessengebundenheit einiges zu verbessern. Um die Vermutung der Interessengebundenheit auszuräumen, wäre es bspw. hilfreich, die Analysten mit einer Vielzahl von Informationen zu versorgen. Es darf gar nicht erst der Verdacht aufkommen, daß „unbequeme" Informationen verschwiegen oder manipuliert werden könnten. Auch über sensible Informationen kann man sich (auf Anfrage, und dann auch nur sehr zurückhaltend) im Einzelgespräch unterhalten – allerdings „off-the-records". Zu empfehlen sind hier auch (Kleingruppen-)Gespräche mit Spezialisten aus den Fachbereichen des Unternehmens, z.B. Spartenleitern. Nicht möglich ist jedoch die Durchsicht und Korrektur der Aktienanalysen seitens der Unternehmensvertreter vor deren Veröffentlichung durch die Analysten und ihre Institute.

Insgesamt werden Analysten eher beabsichtigen, eine IR-Veranstaltung zu besuchen, wenn die Informationen von einer kompetent erscheinenden Quelle präsentiert werden (die Korrelation der Kompetenz-Einstellung mit der Intention zur Teilnahme an einer IR-Veranstaltung ergibt $r = 0{,}38$ und $p < 0{,}001$.) IR-treibende Unternehmen haben diesen Punkt besonders zu berücksichtigen. Wer ihnen was mitteilt, ist den Analysten wichtig. Eine Einladung zu einer Veranstaltung mit Vorstandsmitgliedern oder Geschäftsbereichsleitern wird daher eher auf die gewünschte Resonanz stoßen als Vorträge der Abteilung für Öffentlichkeitsarbeit.

Bei der differenzierten Betrachtung der Einstellungs-Items ergeben sich folgende Auffälligkeiten:

Spezialisten ist die Bewertung der

- Kompetenz der Unternehmensvertreter ($\overline{x} = 6{,}71$ vs. 6,43; $p = 0{,}059$),
- Möglichkeit zur Einschätzung der Managementqualität ($\overline{x} = 6{,}69$ vs. 6,40; $p < 0{,}05$),

(signifikant) wichtiger als den Generalisten. Vor allem die hohe Bedeutung der Kompetenz des Unternehmensvertreters wird unten (Punkt 13.3.3.4) deutlich.

Den Pickers ist es tendenziell wichtiger als Heavy-users, daß sie ihre Meinung zum Unternehmen bei IR-Veranstaltungen mit anderen Analysten austauschen können ($\bar{x}$ = 5,40 vs. 4,73; p = ,071). Ihnen sollte daher die Möglichkeit dazu im Rahmen von IR-Veranstaltungen gegeben werden, bspw. beim gemeinsamen Essen o.ä. Bei den Heavy-users ist der Zusammenhang zwischen Einstellung und Intention zur Teilnahme stärker (r = 0,3867; p < 0,01) als bei den Pickers (r = 0,2415; p = 0,057).[91] Denn Pickers beachten besonders die möglichen Kosten einer IR-Veranstaltung (s.u., Punkt 13.3.3.4).

13.3.3.2 Soziale Norm

Ob Analysten einer Einladung zu einer IR-Veranstaltung tatsächlich folgen, hängt neben der Einstellung auch von der sozialen Norm/sozialem Druck ab (FISHBEIN & AJZEN, 1975), hier: Erwartungen/Anforderungen von Vorgesetzten, Unternehmensvertretern und dem Analystenumfeld). Analog zum Einstellungs-Konstrukt besteht die soziale Norm aus einer kognitiven Komponente (normative Erwartung; die Erwartung einer Person, daß eine Bezugsgruppe oder ein Individuum der Ansicht ist, daß die Person das fragliche Verhalten ausüben oder unterlassen soll) und einer affektiven Komponente (Motivation, dieser Erwartung nachzukommen). Die Informationsquelle „Unternehmenspräsentation" wird eher dann herangezogen, wenn eine entsprechend positive Einstellung sowie sozialer Druck von Seiten der Vorgesetzten, Kollegen etc. vorhanden sind.

Auch hier ergeben sich bei den o.g. Analystengruppen Unterschiede, die in die IR-Planung eingehen sollten.

Der soziale Druck, insbesondere die Erwartung, daß das Unternehmen mit der Teilnahme des Analysten rechnet, ist für Heavy-users von Bedeutung (sozialer Druck: $\bar{x}$ = 2,29 vs. 1,77; p = 0,052; Erwartung: $\bar{x}$ = 0,75 vs. 0,59; p < 0,05). Der Zusammenhang zwischen sozialer Norm und Intention ist bei ihnen höher (r = 0,33; p < 0,05) als bei den Pickers (r = 0,25; p = 0,057). Der Grund hierfür könnte in der (persönlichen) Bindung des Heavy-users – aufgrund der intensiven IR-Nutzung – zum Unternehmen bzw. Unternehmensvertreter liegen. Dieser soll möglicherweise nicht enttäuscht werden. Eventuell rechnet er auch mit Sanktionen wegen Nichterscheinens (wie bspw. Absage von Einzelgesprächen o.ä.). Hier könnten deutliche Unternehmenssignale des Interesses am Erscheinen des Analysten intensiveres Nutzungsverhalten auch dann garantieren, wenn frühere Meetings nicht immer das vom Analysten gewünschte Ergebnis lieferten.

Wenn Pickers der Beeinflussung über die soziale Norm zwecks Hinwendung zu IR-Veranstaltungen kaum zugänglich sind, muß der Fokus einer betrieblichen IR-Strategie bei ihnen auf der Argumentation über Kosten-Nutzen-Elemente liegen (s.u., Punkt 13.3.3.4).

---

[91] Aufgrund von gerichteten Hypothesen handelt es sich um einseitige Signifikanztests. Die hier und im folgenden vorgenommenen *Vergleiche* von Korrelationen sind als Tendenzaussagen zu werten, ohne spezifisch auf Signifikanz der Differenz überprüft worden zu sein.

Der soziale Druck wird von Spezialisten als wesentlich höher empfunden als von Generalisten. Dies gilt gleich für mehrere Komponenten dieses Konstruktes:

- die *Erwartung des Unternehmens* bzgl. der Teilnahme an der IR-Veranstaltung ($\overline{x}$ = 0,75 (Spezialisten) vs. 0,59 (Generalisten); $p < 0{,}05$),
- die *Erwartung anderer Analysten* bzgl. der Teilnahme an der IR-Veranstaltung ($\overline{x}$ = 0,55 vs. 0,39; $p < 0{,}001$),
- die *Tendenz,* der *Unternehmenserwartung nachzukommen* ($\overline{x}$ = 3,86 vs. 3,17; $p = 0{,}058$).

Das Konstrukt des sozialen Drucks hat bei Spezialisten einen größeren Einfluß auf die Intention zur Teilnahme an IR-Veranstaltungen ($r = 0{,}32$; $p < 0{,}05$) als bei Generalisten ($r = 0{,}24$; $p = 0{,}066$).

Erscheinen noch zu wenig Spezialisten bei den IR-Veranstaltungen, so könnte es von Nutzen sein, verstärkt mit dem sozialen Druck zu operieren. Hier ist allerdings mit Vorsicht vorzugehen, um Reaktanz zu vermeiden. Vorstellbar wären bspw. zusätzlich zur schriftlichen Einladung ein telefonisches Nachfassen, zwecks Verdeutlichung der Wichtigkeit der Teilnahme und Einholung einer verbindlichen Zusage und/oder eine persönliche Einladung an den Vorgesetzten des Analysten (dieser wird zwar höchstwahrscheinlich absagen, dann aber seinen zuständigen Analysten beauftragen teilzunehmen).

Bei der Perzeption von sozialem Druck ist kein (signifikanter) Unterschied zwischen Juniors und Seniors festzustellen.

13.3.3.3 Sozialer Vergleich

Auch der soziale Vergleich (siehe FESTINGER, 1954) spielt eine zentrale Rolle bei der Informationsquellenwahl: Eine Meinung über ein Objekt wird mit der Meinung anderer über dasselbe Objekt verglichen, wenn die „physische Realität" keine Aussage über die Korrektheit dieser Meinung zuläßt. Das Motiv zum sozialen Vergleich determiniert gleichzeitig die Informationsquelle: Die Bezugsgruppe, die man als sich selbst ähnlich wahrnimmt.

Besonders Unternehmenspräsentationen stellen eine Möglichkeit zum sozialen Vergleich dar. Dabei gilt, daß eher die Meinungen von solchen Finanzanalysten übernommen werden (d.h. durch sie ein erhöhter Anpassungsdruck auf die eigene Meinung erzeugt wird), die bei der Financial Community im Ruf stehen, qualitativ besonders wertvolle Analysen zu erstellen.[92] Wird erwartet, daß diese Personen bei Unternehmenspräsentationen anwesend sein werden, so erscheint eine Teilnahme noch lohnenswerter.

Bei der Befragung zum sozialen Vergleich wurden Items mit einer siebenstufigen LIKERT-Skala von „stimme vollkommen zu" (7) bis „lehne vollkommen ab" (1) vorgegeben. Die Ergebnisse zeigen, daß ein sozialer Vergleich jedoch nicht nur mit anderen Analysten erfolgt, sondern auch mit dem Management. Während der einzelne sich auch außerhalb von IR-Veranstaltungen mit anderen Analysten vergleichen kann

[92] Im folgenden werden diese Finanzanalysten als "Staranalysten" bezeichnet.

(Telefongespräch, *DVFA*-Weiterbildung, Analysten-Stammtisch o.ä.), sind Unternehmenspräsentationen, Kleingruppen- und Einzelgespräche für einen Vergleich mit dem Management unabdingbar. Dies dürfte vor allem für solche Finanzanalysten gelten, die sich selbst als Experten für das betrachtete Unternehmen verstehen. Sie glauben eher, adäquatere Gesprächspartner im Management zu finden. Für sie wird vor allem das Einzelgespräch mit Fachleuten aus der Unternehmung sinnvoll sein. Sie könnten der Ansicht sein, daß ihnen eher die Diskussion mit dem Management hilft, ihre Prognose zu validieren, als der Vergleich mit den Kollegen.

Die Ergebnisse der Untersuchung zeigen, daß Analysten allgemein bei ihren Vergleichen eher zum Management tendieren, selbst wenn nicht alle Aussagen dieser Personen „at face value" übernommen werden können. Zwar erscheinen ihnen andere Analysten ähnlicher, wertvollere Informationen[93] können jedoch aus Sicht der Analysten auf Seiten der Unternehmensvertreter vermutet werden.

Jüngere Analysten (Juniors) haben im Verhältnis zu Seniors ein ausgeprägteres Motiv zum sozialen Vergleich ($\bar{x} = 5{,}83$ vs. 5,24; $p < 0{,}01$). Deutlich stärker besteht bei ihnen das Interesse an einer Validierung ihrer Einschätzung des beobachteten Unternehmens vor der Veröffentlichung ihres Berichtes ($\bar{x} = 6{,}12$ vs. 5,44; $p < 0{,}05$). Möglicherweise aufgrund ihrer geringeren Erfahrung haben sie eher den Wunsch, ihre Meinung über ein Unternehmen mit derjenigen anderer zu vergleichen, um zu einer abgesicherten Bewertung zu kommen. Auch gibt es einen stärkeren Zusammenhang bei Juniors ($r = 0{,}52$; $p < 0{,}001$) als bei Seniors ($r = 0{,}34$; $p < 0{,}01$) zwischen der Höhe des Motivs zum sozialen Vergleich und der Nutzung von Unternehmenspräsentationen für einen tatsächlichen Vergleich. Seniors glauben, daß man Analystenkollegen eher trauen kann (oder sollte) als dem Management – Juniors sind eher indifferent ($\bar{x} = 5{,}08$ vs. 4,50; $p = 0{,}051$).

Seniors erleben daher eher einen Anpassungsdruck im Hinblick auf die von anderen Analysten geäußerte Meinung. Dies ist besonders bei Staranalysten der Fall. Je bedeutender Staranalysten eingeschätzt werden, desto eher neigt der Senior dazu, sich deren Meinung anzuschließen ($r = 0{,}59$; $p < 0{,}001$). Auffallend ist die unterschiedliche Bedeutung von Staranalysten und solchen von Kapitalsammelstellen. Während es aus Sicht der Befragten tolerabel erscheint, die Meinung von Staranalysten zu übernehmen, scheint es weniger akzeptabel zu sein, einer Einstellung von jemandem zu folgen, der „nur" deshalb interessant ist, weil er eine große Kapitalsammelstelle vertritt – selbst wenn es marktmäßig opportun wäre. Während man den einen wegen seiner Fähigkeit respektiert, attribuiert man des anderen Erfolge lediglich auf dessen Marktmacht. Die Annahme seiner Meinung bzw. Bewertung könnte als Verstoß gegen eine „Norm der originären Bewertung" gedeutet werden (nach der die Bewertung einer Aktie und die abgeleitete Kauf- bzw. Verkaufsempfehlung das Ergebnis der Interpretation vorliegender Informationen auf Basis der eigenen individuellen Fähigkeit des Analysten ist; man übernimmt nicht bloß eine Bewertung, man muß sie selbst generieren), weshalb der Zusammenhang zwischen perzipierter Bedeutsamkeit und Anpassungsdruck gering bleibt.

---

[93] Zur Art der von Unternehmen nachgefragten Informationen vgl. Punkt 13.3.3.5.

Als Maßnahme bietet sich dem Unternehmen die Möglichkeit, Seniors auf das Kommen erfolgreicher Analysten hinzuweisen bzw. mit kompetenten Gesprächspartnern aus dem Kreis der Unternehmensführung aufzuwarten, mit denen Meinungen offen und ehrlich ausgetauscht werden können. Bei den Seniors kann die Anwesenheit von Staranalysten unter der Bedingung der perzipierten Bedeutsamkeit den vom Unternehmen gewünschten Anpassungsdruck erzeugen. Daß Juniors Staranalysten und Analysten großer Kapitalsammelstellen hoch bewerten, heißt jedoch nicht, daß hiermit Anpassungsdruck generiert wird. Möglicherweise gilt die positive Einschätzung dieser Analysten im Hinblick auf deren Methoden-Kenntnisse. Wenn es um meinungsbildende Informationen geht, die für den Anpassungsdruck entscheidend sind, verlieren sie etwas an Bedeutung.

Möglichkeiten zur Einflußnahme bietet hier jedoch das Management selbst. Wenn Unternehmensvertreter den Juniors kompetent erscheinen (was sie ja anscheinend bei Staranalysten schätzen), können sie mittels ihres überlegenen Informations-Backgrounds nicht nur informieren, sondern schlichtweg überzeugen.

Ein mögliches Mißtrauen seitens der Seniors kann nur durch eine konsequent offene Unternehmensdarstellung abgebaut werden.

Heavy-users sind eher dazu bereit, ihre Meinung zum Unternehmen mit dem Management im Rahmen von Präsentationen zu diskutieren als Pickers ($\overline{x} = 5{,}47$ vs. 4,53; $p < 0{,}005$). Hier könnte die größere Routine im Umgang mit Unternehmensvertretern eine Rolle spielen. Pickers haben größere Angst davor, sich durch unpassende oder „dumme" Fragen vor dem Management und den versammelten Analysten zu diskreditieren und stellen daher Fragen, von denen sie glauben, daß sie von „allgemeinem Interesse" sind ($\overline{x} = 3{,}47$ vs. 2,18; $p < 0{,}001$). Auch werden Pickers bei Veranstaltungen dieser Art die anwesenden Unternehmensvertreter durch „unbequeme" Fragen nicht so (heraus-)fordern wie Heavy-users, die eher dazu bereit scheinen.

Pickers halten die Meinung herausragender Analystenkollegen für wichtiger als Heavy-users ($\overline{x} = 5{,}30$ vs. 4,72; $p < 0{,}05$). Allerdings ist der Zusammenhang zwischen geschätzter Bedeutung und perzipiertem Anpassungsdruck bei intensiveren Nutzern von IR-Veranstaltungen (sowohl für Analysten von Kapitalsammelstellen ($r = 0{,}25$; $p < 0{,}05$ vs. $r = -0{,}07$) als auch für Staranalysten ($r = 0{,}51$; $p < 0{,}001$ vs. $r = 0{,}35$; $p < 0{,}01$)) wesentlich stärker.

Sollte bspw. der unter Analysten hoch angesehene Timothy PLAUT von *Goldman Sachs, London* eine kritische Studie über ein Unternehmen veröffentlichen, deren Inhalt bei einer IR-Veranstaltung mit ihm und den anwesenden Analysten diskutiert wird, so werden sich vor allem die Heavy-users an ihm orientieren. Derartige Zusammenhänge sind bei der Planung von Kleingruppengesprächen zu beachten. Unter den hier geschilderten Umständen würde sich bspw. die verstärkte Berücksichtigung von Einladungen an Pickers auszahlen. Diese Analystengruppe dürfte auch für die Einladungen zu Einzelgesprächen dankbar sein.

Beim Konstrukt des sozialen Vergleichs gibt es keine signifikanten Unterschiede zwischen Spezialisten und Generalisten. Es gelten daher die allgemeinen Aussagen zur Gesamtheit der Finanzanalysten (s.o.).

13.3.3.4 Differenzierte Kosten-Nutzen-Betrachtungen

Bei der Entscheidung über die Teilnahme an einer IR-Veranstaltung müssen sich die Analysten teilweise über den Nutzen und die möglichen Kosten des Meetings klar werden. Dies gilt besonders dann, wenn sie den Nutzen angesichts der unübersehbaren Kosten (aufgrund bankinterner Vorschriften) ihren Vorgesetzen transparent machen müssen.

Kosten-Nutzen-Vergleiche erfordern eine rationale Beurteilung der Sachlage unter Antizipation des Informationsnutzens und der Einbeziehung aller relevanten Kostenarten und -höhen. Während der durchschnittliche Konsument bzw. Geldanleger dazu nicht unbedingt in der Lage ist, könnte man beim Finanzanalysten, der aufgrund seiner Tätigkeit permanent rational Vergleiche anzustellen hat, eine entsprechende Leistung eher vermuten (vgl. REUTER, 1980). Aber auch bei Analysten erfolgt keine Gegenüberstellung aller möglichen Kosten- und Nutzenkomponenten. Es werden vielmehr solche situativen Gegebenheiten berücksichtigt, die dem Analysten bei seiner Entscheidungsfindung gerade einfallen und als entscheidungswirksam eingestuft werden.

Erfahrungen mit dem Nutzen der in der Vergangenheit beschafften Informationen und der Informationsquelle dienen hier zur Nutzenabschätzung. Auf der Kostenseite könnte bspw. angeführt werden, daß der Besuch der IR-Veranstaltung mit An- und Abreise einen ganzen Tag in Anspruch nehmen würde, und gerade für diesen Tag ein Treffen mit einem wichtigen Kunden anberaumt ist oder eine Unternehmensanalyse fertiggestellt werden soll.

Als **Nutzen** waren im Fragebogen aufgeführt (siebenstufige LIKERT-Skala von „ja, immer“ (7) bis „nein, niemals“ (1)):

- Nutzen der durch das Management verbreiteten Informationen,
- sonstiger Nutzen der Teilnahme, wie Buffet, Kennenlernen „wichtiger Leute“ oder das Wiedersehen ehemaliger Kommilitonen.

Als **Kosten** waren genannt:

- monetäre Kosten für den Arbeitgeber wie Reisekosten etc.,
- monetäre Kosten, die einem selbst entstehen können wie Verpflegung, die über dem Spesensatz liegt etc.,
- Opportunitätskosten; die Möglichkeit, statt teilzunehmen, eine andere Arbeit zu verrichten.

Seniors ($\overline{x} = 0{,}70$) erwarten tendenziell eher als Juniors ($\overline{x} = 0{,}60$), daß ihnen durch die Teilnahme an einer IR-Veranstaltung Opportunitätskosten entstehen – wichtige Arbeit bleibt erst einmal unbearbeitet auf dem Schreibtisch zurück. Jedoch sind im Gegensatz zu den Juniors die Kosten-Nutzen-Überlegungen bei den Seniors nicht mit der Intention zur Teilnahme verknüpft ($r = 0{,}38$; $p < 0{,}01$ vs. $r = 0{,}06$; $p = 0{,}336$). Daher besteht hier kein unmittelbarer Handlungsbedarf.

Allerdings überlegen sich Juniors verstärkter als Seniors, welchen sonstigen Nutzen (neben reinen Information) die Teilnahme an einer Veranstaltungen haben könnte ($\overline{x} = 5{,}29$ vs. $4{,}65$; $p = 0{,}055$). Und den (Gesamt-)Nutzen der Veranstaltung müssen sie auch eher ihren Vorgesetzen darlegen, denn diese erteilen ihnen häufig die Genehmigung zur Teilnahme ($\overline{x}$ = 4,17 vs. 2,58; p < 0,001). Zusätzlich haben sie auch in stärkerem Maße als Seniors Reisekostenbudgets zu beachten ($\overline{x}$ = 3,90 vs. 3,06; p = 0,059). Dies verwundert nicht, wenn man bedenkt, daß unter den befragten Seniors einige Personen mit Führungsverantwortung sein dürften.

Unternehmensvertreter können den Juniors Unterstützung zukommen lassen, indem sie mit der Einladung zur Veranstaltung Argumentationshilfen bieten. Zudem werden Juniors besonders gerne kommen, wenn der sonstige Nutzen (Buffet, Socialising etc.) stimmt.

Pickers denken grundsätzlich eher als Heavy-users darüber nach, welche Kosten ihnen durch die Teilnahme an IR-Veranstaltungen entstehen und welchen Nutzen sie daraus ziehen können ($\overline{x}$ = 4,60 vs. 4,23; p < 0,05).

Pickers ist es wichtiger als Heavy-users, daß der monetäre Aufwand für den Besuch einer IR-Veranstaltung möglichst gering bleibt ($\overline{x}$ = 3,82 vs. 2,89; p < 0,05).

Während Heavy-users auch dann noch Veranstaltungen besuchen, wenn frühere Meetings keine bedeutenden Erkenntnisse für ihre Analyse gebracht haben, tendieren Pickers eher dazu, Kosten und Nutzen abzuwägen und diese Unternehmen nicht mehr zu besuchen ($\overline{x}$ = 4,55 vs. 3,80; p < 0,05). Sie „picken" sich die lohnendsten Veranstaltungen heraus. Vor dem Hintergrund, daß Pickers ihre Teilnahme wesentlich häufiger als Heavy-users von ihren Vorgesetzten genehmigen lassen müssen ($\overline{x}$ = 4,02 vs. 2,59; p < 0,005), ist diese Haltung plausibel. Und wer nicht die Einwilligung des Vorgesetzten braucht, hat auch kein Reisekostenbudget zu beachten. Für die Pickers gelten die gleichen Empfehlungen wie für die Juniors.

Aus diesen Ergebnissen ergibt sich ein zentraler Punkt für die Behandlung von Pickers und Heavy-users. Wenn ein Unternehmen bei der Untersuchung seiner Veranstaltungsbesucher feststellt, daß seine Finanzanalysten zu den Heavy-users gehören, sollte es die Durchführung der persönlichen IR-Maßnahmen gründlich überdenken. Unter der Prämisse, daß die Kapitalgesellschaft auch Analysten für ihre Aktien begeistern möchte, die zu den Pickers zu zählen sind, muß sie den Nutzen für die Analysten in den Mittelpunkt ihrer Planung stellen: Offene, faire Kommunikation und die Möglichkeit, mit hochkarätigen Mitgliedern der Geschäftsleitung zu sprechen. Gleichzeitig sind die Kosten der Analysten (sowohl monetäre als auch Opportunitätskosten) zu reduzieren.

Heavy-users sind stärker als Pickers von den Konsequenzen invalider Prognosen betroffen ($\overline{x}$ = 4,26 vs. 3,63; p < 0,05). Hier könnte die „Fear of invalidity" (vgl. FAZIO, 1990; KRUGLANSKI & FREUND, 1983) ein Beweggrund zur intensiveren Teilnahme sein (was sich auch im Umgang mit den Unternehmensvertretern zeigt). Es handelt sich bei diesem Konstrukt um die Angst vor einer ungültigen Schlußfolgerung bzw. Beurteilung. Es beeinflußt die Art der Generierung von Einstellungen, weil falsche Hypothesen oder Einstellungen bzw. deren Konsequenzen eine Bedrohung für das Individuum darstellen können. Je höher die möglichen Kosten einer falschen Beurteilung sind (bspw. Streichung des Bonus, Karriere-Stop, Entlassung), desto höher ist auch die Fear of invalidity. Um nicht etwas zu verpassen und deshalb eine invalide Prognose zu erstellen, wird weniger auf einen Kosten-Nutzen-Vergleich abgestellt, sondern man tendiert eher zur grundsätzlichen Teilnahme an IR-Veranstaltungen.

Bei Generalisten beeinflussen Kosten-/Nutzen-Erwägungen die Intention zur Teilnahme stärker ($r = 0{,}26$; $p < 0{,}05$ vs. Spezialisten: $r = 0{,}16$; $p = 0{,}136$).

Spezialisten sind weniger häufig auf eine Genehmigung ihrer Vorgesetzten zur Teilnahme an einer IR-Veranstaltung angewiesen als Generalisten ($\overline{x} = 2{,}75$ vs. $3{,}98$; $p < 0{,}05$). Wahrscheinlich ist die Anzahl der möglichen Unternehmensbesuche pro Jahr so gering, daß meist auf eine gesonderte Genehmigung verzichtet werden kann. Von Seiten der Banken ließe sich auch argumentieren, daß die Investition in die Analyse einiger weniger Unternehmen schon so groß ist (Analystengehalt, Studien etc.), daß die Ausgaben für die Teilnahme an IR-Aktivitäten keinen großen zusätzlichen Aufwand mehr darstellen. Und wer die Möglichkeit hat, so intensiv über einzelne Unternehmen nachzudenken, der kann auch am Erfolg oder Mißerfolg seiner Tätigkeit beteiligt werden: Spezialisten müssen wesentlich häufiger damit rechnen, für die Ergebnisse ihrer Arbeit sanktioniert zu werden; durch variables Gehalt und/oder Karrieremöglichkeiten ($\overline{x} = 4{,}34$ vs. $3{,}48$; $p < 0{,}005$).

Spezialisten tendieren eher als Generalisten (69% vs. 48%) dazu, an jeder Präsentation teilzunehmen, zu der sie eingeladen werden. Wer nur (relativ) wenige Unternehmen beobachtet, wird evtl. jede Möglichkeit zur weiteren Informationsgewinnung wahrnehmen. Spezialisten haben wesentlich mehr Zeit für die Analyse eines einzelnen Unternehmens und nutzen eine Vielzahl von Quellen, die Informationen über das betrachtete Unternehmen liefern, die aber nicht zu den persönlichen IR-Maßnahmen zu zählen sind. Der Grenznutzen dieser Informationsquellen wie Jahresabschlüsse, Unternehmensberichte, Branchenanalysen, Zeitschriften, Zeitungen etc. sinkt mit der aufgenommenen Informationsmenge. Der Grenznutzen einer IR-Veranstaltung dürfte für einen Generalisten höher sein als für den Spezialisten. Der letztere weiß schon vieles von dem, was thematisiert wird, durch die Auswertung anderer Quellen. Doch hat er auch die Möglichkeit (vor allem bei Einzelgesprächen), spezielle Fragen zu stellen und seine Meinung mit Kollegen bzw. dem Management auszutauschen. Seine Analyse dürfte sich auf einem (Informations-)Niveau befinden, das der Generalist (außer durch intensive Sekundärresearch) kaum erreichen kann.

Gleichzeitig braucht ein Spezialist Opportunitätskosten weniger zu beachten als ein Generalist. Der Spezialist könnte ggf. von einer Kosten-Nutzen-Betrachtung absehen. Sobald dies häufiger der Fall ist (oder auch die permanente Kompensation der Kosten durch den Nutzen), wird diese Kosten-Nutzen-Abwägung nicht mehr durchgeführt – es kommt zu habituellem Verhalten, das kognitiv entlastend wirkt.

Insgesamt ist bei Spezialisten ein besonderes Interesse zu Einzelgesprächen zu vermuten, die ihm

- die Möglichkeit zur Formulierung spezieller Fragen geben, und es ihm ermöglichen, Partikularwissen aufzubauen,
- Meinungen unmittelbar mit dem Management auszutauschen und von diesem Bewertungs-Informationen (s.u.) zu erhalten,
- der Diskreditierung bei allzu speziellen Fragen zu entgehen.

13.3.3.5 Informationsarten

Schließlich stellt sich die Frage, welche Art von Informationen Analysten besonders interessiert.

Drei Arten von Informationen lassen sich unterscheiden:

a) Sach-Informationen: Die einfache Darstellung „nackter" Tatsachen wie bspw. Daten aus Jahres- oder Quartalsabschlüssen,

b) Bewertungs-Informationen: (subjektive) Einschätzungen über die zukünftige Geschäftsentwicklung wie bspw. Umsatz- oder Ertragsprognosen,

c) Bestätigungs-Informationen: Informationen, die zur Validierung der eigenen, bisher gefaßten Meinung dienen.

Bei der Übermittlung von Sach-Informationen kann der Analyst dem Management eher vertrauen als bei den anderen Informationstypen, denn diese Art der Information basiert auf Fakten. Da er sie vom Unternehmen – sozusagen aus „erster Hand" – erhalten kann, wird er darauf zurückgreifen. Keine andere Quelle kann so exakte Informationen über das Unternehmen vermitteln wie die Aktiengesellschaft selbst. Informationen in Zeitungen und Zeitschriften können durch Journalisten verzerrt sein, und gerade bei umfangreicheren Kalkulationen stellen sich schnell Fehler ein. Es erscheint aufgrund des Zeitdrucks der Beteiligten ebenfalls als weniger wahrscheinlich, diese Fakten von anderen Analysten statt direkt vom Unternehmen zu beziehen. Die Ergebnisse zur bevorzugten Informationsquellen-Rangfolge bei Sach-Informationen erhärten diese These.

Aufgrund der Befragung (Informationsquellen wurden in eine Rangfolge gebracht) ergibt sich folgende Reihenfolge (FRIEDMAN-Test; $p < 0{,}0001$):

1. Unternehmen (mittlerer Rang $r_M = 1{,}48$),
2. spezielle Zeitungen, Zeitschriften, Nachschlagewerke etc. ($r_M = 1{,}86$),
3. sonstige Informationsquellen wie bspw. Verbände, Institute, etc. ($r_M = 3{,}03$),
4. andere Analysten ($r_M = 3{,}63$).

Die gleiche Rangfolge wie oben (mit ähnlichen mittleren Rangplätzen) stellt sich bei der Abfrage von *Bewertungs-Informationen* ein. Auch bei *Bestätigungs-Informationen* ändert sich die Reihenfolge kaum, dafür werden die Präferenzunterschiede geringer ($p < 0{,}01$):

1. Unternehmen ($r_M = 2{,}02$),
2. spezielle Zeitungen, Zeitschriften, Nachschlagewerke etc. ($r_M = 2{,}44$),
3. andere Analysten ($r_M = 2{,}50$),
4. sonstige Informationsquellen wie bspw. Verbände, Institute etc. ($r_M = 3{,}04$).

Durch Trennung der Analystengesamtheit in Juniors und Seniors ändern sich die Rangfolgen leicht, und es wird ersichtlich, daß sowohl bei Bewertungs- als auch bei Bestätigungs-Informationen Juniors eher auf die Meinung anderer Analysten zählen als Seniors dies tun (3. statt 4. Rang).

Bei der Differenzierung zwischen Pickers und Heavy-users ergeben sich keine Unterschiede in der Reihenfolge der Quellenpräferenz. Auffallend ist indessen, daß bei den

Pickers die Rangwerte über alle Informationsarten wesentlich enger beieinanderliegen als bei den Heavy-users. Die Ursache dafür könnte ebenfalls in der Erfahrung der Heavy-users liegen. Sie kommen (untereinander) zu einem eindeutigeren Urteil, weil sie den Informationsfluß von Unternehmen und anderen Analysten präziser bestimmen können. Die Aussagen der Heavy-users werden daher homogener. Aufgrund ihrer Erfahrung mit den Informationskanälen und -wert kommen sie zu ähnlichen Aussagen über deren Wertschätzung. Da auch bei den Heavy-users das Unternehmen als Informationsquelle über alle Informationsarten an erster Stelle steht, ergibt sich hieraus kein unmittelbarer Handlungsbedarf.

Die gesonderte Betrachtung von Spezialisten und Generalisten zeigt keine Unterschiede.

Die „vermutete Glaubwürdigkeit" könnte bei allen Finanzanalysten ein wichtiger Einflußfaktor sein. Analysten, die im Laufe ihrer Berufstätigkeit positive Erfahrungen mit den Informationen des Managements gemacht haben, sind wahrscheinlich eher bereit, die dargebotenen Informationen „at face value" zu übernehmen. Oder die Unternehmensanalyse erscheint dermaßen komplex, daß viele Analysten mit ihren Prognosen häufig falsch liegen. Dann bietet es sich an, eher die Meinung des Managements, das sich schließlich noch am besten auskennt, zu erfragen (und möglicherweise zu diskontieren; vgl. KELLEY (1973)[94] oder sie schlichtweg zu akzeptieren).

Die Ergebnisse der Fragen zur Rangfolge von Quellen bei diversen Informationsarten zeigen, daß grundsätzlich eine starke Präferenz für Informationen, die direkt vom Unternehmen distribuiert werden, besteht – also auch mittels IR. Die Eindeutigkeit der Quellenpräferenz verringert sich jedoch, sobald Bewertungs- bzw. Bestätigungs-Informationen nachgefragt werden.

Möglichkeiten zur Einflußnahme ergeben sich durch den konstanten ersten Rangplatz nicht direkt. Es wäre allenfalls denkbar, Finanzanalysten, die den Austausch mit Analystenkollegen hoch bewerten, die Möglichkeit zur Interaktion zu geben.

13.4 Schluß

Dieser Artikel zeigt, wie zwischen Analysten auf recht einfache aber wirkungsvolle Weise differenziert werden kann und welche Maßnahmen ein IR-treibendes Unternehmen ergreifen kann, um die Voraussetzungen für eine effiziente Kommunikation mit den Multiplikatoren des Kapitalmarktes zu schaffen.

Je nach Zielgruppenschwerpunkt bieten sich unterschiedliche Ansatzpunkte:

- *Seniors* können eher durch die Einbindung von Staranalysten für Unternehmensveranstaltungen gewonnen werden. Daß der Nutzen dieser Meetings die Opportunitätskosten der Teilnahme überkompensiert, sollte ihnen deutlich gemacht werden. Aufgrund ihrer Erfahrung bekleiden sie häufiger Führungspositionen und sind daher seltener auf die Genehmigung durch Vorgesetzte angewiesen.

---

[94] "Discounting principle", nach dem Rezipienten Versprechungen in Botschaften abwerten, wenn sie bestimmte Gründe für diese Kommunikation vermuten, bspw. in der Werbung.

- *Juniors* haben zwar ein ausgeprägteres Motiv zum sozialen Vergleich, sie sind jedoch eher indifferent im Vertrauen zwischen den Analystenkollegen und dem Management – hier kann ein gewandter IR-Beauftragter durchaus die Rolle des Meinungsbildners übernehmen.
- *Generalisten* werden aufgrund der Vielzahl der von ihnen beobachteten Unternehmen eher gezwungen sein, die Teilnahme an einer Präsentation auf der Basis von Kosten-Nutzen-Vergleichen zu bewerten. Sie müssen das Gefühl haben, einen echten „added-value“ zu ihren bereits relativ aggregierten Informationen zu erhalten – die Diskussion von „Kleinigkeiten“ interessiert sie nicht. Auch weil sie häufiger auf die Zustimmung ihrer Vorgesetzten angewiesen sind, empfiehlt sich bei ihnen vor allem die Durchführung von Einzelgesprächen.
- *Spezialisten* suchen aufgrund ihrer umfassenden Markt- und Unternehmens-Kenntnisse Gespräche mit hochkompetenten Unternehmensvertretern. Hier bietet sich der Austausch mit Spezialisten der zweiten Ebene an. Da sie wahrscheinlich eher bei Groß- und Investmentbanken arbeiten und sich nur mit relativ wenigen Unternehmen befassen, werden sie eher für die Erfolge und Mißerfolge ihrer Analysen und Empfehlungen sanktioniert. Informationen bedeuten sozusagen „bares Geld“ für sie. Wer sich bei Ihnen einen Namen als zuverlässiger Informationslieferant macht, kann mit der Verwertung seiner Botschaft rechnen – auch wenn sie sich auf „Randbereiche“ bezieht, die Generalisten eher nicht beachten .
- *Pickers* stellen Kosten-Nutzen-Überlegungen in den Mittelpunkt ihrer Teilnahme-Entscheidung. Für sie muß der erwartete Informationsnutzen die erwarteten (hauptsächlich monetären) Kosten übersteigen. Da sie eher Angst haben, sich bei „öffentlichen Auftritten“ zu diskreditieren, werden sie zu kleineren Gesprächsrunden neigen. Vor dem Hintergrund ihrer Wertschätzung für Analystenkollegen sind Kleingruppengespräche das passende IR-Instrument.
- *Heavy-users* diskutieren ihre Meinung lieber mit dem Management der beobachteten Unternehmen. Man kennt sich, pflegt einen vertrauten Umgang miteinander oder weiß zumindest, wann man den Aussagen der Unternehmensvertreter Glauben schenken kann. Da ist es für die Heavy-users kaum relevant, wenn frühere Veranstaltungen nicht das erwartete Ergebnis gebracht haben. Bei der nächsten Veranstaltung ist man trotzdem wieder dabei.

Im wachsenden Wettbewerb um Eigenkapital wird nicht nur diejenige Gesellschaft Erfolge erzielen, deren Unternehmensdaten solide sind, sondern auch die, die ihre Unternehmensqualität zielgruppengerecht zu kommunizieren weiß.

14. Kapitel

Der Einfluß eines Finanzberaters auf die Beurteilung von Aktienkursen: Glaubwürdigkeit und Dopplungseffekt

Frank Belschak und Harry-Karl Wesseling

Institut für Wirtschafts- und Sozialpsychologie, Universität zu Köln

14.1 Einleitung

Mit dem Begriff der Finanzpsychologie assoziieren viele Leute spontan das Spar- und Anlageverhalten von Menschen. Hierbei handelt es sich auch tatsächlich um einen der Kernbereiche der Finanzpsychologie: der Umgang der Menschen mit Geld. Eine typische Anlagemöglichkeit für Geld sind Aktien. Hierbei ist sicherlich eine für die Finanzpsychologie interessante Frage, wie es zu Geldanlageentscheidungen, z.B. in Aktien, kommt. Im wirtschaftlichen Kontext wird Individuen meist rationales Verhalten unterstellt. Daß dies jedoch in der Realität nicht so ist, daß Verhalten von Menschen auch im wirtschaftlichen Kontext nicht hinlänglich durch bloße ökonomische Wert-Erwartungs-Theorien abgebildet werden kann, sondern ebenso psychologische Variablen eine wichtige Rolle spielen, wurde vielfach theoretisch und empirisch nachgewiesen (vgl. z.B. FREY, 1990; EICHENBERGER, 1992; STEPHAN, 1989, 1990) und spiegelt sich in den zahlreichen psychologischen Entscheidungs-, Einstellungs- und Verhaltenstheorien wider (z.B. ATKINSON, 1964; VROOM, 1967). Auch im wirtschaftlichen Kontext – und insbesondere im Finanzsektor – denkt und handelt der Mensch nicht logisch sondern psychologisch. Dies konnte in einer Reihe von Untersuchungen mit Personen der unterschiedlichsten Expertisegrade für Finanzanlageentscheidungen nachgewiesen werden (vgl. STEPHAN, 1992, 1993; BECKER & STEPHAN, 1994; KIELL, 1994; STEPHAN & BECKER, 1996; KIELL & STEPHAN, 1997).

So spielen bei der Entscheidung über eine Geldanlage in Aktien sicherlich die subjektiven Renditeerwartungen (insbesondere in Form von erhofften Kursgewinnen) des Anlegers eine maßgebliche Rolle. Zur Einschätzung der Entwicklung von Aktienkursen müssen Erwartungen über die Zukunft gebildet werden. Dies geschieht durch Informationssammlung mittels Kommunikationsprozessen des Individuums mit seiner Umwelt. Dabei ist es insbesondere für nicht-professionelle Aktienanleger sehr schwer, aufgrund rein wirtschaftlicher Fakten oder aufgrund von Informationen zu vergangenen Börsenentwicklungen einzuschätzen, wie sich die Aktienkurse entwickeln werden, und welche Aktien sie (ver-) kaufen sollen. Sie verlassen sich meist auf Informationen von Freunden, Bekannten, Anlageberatern oder den Medien über voraussichtliche Kursentwicklungen und gewinnträchtige Anlagemöglichkeiten. So erhält der potentielle (Ver-) Käufer verschiedenste „weiche", d.h. für ihn nicht unmittelbar auf ihren Wahrheitsgehalt überprüfbare Informationen aus unterschiedlichsten Quellen. Alle diese Quellen müssen daher bezüglich ihrer Glaubwürdigkeit eingeschätzt werden: Je glaubwürdiger eine Quelle ist, desto eher schenkt man ihr Gehör und berücksichtigt ihre Informationen entsprechend stärker bei der Entscheidungsfindung.

Welche Kriterien sind aber nun für ein Individuum ausschlaggebend, um einer Quelle Glaubwürdigkeit zu attestieren? Was macht die Glaubwürdigkeit aus? Dieser Frage soll im folgenden nachgegangen werden. Dabei soll besondere Beachtung dem Dopplungseffekt von WISWEDE (FISCHER & WISWEDE, 1997, S. 305) geschenkt werden, der postuliert, daß ein Informant signifikant an Glaubwürdigkeit gewinnt, wenn dem Informierten die gleiche Information von einem weiteren, vom ersten unabhängigen Informanten mitgeteilt wird. Inhaltlich sollen im folgenden zunächst die sozialpsychologischen Grundlagen der Glaubwürdigkeitsforschung und des Dopplungseffekts dargestellt werden, um daran anschließend die aus der Theorie abzuleitenden Hypothesen für die Beeinflussung der Aktienkurseinschätzung empirisch zu überprüfen und Implikationen für den Aktienanlagebereich abzuleiten.

14.2 Das Konzept der Glaubwürdigkeit

Das Konzept der Glaubwürdigkeit wurde in der Forschung bisher schwerpunktmäßig in drei verschiedenen Bereichen untersucht (KÖHNKEN, 1990): der Psychologie des nonverbalen Verhaltens (verhaltensorientierte Glaubwürdigkeitsforschung), der forensischen Aussagenpsychologie (inhaltsorientierte Glaubwürdigkeitsforschung) sowie der Einstellungs- und Persuasionsforschung im Rahmen der Kommunikationspsychologie (quellen- und kontextorientierte Glaubwürdigkeitsforschung). Bei der vorliegenden Problematik geht es von der Fragestellung her um den Einfluß einer Information – der wiederum maßgeblich von der Glaubwürdigkeit der Informationsquelle bestimmt wird – auf die Aktienkurseinschätzung, demnach die quellenorientierte Glaubwürdigkeit. Mithin erscheinen insbesondere die Ergebnisse dieses Bereichs interessant und werden daher näher betrachtet.

14.2.1 Glaubwürdigkeit im Rahmen eines Kommunikationsmodells

Das Konstrukt der Glaubwürdigkeit wurde schon früh (beginnend mit HOVLAND & WEISS, 1951) von der Sozialpsychologie im Rahmen der Kommunikationsforschung (insbesondere der Persuasionsforschung) untersucht. Für eine Einordnung des Konzepts der Glaubwürdigkeit in die Kommunikationsforschung scheint es geboten, kurz die im Rahmen eines Kommunikationsprozesses relevanten Variablen durch die Darstellung eines Kommunikationsmodells näher zu kennzeichnen. In Anlehnung an SHANNON & WEAVER (1949) hat ein Kommunikationsmodell zumindest folgende Variablen zu beinhalten:

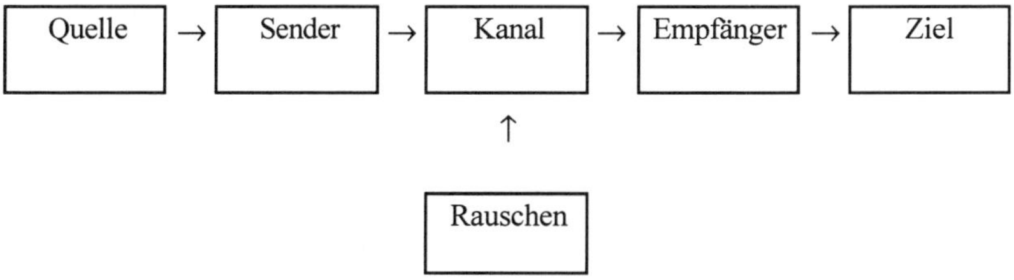

Abbildung 14-1: Das Kommunikationsmodell nach SHANNON & WEAVER

Einen Sender, der den Inhalt einer Quelle, d.h. eine Information, mittels eines Kanals (Mediums) an einen Empfänger zur Erreichung eines bestimmten Ziels übermittelt. Hierbei kann die Nachricht durch Kanal-Rauschen verzerrt werden – ein Term, der von SHANNON & WEAVER in Analogie zur Technik gewählt wurde. Bei diesem Modell handelt es sich um ein Minimalmodell, das zahlreiche Kritikpunkte enthält (z.B. kritisieren SIX & SCHÄFER, 1985, die passive Stellung des Empfängers) und in der Folge zu komplizierten Modellen erweitert wurde (z.B. MACKAY, 1972; OSGOOD, 1963). Ein umfassenderes Kommunikations-Modell müßte neben den obigen Basisvariablen des Modells von SHANNON & WEAVER auch noch eine Reihe anderer Variablen berücksichtigen, so z.B. Selektionsprozesse auf Seiten des Kommunikators und des Rezipienten, Möglichkeiten und Restriktionen des Mediums, bestehende Erwartungen und Bilder von Rezipient und Sender übereinander, sowie Sender- und Rezipientenfaktoren (z.B. Involvement, Glaubwürdigkeit, Status / Macht, Selbstbild, soziale Rolle, sozialer Kontext, usw.).

Dies mag genügen, um annähernd die Komplexität des Kommunikationsgeschehens zu verdeutlichen.

Glaubwürdigkeit soll somit als eine Sendervariable betrachtet werden, die vom Empfänger bzw. Rezipienten der Kommunikation (z.B. einem Geldanleger) dem Sender bzw. Kommunikator (z.B. einem Finanzberater) zugeschrieben wird.

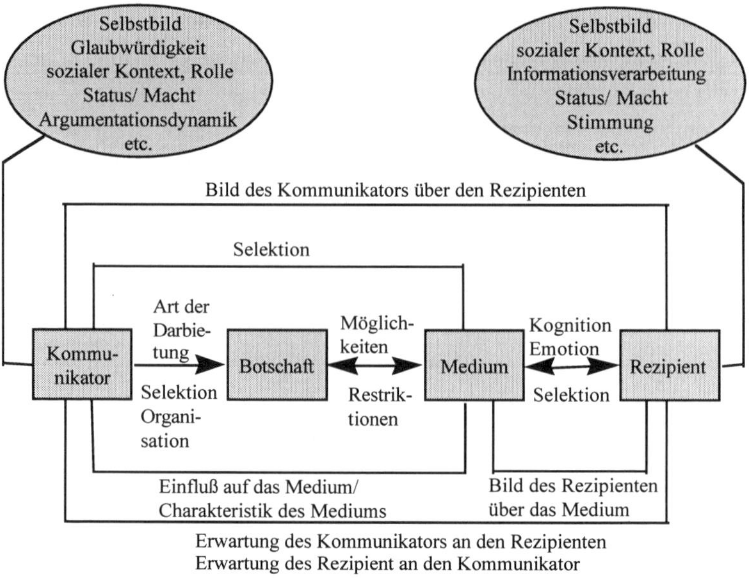

Abbildung 14-2: Ein komplexes Kommunikationsmodell

14.2.2 Der Einfluß der Glaubwürdigkeit auf Einstellungs- und Verhaltensänderungen

Doch was genau bewirkt nun eine hohe Glaubwürdigkeit beispielsweise eines Finanzberaters bei seinem Kunden, dem potentiellen Geldanleger?

Als Wiege der Glaubwürdigkeitsforschung in der Kommunikationspsychologie ist die Forschergruppe „Attitude Change and Communication Research Project" um HOVLAND an der Yale-Universität anzusehen. Eine der Leithypothesen der Yale-Studien lag in dem Postulat der persuasiven Wirkung der Glaubwürdigkeit: Mit zunehmender Glaubwürdigkeit des Kommunikators steigt die Effizienz der Kommunikation in Bezug auf eine Einstellungs- und Verhaltensänderung des Empfängers. Tatsächlich zeigten die Forschungsergebnisse (u.a. HOVLAND & WEISS, 1951; POWELL & MILLER, 1967; SCHULMANN & WORALL, 1970), daß ein glaubwürdiger Kommunikator eine positive persuasive Wirkung, ein unglaubwürdiger Kommunikator eine negative persuasive Wirkung hat: Denn wird eine Botschaft von einem (weniger) glaubwürdigen Kommunikator vorgetragen, bilden die Rezipienten (mehr) weniger Gegenargumente bzw. defensive Reaktionen (INSKO, ARKOW & INSKO, 1965; MILLER & HEGWILL, 1966; HEGWILL & MILLER, 1965).

Studien, die die Wichtigkeit der Glaubwürdigkeit des Kommunikators für den persuasiven Erfolg nicht bestätigen konnten (HOVLAND & MANDELL, 1952; WEISS, 1961), dämpften allerdings die Euphorie und wiesen darauf hin, daß andere Einflußfaktoren mit der Glaubwürdigkeit interagieren können und ebenfalls eine wichtige Rolle spielen. So fanden z.B. GREENBERG & MILLER (1966), daß der zeitliche Abstand zwischen Nachrichten- und Senderwahrnehmung von Bedeutung ist: Auch ein unglaubwürdiger Kommunikator kann eine persuasive Wirkung haben, wenn er erst nach der Botschaftsmitteilung vom Rezipienten als Sender perzipiert wird (z.B. erfährt eine Person erst später, daß die ihr mitgeteilten Informationen aus der Bild-Zeitung stammen). Eine andere wichtige Variable stellt das Ausmaß der Ich-Beteiligung (Involvement) des Empfängers dar: Mit der Zunahme der persönlichen Bedeutsamkeit einer Botschaft nimmt der Einfluß der Glaubwürdigkeit ab (JOHNSON & SCILEPPI, 1969; RHINE & SEVERANCE, 1970). Eine Übersicht über weitere Faktoren liefern STERNTHAL, PHILIPPS & DHOLAKIA (1978). Nichtsdestoweniger handelt es sich bei der Glaubwürdigkeit des Kommunikators um eine Variable, die das Denken und Verhalten des Empfängers erheblich zu beeinflussen in der Lage ist, auch wenn andere Faktoren diesen Einfluß moderieren können.

14.2.3 Faktoren der Glaubwürdigkeit

Interessant ist nun die Frage, ob und wie die ihm von einem Geldanleger zugeschriebene Glaubwürdigkeit bewußt von einem Finanzberater manipuliert werden kann. Hierfür muß zunächst geklärt werden, aus welchen – evtl. beeinflußbaren – Komponenten sich die Glaubwürdigkeit zusammensetzt.

Wurde das Konstrukt der Glaubwürdigkeit 1951 von HOVLAND & WEISS noch global betrachtet, differenzierten die Forscher wenige Jahre später (HOVLAND, JANIS & KELLEY, 1953) Glaubwürdigkeit schon in zwei Subkomponenten. Danach handelt es sich bei der Glaubwürdigkeit nicht um eine homogene Eigenschaft sondern um ein mehrdimensionales Konstrukt, das sich aus verschiedenen Subkonstrukten konstituiert. HOVLAND, JANIS & KELLEY (1953) unterschieden als solche Subdimensionen die Kompetenz bzw. das Fachwissen des Kommunikators („expertness") und seine Vertrauenswürdigkeit („trustworthiness"). Letztere wird um so höher eingeschätzt, je geringer die Interessengebundenheit des Kommunikators eingeschätzt wird, d.h. je eher Kommunikationsinhalte als unverzerrt und ohne eigennützige Intention des Kommunikators weitergegeben perzipiert werden. Diese beiden Subdimensionen werden wiederum von unterschiedlichen Faktoren beeinflußt. So vermuten HOVLAND et al. (1953, S. 22, 49) z.B. die Faktoren „age, leadership and similarity of social background" als maßgebliche Faktoren für die Attribution von Kompetenz auf einen Kommunikator.

Verschiedene faktorenanalytische Untersuchungen zum Konstrukt der Glaubwürdigkeit erbrachten jedoch jeweils unterschiedliche Subdimensionen, deren genaue Zahl von Untersuchung zu Untersuchung variierte. So fand beispielsweise LEMERT (1963) drei Faktoren (perzipierte Sicherheit des Kommunikators bei der Informationsgabe, Qualifikation des Kommunikators auf dem betreffenden Gebiet und Dynamik, d.h. die Art und Weise bzw. das Drängen bei der Informationsdarbietung). MCCROSKEY & JENSON (1975) hingegen fanden fünf Faktoren (competence, character, sociability, composure und extroversion), MARKHAM (1965; 1968) schließlich isolierte gar 10 verschiedene Dimensionen der Glaubwürdigkeit. Einen kritischen Überblick über die verschiedenen faktorenanalytischen Verfahren zum Glaubwürdigkeitskonstrukt, die bis dahin die Forschung dominierten, liefern CRONKHITE & LISKA (1976).

Zwei neue Begriffe führten EAGLY, WOOD & CHAIKEN (1978) ein, indem sie Glaubwürdigkeit unter attributionstheoretischem Aspekt betrachteten. Ihren Ausführungen liegt der Gedanke zugrunde, daß Personen kausale Schlüsse über die Glaubwürdigkeit von Kommunikatoren ziehen. Dabei sahen sie zwei Verzerrungsmöglichkeiten für den Kommunikator bei der Mitteilung seiner Botschaft, die eine Attribution von Glaubwürdigkeit verhindern können: eine wahrgenommene Orientierung des Kommunikators an bestimmten Interessengruppen („Reporting-Bias") und eine wahrgenommene starke Werthaltung des Kommunikators aufgrund bestehenden Wissens („Knowledge-Bias"). Der Begriff des „reporting bias" entspricht dabei gemäß seiner Definition weitestgehend dem Begriff der Vertrauenswürdigkeit bei HOVLAND et al.

Angesichts solcher (vermeintlich) unterschiedlicher Ergebnisse drängt sich die Frage auf, ob sich nicht einige der bisher gefundenen Faktoren ähneln und eventuell zusammengefaßt werden können. Betrachtet man die verschiedenen Forschungsergebnisse näher, so lassen sich tatsächlich bestimmte Glaubwürdigkeitsdimensionen in fast allen Untersuchungen wiederfinden. Diese scheinen – verglichen mit den anderen Dimensionen – eine wichtige Rolle zu spielen, es handelt sich bei ihnen sozusagen um Kernvariablen. Wichtige Einflußgrößen in diesem Sinne scheinen vor allem die Variablen Kompetenz und Vertrauenswürdigkeit des Kommunikators sowie die Dynamik der Informationsmitteilung zu sein. Gelingt es einem Kommunikator, z.B. einem Finanzanlageberater, eine dieser Variablen zu beeinflussen, so beeinflußt er damit gleichzeitig auch seine Glaubwürdigkeit gegenüber seinem Kommunikationspartner.

14.3 Eine theoretische Einordnung des Konzepts der Glaubwürdigkeit – das ELM

Wie oben dargestellt (vgl. Kap. 14.2.2), hat eine hohe Glaubwürdigkeit nur unter bestimmten Rahmenbedingungen einen positiven persuasiven Einfluß. Im folgenden sollen diese Rahmenbedingungen daher etwas näher geklärt werden, wobei das Konzept der Glaubwürdigkeit in einen theoretischen Rahmen eingeordnet wird. Diesen Rahmen stellt das Elaboration-Likelihood-Model (ELM) von PETTY & CACIOPPO (1986a,b) dar, das im folgenden kurz erläutert wird.

14.3.1 Das Elaboration-Likelihood-Model

PETTY und CACIOPPO beziehen sich in ihrem Modell auf den Vorgang der Informationsaufnahme und -verarbeitung und der sich daraus ergebenden Einstellungsbildung bzw. -änderung (Persuasion). Sie gehen davon aus, daß zwei voneinander unterschiedliche Wege der Einstellungsänderung existieren: Zum einen ein *zentraler Weg* der Informationsverarbeitung, wobei das Individuum sorgfältig die vorgebrachten Argumente durchdenkt und kognitiv verarbeitet, um dann zu einer bewußten Entscheidung und eventuellen Einstellungsänderung zu kommen; zum anderen ein *peri-*

pherer Weg der Informationsverarbeitung, im Rahmen dessen die aufgenommenen Informationen nur oberflächlich verarbeitet werden und die Aufmerksamkeit des Rezipienten hauptsächlich auf periphere Hinweisreize (wie z.B. die Anzahl der Argumente oder die Attraktivität des Kommunikators; genauer s.u.) gerichtet ist, die dann die Entscheidung bzw. Einstellung des Rezipienten beeinflussen.

Diese Unterscheidung zwischen gründlicher, aufwendiger Informationsverarbeitung einerseits und einfacher, oberflächlicher Informationsverarbeitung andererseits findet sich auch bei verschiedenen anderen Autoren. So unterscheiden SCHNEIDER & SHIFFRIN (1977) im Rahmen der Wahrnehmungsforschung zwischen a) kontrollierten Prozessen, die bewußt ablaufen und Aufmerksamkeit, Anstrengung und relativ viel Zeit erfordern, und b) automatischen Prozessen, die schnell und unbewußt durchgeführt werden. Ähnlich trennen CHAIKEN (1980, 1987) zwischen systematischer und heuristischer Informationsverarbeitung und FAZIO (1990) zwischen einem überlegten und einem spontanen Prozeß.

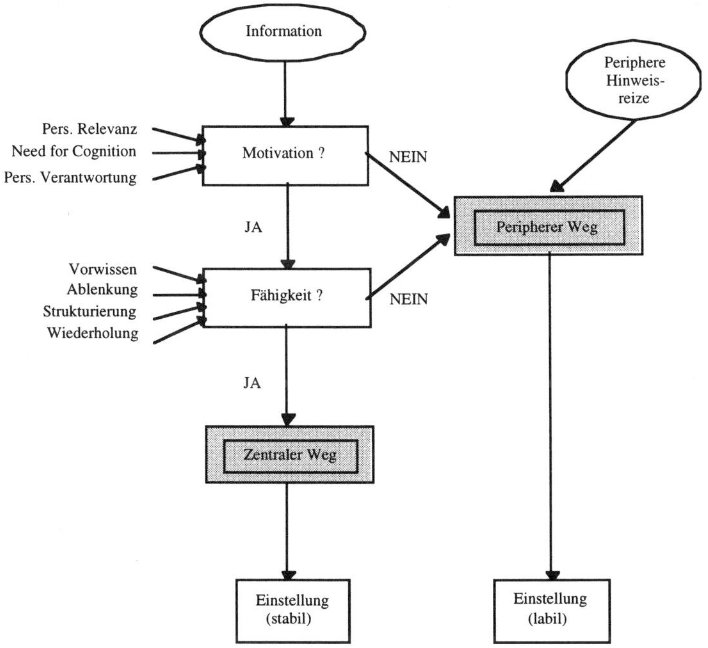

Abbildung 14-3: Das ELM im Überblick (nach FISCHER & WISWEDE, 1997, S. 303)

Laut PETTY & CACIOPPO hat der Weg der Bildung einer Einstellung entscheidenden Einfluß auf die Stabilität derselben. So zeichnen sich Einstellungen, die auf dem zentralen Weg gebildet wurden, durch folgende Eigenschaften aus (PETTY & CACIOPPO, 1986a,b; vgl. auch FREY & STAHLBERG, 1993): Sie sind über die Zeit hinweg stabiler, bessere Prädiktoren für beobachtbares Verhalten (stärkere Einstellungs-Verhaltens-

Konsistenz) und unanfälliger gegenüber Gegendarstellungen bzw. Gegenargumenten (Änderungsresistenz) als Einstellungen, die auf dem peripheren Weg gebildet wurden.

Welcher der beiden Wege der Einstellungsbildung vom Rezipienten beschritten wird, hängt von zwei Empfängervariablen ab: seiner *Motivation* und seiner *Fähigkeit* zu einer intensiven Auseinandersetzung mit den vorgetragenen Informationen.

14.3.2 Die Kernvariablen des ELM: Fähigkeit, Motivation und periphere Hinweisreize

Die *Fähigkeit* zur systematischen Informationsverarbeitung ist einerseits abhängig vom inhaltlichen Verständnis einer Botschaft sowie andererseits davon, inwiefern es dem Rezipienten gelingt, seine Aufmerksamkeit auf die Botschaft zu lenken und dort zu halten. Dabei können folgende Kategorien von fähigkeitsbeeinflussenden Faktoren angeführt werden (STAHLBERG & FREY, 1993, S. 330/1):

- Merkmale der Botschaft (wie Verständlichkeit des Inhalts oder Häufigkeit der Wiederholungen): So erlaubt z.B. eine gut strukturierte, schriftliche Darbietung einer Anlageempfehlung einem potentiellen Geldanleger eine bessere Informationsverarbeitung als dies bei einmaligem mündlichen Vortrag der Empfehlung durch den Anlageberater der Fall wäre.
- Merkmale des Kontexts (wie Ablenkungen oder Zeitdruck): Muß sich beispielsweise ein Anleger unmittelbar entscheiden, ob er ein bestimmtes Anlageangebot annehmen will oder nicht – und wird er obendrein noch während seiner Überlegungen durch eine lautstarke Auseinandersetzung am Nebentisch gestört – wird er kaum dazu in der Lage sein, die Informationen systematisch zu verarbeiten.
- Merkmale des Rezipienten (wie Intelligenz, Vorwissen): Kann beispielsweise ein Geldanleger auf langjährige Erfahrungen im Umgang mit Aktien zurückgreifen, so wird er dazu in der Lage sein, eine Aktienempfehlung eines Anlageberaters viel differenzierter zu betrachten und die Informationen des Beraters sehr intensiv und kritisch zu bewerten.
- Merkmale des Kommunikators (wie dessen perzipierte Interessengebundenheit): So wird ein potentieller Geldanleger ein Anlageangebot eines Finanzberaters umso genauer durchdenken, je mehr er wahrnimmt, daß das Angebot den persönlichen Interessen des Finanzberaters dient, z.B. die höchste Provision für diesen abwirft.

Als wesentliche die *Motivation* beeinflussende Variablen führen PETTY & CACIOPPO (1986a,b) die folgenden drei explizit auf:

- persönliche Relevanz der Botschaft,
- persönliche Verantwortlichkeit,
- Need for Cognition.

Die persönliche Relevanz bzw. Betroffenheit des Rezipienten ist dann gegeben, wenn das Thema wichtige Implikationen für sein Leben besitzt (z.B. Fall des Aktienkurses einer von ihm gehaltenen Aktie). Die Motivation zur elaborierten Informationsverarbeitung steigt ebenfalls mit dem Grad der (wahrgenommenen) persönlichen Verantwortlichkeit, d.h. dem Grad, mit dem die vom Rezipienten gebildete Meinung ihm persönlich zuzuordnen ist. Wenn beispielsweise eine Person eine Geldanlageentscheidung gegenüber ihrem Lebenspartner verteidigen muß, wird ihre Motivation zur elaborierten Verarbeitung einer Anlageempfehlung ihres Finanzberaters steigen. Schließlich spielt nach PETTY & CACIOPPO auch eine Persönlichkeitseigenschaft des

Rezipienten eine wichtige Rolle für die Motivation zur Informationsverarbeitung: das Bedürfnis nach Kognition (Need for Cognition). Dieses sagt aus, inwieweit Personen dazu neigen, sich anstrengenden kognitiven Aufgaben zu widmen und dies als angenehm zu empfinden. Die Relevanz der angesprochenen Variablen konnten PETTY & CACIOPPO (1986a,b) experimentell nachweisen.

Ist das Individuum sowohl fähig als auch motiviert, sich intensiv mit einer Thematik auseinanderzusetzen, wird es auf dem zentralen Wege seine Einstellungen bilden. Ist auch nur einer der beiden Faktoren lediglich schwach ausgeprägt, bilden sich die Einstellungen auf dem peripheren Weg über den Rückgriff auf periphere („oberflächliche") Hinweisreize der Situation. Als periphere Hinweisreize bezeichnen PETTY & CACIOPPO Informationen, die im Zusammenhang mit der zu verarbeitenden Botschaft aufgenommen werden, die aber objektiv nichts zur Beurteilung der Qualität der konkreten Botschaft beitragen (z.B. bloße Anzahl der Argumente ohne Berücksichtigung ihrer Qualität). Es handelt sich demnach um Stimuli, die Einstellungen selbst unter Abwesenheit einer kognitiven Verarbeitung inhaltlicher Argumente zu beeinflussen in der Lage sind: So würde ein Geldanleger bei peripherer Informationsverarbeitung der Anlageempfehlung einer Finanzberaters bereits dann folgen, wenn dieser ihm gegenüber einen seriösen Eindruck vermittelt (z.B. korrekte Kleidung, gewählte Ausdrucksweise, aufwendig gestaltete Prospekte), nicht aber weil er das konkrete Anlageangebot genau durchdacht hat. Periphere Hinweisreize können begründet liegen in:

- dem *Sender*, z.B. Auftreten, Kompetenz oder Attraktivität („Der kennt sich so gut aus, der würde mir bestimmt nichts Schlechtes empfehlen!"),
- der *Botschaft*, z.B. Zahl der Argumente („Die Empfehlung muß gut sein, wenn es so viele Argumente gibt, die dafür sprechen!"),
- dem *Rezipienten*, z.B. Stimmung (Je positiver ein Anleger gestimmt ist, umso eher ist er geneigt, einer Anlageempfehlung seines Finanzberaters zu glauben.),
- sowie dem *Kontext*, z.B. angenehme Musik (Unter angenehmer Musik folgen Anleger einer Empfehlung ihres Beraters eher.).

Obige Variablen üben somit bei peripherer Informationsverarbeitung einen starken Einfluß auf die Reaktion einer Person auf einen Beeinflussungsversuch aus. PETTY & CACIOPPO (1984; 1986b) konnten den Einfluß solcher Faktoren auf den Persuasionserfolg in einer Reihe von Experimenten bestätigen.

14.3.3 Die Rolle der Glaubwürdigkeit im ELM

Welche Stellung nimmt nun die Glaubwürdigkeit eines Kommunikators im Rahmen des ELM ein? PETTY & CACIOPPO (1986b) haben experimentell nachgewiesen, daß Eigenschaften des Kommunikators wie Expertentum, Attraktivität, Sympathie und auch Glaubwürdigkeit, als periphere Hinweisreize bei der Informationsverarbeitung wirken. So konnten sie zeigen, daß die Glaubwürdigkeit des Kommunikators nur dann beachtet wird, wenn der periphere Weg der Informationsverarbeitung beschritten wird: Bezogen auf die Fähigkeitsvariable ergab sich, daß unter Ablenkung (d.h. Fähigkeitssenkung, niedrigere Informationsverarbeitungsfähigkeit) des Empfängers eine hohe Sender-Glaubwürdigkeit beeinflussend wirkt, bei Fehlen von Ablenkung hingegen nicht (PETTY & CACIOPPO, 1984). Auch für Motivationsvariablen (Involvement) und den Einfluß von Kommunikator-Expertentum (einer Kernsubdimension der Glaubwürdigkeit) konnte der vom ELM angenommene Zusammenhang experimentell gestützt werden (PETTY & CACIOPPO, 1986b, S. 142 ff.). Letzteres Ergebnis deckt sich ebenfalls mit älteren, weiter oben vorgetragenen Ergebnissen zur Interaktion zwischen Ich-Beteiligung und Glaubwürdigkeit (s. Kap. 14.2.2).

Das ELM ist insofern in der Lage, die bisher eher disparaten und zum Teil inkonsistenten Ergebnisse der Yale-Gruppe zur Kommunikation, insbesondere zur Quellen- bzw. Sender-Glaubwürdigkeit, in einen theoretischen Rahmen zu stellen und zu integrieren.

14.3.4 Variablen mit multipler Wirkung

Ganz so einfach, wie bisher dargestellt, gestaltet sich die Rolle der Glaubwürdigkeit jedoch nicht, einige Variablen des ELM können multiple Effekte auf den Informationsverarbeitungsprozeß nehmen. So kann ein und dieselbe Variable in mehreren Funktionen Wirkung zeigen: als peripherer Hinweisreiz, als weitere inhaltliche Information oder als elaborationsbeeinflussende Variable. Dies gilt insbesondere für die Sendervariablen wie die Glaubwürdigkeit bzw. ihre Subdimension „Kompetenz" (PETTY & CACIOPPO, 1986a). Sie wirken bei Einschlagen der peripheren Informationsverarbeitungsroute (d.h. niedriger Fähigkeit und/ oder Motivation) als verhaltenslenkende periphere Hinweisreize, bei Beschreiten der zentralen Route (d.h. hohe Fähigkeit und hohe Motivation) hingegen als weitere diagnostische Information, die zur genauen Beurteilung einer Sachlage genauso wie alle anderen inhaltlichen Argumente der Botschaft herangezogen wird. Insofern wird der Glaubwürdigkeit nicht nur unter den Bedingungen der peripheren Informationsverarbeitung sondern in gewissem Umfang auch bei Beschreiten des zentralen Verarbeitungsweges vom Rezipienten Beachtung geschenkt. Allerdings dürfte der Einfluß der Glaubwürdigkeit hier deutlich niedriger liegen: So wirkt sie beim peripheren Weg als die Reaktion allein beeinflussender peripherer Hinweisreiz („Der Anlageberater ist glaubwürdig, ich folge seiner Anlageempfehlung!"). Beim zentralen Weg hingegen tritt sie nur als eine Teilinformation neben die anderen bestehenden Informationen, dürfte daher bei Vorliegen vieler anderer Informationen in ihrem Einfluß nur sehr begrenzt sein oder kaum eine Rolle spielen („Ich kann dem Anlageberater zwar glauben, daß er von der Richtigkeit seines Angebots überzeugt ist. Aber was denke ich über die Argumente, die er vorgebracht hat? Beurteile ich die Sachlage evtl. anders aufgrund meines hohen eigenen Wissens in diesem Bereich?").

Bei dem Grad der Fähigkeit und Motivation handelt es sich allerdings jeweils um Kontinua, die also nicht nur in den beiden Ausprägungen hoch und niedrig, sondern auch in mittleren Ausprägungsbereichen auftreten können. Letzteres dürfte in Alltagssituationen häufig der Fall sein. Unter diesen Umständen werden die Sendervariablen (wie z.B. die Glaubwürdigkeit) vom Empfänger schon für die Entscheidung darüber herangezogen, wie intensiv die Informationsverarbeitung stattfinden soll (PETTY & CACIOPPO, 1981, 1984c, 1986a). Sie beeinflussen demnach auch den Elaborationsgrad der Botschaftsverarbeitung. So kann eine hohe wahrgenommene Kompetenz des Senders ein Beschreiten der zentralen Route der Informationsverarbeitung bewirken (vgl. PETTY & CACIOPPO, 1986a, 188; 1986b, S. 209/210). PETTY & CACIOPPO (1986b, S. 206/7) erklären dies damit, daß sich bei mittlerer Ausprägung von Fähigkeit und Motivation eine Person nicht darüber im Klaren ist, ob eine Information zentral verarbeitet werden muß bzw. eine zentrale Verarbeitung sich lohnt. Erhält sie die Information von jemand hoch Kompetentem, so liegt es der Person nahe, über die Information intensiver nachzudenken („Ich sollte mal näher darüber nachdenken, wenn ein Experte so eine Ansicht äußert!"). Andererseits merken PETTY & CACIOPPO an (1986b, S. 207), daß auch der umgekehrte Fall vorstellbar ist: Man übernimmt vorschnell (d.h. ohne zentrale Informationsverarbeitung) die Ansicht eines Experten, weil es einfacher ist, seinem sozialen Umfeld gegenüber eine Ansicht zu vertreten, die auch von einem Experten geteilt wird. Insofern hängt die genaue Wirkung einer Variable bei mittlerer Ausprägung von Motivation und Fähigkeit von den konkreten Bedingungen der jeweiligen Situation ab. Unter welchen genauen Bedingungen verschiedene Variablen das Einschlagen des zentralen oder des peripheren Informationsverarbeitungsweges bewirken, ist allerdings noch nicht geklärt. Hier bedarf es noch weiterer Forschung (PETTY & CACIOPPO, 1986b, S. 207).

Somit sind folgende drei Fälle des Einflusses von Sendervariablen (z.B. Kompetenz des Senders) zu unterscheiden:

- Bei niedriger Fähigkeit und/ oder niedriger Motivation des Rezipienten wirkt die Kompetenz des Senders als peripherer verhaltenswirksamer Hinweisreiz.
- Bei hoher Fähigkeit und hoher Motivation des Rezipienten wirkt die Kompetenz des Senders lediglich als zusätzliche diagnostische Information.
- Bei mittlerer Ausprägung von Fähigkeit und Motivation des Rezipienten entscheidet die Kompetenz des Senders über die Intensität der Informationsverarbeitung: Entweder wird die Information zentral verarbeitet, und die Kompetenz wird als zusätzliche diagnostische Information genutzt; oder die Information wird peripher verarbeitet, und die Kompetenz wirkt als peripherer Hinweisreiz.

Die Wirkungsweise einer Variablen, insbesondere die Kommunikatorglaubwürdigkeit, ist im Rahmen des ELM demnach entscheidend von der Ausprägung der Empfänger-Variablen Fähigkeit und Motivation abhängig und variiert mit diesen.

14.4 Glaubwürdigkeitssteigerung durch den Dopplungseffekt

Eine weitere für die Betrachtung der Glaubwürdigkeit und ihres Einflusses interessante Hypothese wird von Wiswede (FISCHER & WISWEDE, 1997, S. 305) aufgestellt, der sog. Dopplungseffekt.

14.4.1 Der Dopplungseffekt

Gemäß Wiswede kann die Glaubwürdigkeit eines Kommunikators auch dadurch gesteigert werden, daß der Rezipient eine inhaltlich gleichlautende Botschaft von einem zweiten Kommunikator erhält (Dopplungseffekt). Voraussetzung hierfür ist allerdings, daß der Rezipient die Botschaft aus zwei Quellen erfährt, die er als voneinander unabhängig perzipiert. Diese Hypothese knüpft an Befunde aus der Kleingruppenforschung an, wo WILDER (1977) aufzeigen konnte, daß zwei verschiedene Gruppen, die das gleiche Urteil abgeben, aber voneinander unabhängig sind, einen größeren persuasiven Einfluß ausüben. Theoretisch läßt sich der Dopplungseffekt u.a. aus der Hypothesentheorie der Wahrnehmung (BRUNER & POSTMAN, 1951; BRUNER, 1957; POSTMAN, 1963) oder auch aus den Konsistenztheorien der Einstellung, insbesondere der Dissonanztheorie (FESTINGER, 1957), ableiten. WISWEDE verweist für die Herleitung auf die Attributionstheorie (FISCHER & WISWEDE, 1997, S. 305). Diesem Gedanken soll im folgenden näher nachgegangen werden.

14.4.2 Attributionstheorie – das Kovariationsmodell von KELLEY

Bei der Glaubwürdigkeit eines Kommunikators handelt es sich um eine subjektive Größe, die der Rezipient dem Kommunikator zuweist (attribuiert). Eine der bekanntesten – und zur Erklärung des Dopplungseffekts auch fruchtbarsten – Attributionstheorien stellt das Kovariationsmodell von KELLEY (1967, 1973) dar.

Das Modell zeigt auf, wie Personen bei sich oder anderen beobachtetes Verhalten durch Vergleiche auf drei Dimensionen beurteilen und einer von drei verschiedenen Ursachenkategorien zuordnen. Bei der Anwendung des Modells auf eine Kommunikationssituation gibt KELLEYS Attributionstheorie Antwort auf die Frage: „Warum hat der Sender jetzt diese Äußerung getätigt?" Ausgangspunkt ist die Überlegung, welche Informationen als Ursachen-Zuordnungskriterium verwendet werden können. Dabei sind zwei Fälle zu unterscheiden, die in jeweils unterschiedliche Modelle einmünden: der Fall vollständiger Informationen und der Fall unvollständiger Information.

14.4.2.1 Das Vorliegen vollständiger Informationen – das Kovariationsmodell

Kerngedanke dieses Modells ist das Kovarianzprinzip, welches besagt, daß ein Ereignis von einem Beobachter auf die Ursache zurückgeführt wird, mit der es in der Zeit kovariiert (KELLEY, 1972a). Für eine Anwendung dieses Modells benötigt die Person Informationen über folgende Dimensionen:

- Konsensus: Das Verhalten des Beobachteten wird mit dem von anderen Personen in dieser oder ähnlichen Situationen verglichen. Hoher Konsensus bedeutet hierbei, daß andere Personen sich ähnlich verhalten hätten.
- Distinktheit: Der Stimulus, das Verhaltensobjekt wird mit anderen alternativen Objekten verglichen. Eine hohe Distinktheit liegt vor, wenn sich der Handelnde gegenüber anderen Objekten bzw. Stimuli anders verhalten hätte.
- Konsistenz: Das Verhalten des Beobachteten in anderen Situationen wird mit dem momentanen Verhalten verglichen. Die Konsistenz ist hoch, wenn sich der Beobachtete zu anderen Zeitpunkten und anderen Umständen ähnlich verhalten hat.

Aus der (dichotomen: hoch vs. niedrig) Ausprägung der obigen drei Variablen schließt nun der Beobachter auf den Grund für das Verhalten des Handelnden (KELLEY, 1967), was anhand eines Beispiels aus dem Geldanlagebereich demonstriert werden soll:

Attribution:	Konsensus	Distinktheit	Konsistenz
Stimulus (z.B. die empfohlene Geldanlage ist wirklich gut)	hoch (z.B. Andere Berater empfehlen die gleiche Aktie.)	hoch (z.B. Einem Anleger mit anderen Liquiditäts- und Renditepräferenzen empfiehlt der Berater etwas anderes.)	hoch (z.B. Der Berater hat schon immer gesagt, daß dieses Angebot am Besten ist.)
Person (z.B. Eigeninteresse des Beraters an einer bestimmten Anlage)	gering (z.B. Andere Berater empfehlen eine andere Anlageform.)	gering (z.B. Einem Anleger mit anderen Präferenzen empfiehlt der Berater die gleiche Anlageform.)	hoch (z.B. Der Berater hat schon immer gesagt, daß dieses Angebot am Besten ist.)
Umstände (z.B. momentane Situation auf dem Kapitalmarkt wird sehr unterschiedlich eingeschätzt)	gering (z.B. Andere Berater empfehlen eine andere Anlageform.)	hoch (z.B. Einem Anleger mit anderen Präferenzen empfiehlt der Berater etwas anderes.)	gering (z.B. Der Berater hat dem Anleger früher etwas anderes empfohlen.)

Tabelle 14-1: ***Das Kovariationsprinzip: Ein Beispiel***

Die Hypothesen KELLEYS konnten im großen und ganzen empirisch gestützt werden (MCARTHUR, 1972; ORVIS, CUNNINGHAM & KELLEY, 1975).

14.4.2.2 Das Vorliegen unvollständiger Informationen – kausale Schemata

Liegen dem Beobachter nicht Informationen zu allen drei Dimensionen (Konsensus, Distinktheit und Konsistenz) vor, werden laut KELLEY (1972b) kausale Schemata zur Attribution herangezogen.

KELLEY weist in diesem Zusammenhang insbesondere auf die Existenz von Ergänzungsschemata hin. D.h., Beobachter tendieren dazu, bei Vorliegen von Informationen zu nur einer oder zwei der drei obigen Dimensionen die fehlenden Informationen der anderen Dimensionen zu einem der drei Attributions-Schemata zu ergänzen (vgl. Tabelle 14-1). Hierbei gilt: Liegen eindeutige Teilinformationen vor, also Informationen, die nur eine einzige Attribution zulassen (z.B. hoher Konsensus ist nur mit einer Stimulusattribution vereinbar), so ergänzt der Beobachter die hierfür notwendigen weiteren Informationen und nimmt diese Attribution vor. Liegen andererseits mehrdeutige Informationen vor (es läßt sich also keine eindeutige Attribution ableiten), kann das Verhalten gleichzeitig auf alle in Frage kommenden Attributionen zurückgeführt werden (z.B. niedriger Konsensus könnte zu einer Personen- und/ oder einer Umstandsattribution führen). Eine genaue Aussage darüber, welche Attribution und dazugehörige Informationsergänzung vorgenommen werden, ist in diesem Fall nicht möglich.

Angewandt auf den Dopplungseffekt gilt demzufolge: Teilen zwei Personen unabhängig voneinander einem Rezipienten dieselbe Botschaft mit, so wird hierdurch der

Konsensus erhöht – ohne etwas über Distinktheit und Konsistenz auszusagen. Laut Aussagen des Kovariationsmodells von KELLEY (s. Tabelle 14-1) läßt eine hohe Konsensusausprägung einzig eine Attribution auf den Stimulus, d.h. die Botschaft, zu. Der Rezipient („Beobachter" sensu KELLEY) einer Kommunikationshandlung des Senders würde demnach gemäß den Ergänzungsschemata auch eine hohe Distinktheit und eine hohe Konsistenz unterstellen und den Grund für die Äußerung der Botschaft bzw. den Inhalt der geäußerten Botschaft in deren Wahrheit bzw. Übereinstimmung mit der Realität sehen. Hieraus lassen sich zwei Überlegungen ableiten, gemäß denen im Sinne des Dopplungseffekts die Senderglaubwürdigkeit gesteigert wird.

Ausstrahlungseffekte der Botschaftsglaubwürdigkeit

Durch das Vorliegen des (teils vom Empfänger kognitiv ergänzten) Informationsschemas hoher Konsensus, hohe Dinstinktheit und hohe Konsistenz nimmt der Empfänger eine Stimulus- bzw. Botschaftsattribution vor, d.h. die Botschaft gewinnt an Glaubwürdigkeit. Aus wahrnehmungspsychologischen Überlegungen heraus kann nun aber abgeleitet werden, daß durch die Zunahme der Botschaft an Glaubwürdigkeit auch der Kommunikator an Glaubwürdigkeit gewinnt: Die Glaubwürdigkeit der Botschaft strahlt auf den Kommunikator der Botschaft aus (Halo-Effekt). Dies kann aus einer Tendenz des Menschen zur konsistenten Bewertung erklärt werden (THORNDIKE, 1920): Es wäre inkonsistent und damit psychologisch widersprüchlich, wenn eine unglaubwürdige Person eine glaubwürdige Information von sich gibt. Der beschriebene Ausstrahlungseffekt dürfte dabei um so stärker ausfallen, je weniger vorherige Erfahrung der Rezipient mit dem Kommunikator hatte, je mehr der Rezipient bei der Erstellung seines konsistenten Bildes vom Sender also auf die Attributionsinformation bzw. ihre Ausstrahlung angewiesen ist.

Abnahme der perzipierten Interessengebundenheit

Ebenfalls gesteigert wird die Senderglaubwürdigkeit durch eine Abnahme der perzipierten Interessengebundenheit. Wie oben erläutert (vgl. Kap. 14.2.3) stellt die Vertrauenswürdigkeit bzw. die diese determinierende perzipierte Interessengebundenheit des Kommunikators eine wichtige Subvariable der Senderglaubwürdigkeit dar. Bei einer Aussage eines Senders steht immer die perzipierte Interessengebundenheit als eine die Glaubwürdigkeit negativ beeinflussende Variable (mehr oder weniger) im Raum. Bei der perzipierten Interessengebundenheit handelt es sich in der Terminologie KELLEYS um eine Personalattributionsvariable: Der Grund der Äußerung einer bestimmten Botschaft wird vom Empfänger personal attribuiert, nämlich auf ein bestimmtes Interesse, das der Sender mit der Äußerung verbindet. Liegt nun aber eine Stimulus-Attribution vor – was dem obigen Fall des Dopplungseffekts entspricht (s.o.) – schließt dies eine Personalattribution aus. Dem Sender wird vom Empfänger keine Interessengebundenheit mehr unterstellt, er gewinnt damit an Glaubwürdigkeit für den Empfänger. Dies gilt allerdings nur insofern, als der Rezipient eine Unabhängigkeit der beiden die gleiche Botschaft mitteilenden Kommunikatoren wahrnimmt, genauer eine Unterschiedlichkeit ihrer Interessen. Ansonsten dürfte kein automatischer Ausschluß der Variable Interessengebundenheit erfolgen.

Somit kann durch die Information des hohen Konsensus und die damit einhergehende Stimulus-Attribution also auf zwei verschiedenen Wegen die Senderglaubwürdigkeit gesteigert werden, nämlich über Ausstrahlungseffekte der Botschaftsglaubwürdigkeit und über eine Abnahme der perzipierten Interessengebundenheit des Senders.

14.5 Empirische Überprüfung des Einflusses der Glaubwürdigkeit und des Dopplungseffekts

Im folgenden sollen die oben formulierten Aussagen zur Wirksamkeit der Senderglaubwürdigkeit (im Sinne einer botschaftsbedingten Beeinflussung des Empfängers unter bestimmten Bedingungen) für den Bereich der Aktienkurseinschätzung überprüft werden. Inwiefern schlagen sich Prognosen Dritter über Kursentwicklungen von Aktien – in Abhängigkeit von der Glaubwürdigkeit der Dritten – in den konkreten Aktienkurseinschätzungen ihrer Zuhörer nieder? Hierbei soll das Augenmerk insbesondere auf den Dopplungseffekt gelenkt werden:

Hypothesen

- Erhält der Empfänger eine Botschaft von einem glaubwürdigen Sender, so hat diese Botschaft eine signifikante persuasive Wirkung auf den Rezipienten (vgl. Kap. 14.2.2).
- Erhält der Empfänger eine gleichlautende Information von zwei voneinander unabhängigen Kommunikatoren, erhöht sich die Senderglaubwürdigkeit und damit auch die beeinflussende Wirkung der Sender (Dopplungseffekt, vgl. 14.4).

14.5.1 Experimentaldesign und Stichprobe[95]

Zur Überprüfung dieser Hypothesen wurden den Versuchspersonen schriftlich (in Form von fiktiven Zeitungsartikeln) Informationen zum Aktienkursverlauf einer fiktiven Unternehmensaktie vorgelegt. Im Anschluß daran hatten die Probanden den konkreten zukünftigen Kurs dieser Unternehmensaktie in sechs Monaten einzuschätzen. Die Probanden wurden hierbei vier verschiedenen Versuchsbedingungen zufällig zugeteilt:

- eine Kontrollgruppe, die einen fiktiven Zeitungsartikel mit Informationen über ein neues (fiktives) Unternehmen an der Börse sowie dessen aktuellen Börsenkurs (78,92 DM) erhielt; die zukünftige Entwicklung des Kurses wurde dabei als ungewiß dargestellt;
- eine erste Experimentalgruppe, der derselbe fiktive Zeitungsartikel vorgelegt wurde, in dem zusätzlich jedoch der „selbständige Anlageberater Simon Westberg“ „einen Kursanstieg von 50%“ der Aktie innerhalb der nächsten sechs Monate vorhersagte;

[95] Die Daten entstammen der Diplomarbeit von Harry-Karl WESSLING (1997): Der Dopplungseffekt. Unveröff. Diplomarbeit am Institut für Wirtschafts- und Sozialpsychologie. Universität zu Köln.

- eine zweite Experimentalgruppe, die ebenfalls einen gleichlautenden Artikel erhielt bis auf die Tatsache, daß hier ein „Wolfgang Brunsmann, Mitglied des „Internet Börsen Informations-Service (IBIS)" „einen extrem hohen Kursanstieg" der Aktie prognostizierte;
- eine dritte Experimentalgruppe, deren Zeitungsartikel gleichlautend war mit dem der drei anderen Gruppen, aber die beiden obigen Prognosen („Simon Westberg" und „Wolfgang Brunsmann") hintereinandergereiht enthielt.

Gemessen wurde als abhängige Variable der persuasive Erfolg der Sender mittels eines Vergleichs der Aktienkurseinschätzungen der Experimentalgruppen untereinander und mit der Aktienkurseinschätzung der Kontrollgruppe. Die Aktienkursprognosen der Kommunikatoren „Westberg" und „Brunsmann" in den Experimentalgruppen waren so formuliert, daß es sich um bloße Behauptungen handelte, d.h. es wurden von den Kommunikatoren keinerlei Begründungen für ihre Aussagen abgegeben. Insofern kann davon ausgegangen werden, daß bei solch einer unbegründeten Aussage die Glaubwürdigkeit des Senders die entscheidende Rolle dafür spielt, daß sich der Rezipient durch die Aussage beeinflussen läßt. Dabei wurde angenommen, daß in den Experimentalgruppen den genannten Kommunikatoren jeweils eine hohe Glaubwürdigkeit zugeschrieben wird aus der Tatsache heraus, daß sie als unabhängig arbeitend dargestellt und im Rahmen eines „seriös formulierten" Wirtschafts-Zeitungsartikels zitiert wurden.

Demnach wurde gemäß der Hypothesen erwartet, daß die Höhen der Aktienkurseinschätzungen sich in folgendem Sinne signifikant voneinander unterscheiden: Kontrollgruppe < 1. und 2. Experimentalgruppe < 3. Experimentalgruppe. Durch die unterschiedliche Formulierung der Prognosen der Experimentalgruppen eins und zwei (50% Kursanstieg vs. extrem hoher Kursanstieg) sollte differenziert werden zwischen einer konkreten und extrem hohen Kursprognose („hart formulierter" Beeinflussungsversuch: „50% Kursanstieg") sowie einer unkonkreteren und offeneren Kursprognose („weich formulierter" Beeinflussungsversuch: „extrem hoher Kursanstieg").

Die Untersuchung wurde an 113 Personen durchgeführt, die in den Einkaufszonen Siegburgs und Troisdorfs an zwei aufeinanderfolgenden Tagen angesprochen wurden. Das durchschnittliche Alter der Probanden lag bei 33,8 Jahren (Median von 32 Jahren und Modus von 30 Jahren) bei einer Standardabweichung von 12 Jahren. Zur Kontrolle der Fähigkeits- und Motivationsvariable wurden die Teilnehmer gefragt, ob sie schon einmal beruflichen oder privaten Kontakt mit Aktien hatten. Es ergab sich, daß 82,1% der Befragten noch nie beruflichen Kontakt mit Aktien und 64,6% nichtmals privaten Kontakt mit Aktien hatten. Insofern kann davon ausgegangen werden, daß die Variablen Fähigkeit und Motivation der Versuchspersonen zur Aktienkurseinschätzung nicht gleichzeitig beide hoch ausgeprägt waren, so daß die (Sender-) Glaubwürdigkeit in ihrem persuasiven Einfluß (in ihrer stärksten Form, nämlich über die Wirkung als peripherer Hinweisreiz, vgl. Kap. 14.3) zum Tragen kommen sollte.

Gruppe	Kontrollgruppe	1. Exp.gruppe	2. Exp.gruppe	3. Exp.gruppe
Versuchsbedingung	nur Text	Text & S. Westberg („50% Kursanstieg")	Text & W. Brunsmann („extrem hoher Kursanstieg")	Text & S. Westberg & W. Brunsmann
Anzahl der Vpn	28	29	28	28
Hypothese: Rangplatz der Höhe der Kurseinschätzung	4	2 oder 3	2 oder 3	1

Tabelle 14-2: ***Das Design im Überblick***

14.5.2 Hypothesenüberprüfung

Zur Überprüfung der aufgestellten Hypothesen wurde eine einfaktorielle Varianzanalyse bezüglich der Aktienkurseinschätzungen der verschiedenen Gruppen gerechnet: Es ergab sich ein F-Wert von 7,311 auf einem Signifikanzniveau von 0,0002. Es liegt demnach ein hochsignifikanter Einfluß des Faktors Gruppenzugehörigkeit vor, d.h. die mittleren Aktienkurseinschätzungen der Experimentalgruppen bzw. der Kontrollgruppe unterscheiden sich bedeutsam.

Weiterhin wurde mittels des LEVENE-Tests die Annahme der Varianzhomogenität geprüft und aufgrund des Ergebnisses nicht verworfen (Signifikanzniveau des Testwerts = 0,853). Da die Varianzanalyse aber nicht die Frage beantwortet, zwischen welchen Gruppenmittelwerten die signifikanten Unterschiede auftreten, wurde zur genaueren Betrachtung ein TUKEY-Test gerechnet (da gleich große Besetzung der Gruppen mit je 28 Versuchspersonen und Varianzhomogenität):

Mittlere Kurseinschätzung		Kontrollgrp.	1. Exp.grp.	2. Exp.grp.	3. Exp.grp.
80,5371	Kontrollgrp.				
86,7914	2. Exp.grp.				
94,5021	1. Exp.grp.	*			
100,4686	3. Exp.grp.	*	*		

Tabelle 14-3 ***Signifikante Unterschiede zwischen den Gruppen***

Die vom TUKEY-Test ermittelten signifikanten Unterschiede der mittleren Aktienkurseinschätzungen zwischen den Gruppen sind in obiger Systematik als Stern dargestellt. Es konnten demnach hypothesenkonforme Ergebnis-Muster vorgefunden werden, die nun im einzelnen näher diskutiert werden.

Hypothese 1: Persuasiver Einfluß der Glaubwürdigkeit

Es zeigte sich eine signifikant höhere Aktienkurseinschätzung der 1. Experimentalgruppe gegenüber der Kontrollgruppe (hypothesenkonform), allerdings nur eine tendenzielle, nicht signifikant höhere Aktienkurseinschätzung der 2. Experimentalgruppe gegenüber der Kontrollgruppe.

Der Grund hierfür liegt wahrscheinlich in der unterschiedlichen Textformulierung der vorgelegten fingierten Zeitungsausschnitte in den beiden Experimentalgruppen: Während in der 1. Experimentalgruppe von einem Kursanstieg von „50%" gesprochen wird, wird in der 2. Experimentalgruppe lediglich unspezifisch ein „extrem hoher Kursanstieg" prognostiziert. Im Finanzanlagebereich muß jedoch schon ein Kursanstieg von 10% über einem Zeitraum von sechs Monaten hinweg (d.h. ein Zinsniveau von 20% pro Jahr) als immens hoch gelten – vor allem verglichen mit dem eher niedrigen durchschnittlichen Zinsniveau von Sparbüchern oder auch festverzinslichen Anleihen, den nicht-professionellen Geldanlegern wohl vertrautesten beiden Arten der Geldanlage. Ein solcher Unterschied von gut 10% gegenüber dem ursprünglichen Kurs von 78,92 DM findet sich jedoch auch in den Aktienkursprognosen der 2. Experimentalgruppe wieder, wurde aber aufgrund des (relativ) geringen Stichprobenumfangs nicht signifikant. Darüber hinaus unterscheiden sich die 1. und die 2. Experimentalgruppe nicht signifikant voneinander in ihrer Aktienkurseinschätzung, wohl aber die erste Experimental- von der Kontrollgruppe. Die Aktienkurseinschätzung der 2. Experimentalgruppe liegt insofern zwischen den Einschätzungen der Kontroll- und der 1. Experimentalgruppe, demnach ist schon ein gewisser persuasiver Einfluß des Kommunikators „Wolfgang Brunsmann" zu verzeichnen.

Eine weitere mögliche Erklärung für die fehlende Signifikanz der mittleren Aktienkurseinschätzungen der 2. Experimental- und der Kontrollgruppe könnte darin liegen, daß durch die Formulierung des Texts der 2. Experimentalgruppe die Glaubwürdigkeit des Kommunikators herabgesetzt wurde: So könnte die Kompetenz von „Wolfgang Brunsmann" in der Wahrnehmung der Probanden durch die vage Formulierung des Kursanstiegs abgenommen haben („extrem hoher Anstieg": Was ist das denn für ein Experte, der nicht einmal eine genaue Prognose abgeben kann!). Auch die Präsentation des Kommunikators als Mitglied des „Internet Börsen Informations-Service" könnte sich negativ auf dessen Glaubwürdigkeit ausgewirkt haben. In der Wahrnehmung vieler Leute steht das Internet eher für Amusement (spielerischer Umgang, „surfen") denn für objektive Informationen.

Insofern sollte aus der mangelnden Signifikanz nicht auf eine (Teil-) Falsifikation der Hypothese geschlossen werden. Bei der Experimentalgruppe 1, wo präzisere und höhere Vorhersagen bezüglich des zu erwartenden Kursanstiegs gemacht wurden („50%"), zeigte sich denn auch der nach Hypothese 1 geforderte (hoch-) signifikante Unterschied zwischen den Gruppen. Insofern kann Hypothese 1 als vorläufig bestätigt betrachtet, und das Vorliegen des nur tendenziellen und nicht signifikanten Teilergebnisses für die 2. Experimentalgruppe auf deren Formulierung ihres experimentellen Stimulus-Textes zurückgeführt werden.

Hypothese 2: Dopplungseffekt

Gemäß der Aussage des Dopplungseffekts müßte in der 3. Experimentalgruppe eine signifikant höhere Beeinflussung durch den fiktiven Zeitungstext und damit eine signifikant höhere Aktienkurseinschätzung als in allen anderen Gruppen vorliegen. Es finden sich tatsächlich eine signifikant höhere Schätzung gegenüber der Kontroll- und der 2. Experimentalgruppe. Und auch gegenüber der 1. Experimentalgruppe schätzten die Probanden der 3. Experimentalgruppe (mit Dopplungseffekt) den Aktienkurs in sechs Monaten deutlich – wenn auch nicht signifikant – höher ein. Der Grund für die mangelnde Signifikanz des letzten Unterschiedes mag darin liegen, daß der Sender in der 1. Experimentalgruppe alleine schon eine hohe Glaubwürdigkeit besaß, aus der eine hohe Beeinflussung resultierte. Dies erscheint plausibel vor dem Hintergrund, daß als Informationssender ein professioneller Anlageberater auftrat. Dessen Glaubwürdigkeit wurde in den Augen der Versuchspersonen sicherlich noch zusätzlich dadurch gesteigert, daß seine Kursprognose im Rahmen eines augenscheinlich aus dem Wirtschaftsteil einer Zeitung stammenden Artikels dargeboten wurde: Die Glaubwürdigkeit der Quelle Zeitungswirtschaftsteil strahlte auf ihn aus. So wurde seine Glaubwürdigkeit und die daraus resultierende beeinflussende Wirkung durch den Dopplungseffekt in der 3. Experimentalgruppe zwar noch gesteigert (zumindest von der Tendenz her), aber aufgrund seiner hohen alleinigen Glaubwürdigkeit konnte keine *signifikante* Steigerung mehr erreicht werden (Ceiling-Effekt).

Es findet sich noch ein weiterer Beleg für den Dopplungseffekt in dem Signifikanzmuster wieder: Man könnte beispielsweise vermuten, daß der signifikante Unterschied der 3. Experimentalgruppe gegenüber der Kontroll- und der 2. Experimentalgruppe auch allein durch die Wirkung des zusätzlichen Stimulus „50%"-Aktienkursanstieg durch „Simon Westberg" – und nicht durch das Zusammenspiel der beiden Informationen („Simon Westberg" *und* „Wolfgang Brunsmann") – bedingt wird. Dem widerspricht jedoch die Tatsache, daß sich zwischen der 1. und der 2. Experimentalgruppe keine signifikanten Unterschiede finden lassen, ein solcher aber bei einem Vergleich der 3. mit der 2. Experimentalgruppe auftritt: Durch das Ergänzen des fiktiven Zeitungsartikels um einen zweiten Sender wird der Unterschied signifikant. Dies legt im Sinne des Dopplungseffekts den Schluß nahe, daß die Glaubwürdigkeit gesteigert wird, wenn mehrere – voneinander unabhängige – Personen die gleiche Botschaft übermitteln.

Es fand sich somit tatsächlich der hypothetisch erwartete persuasive Einfluß empirisch wieder. Leider ist im vorliegenden Experiment aber nicht zu entscheiden, ob dieser auf eine erhöhte Sender- (Dopplungseffekt im engeren Sinne) oder auf eine erhöhte Botschaftsglaubwürdigkeit zurückführbar ist. An dieser Stelle zeigte sich eine methodische Schwachstelle des vorliegenden Experiments: Die Glaubwürdigkeit wurde nicht direkt, sondern lediglich über den persuasiven Erfolg gemessen. Da aber sowohl die Sender- als auch die Botschaftsglaubwürdigkeit beide eine persuasive Wirkung vorweisen, ist somit keine differenziertere Analyse möglich. Es besteht insofern Raum für Folgeuntersuchungen, die aus den Problemen der vorliegenden Untersuchung lernen können.

Insgesamt gesehen kann jedoch als Fazit gezogen werden, daß mit dem Dopplungseffekt konforme Ergebnisse gefunden wurden, die eine Existenz des Dopplungseffekts als wahrscheinlich und weitere Forschung als sinnvoll und aussichtsreich erscheinen lassen.

14.5.3 Differenzierung nach beruflicher Tätigkeit

Interessante Ergebnisse finden sich auch bei einer Betrachtung der Untersuchungsergebnisse unter Einbezug der beruflichen Tätigkeit der Versuchspersonen (beruflicher Umgang mit Aktien oder nicht). Gemäß den Aussagen des ELM wäre zu erwarten, daß die Senderglaubwürdigkeit bei Probanden mit niedriger Fähigkeit und/ oder Motivation als peripherer Hinweisreiz wirkt und dementsprechend einen starken kommunikativen Einfluß aufweist (vgl. Kap. 14.3). Bei Personen, die beruflich mit Aktien zu tun haben, darf wohl unterstellt werden, daß sie eine hohe Fähigkeit und eine hohe Motivation besitzen, eine Aktienkurseinschätzung vorzunehmen. Demnach müßten diese die Botschaft zentral verarbeiten, die Senderglaubwürdigkeit dürfte nur als zusätzliche diagnostische Information aufgenommen werden.

Betrachtet man die Kontrollgruppe, so lassen sich keine signifikanten Unterschiede in der Aktienkurseinschätzung zwischen Probanden finden, die beruflich mit Aktien zu tun hatten („Profis"), und solchen, die nicht beruflich mit Aktien zu tun hatten („Laien") (t-Wert = 0,73; p = 0,47). Stellt man denselben Vergleich jedoch unter den Versuchsbedingungen der Experimentalgruppen – d.h. es tritt ein Kommunikator auf, der eine Aktienkursprognose abgibt –, so schätzen die Laien den Aktienkurs signifikant höher ein als die Professionellen (t-Wert = 1,9; p = 0,07). Laien lassen sich demnach durch Aktienkurseinschätzungen der Sender („Simon Westberg" und „Wolfgang Brunsmann") theoriekonform signifikant mehr beeinflussen als Profis.

Interessant ist nun, inwieweit auch Profis sich durch die Aktienkurseinschätzungen der Sender beeinflussen lassen. Hier ist festzustellen, daß sowohl Laien (t-Wert = -2,55; p = 0,02) als auch Profis (t-Wert = -2,27; p = 0,04) in den Experimentalgruppen den zukünftigen Aktienkurs hoch signifikant höher einschätzten als in den Kontrollgruppen. Zwar werden Laien durch Aktienkurseinschätzungen anderer stärker beeinflußt als Profis (s.o.), aber selbst Profis sind nicht gegen eine Beeinflussung ihrer eigenen Aktienkurseinschätzung durch eine vorherige Einschätzung anderer gefeit. Dies ist vor dem Hintergrund des ELM auch theoretisch erklärbar: Der persuasive Einfluß des Senders ist bei den Laien höher, da die Sender-Glaubwürdigkeit als peripherer Hinweisreiz wirkt, und damit entscheidend das Verhalten des Rezipienten (Aktienkurseinschätzung) bestimmt. Aber auch bei den Profis schlägt die Sender-Glaubwürdigkeit als zusätzliche diagnostische Information zu buche. Weil im vorliegenden Fall in der Botschaft keine weiteren für die Einschätzung des zukünftigen Aktienkurses nützlichen Informationen enthalten waren, und die Probanden auch keine persönlichen Erfahrungen mit der genannten Aktie haben konnten (es handelte sich ja um eine fiktive Aktie), lagen den Probanden nur wenige weitere diagnostische Informationen zur Verfügung. So konnte die Sender-Glaubwürdigkeit auch bei den Profis ihre Wirkung entfalten und dafür sorgen, daß die Aktienkurseinschätzungen der Sender „Westberg" und „Brunsmann" die Profis ebenfalls beeinflußten.

14.5.4 Methodische Kritik und Anschlußforschung

Wie aus der bisherigen Darstellung der empirischen Untersuchung schon zu erkennen, weist die vorliegende Studie an einigen Stellen methodische Schwächen auf. So könnte kritisiert werden, daß die Glaubwürdigkeit selbst nicht als eigene Variable direkt gemessen wurde. Dem ist allerdings entgegenzuhalten, daß bei einer direkten Messung die Gefahr von Awareness-Effekten bei den Versuchspersonen besteht. So wurde beispielsweise auch in der Dissonanzforschung jahrzehntelang ohne eine unmittelbare Messung der Dissonanz (erfolgreich) gearbeitet.

Tragfähiger scheint dagegen der Einwand, daß die Variablen des ELM weder systematisch variiert noch mit abgesicherten Operationalisierungen erhoben wurden. So sind leider an mancher Stelle bei der Interpretation der Auswertungsergebnisse nur (zwar theoretisch begründete und plausible) Vermutungen möglich gewesen. Dennoch bleibt festzuhalten, daß keine mit den Hypothesen unvereinbare Ergebnisse auftraten. Die verwandten Theorien waren dazu in der Lage, die aufgetretenen Ergebnisse *zu prognostizieren und zu erklären*. Insofern sind die Ergebnisse sehr interessant – insbesondere auch für Praktiker, wie im folgenden versucht wird zu demonstrieren (vgl. 14.6) – und zeigen, daß hier Anschlußforschung geboten erscheint.

Anschlußexperimente sollten dabei insbesondere Augenmerk auf die Operationalisierung der Glaubwürdigkeit und ihre systematische Variation legen. Nützlich wäre auch eine Prüfung der Glaubwürdigkeit im Rahmen eines Pretests. Dabei sollte die Glaubwürdigkeit in Botschafts-, Mediums- und Senderglaubwürdigkeit differenziert werden. Desweiteren böte sich an, die im ELM angesprochene Motivations- und Fähigkeitsvariable selbst experimentell zu induzieren und systematisch im Sinne verschiedener Versuchsbedingungen zu variieren. Hinweise über Möglichkeiten hierzu lassen sich in der Literatur finden (vgl. z.B. PETTY & CACIOPPO, 1986b; im Kontext von Börsenprognosen STEPHAN, 1993; KIELL, 1994). Sicherlich auch interessant wäre eine systematische Variation der Reichhaltigkeit der inhaltlichen (diagnostischen) Informationen, die die Versuchspersonen erhalten. Die vorliegende Untersuchung arbeitete in diesem Punkt mit einem minimalen Informationsangebot, das sich nur auf bloße, unbegründete Behauptungen eines Senders beschränkte. Aus der Warte des ELM wäre zu vermuten, daß (bei zentraler Informationsverarbeitung) der Einfluß der Glaubwürdigkeit mit dem Umfang der diagnostischen Informationen sinkt.

Dies mag jedoch an dieser Stelle genügen, um darzustellen, daß die Ergebnisse der vorliegenden Untersuchung viele Ansatzpunkte für interessante Anschlußforschung bieten.

14.6 Implikationen für die Praxis

Für den Anlageberater ist es natürlich immer sinnvoll, dem Kunden gegenüber seine Glaubwürdigkeit zu erhöhen (vgl. Kap. 14.2.2). Diese hat grundsätzlich für alle Kunden (auch ohne argumentative Begründung einer Anlageempfehlung – vgl. Kap. 14.5) einen starken Einfluß auf die Anlageentscheidung. Dabei stehen dem Berater mehrere Strategien zur Verfügung: So kann er beispielsweise versuchen, seine eigene

Fach-Kompetenz zu betonen (z.B. durch Aufzeigen seines Fachwissens), seine Interessengebundenheit in den Augen des Kunden zu senken (z.B. durch den Hinweis, daß man an einer langfristigen Zusammenarbeit interessiert sei) oder auch seine Dynamik der Argumentation dahingehend zu steuern, nicht zu heftig, aber auch nicht zu zaghaft bei der Plazierung seiner Anlageempfehlung vorzugehen (vgl. Kap. 14.2.3). Desweiteren wird seine Glaubwürdigkeit massiv erhöht, wenn der Kunde eine gleichlautende Information auch von anderen (vom Berater unabhängigen) Personen erhalten hat oder noch erhält (z.B. Freunden des Kunden) (vgl. Kap. 14.4).

Die Erhöhung der Glaubwürdigkeit ist allerdings für verschiedene Kunden-Typen unterschiedlich. Wenn der Kunde nicht motiviert und/ oder nicht fähig ist, sich intensiv mit der Anlageentscheidung auseinanderzusetzen, ist sie von ausschlaggebender Bedeutung (vgl. Kap. 14.3). Ist der Anleger hingegen motiviert und fähig zu solch einer inhaltlichen Auseinandersetzung, büßt die Glaubwürdigkeit des Anlageberaters ihren zentralen Einfluß ein. Aber auch in solch einem Fall kann sie noch einen hohen Einfluß ausüben, wenn der Anleger nicht viele weitere Informationen zur Verfügung hat. Stehen dem Anleger viele weitere Informationen zur Verfügung oder ist der Anlageberater in den Augen des Kunden unglaubwürdig (z.B. aufgrund einer hohen vermuteten Interessengebundenheit), wäre dem Berater nahezulegen, besser ausschließlich tragfähige inhaltliche Argumente vorzubringen, die direkt auf seine Empfehlung bezogen sind, da der Anleger diese kognitiv elaboriert prüfen und erst nach reiflicher Überlegung seine Entscheidung treffen wird.

15. Kapitel

Kundenzufriedenheit mit Finanzdienstleistern – Eine Bewertung aktueller Erklärungs- und Meßmodelle

Markus Groß-Engelmann

Institut für Wirtschafts- und Sozialpsychologie, Universität zu Köln

15.1 Zur Psychologie der Kundenzufriedenheit

Der zweite Frühling der Kundenzufriedenheitsforschung hat begonnen. Gut zehn Jahre nachdem KAAS & RUNOW (1984) ihr kritisches Resümee über ein vorausgegangenes Jahrzehnt Kundenzufriedenheitsforschung gezogen haben, ist eine neue Forschungs-Euphorie ausgebrochen, mit ‚neuen' Modellen und mit ‚neuen' Meßverfahren. Wie ist diese überraschende Wendung erklärbar und besteht Hoffnung, daß diesmal die theoretischen Defizite, die KAAS & RUNOW ansprechen, aufgefüllt werden? Welche Anwendungsbezüge ergeben sich hinsichtlich der Erklärung von Kundenzufriedenheit mit Finanzdienstleistungen?

Die neue Popularität der Kundenzufriedenheitsforschung hat viele Väter, teils praktischer, teils akademischer Herkunft. Die Entwicklung moderner Volkswirtschaften ist durch Tertiärisierung und Globalisierung gekennzeichnet, was zwei konkrete Erfordernisse an die Unternehmen stellt: Erstens definieren sich die Angebote zunehmend über das mit ihnen verbundene Dienstleistungsangebot. Das gilt nicht nur für die Produktseite, sondern gleichermaßen für die Dienstleistungsbranchen (abgrenzend wird hier gerne von dem ‚Service' gesprochen). Zweitens können sich die Dienstleistungsunternehmen bei weitgehender Homogenisierung der Leistungen und starkem internationalen Wettbewerb nur über eine profilierte Kundenorientierung auf den Märkten behaupten. In diesem Kontext sind vor allem deutsche Unternehmen gefordert, gegen das Image der ‚Dienstleistungswüste' anzukämpfen. Service und Qualität sind daher die Zauberworte des Managements zum Ausgang des 20. Jahrhunderts.

In der Wissenschaft wurden die Zeichen der Zeit zunächst in den USA erkannt. Dort brachten bereits 1985 Forscher ein Instrument zur Messung von Dienstleistungsqualität heraus, daß mit SERVQUAL (PARASURAMAN, ZEITHAML & BERRY, 1985, 1988, 1991) nicht passender hätte bezeichnet werden können. Dabei geht es um die Frage, was der Kunde für Qualität hält, denn das Bestreben der Unternehmen mißt sich – effizienterweise – am Qualitätserleben des Kunden. Doch die hierbei entwickelten Instrumente waren ‚alter Wein in neuen Schläuchen', da sie entweder mit denen der Einstellungs- oder denen der Zufriedenheitsmessung korrespondieren. Folglich wurde die Kundenzufriedenheit wiederentdeckt, die durch eine deutlich ältere Forschungstradition bedeutsame Beiträge zur Erklärung der kundenorientierten Qualitätsbeurteilung liefern kann.

An diesem Punkt setzt wiederum die Kritik von KAAS & RUNOW (1984) ein. Sind die Erkenntnisse der Kundenzufriedenheitsforschung tatsächlich so zufriedenstellend, daß sich eine erneute Forschungstätigkeit lohnt? Sind zumindest die Perspektiven derart vielversprechend, daß eine Renaissance der Kundenzufriedenheit gerechtfertigt ist? Im vorliegenden Beitrag sollen hierzu einige Perspektiven aufgezeigt werden. Ausgehend vom ‚state of the art' ist hiermit ein Plädoyer für mehr akademische Psychologie in der Kundenzufriedenheitsforschung verbunden. Dabei steht das Geschehen im Finanzdienstleistungssektor im Vordergrund, der einen Referenzfall für Dienstleistung und Bedarf nach Kundenorientierung darstellt. Bislang existiert allerdings keine Kundenzufriedenheitsforschung, die auf Finanzdienstleistungen konzentriert ist, wenngleich die Heterogenität der verschiedenen Dienstleistungen spezielle, auf den jeweiligen Gegenstandsbereich zugeschnittene Theorien wünschenswert erscheinen läßt. Die Diskussion verschiedener Meßinstrumente basiert auf einer Grundlagenuntersuchung, in der verschiedene Methoden empirisch gegeneinander getestet wurden. Diese Studie wurde in Zusammenarbeit mit verschiedenen Geldinstituten durchgeführt. Der inhaltliche Schwerpunkt war im Bereich der Wertpapierberatung angesiedelt. Weitere Beispiele sind dem Artikel von MÜLLER-PETERS, H., QUINKE & LEY (im selben Band) zu entnehmen.

15.2 Die Produktion von Finanzdienstleistungen als Interaktionsgeschehen

Scharfsinnig haben ENGELHARDT, KLEINALTENKAMP & RECKENFELDERBÄUMER (1993) nachgewiesen, daß bislang alle Versuche, Produkte und Dienstleistungen trennscharf voneinander abzugrenzen, gescheitert sind. Keines der Merkmale, die bislang als typisch für Produkte oder Dienstleistungen angesehen wurden, ist alleine geeignet, eine eindeutige Trennung herbeizuführen, und multiple Beschreibungsmerkmale (vgl. LANGEARD, 1981; CORSTEN, 1988; HILKE, 1989; MEYER, 1991) sind bislang auf verschiedenen Prozeßebenen unzulässig miteinander verknüpft worden (ENGELHARDT, KLEINALTENKAMP & RECKENFELDERBÄUMER, 1993). Folglich läßt sich darüber streiten, ob eine befriedigende Unterscheidung überhaupt möglich ist. Ferner werden Produkte mit immer reichhaltigerem Kundendienstangebot versehen, so daß verschiedene Gründe dafür sprechen, die Begriffe Produkt und Dienstleistung zu vermeiden und allgemein durch Leistung zu ersetzen. Letztlich ist dies aber eine Frage der terminologischen Konvention, die nichts an der Tatsache ändert, daß (Dienst-) Leistungen sich tendenziell durch Intangibilität und Integration des externen Produktionsfaktors Kunde auszeichnen. Dies gilt insbesondere für Finanzdienstleistungen.

Beide Aspekte (Intangibilität und Integrativität), die in der Literatur als die ,besten' Kriterien von Dienstleistungen begriffen werden, haben – psychologisch gesehen – weitreichende Konsequenzen. *Intangibilität* bedeutet, daß Leistungen nur bedingt anhand technischer Maßstäbe beurteilt werden können. Um mit FESTINGER (1957) zu sprechen, sind die Möglichkeiten der *Validierung von Urteilen anhand der physikalischen Realität* im Fall der Finanzdienstleistungen sehr begrenzt, so daß die *,soziale Realität'* bei der Qualitätsbeurteilung bzw. beim Zufriedenheitserleben einen besonderen Stellenwert hat. Auch ZEITHAML (1981) betont, daß die Evaluierung von Dienstleistungen deutlich komplizierter ist, argumentiert aber nicht auf der Basis Festingers Theorie sozialer Vergleichsprozesse, sondern sie bezieht sich auf die plausible Tatsache, daß Dienstleistungen einen größeren Teil von Vertrauensqualitäten aufweisen, also solchen Merkmalen, die vom Kunden u.U. nie konkret überprüft bzw. erlebt werden können. So kann der Versicherungskunde über die Kulanz seines Versicherers nicht sicher urteilen, solange er keinen Schadensfall hatte. Die tangiblen Produkte weisen nach ZEITHAML mehr Suchqualitäten auf, die eine Beurteilung der Leistung vor dem Kauf ermöglichen. Es kann aber eingeschränkt werden, daß die Beurteilung eines Fernsehgerätes für die meisten Menschen genauso eine Frage der Erfahrung sein dürfte, wie die Einschätzung seines Zahnarztes. Auch wenn das Fernsehgerät einen unvergleichbar höheren Anteil von Suchqualitäten aufweist, sind die meisten Konsumenten doch nicht in der Lage, ohne erhebliche Informationskosten (STROEBE, 1980) die technischen Details zu bewerten. Dennoch ist es naheliegend, daß bei der Beurteilung intangibler Leistungen der soziale Vergleich einen höheren Stellenwert hat als bei tangiblen Leistungen. Letztlich ist diese Frage in der Forschung aber nicht ausreichend untersucht worden.

Die *Integration des externen Produktionsfaktors* Kunde bedeutet, daß das Erfahren von Dienstleistungen zu einem erheblichen Teil auf der Interaktion zwischen Dienstleister und Kunde fußt. Die Suche nach einer Problemlösung veranlaßt den Kunden, in eine dyadische Beziehung mit dem Dienstleister (resp. einem Mitarbeiter des Dienstleistungsunternehmens) zu treten. Der Dienstleister bietet entsprechend eine instrumentelle, auf die Problemlösung gerichtete Handlungsfähigkeit an, die er nur erfolgreich durchführen kann, wenn der Bediente kooperiert. Im Falle einer direkt personenbezogenen Dienstleistung muß der Bediente sich selbst physisch in den Leistungsprozeß einbringen (uno-actu-Prinzip). Neben den instrumentellen Handlungselementen, die meistens weitgehend formalisiert sind und nur geringen Gestaltungsspielraum aufweisen, wird die Dienstleistungsinteraktion typischerweise von den sozialen Handlungsschemata überlagert.

Instrumentelle und soziale Handlungen sind im Dienstleistungsbereich keineswegs einseitig, sondern basieren auf ineinandergreifendem Verhalten. Es entsteht ein „doppelter Interakt" (WEICK, 1985), bei der die Reaktion des Akteurs A durch das Verhalten des Akteurs B bedingt wird und die Reaktion des B die des A wiederum beeinflußt (vgl. hierzu NERDINGER, 1994). Ein erheblicher Teil der Dienstleistungsinteraktion dürfte dabei durch gelernte, konsistente und aufeinander abgestimmte Verhaltensmuster erklärbar sein. KLAUS (1984, 1991) stellte die Bedeutung des Interaktionsansatzes als Qualitätsmodell heraus. Ihm folgend ist Qualität lediglich ein Epiphänomen der für jede Dienstleistung grundlegenden Konfiguration der in einer bestimmten Situation interagierenden Marktpartner (vgl. NERDINGER, 1994). Die Kernaussage des Interaktionsansatzes ist, daß *Dienstleister und Bedienter* – wie oben beschrieben – *in einem sozialen Prozeß durch gegenseitige Einflußnahme das Erleben der Dienstleistungsqualität bestimmen*. Dadurch wird dem Umstand Rechnung getragen, daß der Bediente auf Prozeß und Ergebnis der Leistungserstellung Einfluß nimmt. Sowohl der Dienstleister als auch der Bediente können durch ihr aufgabenbezogenes (instrumentelles, technisches) und zeremonielles (soziales) Verhalten auf den Grad der Aufgabenerfüllung und der ‚gegenseitigen' Bedürfnisbefriedigung Einfluß nehmen.

SOLOMON, SURPRENANT, CZEPIEL & GUTMAN (1985) kritisierten, daß diese Gegenseitigkeit von Verhaltensweisen, auf deren Bedeutung bereits THIBAUT UND KELLEY (1959) hinweisen, lange nicht beachtet wurde. Bereits EVENS (1963, S. 76) betonte diesen Aspekt für die dyadisch geprägte Käufer-Verkäufer-Beziehung: „The sale is a social situation involving two persons. The interaction of the two persons, in turn, depends upon the economic, social, and personal characteristics of each of them. To understand the process, however, it is necessary to look at both parts of the sale as a dyad, not individually." Da die Ergebnisse von Dienstleistungen oder auch von Produktnutzungen Bedürfnisbefriedigungen sein sollten und dem Kunden längerfristig präsent sind, wurde die Bedeutung des *persönlichen Austausches vernachlässigt*, zugunsten *konkreter Attribute der Leistung* (SOLOMON et al., 1985). Auch wenn heute die Fruchtbarkeit der Analyse solcher dynamischer Interaktionsaspekte nicht angezweifelt wird, bietet die Literatur bislang wenige Einblicke in die Funktionsweisen und Wirkungen gegenseitiger Koordination.

Die Verhaltensweisen innerhalb der Dyade Bedienter und Dienstleister, die den Kern des Interaktionsgeschehens der Dienstleistungsproduktion ausmachen, müssen in einem übergeordneten Kontext betrachtet werden. Dienstleister sind meistens Angestellte eines Dienstleistungsunternehmens. Die Beziehung zwischen Organisation und Dienstleister ist in der Regel im Sinne eines Anreiz-Beitrags-Ansatzes konzipiert (WISWEDE, 1980, 1995). Der angestellte Dienstleister bietet Leistungen bzw. Beiträge (z.B. erfolgreiche Problemlösungen, Informationen), für die er eine angemessene Belohnung (z.B. Gehalt, Anerkennung und Sozialleistungen) von der Organisation erwartet. Die Beziehung zwischen Organisation und Kunde ist wiederum gekennzeichnet durch Tausch, d.h. Bereitstellung von Problemlösern und Problemlösungen gegen Bezahlung. Die Organisation ist somit als Medium des Äquivalententauschs anzusehen, nimmt aber in der Folge auch auf die Gestaltung der instrumentellen und sozialen Handlungen (z.B. durch Instruktion des Dienstleisters oder durch Kontaktaufnahme mit dem Bedienten über Werbemaßnahmen) Einfluß. Das Dienstleistungsunternehmen bietet somit einen organisationalen Rahmen, der maßgeblich das Verhalten des Dienstleisters und – in Maßen – das Verhalten des Kunden bestimmt. Daneben ist das Verhalten beider Interaktionspartner zusätzlich durch den jeweiligen sozialen und psychischen Kontext determiniert.

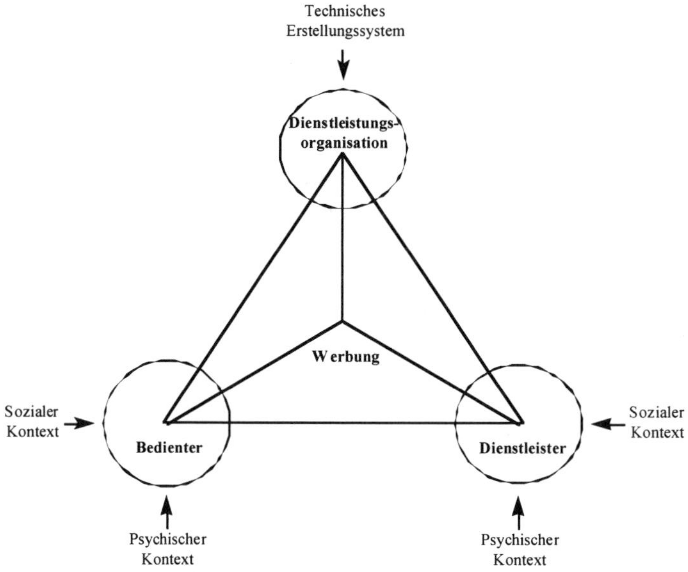

Abbildung 15-1: ***Dienstleistungstetrade (in Anlehnung an Wiswede, 1991)***

Die Dienstleistungstriade kann zu einer Tetrade (vgl. Abbildung 15-1) erweitert werden, da der Werbung innerhalb dieses Kontextes eine besondere Rolle zugesprochen werden kann. Ihre Bedeutung ergibt sich aus der Tatsache, daß Werbung des Dienstleistungsunternehmens auf Wahrnehmung und Beurteilungsprozesse beim Kunden Einfluß nimmt. Darüber hinaus kann Werbung dazu beitragen, im Vorfeld der Dienstleistungsbegegnung die Erwartungen des Kunden zu beeinflussen, z.T. auch solche, die sich auf die Rollen beider Interaktionspartner richten. Die Werbung besitzt zusätzlich über die sogenannte „second-audience"-Funktion verhaltenssteuernde Wirkung auf den Dienstleister. Im Extremfall erfahren die Dienstleister erst aus der Werbung des eigenen Unternehmens, was von Ihnen erwartet wird.

Nerdinger (1994) weist darauf hin, daß die Grenzen zwischen Marktpsychologie und Organisationspsychologie im Kontext von Dienstleistungen verschwimmen. Der Mitarbeiter im Kundenkontakt ist Repräsentant des Dienstleistungsunternehmens und vertritt im Zweifel alle guten und schlechten Eigenschaften des gesamten Unternehmens. Der Mitarbeiter trägt daher eine besondere Verantwortung gegenüber seinem Arbeitgeber. Für das Dienstleistungsunternehmen ist das Qualitätsmanagement zugleich eine Frage des Personalmanagements.

15.3 Definitionen und Paradigmata der Kundenzufriedenheit

Kundenzufriedenheit ist ein alltäglicher Begriff, der in der Forschung bislang nicht einheitlich definiert wird. Eine grobe Unterscheidung der vorliegenden Definitionen besteht für YI (1990) in einer ergebnis- versus prozeßorientierten Perspektive. Im Sinne der *ergebnisorientierten Definition* folgt Zufriedenheit unmittelbar aus der Konsum- bzw. Kundenerfahrung. „Consumer satisfaction is an emotional response to the experiences provided by, associated with particular products or services purchased, retail outlets, or even molar patterns of behavior such as shopping and buyer behavior, as well as the overall market place" (WESTBROOK UND REILLY, 1983, S. 256). In anderen Definitionen wird dagegen der *kognitive Vorgang der Bewertung* von Erfahrungen in Abhängigkeit von vorausgegangenen Erwartungen betont: „Consumer Satisfaction is the consumer response to the evaluation of the perceived discrepancy between prior expectations and the actual performance of the product as perceived after its consumption" (TSE & WILTON, 1988, S. 204). Beide Konzeptionen gleichen sich jedoch weitestgehend, weil sie die Kundenzufriedenheit als unmittelbare Folge einer Erfahrung sehen. Hiervon hebt sich eine ältere, aber beachtenswerte Formulierung von HUNT (1977, S. 459 f) ab, in der die erlebten Emotionen nur als Input eines *Bewertungsprozesses* in Zufriedenheit münden: „So satisfaction/dissatisfaction isn't an emotion, it's the evaluation of an emotion, and as such it becomes a quasi-cognitive construct [...]." HUNT macht in seiner Definition auf einen wichtigen Umstand aufmerksam, der in der Kundenzufriedenheitsforschung leider vernachlässigt wurde und unter Punkt 15.5 wieder aufgegriffen wird.

Die Forschung der *Qualitätsbeurteilung* hat sich von der Kundenzufriedenheitsforschung insofern abgegrenzt, als Qualitätsurteile eher in einem einstellungstheoretischen Sinn betrachtet wurden, wobei nicht einzelne Episoden mit dem Dienstleister im Vordergrund stünden, sondern die gesamte Beziehung zum Dienstleister: „Consistant with the distinction between attitude and satisfaction, is a distinction between service quality and satisfaction: perceived service quality is a global judgment, or attitude, relating to the superiority of the service, whereas satisfaction is related to a specific transaction" (PARASURAMAN, ZEITHAML & BERRY, 1988, S. 16). Doch hat sich diese Unterscheidung nicht durchgesetzt, so daß diese drei Autoren in ihrem letzten Versuch einer schlüssigen Abgrenzung annahmen, daß das Zufriedenheitserleben das Resultat einer Abweichung von der ‚vorhersagbaren' Dienstleistung sei, während die wahrgenommene Service-Qualität an der ‚adäquaten' oder ‚gewünschten' Leistung gemessen werde (PARASURAMAN, ZEITHAML & BERRY, 1991). Doch auch diese Version hat sich letztlich nicht durchgesetzt (vgl. auch LILJANDER & STRANDVIK, 1994).

Ausgehend von der Abgrenzung zum Qualitätskonzept können folgende drei Kernelemente von Kundenzufriedenheit festgehalten werden, die in der Forschung weitestgehend geteilt werden:

a) Kundenzufriedenheit ist das Ergebnis eines subjektiven Vergleichs zwischen Erwartungen und wahrgenommenen Leistungen.

b) Kundenzufriedenheit ist das Ergebnis des Erlebens einer diskreten Dienstleistungsepisode.

c) Kundenzufriedenheit ist ein (postkognitiver) emotionaler Zustand.

Der unter a) genannte Aspekt rekurriert auf das zentrale Paradigma der Kundenzufriedenheitsforschung, der als *„disconfirmation-paradigm“* bekannt ist (im folgenden wird mangels passender Übersetzung von Diskonfirmations-Paradigma gesprochen). Danach wird Zufriedenheit analytisch als Ergebnis eines kognitiven Vergleichsprozesses definiert, bei dem ein positiver Saldo aus aktuellen Erfahrungen und Erwartungen mit der Dienstleistung besteht. Bei einem negativen Saldo ergibt sich definitionsgemäß ein Gefühl der Unzufriedenheit. Ist das Verhältnis insgesamt ausgeglichen, entsteht ein Zustand der Indifferenz. Der Prozeß der Bildung eines Zufriedenheitsurteils umspannt nach dem Diskonfirmations-Ansatz notwendigerweise drei Phasen: Zunächst wird die Existenz einer apriori-Information in Form eines Bewertungsstandards vorausgesetzt, die als Erwartung an eine bestimmte Leistungsdarstellung bezeichnet werden kann. Anschließend erfolgt ein Vergleich der wahrgenommenen Leistung und der vorliegenden Erwartungen. Hieraus resultiert eine ex post-Beurteilung des Vergleichsverhältnisses und dem daraus folgenden Gefühl der Zufriedenheit bzw. Unzufriedenheit (vgl. auch HILL, 1986).

Manche Autoren sehen das Diskonfirmations-Paradigma als eines unter mehreren möglichen an. AGRAVAL (1995) stellt z.B. dem Diskonfirmations-Paradigma sieben *weitere Paradigmata* gegenüber; hierzu gehören z.B. aus der Adaptation verhaltenswissenschaftlicher Theorien folgende Perspektiven wie Equity, Austausch, Attribution und dergleichen. Letztlich ist das Diskonfirmations-Paradigma aber derart allgemein formuliert, daß sich alle weiteren Ansätze darunter subsumieren lassen. Lediglich durch die Spezifikation des Erwartungsbegriffes hinsichtlich seiner Zufriedenheitsrelevanz und der Berücksichtigung moderierender Effekte ergeben sich konkretere Bestimmungen des Diskonfirmations-Paradigmas, die letztlich als inhaltliche Differenzierungen betrachtet werden können. Ein Großteil der Forschungsbemühungen war bislang darauf ausgerichtet, den Begriff der Erwartung bzw. des Anspruchsniveaus derart zu bestimmen, daß die auf dem Diskonfirmations-Paradigma aufbauende Prognosefähigkeit maximiert wird (vgl. OLIVER, 1980B; CHURCHILL & SURPRENANT, 1982; CADOTTE, WOODRUFF & JENKINS, 1987; TSE & WILTON, 1988; BOULDING, KALRA, STAELIN & ZEITHAML, 1993; ANDERSON & SULLIVAN, 1993; GOTLIEB, GREWAL & BROWN, 1994). In der allgemeinen Formulierung ist das Diskonfirmations-Paradigma derart unspezifisch, daß eine Falsifikation unmöglich ist. Ohne die inhaltliche Spezifikation hat dieser Ansatz keinen Informationsgehalt. Im folgenden Abschnitt 15.4 werden einige inhaltlich bestimmte Modelle vorgestellt.

Soll die Bewertung eines Finanzdienstleisters durch den Kunden analysiert werden, so ist eine zentrale Frage, ob dabei die gesamte Beziehung oder bestimmte Ereignisse untersucht werden sollen. Im oben genannten Punkt b) wurde bereits darauf hingewiesen, daß Kundenzufriedenheit mit der Beurteilung diskreter Dienstleistungsepisoden assoziiert wird. In der Literatur werden daher Dienstleistungs*beziehung* und Dienstleistungs*episode* (bzw. Dienstleistungsbegegnung) voneinander unterschieden, wobei STAUSS UND SEIDEL (1995) darauf hinweisen, daß die Episode genauer differenziert werden müsse (ähnlich auch LILJANDER & STRANDVIK, 1994). Sie schlagen daher vor, von Dienstleistungsstransaktionen zu sprechen, wenn es um verbundene Sequenzen von Dienstleistungsepisoden (z.B. Reperaturannahme, Durchführung usw.) geht. Die kleinsten Bewertungseinheiten stellen schließlich die Dienstleistungs*kontaktpunkte* dar, die als Teildimensionen der Dienstleistungsepisoden bezeichnet werden können (z.B. Nutzung eines EDV-Informationssystems bei der Reperaturannahme). Die Bewertung der gesamten Beziehungen kann als Einstellung gegenüber dem gewählten Dienstleister bezeichnet werden. Einige Autoren sprechen dann von Service-Qualität (wie z.B. PARASURAMAN, ZEITHAML & BERRY, 1985, 1988). Hinsichtlich der Episoden, Kontaktpunkte und dergleichen wird recht einheitlich von Kundenzufriedenheit gesprochen. Im folgenden werden in diesem Sinne *Episodenzufriedenheit* und *Beziehungszufriedenheit* unterschieden.

Mit dem SERVQUAL-Fragebogen haben PARASURAMAN, ZEITHAML & BERRY (1985) versucht, ein standardisiertes Meßinstrument der Erfassung von Dienstleistungsqualität zu entwickeln, welches u.a. im Finanzdienstleistungssektor überprüft wurde (vgl. Tabelle 15-1). Das ‚theoretische' Konzept, welches diesem Instrument zugrunde liegt, ist ein Diskonfirmations-Modell, welches auf dem Vergleich von gewünschter Soll- und erfahrener Ist-Leistung basiert. Ein Vergleich mit dem Idealpunktmodell der Einstellung ist naheliegend (vgl. etwa TROMMSDORFF, 1975). Um dem Leser einen Eindruck zu vermitteln, welche Merkmale von Finanzdienstleistungen in ein solches Diskonfirmationskalkül eingehen, wie diese vom Kunden bewertet werden und welchen persönlichen Stellenwert sie haben, sind hier entsprechende Verteilungen in Tabelle 15-1 für den Banksektor allgemein dargestellt. Die Daten sind der eben erwähnten Studie von PARASURAMAN, ZEITHAML UND BERRY (1988; die Übersetzung der Begriffe folgt HENTSCHEL, 1992) entnommen. Die Autoren haben in einer aufwendigen methodischen Studie zunächst unterschiedlichste Leistungsmerkmale von (Finanz-) Dienstleistungen operationalisiert und anschließend verdichtet, wobei sie zu der unten dargestellten fünfdimensionalen Struktur kamen (zur Kritik vgl. HENTSCHEL, 1990). Ohne die Einzelheiten der Studie an dieser Stelle vertiefen zu können fällt auf, daß die intangiblen bzw. sozialen Leistungsbestandteile dominieren. Lediglich der Faktor tangibles Umfeld repräsentiert explizit materielle Bestandteile der Finanzdienstleistung.

Dienstleistungsmerkmal	Bewertung (-6 = extrem negative Bewertung; +6 = extrem positive Bewertung)	relative Bedeutung hinsichtlich der wahrgenommenen Gesamtqualität (Standardized Slope Coeff.)
tangibles Umfeld	-0,51	0,13
Verläßlichkeit	-1,06	0,39
Einsatzbereitschaft	-0,92	0,07
Kompetenz	-1,09	0,13
Einfühlungsvermögen	-0,90	0,01

Tabelle 15-1: ***SERVQUAL-Dimensionen und ihrer Bewertung sowie Gewichtung im Bereich von Bankdienstleistungen (nach PARASURAMAN, ZEITHAML und BERRY, 1988).***

In Tabelle 15-1 sind für die von den SERVQUAL-Autoren extrahierten Faktoren die durchschnittlichen Soll-Ist-Salden und ihr statistisches Gewicht hinsichtlich der von den Kunden geschätzten Gesamtqualität im Bereich von Bankdienstleistungen angegeben. Dabei zeigt sich zunächst ein für Idealpunkt-Messungen typisches Ergebnis, daß keine positiven Zufriedenheitswerte (vgl. Zeile Bewertung) erzielt werden, weil ausgehend von einer ‚Anspruchsinflation' der Kunden die Erwartungen kaum erreichbar sind. Inhaltlich zeigt sich aber, daß die Bereiche Verläßlichkeit (als Fähigkeit die versprochene Leistung zuverlässig auszuführen) und die Kompetenz (z.B. Fachwissen) als technische Merkmale der Leistung bei Bankdienstleistungen insgesamt am schwächsten bewertet werden. Dagegen fällt die Zufriedenheit bei sozialen Merkmalen wie Einsatzbereitschaft und Einfühlungsvermögen der Mitarbeiter milder aus. Recht zufrieden sind die Kunden dagegen mit dem Ambiente von Gebäuden und Räumen der Banken.

In der Zeile relative Bedeutung der Faktoren wird deutlich, daß das stärkste Gewicht bei den am schlechtesten bewerteten Merkmalsbereichen Verläßlichkeit und Kompetenz liegt, während die sozialen Faktoren Einsatzbereitschaft und Einfühlungsvermögen weniger relevant sind. Dieses Ergebnis steht damit im Gegensatz zur Diskussion um die Bedeutung sozialer Kompetenz von Mitarbeitern in Finanzdienstleistungsunternehmen. Die SERVQUAL-Untersuchungen weisen darauf hin, daß diese Merkmale gegenüber den technischen Leistungsbestandteilen nicht überschätzt werden sollten. Die Operationalisierung von SERVQUAL und die erzielten Werte werden in Abschnitt 15.6 und 15.7 nochmals aufgegriffen und kommentiert.

15.4 Psychologische Erklärung von Kundenzufriedenheit

Die Kundenzufriedenheitsforschung ist gekennzeichnet durch den Versuch, Mechanismus und Konstituentien des Diskonfirmations-Paradigmas zu spezifizieren. Dabei stehen genauer zwei Forschungsfragen im Vordergrund: Welcher Art sind die Erwartungen, die bei wahrgenommener Abweichung zu Un-/Zufriedenheit führen? Beeinflussen Erwartungen direkt die Leistungswahrnehmung? In jüngerer Zeit kommt eine dritte Fragestellung hinzu, die den dynamischen Aspekt der Erwartungs- und Zufriedenheitsänderung aufgreift. Im folgenden kann keineswegs ein abschließender Überblick über die vorliegenden Untersuchungen gegeben werden. Hierzu sei u.a. auf die Arbeiten von OLIVER (1980) und YI (1990) verwiesen. Vielmehr sollen zentrale Ergebnisse der Kundenzufriedenheitsforschung aufgezeigt werden, die für die Erklärung von Zufriedenheit mit Finanzdienstleistungen von Bedeutung sein könnten. In Abschnitt 15.5 wird ihre konkrete Bedeutung für die Zufriedenheit mit Finanzdienstleistern diskutiert.

Assimilations-Kontrast-Effekte

Hinsichtlich der erwartungsbedingten Aufnahme und Kategorisierung von Reizen hat sich in der Kundenzufriedenheitsforschung die Assimilations-Kontrast-Theorie bewährt. ANDERSON (1973) übertrug diesen Ansatz von HOVLAND, HARVEY und SHERIF (1957) explizit auf den Bereich der Leistungswahrnehmung. Die zwei basalen Hypothesen der Assimilations-Kontrast-Theorie konstatieren, daß geringe Abweichungen zwischen Erwartungen des Kunden und tatsächlicher Leistung in einen Akzeptanzbereich fallen, so daß die Leistungsbeurteilung in Richtung eigener Erwartungen assimiliert wird. Liegt die Leistung aber außerhalb des Akzeptanzbereichs, fällt sie in den Ablehnungsbereich und die Abweichung von der Erwartung wird im Sinne des Kontrasteffektes übertrieben. Zum Kontrasteffekt liegen bislang aber keine zuverlässigen Daten vor.

Verschiedene Untersuchungen konnten die *Assimilations-Hypothese* bzgl. der Leistungswahrnehmung bestätigen (ANDERSON, 1973; OLSHAVSKY & MILLER, 1972; OLSON & DOVER, 1979). Von diesen sei exemplarisch die experimentelle Studie von OLSHAVSKY & MILLER (1972) herausgegriffen. Sie gingen von der Frage aus, ob durch Werbung erzeugte Herabsetzungen bzw. Erhöhungen der Kundenerwartungen einen Einfluß auf die wahrgenommene Qualität der Leistung haben und stellten auf der Grundlage des dem Assimilationseffekt zugrunde liegenden Konsistenz-Prinzips folgende Vermutungen auf:

- Personen, die eine etwas überschätzte Produktinformation erhalten und ihre Erwartungen untererfüllt finden, werden die Leistung höher einschätzen als solche Personen, die eine ‚realistische' Erwartung haben.
- Personen, die eine etwas unterschätzte Produktinformation erhalten und ihre Erwartungen übererfüllt finden, werden die Leistung geringer einschätzen als solche Personen, deren Erwartungen hoch sind.

Beide Hypothesen konnten in einem Experiment bestätigt werden. OLIVER (1980) weist aber zurecht darauf hin, daß die entsprechenden Untersuchungen nur einen unzureichenden Beweis liefern, da nicht der hinsichtlich des Diskonfirmations-Paradigmas partialisierte Einfluß der Erwartungen auf die Leistungswahrnehmung überprüft wurde. Ferner stellten BOULDING, KALRA, STAELIN UND ZEITHAML (1993) empirisch fest, daß der postulierte positive Einfluß von Erwartungen nur von den gegenüber dem gewählten Dienstleister bestehenden, antizipativen ‚Wird'-Erwartungen ausgehe. Von ‚Soll'-Erwartungen, die als normative Erwartungen verstanden werden (nicht zu vergleichen mit kulturell-normativen Erwartungen), die auf Erfahrungen mit verschiedenen Dienstleistern aufbauen, gehe dagegen ein negativer Effekt aus. BOULDING et al. analysieren dieses Ergebnis jedoch nicht aus theoretischer Perspektive und stellen keine Verbindung zu dem hier dargestellten Assimilations-Effekt her.

Differenzierte Wirkung von Leistungsmerkmalen

HERZBERG, MAUSNER und SNYDERMAN (1959) konstatierten in ihrer einflußreichen Zwei-Faktoren-Theorie, daß Arbeitszufriedenheit bzw. -unzufriedenheit unterschiedliche Konstrukte seien, da sie auf unterschiedliche Facetten von Interaktionen zwischen dem Stimulus Arbeit und dem Individuum zurückzuführen seien. Insofern könne ein Arbeitnehmer gleichzeitig Zufriedenheit und Unzufriedenheit empfinden, was analog die Frage nach der Dimensionalität der Konsumentenzufriedenheit aufwirft. Damit stehen sich zunächst die traditionelle Auffassung eines Ein-Faktor-Konzeptes der Zufriedenheit und die Zwei-Faktoren Perspektive auch in der Kundenzufriedenheitsforschung gegenüber. Nach HERZBERGS Zwei-Faktoren-Theorie sorgen sogenannte ‚Motivatoren' dafür, daß Arbeitnehmer zufrieden sind, verursachen jedoch keine Unzufriedenheit. Auf der anderen Seite sind beanstandenswerte ‚Hygienefaktoren' dafür verantwortlich, daß der Arbeitnehmer Unzufriedenheit erlebt, begründen aber keine Zufriedenheit. Methodologisch differenzierende Analysen (FISCHER, 1989) zeigen aber, daß diese Ergebnisse in weiten Teilen Attributionsprozessen zugeschrieben werden können, die durch Herzbergs Befragungsmethode ausgelöst wurden.

Dennoch haben CZEPIEL, ROSENBERG & AKERELE (1974) sowie SWAN & COMBS (1976) die Übertragbarkeit der Herzbergschen Theorie auf den Konsumbereich theoretisch und empirisch überprüft. MADDOX (1979) hat in einer Replikation der Studie von SWAN & COMBS mit einer deutlich größeren Stichprobe gearbeitet und dabei verschiedene Produktbereiche berücksichtigt, so daß diese bei den weiteren Darstellungen im Vordergrund stehen soll. SWAN & COMBS (1976) gingen davon aus, daß im Vergleich von Motivatoren und Hygienefaktoren im Arbeitsbereich bei Produkten instrumentelle und expressive Leistungen analoge Wirkungen auslösen. Instrumentelle Leistungen beziehen sich bei den Autoren auf die physikalischen Eigenschaften der Produkte und führen bei Mängeln zur Unzufriedenheit der Konsumenten. Sie stehen jedoch nicht in Verbindung mit deren Zufriedenheit. Hierfür machen SWAN & COMBS die expressiven Leistungen verantwortlich, die die von ihnen nicht genauer explizierten ‚psychologischen' Aspekte der Leistungen betreffen. MADDOX (1979) fand in seiner Untersuchung jedoch nur teilweise Bestätigung für diese Hypothese, in Abhängigkeit vom jeweils betrachteten Produktbereich. In einer eigenen Untersuchung im Bereich von Finanzdienstleistungen konnte festgestellt werden, daß gerade Defizite bei den expressiven Handlungen (wie z.B. bei Freundlichkeit) zur Unzufriedenheit führten.

BRANDT (1987, 1988) und JOHNSTON (1995) haben die Frage nach der unterschiedlichen Wirkungsweise von Leistungsmerkmalen wieder aufgegriffen und erweitert. Brandt verfolgte die Absicht, solche Leistungsmerkmale aufzuspüren, die den Wert einer Dienstleistung erhöhen (d.h. zu einer Zufriedenheitssteigerung führen). Er interessiert sich nicht für logisch bestimmbare Merkmalsklassen (wie z.B. instrumentelle versus expressive Merkmale bei SWAN & COMBS), sondern generell für empirisch bestimmbare und praktisch relevante ‚Satisfier' bzw. ‚Dissatisfier'. Diese Konzepte sind deshalb bedeutsam, weil nun nicht mehr für ganze Merkmalsgruppen eine typische Zufriedenheitswirkung bestehen muß, sondern empirisch-explorativ einzelne Variablen auf ihre Zufriedenheitswirkung überprüft werden. BRANDT stellte in seinen Untersuchungen zusätzlich fest, daß ein Teil der Leistungsmerkmale sowohl Zufriedenheit als auch Unzufriedenheit auslöst (in der Terminologie von JOHNSTON, 1995, sogenannte ‚Criticals') oder gar keine Wirkung hat (sogenannte ‚Neutrals').

In Abbildung 15-2 sind diese Zusammenhänge nochmals dargestellt, wobei eine Verknüpfung mit den Ergebnissen der Studie von OLSHAVSKY & MILLER (1972) hergestellt wird. Die Adaptation der Assimilations-Kontrast-Theorie hatte gezeigt, daß Kunden bei ihrer Leistungsbeurteilung eine sogenannte Toleranzzone aufweisen, die auf den Assimilationseffekt zurückzuführen ist (vgl. auch WOODRUFF, CADOTTE & JENKINS, 1983). Innerhalb dieser Zone reagiert der Kunde auf Diskonfirmation indifferent oder zumindest weniger elastisch, während außerhalb der akzeptablen Grenzen Kontrasteffekte einsetzen. JOHNSTON (1995) schließt daraus auf einen kurvenlinearen Zusammenhang zwischen Erwartungsenttäuschung und Leistungsbeurteilung bzw. Zufriedenheit.

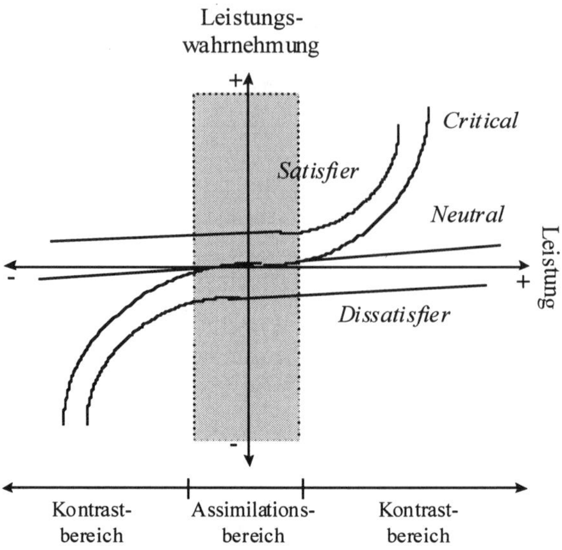

Abbildung 15-2: ***Zusammenhang zwischen Leistung und Leistungswahrnehmung bzw. Kundenzufriedenheit (JOHNSTON, 1995, S. 192)***

Die Analyse der Wahrnehmungswirkungen hinsichtlich unterschiedlicher Leistungsmerkmale ist nicht nur aus theoretischer Perspektive von Bedeutung, sondern auch für praktische Zwecke wichtig. Es ist sogar eines der wichtigsten Instrumente, wenn im Rahmen eines Qualitätsmanagements effiziente Maßnahmen auf Basis von Marktdaten durchgesetzt werden sollen. MÜLLER-PETERS, H., QUINKE & LEY geben im vorliegenden Band entsprechende Beispiele für den Versicherungsbereich.

Affektauslösung durch Erwartungs-Diskonfirmation

Die Assimilations-Kontrast-Theorie der Kundenzufriedenheit hatte zum Ausdruck gebracht, daß Erwartungen des Kunden auf das Niveau der wahrgenommenen Leistung Einfluß nehmen. Anschließend wurde mit der Unterscheidung von Wirkungstypen (z.B. Criticals) gezeigt, daß die von der Wahrnehmung einer Leistung ausgehende Leistungsbeurteilung von Merkmal zu Merkmal verschieden sein kann. Dies ließ sich bislang nicht an inhaltlich bestimmbaren Merkmalstypen belegen, aber auch für den Finanzdienstleistungsbereich empirisch nachweisen. Die Frage, die nun diskutiert wird, besteht darin, warum eine Erwartungsenttäuschung zu einer affektiven Reaktion in Form von Zufriedenheit oder Unzufriedenheit führen soll, wie dies durch das Diskonfirmations-Paradigma konstatiert wird.

WESTBROOK & REILLY (1983) nahmen ihre entsprechende Kritik am Diskonfirmations-Paradigma zum Anlaß, mit der Übertragung von LOCKES (1967) *Wert-Disparitäts-Theorie* der Arbeitszufriedenheit eine alternative Erklärung für Kundenzufriedenheit anzubieten. Danach soll die affektive Reaktion aus der Disparität zwischen Leistungswahrnehmung und den *Wertvorstellungen* ('values') des Kunden resultieren. Leider erklären die Autoren aber nicht, was unter dem Begriff ‚value' zu verstehen ist. Ihren Ausführungen insbesondere den Operationalisierungen ist lediglich zu entnehmen, daß es sich um nicht näher spezifizierte Bedürfnisse oder Zielvorstellungen des Kunden handelt.

WOODRUFF, CADOTTE & JENKINS (1983, bzw. CADOTTE, WOODRUFF & JENKINS, 1987) griffen die Annahmen von WESTBROOK & REILLY wieder auf und integrierten sie in das Diskonfirmations-Paradigma. Sie vermuten, daß die Kunden mit der Zeit lernen, welche Leistungsmerkmale darauf hinweisen, ob ihre Wünsche und Bedürfnisse befriedigt werden. Merkmale, die sich als instrumentell für die Bedürfnisbefriedigung erweisen, repräsentieren schließlich persönliche Normen, die der Kunde an die von ihm konsumierten Leistungen legt. D.h., daß nicht abstrakte Vergleiche zwischen einem unbestimmten Bedürfnis und einem unbestimmten Befriedigungspotential der Dienstleistung vollzogen werden, sondern daß konkrete Leistungsmerkmale symbolische Hinweise auf die *antizipierbare Befriedigung* geben. Doch auch in den Arbeiten von WOODRUFF, CADOTTE & JENKINS (1983, bzw. CADOTTE, WOODRUFF & JENKINS, 1987) bleibt unklar, worauf die Wünsche und Bedürfnisse der Kunden zurückzuführen sind und wie sie konkret definiert werden können. Bedürfnisse entstehen vor dem Hintergrund individueller Lernerfahrungen, was in entsprechend ideosynkratischen Bedürfnissen resultiert, die nur schwer einheitlich gefaßt werden können.

In der *Austauschtheorie* von THIBAUT & KELLEY (1959) geht es um die Frage, wie Personen in Anbetracht der Attraktivität alternativer Beziehungen mit der gegenwärtig gewählten Partnerschaft umgehen. WOODRUFF, CADOTTE & JENKINS (1983) weisen diesbezüglich darauf hin, daß der Kunde im Sinne eines hedonistischen Prinzips bestrebt sein wird, die relativ günstigste oder beste Dienstleistung zu erhalten. Sollte der Kunde feststellen, daß er bei dem von ihm gewählten Dienstleister im Vergleich zur Konkurrenz (sog. ‚Comparison Level for Alternatives') ungünstige Ergebnisse erzielt (z.B. höhere Kontoführungsgebühren bezahlt, was nicht durch entsprechende Service-Leistungen ausgeglichen wird), so wird sich bei ihm vermutlich Unzufriedenheit einstellen. In diesem Sinne schreiben SWAN & TRAWICK (1981, S. 17): „Our basic argument is that satisfaction will increase as the service is perceived to be superior to the best alternative and the opposite will occur as the service is judged to be inferior to the best alternative". SWAN & TRAWICK (1981) konnten ihre Hypothese bestätigen (ähnlich auch LATOUR & PEAT, 1979, 1980 und SWAN & MARTIN, 1980).

Schließlich wurde von einigen Autoren der *Equity-Ansatz* als eine vielversprechende Alternative zum Diskonfirmations-Paradigma betrachtet, der einen konkreteren Aufschluß über die Zufriedenheitsgenese erlauben sollte. In der Formulierung von WALSTER, WALSTER & BERSCHEID (1978) besteht der zentrale Gedanke der Equity-Theorie in der Annahme, daß Personen zwar versuchen, ihre Ergebnisse in Beziehungen zu maximieren (hedonistisches Prinzip), diese Maximierung jedoch vor dem Hintergrund sozialer Zwänge in Richtung auf ein ausgeglichenes Verhältnis zwischen den Partnern gesehen wird. Equity kann als ein Zustand definiert werden, in dem das Verhältnis der selbst erzielten Ergebnisse und Beiträge dem entsprechenden Ergebnis-Beitrags-Verhältnis des Partners entspricht. Im Gegensatz zur Austauschtheorie wird die Un/Zufriedenheit mit der Beziehung nicht aus dem Vergleich mit einem intern verfügbaren Vergleichsmaßstab abgeleitet, sondern aus dem unmittelbaren sozialen Vergleich. Die basale Hypothese von ADAMS (1965), die auf den Kundenzufriedenheitsfall übertragen wurde, lautet: Unzufriedenheit resultiert aus einem Zustand der negativen als auch positiven Inequity. Im Unterschied zum Diskonfirmations-Paradigma wird also nur bei einem ausgeglichenen Verhältnis Zufriedenheit erzielt. Eine positive Diskonfirmation kann allenfalls dann zur Zufriedenheit beitragen, wenn dieses als vergleichsweise gerecht betrachtet wird.

FISK & YOUNG (1985) und SWAN & OLIVER (1985) konnten nachweisen, daß erlebte Ungerechtigkeit zu Ungunsten des Kunden Unzufriedenheit auslöst, wobei in der an zweiter Stelle genannten Untersuchung ein additives Verhältnis zwischen Diskonfirmation und Ungerechtigkeit festgestellt wurde. Die dem Diskonfirmations-Paradigma widersprechende These, daß ‚ungerechte' positive Diskonfirmation zu Unzufriedenheit führe, konnte allerdings nicht bestätigt werden. Tatsächlich wurde auch unter diesen Bedingungen Zufriedenheit erzeugt. Vermutlich ist dieses Ergebnis auf den Umstand zurückzuführen, daß der erfolgte negative Vergleich (der im übrigen in den Studien nicht auf das Beitragsverhältnis zwischen Dienstleister und Kunde, sondern dem zwischen verschiedenen Kunden abzielte) keine weiteren Auswirkungen auf bestehende soziale Beziehungen hatte. Kunden verbinden mit der eigenen Begünstigung kein ‚schlechtes Gewissen'.

Wirkung von Attributionen im Dienstleistungskontext

BITNER (1990) und ENGELMANN & AMMELUNG (1996) haben gezeigt, daß Annahmen des Kunden über mögliche Ursachen (Attributionen) einer erlebten Erwartungsenttäuschung im Dienstleistungskontext einen erheblichen Einfluß auf die Kundenzufriedenheit haben. Sie bezogen sich dabei auf die attributionale Theorie der Emotion von WEINER (1986), der gezeigt hat, daß *Ursachenzuschreibungen* zur Interpretation und Bewertung von Situationen beitragen. Für WEINER (1986) läßt sich ein Zusammenhang zwischen der Personenabhängigkeit (Lokation), Kontrollierbarbeit (durch eigene bzw. fremde Person) bzw. zeitlichen Stabilität von Ursachen und erlebten Gefühlen feststellen. Wird z.B. ein gewinnbringendes Wertpapiergeschäft auf eigene Fähigkeiten zurückgeführt, wird ein Gefühl von Stolz erlebt; hat ein solches Wertpapiergeschäft zu finanziellen Verlusten geführt, was als Verschulden des Dienstleisters betrachtet wird, ist dieses mit einem Gefühl des Ärgers verbunden.

In der o.g. Studie von BITNER (1990) wurde gezeigt, daß die Wahrnehmung unterschiedlicher Ursachen zu einer entsprechend unterschiedlichen Ausprägung von Zufriedenheit führt. Glaubt der Kunde infolge einer Erwartungsenttäuschung, daß der Dienstleister persönlich dafür verantwortlich sei, ist die Unzufriedenheit deutlich höher als wenn diese auf äußere Umstände (Pech) zurückgeführt werden kann. Das gleiche gilt für die Stabilität der Ursachen. Stabile Ursachen führen ceteris paribus zu höherer Unzufriedenheit als nicht-stabile Ursachen. Es zeigt sich damit, daß Attributionen – sofern sie auftreten – eine wichtige Determinante der Zufriedenheit sind.

15.5 Kundenzufriedenheit mit Finanzdienstleistern

Im folgenden wird untersucht, inwiefern die hier dargestellten Ansätze sich zur Erklärung von Kundenzufriedenheit im Finanzdienstleistungssektor eignen. Es werden dabei einige Defizite deutlich, die sich insbesondere aus dem Umstand ergeben, daß die Interaktionskomponente im Finanzbereich einen zentralen Stellenwert hat. Die bisher dargestellten Erklärungsmodelle sind mit dem Nimbus versehen, zur Erklärung von Konsumentenzufriedenheit (v.a. mit Produkten) herangezogen bzw. entwickelt worden zu sein, wobei Interaktion und das Erleben von Emotionen eine untergeordnete Rolle spielten. Im Finanzdienstleistungsbereich gelten andere Voraussetzungen, die andere theoretische Konzeptionen erfordern. Dabei versteht der Autor die hier getroffenen Aussagen jedoch nicht exklusiv für den Finanzdienstleistungsbereich. Vielmehr ist der Finanzdienstleistungsbereich schon wegen seiner Alltäglichkeit als Referenzfall anzusehen.

Welchen Erklärungsbeitrag leisten die vorliegenden Zufriedenheitsmodelle?

Es kann davon ausgegangen werden, daß Assimilationswirkungen bei der Wahrnehmung von Finanzdienstleistungen von besonderer Bedeutung sind. Wie bereits diskutiert wurde, sind die technisch-objektiv beurteilbaren Qualitäten intangibler Leistungen in geringerer Anzahl vorhanden. Es kann vermutet werden, daß die Bewertungsstandards nur bedingt ex ante vorliegen, sondern v.a. im Rahmen der Kommunikation durch den Finanzdienstleister erst vermittelt werden. Die Kommunikationswege sind dabei keineswegs auf Werbung festgelegt. Vielmehr dürfte der Finanzdienstleister innerhalb der persönlichen Kontaktsituation weitreichende Möglichkeiten haben, die Art und Höhe der Erwartungen zu seinen Gunsten zu beeinflussen.

Assimilations- und Kontrasteffekte haben insofern einen Einfluß auf die Kundenzufriedenheit, als die kategorialen Unschärfen dazu beitragen, Leistungen mit faktisch ungerechtfertigt besseren oder schlechteren Bewertungen zu versehen. Dies ist ein Wahrnehmungsfehler, aber keine Frage der kognitiven Beurteilung einer Leistung. Solche Bewertungen ergeben sich dann, wenn die Dienstleistung den Zielen oder Bedürfnissen der Kunden nicht gerecht werden. Dabei hat der Kunde im alltäglichen Fall bereits vorgefertigte kognitive Schemata, die eine direkte Einordnung der Leistung ermöglichen, ohne eine extensive Informationsverarbeitung von Erwartungen und Erfahrungen durchführen zu müssen (vgl. hierzu auch die aktuelle einstellungstheoretische Diskussion, die sich mit der Unterscheidung extensiver und peripherer Prozesse der Informationsverarbeitung hinsichtlich der Einstellungsänderung befassen; z.B. PETTY & CACIOPPO, 1986).

Bislang wurde von einem Vergleich von gewünschtem und tatsächlich erzieltem Ergebnis ausgegangen. Durch den Umstand, daß der Kunde in die Erstellung der Dienstleistung eingebunden ist, kann die Zielperspektive um eine prozessuale Komponente erweitert werden. Damit ist gemeint, daß der Kunde dadurch verärgert wird, daß die auf das Ziel gerichtete Handlung gestört wird. MANDLER (1984) hat hieraus resultierende emotionale Folgen in seiner Unterbrechungstheorie erörtert. Seine Hypothesen decken sich weitgehend mit den Ergebnissen einer Studie von FALCES,

SIERRA, BRINOL & BECERRA (1996), die die Zufriedenheitswirkung verschiedener Unterbrechungen aus der Perspektive der Skripttheorie untersuchen.

Die Austauschtheorie scheint für die Erklärung von Kundenzufriedenheit und die aus ihr folgenden Verhaltensweisen (Kundentreue) von besonderer Bedeutung zu sein. Die Erklärung von Kundenzufriedenheit weist zudem hohe konzeptionelle Ähnlichkeit mit dem Diskonfirmations-Paradigma auf. Ferner scheinen die Ergebnisse der hierzu vorliegenden empirischen Untersuchung von SW AN & TREWICK (1981) die Annahmen zu bestätigen. Doch muß beachtet werden, daß die beiden Autoren Restaurantbesucher befragt haben, die in der Regel verschiedene Alternativen aus eigener Erfahrung kennen. Anders ist dieses im Finanzdienstleistungsbereich, in dem die Kunden meist ein dauerhaftes, kontraktuell bindendes Verhältnis eingehen und in vielen Fällen die Alternativen nicht kennen. In der hier zugrundeliegenden Untersuchung zeigte sich, daß 60 bis 70% der Kunden (je nach Bank) nur die eine Bankverbindung pflegen, wobei im Falle älterer Kunden diese Verbindung oft seit vielen Jahrzehnten besteht. Bei diesen Kunden ist offensichtlich die Wahrnehmung von Alternativen gar nicht gegeben und gleichfalls kein Grund zur Unzufriedenheit. Selbst bei Kunden mit mehreren Bankverbindungen sollte der Einfluß der Alternativenwahrnehmung nicht überschätzt werden; sofern die Beziehung bereits einige Zeit besteht, wird man bereits Meinungen über die genutzten Banken gebildet haben.

Innerhalb eines sozialen Vergleiches im Sinne der Equity-Theorie spielt die Alternativenwahrnehmung bei Finanzdienstleistern vermutlich eine größere Rolle. Hierbei sind zwei Fälle voneinander zu trennen: In einem Fall sind die eigenen wirtschaftlichen Ergebnisse des Kunden mit den – mutmaßlichen – wirtschaftlichen Ergebnissen des Dienstleisters Objekt des Vergleichs. Hieraus resultiert Unzufriedenheit, sofern der Kunde davon ausgeht, daß er übervorteilt wird. Die tangible Selbstdarstellung des Finanzdienstleisters in Form von Gebäuden, Werbung oder Prospektmaterial führt oftmals zu dem Eindruck, daß die Gewinner der Dienstleistungsbeziehung die Banken oder Versicherungen sind. Derartige Ressentiments sind in der Branche wohl geläufig. Im zweiten Fall wird der soziale Vergleich dadurch ausgelöst (dies ist zugleich das in den Studien meistens verwendete Sujet), daß der Kunde von einem anderen Kunden (z.B. einem Freund) erfährt, daß er bei der gleichen oder konkurrierenden Bank bessere Konditionen oder einen besseren Service erhält.

Es wurde bereits angesprochen, daß man sich Unzufriedenheit z.B. mit einer neuen Spülmaschine vorstellen kann, wenn sie lauter ist als erwartet, mehr Wasser verbraucht als gewünscht, teuerer war als ein ebenso gutes Konkurrenzprodukt, eine schlechte Testnote erhält etc. Dieses dem Diskonfirmations-Paradigma folgende Kalkül kann zwar auf den Finanzdienstleistungsbereich übertragen werden, doch erscheint insbesondere durch die soziale Situation, in der Finanzdienstleistungen erbracht werden, der Erlebensbereich deutlich komplexer. Ein Defizit der Kundenzufriedenheitsforschung besteht daher in der Tatsache, daß die Emotionen, die Dienstleistungsbegegnungen im allgemeinen als Resultat enttäuschter Erwartungen beim Kunden hinterlassen – ob sie im weitesten Sinne als Kundenzufriedenheit betitelt werden oder nicht – nicht ausreichend spezifiziert wurden (vgl. auch LILJANDER & STRANDVIK, 1995b). Hierzu gehört auch, daß Art und Intensität der Emotion bestimmt wird und das charakteristische Erleben, physiologische Veränderungen sowie typische Verhaltensweisen bekannt sind (VGL. MEYER, SCHÜTZWOHL & REISENZEIN, 1993).

Stellt man in diesem Kontext die Frage, welche Emotionen Kunden erleben und was Zufriedenheit dabei für eine Rolle spielt, wird man erstaunt feststellen, daß in der Emotionspsychologie kaum entsprechende Vertiefungen der affektiven Qualität von Zufriedenheit auffindbar sind (vgl. auch RUNOW, 1982). Dies gilt für die im Marketing viel beachtete Zusammenstellung von Grundemotionen von IZARD (1991) oder – in ähnlicher Form – auch PLUTCHIK (1980). Lediglich in der Studie zur Klassifikation von Emotionsbegriffen von SCHMIDT-ATZERT & ST RÖHM (1983) findet sich die Zufriedenheit innerhalb eines Clusters zusammen mit Begeisterung, Lust, Freude, Glück und Erleichterung wieder. ULICH & MAYRING (1992) bezeichnen Zufriedenheit als Wohlbehagensgefühl und MEES (1985, 1991) weist schließlich darauf hin, daß Zufriedenheit wohl nur als Gattungsbezeichnung von Gefühlen anzusehen ist.

Das Diskonfirmations-Paradigma vermittelt folgerichtig nur ein grobes Verständnis von den bei Kunden ausgelösten Emotionen. Macht z.B. der Dienstleister einen gelungenen Witz, wird man amüsiert-zufrieden sein; hilft er in einer bedrohlichen Situation, wird man dankbar-zufrieden sein; vereitelt er einen wichtigen Geschäftsabschluß, wird man zornig-unzufrieden sein und stellt er einen bloß, wird man schamhaft-unzufrieden sein. In einer vom Autor durchgeführten qualitativen Vorstudie berichtete eine (recht vermögende) Bankkundin folgenden Fall: Als sie an den Kassenschalter herantritt, kommt der Filialleiter ihrer seit langem genutzten Bank zu ihr und fragt, während weitere Kunden hinter ihr warten: „Wann dürfen wir denn erwarten, daß Sie Ihr Konto ausgleichen?" Daraufhin forderte sie die sofortige Auflösung aller Konten und wechselte das Institut. Dem Diskonfirmations-Paradigmas zufolge werden hier zweifellos Erwartungen der Kundin enttäuscht. Die erfolgte Reaktion ist aber ganz offensichtlich damit kaum erklärbar und mit Unzufriedenheit ebenso unpassend beschrieben. Vielmehr dürfte das Beschämende der Situation und die Wut gegenüber dem Filialleiter (oder auch der ganzen Bank) zu einer derart unmißverständlichen Handlung geführt haben. Die Kundenzufriedenheitsforschung zielt häufig nur auf die Bewertung von Routinequalitäten, die mittels Multiattribut-Messungen auch hinreichend erfaßbar sind. Kritische Ereignisse und ihre emotional-konativen Konsequenzen wurden bislang eher vernachlässigt.

Kundenzufriedenheit aus der Perspektive der Emotionsforschung

Die hier nur exemplarisch genannten Fälle seien an einem theoretisch fundierten Beispiel aus der Kundenzufriedenheitsforschung vertieft. In den bereits genannten Untersuchungen von BITNER (1990) und auch ENGELMANN & AMMELUNG (1996) konnte gezeigt werden, daß Unzufriedenheit infolge der Vermittlung unterschiedlicher Ursacheninformationen deutlich gemildert werden konnte. Die genannten Studien setzen konkrete Vorraussetzungen an die Unzufriedenheitsauslösung, die mit irgendeiner Form persönlichen Verschuldens einhergeht (z.B. Verschulden des bedienenden Dienstleisters oder eines anderen Mitglieds des Unternehmens). Die hierdurch ausgelöste Emotion kann jedoch genauer mit Verärgerung umschrieben werden als mit Un-/Zufriedenheit. Ärger setzt persönliches Verschulden des Kooperationspartners voraus und wird logisch dann beeinflußt, wenn die Quelle der Verärgerung spezifiziert wird. In den oben genannten Studien gibt der Dienstleister (fiktiv in einem Szenario) unterschiedliche interne/externe bzw. stabile/variable Verursacherquellen an, mit dem Ergebnis, daß die maximale Reduzierung von Unzufriedenheit bzw. Verärgerung mit dem Hinweis auf einen zufallsbedingten Fehler erfolgt.

Es empfiehlt sich, das Erleben solcher Emotionen in der Kundenzufriedenheitsforschung zu vertiefen. Neben dem durch Attributionen mitbestimmten Emotionen, die sich im negativen Fall in Zorn, Ärger oder Entrüstung äußern, sind auch die durch Alternativenvergleich oder Gerechtigkeitsaspekte bestimmten Zufriedenheitsäußerungen differenzierbar. Glaubt man beispielsweise, die beste Alternative gewählt zu haben, drückt sich dieses in Überraschung, Freude und Stolz aus, während als ungerecht empfundene Leistungen mit Scham und Verärgerung verbunden sind. Die vorliegenden Emotionstheorien erlauben hier fundiertere Analysen der Konfliktpotentiale von Dienstleistungsbegegnungen und ihrer Auswirkungen.

Betrachtet man nochmals das oben geschilderte Erlebnis der Kundin, so ist fraglich, ob sich ihre emotionale und konative Reaktion angemessen mit einem kognitiven oder kognitiv-physiologischen Erklärungsansatz abbilden läßt. Die Kundin handelt spontan und vermutlich eher kognitiv unreflektiert. Dies deutet darauf hin, daß bereits eine Reaktionsbereitschaft vorgelegen haben muß. Dienstleistungsinteraktionen sind alltägliche soziale Kontakte, so daß diese Bereitschaft keineswegs aus speziellen Erfahrungen im Dienstleistungskontext herrühren muß, sondern als in vergleichbaren (evtl. privaten) Situationen gelernte Disposition verstanden werden kann, die auf die hier im Dienstleistungskontext erlebte Reizbedingung übertragen wird. Diese Argumentation erfolgt im Sinne der Emotionstheorien von LEVENTHAL (1984) und ULICH (1991 und in ULICH & MAYRING, 1992), die der Ansicht sind, daß emotionales Erleben schemagesteuert ist. Die spezifische emotionale Bedeutung des Ereignisses erschließt sich der oben genannten Kundin dadurch derart spontan und intensiv, daß das Erlebnis mit einem als passend wahrgenommenen emotionalen Schemata assoziiert wird. Die Reaktionen sind zwischen Personen in Abhängigkeit von Lernerfahrungen und Generalisationstendenzen unterschiedlich. Hätte die Kundin eine weniger rigide Disposition, so hätte sie wahrscheinlich mehr Zeit benötigt, um sich der ärgerlichen Situation und ihrer Handlungsvolition bewußt zu werden.

Zwei Fälle der Zufriedenheitsauslösung bei Finanzdienstleistungen

Die hier zuletzt aufgezeigte Schemata-Perspektive steht insofern im Widerspruch zum Diskonfirmations-Paradigma, als die Un-/Zufriedenheitsreaktionen nur mittelbar auf eine Erwartungsenttäuschung zurückzuführen sind. Unmittelbar folgen die Reaktionen auf Schlüsselreize der gegenwärtigen Situation, die bestehende Schemata aktiviert. Diese Schemata können emotionale Katalysatoren sein, wie in der Argumentation von ULICH (1991) oder affektiv getönte Bewertungen von Leistungen aufgrund kognitiver Schemata im Verständnis von WOODRUFF, CADOTTE & JENKINS (1983; vgl. Abschnitt 15.4). Diese Schemata enthalten unmittelbare, gelernte Reiz-Reaktions-Bindungen, die spontane ('reflexartige') Zufriedenheitsresponse inklusive bestimmter Verhaltensweisen ermöglichen. Das Interaktionsgeschehen im Finanzdienstleistungsalltag wird sicherlich zu einem erheblichen Teil durch solche Schemata bestimmt, die – wie bereits erwähnt – nicht auf spezifischen Erfahrungen im entsprechenden Finanzdienstleistungssektor aufbauen müssen, sondern auch generalisierend eingesetzt werden können.

Der zweite Fall der Zufriedenheitsgenese besteht darin, daß der Organismus nicht für jede erdenkliche Situation passende Schemata verfügbar hat. Dennoch ist ein Zufriedenheitsresponse zu erwarten, wenn die dargebrachte Finanzdienstleistung mit bestehenden Zielen, Bedürfnissen und Plänen (im Sinne von WESTBROOK & REILLY, 1983; vgl. Abschnitt 15.4) des Kunden konfligiert. Hierin spiegelt sich folglich stärker das Diskonfirmations-Paradigma wieder. Mit dem Emotionstheoretiker MANDLER (1984) soll ergänzt werden, daß Un-/Zufriedenheit auch auf die Unterbrechung von Handlungssequenzen folgen kann (MANDLER sieht hierin sogar eine entscheidende Antezedenz der Emotionsauslösung). Mit MANDLER (1984) soll ferner darauf hingewiesen werden, daß entgegen der Aussage des Diskonfirmations-Paradigmas die Diskrepanz zwischen Erwartung und Erfahrung keine hinreichende Bedingung für emotionale Reaktionen ist. Nur unter der Bedingung, daß weder Assimilation (Möglichkeit der Einbindung der Reize in bestehende Strukturen) noch Akkommodation (Möglichkeit der Anpassung der Schemata an Reize) der Erfahrung möglich ist, sind affektive Responses erwartbar. Hierdurch entsteht beim Kunden ein Spannungszustand, der Bewältigungsreaktionen auslösen dürfte (vgl. hierzu LAZARUS, 1991), die unter verschiedenen Bedingungen vermutlich zu einer Spezifizierung von Un-/Zufriedenheit und bestimmten Verhaltensweisen beitragen. Bei der Akkommodation und Bewältigung der Reize dürften verschiedene Aspekte von Bedeutung sein, die im vorliegenden Text bereits angesprochen wurden, wie etwa Attributionen oder die Änderung von Anspruchsniveaus, wie z.B. durch Verringerung der Erwartungen oder dem Wechsel des Vergleichsstandards (etwa durch die Betrachtung der Leistungen anderer Banken oder anderer Vergleichspersonen). Der Gedankengang der hier vorgeschlagenen Fallunterscheidung soll in Abbildung 15-3 nochmals veranschaulicht werden.

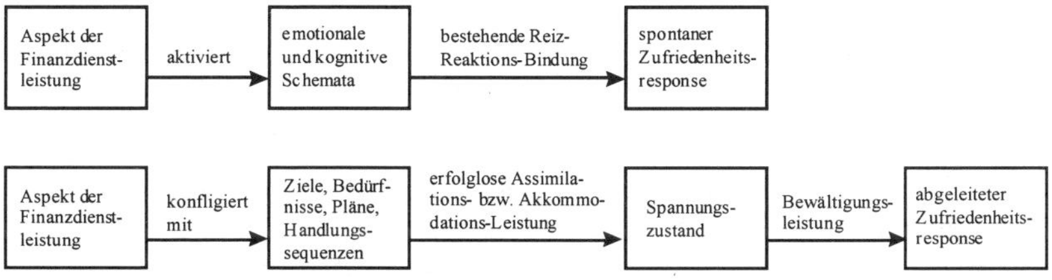

Abbildung 15-3: ***Zwei Fälle der Auslösung von Kundenzufriedenheit mit Finanzdienstleistungen.***

Aus der Sicht der Emotionspsychologie ist diese Unterscheidung kein Novum. Bereits die Theorie von SCHACHTER (SCHACHTER & SINGER, 1962) sah einen alltäglichen und nicht-alltäglichen Fall der Emotionsentstehung vor, der – vom Grundgedanken her – in dieser Reihenfolge mit dem hier aufgeführten ersten und zweiten Fall korrespondiert. Es dürfte für die Erklärung von Zufriedenheit mit Finanzdienstleistungen von Bedeutung sein, die bestehenden Theorien nicht als Gegensätze, sondern als Sonderfälle innerhalb des hier vorgeschlagenen Modells zu verstehen und dort zu verorten. Die Emotionspsychologie gibt hierzu entscheidende Hilfestellung.

15.6 Meßtechnische Zugänge der Erfassung von Kundenzufriedenheit

Die Methoden der Kundenzufriedenheitsmessung lassen sich zwei grundlegenden Vorgehensweisen zuordnen: Die merkmalsorientierte Messung und die ereignisorientierte Messung. Daneben werden einige Auswertungsverfahren getrennt behandelt.

Die merkmalsorientierte Messung ist quantitativ-multiattributiv ausgerichtet, d.h. den Befragten werden Merkmalslisten vorgelegt (z.B. Kompetenz des Beraters, Verständlichkeit der Beratung), die sie hinsichtlich eines Objektes bewerten sollen. Hierbei wurde häufig auf der Basis eines Soll-Ist-Vergleichs gearbeitet, wonach die Kundenzufriedenheit bzw. das Qualitätsurteil aus der Differenz von idealen Erwartungen und tatsächlichen Erfahrungen berechnet wird. Bei Untersuchungen, die auf diesem Vergleichsmodell aufbauen (wie z.B. das erwähnte SERVQUAL-Modell), stellte sich jedoch heraus, daß lediglich unzufriedene Kunden „gemessen" werden, weil im Sinne einer „Anspruchsinflation" überzogene Soll-Erwartungen der Kunden nicht erfüllt werden können (HALLER, 1994; vgl. auch entsprechende Werte in Tabelle 15-1). Des weiteren hat sich dieses Modell nicht weiter durchgesetzt, da vermehrt konzeptionelle Zweifel an dem Vergleichsmodell geäußert werden, und empirisch häufiger eine geringere Prognosefähigkeit (hinsichtlich bestimmter Kundenreaktionen wie Kündigungsabsicht und Wiederkaufwahrscheinlichkeit) berechnet wird als bei einfachen Bewertungsmodellen (LILJANDER & STRANDVIK, 1995a). Daher werden vielfach wieder klassische Bewertungsmodelle präferiert (beispielsweise wird gefragt: Wie zufrieden sind Sie mit Merkmal X?). Merkmalsorientierte Messungen sind von ihrer Konstruktion her als Einstellungsmessungen zu bezeichnen. Die vorgelegten Merkmalslisten können zwar auf Bewertung von Leistungsmerkmalen in speziellen Dienstleistungsepisoden bezogen sein, im Ergebnis ist die dabei erfolgte Bewertung eine Einstellung gegenüber der Episode, die in die Einstellung gegenüber der Beziehung (Beziehungszufriedenheit) eingeht (dies folgt der Sichtweise von HOWARD & SHETH, 1969).

Die grundlegende Kritik an den merkmalsorientierten Modellen insgesamt betrifft die quantitativ-multiattributive und damit die sogenannte ‚elementenpsychologische' Vorgehensweise. Ein hiermit verbundener zentraler Kritikpunkt, der auch aus der Erforschung von Produktimages bekannt ist, betrifft das Problem, daß auch solche Merkmale gemessen werden, die für den Kunden nicht salient sind. Das bedeutet, daß der Kunde Dienstleistungsmerkmale beurteilen soll, die ihm evtl. in der Kontaktsituation mit dem Dienstleister nicht einmal aufgefallen und ihm somit nicht bewußt sind (dies gilt v.a. auch für Vertrauensqualitäten). Antwortet der Kunde auf entsprechende Fragen werden Meß-Artefakte, d.h. künstliche Einstellungs-, Image- oder auch Zufriedenheitswerte erzeugt, die zuvor noch gar nicht ausgebildet waren und für das Verhalten der Kunden keine Rolle spielen. Zusätzlich wird an den merkmalsorientierten Methoden bemängelt, daß die Daten auf Routinequalitäten bezogen sind und – hinsichtlich der unternehmerischen Interessen – keine unmittelbaren Hinweise auf strategische oder operative Lücken und Chancen im Marketing geben. Schließlich ergibt sich bei der Interpretation der Daten immer wieder das Problem, die persönliche Sinndeutung einer Antwort auf der numerischen Zufriedenheitsskala einzuschätzen.

Die Mängel der merkmalsorientierten Methoden werden durch die qualitativ-offene Vorgehensweise ereignisorientierter Modelle ausgeglichen. Zunächst wurde die Methode der kritischen Ereignisse des Psychologen FLANAGAN (1954) in den USA z.B. durch NYQUIST, BITNER UND BOOMS (1985) und in Deutschland durch HENTSCHEL (1992) wiederbelebt und weiterentwickelt. Das zugrundeliegende Prinzip besteht darin, den Kunden seine persönliche Sicht- oder Erlebensweise der Dienstleistung schildern zu lassen, ohne daß seine Urteilsperspektive durch eine restriktive Struktur (in Form vorgegebener Statements) des Erhebungsinstrumentes gesteuert wird. Hierdurch wird das oben genannte Artefaktproblem vermieden, da die Probanden größtenteils Tatsachen (z.B. in Form erlebter Geschichten) darlegen sollen. Außerdem sind solche Ereignisschilderungen im Gegensatz zu Antwortskalen selbstredend und nur wenig interpretationsbedürftig. An diesem weitgehend ungestützt verfahrendem Meßansatz wird wiederum beanstandet, daß kritisches Kontakterleben zwar eine wichtige Zufriedenheitskategorie sei, diese jedoch relativ selten vorkomme und daher nur ein sehr eingeschränktes Bild der Zufriedenheit bzw. der Qualitätswahrnehmung wiedergäbe. Genaugenommen würde entweder das Ausbleiben von Routinequalitäten (also Unzufriedenheit) oder das Auftreten von Ausnahmequalitäten (also Zufriedenheit) erfaßt. Daher wurde zur Messung des gewöhnlichen bzw. routinemäßigen Kontakterlebens die Kontaktpunktanalyse bzw. die sequentielle Ereignismethode entwickelt (STAUSS, 1991). Nach dieser Methode soll der Befragte mit Hilfe vorgegebener Kontaktpunkte des Dienstleistungserlebens ('blueprints') positiv und negativ erlebte Sequenzen beschreiben (z.B. grundsätzlich lange Wartezeiten an der Kasse). Neben der Vorgabe von Kontaktpunkten können dem Kunden alternativ auch Leistungsmerkmale als Assoziationsknoten (z.B. Fachkompetenz des Beraters) genannt werden. Diese Vorgehensweise, die wir attributgestützte Ereignismessung nennen, hat den Vorteil, daß im Gegensatz zur sequentiellen Ereignismethode spezielle Leistungsmerkmale anhand der Schilderung kritischer Ereignisse beurteilt werden (z.B. „Können Sie mir einen Fall nennen, in dem Sie an der Fachkompetenz ihres Beraters gezweifelt haben?"). Dabei lassen sich die vorgetesteten Qualitätsdimensionen des SERVQUAL-Modells als solche Assoziationsknoten nutzen, die lediglich themenspezifisch konkretisiert werden müssen.

Neben diesen Meßinstrumenten sind einige spezifische Auswertungsverfahren entwickelt worden. Hierzu gehören u.a. die Penalty-Reward-Contrast-Analyse und die Problem-Detection-Method bzw. – als entsprechende deutsche Version – die Frequenz-Relevanz-Analyse für Probleme. Im Sinne der Frequenz-Relevanz-Analyse für Probleme werden Häufigkeit und Bedeutung von Problembereichen erfaßt und können anschließend anschaulich in einem Koordinatensystem abgebildet werden. Die Penalty-Reward-Contrast-Analyse von BRANDT (1987, 1988; vgl. auch Abschnitt 15.4 sowie MÜLLER-PETERS, II., QUINKE & LEY im selben Band) baut auf dem bereits erwähnten Phänomen auf, daß Leistungsmerkmale unterschiedliche Wirkung auf die (Un-)Zufriedenheit der Kunden haben. Sie wird dabei als Technik zur Identifikation dieser Wirkstrukturen auf der Basis quantitativer Messungen eingesetzt und läßt sich entsprechend flexibel anwenden. Auch qualitative Daten sind geeignet, solche (Un-)Zufriedenheitsfaktoren zu identifizieren. So operierte z.B. das klassische Verfahren von HERZBERG gerade mit Ereignisdaten, um ‚Satisfier' und ‚Dissatisfier' im Rahmen der Arbeitszufriedenheit zu identifizieren (vgl. vertiefend FISCHER, 1989).

Keines der vorliegenden Meßinstrumente erfaßt hinreichend das Konstrukt Zufriedenheit oder Qualität. So sind die merkmalsorientierten Methoden zwar förderlich im Sinne der Erfassung standardisierter Daten (z.B. für Längsschnittmessungen), dafür beschränken sich die psychologischen Inhalte der Messung auf die Bewertung von Routinequalitäten. Außerdem ist diese Vorgehensweise relativ starr, unflexibel und unsensibel hinsichtlich der Anpassung an Marktentwicklungen. Hier haben die erlebnisbetonten Methoden ihre Vorteile, da sie durch eine qualitativ offene Herangehensweise geeignet sind, neue Tendenzen aufzuspüren. Sie sind insbesondere am kritischen Kontakterleben orientiert und messen somit zunächst Ausnahmequalitäten bzw. ausgebliebene Routinequalitäten.

In Tabelle 15-2 soll noch einmal verdeutlicht werden, daß die Meßergebnisse von merkmalsorientierten Messungen (Erfassung von Routinequalitäten) und ereignisorientierten Messungen (Erfassung von Ausnahmequalitäten und ausgebliebenen Routinequalitäten) fast unvergleichbar sind. In der Abbildung ist ferner dargestellt, warum die Messungen zu so unterschiedlichen Resultaten führen. Merkmalsorientierte Messungen fragen nach der Bewertung von Leistungseigenschaften, wobei die Urteilsprozesse auf längerfristigen Erfahrungen mit dem Dienstleister und entsprechenden Lerneffekten beruhen, die im semantischen Gedächtnis abgespeichert wurden. Ereignis-Methoden zielen auf diskrete Erlebnisse ab, die in der Vergangenheit eine affektive Spannung (die häufig noch besteht) ausgelöst haben und im episodischen Gedächtnis abgelegt wurden (HENTSCHEL, 1992).

Verfahren	**Psychologischer Hintergrund**					**Meßergebnis**
Merkmalsorientierte Messung	Erfahrung mit Dienstleister	⇨	Lerneffekt über Zeit	⇨	semantisches Gedächtnis	Routinequalitäten
Ereignisorientierte Messung	Kritisches Erlebnis mit Dienstleister	⇨	affektive Spannung	⇨	episodisches Gedächtnis	Ausnahmequalitäten; Ausbleiben von Routinequalitäten

Tabelle 15-2: ***Vergleich der Ergebnisse der ereignis- und merkmalsorientierten Messung.***

15.7 Ein empirischer Vergleich der Kundenzufriedenheitsmethoden

Die dargestellten Instrumente der Kundenzufriedenheitsmessung wurden in einer eigenen Untersuchung parallel eingesetzt und an einer Stichprobe von 305 Personen getestet (vgl. auch ENGELMANN & MÜLLER, 1997). Dabei ging es speziell um das Thema Kundenzufriedenheit mit der Wertpapierberatung von Geldinstituten. Auf der Basis dieser Untersuchung wurde ein umfassender Vergleich der skizzierten Methoden vorgenommen, um ihre Stärken und Schwächen zu analysieren. Im Rahmen des vorliegenden Beitrags können die jeweiligen Methoden nicht einzeln gewürdigt werden, sondern lediglich einige zentrale Aspekte geschildert werden, die hier zur Diskussion gestellt werden sollen.

Eine wesentliche Schwierigkeit der Interpretation von Kundenzufriedenheitsurteilen liegt darin, daß kein einheitlicher Referenzwert existiert. Ist etwa eine Durchschnittszufriedenheit von 1,5 auf einer fünfstufigen Skala für alle Leistungsmerkmale erstrebenswert oder überhaupt erreichbar? Es drängt sich der Verdacht auf, daß die Bewertung jedes einzelnen Leistungsmerkmals ein eigenes Maximum aufweist, mit anderen Worten: Die a-priori-Wahrscheinlichkeit eines durchschnittlichen Skalenwertes ist jeweils unter-schiedlich. Hierfür gibt es verschiedene Gründe. Für Freundlichkeit werden z.B. in aller Regel deutlich bessere Zufriedenheitswerte erzielt als etwa für die Bewertung erzielter Renditen, da Freundlichkeit eine relativ stabile und durch den Dienstleister weitgehend kontrollierbare Eigenschaft ist, während erzielte Renditen über die Zeit stark variieren und die Schuld für unzufriedenstellende Ergebnisse häufig - mitunter zu Unrecht - dem Institut zugeschrieben werden. Hinzu kommt, daß die Kunden problemlos die Freundlichkeit ihres Beraters einschätzen können, hingegen eine fundierte Bewertung der Empfehlungsqualität des Beraters Kompetenz, Involvement oder auch Informiertheit auf Seiten des Kunden erfordert. Dies ist jedoch eher selten gegeben, so daß auf solche Merkmale bezogene Zufriedenheitsurteile meistens diffus sind und eine Tendenz zur Mitte (vorsichtige Urteile) aufweisen. Im Falle der Renditebewertung gilt, daß die Kunden ein überhöhtes Anspruchsniveau haben, welches kaum erreicht werden kann und daher zu relativ schlechten Zufriedenheitswerten führt. Ein sinnvoller Vergleich zwischen der Bewertung von Leistungsmerkmalen ist nicht immer möglich, so daß lediglich ein Vergleich mit der Konkurrenz (sogenanntes Benchmarking) hier Klarheit verschafft.

Ein Kardinalproblem von merkmalsorientierten Zufriedenheitsmessungen besteht darin, daß die Kunden dazu tendieren, weitgehend positive und wenig differenzierte (häufig über alle Merkmale homogene) Zufriedenheitsurteile abzugeben. Die Positivitätstendenz gilt um so mehr für solche Merkmale, die den Dienstleister als Person betreffen, und für ältere Kunden, die allgemein zu mehr sozialer Milde in ihren Antworten neigen. Folglich weisen die Zufriedenheitswerte relativ geringe Varianz und eine – wenn kleine Werte hohe Zufriedenheit repräsentieren – linkssteile Verteilung auf. Der Forscher kann diesem Problem teilweise entgegenwirken, wenn er die Zufriedenheitsskala im positiven Bereich streckt bzw. stärker differenziert als im negativen Bereich und somit ein „bin zufrieden“ oder „gut“ die mittlere Kategorie darstellt.

Wie bereits dargelegt wurde, (ver)führt die Vorlage von Merkmalslisten dazu, Zufriedenheitsurteile auch hinsichtlich solcher Eigenschaften abzugeben, die die Kundenzufriedenheit in der Vergangenheit unberührt ließen (in gewisser Weise ‚Neutrals'). Hier helfen auch explorative Voruntersuchungen, in denen geprüft wurde, welche Leistungsbestandteile durch die Kunden potentiell wahrgenommen werden, nur bedingt. Der Wahrnehmungsbereich jedes Kunden ist unterschiedlich, und lediglich eine mehr oder weniger große Teilmenge wird gemeinsam wahrgenommen. Es kann dabei kritisiert werden, daß das durch den Forscher gewonnene Zufriedenheitsbild nicht der individuellen Konstruktion der Wirklichkeit des Kunden (vgl. FISCHER & WISWEDE, 1997) entspricht, sondern lediglich eine mehr oder weniger genaue, verzerrte oder artifizielle Annäherung darstellt. Ein Beispiel: In der vorliegenden Untersuchung wurde z.B. gefragt, wie zufrieden die Kunden mit der Betreuung nach einem Geschäftsabschluß durch den Wertpapierberater sind. Hierbei ergaben sich in den Multiattributmessungen relativ schlechte Bewertungen, obwohl in den qualitativen Messungen dieses Problem lediglich in zwei Fällen aufgegriffen wurde. Offensichtlich erfolgt hier eine negative Bewertung eines Merkmals, ohne daß ein Defizit in der Bedürfnisbefriedigung der Kunden vorliegt.

Während das zentrale Problem der Multiattributmessung in der starken Einwirkung von Verzerrungseffekten besteht, liegen die Schwierigkeiten der ereignisorientierten Messungen in der Selektion der erinnerten Ereignisse durch die Kunden und der reliablen Vercodung der offenen Aussagen, welches als Abstraktionsproblem bezeichnet werden kann (vgl. FRÜH, 1989). In der vorliegenden Untersuchung erinnerten sich lediglich 20% der Befragten an ein negatives und 25% an ein positives Ereignis. Vermutlich können drei Gründe dafür verantwortlich gemacht werden. Zum einen sind kritische Ereignisse im betrachteten Dienstleistungsbereich relativ selten. Ferner haben die Kunden Schwierigkeiten, kritische Ereignisse, die evtl. länger zurückliegen, noch aus dem Gedächtnis ad hoc in der Befragungssituation abzurufen. Schließlich muß beachtet werden, daß keine Kündiger befragt wurden und die erfaßten loyalen Kunden die aufgetretenen kritischen Ereignisse verarbeitet bzw. verdrängt haben (evtl. im Sinne einer Dissonanzreduktion). Allerdings muß darauf hingewiesen werden, daß in der Studie von HENTSCHEL (1992) höhere Werte erzielt wurden. Dort wurden Kunden einer Autoreparaturwerkstatt befragt, wobei 87,5% aller Befragten sich mindestens an ein Ereignis erinnerten (26,1% konnten sogar drei und mehr kritische Episoden Revue passieren lassen). Offensichtlich hängt die Erinnerung von kritischen Ereignissen vom Erkenntnisgegenstand ab. Im übrigen konnten durch die gestützten Messungen (sequentielle und attributgestützte Ereignismethode) die Nennungen deutlich erhöht werden, wobei aber beachtet werden muß, daß mit der Quantität der Nennungen auch die Vielfalt der semantischen Ebenen von Nennungen ansteigt. Hierdurch verstärkt sich das oben genannte Abstraktionsproblem qualitativer Messungen.

15.8 Fazit

Die bisherige Kundenzufriedenheitsforschung muß sich Eklektizismus vorwerfen lassen. Es mangelt zwar nicht an der Adaptation sozialpsychologischer Theorien, doch kamen diese Theorien einerseits nur ausschnittweise zur Anwendung, andererseits mangelt es noch an dem Versuch, die bestehenden Konzeptionen miteinander zu verbinden. Integrative Bemühungen setzen jedoch voraus, daß der Gegenstandsbereich Kundenzufriedenheit konkretisiert wird. Die Definition von Kundenzufriedenheit ist derzeit – wie dies der Intelligenzforschung vorgeworfen wurde – eine Frage der Operationalisierung: Kundenzufriedenheit ist das, was die Kundenzufriedenheitsinstrumente messen. Die allgemeine Umschreibung als emotionale Reaktion auf enttäuschte Erwartungen ist zu ungenau. Es bleibt daher eine zentrale Aufgabe der Kundenzufriedenheitsforschung, das Phänomen Kundenzufriedenheit z.B. im Sinne eines emotionalen oder einstellungskonvergenten Konstruktes zu bestimmen und die Auslösung von Kundenzufriedenheit in einem differenzierten Modell – wie es beispielhaft in Abschnitt 15.5 vorgeschlagen wurde – zu analysieren.

Für Dienstleistungen im Allgemeinen und Finanzdienstleistungen im Besonderen gilt, daß die Interaktion zwischen Kunden und Dienstleistern einen besonderen Stellenwert für die Zufriedenheit und Qualitätsbeurteilung hat. KLAUS (1984, 1991) plädiert daher für eine interaktionstheoretische Konzeption von Qualität für den Dienstleistungsbereich. Das Diskonfirmations-Paradigma ist dabei ein theoretisches Netz, dessen Maschen so weit sind, daß die spezifischen Kundenkontaktereignisse damit nicht zu fassen sind. Technisch formuliert ist der Informationsgehalt zu gering, da die Voraussetzungen des Kundenzufriedenheitserlebens nicht spezifiziert sind. Es sollten vielmehr Theorien geringer und mittlerer Reichweite entwickelt werden, die z.B. unter besonderer Berücksichtigung von Austausch- und Konfliktbedingungen Kundenzufriedenheit vorhersagen. Tabu-Verletzungen, wie sie im oben genannten Beispiel der Bankkundin beschrieben wurden, könnten dann erfaßt werden. Die Spezifizierung der affektiven Qualität von Kundenzufriedenheit würde zusätzlich den Gegenstandsbereich einzelner Erklärungsansätze einschränken (z.B. Erklärung von Verärgerung, Stolz, Überraschung).

Angesichts der aktuellen Entwicklungen hinsichtlich der Differenzierung der Finanzdienstleistungsmärkte (Home-Banking, Direct-Banking und Direkt-Versicherung seien hier als einige Beispiele genannt) ergeben sich zusätzliche Herausforderungen an die Kundenzufriedenheitsforschung. Die Ausführungen im vorliegenden Artikel haben immer wieder auf die interaktionale Bedingtheit des Qualitätserlebens von Kunden hingewiesen. Dabei haben soziale Determinanten als dominierende Suchqualitäten bei Finanzdienstleistungen einen erheblichen Stellenwert für die Kundenzufriedenheit und die Beurteilung von Qualität, bei der Auswahl von Finanzdienstleistern als auch bei ihrer Nutzung. Je stärker die Finanzdienstleistung technisiert ist (wie im extremen Fall beim Home-Banking), desto stärker ist der Kunde freilich darauf angewiesen, neue (nicht auf die Person des Dienstleisters bezogene) Schlüsselinformationen zu finden. Es kann davon ausgegangen werden, daß hierdurch Kundenzufriedenheit und Kundenbindung eine gänzlich neue Qualität annehmen wird.

Die hier gemachten konzeptionellen Vorschläge haben unmittelbare praktische Relevanz. Zentral ist dabei, daß die Methoden der Kundenzufriedenheitsmessung deutlich verfeinert werden können. Hinsichtlich des Qualitätsmanagements von Finanzdienstleistungsunternehmen würden sich dadurch neue Perspektiven eröffnen. Sind potentiell kritische Ereignisse und typische Kundenreaktionen bekannt, können die im Kundenkontakt stehenden Mitarbeiter präventiv geschult werden. Im positiven Fall, in denen das Management Kenntnis über solche Handlungen der Mitarbeiter besitzt, die beim Kunden Appetenz-Affekte (z.B. Freude, Dankbarkeit, Sympathie) auslösen, ist es ebenfalls durch geeignete Trainingsmaßnahmen und Personalauswahlverfahren möglich, Dienstleistungsmentalität und Kundenorientierung im eigenen Unternehmen zu verbessern.

16. Kapitel

Kundenzufriedenheit und Kundenbindung bei Versicherern

Ein Beispiel für die Umsetzung psychologischer Forschung in das betriebliche Qualitätsmanagement

Horst Müller-Peters, Robert Quinke, Michael Ley

psychonomics – Institut für Wirtschaftspsychologische Forschung und Beratung

Der Beitrag gibt – bezogen auf das Thema „Kundenzufriedenheit und Kundenbindung" – ein konkretes Beispiel in der unternehmerischen Praxis umgesetzter Finanzpsychologie. Er baut damit auf dem Beitrag von Markus GROß-ENGELMANN in diesem Band auf, der Grundlagen der Kundenzufriedenheit mit Finanzdienstleistungen diskutiert. Der Beitrag beruht auf einem Projekt, das zwischen 1996 und 1998 von den Provinzial Versicherungsanstalten der Rheinprovinz und sechs weiteren Versicherern gemeinsam mit der Forschungsgesellschaft psychonomics durchgeführt wurde und seitdem in einem kontinuierlichen Benchmarking und Qualitätsmanagement fortgesetzt wird.

Im folgenden geht es dabei weniger um die Darstellung von Ergebnissen, sondern um die beispielhafte Darstellung von Methoden und Techniken einer psychologisch ausgerichteten Finanzmarktforschung.

16.1 Die Relevanz von Kundenzufriedenheit

Die Versicherungswirtschaft hat in den letzten Jahren verstärkt mit zwei bereits aus anderen Märkten bekannten Phänomenen zu kämpfen: nachlassende Kundenloyalität und zunehmender (Preis-) Wettbewerb um Neukunden (vgl. z.B. HALLER, 1995).

Gesättigte Märkte, stagnierende Haushaltseinkommen, wählerischere Kunden und ein zunehmender Verdrängungswettbewerb über Branchengrenzen hinweg verlangen demzufolge Problemlösungen, die nicht nur vom Kernprodukt her überzeugen, sondern auch vom Dienstleistungsverhalten in jeder Hinsicht qualitativ abgerundet sind.

Mit der Deregulierung des Versicherungsmarktes weitete sich der Wettbewerb zusätzlich auf ein bisher ungenutztes Feld „Produktgestaltung" aus. Eine weitere Verschärfung für die etablierten Anbieter ergab auch der massive Markteintritt von Direktversicherern und ausländischen Versicherern. Firmenzusammenschlüsse und Kooperationen im Finanzmarkt sind Ausdruck dieser Situation, insbesondere aber der verstärkten Bemühungen, durch Volumen und Ausschöpfung wechselseitiger Kundenpotentiale Wettbewerbsvorteile zu erlangen.

Unternehmensweit werden Abläufe neu strukturiert, um diesen neuen Herausforderungen zu begegnen, u.a. durch eine umfassende Kundenorientierung. Zahlreiche Unternehmen bemühen sich um „Totales Qualitäts-Management" und eine unverwechselbare Servicequalität.

Wenn Marketing ganz allgemein als das Bestreben betrachten werden kann, die Unternehmensaktivitäten auf die Kundenbedürfnisse auszurichten, dann trifft Kundenzufriedenheit den Kern des Marketing.

Das Thema Kundenzufriedenheit ist folglich stark in den Mittelpunkt der Aktivitäten dieser Unternehmen gerückt, insbesondere da Investitionen in die Kundenbindung meist rentabler sind als Investitionen in die Neukundengewinnung. Die Konsequenzen daraus sind eine zunehmende Konzentration auf den Kundenstamm und die Polarisierung in Preis- und Service-Strategien.

Zusätzlich geht es hier auch um die Schaffung einer langfristig profitablen Kundenbeziehung. Dies wiederum bedeutet für Anbieter, die keine Preisstrategie fahren können, die unbedingte Notwendigkeit einer Erforschung der Kundenerwartungen und -wünsche. Marktforschungsstudien haben gezeigt, daß Unternehmen mit hoher Kundenzufriedenheit eine mehr als dreimal geringere Kundenverlustrate ausweisen als die übrigen Unternehmen.

Die Breite der allgemein vermuteten Auswirkungen von Kundenzufriedenheit – intern und extern – zeigt Abbildung 16-1 .

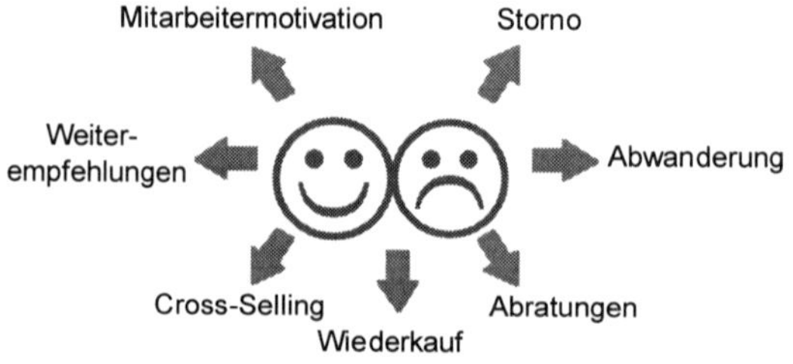

Abbildung 16-1: (Un-)Zufriedenheitswirkung der Kundenzufriedenheit

Die Abbildung 16-1 verdeutlicht die vermuteten positiven Wirkungen von Kundenzufriedenheit, und die Notwendigkeit, sie verhaltensorientiert zu messen. Ist der Kunde zufrieden, wiederholt er seine Kaufentscheidung und empfiehlt das Produkt in seinem sozialen Umfeld. Angenommen wird also, daß sich das Produkt durch den „Erfolgsmotor Kundenzufriedenheit" zumindest in Teilen von selbst verkauft.

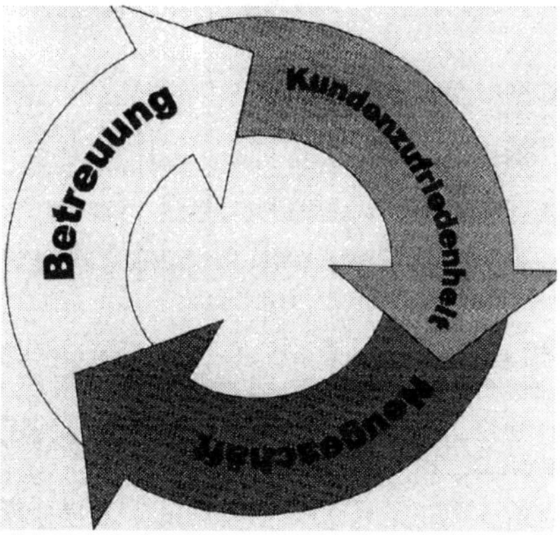

Abbildung 16-2: Kundenzufriedenheit als Erfolgsmotor

Die Provinzial Versicherungsanstalten der Rheinprovinz haben sich in diesem Kontext der Umsetzung des Servicegedankens im ganzen Unternehmen als Ziel (integriertes Service Management) verschrieben. Die Qualität der Dienstleistungen – die an den Kunden ausgerichtet werden – ist hierbei von wesentlicher Bedeutung.

Mittels Marktuntersuchungen sollte bei den verschiedenen Empfängergruppen der Dienstleistungen erhoben werden, mit welchen Leistungen die Geschäftstätigkeiten einerseits erfolgen sollten und andererseits konkret erlebt werden.

So wichtig Zufriedenheitsmessung und -monitoring auch ist: Die Messung von Zufriedenheit, Zufriedenheitsursachen und Zufriedenheitskonsequenzen stellt für unterschiedliche Produkte, Zielgruppen und auch Zielsetzungen völlig unterschiedliche Ansprüche. Standardisierte Zufriedenheitsmessungen über Produkt- und Kundengruppen hinweg sind dagegen oft oberflächlich, unvollständig oder – viel zu häufig – gar irreführend. (Für den Bereich der Versicherungsdienstleistung führen wir dies in Kapitel 3 genauer aus).

Entsprechende Studien waren daher in der Vergangenheit wenig geeignet, um über einen ersten Eindruck von Zufriedenheiten auch Urteile über einzelne Leistungskomponenten abzuleiten, die Wirkung bestimmter Maßnahmen vorherzusagen und somit eine zuverlässige Vorlage für die Maßnahmenplanung der Versicherer zu liefern. Auch wurde die neue Wettbewerbsdimension „Produktgestaltung" in den gängigen Untersuchungen wenig berücksichtigt bzw. die Differenzierung verschiedener Vertriebswege sowie der Funktionsabläufe fehlte.

Die Studie hatte daher zum Ziel, alle wesentlichen Determinanten der Zufriedenheit von Versicherungskunden aufzuspüren und in ihrer Bedeutung zu quantifizieren. Sie ist damit der bisher umfassendste Versuch, frei von normativen Vorentscheidungen Zufriedenheit aus Sicht des Kunden zu modellieren und darauf aufbauend ein in der Erhebung, Auswertung und ökonomischen Umsetzung optimiertes Instrument für Zufriedenheitsanalyse, Benchmarking und Qualitätsmanagement zu entwickeln.

16.2 Vier Entwicklungsschritte

Zur Umsetzung dieses Ziels wurde ein mehrstufiges Vorgehen gewählt (vgl. Abb.:16-3): Eine qualitative Vorstudie sollte zunächst alle Faktoren zusammentragen, die für die Kundenzufriedenheit mit Versicherungen potentiell von Bedeutung sein könnten. Diese – vom sozialwissenschaftlichen Institut Sinus durchgeführte Vorstudie – basiert auf 130 Tiefeninterviews, in denen der individuelle Zugang der Kunden zu diesem Thema mit den dazugehörigen Erfahrungen in deren eigener Sprache und Begrifflichkeit erfaßt wird. Dadurch wird verhindert, daß der Kunde – in die Terminologie und Gliederung der Versicherer gezwängt – automatisch die geprüften Hypothesen bestätigt. Ergänzend wurden die Ergebnisse einer methodenorientierten Expertise von psychonomics und der Universität zu Köln – verbunden mit einem Pilotprojekt bei Finanzdienstleistern – zur Entwicklung von Meß- und Auswertungsverfahren herangezogen (vgl. dazu auch ENGELMANN, MÜLLER 1997).

Abbildung 16-3: Mehrstufiges Vorgehen

Die auf dieser Stufe etwa 200 extrahierten Zufriedenheitsfaktoren konnten durch Beseitigung von Überschneidungen und durch weitere analytische Verdichtung reduziert werden. Der aus diesem Basismaterial entwickelte Fragebogen, der sich der Sprache des Kunden bedient und alle irgendwie relevant erscheinenden Kriterien erfaßt, enthielt letztlich neben vielen Fragen zu Versicherungsausstattung und Kundenmerkmalen

- 114 Fragen zu tatsächlichen erlebten Dienstleistungsqualitäten („Fakten"; z.B.: Wie viele Tage vergingen, bis das Geld von der Gesellschaft gezahlt wurde?) und
- 42 Fragen zu Teilzufriedenheiten (z.B.: Wie bewerten sie die Schnelligkeit der Schadenregulierung?)

Erst dieser umfassende Ansatz erlaubt es, Kundenzufriedenheit mit allen Einflußgrößen und Zusammenhängen zu verstehen.

Ziel dieses zweiten Projektschrittes war die *repräsentative Quantifizierung* der Ergebnisse der ersten, qualitativen Stufe. Insbesondere sollten dabei die Wirkungen von Maßnahmen bzw. Leistungsqualitäten auf Zufriedenheit und Verhalten der Kunden möglichst exakt dargestellt werden.

Um die angestrebten Zusammenhangsanalysen auch noch für Subgruppen (z.B. Sparten oder Kundengruppen) durchführen zu können und Aussagen über Wechselwirkungen zwischen Kriterien (Interaktionen) zu erlauben, bedarf es einer umfassenden statistischen Basis. In dieser Studie konnte auf über 6383 Erhebungseinheiten zurückgegriffen werden, die ein repräsentatives Abbild des deutschen Versicherungsnehmers bilden. Als Erhebungseinheit gilt dabei jeweils eine Kundenbeziehung, d.h. die Auskunft eines Kunden über einen Versicherer. Da einige Kunden zu zwei Versicherern befragt wurden, liegt die Gesamtstichprobe mit 4586 etwas unter der Zahl der Erhebungseinheiten.

Aufbauend auf der quantitativen Grundlagenstudie wurde im dritten Schritt ein Meßinstrument entwickelt, das für Längsschnittmessungen und Erhebungen bei Eigenkunden einzusetzen ist – insbesondere auch im Hinblick auf ein Qualitäts- und Zufriedenheitsbenchmarking.

Entsprechend stellt die vierte Stufe den Einsatz des Instrumentes bei den Eigenkunden dar – eine „Nullmessung" als Bestandsaufnahme und Ausgangspunkt eines kontinuierlichen Zufriedenheitsmonitorings.

Auf Basis der Grundlagenstudie können durch die Fachbereiche der Auftraggeber Soll-Servicestandards aufgestellt werden, d. h. die Festlegung

- welche Dienstleistungen
- mit welchen Servicestandards
- an welchen Stellen erbracht werden,
- welches Leistungsversprechen von allen Mitarbeitern abgegeben wird und
- wie die Einhaltung der Standards überwacht wird (Service-Controlling).

Im Qualitätsmanagement dienen diese Leistungskonzepte als Vorgabe, um Ablauforganisation, Prozesse und Systeme entsprechend den Markterfordernissen zu optimieren. Mit Vorliegen der Ergebnisse aus der Nullmessung ist ein erster Soll-Ist-Vergleich möglich.

Wie aber geht es weiter? Durch periodische Kontrollmessungen soll der Erfolg der eingeleiteten Maßnahmen überprüft werden. Dabei zahlt sich die Entwicklung des Standardinstruments aus, das sensibel Veränderungen auf der Kundenseite abbildet, gleichzeitig aber eine versicherungsspezifische operative Vertiefung im Detail zuläßt.

Gleichzeitig wird dieses Kerninstrument etwa alle 4-5 Jahre auf Veränderungen der Relevanz der einzelnen Dienstleistungsqualitäten zu überprüfen sein.

16.3 Methoden der quantitativen Grundlagenstudie

Um die Ergebnisse möglichst umsetzungsnah zu gestalten und gleichzeitig Artefakte der Erhebungssituation oder der Auswertung weitgehend auszuschließen, wurden in der quantitativen Grundlagenstudie neue, in der Versicherungsmarktforschung bisher wenig geläufige Methoden eingesetzt, die im folgenden nicht vollständig, aber in Auszügen skizziert werden.

16.3.1 Artefaktfreie Zufriedenheitsmessung: Fakten statt Lippenbekenntnisse

Versicherungen sind Low-Involvement-Produkte. Obwohl Versicherungen einen der wesentlichen Kostenblöcke im privaten Haushalt ausmachen, beschäftigen sich die meisten Kunden schon bei der Suche nach einem geeigneten Produkt nur oberflächlich mit der Materie. Die Kontaktintensität nimmt danach noch weiter ab und beschränkt sich in der Vertragslaufzeit oft auf die jährliche Rechnung (vgl. dazu empirisch: ADELT, MÜLLER-PETERS, H., STEPHAN, 1998). D.h., die meisten Kunden beschäftigen sich nur so viel wie unbedingt notwendig mit diesem Thema, und zugleich ist die Erfahrungstiefe aufgrund der geringen Kontaktfrequenz meist äußerst gering. Dies führt – sofern überhaupt jemals eine Urteilsbildung stattgefunden hat – zu sehr oberflächlichen Kundenurteilen. In vielen Fällen ist sogar davon auszugehen, daß eine solche Urteilsbildung erst durch die Befragung selbst initiiert wird.[96]

Bei der Messung reiner Zufriedenheiten kommt es daher häufig zu sogenannten Ausstrahlungseffekten (Halo-Effekt). D.h. die Befragten beurteilen Sachverhalte, zu denen sie eigentlich keine Meinung (oder Erfahrung) besitzen, durch bloße Übertragung ihrer Gesamtzufriedenheit mit dem Versicherer oder, falls eine solche nicht ausgebildet ist, durch die Erfahrung in ganz anderen Leistungsbereichen. Dies hat überhöhte bzw. Schein-Korrelationen, insbesondere bei objektiv kaum zugänglichen sog. Vertrauensqualitäten[97], zur Folge. Dies führt zu irreführenden Ergebnissen, damit falschen Schlußfolgerungen und schließlich auch zu Fehlinvestitionen.

---

96 Unsere Analysen haben gezeigt, daß das Einstellungs- und Reaktionsmuster derjenigen, die beim Zufriedenheitsurteil die Option "keine Meinung" angeben, am ehesten mit der Gruppe derjenigen, die als Urteil ein "gut" vergeben, vergleichbar sind.)

97 Nach einer Einteilung von ZEITHAML (1981, ZEITHAML u.a., 1992) lassen sich Dienstleistungsqualitäten nach ihrer Wahrnehmbarkeit durch den Kunden in Suchqualitäten, Erfahrungsqualitä-

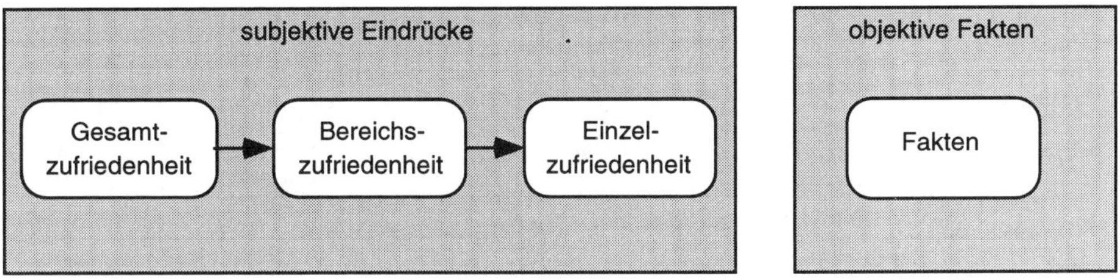

Abbildung 16-4: ***Ausstrahlung der Gesamtzufriedenheit auf Bereichs- und Einzelzufriedenheiten***

Aus diesem Grund lag der Schwerpunkt der Messung auf der Ebene der faktischen Erfahrung des Kunden mit seinem Versicherer, die vergleichsweise unverzerrt erfragt werden kann. Erfaßt wurde also die tatsächlich wahrgenommene Leistungsqualität (z.B. "Regulierung innerhalb von 2 Wochen; Vertreter immer erreichbar") und nicht die Zufriedenheit mit dieser Leistung.

Dies dürfte deutlich machen, daß auch die Relevanz der einzelnen Leistungsqualitäten nicht sinnvoll direkt erfragt werden kann. In diesem Fall würden nämlich gerade die sogenannten Vertrauensqualitäten hervorgehoben, die dem Kunden objektiv kaum zugänglich sind (z.B. umfassender Versicherungsschutz). Aussagen über die Bedeutung der einzelnen Zufriedenheitskriterien sollten also immer durch indirekte statistische Berechnung entwickelt werden.

Gleichzeitig folgte die Erhebung einer strengen Hierarchie von a) Gesamtzufriedenheiten über b) Bereichszufriedenheiten hin zu c) Fakten. Entsprechend wurden die für Interviewverzerrungen anfälligsten Aussagen – nämlich die Meinungen – zuerst erfragt, während die objektiveren Informationen – nämlich die konkreten Leistungserfahrungen der Kunden – im Anschluß erhoben wurden. Entsprechend wurde durch die Fragenreihenfolge eine "rationale Konstruktion von Zufriedenheit" aus den erlebten Erfahrungen verhindert, vielmehr wurde die Zufriedenheit so erfaßt, wie sie beim Kunden "abgespeichert" – und damit auch handlungsleitend – ist.

Auf diese Weise konnten wesentliche – und leider auch weitverbreitete – Artefakte der Zufriedenheitsmessung ausgeschlossen werden.

16.3.2 Penalty-Reward-Analyse

Bereits in den fünfziger Jahren konnten HERZBERG u.a. (1959, vgl. dazu GROß-ENGELMANN in diesem Band) für den Bereich der Arbeitszufriedenheit zeigen, daß Zufriedenheit und Unzufriedenheit nicht notwendigerweise nur zwei Pole ein und derselben Dimension sind, sondern daß diese u.U. als getrennte Faktoren zu betrachten sind. Für die Kundenzufriedenheitsforschung hieße das: Nicht alle bedeutsamen Zufriedenheitskriterien wirken notwendigerweise in gleicher Weise. Manche Kriterien

---

ten und Vertrauensqualitäten einteilen, wobei Vertrauensqualitäten solche Qualitäten bezeichnen, die für den Kunden nur in Ausnahmefällen direkt beobachtbar sind.

können nur Unzufriedenheit erzeugen, jedoch nicht für echte Zufriedenheit sorgen (DISSATISFIER[98], ☹). Andere wirken genau in entgegengesetzter Weise, d.h. sie steigern im positiven Fall die Zufriedenheit, führen aber bei negativer Ausprägung nicht zu Unzufriedenheit (SATISFIER, ☺). Kriterien, die in beide Richtungen wirken, bezeichnet man als CRITICALS (☺☹), und solche, die gar keinen Einfluß auf die Zufriedenheit haben, als NEUTRALS (😐). Diese Einteilung ist Gegenstand der *Penalty-Reward-Analyse*. Sie liefert Informationen über die Wirkungsrichtung der Kriterien.

Die Penalty-Reward-Analyse für den Bereich der Kundenzufriedenheit wurde erstmals von BRANDT (1987, 1988) vorgeschlagen, jedoch erst selten empirisch realisiert. Die von BRANDT vorgeschlagene Berechnung mittels unstandardisierter Regressionskoeffizienten führte zu wenig sinnvollen Ergebnissen, da bei der Regression beim Einbezug mehrerer ähnlicher (d.h. hoch korrelierender) Merkmale die schwächeren Prädiktoren zugunsten des stärksten völlig unterdrückt werden, ohne daß eine entsprechende kausale Interpretation zulässig wäre. Darüber hinaus sind die Ergebnisse stark von der Form der Verteilung abhängig. Merkmale, bei denen nur wenige Kunden negative Erfahrungen machen, werden vernachlässigt.

Daher wurde eine Zuordnung durch ein Kombinationsverfahren entwickelt. Als Zielkriterium wurde anstelle der Zufriedenheit jeweils die tatsächliche oder intentionale Kundenreaktion eingesetzt (s. Abschnitt 16.4.2). Als Zuordnungskriterien dienten:

- Die Semikorrelation mit der positiven bzw. negativen Teilskala der Kundenbindung – ähnlich dem Vorschlag von BRANDT – als notwendige Bedingung für die Beurteilung eines Leistungsmerkmals als relevant für die jeweilige Dimension
- Mittelwertdifferenzen je nach Ausprägung des Leistungsmerkmals, wodurch über die reine Korrelation hinaus die Spannweite der Kundenreaktion (interpretiert als Effektstärke der Leistungsmerkmale) beachtet wurde. (Bsp.: Wie stark unterscheidet sich die positive bzw. negative Kundenreaktion zwischen Kunden, deren Schaden innerhalb einer Woche und solchen, deren Schaden erst nach 6 Wochen reguliert wurde)

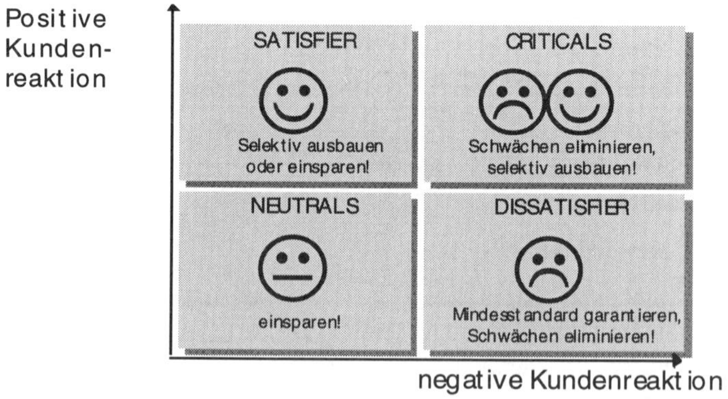

Abbildung 16-5: Aus der Penalty-Reward-Analyse abgeleitete Strategien

[98] Wir folgen hier der Terminologie von JOHNSTON (1995). Ergänzend setzen wir „Smilies" ein, die jeweils die Dimension „Unzufriedenheit" bzw. „Zufriedenheit" repräsentieren.

Doch wo liegt der Nutzen einer solchen Analyse? Die Penalty-Reward-Analyse gibt Hinweise zur strategischen Bedeutung der einzelnen Zufriedenheitskriterien, aus denen sich leicht entsprechende Maßnahmenrichtungen ableiten lassen (siehe Abbildung 16-5). Bei der Positionierung des eigenen Unternehmens läßt sich so ein „Qualitätsportfolio" erstellen und darauf aufbauend optimieren.

16.3.3 Breakpoints und Erfüllungsoptima

Ziel der Studie war auch die Identifikation von *Breakpoints*, d.h. von Knickpunkten, an denen sich die Zufriedenheit plötzlich stark verändert. Betriebswirtschaftlich gesehen resultieren daraus *Erfüllungsoptima*, also Bereiche einer – aus Anbietersicht – besonders positiven Aufwands-Nutzen-Relation. So ist es ab einer bestimmten Grenze häufig nicht mehr sinnvoll, die Dienstleistungsqualität weiter zu steigern, weil dies vom Kunden kaum honoriert wird, während in anderen Bereichen Mindestqualitäten zu beachten sind, die aus Kundensicht keinesfalls unterschritten werden dürfen.

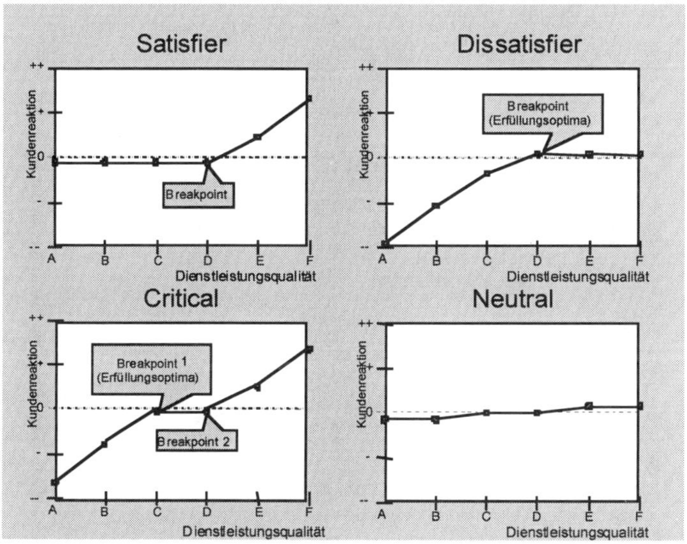

Abbildung 16-6: ***Prototypische Beispiele für Satisfier, Dissatisfier, Criticals, Neutrals und Breakpoints.***

Zu diesem Zweck sollten die Ergebnisse nicht nur die Bedeutung einzelner Zufriedenheitskriterien zeigen, sondern auch den genauen Verlauf der Kundenzufriedenheit in Abhängigkeit von der konkreten Ausprägung eines Leistungsmerkmals. Daß der Zusammenhang zwischen Leistung und Zufriedenheit keineswegs linear verlaufen muß, zeigen bereits die oben aufgeführten Überlegungen zur Penalty-Reward-Analyse. Auch Assimilations-Kontrast-Effekte (danach gewichten die Kunden Leistungsdifferenzen innerhalb bestimmter Bereiche unter, außerhalb davon aber über; vgl.

GROß-ENGELMANN in diesem Band), bedingen die Annahme nicht-linearer Zusammenhänge zwischen Leistung einerseits und Zufriedenheit bzw. Kundenbindung andererseits.

Die Abbildung 16-6 zeigt prototypische Zusammenhänge zwischen Leistung und Kundenzufriedenheit im Falle eines Satisfiers, eines Dissatisfiers, eines Neutrals und eines Criticals (siehe dazu auch GROß-ENGELMANN in diesem Band), und stellt an diesen Beispielen Breakpoints und mögliche Erfüllungsoptima dar.

16.3.4 Wechselwirkungen

Gerade für die Bestimmung von Breakpoints erscheint die Berücksichtigung von *Interaktionen* besonders bedeutsam. Die verschiedenen Maßnahmen sind in der Regel nicht unabhängig voneinander, d.h. sie beeinflussen sich gegenseitig. Die Interaktionen zwischen Zufriedenheitskriterien werden in der erwähnten Grundlagenstudie sehr umfassend untersucht, da sie Hinweise auf die Bedingungen geben, unter denen erfolgversprechende Maßnahmen wirklich zum Ziel führen.

Ein Beispiel für eine solche Interaktion (Dauer bis zur Regulierung eines Schadens) zeigt die folgende Abbildung: Eine längere Regulierungsdauer wird viel eher akzeptiert, wenn ausreichend über den Verfahrensstand informiert wird.

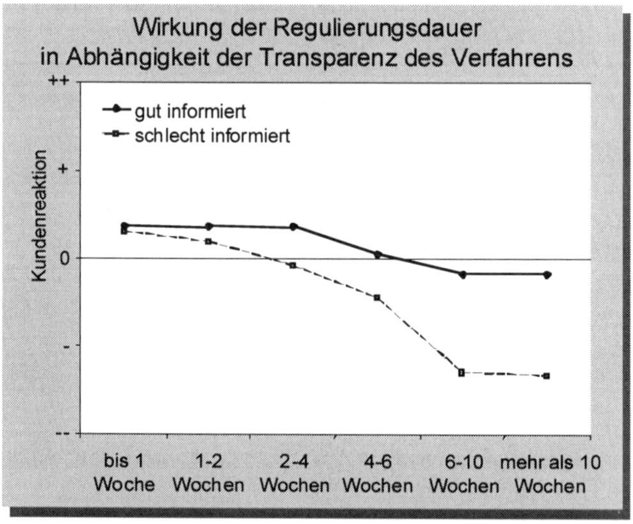

Abbildung 16-7: Beispiel für eine Interaktion zwischen Maßnahmen

16.3.5 Unterschiede nach Zielgruppen

Die Bedeutung der Leistungskriterien variieren zum Teil mit der Zielgruppe. Alle Ergebnisse werden daher zusätzlich für verschiedene Subgruppen analysiert. Als Unterscheidungsmerkmale dienten dabei u.a.:

- Versicherungssparten (z.B. Kfz, Unfall, Leben, Hausrat, Haftpflicht),
- Versicherergruppen (Direkt-, Geschäftsstellen-, Serviceversicherer),
- Kontaktformen (Außendienst, Geschäftsstelle, Zentrale, Telefon, ...),
- soziodemographische Merkmale (Alter, Einkommen, Bildung, Haushaltsgröße),
- Lebenszyklen,
- Regionen (Geschäftsgebiete) und
- psychologische Kundentypen (vgl. dazu psychonomics, 1994; ADELT, MÜLLER-PETERS, H., STEPHAN, 1995, 1998).

Dabei zeigten sich teilweise deutliche Abweichungen in den Reaktionsmustern. Zum Beispiel haben viele Servicequalitäten eine ganz andere Relevanz für den Kundentypus „treuer Vertreterkunde“ als für den Typus „preisorientierter Rationalist“. Die Bedeutung der Dauer der Schadenregulierung variiert erheblich mit der Sparte, aber auch mit dem Preisniveau des Versicherers.

Entsprechend hat die Maßnahmenplanung wesentliche Merkmale des Unternehmens, der Produktpalette sowie der tatsächlichen oder angepeilten Kundenstruktur zu berücksichtigen.

16.4 Zufriedenheit und Verhaltenskonsequenzen

16.4.1 Abnehmender Grenznutzen der Zufriedenheit

Ein wesentliches Ergebnis unserer Datenauswertungen ist, daß es erheblich mehr Ansatzpunkte gibt, einen Kunden zu verprellen, als ihn wirklich zufrieden zu machen (d.h., es gibt viel mehr Dissatisfier als Satisfier). Eine negative Abweichung der Leistungsqualität vom Gesamtmarkt führt schneller zu Unzufriedenheit als eine positive Abweichung zu Zufriedenheit. Dieses Ergebnis wird noch durch die Tatsache verschärft, daß Unzufriedenheit wesentlich stärker in konkretes Verhalten, also z.B. Abratungen oder Kündigungen, umgesetzt wird als eine positive Grundstimmung in entsprechendes Verhalten, z.B. Cross-Selling oder Weiterempfehlung. Kundenzufriedenheit hat also – aus Sicht der Versicherer – einen stark abnehmenden Grenznutzen!

Betrachtet man die Kontaktkette zwischen Kunden und Versicherer, angefangen mit der Abschlußphase über die laufende Betreuung bis hin zum Leistungsfall, so muß es vorrangiges Ziel sein, ein Mindestmaß an Kundenzufriedenheit in jedem Punkt dieser Kontaktkette zu gewährleisten, denn in jeder Phase kann der Kunde seine Unzufriedenheit in negatives Verhalten umsetzen.

Die Abbildung 16-8 verdeutlicht anhand einiger Beispiele die höhere Verhaltensrelevanz von Unzufriedenheit (Bereich ”– –“ bis ”0”) im Vergleich zu hoher Zufriedenheit. Angegeben ist jeweils die Wahrscheinlichkeit positiver und negativer Kundenreaktionen (oder entsprechender Absichten) in Abhängigkeit von der Zufriedenheit mit der Gesellschaft.

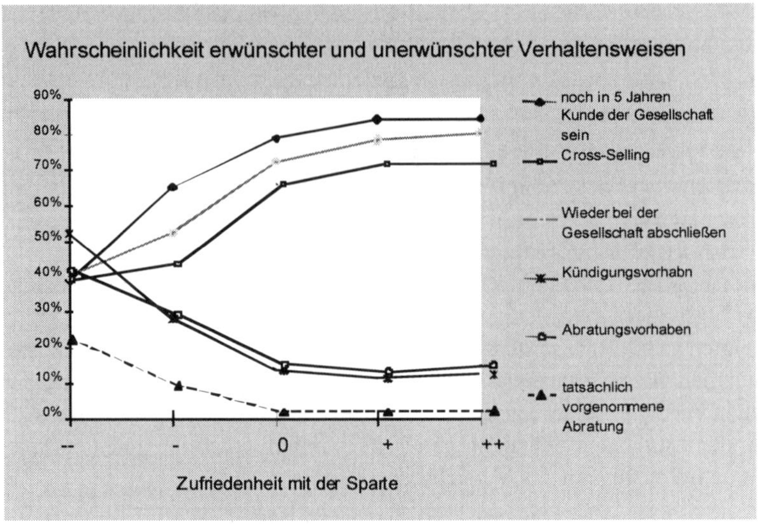

Abbildung 16-8: ***Sinkender Grenznutzen der Zufriedenheit: Unzufriedenheit wird eher in Verhalten umgesetzt als Zufriedenheit***

Diese Tatsache schlägt sich auch bei der Klassifikation der Zufriedenheitskriterien in SATISFIER, DISSATISFIER, CRITICALS und NEUTRALS nieder. Es gibt deutlich mehr Faktoren, die bei Kunden ausschließlich Unzufriedenheit hervorrufen (DISSATISFIER) als solche, die nur Zufriedenheit (SATISFIER) oder beides (CRITICALS) erzeugen.

Folglich gilt aus strategischer Sicht: Um Kunden längerfristig an eine Gesellschaft zu binden, ist es wichtiger, Ursachen zu beseitigen, die Unzufriedenheiten verursachen, als solche Maßnahmen zu fördern, die eine überdurchschnittliche Zufriedenheit erzeugen: Es ist wichtiger, Schwächen auszubügeln als Stärken auszubauen.

Diese Aussage bezieht sich vorerst nur auf die Bindung des bestehenden Kundenbestandes. Bei Neukundenakquisitionen kann natürlich auch gerade das Herausarbeiten von Satisfiern – als eigenständige positive Positionierung gegenüber der Konkurrenz – entscheidend sein.

16.4.2 Verhaltensbezug

Auch Kundenzufriedenheit muß – aus Unternehmenssicht – letztendlich unter Kosten-Ertragsgesichtspunkten gesehen werden, denn in der Regel sind Maßnahmen zur Erhöhung der Zufriedenheit mit Kosten verbunden. Daher wird in dieser Untersuchung die Kundenzufriedenheit immer vor dem Hintergrund der damit verbundenen Kundenreaktionen betrachtet, also ob es z.B. tatsächlich zu einer (im positiven Fall) erhöhten Cross-Selling-Bereitschaft oder (im negativen Fall) zu mehr Kündigungen kommt. Ökonomisch formuliert: Zufriedenheit allein erhöht den Deckungsbeitrag nicht, sondern erst die möglicherweise resultierenden Verhaltenskonsequenzen! (Vgl. auch REICHHELD, 1995)

Ergänzend wurde eine zusammenfassende Kennzahl für die Gesamtzufriedenheit und Reaktionstendenz) der Kunden angestrebt. Dies macht die Bildung eines Verhaltensindex notwendig, der eine möglichst genaue Vorhersage der Kundenreaktion ermöglicht.

Im folgenden werden die statistischen und methodischen Kriterien genannt, nach denen der Gesamtindex (Verhaltensindex) als Zielgröße dieser Studie konstruiert wurde:

- *Breite Inhaltsstreuung*: Schaffung eines einheitlichen Indexes, der sowohl für die Grunduntersuchung, als auch für das anschließende Benchmarking aussagekräftig ist. Aus inhaltlichen Gesichtspunkten sollten Merkmale enthalten sein, die direkt die Zufriedenheit, die Kundenbindung, Verhaltensintentionen und tatsächliche Verhaltensweisen abdecken.
- *Verhaltensnähe*: Da Zufriedenheitsurteile nur begrenzt eine Vorhersage auf Verhaltensweisen erlauben, liegt der Schwerpunkt des Gesamtindexes direkt auf Verhaltensweisen, die sich aus der Kundenzufriedenheit ableiten.
- *Enger Zusammenhang mit Produkteigenschaften:* Als Verhaltensindex, der sensibel auf Produktveränderungen reagieren soll, ist es notwendig, daß der Index auch gut durch Produktqualitäten aufgeklärt wird (alle Fakten der Kundenzufriedenheit). Um dies zu überprüfen, wird der Index regressionsanalytisch mit anderen Zufriedenheitsmaßen verglichen.
- *Gute Vorhersagekraft:* Der Index soll eine gute Vorhersage auf die wichtigsten Verhaltenskonsequenzen erlauben. Folglich wird der Index u.a. dahingehend optimiert, daß die Korrelationen mit den erhobenen Kundenreaktionen, die nicht im Index sind, möglichst hoch ausfallen.
- *Ökonomie*: Aus ökonomischen Gründen soll der Index so kurz wie möglich erfaßbar sein. Daher sollen nur Variablen mit aufgenommen werden, die wenig redundante Überschneidungen aufweisen. Es erfolgt dazu eine faktorenanalytische Überprüfung.
- *Zuverlässigkeit*: Um ein statistisch zuverlässiges Maß zu erhalten (Reliabilität), das möglichst wenigen Zufallsschwankungen unterliegt, soll der Index aus Variablen zusammengestellt werden, die auch eine hohe interne Konsistenz aufweisen (CRONBACHs Alpha = 0,70).

Anhand dieser Vorgaben wurde ein Index entwickelt, der insgesamt 6 Zufriedenheits- bzw. Verhaltensitems umfaßt. Die Items gingen z-standardisiert ungewichtet in den Index ein. Durch diese Zusammenfassung verschiedener Kundenangaben entsteht eine wesentlich sensiblere und zuverlässigere Kennzahl als durch einen Zufriedenheitswert oder eine einzelne Verhaltensintention allein. Auch die Interpretierbarkeit leidet nicht. Vielmehr läßt sich der Verhaltensindex, wie in Abbildung 16-9 verdeutlicht, wieder in die verschiedensten Kundenreaktionen zurückübersetzen, selbst wenn diese nicht im Index enthalten sind.

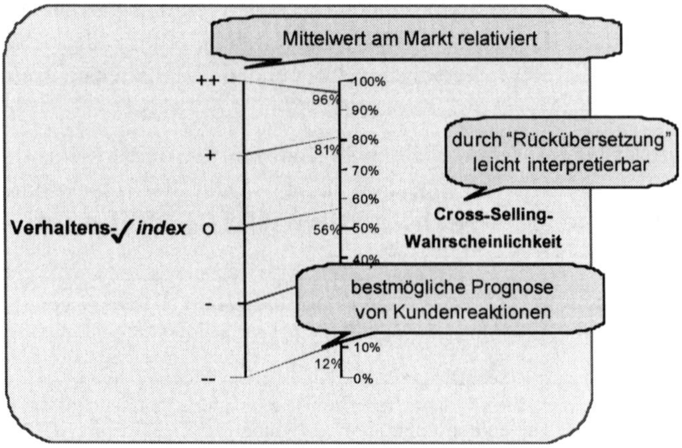

Abbildung 16-9: ***Übersetzbarkeit des Indexwertes in verschiedene Verhaltensweisen***

Im Vergleich zur Spartenzufriedenheit zeigt der Verhaltensindex sowohl im Positiv- als auch im Negativbereich eine deutlich höhere Trennschärfe. Die Abbildung 16-10 zeigt am Beispiel der Weiterempfehlung, daß Personen mit einem abfallenden Wert im Verhaltensindex deutlich weniger bereit sind, die Gesellschaft weiter zu empfehlen, als Personen, die unzufrieden mit ihrer Sparte sind.

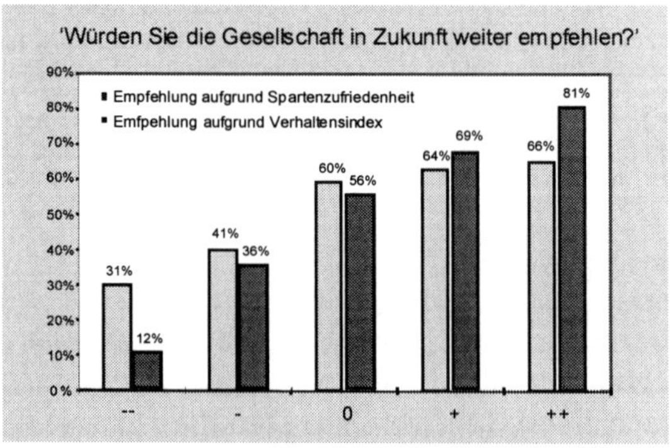

Abbildung 16-10: ***Verhaltensindex leistet bessere Vorhersage auf Weiterempfehlung als die Zufriedenheit mit der Sparte***

Auch im Vergleich zu einem von den Auftraggebern bisher verwendeten, gebräuchlichen Zufriedenheitsindex bestätigt sich die bessere Trennschärfe. Am Beispiel der Beschwerde: Personen, die sich beschwert haben, fallen im Verhaltensindex stärker ab als bei diesem Index und als bei der Zufriedenheit mit der Sparte.

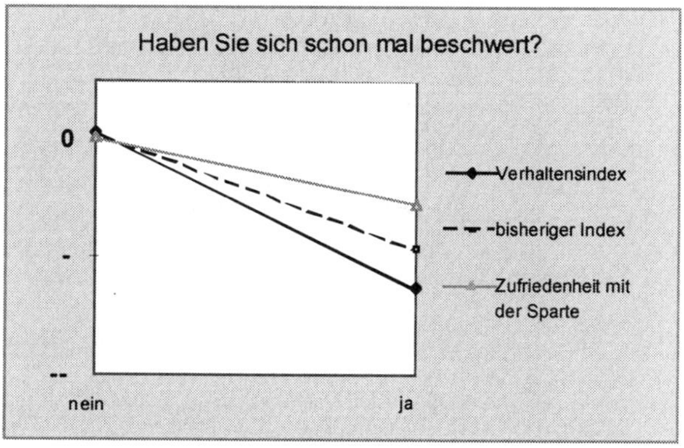

Abbildung 16-11: ***Personen, die sich schon einmal beschwert haben, fallen im Verhaltensindex stärker ab als im bisher verwendeten Index oder in der Zufriedenheit mit der Sparte.***

16.5 Ergebnisaufbereitung: Vorlagen für das Qualitätsmanagement

Die Ergebnisse der Studie wurden in Hinblick auf zwei verschiedene Verwendungszwecke aufbereitet: Einerseits als Grundlage für die strategische Planung, andererseits als Informationsbasis und „Nachschlagewerk" für die konkrete Maßnahmengestaltung auf operativer Ebene.

16.5.1 Grundlage strategischer Entscheidungen

Um strategische Entscheidungen darüber zu ermöglichen, in welchem Bereich der Schwerpunkt der zukünftigen Aktivitäten liegen sollte, bzw. wo unter Umständen Sparpotentiale bestehen, wurden Übersichtslisten erstellt. In diesen sind die wichtigsten Zufriedenheitskriterien zusammengestellt und – im Sinne eines Qualitätsportfolios – geordnet. Solche Listen lassen sich z.B. für verschiedene Sparten oder Bereiche erstellen, können aber auch der Penalty-Reward-Einteilung folgen, wie in Abbildung 16-12 dargestellt, da dies noch weitere Hinweise auf die angemessenen Strategien gibt (vgl. Abbildung 16-5).

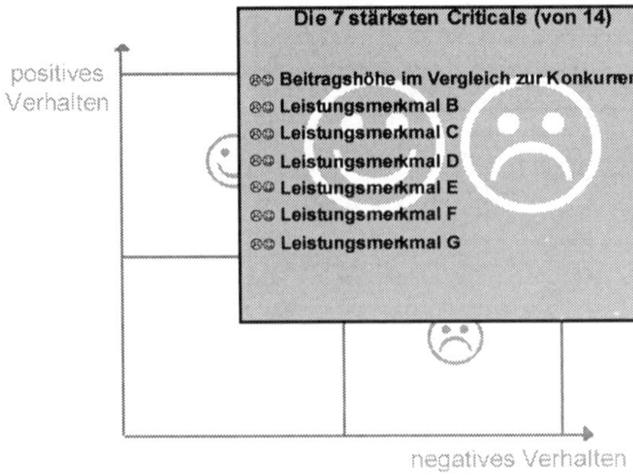

Abbildung 16-12: Übersicht: Die wirksamsten CRITICALS (Muster)

16.5.2 Vorlage zur operativen Umsetzung

Andererseits benötigt man für die konkrete *operative Umsetzung* der Ergebnisse weit mehr Informationen als den bloßen Hinweis auf die Relevanz des Kriteriums. Um an den einzelnen „Stellschrauben" zu drehen, sind die Kundenreaktionen in Abhängigkeit der genauen Ausprägung des Kriteriums ebenso zu kennen wie Wechsel-wirkungen mit anderen Maßnahmen oder Unterschieden je nach Sparte oder Kundengruppe. Diese Informationen sind in komprimierten „Steckbriefen" zusammengefaßt, die für jede der 114 erfaßten Dienstleistungsqualitäten („Fakten", s.o.) existieren.

16.5.3 Steckbriefe der Kundenzufriedenheit

Zur Verdichtung aller relevanten Informationen zur Planung einer operativen Maßnahme (auch: Festlegung eines spezifischen Qualitätsstandards) wurden sog. „Steckbriefe der Kundenzufriedenheit" entwickelt. In diesen Steckbriefen sind die wichtigsten Informationen über die Zufriedenheitswirkung einer Leistungs-komponente zusammengestellt. Tabelle 16-1 faßt die zentralen Fragen bei der Planung von Maßnahmen zusammen, und Abbildung 16-13 zeigt beispielhaft (in stark verkleinerter Form) die Umsetzung in einem solchen Steckbrief.

Im folgenden wird der Aufbau eines solchen Steckbriefs kurz beschrieben (die Nummern entsprechen der Nummer in der Abbildung):

1. Die Grafik zeigt den Verlauf des Verhaltensindex in Abhängigkeit von der jeweiligen Leistungsqualität. Der Indexwert läßt sich, wie in Abbildung 16-9 gezeigt, auch in konkrete Verhaltensweisen bzw. -intentionen zurückübersetzen (z.B. Kündigungswahrschein-lichkeiten).
2. Unter der Grafik ist die Verteilung der Leistungsqualitäten im Gesamtmarkt – quer über alle Befragten und Versicherer – angegeben.
3. Auf der rechten Seite (Überschrift „Eigenschaften") erfolgt zunächst die Penalty-Reward-Einteilung des Kriteriums (s.o.). Neben der Wirkungsrichtung interessiert aber auch die

Wirkungsstärke. Daher wird durch positive oder negative Smilies die Stärke der Zufriedenheits- bzw. Unzufriedenheitswirkung des Merkmals angezeigt.

4. Darunter wird auf bedeutsame Wechselwirkungen mit anderen Kriterien eingegangen. Ein einfaches Beispiel: Hilft der Vertreter beim Ausfüllen des Schadenformulars, spielt die Komplexität des Schadenformulars eine geringere Rolle.

5. Schließlich werden wesentliche Subgruppenunterschiede dargestellt. Solche Unterschiede liegen vor, wenn nicht alle Kundengruppen in gleicher Weise auf eine Maßnahme reagieren, also z.B. bedeutsame Unterschiede zwischen Kundentypen oder den Versicherungssparten bestehen (vgl. Abschnitt 16.3.5).

Fragen auf der operativen Ebene
• Wie wirkt sich eine Maßnahme auf die Kundenzufriedenheit aus? • In welche Richtung geht dieser Einfluß? • Gibt es klare Breakpoints bzw. Erfüllungsoptima? • Beeinflussen sich verschiedene Maßnahmen gegenseitig? • Gibt es Besonderheiten in bestimmten Kundensegmenten?
→ Steckbriefe der Zufriedenheitskriterien

Tabelle 16-1: ***Informationen auf der operativen Ebene***

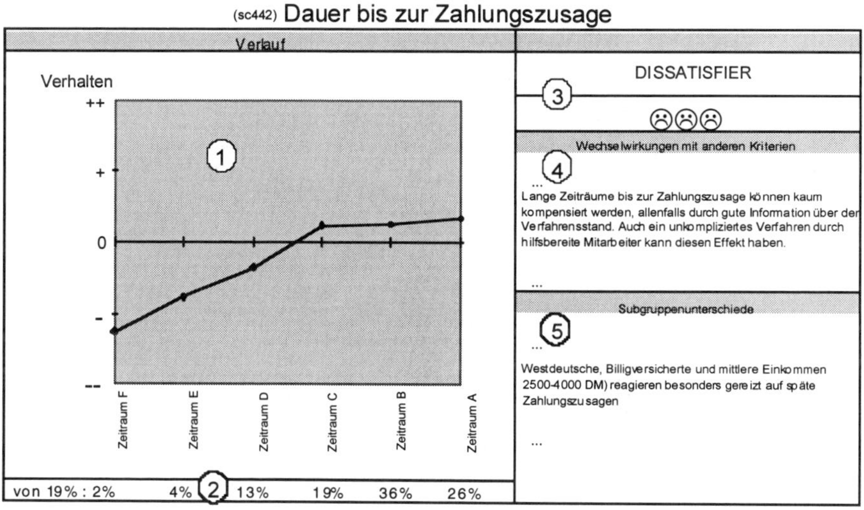

Abbildung 16-13: ***Steckbrief der Kundenzufriedenheit***

16.6 Instrumententwicklung: Ein Tool für Benchmarking und Qualitätsmanagement

Alle 156 in die Grunderhebung eingegangenen Zufriedenheiten und Leistungsmerkmale an einer hinreichend großen Stichprobe aus eigenen Kunden zu messen, wäre aus ökonomischen Gründen sicherlich nicht sinnvoll. Vielmehr läßt sich auf der Basis der Grundlagenstudie ein verkürztes Instrument entwickeln, das mit sparsamster Messung alle wichtigen Zufriedenheitsursachen abbildet. Dieses Kerninstrument kann dazu eingesetzt werden, um mit begrenztem Aufwand

- die Zufriedenheit der eigenen Kunden periodisch zu überprüfen
- somit auch den Erfolg eingeleiteter Maßnahmen effektiv zu testen und schließlich
- einen Vergleich und Benchmarking zum Gesamtmarkt und zu ausgewählten Konkurrenten durchzuführen.

Neben diesem kompakt gehaltenen *Kerninstrument* wurde ein *Baukastensystem* zur Messung der Kundenzufriedenheit entwickelt (vgl. Abbildung 16-14). Dieser Baukasten enthält mehrere hundert größtenteils getestete Items, die für vertiefende Messungen z.B. zu Sparten, zu Kontaktphasen oder zu Funktionsbereichen eingesetzt werden können. Das Baukastensystem wurde tabellarisch, vor allem aber auch als Access-Datenbank geliefert. Durch Eingabe des Befragungsgegenstands und der Methodik (offen oder geschlossen) wird automatisch ein individueller Fragebogen erzeugt, der durch Benutzereingriffe genau auf die intendierte Zielsetzung zugeschnitten werden kann.

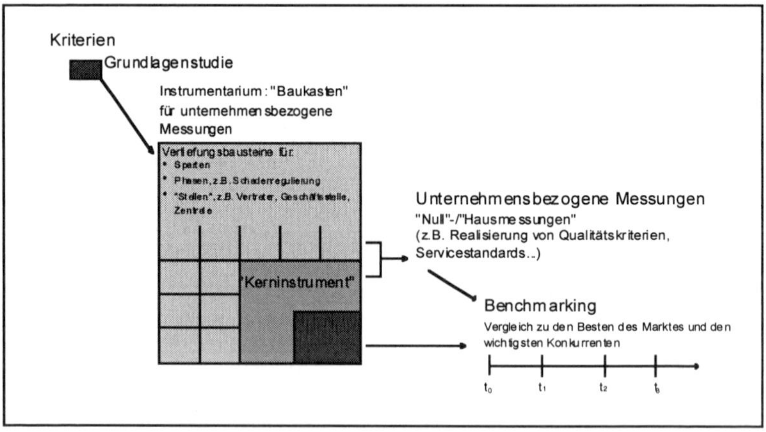

Abbildung 16-14: Instrumententwicklung

Grundsätzlich ist das Kerninstrument sowie der Baukasten für eine mündliche, schriftliche und telefonische Erhebung geeignet. Die Vergleichbarkeit der durch unterschiedlichen Erhebungsformen gewonnenen Befragungsdaten wurde in der Grundlagenstudie überprüft.

Tabelle 16-2 gibt noch einmal einen Überblick über die Ergebnisse der quantitativen Grundlagenstudie.

Ergebnisse
• Feststellung der Häufigkeit der Kriterien • Identifikation der relevanten Zufriedenheitskriterien auf quantitativer Basis: Grundlage zur Steigerung der Produkt- und Dienstleistungsqualität • Penalty-Reward-Analyse: Bedeutung der Faktoren zur Steigerung von Zufriedenheit / zur Vermeidung von Unzufriedenheit • Bestimmung von Abhängigkeiten zwischen den Kriterien • Konsequenzen von Zufriedenheit und Unzufriedenheit: Auswirkungen im Verhalten der Kunden • Überprüfung der Zusammenhänge für Teilgruppen (Sparten, Vertriebswege, Versicherergruppen, soziodemographisch definierten Zielgruppen, Kundentypen, Regionen) • Ermittlung von Breakpoints und Erfüllungsoptima • Steckbriefe zu allen Leistungsmerkmalen („Stellschrauben") • Methodenvergleich: Test unterschiedlicher Erhebungsformen
Umsetzung in „Tools"
• Entwicklung eines Kerninstruments für regelmäßige Messungen und Benchmarking (mit den wichtigsten Faktoren und Kennwerten der Kundenzufriedenheit) • „Baukastensystem" Vertiefungsmöglichkeiten nach Sparten, Funktionsbereichen, Kontaktphasen u.a. • Entwicklung optimierter Auswertungs- und Darstellungsformen

Tabelle 16-2: Ergebnisse der quntitativen Projektphase

16.7 Hausmessungen und Benchmarking

Die Grundlagenstudie bietet umfassende Einblicke in Ausprägung, Bedeutung und Wirkung von Leistungsmerkmalen. Eine Messung im eigenen Kundenbestand bietet die Möglichkeit, das eigene Unternehmen dort einzuordnen, Stärken- und Schwächen-Analysen durchzuführen, das eigene Qualitäts-Portfolio zu analysieren und entsprechend Qualitätsstandards zu definieren und Maßnahmen zu planen.

Grundsätzlich gab es dazu zwei Möglichkeiten: Die Befragung der eigenen Kunden könnte direkt im Zuge der Grunderhebung erfolgen oder ihr erst nachgeschaltet werden. Die zweite Möglichkeit wurde aus ökonomischen Gründen bevorzugt, da so eine große Zahl an Eigenkunden mit dem wesentlich reduzierten und bereits validierten

Kerninstrument befragt werden kann. Die Entwicklung eines solchen Kerninstruments war entsprechend eines der wichtigsten Ziele der Untersuchung.

Daneben können geschäftspolitisch relevante Leistungsbereiche jeweils durch das Baukastensystem ergänzt werden. Dabei kann eine erste „Nullmessung" mit dem Kerninstrument quasi als „Feuermelder" eingesetzt werden, um so gefundene Schwachstellen später durch Vertiefungsbausteine, z.B. zur Schadenbearbeitung oder zum Vertreterverhalten beim Abschluß, genauer zu analysieren.

Einen schnellen Überblick über die Stärken und Schwächen der eigenen Gesellschaft geben Profildarstellungen. Hier lassen sich schnell die vordringlichsten Maßnahmen ableiten. Dabei zeigt sich meist, wie wichtig die Relativierung der eigenen Leistung an einer Vergleichsgröße ist (Benchmarking), denn die Anspruchsniveaus der Kunden schwanken sehr stark zwischen den Leistungsmerkmalen. D.h. der gleiche Zufriedenheitswert, der bei einem Merkmal noch gut war, kann bei einem anderen Zufriedenheitskriterium einen Versicherer schon ins Abseits stellen! (vgl. auch ENGELMANN & MÜLLER, 1997) Also Hände weg von pauschalen Schwellenwerten!

Solche Mittelwertprofile vernachlässigen allerdings wesentliche Informationen: Auch bei guten oder mittleren Durchschnittswerten befindet sich meist ein Teil der Kunden im negativen oder im besonders positiven Bereich. Gleichzeitig zeigen die Steckbriefe an, daß gerade die Position auf diesem Leistungsbereich entscheidend ist für die Kundenreaktionen. Ein Mittelwert darf also die Auskunft über die Verteilung nicht ersetzen! Entsprechend wurden weitere Darstellungsformen entwickelt, die die Position des eigenen Unternehmens aufzeigen und dabei nicht nur Mittelwerte, sondern auch Verteilungen berücksichtigen.

Für die Ableitung operativer Maßnahmen ist aber letztendlich eine detaillierte Betrachtung der einzelnen Maßnahmen und ihrer erwarteten Konsequenzen ausschlaggebend – also eine Adaption der oben vorgestellten „Steckbriefe" auf das eigene Unternehmen. gibt daher ein Beispiel für eine Aufbereitungsform, die die Verteilung der eigenen Kunden – ebenfalls im Konkurrenzumfeld (positive und negative Topboxes) „gebenchmarkt" – darstellt:

1. Aus der Grunderhebung ist der Zusammenhang des Merkmals (hier: Erreichbarkeit des Vertreters) mit dem Kundenverhalten bekannt. Dieser Zusammenhang ist als Linie dargestellt und läßt Rückschlüsse darauf zu, wie viele der eigenen Kunden durch die Ausprägung des jeweiligen Merkmals gefährdet oder gebunden werden.

2. Als Vergleichsgrößen sind die – aus Kundensicht – Besten und Schlechtesten 10% der Anbieter im Markt aufgetragen. Alternativ lassen sich hier auch die Hauptkonkurrenten eintragen.

3. An den Rändern sind jeweils die besten und schlechtesten drei Gesellschaften genannt (unter den Gesellschaften, die in der Grunderhebung eine hinreichend große Fallzahl aufweisen).

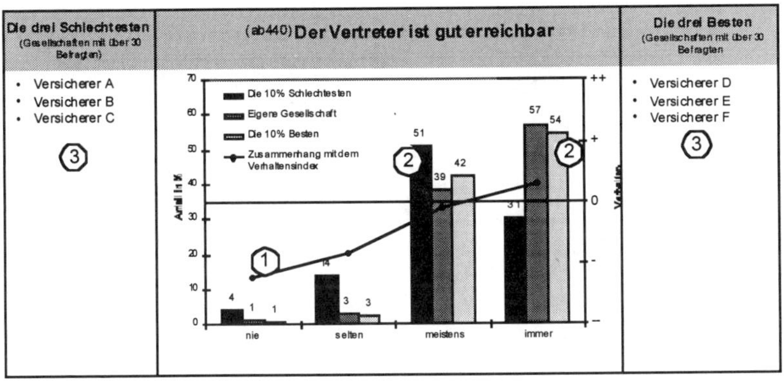

Abbildung 16-15: Ergebnisdarstellung einer Eigenkundenbefragung

16.8 Umsetzung: Kundenzentriertes Qualitätsmanagement

Die Studie liefert genaue Daten über die Anspruchsniveaus der Kunden hinsichtlich verschiedenster Zufriedenheitskriterien. Die Erfüllung dieser Kundenerwartungen ist das Ziel eines Qualitätsmanagements, d.h. eines umfassenden Managementkonzepts, das die Qualität der Dienstleistung in allen Bereichen erhöhen oder sichern will. Dadurch soll die Kundenzufriedenheit erhöht und die Kundenbindung gestärkt werden.

Die Umsetzbarkeit eines solchen Konzepts hängt jedoch nicht nur von der Qualität der gesetzten Standards, also vom fachlichen Input ab, sondern wird genauso stark durch die Akzeptanz bei den Mitarbeitern – als psychologische Komponente des Qualitätsmanagements – bestimmt. Dies gilt natürlich insbesondere für die zahlreichen – oft bedeutsamen – Zufriedenheitskriterien, die aus dem Verhalten der Mitarbeiter resultieren.

Eine Implementierung von Servicestandards kann daher nicht allein „von oben herab" durchgesetzt werden, hierzu ist der Einbezug der Mitarbeiter zwingend erforderlich. Dies kann beispielsweise in Form von *Workshops* erfolgen, die mit Mitarbeitern verschiedener Hierarchieebenen und Funktionsbereiche besetzt werden. (Neben einer besseren Akzeptanz hat dies natürlich den Vorteil, daß auch die entsprechende fachliche Kompetenz über die Umsetzbarkeit einzelner Maßnahmen vorhanden ist.) Die Clusterung der Themen zu Workshops kann sich an der bestehenden Organisationsstruktur orientieren.

Am Anfang eines solchen Workshops sollte zunächst eine differenzierte Darstellung der bereichsspezifischen Ergebnisse durch die Marktforscher erfolgen, und zwar sowohl hinsichtlich der Zufriedenheitsverläufe (Breakpoints) und Wechselwirkungen, als auch in Bezug auf die Erfüllung der Ansprüche durch die Unternehmung in den Augen der Kunden (hier bestehen oft erhebliche Unterschiede zur Eigenwahrnehmung in den Unternehmen!).

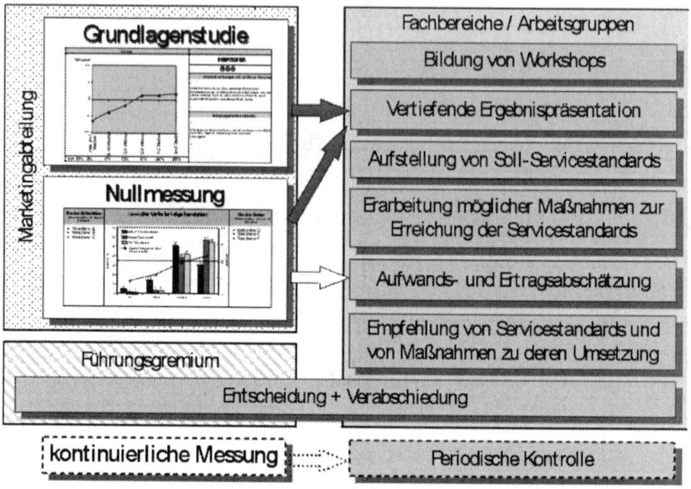

Abbildung 16-16: Beispielhaftes Vorgehen beim Qualitätsmanagement

Das Ziel der Workshops ist die Bestimmung und Implementation von Qualitätsstandards. Ein derart angelegtes Qualitätsmanagement ist unmittelbar am Kundenerleben und vor allem an den Kundenreaktionen ausgerichtet. Es bedeutet nicht unbedingt Mehraufwand, sondern vielmehr die Optimierung des Einsatzes von Ressourcen. So zeigten sich innerhalb der Studie eine große Reihe oft kostenträchtiger Leistungsmerkmale als „Neutrals", die allenfalls geringen Einfluß auf den Markterfolg haben. Ebenso lassen sich erhebliche „Übererfüllungen" aufzeigen. Hier übertrifft die erbrachte Leistung die Kundenerwartungen, ohne daß dadurch positive Konsequenzen für den Versicherer resultieren. Durch eine anschließende Kontrollmessung kann der Erfolg der eingeleiteten Maßnahmen überprüft werden. Dabei zahlt sich die Entwicklung eines Standardinstruments aus, das sensibel Veränderungen auf der Kundenseite abbilden kann.

Die bisherigen Umsetzungserfahrungen in den beteiligten Unternehmen sind sehr vielversprechend. Sie zeigen deutlich, daß ein methodisch und inhaltlich fundiertes – und strikt am Kundenurteil ausgerichtetes – Qualitätsmanagement eine hohe interne Akzeptanz findet und zugleich geeignet ist, Kundenzufriedenheit, Kundenbindung und damit den Unternehmenserfolg langfristig zu festigen und auszubauen.

17. Kapitel

Personalentscheidungen in europäischen Banken – Welche (kulturellen) Regeln widerstehen der Deregulierung?

Gabriele Jacobs

HEC School of Management, Paris /

Institut für Wirtschafts- und Sozialpsychologie, Universität zu Köln

„When the going gets tough, the tough get going.“ – „If you cannot stand the heat, get out of the kitchen“.

Stellungnahme eines britischen Bankmanagers zum Thema Entlassung

„Gerade in turbulenten Zeiten haben Unternehmen eine soziale Verantwortung – die Mitarbeiter müssen auf die Loyalität ihres Unternehmens vertrauen können; wir müssen die Schwächeren schützen.“

Stellungnahme eines deutschen Bankmanagers zum Thema Entlassung

„Avant de passer au licenciement sec il convient d'explorer l'ensemble des „voies sociales“ possibles, dont une des plus importantes est la préretraite...“

Stellungnahme eines französischen Bankmanagers zum Thema Entlassung

17.1 Einleitung

Wie die Beiträge von KIELL & MÜLLER-PETERS, A. sowie FAUTH nähert sich auch diese Darstellung der Finanzpsychologie aus interkultureller Perspektive. In beiden Artikeln wurden kulturell bedingte Differenzen im Umgang mit und der Einstellung zu Finanzen auf der „Kundenseite" berichtet. Der vorliegende Beitrag beschäftigt sich mit der „Anbieterseite" auf Finanzmärkten, sprich mit dem Managementverhalten in europäischen Banken.

Das europäische Bankwesen ist traditionell sehr national ausgerichtet und zumindest im Bereich kleinerer und mittlerer Institute von internationalen Einflüssen bis vor einigen Jahren nahezu isoliert gewesen. Die auf den jeweiligen nationalen Märkten angebotenen Güter sind jedoch weitgehend homogen (Kreditvergabe, Verzinsung von Guthaben etc.), d.h. es bestehen auf allen Märkten relativ ähnliche Anforderungen an die Geschäftstätigkeiten.

Obwohl die europäischen Bankenmärkte sehr unterschiedliche historische Wurzeln haben, lassen sich parallele Entwicklungen in den letzten zehn Jahren beobachten. Im Zuge allgemeiner staatlicher Deregulierungen der Märkte wurde der Wettbewerbsdruck erhöht. Die Banken waren nach langen Phasen der Sicherheit und konstanten Gewinnen gezwungen, ihre Strategien im Produkt-, Marketing- und Personalbereich zu ändern. Breitere Angebotspaletten und Produktdifferenzierungen werden aufgrund des Drucks kritischer und selbstbewußter Kunden notwendig, die sich in der neuen Situation befinden, konkurrierende Angebote vergleichen zu können. Mitarbeiter müssen sich von der Perspektive sicherer, lebenslanger Anstellungen auf eine effizienzorientierte Personalpolitik umstellen. Sowohl im Organisationsbereich als auch im Personalbereich ist eine Orientierung in Richtung stärkerer Flexibilität und aufgrund der angespannten Marktsituation eine Rückbesinnung auf ökonomische Zielgrößen zu beobachten.

Aufgrund der weitgehenden Äquivalenz der Makrobedingungen müßte im Sinne der „culture-free thesis" des kontingenztheoretischen Ansatzes der britischen ASTON-Gruppe (vgl. HICKSON & MCMILLAN, 1981) davon ausgegangen werden, daß sich ähnliche Organisationsstrukturen und Personalpraktiken in den verschiedenen Ländern herausgebildet haben. Einer solchen organisationstheoretisch begründeten **Konvergenzhypothese** stehen Konzeptionen gegenüber, die die Kulturgeprägtheit von Organisationen betonen. Anhänger der **Divergenzhypothese** vertreten die Auffassung, daß gesellschaftliche Bedeutungs-, Normen- und Wertmuster innerorganisatorisch relevante Einstellungen und Verhaltensweisen beeinflussen. Die Systematik in den Beziehungen zwischen ökonomischen Rahmenbedingungen und Organisation müßte in diesem Sinne von Kultur zu Kultur unterschiedlich sein (vgl. KIESER, 1995).

17.2 Interkulturelle Managementforschung

17.2.1 Auf der Suche nach Kulturstandards

Lange Zeit war die Literatur zum Thema „interkulturelle Managementforschung" von der Suche nach sogenannten Kulturstandards geprägt (vgl. THOMAS, 1992). Zahlreiche Trainingskonzepte heben darauf ab, international agierende Manager für die „Do's" und „Don'ts" anderer Kulturen zu sensibilisieren. Typischerweise werden unter „interkulturell" markante kulturelle Unterschiede wie die zwischen dem nordamerikanischen, dem asiatischen und dem arabischen Raum verstanden. Von innereuropäischen Kontakten wird meist erwartet, daß sie intuitiv zu meistern seien. So beschäftigen sich die Fallbeispiele in der gängigen „How-to-become-an-international-Manager" – Literatur auch in erster Linie mit kontinentübergreifenden Kontakten: Wer mit Nordamerikanern verhandelt, sollte sich auf einen logik-orientierten Verhandlungsstil gefaßt machen, während man sich in der Verhandlung mit Arabern eher auf einen emotionalen Stil und in der Verhandlung mit Russen eher auf einen axiomatischen Stil vorbereiten sollte. Nordamerikanische und ägyptische Manager mißinterpretieren den in beiden Ländern unterschiedlichen Zeitbedarf für Geschäftsentscheidungen als Desinteresse der jeweils anderen Seite; für die Ägypter signalisieren die kurzen Entscheidungszeiten ihrer amerikanischen Kollegen Oberflächlichkeit, während die vergleichsweise langen Entscheidungszeiten der Ägypter von den US-Amerikanern als Apathie interpretiert werden. Schwedische Manager legen größeren Wert auf autonomes Arbeiten als ihre indischen Kollegen; brasilianische und japanische Manager sehen sich bei Geschäftskontakten mit dem Problem konfrontiert, daß die brasilianischen Kollegen ihren Gesprächspartnern viermal so häufig ins Gesicht schauen („facial gazing") wie japanische Manager – und durchschnittlich fünfmal in einer halben Stunde Körperkontakt suchen, während sich japanische und amerikanische Manager in diesem Zeitraum keinmal berühren. Deutsche Manager fühlen sich durch Begrüßungsküsse, körperliche Gesprächs-distanz von weniger als einer Armlänge und häufige Unterbrechungen im Gespräch verunsichert und beleidigt, was sich hemmend auf ihre Geschäftskontakte im südeuropäischen und südamerikanischen Raum auswirken kann (vgl. ADLER, 1997).

So interessant und hilfreich solche und ähnliche Empfehlungen an den „Global Manager" auch sein mögen – den hochkomplexen interkulturellen Herausforderungen, mit denen sich die heutige Wirtschaft konfrontiert sieht, stehen insgesamt nach wie vor noch recht fragmentarische Konzepte aus der Managementforschung gegenüber. Ziele und Anforderungen sind noch nicht präzise formuliert, die konkrete Umsetzung ist entsprechend unbefriedigend, da theorieorientierte Erklärungsansätze zum Zusammenhang zwischen Kultur und konkretem Managementverhalten noch weitgehend fehlen.

17.2.2 „Metacultural Awareness" als Voraussetzung für erfolgreiches interkulturelles Management

Das Erlernen von Kulturstandards (vereinfacht etwa: Französische Manager legen großen Wert auf gute Kleidung, hohe kulturelle Bildung und den Abschluß von einer Elite-Hochschule. Autos und Büros haben in wesentlich geringerem Maße Statussymbolwert als in Deutschland. Sie erwarten von Führungspersonen, daß diese in allen Situationen eine Antwort zur Verfügung haben – sonst leidet sowohl deren persönliches Image als auch deren Machtposition) kann zu einer Art Kontrollillusion verführen und über die tatsächliche Komplexität kultureller Begegnung hinwegtäuschen. Zudem ist ein solcher Zugang für die Vorbereitung auf Arbeitseinsätze in multikulturellen Gruppen kaum umsetzbar.

In der jüngeren interkulturellen psychologischen Managementliteratur (z.B. EARLEY & EREZ, 1997) werden zunehmend Ansätze vertreten, die weniger auf das Erlernen konkreter kultureller Differenzen – sei es auf der Ebene der Werte, Normen und Einstellungen, des sprachlichen und parasprachlichen Verhaltens oder auch der sogenannten Artefakte (etwa Architektur, Kochkunst, Kleidungsstil) – abheben, sondern die Notwendigkeit des Erwerbs einer sogenannten „metacultural awareness" betonen. Unter metacultural awareness wird die Fähigkeit verstanden, Kultur als einen distinkten Bestandteil der eigenen Persönlichkeit (und der Persönlichkeit anderer Menschen) zu begreifen (vgl. SMITH & BOND, 1993, S. 203).

Erst die Kenntnis der eigenen – kulturell geprägten – Werthaltungen und Normen ermöglicht es nachzuvollziehen, in welcher Weise so abstrakte Wirkfaktoren wie Kultur und Gesellschaft unser konkretes Arbeitsverhalten beeinflussen. Ein solcher Personorientierter Ansatz ermöglicht es zu verstehen, inwiefern wir unsere Erfahrungen in Unternehmen und im Alltagsleben nutzen, um unser konkretes Arbeitsverhalten zu gestalten. In einem solchen Ansatz wird Kultur verstanden als die Gesamtheit der von einer bestimmten Gruppe geteilten Einstellungen gegenüber Managementtechniken und Auffassungen darüber, welches Verhalten am Arbeitsplatz am angemessensten oder effizientesten sei.

EARLEY UND EREZ (1997, S. 14) fassen in ihrem „Cultural self-knowledge approach of managing" (siehe Abbildung 17-1) die genannten Einflußfaktoren zusammen. Das konkrete Verhalten eines Arbeiters, Sachbearbeiters oder Managers wird in erster Linie von seinen eigenen individuellen Werten, Normen, Einstellungen, Bedürfnissen und Motiven, hier als Selbstkonzept bezeichnet, beeinflußt. Dieses „persönliche" Konzept (EARLEY & EREZ, S. 16 bezeichnen es als „psychologischen Fingerabdruck") von sich selbst, von seinem Arbeitsplatz, von seinem Unternehmen ist wiederum geprägt von kulturellen (z.B. Wie wird generell die Bedeutung von Gruppenleistung vs. Individualleistung in meiner Gesellschaft, in meinem Unternehmen bewertet?) und situationalen Rahmenbedingungen (z.B. Welche Bedeutung erhalten Individualbeiträge und Gruppenbeiträge in diesem konkreten Kontext?).

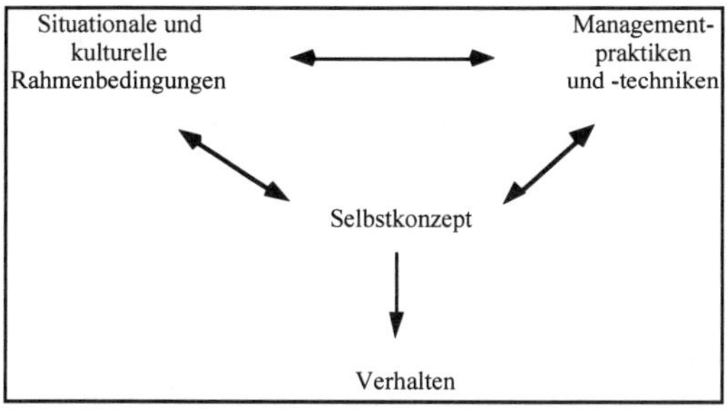

Abbildung 17-1: ***Cultural self-knowledge approach of managing (nach Earley & Erez, 1997, S. 14)***

Zudem beeinflussen Managementpraktiken und -techniken (z.B. Welche Gehaltspläne, Organigramme, Führungsmodelle werden in Universitäten, Managementseminaren und -literatur vertreten?) die Wahrnehmung der eigenen Person und des eigenen Verhaltens.

Die differentielle Bedeutung, die Managementpraktiken zugeschrieben wird, ist ihrerseits von kulturellen Werten geprägt. Die wahrgenommene potentielle Effizienz etwa eines bestimmten Gehaltsplans hängt von den Normen und Werthaltungen der Gruppe ab, in der er implementiert wird. Tayloristische Arbeitsstrukturen werden z.B. in japanischen Automobilunternehmen (Japan gilt als eine Gesellschaft mit stark kollektivistischen Normen) in anderer Weise umgesetzt als in US-amerikanischen (die USA gelten als eine Gesellschaft mit stark individualistischen Normen). In japanischen Unternehmen wie etwa Toyota wird die dem tayloristischen System inhärente individualistische Anreizstruktur auf Gruppenebene reinterpretiert – im Gegensatz zum in amerikanischen Unternehmen beobachteten Effekt der individuellen Isolation kann in japanischen Unternehmen eine verstärkte Leistungskohäsion auf Gruppenebene beobachtet werden. Ähnliche gruppennormbedingte Umwertungen von tayloristischen Managementtechniken wurden ebenfalls in britischen Kohlebergwerken von Mitarbeitern des Tavistock-Instituts beschrieben (vgl. Kieser, 1995).

17.3 Gerechtigkeit als grundlegendes Konzept zur Beschreibung kultureller und organisationaler Werte

Obwohl psychologische Gerechtigkeitstheorien nicht direkt für den organisationalen Kontext entwickelt wurden, ist ihre Bedeutung für die Organisationspsycholgie mittlerweile erkannt worden (vgl. Greenberg, 1987, 1990). Auch in der kulturvergleichenden psychologischen Organisationsforschung ist das Konzept „Gerechtigkeit" von zunehmender Relevanz (vgl. Sheppard, Lewicki & Minton, 1992; Kabanoff, 1997).

Üblicherweise werden zwei Gerechtigkeitsaspekte unterschieden (wie im Beitrag von Kiell & Müller-Peters, A., i.d.B., ausgeführt wurde): zum einen die distributive Gerechtigkeit (Aufteilungsgerechtigkeit) und zum anderen die prozedurale Gerechtigkeit (Verfahrensgerechtigkeit).

Bevor das Konzept der distributiven Gerechtigkeit im folgenden Kapitel ausführlicher vorgestellt wird, soll zunächst die Bedeutung der Differenzierung der beiden Gerechtigkeitsaspekte skizziert werden. Von seiten der Forschung zur prozeduralen Gerechtigkeit wird darauf hingewiesen, daß für die Mitglieder einer Organisation neben der Höhe des Gehalts auch das Verfahren von Bedeutung ist, aufgrund dessen die Gehaltsbestimmung zustande gekommen ist (vgl. GREENBERG, 1990). In verschiedenen Untersuchungen wurde gezeigt, daß beide Gerechtigkeitskonzepte auf verschiedene Aspekte der Bewertung einer Organisation Auswirkungen haben. Die Zufriedenheit mit Verfahrensaspekten trägt im Arbeitskontext insbesondere zu Commitment und Vertrauen gegenüber den Vorgesetzten bei, während die Einschätzung distributiver Gerechtigkeitsaspekte lediglich Auswirkungen auf die Zufriedenheit mit dem eigenen Gehalt hat (vgl. TYLER, 1984). Prozedurale Gerechtigkeit ist also wichtig für die Gesamtbewertung eines sozialen Systems, während distributive Gerechtigkeit relevant ist für die Bewertung von erhaltenen Erträgen.

17.3.1 Gerechtigkeit aus organisationspsychologischer Perspektive

SHEPPARD, LEWICKI & MINTON (1992) schlagen ein Modell (siehe Abbildung 17-2) zur Beschreibung von Organisationen vor, in dem sie systematisch zwischen der Ebene der prozeduralen und der distributiven Gerechtigkeit unterscheiden. Zusätzlich nehmen sie eine dritte Ebene – die „System-Ebene" – auf.

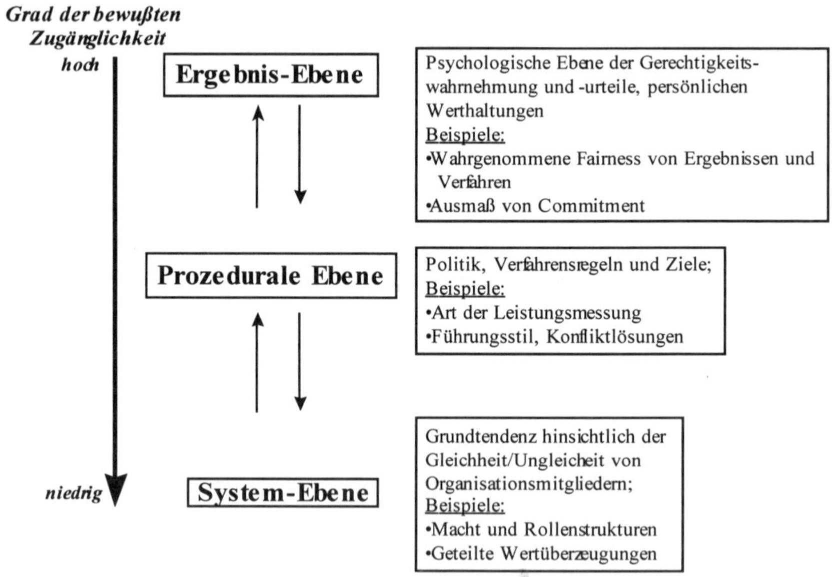

Abbildung 17-2: ***Das Drei-Ebenen-Modell organisationaler Gerechtigkeit (nach SHEPPARD, LEWICKI & MINTON, 1992, S. 15)***

Dieses Drei-Ebenen-Modell – das in seiner Grundstruktur dem Organisationskultur-Modell von SCHEIN (1986) entspricht – bietet sich in besonderer Weise zur kulturvergleichenden Beschreibung von Organisationen an.

Die System-Ebene – oder auch die „Tiefenstruktur" des Systems – ist schwer zu beschreiben und den Organisationsmitgliedern nicht bewußt zugänglich; sie repräsentiert den relativ stabilen Kern der Aufteilungsstrukturen (oder auch Allokationsstrukturen) eines Unternehmens. Auf der System-Ebene lassen sich sowohl die impliziten (geteilte Grundüberzeugungen z.B. darüber wie „gleich" oder „ungleich" die Mitglieder eines Unternehmens sind) als auch expliziten Gerechtigkeitsstrukturen eines Unternehmens (etwa Hierarchiestrukturen) verankern. Die Verfahrensebene bezeichnet die Verfahrensregeln und offiziellen Organisationsgrundsätze eines Unternehmens. Auf der Ergebnis-Ebene lassen sich dann die den Organisationsmitgliedern bewußt zugänglichen Gerechtigkeitsurteile über ihre persönlichen Ergebnisse, aber auch ihre subjektive Wahrnehmung der beiden tieferen Gerechtigkeitsebenen abtragen.

KABANOFF (1997) betont die Notwendigkeit einer verstärkten Fokussierung auf die kulturvergleichende Analyse der System-Ebene von Organisationen. Die vergleichende Betrachtung der Gerechtigkeitsurteile von Mitarbeitern in Organisationen über ihre Gehaltshöhe (distributive Gerechtigkeit) oder ihrer Zufriedenheit mit einem bestimmten Führungsstile bzw. mit der Art und Weise, wie sie beurteilt werden (prozedurale Gerechtigkeit), macht nur dann Sinn, wenn die Grundüberzeugungen der Mitarbeiter darüber, was „gerecht" und was „ungerecht" ist, mit einbezogen werden.

17.3.2 Gerechtigkeit aus sozialpsychologischer Perspektive

Die prominenteste psychologische Gerechtigkeitstheorie - die Equity-Theorie (WALSTER, WALSTER & BERSCHEID, 1978) – interpretiert nahezu alle menschliche Beziehungen als einen gegenseitigen Austausch (vgl. THIBAUT & KELLEY, 1959 und HOMANS, 1961). Im wesentlichen besagt die Equity-Theorie, daß eine Austauschbeziehung dann ausgewogen ist, wenn das Verhältnis zwischen „Beitrag" und „Ergebnis" der an der sozialen Austauschbeziehung beteiligten Personen gleich ist. Unausgeglichene Beitrags-/Ergebnis-Verhältnisse werden als unangenehm erlebt. Der Ausgleich kann sowohl auf der Handlungsebene wie auch auf der psychologischen Ebene wiederhergestellt werden. Wie hoch die Beiträge und Ergebnisse der Personen sind, die an einer Beziehung beteiligt sind, kann nicht objektiv festgelegt werden. Entscheidend ist immer nur die subjektive Bewertung einer der beiden Beteiligten oder einer dritten, unbeteiligten Person. Demnach kann eine Beziehung nur subjektiv als ausgeglichen oder unausgeglichen bezeichnet werden.

Parallel mit den zahlreichen Studien, die durch das Konzept der Equity-Theorie angeregt worden sind, wurde auch Kritik an den recht restriktiven Annahmen laut. Gerechtigkeitsüberlegungen als die treibende Kraft in schlechthin allen sozialen Interaktionen zu betrachten, erwies sich als unhaltbar. Es zeigte sich, daß andere Beweggründe mit Gerechtigkeitsmotiven konkurrieren, wie etwa Zustimmung zu finden, Solidarität auszuüben oder nach Selbstdarstellung zu streben. Gerechtigkeitsverhalten hängt auch vom Ausmaß der Sympathie und der positiven Gefühle gegenüber einem

Interaktionspartner ab (MIKULA & SCHWINGER, 1973). Es konnte empirisch gezeigt werden, daß Ressourcen in vielen sozialen Situationen nach anderen als nach Equity-Gesichtspunkten aufgeteilt werden (vgl. BARON, 1993, BAR-HILLEL & YAARI, 1993).

In dem weniger restriktiven Mehrprinzipienansatz (DEUTSCH, 1975, MIKULA, 1980) werden sowohl unterschiedliche Aufteilungsziele als auch unterschiedliche Aufteilungsregeln berücksichtigt. Der Mehrprinzipienansatz geht davon aus, daß zur Verfolgung unterschiedlicher sozialer Ziele (Produktivität, Gruppenharmonie und persönliches Wachstum) verschiedene Aufteilungsregeln (*Equity, Equality & Need*) herangezogen werden (DEUTSCH, 1975, S. 143):

> In cooperative relations in which economic productivity is a primary goal, equity rather than equality or need will be the dominant principle of distributive justice.
> In cooperative relations in which the fostering or maintenance of enjoyable social relations is the common goal, equality will be the dominant principle of distributive justice.
> In cooperative relations in which the fostering of personal development and personal welfare is the common goal, need will be the dominant principle of distributive justice.

Während bei DEUTSCH Aufteilungsregeln und -ziele noch fest miteinander verknüpft sind (Equity – Produktivität, Equality – Gruppenharmonie, Need – Individuelles Wachstum), legt die kulturvergleichende Forschung eine weitere Verallgemeinerung nahe: In verschiedenen Situationen werden nicht nur die sozialen Ziele unterschiedlich gewichtet, sondern auch die Aufteilungsregeln können für verschiedene Individuen unterschiedliche instrumentelle Werte zur Erreichung der sozialen Ziele besitzen. Wie zahlreiche experimentelle Befunde (vgl. BOSSONG, 1983, BAR-HILLEL & YAARI, 1993) zeigen, bedienen sich Individuen bei konkreten Aufteilungen häufig Mischungen von verschiedenen Aufteilungsregeln. Zudem werden die sozialen Ziele von den Entscheidern gelegentlich als interdependent wahrgenommen.

Die Bedeutung der sozialen Ziele variiert im interkulturellen Kontext zwischen individualistisch und kollektivistisch ausgerichteten Kulturen. Kollektivistisch orientierte Kulturen, wie etwa Japan, bewerten Gruppenharmonie und Solidarität sehr hoch, wohingegen individualistische Kulturen, wie etwa die USA, Autonomie, Wettbewerbsstreben und Erfolg hoch bewerten. Demzufolge müßten kollektivistisch orientierte Kulturen eher nach dem Equality-Prinzip entscheiden und individualistisch orientierte Kulturen eher nach dem Equity-Prinzip. In einigen kulturvergleichenden Studien konnte dies bestätigt werden, allerdings ist die Befundlage recht heterogen (vgl. BOND, LEUNG & SCHWARTZ, 1992).

Zwar gelingt es, kulturelle Unterschiede bezüglich allgemeiner Wertorientierungen aufzuzeigen, wie in großangelegten Forschungen (z.B. SCHWARTZ & BILSKY, 1987, 1990) wiederholt gezeigt werden konnte, aber der Schritt von solch abstrakten Werten bis hin zu konkretem Verhalten ist häufig zu groß. Als Alternative zu der sehr schwachen Vorhersagekraft allgemeiner Wertkonzepte bieten sich Wert-Erwartungs-Modelle an. Sie beziehen zusätzlich zur Bewertung eines Ziels auch noch die Wahrscheinlichkeit ein, mit der man glaubt, daß ein bestimmtes Verhalten dieses hochbewertete Ziel tatsächlich auch zur Konsequenz hat.

17.4 Die Studie

Im folgenden sollen die Ergebnisse einer Studie vorgestellt werden, die in einem Forschungsverbund europäischer Wirtschaftsuniversitäten (CEMS, Community of European Management Schools) durchgeführt wurde (SEGALLA & JACOBS, 1996, SEGALLA & BESSEYRE DES HORTS, 1997, SEGALLA, 1998). Es wurden personalpolitische Strategien verschiedener europäischer Banken verglichen. Der Hauptfokus der Untersuchung richtete sich auf die Analyse kultureller Schwierigkeiten, die sich der Bildung effizienter europäischer Zusammenschlüsse entgegenstellen können. Es war nicht Ziel der Untersuchung festzustellen, in welchem Land „bessere" oder „schlechtere" Personalentscheidungen getroffen werden. Vielmehr ging es darum, rein deskriptiv festzustellen, welche Entscheidungen getroffen werden und ob – und wenn ja inwiefern – sowohl die Entscheidungen als auch deren Begründungen von kulturellen Normüberzeugungen geprägt sind. Ausgangspunkt war eine simple Frage: „Würden Bankmanager in verschiedenen Ländern dieselbe Lösung vorschlagen, wenn ihnen identische Entscheidungssituationen vorgelegt würden?"

Das Forschungsinstrument bestand aus „Mini-Szenarien" und soziodemographischen Fragen; die standardisierten Szenarien wurden den Befragten jeweils in ihrer Landessprache vorgelegt.

Inhalt der Szenarien waren vier hochsensible Bereiche des Personalmanagements: Einstellung, Beförderung, Vergütung und Entlassung. Insgesamt wurden knapp tausend österreichische, deutsche, französische, britische, spanische und italienische Führungskräfte verschiedener Hierarchieebenen aus Universalbanken befragt.

In dem vorliegenden Artikel werden die erhobenen Daten aus gerechtigkeitstheoretischer Perspektive analysiert. Vielen psychologischen Experimenten und Befragungen im gerechtigkeitstheoretischen Bereich wird (nicht zu unrecht) vorgeworfen, daß die externe Validität solcher Untersuchungen aufgrund des hohen Aufforderungscharakters niedrig sei. In der vorliegenden Untersuchung wurden weder die Entscheidungsoptionen noch die Fragestellung, die den Befragten vorgelegt wurde, so zugeschnitten, daß ein Aufforderungscharakter in Richtung Gerechtigkeits- oder Ethikerwägungen bestanden hätte.

17.4.1 Das Forschungsinstrument

Im Rahmen dieses Artikels wird sich auf die Szenarien zum Thema Entlassung und Belohnung (Vergütung) beschränkt. Die beiden Szenarien unterscheiden sich hinsichtlich ihres Abstraktionsniveaus: Im Gehaltsszenario soll eine Entscheidung zwischen verschiedenen Gehaltsplänen getroffen werden, es liegen keine Informationen über Konsequenzen für konkrete Personen vor. Demgegenüber soll im Entlassungsszenario eine Entscheidung getroffen werden, deren unmittelbare Relevanz für konkrete Einzelschicksale deutlich wird. In der kognitiven Psychologie wird darauf hingewiesen, daß eine Information – ceteris paribus –, um so stärkere Bedeutung für den Entscheidungsprozeß erhält, je konkreter und emotional interessanter (vivid) sie ist. Außerdem bewirken lebendigere Informationen eine verstärkte Schemaaktivierung (vgl. NISBETT & ROSS, 1980, S. 54). Hieraus kann abgeleitet werden, daß lebendigere Informationen eine stärkere Aktivierung kulturell geprägter Schemata zur Folge haben. Die Differenzierung der beiden Szenarien hinsichtlich abstrakter und lebendiger Informationen erlaubt die Überprüfung dieser Annahme; im Entlassungsszenario müßte eine stärkere kulturelle Differenzierung als im Gehaltsszenario stattfinden.

Die drei hier betrachteten Länder Großbritannien, Frankreich und Deutschland unterscheiden sich hinsichtlich ihrer Position auf der Dimension Individualismus – Kollektivismus. Deutschland gilt innerhalb Europas – nach Portugal, Griechenland und Spanien – als das Land mit der stärksten kollektivistischen Ausprägung, Großbritannien hat innerhalb Europas die höchsten individualistischen Werte. Frankreich nimmt eine Zwischenposition ein (vgl. HOFSTEDE, 1993).

Im folgenden seien kurz die beiden Szenarien skizziert.

In jedem Szenario wurde das Setting einer Besprechung innerhalb einer Organisation als Rahmen genutzt. Der Personalchef skizzierte eine Problemstellung und bat die Kollegen, Stellung zu vier verschiedenen Optionen zu nehmen. Die Optionen wurden tabellarisch vorgestellt und Zusatzinformationen durch die simulierte Diskussion der Kollegen gegeben. Die Befragten wurden aufgefordert sich vorzustellen, daß sie Zeuge der Diskussion geworden seien und vom Personalchef gebeten würden, eine Entscheidung zu treffen. Sie sollten eine der vier Optionen ankreuzen und dann zusätzlich ihre Meinung begründen. Es gab keinerlei Vorgaben oder Strukturierungshilfen, wie diese Begründungen aussehen sollten.

Das Entlohnungsszenario

In den letzten Jahren haben viele Unternehmen neue Gehaltssysteme entwickelt und teilweise bereits implementiert. Im Entlohnungsszenario werden vier Gehaltssysteme vorgestellt, die die zur Zeit diskutierten Systeme abbilden. Folgende Situation wurde den Befragten vorgelegt:

Der Vorstand eines Filialnetzes mit 450 leitenden Angestellten möchte ein neues Gehaltssystem einführen. Vier Mitarbeiter werden vom Personalleiter gebeten, sich vier verschiedene Gehaltspläne anzuschauen und zu diskutieren. Die Pläne unterscheiden sich folgendermaßen (vgl. Tabelle 17-1):

Die Pläne variieren von einem stark kollektivistisch orientierten Auszahlungsprinzip (Plan A) bis zu einem sehr individualistischen Auszahlungsprinzip (Plan B). Die Pläne C und D nehmen eine Zwischenposition ein. Die beiden Pläne, die durch 100% Festgehalt gekennzeichnet sind, unterscheiden sich darin, ob Bonuszahlungen auf Konzern- oder Filialebene ausgeschüttet werden; die beiden Pläne mit 85% Festgehalt unterscheiden sich darin, daß der variable Gehaltsanteil auf Filialebene bzw. Individualebene festgesetzt wird. Durch Zusatzinformationen, die im Szenario gegeben werden, wird die jeweilige individualistische und kollektivistische Perspektive unterstrichen.

Das Entlassungsszenario

In den letzten Jahren mußten viele Unternehmen, darunter auch etliche Geldinstitute, im Zuge von Rationalisierungsmaßnahmen auch die Möglichkeit einer Reduzierung von Arbeitsplätzen in Betracht ziehen.

Den Befragten wurde folgende Situation vorgelegt:

Der Personalleiter teilt vier seiner Kollegen mit, daß das Unternehmen vor dem Hintergrund einer recht schwierigen wirtschaftlichen Situation gezwungen sei, Stellen abzubauen. Er stellt ihnen eine Liste von vier Mitarbeitern ihrer Abteilung vor, von denen sie einen zur Entlassung auswählen sollen (vgl. Tabelle 17-2).

	Gehaltskomponenten				
Plan	**Festgehalt** (% der Durchschnittsbezahlung der letzten drei Jahre)	**Variables Gehalt** Grundlage für Tantieme: (2% des Umsatzes)	**Verteilung des variablen Gehalts**	**Bonuszahlungen** Grundlage für Bonus: (gebunden an das Umsatzziel)	**Verteilung der Bonuszahlungen**
A	100	-	-	Konzerngewinn	Gleichmäßig auf alle leitenden Angestellten der Bank
B	85	Erreichen des individuellen Umsatzziels	Individuell	-	-
C	85	Erreichen des Umsatzziels der Filiale	Gleichmäßig auf alle leitenden Angestellten der Filiale	-	-
D	100	-	-	Gewinne der Filiale	Gleichmäßig auf alle leitenden Angestellten in der Filiale

Tabelle 17-1 Grundinformationen im Gehaltsszenario

Alle vier Mitarbeiter haben Familie. Sie unterscheiden sich hinsichtlich der Dauer ihrer Zugehörigkeit zur Organisation, ihrer Leistungen und ihres Gehalts. Bei jedem Kandidaten muß zwischen ökonomischen und sozialen Erwägungen entschieden werden: den maximalen ökonomischen Nutzen für das Unternehmen verspricht Müller – gleichzeitig sind für ihn die sozialen Konsequenzen einer Entlassung am geringsten, während für den ökonomisch unattraktivsten Kandidaten (Neuner) die sozialen Kosten am höchsten sind. Durch weitere Informationen, die im Szenario gegeben werden, werden die jeweiligen ökonomischen und sozialen Aspekte zusätzlich hervorgehoben.

Angestellte in dieser Abteilung				
Name	**Einstellungsdatum**	**Alter**	**Leistungsbeurteilung (Ergebnisse für die letzten 5 Jahre: 1 = hervorragend, 5 = schlecht)**	**Augenblickliches Jahresgehalt (einschließlich Sonderzahlungen)**
Hans Müller	1991	29	2,2,2,2,2	80.000 DM
Peter Böhme	1988	32	3,3,3,3,3	90.000 DM
Franz Neuner	1968	46	3,3,3,3,3	140.000 DM
Daniel Kahn	1961	57	1,1,1,1,1	155.000 DM

Tabelle 17-2: ***Grundinformationen im Entlassungsszenario***

17.4.2 Fragestellungen

Zunächst läßt sich die allgemeine Hypothese im Sinne der Divergenzannahme formulieren, daß die Antworten der befragten Führungskräfte zwischen den Ländern stärker variieren als innerhalb der Länder.

Zur Systematisierung kulturvergleichender Ergebnisse hat sich insbesondere die Dimension Kollektivismus – Individualismus als fruchtbar erwiesen. Eingeführt wurde sie von PARSONS & SHILS (1951), die zwischen der Orientierung in Richtung individueller Werte oder in Richtung des sozialen Systems unterschieden. Ebenfalls findet sich der Grundgedanke in der Konzeption von MEAD (1967) – Kooperation vs. Individualismus – wieder. HOFSTEDE (1980, S. 51), der die erste empirische Fundierung dieses Kozepts vornahm, definiert die Dimension folgendermaßen:

> Individualism pertains to societies in which the ties between individuals are loose: everyone is expected to look after himself or herself and his or her immediate family.
> Collectivism as its opposite pertains to societies in which people from birth onwards are integrated into strong, cohesive ingroups, which throughout people's lifetime continue to protect them in exchange for unquestioning loyalty.

Die Dimension Individualismus – Kollektivismus erklärt den größten Varianzanteil zwischen Kulturen in HOFSTEDES Untersuchungen. MEZEI (1974) fand bei einer faktorenanalytischen Überprüfung der von KLUCKHOHN & STRODTBECK (1961) identifizierten Werte ebenfalls die Dimension Invididualismus – Kollektivismus als den potentesten Faktor.

Ein Problem der meisten Definitionen der Dimension Individualismus – Kollektivismus ist, daß sie zu abstrakt formuliert sind.

TRIANDIS (1983) gibt eine genauere Definition von Individualismus – Kollektivismus:

> **Collectivism**: great emphasis on
> 1. Views, needs, and goals, of the ingroup rather than of oneself,
> 2. Social norms and duty defined by the ingroup rather than on pleasure,

3. Beliefs shared with the ingroup rather than on beliefs that distinguish oneself from ingroup, and
4. Great readiness to cooperate with ingroup members.

Individualism: great emphasis on
1. One's own views, needs, and goals rather than those of others,
2. On pleasure, fun, personal enjoyment rather than on social norms or duty as defined by others,
3. One's beliefs that are unique, and
4. Maximizing one's own outcomes.

Eine starke kollektivistische Orientierung bewirkt eine deutliche Differenzierung des sozialen Verhaltens gegenüber Ingroup- und Outgroup-Mitgliedern. LEUNG & BOND (1984) weisen darauf hin, daß sich das stärker gruppenorientierte Verhalten und die hohe Bereitschaft zur Kooperation in kollektivistischen Gesellschaften nur innerhalb der jeweiligen Ingroup zeigen lassen. Im Verhalten gegenüber Outgroup-Mitgliedern konnten keine Unterschiede zwischen individualistischen und kollektivistischen Kulturen gefunden werden.

Mit Blick auf die sozialen Ziele, die mit der Wahl eines Gerechtigkeitsprinzips verfolgt werden, kann angenommen werden, daß in Kulturen, in denen interpersonale Beziehungen, Harmonie, Solidarität und Zusammenhalt eine große Rolle spielen, eher im Sinne des Gleichheits- oder auch Bedürfnisprinzips gehandelt wird, während in Kulturen, die eher Produktivität, Wettbewerbsbereitschaft und individuelle Nutzenmaximierung betonen, das Equity-Prinzip zum Ausdruck kommt. Dieser Zusammenhang zwischen der Dimension Individualismus – Kollektivsmus und der Wahl von Gerechtigkeitsprinzipien konnte bereits in mehreren Studien nachgewiesen werden (vgl. LEUNG, 1988). Zudem konnte auch die differenziertere Hypothese bestätigt werden, daß in kollektivistischen Gesellschaften zwar innerhalb der Ingroup verstärkt im Sinne des Gleichheitsprinzips aufgeteilt wird, daß jedoch Outgroup-Mitgliedern gegenüber noch stärker equity-bezogen gehandelt wird als in individualistischen Gesellschaften (vgl. PEPITONE & TRIANDIS, 1988; LEUNG, 1988; LEUNG & BOND, 1984). Eine starke kollektivistische Orientierung führt also zu einer Polarisierung der Normverwendung gegenüber Ingroup- und Outgroup-Mitgliedern.

Oben war bereits angesprochen worden, daß sich die Informationen in den Szenarien hinsichtlich ihrer Vividness unterscheiden. Vividness gehört nach NISBETT & ROSS (1980) in die Kategorie der Verfügbarkeitsheuristiken (für eine ausführliche Darstellung zum Thema Verfügbarkeitsheuristik siehe den Beitrag von STEPHAN i.d.B.). Je lebendiger eine Information dargeboten wird, desto größeres Gewicht wird ihr im Zuge der Informationsintegration gegeben. Lebhafte Informationen werden also – ceteris paribus – stärker bei der Urteilsbildung berücksichtigt, als weniger lebhafte Informationen, die aber für eine konkrete Urteilsbildung objektiv wichtiger sind. Die Lebendigkeit (Vividness) wächst mit dem emotionalen Interesse, das die Information hervorruft, mit der Konkretheit der Information und ihrer räumlichen, zeitlichen und sensorischen Nähe zum Rezipienten. Nisbett & Ross weisen auf Untersuchungen hin, die ergeben, daß beweiskräftige Berichte mit einem hohen Anteil verdichteter und repräsentativer Daten häufig weniger ernst genommen werden als deutlich weniger beweiskräftige „Einzelfallstudien", die NISBETT & ROSS (ebd., S. 61) als „man-who"-Statistik beschreiben: „But I know a man who smoked three packs of cigarettes a day and lived to be ninety-nine."

Sie weisen auf die Gefahr hin, die mit diesem Bias verbunden ist – die Vividness von Informationen ist bestenfalls schwach korreliert mit der tatsächlichen Wahrscheinlichkeit von Ereignissen. Dennoch hat sie einen Einfluß auf Wahrscheinlichkeitsschätzungen, Kausalanalysen, Zusammenhangsschätzungen und Gesamturteile (Präferenzbildungen).

Es stellt sich die Frage, inwiefern sich Manager von „vivid" (lebhaften) Informationen bei Personalentscheidungen beeinflussen lassen. Gewichten sie die konkrete Vorstellung eines Einzelschicksals im Zusammenhang einer Entlassung höher als die weniger lebendige Information der ökonomischen Situation des Unternehmens, von der unter bestimmten Umständen sehr viele Arbeitsplätze abhängen? Unterscheidet sich ihre Entscheidungsfindung in abstrakten Problemsituationen – im Zusammenhang dieser Arbeit die Beurteilung von Gehaltsplänen – von sehr konkreten, emotional aufgeladenen Problemsituationen, wie im Zusammenhang dieser Arbeit eine Entlassung?

Es kann angenommen werden, daß lebendige Informationen neben ökonomischen, kulturübergreifenden Normen auch kulturspezifische Normen auf der Ebene der kulturellen Grundannahmen aktivieren.

17.4.3 Die Stichprobe

Ziel der Stichprobenziehung war es, den Markt der im Konsumkreditbereich tätigen Banken möglichst umfassend für jedes Land abzubilden. Sämtliche Spezialbanken wurden aufgrund ihrer sehr spezifischen Stellung in den jeweiligen Ländern ausgeschlossen.

Personalleiter von Banken aus jedem Marktbereich (für Deutschland Großbanken, Sparkassen, Kreditgenossenschaften) wurden gebeten, eine Stichprobe von 35 Personen auf der Führungskräfteebene zu ziehen. Es wurden drei Vorgaben gemacht: 1. Sollte die Stichprobe nach dem Zufallskriterium gezogen werden, 2. sollten alle Funktionsbereiche berücksichtigt, also nicht in erster Linie Manager aus dem Personalbereich befragt werden, 3. sollten Führungskräfte aller Hierarchieebenen einbezogen werden.

Die Rekrutierung der Banken gestaltete sich in Deutschland, Großbritannien und Frankreich unterschiedlich schwierig.

Obwohl keine im strengen statistischen Sinne repräsentative Stichprobe gezogen wurden, konnte dennoch weitgehend gewährleistet werden, daß die Bankenlandschaft in den einzelnen Ländern hinreichend breit abgebildet wurde.

Die deutsche Stichprobe (n = 111) setzte sich aus Führungskräften zusammen, die zu 34% in Großbanken, zu 60% in Sparkassen- sowie Girozentralen und zu 5% in Kreditgenossenschaften angestellt sind. Insgesamt waren sechs Banken beteiligt.

Die französische Stichprobe (n = 110) setzte sich zur Hälfte aus Großbanken, zu 30% aus Sparkassen und zu 16% aus Kreditgenossenschaften zusammen. Insgesamt waren sieben Banken beteiligt. 15% der Befragten konnten keiner Bank zugeordnet werden, da sie die diesbezügliche Angabe verweigerten.

Die britische Stichprobe (n = 92) bestand je zur Hälfte aus großen Kreditbanken und aus Bausparkassen. Zehn Banken waren beteiligt.

17.4.4 Die Ergebnisse

Die Wahlen im Gehalts- und Entlassungsszenario zeigen ein interessantes Ergebnismuster. Während sich die französischen, britischen und deutschen Manager hinsichtlich ihrer Wahl von Gehaltsplänen so gut wie nicht unterscheiden (siehe Tabelle 17-3), ergeben sich deutliche Unterschiede bei den Entlassungsentscheidungen (siehe Tabelle 17-4).

	Großbritannien	Frankreich	Deutschland	Total
A Festes Gehalt, Bonuszahlungen, Grundlage: Gesamtunternehmen	3,4%	1,9%	4,6%	3,3% n = 10
B Variables Gehalt, Grundlage:, individuelle Leistungen	26,1%	23,4%	23,9%	24,3% n = 74
C Variables Gehalt, Grundlage: Filialleistungen	52,3%	50,5%	45,0%	49,0% n = 149
D Festes Gehalt, Bonuszahlungen, Grundlage: Filialleistungen	18,2%	24,3%	26,6%	23,4% n = 71
Total	n = 88	n = 107	n = 109	n = 304

Tabelle 17-3: ***Entscheidungen im Gehaltsszenario***

Die Hälfte der Befragten entscheidet sich für den Gehaltsplan, der 85% Festgehalt vorsieht und in dem die restlichen 15% in Abhängigkeit von der Gruppenleistung der jeweiligen Filiale ausgezahlt werden. Am wenigsten attraktiv erscheint der Plan, der 100% Festgehalt und Bonusausschüttungen in Abhängigkeit von den Gewinnen der gesamten Organisation vorsieht. Die beiden übrigen Pläne – 85% Festgehalt und 15% in Abhängigkeit von den individuellen Leistungen bzw. 100% Festgehalt und Bonuszahlungen in Abhängigkeit von den Gewinnen der Filiale – werden fast zu gleichen Teilen gewählt. Es sind keine Unterschiede in den Wahlen zwischen den Ländern erkennbar (Lambda = 0,00). Es lassen sich zudem ebenfalls keine signifikanten Unterschiede im Antwortverhalten hinsichtlich der Bankzugehörigkeiten oder soziodemographischer Variablen identifizieren.

Im Gegensatz zum Gehaltsszenario finden sich im Entlassungsszenario deutliche Differenzen zwischen den Ländern im Antwortverhalten. Die Länderzugehörigkeit erklärt immerhin 25% der Varianz im Antwortverhalten (Lambda = 0,249). Innerhalb der Länder war das Antwortverhalten zwischen den Banksegmenten homogen.

Die Hälfte der deutschen Führungskräfte entscheidet sich für die Entlassung der beiden jüngeren Kandidaten – wobei immerhin 10% der Deutschen den ökonomisch attraktivsten Kandidaten entlassen möchten. Über die Hälfte der britischen Führungskräfte votiert für die Entlassung des aus ökonomischer Perspektive schwächsten Kandidaten – mittleres Alter, mittlere Leistungen, hohes Gehalt. Gut die Hälfte der französischen Befragten entscheidet sich für die Entlassung des ältesten, hochqualifizierten Kandidaten.

	Großbritannien	Frankreich	Deutschland	Total
1 Jung, gute Leistungen, niedriges Gehalt	1,1%	5,0%	10,2%	5,7% n = 16
2 Jung, mittlere Leistungen, niedriges Gehalt	6,7%	13,9%	40,7%	21,4% n = 64
3 Mittleres Alter, mittlere Leistungen, hohes Gehalt	63,3%	25,7%	23,1%	36,1% n = 108
4 Alt, hervorragende Leistungen, hohes Gehalt	28,9%	55,4%	25,9%	36,8% n = 110
Total	n = 90	n = 100	n = 108	n = 298

Tabelle 17-4: ***Entscheidungen im Entlassungsszenario***

Es stellt sich die Frage, wie die Manager ihre Entscheidungen begründen. Gibt es (kulturell) verschiedene Wahrnehmungen der Optionen? Nutzen britische, französische und deutsche Manager systematisch unterschiedliche Entscheidungskriterien?

Die Befragten wurden gebeten, die Gründe für ihre Entscheidungen schriftlich anzuführen. Die Antworten wurden komplett erhoben und in einem aufwendigen und empirisch abgesicherten Kodierprozeß (vgl. JACOBS, 1998) erfaßt. Die Argumentationen der Manager (im Durchschnitt brachte jeder Manager sechs Argumente pro Szenario) wurden Kategorien unter dem Aspekt der Nutzung der verschiedenen im Multiprinzipienansatz formulierten Aufteilungsregeln und Aufteilungsziele zugewiesen.

Wie oben dargestellt, waren die beiden Szenarien so formuliert, daß sich die Informationen hinsichtlich ihrer Vividness unterschieden. Aufgrund des stärkeren emotionalen Gehalts der Informationen im Entlassungsszenario sollte dieses als schwerwiegender wahrgenommen werden als die Gehaltsentscheidung. Bei folgenschweren

Entscheidungen ist in verstärktem Ausmaß eine Berücksichtigung der prozeduralen Gerechtigkeitsregeln zu erwarten. SHEPPARD & LEWICKI (1987) nennen die Vermeidung von Voreingenommenheit, die Berücksichtigung der Interessen aller Betroffenen und die Nutzung relevanter Informationsquellen als Regel zur Entscheidungsvorbereitung.

Für die beiden Szenarien bedeutet dies, daß im Entlassungsszenario insgesamt mehr Argumente gebracht werden sollten (Berücksichtigung relevanter Informationen).

Tatsächlich besteht eine signifikante Differenz in der Anzahl der Nennung von Argumenten im Entlassungsszenario (im Durchschnitt werden hier in allen Ländern 2 Argumente mehr gebracht), es kann also davon ausgegangen werden, daß die Relevanz der Entscheidung im Entlassungsszenario von den Befragten besonders ernst genommen worden ist.

Aufgrund der verschiedenen Positionen der drei Länder auf der Dimension Individualismus-Kollektivismus kann erwartet werden, daß Deutschland (als das Land mit der stärksten kollektivistischen Orientierung) in höherem Maße als Großbritannien (das Land mit der stärksten individualistischen Orientierung) Gleichheits- und Bedürfniserwägungen und das soziale Ziel Gruppenharmonie berücksichtigt. Frankreich dürfte eine mittlere Position zukommen.

Für das Gehaltsszenario lassen sich zwar durch die Inhaltsanalyse der verwendeten Argumente hinsichtlich der Berücksichtigung des Ziels „Gruppenharmonie" kulturelle Effekte feststellen (es wird von französischen und deutschen Führungskräften höher bewertet als von britischen), allerdings wird diese Differenz nicht entscheidungsrelevant. Bei einer qualitativen Betrachtung der Daten läßt sich zudem die Tendenz zeigen, daß britische Manager das Konzept „Gruppe" anders bewerten als deutsche und französische Manager. Für die britischen Befragten liegt ein entscheidender Vorteil von gruppenabhängigen Gehaltsplänen darin, daß sich innerhalb der Abteilungen ein Gruppendruck in der Richtung entwickeln wird, daß die schwachen Mitglieder ausgeschlossen werden. In den deutschen und französischen Argumentationen zeigte sich eher das Gruppenkonzept einer Solidargemeinschaft: Gruppenabhängige Gehaltspläne werden bevorzugt, da ein höherer Wissenstransfer zwischen schwachen und starken Mitgliedern stattfinden kann und die schwachen Mitglieder so besser geschützt werden können.

Trotz der zwar innerhalb Europas großen, aber hinsichtlich der weltweiten Varianz geringen Differenz auf der Dimension Individualismus-Kollektivismus konnten für das Entlassungsszenario sowohl für die Variation der Entscheidungen als auch für die Wahl von Zielen und Aufteilungsnormen Vorhersagen in Abhängigkeit der Position der Länder auf dieser Dimension bestätigt werden. Es ergibt sich eine signifikante Rangkorrelation hinsichtlich der Entlassung sozial schwächerer Kandidaten. In Deutschland – dem im Rahmen dieser Studie kollektivistischsten Land – werden sozial schwächere Kandidaten, denen gegenüber zum einen aufgrund der längeren Zugehörigkeit zum Unternehmen hohe Loyalitätsverpflichtungen bestehen und für die zum anderen eine Entlassung gravierende negative Konsequenzen hat, seltener entlassen als im individualistisch orientierten Großbritannien. Frankreich nimmt eine mittlere Position ein.

Wie oben dargestellt ist eine zentrale Komponente kollektivistischer bzw. individualistischer Einstellungen, welche Bedeutung der Gruppenmitgliedschaft (hier Seniorität) beigemessen wird. Für das Entlassungsszenario ergab sich eine hochsignifikante Rangkorrelation hinsichtlich der Berücksichtigung dieser Komponente: In den Entlassungsargumentationen wurde in Deutschland von einem Drittel der Befragten darauf rekurriert, wie lange der Betreffende bereits bei dem Unternehmen ist, während dies in Großbritannien nur 6% der Befragten bedeutsam fanden. Frankreich nahm eine mittlere Position ein.

Die im Multiprinzipienansatz postulierte Vorrangstellung von Equity-Erwägungen und dem Ziel Produktivität in ökonomischen Kontexten konnte bestätigt werden. Die generelle Annahme, daß in kollektivistischen Ländern das Ziel Gruppenharmonie stärker berücksichtigt wird, konnte ebenfalls bestätigt werden. Zudem zeigte sich, daß im Entlassungsszenario die Häufigkeit von Bedürfniserwägungen in Abhängigkeit von der Dimension Individualismus-Kollektivismus variierte.

17.5 Diskussion und Ausblick

In der vorliegenden Untersuchung konnte für Entlassungsentscheidungen gezeigt werden, daß sie in nennenswertem Ausmaß kulturell variieren. Die Varianz zwischen den Ländern ist zudem größer als zwischen den Banktypen innerhalb der Länder. Dies ist angesichts der unterschiedlichen rechtlichen Rahmenbedingungen, unter denen sich die Banktypen innerhalb der Länder entwickelt haben, und den deutlich differierenden Zielsetzungen (etwa innerhalb Deutschlands Sparkassen vs. Großbanken) ein erstaunliches Ergebnis. Im Gegensatz zu den Entlassungsentscheidungen erwiesen sich die Gehaltsentscheidungen zwischen den Ländern als ausgesprochen homogen.

Die Ergebnisse legen eine differenzierte Pespektive der Wirkung kultureller Normen in ökonomischen Kontexten nahe. Kulturelle Normen scheinen nicht in allen ökonomischen Entscheidungssituationen gleichermaßen wirksam zu werden. Besonders „anfällig“ sind solche Entscheidungssituationen, die mit einem hohen emotionalen Involvement der Entscheider verbunden sind – wie es im Rahmen dieser Studie die Entlassungssituation darstellt.

Die Nutzung einer gerechtigkeitstheoretischen Perspektive zur Analyse von Entscheidungen im ökonomischen Kontext hat sich zudem als recht fruchtbar erwiesen.

Es bietet sich eine systematische Verknüpfung von gerechtigkeitstheoretischen Überlegungen mit kulturtheoretischen Dimensionen an. KABANOFF (1997) schlägt in Anlehnung an das oben dargestellte Drei-Ebenen-Modell (vgl. Kap. 17.3) einen solchen Ansatz vor.

Zusätzlich zur hier empirisch getesteten Dimension Individualismus-Kollektivismus bezieht er die von HOFSTEDE (1980) identifizierte Dimension „Machtdistanz“ mit ein.

Unter Machtdistanz wird die Bereitschaft einer Gesellschaft verstanden, hierarchische Differenzen, ein „Oben" und ein „Unten" als legitim zu akzeptieren. Niedrige Machtdistanz wirkt sich nach HOFSTEDE im organisationalen Kontext so aus, daß Vorgesetzte eher Entscheidungen nach Konsultationen mit ihren Mitarbeitern treffen, daß die Mitarbeiter mehr Bereitschaft zur Kooperation zeigen, und die Entscheider sich selbst bevorzugt als problemorientiert und systematisch handelnd zu präsentieren versuchen. Wichtig ist dabei, daß Macht bei niedriger Machtdistanz erst einer Legitimation durch andere soziale Prozesse (z.B. Übereinkünfte, Normen etc.) bedarf, während im Fall hoher Akzeptanz von Machtdistanz die Macht selbst zu ihrer eigenen Legitimation ausreicht. Während Deutschland und Großbritannien beide im europäischen Vergleich eine sehr niedrige Position auf der Dimension Machtdistanz einnehmen, gilt Frankreich als das Land mit der höchsten Machtdistanz.

KABANOFF (1997) weist auf die Parallele der Dimension Machtdistanz mit der Wahrnehmung der „Ergebnis-Gerechtigkeit" in Organisationen hin. Die Wahrnehmung der Angemessenheit der eigenen Ergebnisse ist in entscheidendem Maße mit dem akzeptierten Ausmaß von Machtungleichheit in Organisationen (z.B. hierarchische Differenzen) verbunden. Eine ähnliche Parallele läßt sich zwischen der Dimension Individualismus-Kollektivismus und der wahrgenommenen Verfahrensgerechtigkeit in Organisationen aufzeigen – in kollektivistischen Gesellschaften werden in höherem Maße Verfahrensregeln in Organisationen implementiert werden, die auf dem Prinzip der Solidarität beruhen, während in individualistischen Gesellschaften eher Verfahrensregeln zu finden sein werden, die auf individueller Leistung basieren.

Die Grundannahme des Modells (Abbildung 17-3) beruht darauf, daß Organisationen in ihren Aufteilungsregeln und -mustern zwischen den beiden widerstrebenden Prinzipien „Gleichheit" und „Ungleichheit" abwägen müssen (Bedürfnisregeln bleiben bei diesem Modell unberücksichtigt).

„Elite-Organisationen" haben sich dafür entschieden, sowohl die Verfahrensregeln als auch die Ergebnisse auf dem Prinzip der Ungleichheit basieren zu lassen, d.h., zwischen den Mitarbeitern soll mit dem Ziel der Gewinnorientierung differenziert werden. **„Kollegiale Organisationen"** haben sich auf beiden Dimensionen für des gegengesetzte Prinzip der Gleichheit entschieden – mit dem Ziel der Solidarität wird zwischen den Mitarbeitern möglichst wenig differenziert. In **„Führungs-Organisationen"** und **„Meritokratischen Organisationen"** werden auf der Ebene der Verfahrensregeln und der Ergebnisorientierung widerstrebende Aufteilungsprinzipien verfolgt. Meritokratische Organisationen implementieren zwar Verfahrensregeln, die auf dem Prinzip der Ungleichheit basieren, die Ergebnisorientierung basiert allerdings auf dem Prinzip der Gleichheit. Entsprechend umgekehrt verhält es sich in Führungs-Organisationen. In beiden Organisationstypen wird also ein Ausgleich zwischen den Gerechtigkeitsprinzipien auf zwei verschiedenen organisationalen Strukturebenen angestrebt.

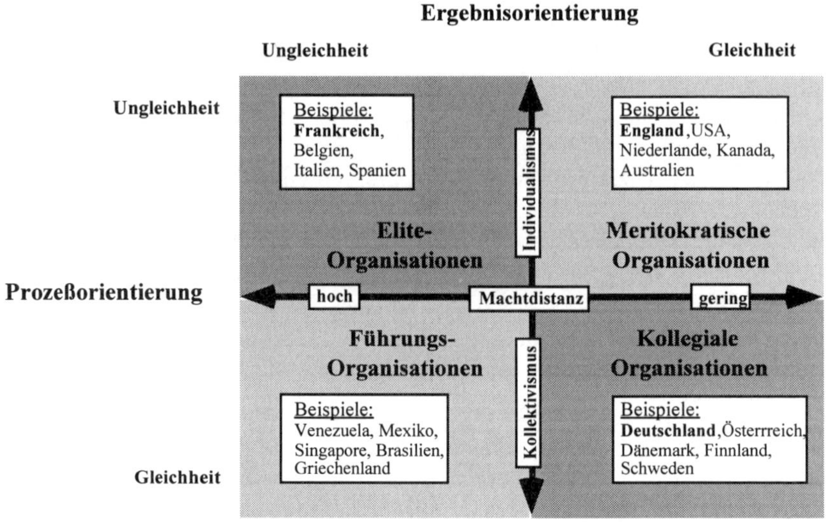

Abbildung 17-3: ***Ein integratives Modell kulturell variierender organisationaler Gerechtigkeit* (nach KABANOFF, 1997, S. 689)**

Die Daten der hier vorgestellten Untersuchung bestätigen die Bedeutung der Dimension Individualismus-Kollektivismus für personalpolitische Entscheidungen. KABANOFF (1997) berichtet ebenfalls recht überzeugende empirische Evidenz für sein Gesamtmodell.

Die starken systematischen kulturellen Effekte, die im Rahmen der hier vorgestellten Studie innerhalb Europas gefunden wurden, machen die Relevanz der interkulturellen Problematik für den ökonomischen Kontext deutlich. Kulturelle Differenzen dieser Art dürfen bei internationalen Zusammenschlüssen nicht ignoriert werden, um gravierenden Schwierigkeiten im personalpolitischen Bereich im Vorfeld begegnen zu können.

Diejenigen, die für die Entwicklung einer europäischen (oder gar weltweiten) Personalpolitik verantwortlich sind, sollten, statt sich von der überwältigenden kulturellen Vielfalt von Managementtechniken und -praktiken schier erschlagen zu lassen, ihren Fokus auf grundlegendere Dimensionen der Personalpolitik und dem Verhalten ihrer Mitarbeiter richten, wie sie hier diskutiert wurden.

18. Kapitel

Soziale Kompetenz bei Finanzdienstleistern – die Gewinnung von Mitarbeitern mit verkäuferischem Potential

Siegfried Müller

Institut für Wirtschafts- und Sozialpsychologie, Universität zu Köln

18.1 Einführung

Bis in die 60er Jahre hinein war der Finanzdienstleistungsbereich eine klar gegliederte Landschaft, in der Versicherungen, Bausparkassen und das Kreditgewerbe die einschlägigen Bedürfnisse der Bevölkerung ohne größere Überschneidungen spartentypisch befriedigten. Innerhalb des Kreditgewerbes waren darüber hinaus auch die Geschäfts- und Kundenbereiche abgesteckt: regionale Aktivitäten im Privat- und Firmenkundenbereich durch Sparkassen oder Volksbanken oder auch kleinere Privatbanken, branchengebunden insbesondere in ländlichen Räumen auch durch Raiffeisenkassen. Für überregionale Aktivitäten unterstrichen die Großbanken ihre Kompetenz. Sparkassen, Volksbanken, Raiffeisenkassen galten als die Kreditinstitute des „kleinen Mannes". Entsprechend tendierten vermögende Privatkunden oder überregional tätige Firmen dazu, ihre Geldgeschäfte eher bei Großbanken zu tätigen. Die Kundenbindung an das einmal gewählte Geldinstitut hielt meist ein Leben lang an.

Diese ehemals scharfen Konturen verwischen sich mit zunehmender Geschwindigkeit immer mehr. „Branchenfremde" Institutionen brechen in die Domäne der traditionellen Anbieter ein und machen ihnen auf ihrem ureigenen Gebiet Konkurrenz. Dieser erhöhte Konkurrenzdruck wirkt sich z. B. im Bankgewerbe interinstitutionell durch verstärkte Zusammenschlüsse, Kooperationen oder Übernahmen aus, intrainstitutionell u.a. durch eine Verlagerung der Fachkompetenzen in die Zentralen zu Lasten der Filialen. Damit einher geht die Entflechtung der eigentlichen Beratungstätigkeiten von

Routineaufgaben, die zunehmende Automatisierung von einfachen Bankgeschäften (Ausgabe von Kontoauszügen, Geldbeträgen, Bearbeitung von Daueraufträgen usw.) und die Auslagerung beratungsfreier Dienstleistungen in die elektronischen Medien (Internet, Online).

Entsprechend verändern sich die Anforderungen an die Mitarbeiter im Kreditbereich. Waren sie in früheren Zeiten eher noch „Bankbeamte" und die Kunden Bittsteller, denen ein Kredit „gewährt" wurde, so werden vom modernen Bankkaufmann über die Fachkompetenz hinaus auch „Teamgeist", „Beraterqualitäten", „akquisitorische" und „verkäuferische" Fähigkeiten verlangt und gleichzeitig die Fähigkeit, Kunden an das Institut zu binden. Solch hohen Ansprüchen scheinen die Bankmitarbeiter bislang allerdings noch nicht ganz gerecht zu werden, wenn man den verschiedenen Testkauf-Studien Glauben schenkt, die den Banken und Sparkassen eine eher unbefriedigende Qualität in der Kundenberatung attestieren (Finanztest, 1995, Nr. 5; Finanztest, 1997, Nr. 12; Mercuri International, zit. nach einem Bericht der Frankfurter Allgemeinen Zeitung vom 8.1.1998). Offensichtlich registrieren Gesetzgeber und Kreditwirtschaft ebenfalls einen Nachholbedarf, denn die neue „Ausbildungsordnung für die Berufsausbildung zum Bankkaufmann / zur Bankkauffrau", die im August 1998 in Kraft trat, sieht neben dem Erreichen von Fachkompetenz (Unternehmensorganisation, Kontoführung und Zahlungsverkehr, Geld und Vermögensanlage, Kreditgeschäft, Rechnungswesen und Steuerung) nun auch die Kompetenz zum „kunden- und marktorientierten Handeln" als Ausbildungsziel vor. An die Psychologie wiederum, speziell an die Eignungsdiagnostik, wird seitens der Institute der Anspruch gestellt, Bewerber mit dem geforderten Fähigkeiten-Profil herauszufiltern, Mitarbeiter also, die nicht nur eine anforderungsgerechte intellektuelle Begabung mitbringen, sondern auch „sozial kompetent" sind.

Diese Erwartungen schwangen schon mit, als etwa zu Beginn der 70er Jahre zahlreiche Geldinstitute damit begannen, psychologische Eignungstests zu entwickeln, um für die Auslese der Banklehrlinge schnelle und verläßliche Entscheidungshilfen zu erhalten. Schwerpunktmäßig ging es damals allerdings um die Erfassung kognitiver Fähigkeiten mit Hilfe einschlägiger Leistungstests, da der Beruf des Bankkaufmannes nicht unerhebliche kognitive Fähigkeiten verlangt, die letztlich im Rahmen der Abschlußprüfung vor der Industrie- und Handelskammer zu beweisen sind. Da ex definitione jemand für den Beruf des Bankkaufmannes nicht geeignet ist, der die einschlägige Abschlußprüfung nicht besteht, stand für die beteiligten Institute insbesondere die Minimierung dieses Risikos im Vordergrund. Zur Anwendung kamen deshalb neben einigen Persönlichkeits- und Konzentrationstests insbesondere Intelligenztests, Wissenstests zur Überprüfung der Interessenausrichtung und Rechtschreibe-, Rechentests usw., die die Beherrschung verschiedener Kulturtechniken überprüfen sollten. In der Tat wurde der Nutzen dieser Ausleseverfahren für die Vorhersage des Ausbildungserfolges in etlichen Validierungsuntersuchungen nachgewiesen (Hossiep, 1995; Müller, 1986; Schuler, Moser, Diemand & Funke, 1995). Hossiep (1995) konnte darüber hinaus im Rahmen einer Langzeituntersuchung bei einer deutschen Großbank zeigen, daß kognitive Aspekte an der Höhe des Berufserfolges einen wesentlichen Anteil haben. Dies wurde zumindest partiell auch durch eine Langzeituntersuchung von Backhaus, Müller & Steinmann (1997) bestätigt, die den beruflichen Werdegang von 200 Mitarbeitern eines deutschen Bankenverbandes vom Beginn ihrer Ausbildung an über 15 Jahre hinweg verfolgten und für Angehörige im Stabs-/Betriebsbereich sehr deutliche Zusammenhänge zwischen Leistungen im Eignungstest und dem Berufserfolg (Kriterien: erreichte Gehaltshöhe, Funktionsstufe) feststellten, dagegen wurde kein Zusammenhang zwischen dem Eignungstest und dem Berufserfolg der Mitarbeiter im kundenorientierten Marktbereich gefunden. Nach den bisherigen Ergebnissen ist also davon auszugehen, daß kognitive Faktoren sowohl für den Ausbildungserfolg als auch für den Karriereverlauf im Stabs-/Betriebsbereich eine große Rolle spielen, daß aber im Marktbereich offensichtlich andere Faktoren zum Berufserfolg führen. Hier ist in erster Linie an die Ausprägung sozialer Fähigkeiten im Umgang mit Kunden zu denken, wobei der Facette „verkäuferische Fähigkeiten" eine besondere Rolle zukommen dürfte.

Insgesamt ist der Erfolg der Bemühungen, das Konstrukt „soziale Kompetenz" für die betriebliche Praxis fruchtbar zu machen, bisher eher bescheiden geblieben. Dafür gibt es verschiedene Gründe: Es besteht keine verbindliche Konvention bezüglich des Sprachgebrauchs und des Bedeutungsumfangs des Konstruktes; neben dem Begriff „soziale Kompetenz" existieren zahlreiche weitere Wortbildungen, die von einigen Forschern als Synonyme, von anderen wiederum in scharfer Abgrenzung vom Ausgangsbegriff gebraucht werden; die Forschung findet inselartig verstreut in psychologischen Teildisziplinen statt, die kaum Kontakt miteinander haben, entsprechend vielgestaltig und schwer vergleichbar sind diese Forschungsbiotope bezüglich Theoriebildung und methodischer Ausrichtung; es gibt bisher, von wenigen Ausnahmen abgesehen (z. B. SPITZBERG & CUPACH, 1989), kaum Bemühungen, die verstreuten Forschungsergebnisse zu sichten, zu systematisieren, zu integrieren, empirisch überprüfbare Hypothesen zu konstruieren, um eine einheitliche Theorienbildung zu fördern. Angesichts dieser unübersichtlichen und verwirrenden Situation ist es nicht verwunderlich, wenn die bestehenden Theorie-Angebote in der anwendungsorientierten Forschung und Auslesepraxis selten berücksichtigt werden und stattdessen ad-hoc-Definitionen und auf den Einzelbetrieb zugeschnittene praxisnahe Konzeptualisierungen überwiegen.

Die vorliegende Arbeit wird an dem unbefriedigenden Zustand nichts Grundsätzliches ändern können. Ohne einen Rundumschlag zu versuchen, der zwangsläufig scheitern müßte, werden sich die folgenden Ausführungen daher nur auf eine besondere Facette der sozialen Kompetenz, die „verkäuferischen Fähigkeiten" konzentrieren. Im Vordergrund steht dabei das Berufsfeld des Bankkaufmannes, allerdings dürften sich durch die zunehmende Konvergenz der Tätigkeitsgebiete bisher bestehende Unterschiede zwischen diesem Tätigkeitsfeld und dem verwandter Berufe bei Versicherungen, Bausparkassen, Gesellschaften zur Anlagevermittlung und Portfolioverwaltung bald einebnen. Zielpersonen der nachfolgenden Überlegungen sind ausschließlich Berufsanfänger, Jugendliche oder junge Erwachsene also, die sich um eine Ausbildung in einem der vorbezeichneten Berufe bewerben und vorher noch keine berufliche Tätigkeit ausgeübt haben.

Nach den notwendigen Begriffs- und Konstruktklärungen wird ein übergreifendes Konzept entwickelt, welches der Bewerberauslese die Erfassung des grundlegenden

Potentials an sozialer Kompetenz zuweist, während die Aus- und Weiterbildung für die Entwicklung berufsspezifischer sozialer Fertigkeiten verantwortlich ist.

18.2 Soziale Kompetenz als Forschungsgegenstand

Der Beginn der Soziale-Kompetenz-Forschung, damals noch Soziale-Intelligenz-Forschung genannt, läßt sich auf das Jahr 1920 datieren, als THORNDIKE seinen mittlerweile klassischen Artikel „Intelligence and its uses" veröffentlichte und neben den bisher gebräuchlichen Formen der „abstrakt-theoretischen" und der „mechanisch-technischen" noch eine „soziale" Intelligenz postulierte, die er wie folgt definierte: „By social intelligence is meant the ability to understand and manage men and women, boys and girls – to act wisely in human relations" (1920, S. 228).

Der Begriff „soziale Kompetenz" taucht zuerst bei DOLL (1935) im Zusammenhang mit dem Konzept „soziale Reife" in der amerikanischen Psychiatrie-Forschung auf und bezieht sich dort auf die (Un-)Fähigkeit der Patienten, persönliche Selbständigkeit bei der Bewältigung von Alltagsproblemen und -handlungen zu zeigen und soziale Beziehungen einzugehen.

Beide Begriffe wurden in der Folgezeit teilweise synonym verwandt, teilweise wird neuerdings insbesondere in Deutschland der Begriff „soziale Kompetenz" bevorzugt, um die „Handlungsdimension" gegenüber dem kognitiven Konstrukt „soziale Intelligenz" herauszukehren, eigentlich eine überflüssige Unterscheidung angesichts der Definition THORNDIKES, die sowohl einen kognitiven als auch einen Handlungsaspekt beinhaltet. Im gleichen Artikel gibt THORNDIKE sogar noch Hinweise für die Erfassung des Handlungsaspektes: „And for most of the activities of intelligence in response to the behavior of human beings, a genuine situation with real persons is essential. Social intelligence shows itself abundantly in the nursery, on the playground, in barracks and factories and salesroom, but it eludes the formal standardized conditions of the testing laboratory. It requires human beings to respond to, time to adapt its responses, and face, voice, gesture, and mien as tools." (THORNDIKE 1920, S. 231).

Leider wurden bei den nachfolgenden Bemühungen, das Konstrukt „soziale Intelligenz" zu messen, aus testtheoretischen (z. B. Probleme bei der Standardisierung von Situationen) und ökonomischen Gründen (zu großer Aufwand) die Anregungen THORNDIKES weitgehend vernachlässigt, so daß sich das Konzept praktisch auf den kognitiven Aspekt reduzierte, was z. B. in der Soziale-Intelligenz-Definition der Forschergruppe um GUILFORD zum Ausdruck kommt: „The ability to understand the thoughts, feelings and intentions (psychological dispositions) of other people" (O'SULLIVAN, GUILFORD & DE MILLE, 1965, S. 6).

Folgerichtig war der erste Test zur Messung der sozialen Intelligenz (George Washington Social Intelligence Test) von MOSS et al. (1927) ein Papier-Bleistift-Test in der Tradition der bisherigen Intelligenztests. Umfangreiche Nachfolgeuntersuchungen zeigten dann allerdings, daß dieser Test kein neues Konstrukt erfaßte, sondern daß die Testergebnisse fast vollständig durch den verbalen Intelligenzfaktor erklärt werden konnten.

Ein nächster Versuch, „soziale Intelligenz“ zu messen, stammt von der schon erwähnten Forschergruppe um GUILFORD, der in den 60er Jahren im Rahmen eines faktorenanalytisch begründeten Intelligenzmodells auch 30 spezifische Soziale-Intelligenz-Faktoren postulierte. In umfangreichen Studien wurden Tests konstruiert, die diese 30 Faktoren abdecken sollten. Bis zur Anwendungsreife gediehen ist der „Six-Factor-Test of Social Intelligence“ von O'SULLIVAN UND GUILFORD (1966). Um von verbaler Intelligenz unabhängig zu sein, wurden Testaufgaben entwickelt, die im wesentlichen sprachfrei waren: z. B. Serien von Fotografien und Cartoons, die zwischenmenschliche Situationen in einer chronologischen Abfolge zeigen und von den Pbn richtig interpretiert werden müssen, Erkennen von mimischen und gestischen Ausdruckssignalen auf Bildern, Nennung des angemessenen Verhaltens in vorgegebenen Situationen usw.. Aufgrund der skizzierten Aufgabentypen wird deutlich, daß auch hier nur mit Papier-Bleistift-Tests gearbeitet wurde. Das Konstrukt „soziale Intelligenz“ beschränkt sich also bei diesem Ansatz nur auf kognitive Aspekte wie „Verhaltenswahrnehmung“, „Situationsverständnis“ oder verbal mitgeteilte „Verhaltensproduktion“ aufgrund dargebotener Bilder. Nachfolgeuntersuchungen mit diesem Test ergaben uneinheitliche, meist negative Ergebnisse. So wurde festgestellt, daß die Untertests ähnlich hoch untereinander korrelierten wie mit allgemeinen Intelligenztests (CRONBACH, 1970; BIRBAUMER, 1971). Eine sehr umfangreiche Untersuchung zum Intelligenzstrukturmodell von GUILFORD führte PROBST (1973) durch. Neben dem Six-Factor-Test of Social Intelligence benutzte er noch diverse andere Intelligenz- und Persönlichkeitsverfahren zur Abschätzung der diskriminanten und konvergenten Validität des Sozialen Intelligenztests. Die Ergebnisse waren durchgehend negativ. In einem späteren Bericht (PROBST, 1982, S. 220 f) schreibt er: „Es besteht keinerlei Hinweis, daß die Teilbereiche der Sozialen Intelligenz-Tests eine auch nur ansatzweise an das Intelligenzstrukturmodell Guilfords erinnernde faktorielle Aufgliederung ergeben“. In kritischer Würdigung der bisherigen Ergebnisse kommt ORLIK (1978) zu dem Schluß, daß herkömmliche Papier-Bleistift-Tests offensichtlich ungeeignet sind, konkretes situationsgerechtes soziales Verhalten vorherzusagen. Ebenso wie THORNDIKE ist er der Meinung, daß soziale Intelligenz nur in konkreten Situationen zu finden und zu untersuchen sei und begründet dies am Beispiel der allgemeinen Intelligenz: „Tests der allgemeinen Intelligenz sind deswegen valide Prädiktoren für schulische und akademische Leistungen, weil deren Items das Kriteriumsverhalten recht gut vorwegnehmen. Es spricht aber nicht viel dafür, daß die Beantwortung eines Testitems der sozialen Intelligenz dasselbe ist wie zwischenmenschliches Handeln in einer konkreten sozialen Situation“ (S. 351). Noch radikalere Schlußfolgerungen zieht PROBST (1982, S. 225). Wenn die Definition und die Konkretisierung der sozialen Intelligenz so stark an unterschiedliche konkrete Situationen gebunden ist, kann man auch nicht mehr von einer einheitlichen sozialen Intelligenz ausgehen: Soziale Intelligenz eines Managers im Großbetrieb, einer Krankenschwester in der Krankenstation usw. werden jeweils unterschiedlich zu definieren sein und erfordern auch unterschiedliche Fähigkeiten. „Danach ist es nicht mehr zulässig, von *der* sozialen Intelligenz zu sprechen“ (PROBST, 1982, S. 226; kursiv vom Verf.).

Wenn auch die psychometrisch orientierte Soziale-Intelligenz-Forschung insgesamt recht erfolglos war, so hat sie doch für die Handlungskomponente der sozialen Intelligenz/Kompetenz die verschüttete Erkenntnis wiederentdeckt, daß Papier-Bleistift-Verfahren nicht imstande sind, konkretes Verhalten in realen Situationen zu ersetzen. Weiterhin sind die Fähigkeiten, welche soziale Kompetenz ausmachen, stärker situationsgebunden als ursprünglich geglaubt, so daß man sich von der Vorstellung eines einheitlichen Konstruktes verabschieden muß.

Diese Erkenntnisse sind klinischen Psychologen, die sich mit Verhaltenstraining beschäftigen, durchaus geläufig. Als Lerntheoretiker unterstellen sie darüber hinaus, daß einschlägige soziale Fähigkeiten durch Training zumindest in gewissem Umfang zu verändern sind. Aufgrund dieser Überlegungen sind zahlreiche Modelle zur sozialen Kompetenz entstanden, die wiederum die Grundlage für die diversen Trainingsprogramme bilden. Als formaler Rahmen werden seit den 60er Jahren Prozeßmodelle der sozialen Informationsverarbeitung bevorzugt, die in verschiedene Stufen gegliedert sind (ARGYLE, 1969, dt. 1972; DÖPFNER, 1989; MCFALL, 1982; PFINGSTEN & HINSCH, 1991). So enthält z. B. das Modell von MCFALL (1982) drei Stufen, denen jeweils spezifische soziale Fertigkeiten (social skills) zugeordnet sind:

1. Stufe: **Dekodierungs-Fertigkeiten** sorgen für die korrekte Aufnahme der Information durch die Sinnesorgane, die wahrnehmungsmäßige Identifikation wichtiger Stimulusmerkmale innerhalb einer Situation und die Interpretation dieser Merkmale im Rahmen des bestehenden Wissens- und Erkenntnissystems.

2. Stufe: **Entscheidungs-Fertigkeiten** generieren Antwortalternativen, überprüfen die Brauchbarkeit der Alternativen angesichts der bestehenden Aufgabe/Situation und wählen die Antwortalternative aus. Diese Stufe beginnt mit der Situationsdefinition und endet mit einem Antwortvorschlag, von dem das Individuum glaubt, daß es der kostengünstigste Weg ist, diese Aufgabe zu bewältigen. Auf dieser Stufe werden auch sog. Kontingenzregeln aktiv, die spezifische Handlungen mit Situationsumständen verbinden und im Langzeitgedächtnis gespeichert sind.

3. Stufe: **Ausführungs-Fertigkeiten** beinhalten die Übersetzung des intendierten Verhaltens in geordnete Sequenzen beobachtbaren Verhaltens. Die Ausführung dieses „Verhaltensprogrammes“ umfaßt auch die Fertigkeit der Selbstbeobachtung, mit deren Hilfe die Auswertung von Rückkopplungsprozessen vorgenommen wird. Weiterhin fallen in diesen Bereich die nach den Vergleichsprozessen durchgeführten Anpassungsentscheidungen. Auch auf dieser Stufe werden Kontingenzregeln aktiv, die im Langzeitgedächtnis gespeichert sind und die dafür sorgen, daß spezifische Verhaltensweisen an die Situationsumstände angepaßt werden.

Je nach Situation oder erforderlicher Handlung – MCFALL spricht hier von einer „sozialen Aufgabe“ – sind unterschiedliche Fertigkeiten oder Fertigkeitskombinationen auf den verschiedenen Stufen erforderlich. Der fehlerfreie Durchlauf durch dieses System ist die Vorbedingung für eine erfolgreiche Bewältigung der gesamten Situation. Fehler auf einer vorangegangenen Stufe bewirken, daß die Fertigkeiten auf einer späteren Stufe keine optimalen Ergebnisse mehr erbringen können. Zur Diagnose und zu Trainingszwecken wird die Gesamtaufgabe in Unteraufgaben heruntergebrochen und nach Fehlern auf den einzelnen Stufen der Informationsverarbeitung gesucht. Trainiert werden dann spezifische Fertigkeiten oder Fertigkeitskombinationen in den Untereinheiten, später werden verschiedene Untereinheiten zusammengefügt und trainiert, bis die Gesamtaufgabe zufriedenstellend gelöst wird. Beurteilt wird die Qualität oder Effektivität der Gesamtaufgabe von Experten.

Die meisten Autoren sehen soziale Kompetenz als eine Persönlichkeitseigenschaft an, die dem Individuum in mehr oder minder großem Maß zu eigen ist. MCFALL und seine Mitarbeiter (MCFALL, 1982; SCHLUNDT & MCFALL, 1985; MCFALL, 1990; MCDONEL, 1995) vertreten hier eine wesentlich voraussetzungsärmere Position. „Soziale Kompetenz“ wird nicht als Merkmal einer Person angesehen, sondern am Erfüllungsgrad einer Aufgabe festgemacht: „Competence is a judgement about behavior and not a judgement about some enduring characteristic of the performer“ (SCHLUNDT & MCFALL, 1985, S. 23). Entsprechend sind soziale Fertigkeiten diejenigen Fähigkeiten, die nötig sind, um eine Aufgabe so durchzuführen, damit die Durchführung als sozial kompetent beurteilt wird.

Durch diese Anbindung an manifestes Verhalten vermeidet MCFALL die theoretisch problematischen Positionen der Eigenschaftstheoretiker. Allerdings hat dieser Ansatz einige Konsequenzen. Um zu einer aussagekräftigen Beurteilung des Verhaltens zu kommen, müssen sich die Beobachtungen auf Verhaltensepisoden in einem spezifischen Kontext stützen und nicht nur auf einen einzelnen isolierten Verhaltensausschnitt ohne nähere Kenntnis der Umstände. Diese Sichtweise hat weiter zur Konsequenz, daß ein endgültiges Urteil über die Kompetenzhöhe einer Person nicht möglich ist, da das Urteil an die Erfüllung einer Aufgabe in einer spezifischen Situation gebunden ist. Das Urteil könnte bei einer anderen Aufgabe völlig anders ausfallen. SCHLUNDT & MCFALL heben außerdem hervor, daß sich das Urteil über die Kompetenz der Verhaltensausführung auf explizite und implizite Werturteile des/der Experten gründet. Das Kompetenzurteil kann bei Beurteilern mit unterschiedlichen Werthaltungen auch verschieden ausfallen. Gleiches gilt für die sozialen Fertigkeiten. Aufgrund der Wertegebundenheit können die Meinungen der Beurteiler darüber auseinandergehen, welche Fertigkeiten gebraucht werden, um eine Aufgabe erfolgreich zu lösen. Insoweit besteht die Notwendigkeit, sowohl die Verhaltensweise des Beurteilten als auch den Urteilsprozeß der Beurteiler genau zu untersuchen. Der Umstand, daß es keine allgemein gültigen oder allgemein akzeptierten Kriterien für „soziale Kompetenz“ gibt, sondern daß sie je nach der Situation, nach dem Beurteiler, nach der (Sub-)Kultur durch Konvention neu festgelegt werden müssen, hat eminente Konsequenzen für die Praxis. Ein Lösungsvorschlag für dieses Problem wird in Kapitel 18.8.2 „Schulung der Beurteiler“ vorgestellt.

18.3 Die Suche nach dem verkäuferischen Potential

Kein Mensch wird als „Verkäufer“, geschweige denn als „Verkäufer von Finanzdienstleistungen“, geboren. Wird nach einschlägigem Potential bei Individuen gesucht, die am Anfang ihrer beruflichen Karriere stehen und im strengen Wortsinn noch nie etwas verkauft haben, wird man zunächst in einer ganz anderen Richtung suchen müssen. Dabei können die Erkenntnisse, die im Rahmen der sozialen Intelligenzforschung gesammelt wurden, einen allgemeinen Rahmen bilden, innerhalb dessen theoretisch fundiert gesucht werden muß.

1. Es gibt keine situationsübergreifende soziale Kompetenz, sondern verschiedene soziale Kompetenzen, die an mehr oder minder eng umrissene Situationen gebunden sind. Wenn „Verkaufen" in seiner allgemeinen, unspezifischen Form bedeutet: „gezielt andere beeinflussen", „andere von der eigenen Meinung überzeugen", „andere zu Handlungen veranlassen", dann wäre für die Auswahl potentieller Verkäufer z. B. zu fragen: In welchen Situationen kann sich ein solches Verhalten besonders deutlich zeigen? Welche Ziele treiben Individuen dazu, diese Situationen aufzusuchen? Welche Bedürfnisse sollen in diesen Situationen mit einer Einflußnahme befriedigt werden?

2. Soziale Fertigkeiten können gelernt werden. In welchen Situationen werden die einschlägigen Fertigkeiten bevorzugt gelernt, in welchen Situationen ist dies eher unwahrscheinlich? In welchen Situationen können welche stufenspezifischen Fertigkeiten (z. B. i. S. des Stufenmodells von McFall) gelernt werden? Zunächst handelt es sich um das Lernen berufsunspezifischer sozialer Fertigkeiten. Im Rahmen der beruflichen Sozialisation werden diese Fertigkeiten berufsspezifisch modelliert. Hierbei werden aufbauend auf den „berufsunspezifischen" sozialen Fertigkeiten mittels Trainingsmaßnahmen die „berufsspezifischen" Fertigkeiten vermittelt: verkäuferisches Potential wird zu einer konkret einsetzbaren verkäuferischen Fähigkeit transformiert.

3. Was im Einzelfall angemessenes, effektives Verhalten ist, unterliegt einem subjektiven Werturteil, das von Beurteiler zu Beurteiler (von Institut zu Institut) in Abhängigkeit von der Kultur und dem Zeitgeist schwanken kann. Im Rahmen des Ausleseprozesses wäre z. B. zu fragen, wer die „Beurteiler" des Bewerbers in der Jugendphase waren: welche Gleichaltrigen-Gruppen, welche Modellpersonen? Welche sozialen Fertigkeiten wurden in dieser Phase verstärkt? Im Zusammenhang mit der Aus- und Weiterbildung stellen sich u.a. folgende Fragen: Welche impliziten Persönlichkeitstheorien, welche Werte haben die Aus- und Weiterbildungsleiter, die die soziale Kompetenz von Trainingsteilnehmern beurteilen sollen? Auf welche sozialen Fertigkeiten legen sie beim Verhaltenstraining besonderen Wert, welche Aspekte schlagen bei der Beurteilung der sozialen Kompetenz besonders durch?

Auf diesen Überlegungen aufbauend soll in den folgenden Kapiteln eine Vorgehensweise skizziert werden, die auf der Stufe der Bewerberauswahl besonders die motivationalen Aspekte in den Vordergrund stellt. Hier geht es vor allem darum, den Zielbildungen der Jugendlichen nachzuspüren und gleichzeitig diejenigen Situationen zu erfassen, die sie für die Zielerreichung bevorzugen. Die leitende Überlegung ist hierbei, daß aus den Zielbildungen, den Situationspräferenzen, den Vorgehensweisen in Interaktionen und den Interaktionseffekten auf das Vorhandensein eines verkäuferischen Potentials geschlossen werden kann. Voraussetzung ist die möglichst präzise Erfassung und detaillierte Auswertung der spezifischen Gegebenheiten bei jedem Bewerber. Um das Programmatische dieses Vorschlags zu betonen, werden einige grundsätzliche Überlegungen als Hypothesen formuliert.

Durch diese Strategie, verbunden mit dem Einsatz geeigneter Erfassungstechniken, läßt sich ein Einblick in die einschlägigen Potentiale der Bewerber gewinnen. Diese Potentiale sind zunächst berufsunspezifisch: ob diese Menschen später einmal erfolgreich Hosenträger, Räucheraale oder Investmentfonds verkaufen, hängt von weiteren situations- und persongebundenen Moderatorvariablen ab, wobei für den zukünftigen Finanzdienstleister als vielleicht wichtigste weitere Voraussetzung eine überdurchschnittliche allgemeine Intelligenz mit einer starken Ausprägung im Verbalteil zwingend erforderlich ist, um die Zielbildungen und die finanzielle Situation der Kunden zutreffend analysieren zu können, die Angebote auf diese Gegebenheiten anzupassen und ihnen die durchweg erklärungsbedürftigen Produkte verständlich machen zu können. Auf eine nähere Betrachtung der kognitiven Aspekte soll im folgenden weitgehend verzichtet werden, weil sich die vorliegenden kognitiv orientierten Eignungstests in der Vergangenheit als hinreichend valide erwiesen haben, so daß hier kein dringender Nachholbedarf besteht.

Sind die „Rohdiamanten" gefunden, geht es im Rahmen der beruflichen Aus- und Weiterbildung darum, über berufsspezifische Wissensvermittlung die Möglichkeiten der effektiven Situationsbewältigung und situationsspezifischen Einflußnahme zu reflektieren. Zuletzt wird ein Verfahren vorgeschlagen, das Training berufsspezifischer sozialer Fertigkeiten zu systematisieren und für alle Beteiligten transparenter zu machen. Die folgenden Kapitel werden sich also im Zusammenhang mit der Bewerberauslese mit Aspekten der Motivation und im Rahmen der Aus- und Weiterbildung mit dem Wissenserwerb berufsspezifischer Einflußtechniken und dem Training der Verhaltensperformanz beschäftigen.

18.4 Das soziale Anschlußmotiv

MURRAY, der diesen Begriff 1938 eingeführt hat, umschreibt ihn mit dem allgemeinen Bedürfnis der Menschen, sich in Gruppen zu treffen und mit den Gruppenmitgliedern zu kooperieren, Freundschafts- und Liebesbeziehungen aufzubauen oder allgemein, mit anderen Menschen in einer für alle befriedigenden Art und Weise zusammenzuleben (S. 83); HECKHAUSEN (1989, S. 345) definiert es als das Bedürfnis einer Person, mit fremden oder wenig bekannten Personen in einer Weise zu interagieren, die von beiden Seiten als befriedigend, anregend und bereichernd erlebt wird.

Das Anschluß- oder auch Affiliationsmotiv ist zunächst als Sammelkategorie für das mehr oder minder starke Streben nach Sozialkontakt nützlich, allerdings bliebe sein Bedeutungsgehalt für unsere Zwecke blaß, wenn nicht nähere Kennzeichnungen hinzugefügt würden, warum Menschen dieses Gesellungsbedürfnis haben, welche Bedürfnisse befriedigt und welche Ziele im Beisein anderer angestrebt werden. Verschiedene Autoren, z. B. HECKHAUSEN (1989, S. 345) und FISCHER & WISWEDE (1997, S. 128 f., S. 375 ff.) haben auf die außerordentlich große Bandbreite der mit dem Aufsuchen sozialer Situationen verbundenen Ziele hingewiesen, die wiederum mit anderen sehr unterschiedlichen Motiven verknüpft sein können: von der Hoffnung/ Erwartung, in der Gemeinschaft mit anderen Menschen mehr Schutz und Sicherheit zu finden, auf einer Party einen geeigneten Sexualpartner zu treffen, auf einer Messe Geschäftsbeziehungen anknüpfen zu können, innerhalb einer Jugendbande effektiver Verbrechen begehen zu können usw. Insofern ist die Stärke des Affiliationsmotivs zwar ein wichtiger Indikator für ein „verkäuferisches Potential", trotzdem ist eine wietere Spezifikation unumgänglich, da nicht alle Ziele für unser Vorhaben gleich wichtig sind, wie die oben zitierten Beispiele andeuten.

Weiterhin ist der Gedanke naheliegend, daß es neben dem Kontaktsucher auch eine andere Person/Gruppe geben muß, die dem Kontaktsucher den gewünschten Kontakt gewährt oder verweigert. Deshalb wurden in die Affiliationsforschung, der Tradition der Leistungsmotivationsforschung folgend, zwei voneinander unabhängige

Tendenzen des Anschlußmotivs eingeführt (BYRNE, MCDONALD & MIKAWA, 1963; MEHRABIAN & KSIONZKY, 1974): Die anschlußzuversichtliche Tendenz (Hoffnung auf Anschluß) und die zurückweisungsbefürchtende Tendenz (Furcht vor Zurückweisung). BYRNE et al. (1963) haben hierzu eine Kreuzklassifikation aufgestellt, wobei sich in der Interpretation HECKHAUSENS (1989, S. 348) folgende vier Typen ergeben.

		Furcht vor sozialer Zurückweisung	
		niedrig	**hoch**
Hoffnung auf Anschluß	**hoch**	Der Anschlußmotivierte.	Der Konflikthaft-Anschlußmotivierte (Der Schüchterne)
	niedrig	Der Wenig-Anschlußmotivierte	Der Zurückweisungsmotivierte

Tabelle 18-1: ***Kreuzklassifikation der beiden Tendenzen des Affiliationsmotivs nach BYRNE et al. (1963) und inhaltliche Kennzeichnung nach HECKHAUSEN (1989).***

HECKHAUSEN betont in diesem Zusammenhang, daß der Anreizwert eines Anschlusses bei Zurückweisungsmotivierten nicht geringer sein muß als bei Anschlußmotivierten, beide Typen streben nach Anschluß: „Sie unterscheiden sich weniger im Anreizwert, den sozialer Anschluß für sie hat, als in der Erfolgserwartung, ihrer Geschicklichkeit im anschlußsuchenden Verhalten sowie im Anschlußerfolg, den sie bei der Anschlußperson haben“ (S. 357).

Gleichgültig, ob die Unabhängigkeit der beiden Dimensionen empirisch letztlich bestätigt werden kann oder nicht, schlagen sich diese Ausprägungen in der Praxis so nieder, daß mit Ausnahme der „Anschlußmotivierten“ alle anderen Typen aus unterschiedlichen Gründen kaum aktiv auf potentielle (fremde) Anschlußpersonen zugehen werden. Der „Schüchterne“ möchte zwar gern, traut sich aber ohne weiteren Anstoß nicht, die beiden anderen Typen mögen zusätzlich noch Zweifel haben, ein angemessenes und anschlußeffektives Verhalten zeigen zu können (geringe Effizienzerwartungen). Dies hat zur Konsequenz, daß die Angehörigen der letztgenannten drei Typen soziale Situationen mit fremden Personen eher meiden und sich in einem eingegrenzten sozialen Kontext mit vertrauten Personen am wohlsten fühlen.

Hierbei ist intuitiv einleuchtend, daß die Chance, soziale Fertigkeiten z. B. auf den verschiedenen Stufen des MCFALL-Modells zu üben und ihre Effektivität zu überprüfen, ein reichhaltiges kognitives Verhaltensrepertoire verfügbar zu machen und letztlich auch ein als sozial kompetent bewertetes overtes Verhalten lernen zu können, grundsätzlich nur dann besteht, wenn Individuen häufig soziale Situationen aufsuchen. Dabei ist eine hohe Frequenz zwar eine notwendige, aber noch keine hinreichende Bedingung: Liebespaare z. B. werden eine hohe Kontaktfrequenz miteinander haben, trotzdem werden hier nur idiosynkratische auf den Partner bezogene Verhaltensweisen gelernt, die auf andere Situationen nicht übertragbar sind. Dagegen werden Individuen, die häufig mit verschiedenen Menschen in verschiedenen Situationen zusammenkommen, um verschiedene Ziele zu erreichen, sehr viel mehr Möglichkeiten zum Einüben sozialer Fertigkeiten und sozial kompetenter Verhaltensweisen haben. Deswegen soll die Grundbedingung „hohe Interaktionsfrequenz" durch folgende spezifischere Hypothese ergänzt werden:

Hypothese: Personen, die sich in sehr unterschiedlichen sozialen Kontexten bewegen, werden die Qualität der sozialen Fertigkeiten eher verbessern können, ein vielfältigeres Verhaltensrepertoire aufbauen und eine höhere Verhaltensperformanz in unterschiedlichen Situationen zeigen können als solche Personen, die sich nur in eingegrenzten, ähnlichen sozialen Kontexten bewegen.

Die Möglichkeit zur Einübung vielfältiger Fertigkeiten und Verhaltensqualitäten wird auch dann wahrscheinlicher, wenn die Machtverhältnisse zwischen den beteiligten Individuen ausgeglichen sind und die Gruppenmitglieder sich aktiv und gleichberechtigt an den Interaktionen beteiligen können; dagegen werden typische Befehlsgeber, -empfänger oder passive Gruppenmitläufer nur ein eingeschränktes Aktions- und Reaktionsrepertoire lernen.

Wir gehen deshalb davon aus, daß Individuen mit verkäuferischem Potential häufig die Gesellschaft anderer aufsuchen, dabei in funktionell sehr unterschiedliche soziale Situationen eintreten und dort als engagierte und gleichberechtigte Partner wirken. Unterstellt wird auch, daß diese Personen in ihren Bezugsgruppen gut integriert sind und in den jeweiligen Kommunikationssystemen nicht nur eine randständige Stellung einnehmen. Durch den häufigen sozialen Kontakt wird eingeübt, welche Aktionen und Reaktionen von bestimmten Personen in bestimmten Situationen als angemessen empfunden werden. Dies setzt z. B. eine erhöhte Sensibilität gegenüber nonverbalen Signalen voraus, eine verstärkte Einfühlung und die Berücksichtigung der Perspektive und der Zielvorstellungen des Gegenübers, die richtige Synchronisation im Gespräch, die Berücksichtigung der in den verschiedenen Situationen jeweils geltenden Regeln usw.. Individuen, die nicht bereit sind, diese Fertigkeiten zu lernen und einzusetzen, verlieren ihren Belohnungswert für die Anschlußperson oder die Gruppe und werden ausgegrenzt. Da in Interaktionen der verbale Aspekt eine große Rolle spielt, werden in diesen Situationen in besonderer Weise verbale Fertigkeiten gelernt, verfeinert und ein Repertoire an Themen angelegt, die in unterschiedlichen Situationen angemessen und attraktiv sind.

Bisher ging es um grundlegende Fertigkeiten, die die Störungsfreiheit und eine gewisse Geschmeidigkeit in der Interaktion sicherstellen. Da Individuen in sozialen Situationen Ziele verfolgen, werden auf den verschiedenen Kommunikationsebenen auch Strategien und Taktiken der Eindrucks- und Verhaltenssteuerung eingeübt und auf ihre Wirksamkeit hin erprobt, ohne daß dies freilich immer völlig bewußt geschehen muß (s. hierzu CIALDINI, 1997; KELLERMANN, 1997; MUMMENDEY, 1990). Insbesondere längerfristige Ziele (z. B. Aufbau von Beziehungen) verlangen vom Anschlußsucher glaubwürdige Hinweise, die ihn auf Dauer als Person mit hohem Anreizwert für die jeweiligen Zielpersonen erscheinen lassen.

In der einschlägigen Literatur werden noch einige andere Personmerkmale diskutiert, die mit der Affiliationsmotivation assoziiert zu sein scheinen und die unsere Zielgruppe noch näher charakterisieren können. Hierzu gehört zunächst das Merkmal „Extraversion vs. Introversion" in der Konzeption von EYSENCK (1960; EYSENCK & EYSENCK, 1963). Der Extravertierte wird dort u.a. beschrieben als geselliger, offener, impulsiver und optimistischer Mensch, der ungern allein ist, viele Freunde hat und mit ihnen gern etwas unternimmt im Gegensatz zu dem Introvertierten, der eher ungesellig ist und nur bei guten Freunden aus sich herausgeht, der dazu tendiert, Pläne im voraus zu machen und den Impulsen des Augenblicks mißtraut.

Die Untersuchungsergebnisse von FOX (1980, S. 306) deuten allerdings daraufhin, daß Extraversion nicht generell mit einem höheren Affiliationsmotiv einhergeht, sondern durch Situationsvariablen moderiert wird. So fand FOX zwar Unterschiede im Anschlußbedürfnis zwischen Extravertierten und Introvertierten bei Interaktionen mit Fremden und in angenehmen Situationen, nicht dagegen bei Interaktionen mit vertrauten Personen und in unangenehmen Situationen.

Solche situationsgebundenen Moderatorvariablen sind wenigstens teilweise auch für die widersprüchlichen Ergebnisse verantwortlich, die sich bei Untersuchungen über den Zusammenhang zwischen Extraversion und sozialer Kompetenz im Verkäufer- und Berater-Bereich ergeben haben. Ein mindestens ebenso großer Anteil an diesen Inkonsistenzen ist vermutlich unbefriedigenden Operationalisierungen für „soziale Kompetenz" und mangelnder Validität und Reliabilität der Expertenurteile zuzurechnen. BARRICK & MOUNT (1991, zit. nach BARTUSSEK, 1995, S. 363) fanden in einer Metaanalyse einen signifikanten, numerisch allerdings äußerst schwachen Zusammenhang zwischen Extraversion und Berufserfolg bei Verkäufern ($r < 0{,}20$). In einer unveröffentlichen Untersuchung mit Banklehrlingen kurz vor ihrem Ausbildungsende fand der Autor dieses Beitrages keinen Zusammenhang zwischen den Extraversions- und Introversionswerten, gemessen durch den FDE nach BASTINE et al. (1969), und der Vorgesetztenbeurteilung „Geschick im Umgang mit Kunden" (Korrelation mit FDE-Extraversion: 0,08; mit FDE-Introversion: -0,04; $N = 397$). Auch HOSSIEP (1995) fand in einer Langzeituntersuchung bei Bankangestellten zwischen Extraversion, gemessen mit dem Maudsley Personality Inventory (MPI) von EYSENCK (1959), und dem allgemeinen Vorgesetztenurteil insgesamt nur schwache Zusammenhänge. Über die zeitlich gestaffelten Vorgesetztenurteile hinweg sehen die Korrelationen folgendermaßen aus: 1. Beurteilung: $r = 0{,}04$ ($N = 767$); 2. Beurteilung: $r = 0{,}11$ ($N = 632$); 3. Beurteilung: $r = 0{,}16$ ($N = 439$); 4. Beurteilung: $r = 0{,}13$ ($N = 244$). Allerdings differenziert HOSSIEP seine Ergebnisse nicht systematisch nach Angestellten im kundennahen Marktbereich und Angestellten im kundenfernen Stabs-/Betriebsbereich, wobei vermutlich gerade hier die Schnittstelle zwischen hoher/niedriger Bedeutung von Extraversion verlaufen dürfte.

Aufgrund der theoretischen Überlegungen lassen sich zwar Zusammenhänge zwischen den Konstrukten „Affiliationshöhe", „Extraversion" und „Höhe der sozialen Kompetenz im Verkäuferbereich" vermuten, allerdings wird die Enge des Zusammenhangs je nach Situation und je nach Operationalisierung des Konstruktes „soziale Kompetenz" sehr unterschiedlich ausfallen.

Weiterhin soll in diesem Zusammenhang das von SNYDER (1974) postulierte Persönlichkeitskonstrukt „Tendenz zur Selbstüberwachung“ angesprochen werden. Hohe Selbstüberwacher tendieren dazu, ihr eigenes Verhalten mit den Erfordernissen der Situation in Einklang zu bringen und passen ihr Verhalten pragmatisch Situationsveränderungen an. Um ihr Verhalten möglichst effektiv steuern zu können, sind sie besonders empfänglich für Hinweisreize aus ihrer sozialen Umgebung. Niedrige Selbstüberwacher dagegen legen auf eine situationsangemessene Verhaltensweise weniger Wert, sie tendieren eher zu prinzipiengesteuerten Verhaltensweisen und versuchen, ihre Gefühle, Einstellungen und Verhaltensweisen stimmig zu machen. Entsprechend sind auch Hinweisreize des Interaktionspartners für sie von geringerer Bedeutung.

Die Operationalisierung des Selbst-Überwachungs-Konstruktes, die Self-Monitoring-Scale von SNYDER (1974), scheint nach den bisherigen Untersuchungen zwei Teilkonstrukte zu messen: „Soziale Fertigkeiten“ i.S. von „Einschätzung der eigenen sozialen und Handlungsfertigkeiten“ und „Inkonsistenz“ i.S. von „erlebte Diskrepanzen zwischen zur Schau gestellten und tatsächlich empfundenen Gefühlen, Einstellungen, Meinungen“. Zwischen Extraversion und der Subskala „Soziale Fertigkeiten“ wurden bisher überwiegend positive Zusammenhänge gemessen (zusammenfassend s. NOWACK & KAMMER, 1987, S. 72 f.; MOSER, DIEMAND & SCHULER, 1996, S. 271), in amerikanischen Untersuchungen waren sie sogar so hoch, daß sie einen Faktor bildeten (SPARACINO et al., 1982; JOHN, 1983).

Obwohl im Bereich des Verkäuferverhaltens m.W. noch aussagekräftige Untersuchungen ausstehen, ist zu vermuten, daß auch die Facette „Selbstüberwachungstendenz“ gemeinsam mit „Extraversion“ und „hohe Anschlußmotivierung“ ein gleichgerichtetes Syndrom bildet, wodurch die Merkmale der Zielgruppe „Individuen mit hohem verkäuferischen Potential“ noch weiter präzisiert werden.

18.5 Das Leistungsmotiv

Soziale Kompetenz wird in der einschlägigen Literatur (s. z. B. SPITZBERG & CUPACH, 1989) meist auch als „Leistungskonstrukt“ angesehen, wobei Leistung in sehr unterschiedlicher Gestalt vorkommen kann: Gefühle des Partners erkennen, Verhandlungen erfolgreich durchführen, als Vermittler Konflikte zwischen Personen schlichten können, eine Frau zu einem Rendezvous überreden usw. In vielen Fällen handelt es sich um zeitlich überschaubare und psychologisch gut abgrenzbare Handlungen, die mit einem überprüfbaren Effekt – dem Gelingen oder Mißlingen des Vorhabens – enden. Es geht dabei jeweils um die „Auseinandersetzung mit einem Tüchtigkeitsmaßstab“ (MCCLELLAND, ATKINSON, CLARK & LOWELL, 1953). Der Maßstab für die Bewertung der eigenen Tüchtigkeit ist eine Bezugsnorm (s. HECKHAUSEN, 1989, S. 271 ff.), die entweder individueller Natur ist (jemand löst heute eine Aufgabe besser als gestern: individuelle Bezugsnorm) oder die sich auf eine Bezugsgruppe bezieht (jemand löst die Aufgabe schneller als die Vergleichspersonen: soziale Bezugsnorm) oder die in der Natur der Sache liegt (jemand hat die Mathematikaufgabe richtig gelöst: sachliche Bezugsnorm).

Bedingt durch die Möglichkeit des Gelingens und Mißlingens werden in der Leistungsmotivations-Forschung zwei weitgehend unabhängige Motivtendenzen, „Hoffnung auf Erfolg" und „Furcht vor Mißerfolg" postuliert, die als zeitlich überdauernde Persönlichkeitsmerkmale interpretiert werden. Dabei unterscheiden sich die Attributionsmuster der „Erfolgsucher" und der „Mißerfolgsmeider" in typischer Weise (MEYER, 1973). Bezüglich der drei Attribuierungsmöglichkeiten „Fähigkeit", „Anstrengung" und „Zufall" schreiben die Erfolgsucher im Vergleich zu den Mißerfolgsvermeidern ihre Erfolge eher ihren Fähigkeiten und ihrer Anstrengung, dagegen weniger dem Zufall (Glück) zu, ihre Mißerfolge eher der mangelnden Anstrengung und dem Zufall (Pech), weniger dagegen ihren Fähigkeiten, was wiederum ihrer Selbstwertbilanz zugute kommt.

Erfolgsucher stehen also Leistungen erfolgszuversichtlich gegenüber und nehmen entsprechende Herausforderungen an. Unterstellt wird hierbei, daß Erfolgsucher mit verkäuferischem Potential insbesondere in sozialen Situationen ihre Tüchtigkeit und Kompetenz beweisen wollen, d.h. insbesondere dort der Leistungsgedanke thematisiert wird. Damit verbinden sich die nächsten Hypothesen:

Hypothese: Individuen mit verkäuferischen Potential suchen Selbstbestätigung mehr in sozialen als in nicht-sozialen Situationen.

Hypothese: Von Individuen mit verkäuferischem Potential werden in sozialen Situationen stärker Leistungsgesichtspunkte thematisiert als von Individuen ohne verkäuferisches Potential.

Es wird hierbei nicht unterstellt, daß Individuen mit hohem verkäuferischem Potential andere Ziele verfolgen als Individuen mit geringem Potential, wohl aber, daß sie sich der Zielerreichung anders nähern. Gemeinsam durchgeführte Aktivitäten (Partys, Kinobesuche usw.) werden sie nicht nur als Mitläufer konsumieren, sondern die Art und Durchführung der Aktivitäten auch mitgestalten wollen. Dadurch werden sie im Vergleich zu den „Mitläufern" tendenziell die Sachebene akzentuieren, ohne allerdings den sozialen Kitt der Beziehungsebene zu vernachlässigen. In Erscheinung treten sie als Ansporner, Kommunikatoren, Aktivisten, die die Initiative ergreifen, etwas verändern wollen, hohe Ich-Beteiligung, hohes Engagement in Interaktionen zeigen, andere zu etwas bewegen wollen, andere von etwas zu überzeugen trachten; das müssen nicht notwendigerweise ihre eigenen Ideen sein, sie können sie aber zu den eigenen machen und sie durchsetzen helfen (Machertyp). Sie sind auch nicht zwangsläufig Führer oder intellektuelle Ideengeber, eher Ideenverkäufer und Ideenumsetzer. Da sie beeinflussen wollen, ist es durchaus möglich, daß sie gelegentlich machiavellistische Züge zeigen, d.h. um der Zielerreichung willen andere Individuen instrumentalisieren, dies aber sozial verträglich zu begründen wissen. Welche inhaltlichen Ziele bevorzugt von unseren Zielpersonen angestrebt werden (sollen), läßt sich bei den wechselnden Vorlieben während der Jugendzeit naturgemäß nicht angeben. Allgemein sollten die Ziele der jeweiligen Entwicklungsphase und dem jeweiligen Bildungsgrad entsprechen und nicht auf sozial mißbilligte Aktionen ausgerichtet sein. In diesem Zusammenhang ist es auch von Bedeutung, das intellektuelle Niveau der Bezugsgruppen zu kennen, um die jeweils angestrebten Ziele diesbezüglich besser einschätzen zu können.

Analog zum Verhalten in Gruppen tendieren unsere Zielpersonen auch bei Erstkontakten mit Fremden dazu, die Initiative zu ergreifen, z. B. ein Gespräch zu beginnen, diesen Kontakt im wesentlichen durch eigene Beiträge so in Gang zu halten, daß der Partner dies als anregend und angenehm empfindet.

Die Leistungsmotivation ist von ihrer Konzeption her eine intrinsische Motivation. Da nun jedes Verhalten mehrfach motiviert ist, wäre es unrealistisch anzunehmen, daß in den oben genannten Aktionen nur intrinsische Motive involviert wären. Häufig wird ein erfolgreicher Ansporner von seiner Gruppe auch mit höherem Prestige bedacht, was wiederum Einfluß auf seinen Selbstwert und auf den intern gesetzten Tüchtigkeitsstandard hat. Es scheint einiges dafür zu sprechen, daß symbolische Belohnungen (Orden, öffentliche Belobigungen, Auszeichnungen als „Verkäufer des Monats“ usw.) dem Selbstverständnis sehr erfolgreicher Verkäufer eher entgegenkommen als materielle Belohnungen (Geldprämien), wobei zusätzlich zu berücksichtigen ist, daß symbolische Belohnungen die intrinsische Motivation nicht so stark korrumpieren wie materielle (DOLLINGER & THELEN, 1978). Wir gehen davon aus, daß erfolgreiche Verkäufer Freude am Verkaufsgespräch selbst haben, dort ihre verkäuferischen Qualitäten beweisen wollen und den gelungenen Verkaufsabschluß als eine Bestätigung dieser Fähigkeiten ansehen. Im Gegensatz dazu sind weniger qualifizierte Verkäufer eher auf externe Belohnungsquellen (Provision, Lob des Vorgesetzten usw.) angewiesen, weswegen Verkaufs-Interaktionen für sie eher instrumentellen Charakter haben. Daher soll versuchsweise eine weitere Hypothese lauten:

Hypothese: Individuen mit hohen verkäuferischen Fähigkeiten sind in höherem Maß intrinsisch hinsichtlich der Gestaltung von sozialen Kontakten motiviert als Individuen mit geringen verkäuferischen Fähigkeiten.

18.6 Techniken zur Auswahl von Personen mit verkäuferischem Potential

Aus den bisherigen Ausführungen sollte deutlich geworden sein, daß zum Zeitpunkt des Berufseintritts lediglich Motivations-, Kognitions- und Verhaltensausrichtungen zu erfassen sind, die aufgrund verschiedener theoretischer Annahmen ein späteres erfolgreiches verkäuferisches Verhalten mehr oder minder wahrscheinlich machen.

Einschlägige Motivationen lassen sich z. B. aus mitgeteilten Verhaltensmustern herauslesen, die entweder in schriftlicher Form z. B. durch Biographische Fragebögen oder in mündlicher Form im Rahmen von Interviews erhoben werden. Hierzu würden z.B. Fragen nach der Art und Größe des Bekannten-, Freundeskreises gehören, welche gemeinsamen Aktivitäten dort betrieben werden, welche Funktionen in diesem Zusammenhang zu erfüllen sind, welche Aufgaben der Bewerber besonders gern übernimmt, welche nicht (z. B. eher ein Vereinsfest/eine Spendenaktion organisieren helfen vs. auf dem Fest eine Rede halten / an den Haustüren um Spenden bitten), wie im Freundeskreis Entscheidungen getroffen werden, welchen Anteil er daran hat usw. Flankierend können zusätzlich auch Persönlichkeitsskalen eingesetzt werden, wie z. B. eine Extraversionsskala, die Machiavellismusskala nach CHRISTIE & GEIS

(1970) oder die Subskala „Soziale Fertigkeiten" aus der Selbstüberwachungsskala von SNYDER (1974) in der deutschen Version von KAMMER & NOWACK (1983).

Einschlägige Kognitionen betreffen i.S. der „Entscheidungs-Fertigkeiten" von MCFALL z. B. die verfügbaren Alternativen im Verhaltensrepertoire in einer vorgegebenen Situation. Dabei können nach dem Muster der „kritischen Ereignisse" von FLANAGAN (1954) Situationen mit einem hohen emotionalen Gehalt konstruiert werden oder auch weniger dramatische, wie dies z. B. ARMISTEAD (1968) in seinem „Test sozialer Fertigkeiten in Alltagssituationen" (s. ARGYLE, 1972, S. 345 f) vorgeführt hat. Geistige Flexibilität läßt sich u.a. durch eine Art „Szenariotechnik" überprüfen, wenn für die Erzählung des gleichen Sachverhaltes / die Beantwortung der gleichen Frage unterschiedliche Kontexte vorgegeben werden: wie würden Sie diesen Sachverhalt Ihrem besten Freund, einem Fremden usw. erzählen / wie würden Sie antworten, wenn Sie jemandem (nicht) imponieren wollten usw. Kognitionen lassen sich entweder schriftlich oder mündlich erheben. Bei Einzeltestungen ist die mündliche Vorgabe von Situationen, auf die eine adäquate Reaktion zu finden ist, vorzuziehen, da hier die Entscheidungen in „Echtzeit" getroffen werden müssen.

Werden hierbei lediglich verbale Reaktionen in Form einer direkten Rede erwartet, so ist das gezeigte Verhalten weitgehend identisch mit dem Kriteriumsverhalten und kann hinsichtlich seiner Angemessenheit, Effektivität beurteilt werden.

Erfordert die Aufgabe dagegen die Beschreibung eines hypothetischen Verhaltens („Wie würden Sie sich verhalten, wenn.."), dann läßt sich zwar die Angemessenheit des genannten Verhaltens beurteilen, nicht jedoch die Qualität der Verhaltensperformanz, sie läßt sich nur durch eine Verhaltensprobe valide überprüfen. Wird z.B. die Fähigkeit zur Kontaktaufnahme in einer schwierigen Situation („als Bittsteller einen Fremden ansprechen") überprüft, dann ist es selbstverständlich, daß die positive Beantwortung der Frage in einem Fragebogen „Fällt es Ihnen leicht, fremde Menschen anzusprechen und sie um etwas zu bitten?" diagnostisch weniger wertvoll ist als die gekonnte Durchführung einer konkreten einschlägigen Handlung.

Technisch wird die Reaktionsqualität, soweit es sich vorwiegend um verbales Verhalten handelt, durch verschiedene Interviewvarianten geprüft: durch Selbstpräsentationen, durch gezielte Aufgaben wie z. B. „Versuche Deinen Gesprächspartner von der Meinung XY zu überzeugen!" usw. Dieser Teil der diagnostischen Prozedur dient dazu zu überpüfen, ob der Bewerber in seinen bisherigen Interaktionen die einschlägigen verbalen Fähigkeiten gelernt hat, die für seinen späteren Beruf unerläßlich sind. SCHULER (1992) und SCHULER et al. (1995) haben in diesem Zusammenhang im Rahmen ihres „multimodalen Interviews" den sehr bemerkenswerten Versuch unternommen, verschiedene Elemente, z.T. auch Übungen aus Assessment-Centern, in das Einstellungsgespräch zu integrieren und damit eine breite Fragenpalette abzudecken. Gleichzeitig versuchen sie, durch eine Teilstandardisierung die Einstellungsgespräche besser vergleichbar zu machen, indem sie sowohl weniger strukturierte Elemente z.B. „Selbstvorstellung des Bewerbers" als auch stärker strukturierte Elemente, z.B. Fragen nach „Berufsinteressen" oder „biographiebezogene Fragen" einbauen. Seine besondere Bedeutung erhält dieser Ansatz dadurch, daß er im Berufsfeld von Finanzdienstleistern angewendet wird und dort das „Zielkonstrukt ‚soziale

Kompetenz' im Sinne eines kunden- und kollegenorientierten Verhaltensstils" erfassen will (SCHULER, 1992, S. 285). Eine erste Validierungsuntersuchung bei Banklehrlingen des letzten Ausbildungsjahres zeigt einen mittleren Zusammenhang ($r = 0{,}27$; $p < 0{,}01$; $N = 435$) zwischen den Ergebnissen des multimodalen Interviews und den Vorgesetztenerwartungen bezüglich der Eignung als Kundenberater (SCHULER et al., 1995, S. 50). Dies ist ein hoffnungsvoller Anfang, der allerdings noch durch weitere Untersuchungen mit praktisch tätigen Kundenberatern untermauert werden muß.

Die Ausführungsqualität von komplexeren Verhaltensweisen kann im Rahmen von Gruppendiskussionen oder Rollenspielen untersucht werden. Für diesen Ausleseteil gilt dasselbe wie für die Überprüfung der verbalen Fähigkeiten: der Bewerber soll beweisen, daß er durch seine bisherigen Interaktionen ein ausreichendes Maß an Verhaltenssicherheit, Anpassungsfähigkeit, aber auch Durchsetzungsfähigkeit in variierenden Situationen erworben hat. Interessante Beobachtungsdetails können sein: Ausmaß des Blickkontaktes, die Abstimmung zwischen verbalem und nonverbalem Verhalten, die Beobachtung der Redewechsel (Ausreden lassen vs. ins Wort fallen), sachliche vs. emotionale Argumentation, Reichhaltigkeit des Wortschatzes, Komplexität der Satzbildung usw. Die in der Bewerbungssituation bestehende Streßbelastung ist der Verhaltensüberprüfung insoweit dienlich, als der spätere Kundenberater überraschend auftretende Belastungssituationen ebenfalls effektiv bewältigen muß. Die Themen der Rollenspiele sollten den bisherigen Erfahrungen des Bewerbers entsprechen. Hierbei sollten unterschiedliche Schwierigkeitsgrade eingebaut (Rituale der Begrüßung und Verabschiedung bestimmter Personen vs. Entschuldigung für ein peinliches Mißgeschick) und ebenso auch Proben der Argumentationsvielfalt und –flexibilität sowie der Überzeugungsfähigkeit verlangt werden (z. B. zeitgebundene Diskussion über alternative gemeinsame Freizeitaktivitäten).

18.7 Wissenserwerb als betriebliche Aufgabe

Nachdem durch den Auswahlprozeß Bewerber mit der notwendigen kognitiven Ausstattung und den gewünschten sozialen Basisfertigkeiten als Mitarbeiter gewonnen werden konnten, liegt die weitere berufsspezifische Ausformung der sozialen Fertigkeiten weitgehend in der Verantwortung des Betriebes. Hierbei ist grob zu trennen zwischen der theoretischen Ausbildung, die neben dem fachgebundenen Wissenserwerb auch spezifische Aspekte der Kundenbehandlung beinhaltet, und dem praktischen Training des Umgangs mit Kunden. Nachfolgend sollen nur einige Aspekte herausgegriffen werden, die bedeutsam für die Kundenbehandlung sind.

Beim fachgebundenen Wissenserwerb geht es u.a. um die Vermittlung von Produktkenntnissen, um die Vorteile und Nachteile vergleichbarer Produkte/Dienstleistungen. In diesem Zusammenhang sollten auch die einschlägigen Angebote der Konkurrenz besprochen und beurteilt werden, desgleichen auch die Preispolitik des eigenen Institutes. Nur wer genaue Kenntnis über die eigene Produktpalette und die der Konkurrenz hat, kann bei entsprechenden Nachfragen der Kunden auch sachkompetent reagieren. Weiterhin sollten die neuen Mitarbeiter von der Politik und den Zielen des Institutes überzeugt werden, damit sie als loyale Berater und Verkäufer bei ihren Kundengesprächen nicht nur den eigenen Gewinn (Provision, Bonus), sondern auch den des Institutes im Auge behalten. Gleiches gilt für die Produktpalette: wer von der Qualität seines Produktes nicht überzeugt ist, wird es auch nicht überzeugend verkaufen können.

Die jungen Mitarbeiter müssen zahlreiche neue Situationen bewältigen lernen. Dazu gehören z. B. die Kenntnis der Regeln im Umgang mit Kunden, Kollegen, Vorgesetzten, die diversen Rollen, die Kunden, Kollegen, Vorgesetzte einnehmen, die Kenntnis des Verhaltensrepertoires in spezifischen Situationen, also alle geforderten, erlaubten und nicht erlaubten Verhaltensweisen. So muß zunächst im Gespräch vermittelt werden, wie man Kunden korrekt begrüßt und verabschiedet, welche Themen man im small talk behandeln darf, welche nicht, wieweit man private Dinge preisgeben darf, wie man Gespräche beendet, mit Reklamationen umgeht usw. Weiterhin müssen die Mitarbeiter für die Verständnisschwierigkeiten der Kunden sensibilisiert werden, die diese mit verschiedenen Angeboten haben können. Denkbar sind Listen mit spezifischen Argumentationshilfen, die den Mitarbeitern die Bewältigung der neuen Situation erleichtern.

Ferner gehören in diesen Bereich die Eruierung und Berücksichtigung der Anlageziele der Kunden (Rendite, Risikoorientierung, Liquiditätsziele, Komplexität der Geldanlage, Delegationsneigung), die Ermittlung des „Kundentypus", die Empfehlung typgerechter Anlageformen und die kundengerechte Aufklärung über mögliche Risiken (s. STEPHAN, ADELT, MÜLLER & REINHOLD, 1993; ADELT, MÜLLER & STEPHAN, 1995).

Zum Bereich des Wissenserwerbs gehören weiterhin Informationen über optimale Eindruckssteuerung (z. B. Einklang zwischen verbalem und nonverbalem Verhalten), Informationen über Rhetorik und Argumentationsstile (s. WISWEDE, 1995, S. 293 ff.), Informationen über die Möglichkeiten tätigkeitsspezifischer Verhaltenssteuerung (z. B. Aktivierung von Reziprozitätsnormen: gezielte Selbstöffnung, hoher sichtbarer Aufwand in der Beratungssituation usw.; s. BAXTER & WILMOT, 1984, S. 172; CIALDINI, 1997, S. 38 ff.). Diese Strategien sollten allerdings nicht dazu dienen, kurzfristig lukrative Verträge möglicherweise noch zu Lasten des Kunden abzuschließen: ein einmal verärgerter Kunde wird sich in Zeiten nachlassender Bindung schneller vom Institut lösen als in früheren Zeiten. Oberstes Ziel aller Strategien sollte daher sein, den Kunden durch guten Service und durch ein vertrauensvolles und partnerschaftliches Verhältnis von der Leistungsfähigkeit des Institutes und seiner Mitarbeiter zu überzeugen und so zu einer langfristigen und beiderseits befriedigenden Geschäftsbeziehung beizutragen.

18.8 Berufsspezifisches Training zur Steigerung der Verhaltens-Performanz

18.8.1 Techniken des Verhaltenstrainings

Sehr viel komplexer als die verbale Information über berufsspezifisch adäquates Verhalten ist der Erwerb und die kompetente Ausführung des adäquaten Verhaltens selbst. Der Erwerb kann einmal über die Beobachtung kompetenter Modellpersonen (z. B. erfahrene Kundenbetreuer) erfolgen, zum anderen im Rahmen eines Verhaltenstrainings, in dem spezifische Situationen eingeübt und die Trainingsfortschritte systematisch beurteilt werden. Als Trainingsinhalte bieten sich einmal solche Situationen an, die im Alltag eines Kundenberaters sehr häufig vorkommen, z. B. spezifische Beratungswünsche eines Kunden, weiterhin „schwierige Situationen", die für die Kundenbindung sehr kritisch sind, z. B. Ablehnung eines Kreditanliegens, Beschwerdebehandlung und auch solche Kundeninteraktionen, in denen nach Meinung des Institutes die meisten Fehler gemacht werden. Denkbar sind auch Vorgaben des Trainingsleiters, in vorgegebenen mehr oder minder schwierigen Situationen möglichst „sympathisch" oder „sachkompetent" zu erscheinen, um die im beruflichen Kontext wichtigen Routinen zu automatisieren.

Als Technik bietet sich das Rollenspiel an, und da es ein Kundenberater häufig nur mit einem Kunden zu tun hat, wird für die meisten Aufgabenstellungen eine Dyade ausreichend sein. Als Rollenspielpartner kann entweder ein anderer Teilnehmer dienen oder auch – je nach Aufgabe – ein besonders instruierter Ko-Trainingsleiter. Er spielt dann den Part des verärgerten / unwissenden / begriffsstutzigen / kritischen / über Konkurrenzprodukte bestens informierten Kunden – je nachdem, welche Inhalte gerade im Mittelpunkt des Institutsinteresses liegen. Diesem Strohmann obliegt die Aufgabe, Stichwörter in den verschiedenen Etappen des Gesprächs einzuführen, um so die Situation für die einzelnen Trainingsteilnehmer vergleichbarer zu machen. Die Standardversionen der Trainingseinheiten können durch verschiedene Vorgaben vereinfacht oder erschwert werden, wenn z. B. die Ursache für das Beschwerdeverhalten ein Fehlverhalten des Institutes / ein Irrtum des Beschwerdeführers ist, wenn der Beschwerdeführer die Beschwerde ruhig vs. polternd oder beleidigend vorbringt usw. Die Teilnehmer sollten über „unangenehme" oder „angsteinflößende" Situationen befragt werden und eine Hierarchie einschlägiger Situationen aufstellen. Durch ein Fortschreiten des Performanztrainings von einfachen zu schwierigen Situationen könnte im Sinn einer Desensibilisierung die Furcht vor unangenehmen Situationen genommen und gleichzeitig die subjektive Effizienzerwartung gesteigert werden.

18.8.2 Schulung der Beurteiler

Die Trainingsleiter haben die Fragen zu beantworten, wie effektiv ein Trainingsteilnehmer bei der Bewältigung der Aufgaben ist, ob mögliche Schwachstellen im Detail oder in der gesamten Durchführung der Aufgabe liegen und durch welche Trainingseinheiten eine befriedigende Performanzhöhe zu erreichen ist. Diskussionsbedarf entsteht häufig bei der Beurteilung der gezeigten Leistung. Das hängt damit zusammen, daß die Beurteilung, was „sozial kompetentes" Verhalten in einer spezifischen Situation ist, in den meisten Fällen nicht einer sachlich begründeten Bezugsnorm folgt, sondern einer sozialen Bezugsnorm, wobei es hier aber keine expliziten „Normtabellen" gibt, so daß das Kompetenzurteil letztlich auf ein subjektives Werturteil zurückgeht, welches auf den beruflichen und außerberuflichen Sozialisationen des Beurteilers beruht. Diese subjektive Sicht hat zur Konsequenz, daß gleiche Verhaltensweisen in einem Rollenspiel bei verschiedenen Beobachtern zu unterschiedlichen Kompetenzurteilen führen können. Im einzelnen mag das daran liegen, daß molekulare (z. B. Lächeln, Blickkontakt) oder molare Verhaltensweisen (Aufbau der Argumentation in einem Verkaufsgespräch oder Routinen wie „Grüßen") unterschiedlich bewertet werden oder auch mit unterschiedlichem Gewicht in das Gesamturteil eingehen, ohne daß dies den Beurteilern bewußt wird.

Um die Grundlagen der Einzelentscheidungen eines Beurteilers transparent und empirisch nachvollziehbar zu machen, bieten SCHLUNDT & MCFALL (1985) ein theoretisch und methodisch abgestütztes integratives Verfahren an, das auf BRUNSWIKS Objekt-Wahrnehmungsmodell („Linsenmodell"; BRUNSWIK, 1952, 1955) zurückgeht und das hier in seinen Grundzügen ohne Rückgriff auf die Terminologie BRUNSWIKS an einem Beispiel skizziert werden soll.

Im Rahmen von Trainingsmaßnahmen werden videounterstützte Rollenspiele zwischen Bankmitarbeitern und „Beschwerdeführern" durchgeführt. Ziel der Trainingseinheit ist es, die „Beschwerdeführer" zufrieden zu stellen. Die Verhaltensbeobachter (Beurteiler) A bis N sind bei diesen Rollenspielen entweder zugegen, oder es werden ihnen die Videofilme vorgelegt. Jeder Beobachter gibt Urteile über den „Verhaltenserfolg" der verschiedenen Trainingsteilnehmer ab, inwieweit diese die „Beschwerdeführer" „zufriedengestellt" haben, die Trainingsteilnehmer i.S. MCFALLS also „sozial kompetent" waren. Anschließend werden die Beurteiler gebeten, möglichst präzise Angaben darüber zu machen, aufgrund welcher „Hinweisreize" (spezifische vorhandene oder fehlende Verhaltensweisen) die Kompetenzurteile für jeden Teilnehmer gefällt wurden. Auftreten und quantitative Ausprägung der genannten Hinweisreize werden in den einzelnen Videos recherchiert und kodiert. Damit stehen z. B. für Beurteiler A zwei Datenblöcke zur Verfügung: 1. die Gesamturteile, 2. die kodierten Hinweisreize, die für die Urteilsbildung des Beurteilers A in jedem Einzelfall relevant waren. Diese Hinweisreize gehen als Variablen in eine multiple Regressionsanalyse ein, die wiederum die Urteile des Beurteilers A prognostizieren sollen. Als Ergebnis erhält man Angaben über die Gewichtungen, mit denen die Hinweisreize in seine Urteile eingehen. Je höher die resultierende multiple Korrelation ist, um so formal und inhaltlich präzisere Angaben hat Beurteiler A gemacht und umso einheitlicher hat er die genannten Hinweisreize bei der Urteilsbildung verwendet. Die gleiche Prozedur wird auch für die Urteile der anderen Beurteiler durchgeführt. Auf diese Weise erhält jeder Beurteiler eine Rückmeldung über sein eigenes Urteilsverhalten, weiterhin werden die Grundlagen für die individuellen Urteilsfindungen bei allen Beteiligten transparent.

In einem weiteren Schritt läßt sich auch die Urteilsqualität für jeden einzelnen Beurteiler berechnen, wenn die Beschwerdeführer ihrerseits den eigenen „Zufriedenheitsgrad" in Form einer schriftlichen Einschätzung niederlegen und anschließend Korrelationen zwischen ihren Einschätzungen und den Gesamturteilen der Beobachter A bis N berechnet werden. Mit Hilfe dieser Daten läßt sich eine empirisch begründete Diskussion darüber führen, welche Hinweisreize in welcher Gewichtung am ehesten geeignet sind, die Effektivität eines Verhaltens in einer spezifischen Situation zu beurteilen. Als Diskussionsergebnis ist dann sogar die einvernehmliche Konstruktion einer gewichteten Beurteilungsformel denkbar, die für alle Beurteiler verbindlich ist und die die späteren Urteile in vergleichbaren Trainingssituationen einheitlicher und treffsicherer macht.

18.9 Schlußbemerkungen

Aus dem Bereich der sozialen Fähigkeiten wurde in der vorliegenden Arbeit vorwiegend die praxisorientierte Facette „verkäuferische Fähigkeiten" thematisiert, wobei unterstellt wird, daß diese Fähigkeiten in Zeiten zunehmenden Konkurrenzdrucks immer mehr an Bedeutung gewinnen werden. Da die Interaktionen im Finanzdienstleistungsbereich praktisch immer eine Zukunftsperspektive beinhalten, gehört zu diesen Fähigkeiten auch, durch glaubwürdiges Auftreten und überzeugende Argumente die Kundenbindung an das Institut sicherzustellen, weil eine für beide Seiten profitable Partnerschaft nur mit einem zufriedenen und institutstreuen Kunden zu gewährleisten ist.

Nachfolgend sollen in geraffter Form die Grundgedanken der vorgeschlagenen Auslese- und Weiterbildungssystematik wiedergegeben werden. Wenn „Verkaufen" in seiner allgemeinen Form die gezielte Beeinflussung von Personen beinhaltet, bestimmte Handlungen durchzuführen, dann ist es zweckmäßig, in ausführlichen Explorationen festzustellen, inwieweit die Bewerber in ihrer bisherigen Biographie einschlägige Verhaltenstendenzen zeigten. Zielführende Fragen lassen sich den vorangegangenen motivationstheoretischen Erörterungen entnehmen. Als grundlegende Voraussetzung wurde dort festgehalten, daß nur Bewerber, die häufig soziale Situationen aufsuchen, auch diejenigen sozialen Fertigkeiten erlernen können, die sie zur Beeinflussung anderer benötigen. Darüber hinaus ist das Erlernen der einschlägigen Fertigkeiten dann wahrscheinlicher, wenn sie möglichst heterogene soziale Situationen aufsuchen, in denen unterschiedliche Ziele verfolgt werden, wenn sie in den verschiedenen Bezugsgruppen gut integriert sind, wenn sie in den sozialen Situationen selbst aktiv werden, Ziele ansprechen und sie auch durchsetzen können. Sind solche Situationspräferenzen und Beeinflussungsfähigkeiten bei einem Bewerber erkennbar, so besteht eine erhöhte Wahrscheinlichkeit, daß er auch über verkäuferisches Potential verfügt. Allerdings ist die Anamnese allein nicht ausreichend, da ein kluger Bewerber in der Bewerbungssituation häufig ahnt, welche Antworten vorteilhaft für ihn sind und sich entsprechend zu präsentieren versucht. Deshalb muß er durch geeignete Verhaltens-Leistungsprüfungen beweisen, ob er die Basisfertigkeiten auch konkret beherrscht.

Dienstleistungen im Finanzbereich sind meist komplex und erklärungsbedürftig. Deshalb muß der Bewerber über ausreichend hohe kognitive Fähigkeiten verfügen, um den beruflichen Anforderungen gerecht zu werden. Damit haben diese Fähigkeiten auch Primat vor verkäuferischen Fähigkeiten, da nur derjenige seine verkäuferischen Qualitäten z. B. als Bankkaufmann beweisen kann, der die Abschlußprüfung vor der Industrie- und Handelskammer erfolgreich absolviert hat. Insoweit besteht der gesamte Ausleseprozeß aus drei Stufen – einem kognitiven Eignungstest, einer Exploration und einem Verhaltenstest – wobei die Prozedur beim Auftauchen gravierender Mängel an jeder Stelle abgebrochen werden kann.

Aufbauend auf diesen Basisfertigkeiten werden dann im Aus- und Weiterbildungsprozeß die berufsspezifischen Fertigkeiten eingeübt, die den jungen Mitarbeiter zum effizienten Kundenbetreuer formen. Hierbei läßt sich der eher verbal oder schriftlich vermittelte Wissenserwerb vom konkreten Verhaltenstraining unterscheiden. Beim Wissenserwerb werden z. B. Verhaltensregeln für die Behandlung von Kunden in unterschiedlichen Situationen durchgesprochen. Im Rahmen des Verhaltenstrainings werden konkrete Verhaltensweisen, Argumentationstechniken usw. z.B. mit Hilfe von Rollenspielen eingeübt.

19. Literaturverzeichnis

ABRIC, J. C. (1982). Cognitive Processes Underlying Cooperation: The Theory of Social Representation. In: V.J. DERLEGA & J. GRZELAK (Hrsg.), Cooperation and helping Behavior. Academic Press, New York.

ADAMS, J. St. (1965). Inequity in Social Exchange. In: BERKOWITZ, L. (Hrsg.), Advance in Experimental Social Psychology. Bd. 2, S. 267-297, Academic Press, New York.

ADELT, P., MÜLLER, H. & STEPHAN, E. (1994). Psychologische Typologie privater Versicherungsnehmer. Hrsg: psychonomics, Gesellschaft für wirtschaftspsychologische Forschung und Beratung mbH, Köln.

ADELT, P., MÜLLER, H. & STEPHAN, E. (1995). Kundenorientierung – zielgruppengenau. Psychologische Typen privater Versicherungskunden. In: Die Betriebskrankenkasse, 2, 2/96, 84. Jg., S. 62-67.

ADELT, P., MÜLLER, H. & WISWEDE, G. (1993). Ergebnisse des Forschungsprojektes „Entwicklung eines Meßinstrumentes zur Erfasssung der Sparmentalität". In: Mitteilungen 36 der Gesellschaft zur Förderung der wissenschaftlichen Forschung über das Spar- und Girowesen. Bonn.

ADELT, P., MÜLLER, H. & WISWEDE, G. (1994). Ausprägung und Prognose der Spar- und Anlagementalität. In: Sparkasse, 6/94.

ADELT, P., MÜLLER-PETERS , H. & STEPHAN, E. (1998). Versicherungsmarketing im Privatkundengeschäft: Psychologie der Nachfrage, Kundentypen, Marktstrategien. (In Druck)

ADLER, N. J. (1997). International Dimensions of organizational behavior, 3rd ed. South-Western College Publishing.

AGRAWAL, M. (1995). You haven't seen all: Hypotheses for extending research on the benefits of customer satisfaction. EMAC 1995, S. 1-17.

AINSLEE, G. (1992). Picoeconomics. The Strategic Interaction of Successive Motivational States within the Person. Cambridge University Press, New York.

AJZEN, I. & FISHBEIN, M. (1980). Understanding attitudes and predicting behavior. Englewood Cliffs.

AJZEN, I. & MADDEN, T.J. (1986). Prediction of goal directed behavior: Attitudes, intentions, and perceived behavioral control. In: Journal of Experimental Social Psychology, Vol. 22, S. 453-474.

AJZEN, I. (1988). Attitudes, Personality and Behavior. Milton Keynes.

AJZEN, I. (1989). Attitudes, Personality and Behavior. Arrowsmith Limited, Bristol.

AKERS, R. L. (1985). Deviant Behavior. A Social Learnig Approach. 3rd ed. Wadsworth Publishing Company, Belmont.

ALLINGHAM, M. G. & SANDMO, A. (1972). Income tax evasion. A theoretical analysis. In: Journal of Public Economics, Vol. 1, S. 323-338.

ALM, J., MCCLELLAND, G. & SCHULZ, W. (1989). Why do people pay taxes. Manuscript.

AMELANG, M. (1986). Sozial abweichendes Verhalten. Springer, Berlin.

AMSTAD, P. (1971). Die galvanische Hautreaktion in der Werbe – und Marktdiagnostik. Dissertation. Freiburg.

ANDERSON, B. F. & SETTLE, J. W. (1996). The influence o portfolio characteristics and investment period on investment choice. Journal of Economic Psychology, 17, S. 343-358.

ANDERSON, E. W. & SULLIVAN, M. W. (1993). The antecedents and consequences of customer satisfaction for firms. In: Marketing Science, 12 (2), 125-143.

ANDERSON, R. E. (1973). Consumer dissatisfaction: The effects of disconfirmed expectancy on perceived product performance. Journal of Marketing Research, 10, S. 38-44.

ARGYLE, M. (1969). Social interaction. Methuen & Co. Ltd., London; dt. (1972). Soziale Interaktion. Kiepenheuer & Witsch, Köln.

ARMISTEAD, N. (1968). A test of social skills. Oxford Institute of Experimental Psychology.

ARTOPOEUS, W. (1996). Innovative Handelsgeschäfte und Bankenaufsicht. In: Sparkasse 4/1996, S. 149-155.

ASCH, S. E. (1951). Effects of group pressure on the modification and distortion of judgements. In: GUETZKOW, H. (Hrsg.), Groups, leadership, and men. Pittsburgh.

ATKINSON, A. B. & STIGLITZ, J. E. (1980). Lectures in Public Economics. New York.

ATKINSON, J. W. (1964). An introduction to motivation. Princeton.

AUSTIN, W., MCGINN, N. E. & SUSMILCH, CH. (1980). Internal standards revisited: Effects of social comparisons and expectancies on judgements of fairness and satisfaction. In: Journal of Experimental Social Psychology, Vol. 16, S. 426-441.

AVERILL, J. R. (1973). Personal control over aversive stimuli and its relationship to stress. In: Psychological Bulletin, 80, S. 286-303.

Axel-Springer-Verlag AG (Hrsg.) (1994), Konsument Kind. Kaufentscheidungen von Eltern und Kindern. In: Märkte. Informationen für die Werbeplanung. Hamburg.

AYLLON, T. & AZRIN, N. H. (1968). The token economy. Appleton-Century-Crofts , Norwalk.

BACHER, J. (1993). K-Means-Clustering. In: Holm, K. (Hrsg.), ALMO-Statistik-System. Universität Linz, Institut für Soziologie. Linz.

BACKHAUS, J., MÜLLER, S. & STEINMANN, V. (1997). Zur Prognose des Berufserfolgs durch den Eignungstest „Bankkaufmann“. In: Sparkasse, 7, S. 338-343.

BADEN, K. (1995). Fehlspekulation. In: Manager Magazin, 4, 25. Jg., S. 263-273.

BALOG, S. J. (1991). What an analyst wants from you. In: Financial Executive, NF, Vol. 7, Nr. 4, S. 47-52.

BALZER, A. (1995). Risikomanagement – Angst vor dem Tag X. In: Managermagazin 5/1995, S. 145-151.

BANDURA, A. (1997). Self Efficacy. The Exercise of Control. W. H. Freeman and Company, New York.

BARBER, B. R. (1998). Kapital versteht nichts von den Genüssen des Lebens. Der Standort Welt hat nur die Wahl zwischen ungezügelter Marktwirtschaft und Demokratie. FAZ v. 8.1.98, 32.

BAR-HILLEL, M. & YAARI, M. (1993). Judgements of distributive justice. In: MELLERS, B. A. & BARON, J. (Hrsg.), Psychological perspectives on justice. Cambridge University Press.

BAR-HILLEL, M. (1973). On the subjective probability of compound events. Organizational Behavior and Human Performance, 9, S. 396-406.

BARON, J. (1993). Heuristics and biases in equity judgments: A utilitarian approach. In: MELLERS, B. A. & BARON, J. (Hrsg.), Psychological perspectives on justice. Cambridge University Press.

BARRICK, M. R. & M. K. MOUNT (1991). The big five personality dimensions and job performance: A meta-analysis. In: Personnel Psychology, 44, S. 1-26.

BARTUSSEK, D. (1995^2). Extraversion – Introversion. In SARGES, W. (Hrsg.). Management-Diagnostik, S. 353-365. Hogrefe, Göttingen.

BASTINE, R., M. CHARLTON, D. GRÄSSNER & W. SCHWÄRZEL (1969). Konstruktion eines Fragebogens zur direktiven Einstellung von Lehrern (FDE). Zeitschrift für Entwicklungspsychologie und Pädagogische Psychologie, 1, S. 176-189.

BAUER, S. (1990). Der Aktionär wird König. In: Industriemagazin, Nr. 10, S. 231-239.

BAXTER, L. A. & WILMOT, W. W. (1984). Secret tests. Human communication research, 11, S. 171-201.

BAYER, R.-C.& REICHL, N. (1997). Ein Verhaltensmodell zur Steuerhinterziehung. Berlin.

BAZERMAN, M., LOEWENSTEIN, G. F. & WHITE, S. B. (1992). Psychological determinants of utility in competitive contexts. Administrative Science Quarterly, 37, S. 220 – 240.

BAZERMAN, M., SCHROTH, H., PRADHAN, P., DIEKMANN, K. & TENBRUNSEL, A. (1995). Inconsistent preferences in job acceptance. Northwestern University, working paper.

BECK, U. (1996). Die Subpolitik der Globalisierung. In: Gewerkschaftliche Monatshefte, Heft 11-12, S. 673-680.

Beck'sche Kurz-Kommentare (1995), Band 7, Bürgerliches Gesetzbuch. München.

BECKER, G. S. (1976). Altruism, Egoism, and Genetic Fitness: Economics and Sociobiology. In: derselbe, The Economic Approach to Human Behavior, Chicago und London.

BECKER, J. & STEPHAN, E. (1994). Urteilsverzerrungen durch Priming von Ankern. Beitrag zum 39. Kongreß der Deutschen Gesellschaft für Psychologie, Hamburg. Abstract erschienen in PAWLIK, K. (Hg.): Bericht über den 39. Kongreß der Deutschen Gesellschaft für Psychologie. Band I, S. 51-52. Psychologisches Institut der Universität Hamburg.

BENARTZI, S. & THALER, R. (1995). Myopic loss aversion and the equity-premium-puzzle. Quaterly of Economics, 110, S. 75-92.

BERKOWITZ, L. (1970). The self, selfishness, and altruism. In: MACAULAY, J. & BERKOWITZ, L. (Hrsg.), Altruism and helping behavior, New York.

BERLO, D. K., LEMERT, J. B. & MERTZ, R. J. (1970). Dimensions for evaluating the acceptability of message sources. In: Public Opinion Quarterly, Vol. 33, S. 563-576.

BERLYNE, D. E. (1974). Konflikt, Erregung, Neugier. Zur Psychologie der kognitiven Motivation. Stuttgart.

BERNDT, Holger (1995). Elektronisches Geld – Geld der Zukunft? In: Sparkasse, 112 (8), S. 369-372.

BERNOULLI, D. (1738/1967). Exposition of a new theory on the measurement of risk. Farnsborough Hants

BERTI, A. & BOMBI, A. (1988). The Child´s Construction of Economics. Cambridge.

BERTI, Anna E. (1993). Fifth-graders' ideas on bank functions and interest before and after a lesson on banking. European Journal of Psychology of Education, 8 (2), S. 183-193.

BIERHOFF, H. W. & KLEIN, R. (1992). Prosoziales Verhalten. In: STROEBE, W., HEWSTONE, M., CODOL, J.-P., STEPHENSON, G. M. (Hrsg.), Sozialpsychologie – Eine Einführung, 2. korr. Auflage, Berlin.

BIRBAUMER, N. (1971). Kritische Bemerkung zur „sozialen Intelligenz". Studia Psychologica, 13, S. 69-71.

BIRNBREIER-STAHLBERGER, B. & BONATH, J. C. (1997). Fragebogen zur Erfassung der Einstellung zur Deutschen Nation. Jenaer Blätter für Sozialpsychologie und angrenzende Wirtschaftswissenschaften, 1, S. 1-17.

BISHOP, D. M. (1984). Legal and Extralegal Barriers to Delinquency. Criminology, 22 (3), S. 403-419.

BITNER, M. J. (1990). Evaluating service encounters: The effects of physical surroundings and employee responses. In: Journal of Marketing, 54 (4), S. 69-82.

BITTNER, Th. (1996). Die Wirkungen von Investor Relations-Maßnahmen auf Finanzanalysten. Lohmar.

BJERRING, J. H., LAKONISHOK, J. & VERMAELEN, T. (1983). Stock prices and financial analysts' recommendations. In: Journal of Finance, Vol. 38, S. 187-204.

BLAFFERT et al. (1996) Tauschen statt kaufen – Tauschringinitiativen in Deutschland. In: RaumPlanung, 73, S. 111-114.

BLOUNT, S. & BAZERMAN, M. (1996). The inconsistent evaluation of comparative payoffs in labor supply and bargaining. Journal of Economic Behavior and Organizations, 891, S. 1-14.

BLUME, M. E. & FRIEND, I. (1975). The asset structure of individual portfolios and some implications for utility functions. In: Journal of Finance, 30, S. 585-603.

BLUMLER, J. G. & KATZ, E. (Hrsg.) (1974). The uses of mass communications: Current perspectives in gratifications research. Beverley Hills.

BODZENTA, E. & SIMON, W. (Hrsg.) (1982). Jugend heute: Geld und Konsum. Ergebnisse eines Forschungspraktikums. Schriftenreihe des Instituts für Soziologie der Grund- und Integrativwissenschaftlichen Fakultät der Universität Wien, Wien.

BOEHME, H. (1961). Geldwertbewußtsein und Sparerverhalten. Opladen, Köln

BOND, M. H., LEUNG, K. & SCHWARTZ, S. (1992). Explaining choices in procedural and distributive justice across cultures. In: International Journal of Psychology, 27, 2, S. 211-225.

BORNEMANN, E. (1976). The psychoanalysis of money. Urizen, New York.

BOSSONG, B. (1983). Gerechtigkeitsnormen und angemessenes Einkommen. In: Zeitschrift für experimentelle und angewandte Psychologie, Band 30, Heft 1, S. 32-44.

BOURQUI, C. & BLUMER, A. (1995). Zusammenbruch von Barings. Schweizer Bank 12/1995, S. 43-47.

BRANDENSTEIN, Pierre et al. (1997). Tauschringe – ein juristisches Niemandsland? In: Neue Juristische Wochenschrift, 13/1997, S. 825-831.

BRANDSTÄTTER, H. (1994). Determinanten der Steuerhinterziehung: Ergebnisse der experimentellen Psychologie. In: SMEKAL, C. & THEURL, E. (Hrsg.), Stand und Entwicklung der Finanzpsychologie. Baden-Baden.

BRANDT, D. R. (1987). A procedure for identifying value-enhancing service components using customer satisfaction survey data. In C. SUPRENANT (Hrsg.), Add value to your service. 6th Annual Services Marketing Conference Proceedings (S. 61-64). Chicago.

BRANDT, D. R. (1988). How service marketers can identify value-enhancing service elements. The Journal of Service Marketing, Vol. 3, No. 4, S. 5-14.

BREALEY, R. A. & MYERS, S. C. (1991). Principles of corporate finance, 4. Auflage. New York.

BRECKLER, S. J. (1984). Empirical validation of affect, behavior, and cognition as distinct components of attitude. Journal of Personality and Social Psychology, 47, S. 1191-1205.

BREHM, J. W. (1966). A theory of psychological reactance. New York, London.

BREHM, S. S. & BREHM, J. W. (1981). Psychological Reactance. New York.

BREMKAMP, V. (1989). Kriminalität und Versicherung. VGA-Nachrichten, Nr. 3 (Juni), S. 65-70.

BRENGELMANN, J. & QUAST, C. VON (1987). Spielen, Risikolust und Kontrolle. Frankfurt u.a.

BRENNAN, G. & BUCHANAN, J. M. (1980). The Power to Tax. Cambridge.

BRICKMAN, P. & CAMPBELL, D. T. (1971). Hedonic relativism and planning the good society. In APPLEY, M. H. (Hrsg.): Adaptation-level theory: a symposium. New York, S. 287-302.

BRICKMAN, P., COATES, D. & JANOFF-BULMAN, R. (1978). Lottery winners and accident victims: Is happiness relative? Journal of Personality and Social Psychology, 36, S. 917-927.

BROMILEY, P. & CURLEY, P. C. (1992). Individual differences in risk taking. In: YATES, F. (Hrsg.): Risk-taking behavior, S. 87-121.

BRUCE, V., GILMORE, D., MASON, L. & MAYHEW, P. (1983). Factors affecting the perceived value of coins. Journal of Economic Psychology, 4, S. 335-347.

BRUCE, V., HOWARTH, C. I., DODDS, A., CLARK-CARTER, D. & HEYES, A. (1983). All change for the pound: Human performance tests with the proposed new U.K. 1 pound coin. Ergonomics, 26, S. 215-227.

BRUNER, J. S. & GOODMAN, C. C. (1947). Value and need as organizing factors in perception. In: J. Abn. Soc. Psychol, 42, S. 33-44.

BRUNER, J. S. & POSTMAN, L. (1951). An approach to social perception. In: DENNIS, W. & LIPPITT, R. (Hrsg.) Current trends in Social Psychology. University of Pittsburg Press, S. 71-118.

BRUNER, J. S. (1957). Going beyond the information given. In: BRUNER, J.S. et al. (Hrsg.), Contemporary approaches to cognition. Cambridge/ Mass.

BRUNS, H.-G. (1993). In: O.V. (1993). Investor Relations. In: Betriebswirtschaftliche Forschung und Praxis, 45. Jg., Nr. 2, S. 184-206.

BRUNSWIK, E. (1952). The conceptual framework of psychology. The University of Chicago Press, Chicago.

BRUNSWIK, E. (1955). Representative design and probabilistic theory. Psychological Review, 62, S. 193-217.

Bundesministerium für Arbeit und Sozialordnung (Hrsg.). Klare Sache. Jugendarbeitsschutz mit Gesetzestext, § 5).

Bundesverband des Spielwaren-Einzelhandels (1997). Marktstudie Spielwarenmarkt Deutschland.

BURGER, E., MARVAN, E. & PESL, L. (1982). Taschengeld. In: BODZENTA, E. & SIMON, W. (Hrsg.), Jugend heute: Geld und Konsum, Ergebnisse eines Forschungspraktikums. Schriftenreihe des Instituts für Soziologie der Grund- und Integrativwissenschaftlichen Fakultät der Universität Wien, S. 28-48. Wien.

BURGHARDT, A. (1978). Sparen aus soziologischer Sicht. In: BURGHARDT, A. & RAAB, G. (Hrsg.), Beiträge zur Soziologie des Sparens, S. 39-68. Wien.

BURGOYNE, C. B. (1995). Financial organisation and decision-making within Western households. Journal of Economic Psychology, 16, S. 421-430.

BURRIS, V. (1983). Stages in development of economic concepts. Human Relations, 9, S. 791-812.

BURRIS, V. (1983). Stages in the development of economic concepts. Human Relations, 36, S. 791-812.

BÜSCHGEN, H. E. (1986). Vermögensbildung in Risikokapital – Wunsch und Wirklichkeit. In: Die Bank, 8, S. 396-401.

BUTZ, P. (1997). Familie und sozialer Wandel, unveröffentlichtes Manuskript, Berlin.

BYRNE, D., R. D. MCDONALD, & J. MIKA WA (1963). Approach and avoidance affiliation motives. In: Journal of Personality, 31, S. 21-37.

CADOTTE, E. R., WOODRUFF, R. B. & JENKINS, R. L. (1987). Expectations and norms in models of consumer satisfaction. In: Journal of Marketing Research, 24 (August), S. 305-314.

CALDERWOOD, G. & WEBLEY, P. (1992). Who responds to changes in taxation? The relationship between taxation and incentive to work. In: Journal of Economic Psychology, Vol. 13, S. 735-748.

CAREY, P. (1996). Übermäßige Volatilität am Aktienmarkt: Erklärungsansätze auf der Grundlage verhaltenswissenschaftlich fundierter Erwartungsbildung. Dissertation, Universität zu Köln.

CARPENTER, R. (1994). Ranking reports. In: Investor Relations, November 1994, S. 35-39.

CARROLL, J. S. (1978). A Psychological Approach to Deterrence: The Evaluation of Crime Opportunities. In: Jounal of Personality and Social Psychology, 36 (12), S. 1512-1520.

CECCHINI, P. (1988). Europa ,92. Der Vorteil des Binnenmarktes. Baden-Baden.

CENTERS, R. & CANTRIL, H. (1946). Income satisfaction and income aspiration. In: Journal of Abnormal and Social Psychology, 41.

CHAIKEN, S. & STANGOR, C. (1987). Attitudes and attitude change. Annual Review of Psychology, 38, S. 575-630.

CHAIKEN, S. (1980). Heuristic versus systematic information processing and the use of source versus message cues in persuasion. Journal of Personality and Social Psychology, 39, S. 752-756.

CHAIKEN, S. (1987). The heuristic model of persuasion. In: ZANNA, M. P., OLSON, J. M. & HERMAN, C.P. (Hrsg.): Social Influence: The Ontario Symposium. Vol. 5. Hillsdale/ N.J.

CHATLOS, W. (1974). What is investor relations? In: ROALMAN, A. R. (Hrsg.), Investor Relations Handbook, S. 3-19. New York.

CHRISTIE, R. & GEIS, F. L. (Hrsg.) (1970). Studies in Machiavellianism. New York.

CHURCHILL, G. A. & SURPRENANT, C. (1982). An investigation into the determinants of customer satisfaction. In: Journal of Marketing Research, 19 (November), S. 491-504.

CIALDINI, R. B. (1997). Die Psychologie des Überzeugens. Hans Huber, Bern.

CKAG – Colonia Konzern Aktiengesellschaft (Hrsg.) (1994). Die jungen Alten. Die CKAG-Generationen-Studie. Köln.

CLOWARD, R. A. & OHLIN, Z. E. (1960). Delinquency and opportunity. New York.

COASE, R. H. (1937).The Nature of the Firm. In: Economica, Vol.4/ 1937, S. 34-405.

COHEN, J. (1977). Statistical power analysis for the social sciences. New York.

COHEN, J., CHESNICK, E. & HARAN, D. (1982). Evaluation of compound probabilities in sequential choice. In: KAHNEMAN, D., SLOVIC, P. & TVERSKY, A. (1982), S. 355-358.

Consumentenbond (1997). Den Haag.

CORSTEN, H. (1988). Betriebswirtschaftslehre der Dienstleistungsunternehmungen. Einführung. Oldenbourg-Verlag, München.

COVAL, J. & MOSKOWITZ, T. (1996). Home bias at home: Local equity preference in domestic portfolios. Working Paper, Columbia University, New York.

COWELL, F. A. (1992). Tax evasion and inequity. In: Journal of Economic Psychology, Vol. 13, S. 521-543.

CRONBACH, L. J. (1970). Essentials of Psychological Testing. Evanston, New York; Harper, London.

CRONKHITE, G. & LISKA, J. (1976). A critique of factor analytic approaches to the study of credibility. Communication Monographs, 43, S. 91-107.

CULLIS, J. G. & LEWIS, A. (1997). Why people pay taxes: From a conventional economic model to a model of social convention. In: Journal of Economic Psychology, Vol. 18, S. 305-321.

CZEPIEL, J. A., ROSENBERG, L. J. & AKERELE, A. (1974). Perspectives on consumer satisfaction, AMA educators proceedings. American Marketing Association (Hrsg.), S: 119-23. Chicago

DAWES, R. M. (1980). Social dilemmas. In: Annual Reviews of Psychology, 31, S. 169-193.

DE BONDT, W. F. M. & THALER, R. H. (1990). So security analysts overreact? In: American Economic Review, Vol. 80, Paper and Proceedings, S. 52-57.

DEAN, P., KEENAN, T. & KEENEY, F. (1980). Taxpayers' attitude to income tax evasion: An empirical study. In: The British Tax Review, Vol. 1, S. 28-44.

DECI, E. L. (1975). Intrinsic Motivation. Plenum Press, New York.

DECI, E.L. & RYAN, R.M. (1985). Intrinsic Motivation and Self-Determination in Human Behavior. New York.

Der deutsche Börsen-Filz (1992). In: Die Zeit, Nr.49, 27.11.1992, S. 23.

Der Fischer Weltalmanach 1996 (1995). Frankfurt am Main.

Der Fischer Weltalmanach 1998 (1997). Frankfurt am Main.

DEUTSCH, M. (1975). Equity, Equality, and Need: What determines which value will be used as the basis of distibutive justice? In: Journal of social issues, Vol. 31, S. 3.

Deutsche Bank Research (1994). Vom Sparer zum Anleger. Bulletin vom 27.12.94, S. 6-11.

Deutsche Bundesbank (1989). Geschäftsbericht.

DICKENBERGER, D., GNIECH, G. & GRABITZ, H.-J. (1993). Die Theorie der psychologischen Reaktanz, in: FREY, D. & IRLE, M. (Hrsg.), Kognitive Theorien der Sozialpsychologie, 2. vollständig überarbeitete Auflage, S. 243-273. Bern.

Die Zeit (1990), Tabelle: Sparquoten International, (3) 12.1.1990.

DIENER, E. (1984). Subjective well-being. Psychological Bulletin, 95, S. 542-575.

DIMSON, E. & MARSH, P. (1984). An analysis of brokers' and analysts' unpublished forecasts of UK stock returns. In: Journal of Finance, Vol. 39, S. 1257-1292.

Direccion de Consumo (1997), Vitoria-Gasteiz.

DOLL, E. A. (1935). The measurement of social competence. American Association on Mental Deficiency, 40, S. 103-126.

DOLLINGER, S. J. & M. H. THELEN (1978). Overjustification and children's intrinsic motivation: Comparative effects of four rewards. J. of Personality and Social Psychology, 36, S. 1259-1269.

DÖNCH, U. & HOFMANN, H.-J. (1994). Brave Bürger klauen mit – Versicherungsbetrug. In: Focus, 11/1994, S. 210-216.

DÖPFNER, M. (1989). Soziale Informationsverarbeitung – ein Beitrag zur Differenzierung sozialer Inkompetenzen. In: Zeitschrift für Pädagogische Psychologie, 1989, 3, S. 1-8.

DORNSTEIN, M. (1987). Taxes: attitudes and perceptions and their social base. In: Journal of Economic Psychology, Vol. 8, S. 55-76.

DORSCH, F., HÄCKER, H. & STAPF, K.-H. (Hrsg.) (1987). Dorsch Psychologisches Wörterbuch. 11. Auflage. Bern u.a.

DOWNS, A. (1974). Warum das staatliche Budget in einer Demokratie zu klein ist. In: FREY, B.S. & MEIßNER, W. (Hrsg.), Zwei Ansätze der Politischen Ökonomie. Marxismus und ökonomische Theorie der Politik, S. 105-126. Frankfurt.

DREITZEL, H. P. (1980). Die gesellschaftlichen Leiden und das Leiden an der Gesellschaft. Vorstudien zu einer Pathologie des Rollenverhaltens. 3. Auflg. Enke, Stuttgart.

DREMAN, D. N. (1977). Psychology and the stock market. New York.

DRISCOLL, K., MALCOLM, J., SIRULL, M. & SLOTTER, P. (1995). Gallup Survey of Defined Contribution Plan Participants. HANCOCK, John (Hrsg.), Financial Services, Nov. 1995.

EAGLY, A. H., WOOD, W. & CHAIKEN, S. (1978). Causal interferences about communicators and their effect on opinion change. In: Journal of Personality and Social Psychology, 36, S. 424-435.

EARLEY, P. C. & EREZ, M. (1997). The transplanted executive. Oxford University Press.

EASTERLIN, R. A. (1974). Does economic growth improve the human a lot? Some empirical evidence. In: DAVID, P. A. & REDER, M. W. (Hrsg.), Nations and households in economic growth. New York.

EBERS, M. & GOTSCH, W. (1993). Institutionenökonomische Theorien der Organisation. In: KIESER, A. (Hrsg.), Organisationstheorien, S. 193-242. Stuttgart u.a.

Effecten Spiegel (1998). Heft Nr. 21 v. 14.5.98, S. 11 f.

EICHENBERGER, R. (1992). Verhaltensanomalien und Wirtschaftswissenschaft. Herausforderungen, Reaktionen, Perspektiven. Wiesbaden.

ELFFERS, H. & VARGA K. (1994). Self-Serving or Society-oriented? Dutch and Hungarian Free Rider Attitudes in General and Towards Taxation. Erasmus University (Faculty of Law), Rotterdam.

ELFFERS, H., ROBBEN, H. J. S. & HESSING, D.J. (1992). On measuring tax evasion. In: Journal of Economic Psychology, Vol. 13, S. 545-567.

ELLERMANN, B. & ELLERMANN, U. (1994). „... und wie läßt du hageln?“: Versicherungsbetrug – ein Volkssport? VVW, Karlruhe.

EMERSON, M. (1991). Ein Markt eine Währung. Potentielle Nutzen und Kosten der Errichtung einer Wirtschafts- und Währungsunion. Bonn.

ENGELHARDT, G., HEGMANNN, H. & PANTHER, S. (1994). Fiskalillusion aus der Sicht der Neuen Institutionenökonomik. In: SMEKAL, C.& THEURL, E. (Hrsg.), S. 121-152.

ENGELHARDT, W. H., KLEINALTENKAMP, M. & RECKENFELDERBÄUMER, M. (1993). Leistungsbündel als Absatzobjekte. Ein Ansatz zur Überwindung der Dichotomie von Sach- und Dienstleistungen. Zeitschrift für betriebswirtschaftliche Forschung. 45 (5), S. 395-426.

ENGELMANN, M. & AMMELUNG, M. (1996). Who is responsible for service failure? The impact of attributions on customer satisfaction. Paper presented at the 21st IAREP-Conference, Paris.

ENGELMANN, M. & MÜLLER, H. (1997). Kundenzufriedenheit bei Dienstleistern: Meßmethoden im Vergleich. Planung & Analyse. 4, S. 42-49.

EPPLE, M. (1991). An der Schwelle der neunziger Jahre – Finanzverhalten im Wandel. In: SZALLIES, R. & WISWEDE, G. (Hrsg.): Wertewandel und Konsum, 2. Auflage, Landsberg/Lech, S. 441-460.

ERB, E. (1997). Subjektmodelle in der Psychologie. In: GROEBEN, N. (Hrsg.) Zur Programmatik einer sozialwissenschaftlichen Psychologie. Bd. I: Metatheoretische Perspektiven, S. 139-240. Münster.

ERIKSEN, K. & FALLAN, L. (1996). Tax knowledge and attitude towards taxation: A report on a quasi experiment. In: Journal of Economic Psychology, Vol 17, S. 387-402.

ESSER, H. (1996). Die Definition der Situation. Kölner Zeitschrift für Soziologie und Sozialpsychologie, 48, S. 1-34.

Europäische audiovisuelle Informationsstelle, Statistisches Jahrbuch 1996. Filmindustrie, Fernsehen, Video und Neue Medien in Europa, Council of Europe (Hrsg.).

EVENS, F. B. (1963). Selling as a dyad relationship – a new approach. American Behavioral Scientist, 6, H. 9, S. 76-79.

EYSENCK, J. (1959). Manual of the Maudsley Personality Inventory. University of London Press, London.

EYSENCK, J. (1960). The structure of Human Personality. Methuen, London

EYSENCK, S. B. G. & J. EYSENCK (1963). The Validity of Questionnaires and Rating Assessments of Extraversion and Neuroticism and their Factorial Validity. Brit. J. Psychol., 54, S. 51-62.

FALCES, C., SIERRA, B., BRINOL, P. & BECERRA, A. (1996). Scripts, satisfaction and perceived quality: An exploratory study. Paper presented at the 21st IAREP-Conference, Paris.

FAMA, E. (1976). Foundations of Finance. New York.

FAZ (20.11.1997). Die Zahlungsmoral in Deutschland wird immer schlechter. (Ke. Bonn)

FAZIO, R.H. (1990). Multiple processes by which attitudes guide behavior: The MODE model as an integrative framework. In: ZANNA, M. P. (Hrsg.), Advances in experimental social psychology, Vol. 23, S. 75-109.

FECHNER, G. Th. (1860). Elemente der Psychophysik. Leipzig.

FEHR, E., KIRCHLER, E., WEICHBOLD, A. & GAECHTER, S: (1998). When Social Norms Overpower Competition: Gift Exchange in Experimental Labor Markets. In: Journal of Labor Economics, Vol. 16, S. 324-351.

FELDERER, B. & HOMBURG, S. (1991). Makroökonomik und neue Makroökonomik. Berlin u.a.

FELDERER, B.& HOMBURG, S. (1991). Makroökonomik und neue Makroökonomik. Berlin u.a.

FERENCZI, S. (1976). The ontogenesis of the interest in money. In: E. BORNEMANN (Hrsg.): The psychoanalysis of money, S. 81-90. Urizen, New York.

FESSEL, L. (1981). Konsumverhalten von Kindern. In: Journal für die Sozialforschung, 21. Jg., Heft 1, S. 76-84.

FESTINGER, L. (1954). A theory of social comparison processes. Human Relations, 7, S. 117-140.

FESTINGER, L. (1957). A theory of cognitive dissonance. Stanford University Press, Stanford, CA.

FETCHENHAUER, D. & MÜLLER, H. (1996). Versicherungsbetrug. Erklärung und Prävention. Hrsg: psychonomics, Gesellschaft für wirtschaftspsychologische Forschung und Beratung mbH. Köln.

FETCHENHAUER, D. & SIMON, J. (im Druck). Eine experimentelle Überprüfung der General Theory of Crime von GOTTFREDSON & HIRSCHI. Monatschrift für Kriminologie und Strafrechtsreform.

FETCHENHAUER, D. (1997). Betrügerisches Verhalten gegenüber einem anonymen Geschädigten aus sozialpsychologischer, soziologischer und ökonomischer Perspektive. Entwicklung eines integrativen Erklärungsmodells und empirische Überprüfung am Beispiel des Versicherungsbetrugs. Dissertation an der Universität zu Köln.

FETCHENHAUER, D. (1998). Versicherungsbetrug. Eine theoretische und empirische Analyse betrügerischen Verhaltens gegenüber einem anonymen Geschädigten. Nomos Verlag, Baden-Baden.

FIEDLER, K. (1993). Kognitive Täuschungen: Faszination eines modernen Forschungs-programms. In: HELL, W., K. FIEDLER & G. GIGERENZER (Hrsg.): Kognitive Täuschungen: Fehl-Leistungen und Mechanismen des Urteilens, Denkens und Erinnerns, S. 7-12. Spektrum Akademischer Verlag , Heidelberg.

FISCHER, L. & BELL, R. (1990). Psychologische Aspekte der Überschuldung privater Haushalte. In: HÖFLING, S. & W. BUTOLLO (Hrsg.) Psychologie für Menschenwürde und Lebensqualität, Bd.3, S. 126-139. Bonn.

FISCHER, L. & MÜLLER, H. (1996). Der Umgang mit Risiken und Chancen in Haushalten älterer Menschen – Fazit und Ausblick aus ökonomischer und sozialpsychologischer Sicht. Schriftenreihe „Sozialwissenschaftliche Schriften" Heft 32, 86-91.

FISCHER, L. & MÜLLER, H. (1996a). Umgang mit Risiken und Chancen in Haushalten älterer Menschen/2. Sozialpsychologische Begründungen und empirische Evidenzen einer begrenzten Rationalität. Schriftenreihe der Kölnischen Rück, Heft 32.

FISCHER, L. & MÜLLER, H. (1996b). Der Umgang mit Risiken und Chancen in Haushalten älterer Menschen aus sozialpsychologischer Sicht. Schriftenreihe „Sozialwissenschaftliche Schriften" Heft 32, S. 57-84.

FISCHER, L. & WISWEDE, G. (1997). Grundlagen der Sozialpsychologie. Oldenbourg, München.

FISCHER, L. (1989). Strukturen der Arbeitszufriedenheit. Hogrefe, Göttingen.

FISCHER, L. (1989). Strukturen der Arbeitszufriedenheit. Zur Analyse individueller Bezugssysteme. Göttingen.

FISCHER, L. (1991). Der Typus des Aktionärs. In: ZA-Information 28, S. 20 –38.

FISCHER, L. u.a. (1993). Zur Psychologie privater Aktionäre (2) – emotionale Stimmungen und Anlageverhalten. Sparkasse, 11, S. 521-527.

FISHBEIN, M. & AJZEN, I. (1975). Belief, attitude, intention and behavior. Reading.

FISHBEIN, M. (1967). Attitude and the prediction of behavior. In: FISHBEIN, M. (Hrsg.). Readings in attitude theory and measurement. New York.

FISK, R. P. & YOUNG, C. E. (1985). Disconfirmation of equity expectations: Effects on consumer satisfaction with services. In: HIRSCHMANN, E. H. & HOLBROOK, M. B. (Hrsg.), Advances in consumer research (S. 340-345). Association for Consumer Research, Vol. XII.

FISKE, S. T. & TAYLOR, S. E. (1991): Social Cognition, 2nd edition, New York.

FLANAGAN, J. C. (1954). The critical incident technique. Psychological Bulletin, 51 (7), S. 327-358.

FOA, E. B. & FOA, U. G. (1980). Resource theory: Interpersonal behavior as social exchange. In: K. J. GERGEN, M. S. GREENBERG & R. H. WILLIS (Hrsg.): Social exchange: Advances in theory and research. Plenum, New York.

FORGAS, J. P. (1979). Social episodes: The study of interaction routines. London.

FOX, S. (1980). Situational determinants in affiliation. European Journal of Social Psychology 10, S. 303-307.

FRANK, R. H. (1992). Die Strategie der Emotionen. Oldenbourg, München.

Frankfurter Allgemeine Zeitung (1998). Kapital versteht nichts von den Genüssen des Lebens. Der Standort Welt hat nur die Wahl zwischen ungezügelter Marktwirtschaft und Demokratie. 8.1.98, S. 32.

FRENCH, J. R. P. & RAVEN, B. H. (1959). The bases of social power. In: Cartwright, D. (Hrsg.). Studies in social Power. S. 150-167. Ann Arbor.

FRENCH, K., PORTERBA, J. (1991). Investor diversification and international equity-markets. American Economic Review, 81, S. 222-226.

FREY, B. S. & EICHENBERGER, R. (1996). To harmonize or to compete? That`s not the questionl In: Journal of Public Economics, Vol. 60, S. 335-349.

FREY, B. S. & OPP, K. D. (1979). Anomie, Nutzen und Kosten. Eine Konfrontation der Anomietheorie mit ökonomischen Hypothesen. Soziale Welt, 30, S. 275-294.

FREY, B. S. (1981). Ökonomie als Verhaltenswissenschaft – Ansatz, Kritik und europäischer Beitrag. Jahrbuch für Sozialwissenschaft, S. 21-35.

FREY, B. S. (1990). Entscheidungsanomalien: Die Sicht der Ökonomie. Psychologische Rundschau, 41, S. 67-83.

FREY, B. S. (1993). Motivation as a Limit to Pricing. Journal of Economic Psychology, 14, S. 635-664.

FREY, D. & GASKA, A. (1993). Die Theorie der kognitiven Dissonanz. In: FREY, D. & IRLE, M. (Hrsg.), Kognitive Theorien der Sozialpsychologie. 2. vollständig überarbeitete Auflage, S. 275-325. Bern.

FREY, D. & STAHLBERG, D. (1990). Erwartungsbildung und Erwartungsveränderung bei Börsenakteuren. In: MAAS, P., WEIBLER, J. (Hrsg.), Börse und Psychologie, S. 102-139. Köln.

FREY, D. & STAHLBERG, D. (1993). Das Elaboration-Likelihood-Modell von PETTY & CACIOPPO. In FREY, D. & IRLE, M. (Hrsg.), Theorien der Sozialpsychologie. Band I: Kognitive Theorien, S. 327-359. Bern.

FREY, D. (1995). Die Sorglosen. In: Manager-Magazin, 4, S. 243-245.

FREY, D.& SCHULZ-HARDT, S. (1998). Extension: Ein Modell zur Erklärung und Vorhersage der Ausdehnungsbestrebungen von Individuen, Gruppen und größeren sozialen Systemen. Erscheint in: HACKER W. (Hrsg.), Bericht über den 41. Kongreß der Deutschen Gesellschaft für Psychologie in Dresden 1998. Göttingen.

FREY, D., BRANDSTÄTTER, V. & SCHUSTER, B. (1994). Das ökonomische Modell aus psychologischer Sicht. In: SMEKAL, C.& THEURL, E. (Hrsg.), S. 65-106.

FREY, D., DAUENHEIMER, D., PARGE, O.& HAISCH, J. (1993). Die Theorie sozialer Vergleichsprozesse. In: FREY, D. & IRLE, M. (Hrsg.), Theorien der Sozialpsychologie, Band 1: Kognitive Theorien, S. 81-121, Bern.

FRIEDMAN, M.&SA VAGE, L.J. (1948). The utility analysis of choices involving risk. In: The Journal of Political Economy, 56, August 1948, Nr. 4, S. 179-304.

FRITSCH, Michael , WEIN, Thomas & EWERS, Hans-Jürgen (1996). Marktversagen und Wirtschaftspolitik. Mikroökonomische Grundlagen staatlichen Handelns, 2. Franz Vahlen, München.

FRITSCH, U. (1991). Steuerbegünstigte Aktiensparpläne für breite Bevölkerungskreise –„Personal Equity Plans – PEP". Schriftenreihe des DAI (Deutsches Aktieninstitut e.V.), Oktober 1991. Berlin.

FRÜH, W. (1989). Inhaltsanalyse. Theorie und Praxis, 2. Aufl. Ölschläger, München.

FULKER, D. W., EYSENCK, S. B. G. & ZUCKERMAN, M. (1980). A genetic and environmental analysis of sensation seeking. In: Journal of Research in Personality, 14, S. 261-281.

FURNHAM, A. (1983). Inflation and the estimated sizes of notes. In: Journal of Economic Psychology, 4, S. 349-352.

FURNHAM, A. (1984). Many sides of the coin: The psychology of money usage. Personality and Individual Differences, 5, S. 501-509.

FURNHAM, A. F. (1988). Lay theories: Everyday understanding of problems in the social sciences. Pergamon Press, Oxford.

GALLUP (1995) Wall's Pocket Money Monitor. Birds Eye Wall's Ltd.

GAS, B. (1990). Versicherungsbetrug als Herausforderung. In BACH, P. (Hrsg.), Symposium gegen Versicherungsbetrug, Schwerpunkte: Kraftfahrt- und Sachversicherung. VVW, Karlsruhe.

GAUERT, H. (1996). Werbung, Jugend und Konsum. Handlungsorientierter Unterricht in der Verbraucherbildung, Stiftung Verbraucherinstitut (Hrsg.). Berlin.

GERUM, E. & HERRMANN, U. (1981). Zur Leistungsfähigkeit von einheitlichen analytischen Arbeitsbewertungssystemen. Iin: Zeitschrift für Arbeitswissenschaft, 35. Jg., S. 87-94.

Gesamtverband der deutschen Versicherungswirtschaft (1995). Jahrbuch des Gesamtverbandes der deutschen Versicherungswirtschaft. Verlag Versicherungswirtschaft, Karlsruhe.

Gesamtverband der deutschen Versicherungswirtschaft (1996). Jahrbuch des Gesamtverbandes der deutschen Versicherungswirtschaft. Karlsruhe: Verlag Versicherungswirtschaft.

Gesellschaft für Konsumforschung e.V. (1991). Versicherungsbetrug – Na und?: Gesellschaft für Konsumforschung, Nürnberg.

Gesellschaft für Konsumforschung e.V. (1993). Die Neuen Alten. Nürnberg.

Gesellschaft für Konsumforschung e.V. Marktforschung (1989). Der Verbraucher 1990. Nürnberg.

GIGERENZER, G. (1981). Messung und Modellbildung in der Psychologie. UTB, München, Basel.

GIGERENZER, G. (1993). Die Repräsentation von Information und ihre Auswirkung auf statistisches Denken. In: W. HELL, K. FIEDLER & G. GIGERENZER (Hrsg.): Kognitive Täuschungen: Fehl-Leistungen und Mechanismen des Urteilens, Denkens und Erinnerns. S. 99-127. Spektrum Akademischer Verlag, Heidelberg.

GIGERENZER, G. (1993). From tools to theories.: A heuristic of discovery in cognitive psychology.. Psychological Review, 2, S. 254-264.

GINSBURG, N. & CURTIS, R. (1974). The effect of value on perceived numerosity. In: American Journal of Psychology, 87, S. 481-486.

GODSCHALK, HUGO (1986). Die geldlose Wirtschaft. Vom Tempeltausch zum Barter-Club. Berlin.

GOETHALS, G. R. & DARLEY, J. M. (1977). Social comparison theory: An attributional approach. In: SULS, J. M. & R. L. MILLER (Hrsg.), Social comparison processes: Theoretical and empirical perspectives. Washington.

GOTLIEB, J. B., GREW AL, D. & BROWN, S. W. (1994). Consumer satisfaction and perceived quality: Complementary or divergent constructs? Journal of Applied Psychology, 79 (6), S. 875-885.

GOTTFREDSON, M. R, & HIRSCHI, T. (1990). A General Theory of Crime. Stanford University Press, Stanford.

GRASMICK, H. G., BURSIK R. J. & COCHRAN J. K. (1991). „Render unto Caesar what is Caesar's": Religiosity and Taxpayers' Inclinations to Cheat. In: The Sociological Quarterly, 32 (2), S. 251-266.

GRASMICK, H. G., TITTLE, C. R., BURSIK, R. J. & ARNEKLEV, B. J. (1993). Testing the Core Empirical Implications of GOTTFREDSON and HIRSCHI's General Theory of Crime. In: Journal of Research in Crime and Delinquency, 30, S. 5-29.

GRAVES JR., J. J. (1982). Managing Investor relations: Strategies and techniques. Homewood.

GRAY, J. A. (1981). A critique of Eysenck's theory of personality. In: EYSENCK, H. J. (Hrsg.), A model for personality, S. 246-276. Berlin u.a.

GREEN, D. M. & SWETS, J. A. (1966). Signal detection theory and psychophysics. N. J.

GREENBERG, B. A. & BELLENGER, D. N. (Hrsg.) (1977). Contemporary Marketing Thought. Educator's Proceedings, Chicago.

GREENBERG, B. S. & MILLER, G. R. (1966). The effect of low-credible sources on message acceptance. Speech Monographs, 33, S. 127-136.

GREENBERG, J. (1983). Overcoming egocentric bias in perceived fairness through self-awareness. Iin: Social Psychology Quarterly, Vol. 46, S. 152-156.

GREENBERG, J. (1986). Determinants of perceived fairness of performance evaluations. In: Journal of Applied Psychology, Vol. 71, S. 340-342.

GREENBERG, J. (1987a). A Taxonomy of Organizational Justice Theories. In: Academy of Management Review, Vol. 12, No. 1, S. 9-22.

GREENBERG, J. (1987b). Reactions to procedural injustice in payment distributions: Do means justify the ends? In: Journal of Applied Psychology, Vol. 72, S. 55-61.

GREENBERG, J. (1990). Organizational Justice: Yesterday, Today and Tomorrow. In: Journal of Management, Vol. 16, No.2, S. 399-432.

GREENBERG, J. (1993). Stealing in the Name of Justice: Informational and Interpersonal Moderators of Theft Reactions to Underpayment Inequity. Organizational Behaviour and Human Decision Processes, 54, S. 81-103.

GRETSCHMANN, K. (1994). Die Struktur öffentlicher Ausgaben im Lichte der Bürgerpräferenzen. In: SMEKAL, C.& THEURL, E. (Hrsg.), S. 153-169.

GREY, G. (1982). Neuropsychology of Anxiety, Oxford.

GROENLAND, E. A. G. & VAN VELDHOFEN, G. M. (1983). Tax evasion and mechanisms of social control: A comparison with grand and petty theft. In: Journal of Economic Psychology, Vol. 2, S. 213-230.

GROENLAND, E. A. G., BLOEM, J. G.& KUY LEN, A. A. A. (1996). Prototypicality and structure of the saving concept for consumers. In: Journal of Economic Psychology, 17, S. 691-708.

GROß-ENGELMANN, M. (1998): Kundenzufriedenheit mit Finanzdienstleistern – Eine Bewertung aktueller Erklärungs- und Meßmodelle. In diesem Band.

GRZELAK, J. (1980). Konflikt und Kooperation. In: STROEBE, W. et al. (Hrsg.), Sozialpsychologie. Berlin, Heidelberg.

GÜTH, W. & WECK-HANNEMANN, H. (1997). Do people care about democracy? An experiment exploring the value of voting rights. In: Public Choice, Vol. 91, S. 27-47.

GUTMANN, G., HOCHST RATE, H. J. & SCHLÜTER, R. (1964). Die Wirtschaftsverfassung der Bundesrepublik Deutschland. Gustav Fischer, Stuttgart.

HALLER, M. (1995). Zukunft des Versicherungsmarketing: Vom Produkt zur Institution. In: Aktuelle Entwicklungen im Versicherungsmarketing. Schriftenreihe des Versicherungsforum, Heft 22, S. 1-11. Karlsruhe.

HALLER, S. (1994). Measuring service quality: A longitudinal study in further education. In: KUNST, P. & J. LEMMINK (Hrsg.), Quality management in services I. Assen/Maastricht.

HARDES, H.-D. (1993). Gewerkschaftstheorien, ökonomische. In: BREISIG, Th. (Hrsg.): Handwörterbuch der Arbeitsbeziehungen in der EG, S. 261-267. Wiesbaden.

HASSELDINE, D. J. & BEBBINGTON, K. J. (1991). Blending economic deterrence and fiscal psychology models in the design of responses to tax evasion: The New Zealand experience. In: Journal of Economic Psychology, Vol. 12, S. 299-324.

HAYS, W. (1980). Statistics for the social sciences. London.

HEBB, D. O. (1955). Drives and the C.N.S. (conceptual nervous system). In: Psychological Review, 62, S. 243-254.

HECKHAUSEN, H. (1989). Motivation und Handeln. Springer, Berlin.

HECKHAUSEN, H., GOLLWITZER, P-M. & WEINERT, F. E. (1987) (Hrsg.). Jenseits der Rubikon: Der Wille in den Humanwissenschaften. Berlin.

HEGWILL, M. A. & MILLER, G. R. (1965). Source credibility and response to fear-arousing communications. Speech Monographs, 32, S. 95-101.

HEINEMANN, K. (1993). Geld und Vertrauen. In: KINTZELÉ, J. & P. SCHNEIDER (Hrsg.): Georg Simmels Philosophie des Geldes. S. 301-323. Frankfurt a. M.

HELL, W. (1993). Kognitive und optische Täuschungen. In: W. HELL, K. FIEDLER & G. GIGERENZER (Hrsg.): Kognitive Täuschungen: Fehl-Leistungen und Mechanismen des Urteilens, Denkens und Erinnerns. S. 317-324. Spektrum Akademischer Verlag, Heidelberg.

HELLWEG, Susanne (1995). Zum Stellenwert der Werbung und ihrer Wirkung auf das Konsumverhalten von Kindern im Grundschulalter. Diplomarbeit, Universität Bonn.

HELSON, H. (1964). Adaptation-level theory: An experimental and systematic approach to behavior. New York.

HENKE, K.-D. (1975). Die Verteilung von Gütern und Diensten auf die verschiedenen Bevölkerungsschichten, Göttingen.

HENTSCHEL, B. (1990). Die Messung wahrgenommener Dienstleistungsqualität mit SERVQUAL. Eine kritische Auseinandersetzung. In: Marketing ZFP, 12. Jg., Nr. 4, S. 230-240.

HENTSCHEL, B. (1992). Dienstleistungsqualität aus Kundensicht. Gabler, Wiesbaden.

HERKNER, W. (1991). Lehrbuch Sozialpsychologie. Bern.

HERKNER, W. H. (1975). Ein erweitertes Modell des Appetenz-Aversions-Konflikts. In: Zeitschrift für Klinische Psychologie, 4, S. 50-60.

HERRNSTEIN, R. (1990). Rational-Choice-Theory. Necessary but not Sufficient. In: American Psychologist, 45, S. 356-367.

HERRNSTEIN, R. J. (1988). A behavioral alternative to utility maximation. In: MAITAL, S. (Hrsg.): Applied behavioral economics, S. 3-36. Brighton.

HERZBERG, F., MAUSNER, B. & SYNDERMANN, B. (1959). The motivation to work. New York.

HESSING, D. J., ELFFERS, H. & WEIGEL, R. H. (1988). Exploring the limits of self-reports and reasoned action: An investigation of the psychology of tax evasion behavior In: Journal of Personality and Social Psychology, Vol. 54, S. 405-413.

HESSING, D. J., ELFFERS, H., ROBBEN, H. S. J. & WEBLEY, P. (1993). Needy or Greedy? The Social Psychology of Individuals who Fraudulently Claim Unemployment Benefits. In: Journal of Applied Social Psychology, 23 (3), S. 226-243.

HEUSER, U. J.& PINZLER, P. (1998). Neue Grenzen für das Kapital. In: Die Zeit, 4/98, S. 21.

HICKSON, D. J., MCMILLAN, C. J. (Hrsg.) (1981). Organization and Nation: The Aston Programme IV. Westmead, Farnb.

HILKE, W. (1989). Dienstleistungs-Marketing. Gabler, Wiesbaden.

HILL, D. J. (1986). Satisfaction and consumer research. In: LUTZ, R. J. (Hrsg.), Advances in consumer research, Vol. 13, Provo: Association of Consumer Research, S. 311-315.

HINZMANN, J. (1994). Versicherungsbetrug – Was tun? In: Versicherungskaufmann, 10, S. 12-16.

HIRSCHMAN, A. O. (1970). Exit, Voice, and Loyality. Cambridge.

HITCHCOCK, J., MUNROE, R. & MUNROE, R. (1976). Coins and countries: The value-size hypothesis. In: Journal of Social Psychology, 100, S. 307-308.

HOFFRAGE, U. (1993). Die Illusion der Sicherheit bei Entscheidungen unter Unsicherheit. In: W. HELL, K. FIEDLER & G. GIGERENZER (Hrsg.): Kognitive Täuschungen: Fehl-Leistungen und Mechanismen des Urteilens, Denkens und Erinnerns. S. 73-97. Spektrum Akademischer Verlag, Heidelberg.

HOFSTEDE, G. (1980). Culture's consequences – International differences in work-related values. Beverly Hills.

HOFSTEDE, G. (1993a). Intercultural Conflict and Synergy in Europe. In: HICKSON, D. J. (Hrsg.), Management in Europe. Walter de Gruyter, Berlin.

HOFSTEDE, G. (1993b). Interkulturelle Zusammenarbeit. Wiesbaden.

HOGARTH, R. M. & REEDER, M. (Hrsg.) (1986). Rational Choice. The contrast between economics and psychology. Chicago.

HOMANN, K. (1998). Der Begriff der Gerechtigkeit wird instrumentalisiert, SZ-Gespräch. In: Süddeutsche Zeitung, Nr. 28, S. 32.

HOMANS, G. C. (1958). Human behavior as exchange. In: American Journal of Sociology, Vol. 63, S. 597-606.

HOMANS, G. C. (1961). Social Behavior: its Elementary Forms. New York.

HOSSIEP, R. (1995). Berufseignungsdiagnostische Entscheidungen. Hogrefe, Göttingen.

HOVLAND, C. I. & MANDELL, W. (1952) An experimental comparison of conclusion drawing by the communicator and by the audience. In: Journal of Abnormal and Social Psychology, 47, S. 581-588.

HOVLAND, C. I. & WEISS, W. (1951). The influence of source credibility on communication effectiveness. Public Opinion Quarterly, 15, S. 635-650.

HOVLAND, C. I., HARVEY, O. J. & SHERIF, M. (1957). Assimilation and contrast effects in communication and attitude change. In: Journal of Abnormal and Social Psychology, 55, S. 242-252.

HOVLAND, C. I., JANIS, I. L. & KELLEY, H. H. (1953). Communication and persuasion. Psychological studies of opinion change. New Haven.

HOWARD, J. A. & SHETH, J. N. (1969). The theory of buyer behavior. John Wiley & Sons, New York.

HOWARD, J. A. (1977). Consumer behavior. Application of theory. New York u.a.

HUBERMAN, G. (1998). Familiarity breeds investment. Working Paper, Columbia University, New York.

HUFF, D. & GEIS, I. (1954). How to lie with statistics. Norton, New York.

HUNT, H. K. (1977). CS/D-overview and future research direction. In: HUNT, H. K. (Hrsg..), Conceptualization and measurement of consumer satisfaction and dissatisfaction. Marketing Science Institute, Cambridge, MA.

HUNZICKER, P. (1988). Medien, Kommunikation und Gesellschaft: Einführung in die Soziologie der Massenkommunikation. Wissenschaftliche Buchgesellschaft,. Darmstadt.

Index Funk, Einkaufen: Wo Kinder mitbestimmen, Nr. 5546.

INKELES, A. & LEVINSON, D. J. (1969). „National character: the study of modal personality and sociocultural systems". In: The Handbook of Social Psychology, LINDZEY, G, & ARONSON, E. (Hrsg.), Reading/Mass., USA.

Innovative Handelsgeschäfte und Bankenaufsicht (1996). In: Sparkasse 4/1996, S. 149-155.

INSKO, Ch., ARKOFF, A. & INSKO, V. (1965). Effects of high and low fear-arousing communicationsupon opinion toward smoking. Journal of Experimental Social Psychology, 1, S. 256-266.

Institut der deutschen Wirtschaft Köln (1995), Tabelle: Erwerbstätige nach Stellung im Beruf und Nettoeinkommen.

Institut der deutschen Wirtschaft Köln (1997). Tabelle: Jugend ,97: Was Teens und Twens bewegt, 24/1997, Deutscher Instituts-Verlag.

Institut der deutschen Wirtschaft Köln. Tabelle: Kaufkraft der Lohnminute ausgewählter Güter von 1958 und 1990.

Institut für Jugendforschung (1990). Markt- und Meinungsforschung GmbH, Schüler-Media-analyse 1990, Food, Non-Food. München.

IRWIN, F. W. (1953). Stated expectations as funktions of probability and desirability of outcomes. In: Journal of Personality, 21, S. 329-339.

Istituto Nazionale di Statistica, Indagine Multiscopo sulle Famiglie (1987-91), 9, Il Mondo dei Bambini, S. 225-238.

IZARD, C. E. (1991). The psychology of emotions. Plenum Press, New York.

JACOBS, G. (1997). Gerechtigkeitsnormen und ihre kulturelle Bedingtheit im ökonomischen Kontext. Eine vergleichende Studie britischer, französischer und deutscher Führungskräfte in Banken. Inaugural Dissertation. Universität Münster.

JACOBY, J. (1977). Information load and decision quality: some contexted issues. In: Journal of Marketing Research, 14, S. 569-573

JAHN, Thomas (1995). Geld ist alles, was gilt. In: Die Zeit, Nr. 49, 1.12.1995, S. 29.

JAHODA, G. (1981). The development of thinking about economic institution: The bank. Cahiers de Psychologie Cognitive, 1, S. 55-78.

JAHODA, Gustav (1983). European ‚lag' in the development of an economic concept: A study in Zimbabwe. British Journal of Developmental Psychology, 1, S. 113-120.

JOHN, O. P. (1983). Searching for the people who would gladden the hearts of personality researchers: Moderator effects of self-consciousness and self-monitoring. Unpublished master´s thesis, Department of Oregon. Eugene, OR.

JOHNSON, H. & SCILEPPI, J. (1969). Effects of ego-involvement conditions on attitude change to high and low credibility communicators. Journal of Personality and Social Psychology, 13, S. 31-36.

JOHNSTON, R. (1995). Exploring the relationship between perception and performance. V. Workshop on Quality Management in Services. Tilburg.

JONAS, H. (1979). Das Prinzip Verantwortung. Versuch einer Ethik für die technologische Zivilisation. Frankfurt.

Jugendarbeitsschutzgesetz (1991). Gesetz zum Schutze der arbeitenden Jugend vom 12. April 1976, 7. überarbeitete Auflage. Carl Heymanns Verlag, Köln u.a.

Jugendwerk der Deutschen Shell (Hrsg.) (1997). Jugend ‚97. Zukunftsperspektiven – Gesellschaftliches Engagement – Politische Orientierung. Opladen.

JUNGEN, A. (1994). Wie aus Kostenverursachern Gewinnproduzenten werden können. In: Frankfurter Allgemeine Zeitung, Nr. 246, S. 45.

KAAS, K. P. & RUNOW, H. (1984). Wie befriedigend sind die Ergebnisse der Forschung zur Verbraucherzufriedenheit? DBW, 44(3), S. 451-460.

KABANOFF, B. (1997). Organizational Justice Across Cultures: Integrating Organizational-Level and Culture-Level Pespectives. In: Earley, P.C. & Erez, M. (Hrsg.) New Perspectives on International/Organizational Psychology. The New Lexington Press, San Francisco.

KAHNEMAN, D. & TVERSKY, A. (1973). On the psychology of prediction. Psychological Review, 80, S. 237-251.

KAHNEMAN, D. & TVERSKY, A. (1982). The simulation heuristic. In: Kahneman, Slovic, Tversky (1982), S. 201-208.

KAHNEMAN, D. & TVERSKY, A. (1984). Choices, values and frames. In: American Psychologist, 39, 4, S. 341-350.

KAHNEMAN, D.& TVERSKY, A. (1979). Prospect Theory: An Analysis of Decision under Risk. In: Econometrica, Vol. 47, S. 263-291.

KAHNEMAN, D., KNETSCH, J.L. & THALER, R. (1986). Fairness as a constraint on profit seeking. American Economic Review, 76, S. 728 – 741.

KAHNEMAN, D., SLOVIC, P. & TVERSKY, A. (Hrsg.) (1982). Judgment under uncertainty: Heuristics and biases. Cambridge.

KAHNEMAN, D., WAKKER, P. P. & SARIN, R. (1997). Back to Bentham? Explorations of Experienced Utility. In: The Quarterly Journal of Economics, Vol. 62, S. 375-405.

KAMMER, D. & NOWACK, W. (1983). „Self-Monitoring: Construction and validation of a German two-factor scale", Bielefelder Arbeiten für Sozialpsychologie (Research Report Nr. 104), Universität Bielefeld.

KATONA, G. (1951). Psychological analysis of economic behavior. London.

KATONA, G. (1960). Das Verhalten der Verbraucher und Unternehmer. Tübingen.

KATONA, G. (1975). Psychological Economics. Amsterdam.

KATZ, D. (1967). The functional approach of the study of attitude. In: FISHBEIN, M. (Hrsg.). Readings in attitude theory and measurement. New York.

KELLERMANN, M. (1997). Suggestive Kommunikation – Unterschwellige Botschaften in Alltag und Werbung. Hans Huber, Bern.

KELLEY, H. H. (1967): Attribution theory in social psychology. In LEVINE, D. (Hrsg.), Nebraska symposium on motivation. Vol. 15. Lincoln. S. 192-238.

KELLEY, H. H. (1972). Attribution in social interaction. In: JONES, E. E. et al. (Hrsg.): Attribution: Perceiving the causes of behavior. General Learning Press, Morristown/N.J.

KELLEY, H. H. (1972b). Causal schemata and the attribution process. In: JONES, E.E. et al. (Hrsg.), Attribution: Perceiving the causes of behavior. Morristown/ N.J. S. 151-174.

KELLEY, H. H. (1973). The processes of causal attribution. In: American Psychologist. Vol. 28, S. 107-128.

KELLY, G. A. (1955). The psychology of personal constructs. Norton, New York

KENYON, D. A. & KINCAID, J. (Hrsg.) (1991). Competition among States and Local Governments. Washington.

KERSCHKE-RISCH, P. (1993). Gelegenheit macht Diebe – Doch Frauen klauen auch. Westdeutscher Verlag, Opladen.

KIELL, G. & STEPHAN, E. (1997). Urteilsprozesse bei Finanzanlageentscheidungen von Experten. Abschlußbericht einer experimentellen Studie mit professionellen Devisenhändlern. Forschungsbericht des Instituts für Wirtschafts- und Sozialpsychologie der Universität Köln.

KIELL, G. (1994). Urteilsbildung im Vorfeld von Anlageentscheidungen. Ankereffekte und ihre Determinanten. Beitrag zum 39. Kongreß der Deutschen Gesellschaft für Psychologie, Hamburg. Abstract erschienen in PAWLIK, K. (Hrsg.): Bericht über den 39. Kongreß der Deutschen Gesellschaft für Psychologie. Band I. Psychologisches Institut der Universität Hamburg. S. 351-352.

KIELL, G. (1995). Motivation und Fähigkeit als Moderatorvariablen bei Entscheidungsverzerrungen durch Urteilsheuristiken. Eine experimentelle Studie. Unveröffentlichte Diplomarbeit, Universität zu Köln.

KIESER, A. (1995). Organisationstheorien, 2. Aufl. Kohlhammer.

KINSEY, K. A., GRASMICK, H. G. & SMITH, K. W. (1991). Framing Justice: Taxpayers Evaluations of Personal Tax Burdens. In: Law and Society Review, Vol. 25, S. 845-873.

KIRCHGÄSSNER, G. (1991). Homo Oeconomicus. Mohr, Tübingen.

KIRCHLER, E. (1995). Studying economic decisions within private households: A critical review and design for a couple experience diary. Journal of Economic Psychology, 16, S. 393-419.

KIRCHLER, E. M. (1995). Wirtschaftspsychologie. Göttingen u.a.

KLAUS, P. G. (1984). Auf dem Weg zu einer Betriebswirtschaftslehre der Dienstleitungen: Der Interaktions-Ansatz. Die Betriebswirtschaft, 44 (3), S. 467-475.

KLAUS, P. G. (1991). Die Qualität von Bedienungsinteraktionen. In: BRUHN, M. & B. STAUSS (Hrsg.), Dienstleistungsqualität. Konzepte, Methoden, Erfahrungen (S. 247-266). Gabler, Wiesbaden.

KLOSE, H.-U. (Hrsg.) (1993). Altern hat Zukunft: Bevölkerungsentwicklung und dynamische Wirtschaft. Opladen.

KLUCKHOHN, F. & STRODTBECK, F. (1961) Variations in value orientations. Evanston, IL: Row, Peterson.

KÖCHER, R. (1993). Wandel des gesellschaftlichen Umfeldes der Versicherungswirtschaft. Hamburger Gesellschaft zur Förderung des Versicherungswesens. Hamburg.

KÖHNKEN, G. (1990). Glaubwürdigkeit – Untersuchungen zu einem psychologischen Konstrukt. München.

Kölner Stadt Anzeiger (1991). Kinder jobben für den Konsum. 4.6.1991.

KOOLWIJK, J. (1974). Das Quotaverfahren. In: KOOLWIJK, J. & WIEKENMAYSER, M. (Hrsg.), Techniken der empirischen Sozialforschung, 6, 81-99. München.

KOOP, J., FISCHER, L. & MÜLLER, H. (1994). Zur Psychologie privater Aktionäre – Merkmale unterschiedlicher Aktionärsgruppen, Sparkasse, 111, 3, S. 123-127.

KORCZAK, P.& PFEFFERKORN, G. (1990). Überschuldungssituation und Schuldnerberatung in der BRD. Forschungsbericht. München.

KOSLOWSKI, K. (1995). Ethische Ökonomik. In: ANTONIO ARGANDONA (Hrsg.), The ethical dimension of financial institutions and markets. Springer Verlag, Berlin, Heidelberg.

KOTLER, P. (1997) Marketing Management. 9th Ed. New Jersey.

KRAEMER, Klaus (1997). Der Markt der Gesellschaft. Zu einer soziologischen Theorie der Marktvergesellschaftung. Opladen.

KRÄMER, W. (1991). So lügt man mit Statistik. 3. Aufl. Campus, Frankfurt.

KROEBER-RIEL, W. & WEINBERG, P. (1996). Konsumentenverhalten. München.

KROLL, Y., LEVY, H. & RAPAPORT, A. (1988). Experimental tests of the mean-variance model for portfolio selection. In: Organizational Behavior and Human Decision Processes, 42, S. 388-410.

KRÜGER, B. (1995). Derivate. In: Versicherungskaufmann 5/1995, S. 10.

Krüger, K. (1982). Taschengeld und Leistungsprämie. Ein Ratgeber für Eltern und Kinder. Fellbach.

KRUGLANSKI, A. W. & FREUND, T. (1983). The freezing and unfreezing of lay-inferences: Effects of impressional primacy, ethnic stereotyping, and numerical anchoring. In: Journal of Experimental Social Psychology, Vol. 19, S. 448-468.

KUHL, J. (1983). Motivation, Konflikt und Handlungskontrolle. Berlin.

KUHL, J., GOSCHKE, T. & KAZEN-SAAD, M. (1991). A theory of self-regulation: personality, assessment, and experimental analysis. Osnabrück.

KUTSCH, Th. & WISWEDE, G. (1986). Wirtschaftssoziologie. Stuttgart.

KUTSCH, Th., PIORKOWSKY, M.-B. & SCHÄTZKE, M. (1997). Einführung in die Haushaltswissenschaft. Stuttgart.

LAMNEK, S. (1994). Neue Theorien abweichenden Verhaltens. Wilhelm Fink, München.

LANG, O. (1993). Sparen im Alter. Ein internationaler Vergleich. In: Hans-Ulrich Klose (Hrsg.), Der Alte Kontinent. Forum Demographie und Politik, Heft 4, Bonn.

LANG, Peter (1994). Let's Work. Rebuilding the local economy. Bristol.

LANGE, E. (1991). Jugendkonsum. Konsummuster – Freizeitverhalten – soziale Milieus. Opladen.

LANGEARD, E. (1981). Grundfragen des Dienstleistungsmarketing. In: Marketing Zeitschrift für Forschung und Praxis, 3 (4), S. 233-240.

LANGER, E. J. (1975). The illusion of control. In: Journal of Personality and Social Psychology, 32, S. 311-328.

LATOUR, S. A. & PEAT, N. C. (1979). Conceptual and methodological issues in consumer satisfaction research. In: WILKIE, W. L. (Hrsg.), Advances in consumer research (S. 431-7). Ann Arbor, MI: Association for Consumer Research.

LATOUR, S. A. & PEAT, N. C. (1980). The role of situationally-produced expectations, others experiences, and prior experience in determining consumer satisfaction. In OLSON, J. C. (Hrsg.), Advances in consumer research (S. 588-92). Ann Arbor, MI: Association for Consumer Research.

LAWLER, E. E. (1968). Equity theory as a predictor of productivity and work quality. In: Psychology Bulletin, Vol. 70, S. 596-610.

LAWLER, E. E. (1977). Motivierung in Organisationen. Bern.

LAZARUS, R. S. (1991). Emotion and adaption. Oxford University Press, New York, Oxford.

LEA, S. E. G. (1981). Inflation, decimalization and the estimated size of coins. Journal of Economic Psychology, 1, S. 79-81.

LEA, S. E. G., TARPY, R. M. & WEBLEY, P. (1987). The individual in the economy: A textbook of economic psychology. University Press, Cambridge.

LEA, S., WEBLEY, P. & WALKER, C. (1995). Psychological factors in consumer debt: Money management, economic socialisation, and credit use. Journal of Economic Psychology, 16, S. 681-701.

LEISER, David, SEVÓN, Guje & LÉVY, Daphna (1990), Children's economic socialization: Summarizing the cross-cultural comparison of ten countries. Journal of Economic Psychology, 11, S. 591-614.

LEMERT, J. B. (1963). Dimensions of source credibility. Paper presented at the meeting of the Association for Education in Jounalism in August 1963.

LERNER, M. J. (1980). Belief in the Just World. New York.

LEUNG, K. & BOND, M. H. (1984). The impact of cultural collectivism on reward allocation. Journal of Personality and Social Psychology, Vol. 47, No.4, S. 793-804.

LEUNG, K. (1988). Theoretical Advances in Justice Behavior: Some Cross-Cultural Inputs. In: BOND, M. H., The Cross-Cultural Challenge to Social Psychology. Newbury Park, C.: Sage Publications.

LEVENTHAL, H. (1984). A perceptual-motor theory of emotion. In: BERKOWITZ, L. (Hrsg.), Advances in experimental social psychology (Vol. 17, S. 117-182). Academic Press, New York.

LEWIN, K., DEMBO, T., FESTINGER, L. & SEARS, P. (1944). Level of aspiration. In: HUNT, J. (Hrsg.), Personality and behavior disorders. New York.

LEWIS et al. (1995). The new economic mind. New York u.a.

LEWIS, A. (1978). Perceptions of tax rates. In: British Tax Review, Vol. 6, S. 358-366.

LEWIS, A. (1982a). The Psychology of Taxation. Oxford.

LEWIS, A. (1982b). The social psychology of taxation. In: British Journal of Social Psychology, Vol. 21, S. 151-158.

LEWIS, A. B. (1983). Public Expeniture. Perceptions and Preferences. Journal of Economic Psychology, 3, S. 159-167.

LICHTENSTEIN, S., FISCHHOFF, B. & PHILIPS, L. D. (1982). Calibration of probabilities: the state of the art to 1980. In: KAHNEMAN, D., SLOVIC, P. & TVERSKY, A. (Hrsg.): Judgement under uncertainty: Heuristic and biases. S. 306-334. University Press, Cambridge.

LILJANDER, V. & STRANDVIK, T. (1994). The nature of relationship quality. IV. Workshop on quality management in services. Marne-la-Vallee.

LILJANDER, V. & STRANDVIK, T. (1995a). The relation between service quality, satisfaction and intentions. In: KUNST, P. & LEMMINK, J. (Hrsg.), Managing service quality, S. 45-61. Paul Chapman Publishing, London.

LILJANDER, V. & STRANDVIK, T. (1995b). Service satisfaction: Exploring the role of emotions. V. Workshop on quality management in services. Tilburg.

LILLI, W. & FREY, D. (1993). Die Hypothesentheorie der sozialen Wahrnehmung. In: FREY, D. & IRLE, M. (Hrsg.), Theorien der Sozialpsychologie, Band 1: Kognitive Theorien, S. 49-78. Bern.

LILLI, W. (1975). Soziale Akzentuierung. Kohlhammer, Stuttgart.

LINDZEY, G. & ARONSON, E. (Hrsg.) (1969). The Handbook of Social Psychology, Reading/Mass. USA.

LINK, R. (1991). Aktienmarketing in deutschen Publikumsgesellschaften. Wiesbaden.

LINK, R. (1993). Investor Relations im Rahmen des Aktienmarketing von Publikumsgesellschaften. In: Betriebswirtschaftliche Forschung und Praxis, 45. Jg., Nr. 2, S. 105-132.

LIVINGSTONE, S. & LUNT, P.K. (1992). Predicting personal debt and debt repayment: psychological, social and economic determinants. Journal of Economic Psychology, 13, S. 111-134.

LOCKE, E. A. (1967). Relationship of success and expectation to affect on goal seeking tasks. Journal of Personality and Social Psychology, 7 (2), S. 125-34.

LOEHR, H. (1990). Wie Bayer sich um die Anleger bemüht. In: Das Wertpapier, 38. Jg., Nr. 17, S. 46-48.

LOPES, L. L. (1987). Between hope and fear: the psychology of risk. In: Advances in Experimental Social Psychology, 20, S. 255-295.

LOPES, L. L. (1993). Reasons and resources: the human side of risk taking. In: BELL, J., BELL, W. (Hrsg.), Adolescent risk taking, S. 29-54. Newbury Park u.a.

LUHMANN, N. (1968). Vertrauen. Ein Mechanismus sozialer Komplexität. Stuttgart.

MAAS, P., WEIBLER, J. (1990). Wahrnehmung und Informationsverarbeitung an der Börse (S. 72 – 101) In: MAAS, P. & WEIBLER, J. (Hrsg.), Börse und Psychologie, S. 72-101. Köln.

MACHIAVELLI, N. (1532/1940). The prince. The discourses. New York.

MACKAY, D. M. (1972). Formal analysis of communicative processes. In: HINDE, R.A. (Hrsg.). Non-verbal communication. S. 3-26. Cambridge.

MACKSCHEIDT, K. (1985). Über die Belastbarkeit mit Sozialversicherungsbeiträgen aus der Sicht der Steuerwiderstandsforschung. In: W. SCHMÄHL: Versicherungsprinzip und soziale Sicherung, S. 27-54. J.C. Mohr, Tübingen.

MACKSCHEIDT, K. (1994). Die Entwicklung der Kölner Schule der Finanzpsychologie. In: SMEKAL, C. & THEURL, E. (Hrsg.): Stand und Entwicklung der Finanzpsychologie, S. 41-63. Baden-Baden.

MADDOX, N. (1979). Two-factor theory and consumer satisfaction: A replication and extension. In: K. H. HUNT & R. L. DAY (Hrsg.), Refining concepts and measures of consumer satisfaction and complaining behaviour (S. 74-80). Indiana University.

MAHONEY, W. F. (1991). Investor Relations. New York-London et al.

MAIER, K. M. (1989). Sparerverhalten im Wandel. In: Bank und Markt, 11, S. 510.

MAITAL, S., FILER, R. & SIMON, J. (1986). What do people bring to the stock market (besides money)? The economic psychology of stock market behavior. In: GILAD, B. & KAISH, S. (Hrsg.): Handbook of behavioral economics. S. 273-307. Greenwich.

MALKIEL, B. (1973). A random walk down Wall Street. New York.

MANDLER, G. (1984). Mind and body. Psychology of emotion and stress. W. W. Norton & Company, New York.

MARKHAM, D. (1965). The dimensions of source credibility of television newscasters. Doctoral dissertation. University of Oklahoma.

MARKHAM, D. (1968). The dimensions of source credibility of television newscasters. Journal of Communication, 18, S. 57-64.

MARKOWITZ, H. M. (1959). Portfolio selection – efficient diversification of investments. New York, London, Sydney

MCARTHUR, L. Z. (1972). The how and what of why: Some determinants and consequences of causal attribution. Journal of Personality and Social Psychology, 22, S. 171-193.

MCCLELLAND, D. C., J. W. ATKINSON, R. A. CLARK & E. L. LOWELL (1953). The achievement motive. Appleton-Century-Crofts, New York.

MCCROSKEY, J. C. & JENSON, T. A. (1975). Image of mass media news sources. Journal of Broadcasting, 19, S. 169-180.

MCCURDY, H. G. (1956). Coin perception studies and the concept of schemata. Psychological Review, 63, S. 160-168.

MCDONEL, E. C. (1995). An Information – Processing Theory of the Measurement of Social Competence. In: O´DONOHUE, W. (Hrsg.). Theories of behavior therapy: Exploring behavior change. American Psychological Association, Washington D.C.

MCFALL, R. M. (1982). A Review and Reformulation of the Concept of Social Skills. Behavioral Assessment 4, S. 1-33.

MCFALL, R. M. (1990). The Enhancement of Social Skills. In: MARSHALL, W. L., LA WS, D. R. & BABAREE, H. E. (Hrsg.): Handbook of sexual assault. S. 311–330. Plenum Press, New York

MCGUIRE, W. J. & MCGUIRE, C. V. (1992). Cognitive-versus-affective positivity asymmetries in thought systems. In: European Journal of Social Psychology, 22, S. 571-591.

MCNEAL, J. (1991). Kids as Customers. A Handbook of Marketing to Children, New York.

MEAD, M. (1967). Cooperation and Competition among Primitive People. Beacon, Boston.

MEES, U. (1985). Was meinen wir, wenn wir von Gefühlen reden? Zur psychologischen Textur von Emotionswörtern. Sprache & Kognition, 1, S. 2-20.

MEES, U. (1991). Die Struktur der Emotionen. Hogrefe, Göttingen.

MEHRA, R. & PRESCOTT, E. (1985). The equity premium: The puzzle. Journal of Monetary Economics, March 1985, S. 97-112.

MEHRABIAN, A. & S. KSIONZKY (1974). A theory of affiliation. Heath, Lexington, Mass.

MERTEN, K. (1977). Kommunikation – Eine Begriffs- und Prozeßanalyse. Opladen.

MERTON, K. M. & ROSSI, A. K. (1949). Contributions to the theory of reference group behavior. In: Merton, R. K. (Hrsg.): Social theory and social structure. New York.

MEYER, A. (1991). Dienstleistungs-Marketing. In: Die Betriebswirtschaft, 51 (2), S. 195-210.

MEYER, W. U. (1973). Leistungsmotiv und Ursachenerklärung von Erfolg und Mißerfolg. Klett, Stuttgart.

MEYER, W.-U. & FÖRSTERLING, F. (1993). Die Attributionstheorie. In D. FREY & M. IRLE (Hrsg.), Theorien der Sozialpsychologie, Band I: Kognitive Theorien, S. 175-214. Huber, Bern.

MEYER, W.-U., SCHÜTZWOHL, A. & REISENZEIN, R. (1993). Einführung in die Emotionspsychologie. Band I. Huber, Bern.

MEZEI, L. (1974). Factorial validity of the Kluckhohn and Strodtbeck value orientation scale. In: Journal of Social Psychology, 92, S. 145-146.

MIKULA, G. & SCHWINGER, T. (1973). Sympathie zum Partner und Bedürfnis nach soziale Anerkennung als Determinanten der Aufteilung gemeinsam erzielter Gewinne. Psychologische Beiträge, 15, S. 396-407.

MIKULA, G. (1980). Einleitung: Thematische Schwerpunkte der psychologischen Gerechtigkeitsforschung. In: MIKULA, G. (Hrsg.), Gerechtigkeit und soziale Interaktion. Huber, Bern.

MIKULA, G. (1980). Zur Rolle der Gerechtigkeit in Aufteilungsentscheidungen. In: MIKULA, G. (Hrsg.), Gerechtigkeit und soziale Interaktion. Huber, Bern.

MIKULA, G. (1985). Psychologische Theorien des sozialen Austausches. In: FREY, D. & IRLE, M. (Hrsg.): Theorien der Sozialpsychologie, Band 2: Gruppen- und Lerntheorien, S. 273-305. Bern.

MIKULA, G. (1994). Gerechtigkeit. In: FREY, D. & GREIF, S. (Hrsg.), Sozialpsychologie in Schlüsselbegriffen, 3. Aufl., S. 174-177. Weinheim.

MIKULA, G. (Hg.) (1980). Gerechtigkeit und soziale Interaktion. Bern.

MILGRAM, P. & ROBERTS, J. (1992). Economics, Organization and Management. Prentice Hall, London.

MILLER, G. R. & HEGWILL, M. A. (1966). Some recent research on fear-arousing message appeals. Speech Monographs, 33, S. 377-391.

MILLER, M. (1986). Behavioral rationality in finance: The case of dividends. In: HOGARTH, R., REDER, M. (1986), S. 267-284.

MILLER, M. (1996). Gnadenlos bestraft. In: Wirtschaftswoche 9/1996, S. 111-113.

MILLER, N. E. (1944). Experimental studies in conflict. In: HUNT, J. MCV. (Hrsg.), Personality and the behavior disorders, S. 431-465. New York

MILLER, N. E. (1959). Liberalization of basic S-R Concepts: extensions to conflict behavior, motivation and social learning. In: KOCH, S. (Hrsg.), Psychology: a study of science.

MILLMAN, M. (1991). Warm hearts and cold cash. The intimate dynamics of families and money. New York.

MISCHEL, W. (1984). Convergences and Challenges in the Search for Consistency. In: American Psychologist, 39 (4), S. 351-364.

MISCHEL, Walter, SHODA, Yuichi & PEAKE, Philip K. (1988). The nature of adolescent competencies predicted by preschool delay of gratification. In: Journal of Personality and Social Psychology, 54 (4), S. 687-696.

MÖRSCH, C. (1995). Eigennutz, Fairneß und Kooperation. Unveröffentlichtes Manuskript. Institut für Wirtschafts- und Sozialpsychologie, Universität zu Köln.

MÖRSCH, C. (1996). Wie effizient sind Effizienzlohntheorien? Diplomarbeit. Universität zu Köln.

MOSCHIS, G. P. & CHURCHILL, G. A. (1977). Mass Media and Interpersonal Influences on Adolescent Consumer Learning. In: GREENBERG, B. A. & BELLENGER, D. N. (Hrsg.), Contemporary Marketing Thought, 1977 Educator's Proceedings, S. 68-74. Chicago.

MOSCOVICI, S. & FAUCHEUX, C. (1972). Social influence, conformity bias, and the study of active minorities. In: BERKOWITZ, L. (Hrsg.), Advances in experimental social psychology, Bd. 6. New York, London.

MOSCOVICI, S. (1984). Das Zeitalter der Massen. Hanser Verlag, München/Wien.

MOSER, H. (1994). Zur Kritik der Sprache von Gesetzen – Anmerkungen eines Sprachwissenschaftlers. In: SMEKAL, C. & THEURL, E. (Hrsg.), S. 171-184.

MOSER, K., DIEMAND, A. & SCHULER, H. (1996). Inkonsistenz und Soziale Fertigkeiten als zwei Komponenten von Self-Monitoring. 42 (3), S. 268-283. Diagnostica.

MOSS, F. A., HUNT, Th., OMWAKE, K. T. & BONNING, M. M. (1927, revised form 1949). Social Intelligence Test. Washington D.C.

MOWEN, J. C. & MOWEN, M. M. (1991). Time and outcome valuation: implications for marketing decision making. In: Journal of Marketing, 55 (Oktober), S. 54-62.

MULLEN, B. (1983). Egocentric bias in estimates of consensus. In: Journal of Social Psychology, Vol. 121, S. 31-38.

MÜLLER, G. & HASSEBRAUCK, M. (1993). Gerechtigkeitstheorien. In: FREY, D. & IRLE, M. (Hrsg.), Theorien der Sozialpsychologie, Band 1: Kognitive Theorien, S. 217-240. Bern.

MÜLLER, G. F. & CROTT, H. (1978). Gerechtigkeit in sozialen Beziehungen: Die Equity-Theorie. In: FREY, D.: Kognitive Theorien der Sozialpsychologie, S. 218-242. Bern.

MÜLLER, H. & STEPHAN, E. R. (1994). Finanzpsychologie. In: PAWLIK, Kurt (Hrsg.), 39. Kongreß der Deutschen Gesellschaft für Psychologie, Abstracts, Band II, S. 492-493.

MÜLLER, H. (1995). Zur Risikobereitschaft privater Geldanleger. In: Kredit und Kapital, Heft 1, S. 134-160.

MÜLLER, H., FISCHER, L. & KOOP, J. (1993). Zur Psychologie privater Aktionäre – ihre Motivation. In: Sparkasse, 110, 10, S. 480-483.

MÜLLER, M. (1995). Dämon Cybermoney. In: Die Zeit, Nr. 49, 1.12.1995, S. 29.

MÜLLER, S. & BRUNS, H. (1984). Der Einfluß von Glattpreisen auf Kaufentscheidungen. Marketing, 3, S. 175-180.

MÜLLER, S. (1986). Der Eignungstest Bankkaufmann. In: Sparkasse 7, S. 300-307.

MÜLLER, S. (1988). Die „jungen Alten": Zielgruppe, Vision oder Fiktion? Planung & Analyse. In: Zeitschrift für Informationsmangagement, Markt-, Media- und Werbeforschung, 6/97.

MÜLLER, S. et al. (1990). Preisschwellen und Preispolitik. Planung und Analyse. 17, S. 58-63.

MÜLLER, W. R. (1981). Führung und Identität. Haupt. Bern u. Stuttgart.

MÜLLER-PETERS, A., PEPERMANS, R. & BURGOYNE, C. (1998). A single currency in Europe: Cross-national perspectives from economic psychology. In: LEWIS, A., et al. (Hrsg.), Journal of economic psychology, Vol. 19, 6, 12/98, S. 653-802.

MÜLLER-PETERS, A., PEPERMANS, R. & KIELL, G. (1998). The Psychology of European Monetary Union: A cross-national study of attitudes towards the Euro. Unveröffentlichte Studie am Institut für Wirtschafts- und Sozialpsychologie der Universität Köln und dem Centre for Work, Organisational and Economic Psychology der Vrije Universiteit Brussels. Köln, Brüssel.

MUMMENDEY, H. D. (1990). Psychologie der Selbstdarstellung. Hogrefe, Göttingen.

Münchener Rückversicherungs-Gesellschaft (1988). Versicherungsbetrug in der Schadenversicherung.

MURPHY, A. H. & WINKLER, R. L. (1974). Subjective probability forecasting experiments in meteorology: Some preliminary results. Bulletin of the American Meteorological Society, 55, S. 1206-1216.

NAGIN, D. S. & PSTERNOSTER, R. (1993). Enduring Individual Differences and Rational Choice Theories of Crime. Law & Order Review, 27 (3), S. 467-496.

NAKHAIE, M. R. (1993). Knowledge of profit and interest among children in Canada. Journal of Economic Psychology, 14, S. 147-160.

NEISSER, U. (1974). Kognitive Psychologie. Klett, Stuttgart.

NERDINGER, F. W. (1994). Zur Psychologie der Dienstleistung. Schäffer-Poeschel, Stuttgart.

NEUMANN, U. (1954). „Soll man Kindern Taschengeld geben?“ In: Kindernöte, 27, S. 1-11. Frankfurt.

NISBETT, R. & ROSS, L. (1980). Human Inference: Strategies and Shortcomings of Social Judgement. Prentice Hall, New Jersey.

NOELLE-NEUMANN, E. (1982). Die Schweigespirale, öffentliche Meinung – unsere soziale Haut. Taschenbuchausgabe. Frankfurt a. M., Wien, Berlin.

NOREM, J. K. & CANTOR, N. (1986). Defensive pessimism: harnessing anxiety as motivation. In: Journal of Personality and Social Psychology, 51, No.6, S. 1208-1217.

NORTHCRAFT, G. B. & NEALE, M. A. (1987). Opportunity costs and the framing of resource allocation decisions. Organizational Behavior and Human Decision Processes 37, S. 28-38.

NOWACK, W. & D. KAMMER (1987). Self-presentation: Social skill and inconsistency as independent facets of self-monitoring. European J. of Personality Psychology, 1, S. 61-77

NYQUIST, J. D., BITNER, M. J. & BOOMS, B. H. (1985). Identifying communication difficulties in the service encounter: A critical incident approach. In: J. A. CZEPIEL, SOLOMON, M. R. & C. F. SURPRENA T (Hrsg.), The service encounter (S. 195-212). Lexington Books, Lexington.

O´SULLIVAN, Maureen & GUILFORD, J. P. (1966). Six factor tests of social intelligence. Manual of instructions and interpretations. Beverly Hills, Calif.: Sheridan Psychological Services.

O'SULLIVAN, Maureen, GUILFORD, J. P. & DEMILLE, R. (1965). The measurement of social intelligence. Psychological Laboratory Report No. 34. University of Southern California, Los Angeles.

O'BRIEN, P. C. & BHUSHAN, R. (1990). Analyst following and institutional ownership. In: Journal of Accounting Research, Vol. 28, Supplement, S. 55-76.

OEHLER, A. & MESEL, K. (1990). Kleinanleger als stabilisierender Faktor für die deutschen Wertpapiermärkte. In: Die Bank, 10.1990, S. 560-564.

OEHLER, A. (1990). Das Anlageverhalten von Privatkunden – die Sicht der Anlageberater. In: Sparkasse, 1990, 107, 11, S. 493-497.

OEHLER, A. (1991a) „Anomalien", „Irrationalitäten" oder „Biases" der Erwartungsnutzentheorie und ihre Relevanz in Finanz- und Kapitalmärkten. Diskussionsbeitrag Nr. 165, Fernuniversität Hagen.

OEHLER, A. (1991b). Anomalien im Anlegerverhalten. In: Die Bank, 11/91.

OFFE, Claus & HEINZE Rolf G. (1990). Organisierte Eigenarbeit. Das Modell Kooperationsring. Frankfurt a. M.

OHL, M. (1991). Der Zusammenhang von Leistungsmotivation und individuellem Anlegerverhalten an der Aktienbörse. Unveröffentlichte Diplomarbeit, Institut für Wirtschafts- und Sozialpsychologie, Universität zu Köln.

OLIVER, R. L. (1980). Theoretical bases of consumer satisfaction research: Review, critique, and future direction. In: LAMB, C. W. & DUNNE, P. M. (Hrsg.), Theoretical developments in marketing (S. 206-210). American Marketing Association, Chicago.

OLSHAVSKY, R. W. & MILLER, J. A. (1972). Consumer expectations, product performance, and perceived product quality. Journal of Marketing Research, 9(2), S. 19-21.

OLSON, J. C. & DOVER, P. (1979). Disconfirmation of consumer expectation through product trial. Journal of Applied Psychology, 64 (4), S. 179-89.

OLSON, M. (1965). The Logic of Collective Action, Cambridge.

OPP, K. D. (1986). Das Modell des Homo Sociologicus. Eine Explikation und eine Konfrontierung mit dem utilitaristischen Verhaltensmodell. Analyse & Kritik, 8 (1), S. 1-27.

ORLIK, P.(1978). Soziale Intelligenz. In: KLAUER, K. J. (Hrsg.), Handbuch der Pädagogischen Diagnostik, Band 2. 341-354. Pädagogischer Verlag Schwann, Düsseldorf.

ORVIS, B. R., CUNNINGHAM, J. D. & KELLEY, H. H. (1975): A closer examination of causal inferences: The role of consensus, distinctiveness, and consistency information. In: Journal of Personality and Social Psychology, 32, S. 605-616.

OSGOOD, C. E., MA Y, W. H. & MIRON, M. S. (1975). Cross-cultural universals of affective meaning. Urbana.

OSGOOD, C.E. (1963). Psycholinguistics. In: KOCH, S. (Hrsg.), Psychology: a study of a science. Vol. VI, S. 244-316. New York.

OSGOOD, G. E., SOUCI, G. J. & TANNENBAUM, P. H. (1957). The measurement of meaning. Urbana.

OSNABRÜGGE, G., STAHLBERG, D. & FREY, D. (1985). Theorie der kognizierten Kontrolle. In: FREY, D. & IRLE, M. (Hrsg.), Theorien der Sozialpsychologie, Band 3: Kognitive Theorien, S. 127-172. Bern.

OSTROM, E. (1990). Governing the Commons. The Evolution of Institutions for Collective Action, Cambridge.

PÅLSON, A.-M. (1996). Does the degree of relative risk aversion vary with household characteristics? Journal of Economic Psychology, 17, S. 771-787.

PARASURAMAN, A., BERRY, L. L. & ZEITHAML, V. A. (1991). Understanding, measuring, and improving service quality. Findings from a multiphase research programm. In: S.W. BROWN, E. GUMMESSON, B. EDVARDSSON & B. GUSTAVSSON (Hrsg.), Service quality. Multidisciplinary and multinational perspectives (S. 253-268). Lexington Books.

PARASURAMAN, A., ZEITHAML, V. A. & BERRY, L. L. (1985). A conceptual model of service quality and its implications for future research. In: Journal of Marketing, 49 (Fall), S. 41-50.

PARASURAMAN, A., ZEITHAML, V. A. & BERRY, L. L. (1988). SERVQUAL: A multiple-Item scale for measuring consumer perceptions of service quality. Journal of Retailing, (April), S. 12-37.

PARSONS, T. & SHILS, E. A. (1951). Towards a General Theory of Action. Harvard University Press, Cambridge, MA.

PAUL, W. (1993). Umfang und Bedeutung der Investor Relations. In: Betriebswirtschaftliche Forschung und Praxis, 45. Jg., Nr. 2, S. 133-162.

PaySys (1997). LETSysteme und Tauschringe. Ein Handbuch über Formen und Ausgestaltungsmöglichkeiten lokaler Verrechnungssysteme, Versionen 4.0. Frankfurt a. M.

PEACOCK, A. T. & WISEMAN, J. (1967). The Growth of Public Expenditure in the United Kingdom, 2. Aufl. Princeton.

PELZMANN, L. (1988). Wirtschaftspsychologie: Arbeitslosenforschung. Schattenwirtschaft. Steuerpsychologie. Wien.

PEPITONE, A. & TRIANDIS, H.C. (1988). On the Universality of Social Psychological Theories. In: Journal of Cross-Cultural Psychology, Vol. 18 No. 4, December 1987.

PERINA, Udo & SCHUMACHER, Frank (1992). Der deutsche Börsen-Filz. In: Die Zeit, Nr.49, 27.11.1992, S. 23.

PETTY, R. E. & CACIOPPO, J. T. (1981). Attitudes and persuasion: Classic and contemporary approaches. Dubuque, IA.

PETTY, R. E. & CACIOPPO, J. T. (1984). Source factors and the elaboration likelihood model of persuasion. Advances in Consumer Research, 11, S. 668-672.

PETTY, R. E. & CACIOPPO, J. T. (1986a). The elaboration likelihood model of persuasion. In: BERKOWITZ, L. (Hrsg.), Advances in experimental social psychology. Vol. 19, S. 123-205. Orlando.

PETTY, R. E. & CACIOPPO, J. T. (1986b), Communication and persuasion: Central and peripheral routes to attitude change. New York.

PFAFFMANN, E. (1996). Die vertragstheoretische Perspektive in der Neuen Institutionenökonomik. In: WiSt, 12/1996, S. 646-648.

PFINGSTEN, U. & HINSCH, R. (1991). Gruppentraining Sozialer Kompetenzen: (GSK); Grundlagen, Durchführung, Materialien. Psychologie Verlags-Union, Weinheim.

PIAGET, J. (1975a). Das Erwachen der Intelligenz beim Kinde. Stuttgart.

PIAGET, J. (1975b). Der Aufbau der Wirklichkeit beim Kinde. Stuttgart.

PIAGET, J. (1976, orig. 1975). Die Äquilibration der kognitiven Strukturen. Klett, Stuttgart.

PILIAVIN, I., THORNTON, C., GARTNER, R. & MA TSUEDA, R. L. (1986). Crime, Deterrence and Rational Choice. In: American Sociological Review, 51, S. 101-119.

PLINER, P., DARKE, P., ADRAMOVITCH, R. & FREEDMAN, J. (1994). Children's consumer behavior in a store with unattractive merchandise: The „caveat emptorium". In: Journal of Economic Psychology, 15, S. 449-465.

PLUTCHIK, R. (1980). Emotion. A psychoevolutionary synthesis. Harper & Row, New York.

POMMEREHNE, W. & WECK-HANNEMANN, H. (1989). Steuerhinterziehung: Einige romantische, realistische und nicht zuletzt empirische Befunde. In: Zeitschrift für Wirtschafts- und Sozialwissenschaften, Bd. 112/3, S. 433-466.

POMMEREHNE, W. (1985). Was wissen wir eigentlich über Steuerhinterziehung? In: Rivista internazionale di scienze economiche e commerciali, Bd. 32, S. 1155-1186.

POSTMAN, L. (1963). Perception and learning. In: KOCH, S. (Hrsg.): Psychology: A study of a science. Vol. 5. New York.

POWELL, F. A. & MILLER, G. R. (1967). Social approach and disapproval in anxiety-arousing communications. Speech Monographs, 34, S. 152-159.

PRITCHARD, R. B. (1969). Equity theory: A review and critique. In: Organ. Behav. Hum. Perf., Vol. 4, S. 176-211.

PROBST, P. (1973). Faktorenanalytische Untersuchungen zum Konstrukt „Soziale Intelligenz". Unveröff. Diss. Hamburg.

PROBST, P. (1982). Empirische Untersuchung zum Konstrukt der „sozialen" Intelligenz. In: PAWLIK, K. (Hrsg.): Multivariate Persönlichkeitsforschung, S. 201-226. Huber, Bern.

Psychologische Aspekte der Überschuldung privater Haushalte. In: HÖFLING, S. & W. BUTOLLO (Hrsg.), Psychologie für Menschenwürde und Lebensqualität, Bd.3, 126-139. Bonn.

psychonomics GmbH & Capital (1998). Private Finanzen 2000 – Eine Repräsentativbefragung zu Finanzverhalten und Finanzmentalität der bundesdeutschen Bevölkerung. Köln.

psychonomics GmbH (1994). Typologie privater Versicherungsnehmer. Frankfurt/Main, Institute for International Research.

QUANDT, K. (1997). Herdentrieb bringt Börsen ins Trudeln. In: Handelsblatt, 19.12.1997.

RAAB, Gerhard (1995). Kartengestützte Zahlungssysteme und Konsumentenverhalten. Eine theoretische und empirische Untersuchung. Dissertation am Lehrstuhl für Konsumtheorie und Verbraucherpolitik der Universität Hohenheim. Universität Hohenheim, Stuttgart. Duncker & Humblot, Berlin.

RAAIJ, W. F. VAN; VELDHOVEN, G. M. V AN & K. E. WÄRNERYD (Hrsg.) (1988). Handbook of economic psychology. Kluwer, Dordrecht.

RABIN, M. (1998). Psychology and Economics. In: Journal of Economic Literature, Vol. 36, S. 11-46.

RAPP, H.-W. (1997). Der tägliche Wahnsinn hat Methode. Behavioral Finance: Paradigmenwechsel in der Kapitalmarktforschung. In: JÜNEMANN, B. & SCHELLENBERGER, D. (Hrsg.) Psychologie für Börsenprofis. Der Markt der Gefühle bei der Geldanlage, S. 75-108. Schäffer-Poeschel, Stuttgart.

RAWNSLEY, JUDITH (1995). Der plötzliche Bankentod. Barings – Eine Insider-Geschichte. Metropolitan Verlag, Düsseldorf-München.

REICHHELD, F. F. (1995). The loyality effect. The hidden force behind growth, profits and lasting value. Boston.

REINHOLD, Gerd (1997), Soziologie-Lexikon. 3, S. 604, München/Wien.

REUTER, H. (1980). Aktienmarkt und Aktieninformationsmarkt. Göttingen.

RHINE, R. J. & SEVERANCE, L. (1970). Ego-involvement, discrepancy, source credibility, and attitude change. Journal of Personality and Social Psychology, 16, S. 175-180.

RICHTER, R. & FURUBOTN, E. (1996). Neue Institutionenökonomik, Tübingen.

Risikomanagement – Angst vor dem Tag X. In: Managermagazin 5/1995, S. 145-151.

ROBBEN, H. S. J., WEBLEY, P., WEIGEL, R. H., WÄRNERYD, K.-E., KINSEY, K. A., HESSING, D. J., ALVIRA Martin, F., ELFFERS, H., WAHLUND, R., V AN LANGENHOVE, L., LONG, S. B. & SCHOLZ, J. T. (1990). Decision Frame and Opportunity as Determinants of Tax Cheating – An international experimental study. In: Journal of Economic Psychology, Vol. 11, S. 341-364.

ROBERTS, M. L., HITE, P. A. & BRADLEY, C. F. (1994). Understanding attitudes towards progressive taxation. In: Public Opinion Quarterley, Vol. 58, S. 165-190.

ROBINSON, W. S. (1950). Ecological correlations and behavior of individuals. American Sociological Review, 15, S. 351-357.

ROGERS, E. M. (1962). Diffusion of innovations. New York.

ROSENBERG, M. J. & HOV LAND, C. I. (1960). Cognitive, affective and behavioral components of attitudes. In: HOVLAND, C. I. & ROSENBERG, M. J. (Hrsg.), Attitude, organization and change. New Haven.

ROSENDORFER, T. (1997). „Kinder und Geld – Gelderziehung in der Familie", Vortrag am 20.11.97, Wissenschaftliche Tagung zum Thema „Vom Umgang mit Geld" der Stiftung Der Private Haushalt, Düsseldorf.

ROSENSTIEL, L. VON (1990). Motivationale Aspekte des Verhaltens von Börsenteilnehmern. In: MAAS, P. & WEIBLER, J. (Hrsg.), Börse und Psychologie, Köln, S. 58-71.

ROTHBAUM, F., WEISZ, J. R. & SNYDER, S. S. (1982). Changing the world and changing the self: A two process model of perceived control. Journal of Personality and Social Psychology, 42, S. 5-37.

ROTTER, J. (1966). The generalized expectancies for internal versus external control of reinforcement. Psychological Monographs, 80 (1, Whole Number 609).

ROTTER, J. B. (1966). Generalized expectations for internal versus external control of reinforcement. In: Psychological Monographs, 80, S. 1-28

RUDA, W. (1988). Ziele privater Kapitalanleger. Gabler, Wiesbaden.

RUFER, T. (1995). Ein staatlicher Regelungsbedarf für Finanzderivate? Der Schweizer Treuhänder 11/1995, S. 949-957.

RUNOW, H. (1982). Zur Theorie und Messung der Verbraucherzufriedenheit. Frankfurt a.M.

RUSSO, J. & SHOEMAKER, P. (1989). Confident Decision Making. London.

RŸD & RÖN (1997). „Veckopeng mer lönsam än mŮhadspeng", 8/97, S. 22-24.

RYFF, C. D. (1989). Happiness is everything, or is it? Explorations on the meaning of psychological well-beeing. Journal of Personality and Social Psychology, 57, S. 1069-1081.

SAUGSTAD, P. & SCHIOLDBERG, P. (1966). Value and size perception. Scandinavian Journal of Psychology, 7, S. 102-114

SAXE, Geoffrey B. (1991). Culture and cognitive development: Studies in mathematical understanding. Hillsdale, New York.

SCHACHTER, S. & SINGER, J. E. (1962). Cognitive, social and physiological determinants of emotional state. Psychol. Rev. 69, S. 379-399.

SCHARMANN, D.-L. (1965). Konsumverhalten von Jugendlichen, München.

SCHEIN, E. H. (1986). Organizational Culture and Leadership. Jossey-Bass Inc., San Francisco, London.

SCHENK, M. (1987). Medienwirkungsforschung. Tübingen.

SCHEPANSKI, A. & SHEARER, T. (1995). A Prospect Theory Account of the Income Tax Withholding Phenomenon. In: Organizational Behavior and Human Decision Processes, Vol. 63, S. 174-186.

SCHLENKER, B. R. (1980). Impression management: the self-concept, social identity and interpersonal relations. Belmont.

SCHLUNDT, D. G. & R. M. MCFALL, (1985). New Directions in the Assessment of Social Competence and Social Skills. In: L'ABATE, L. & MILAN, M.A. (Hrsg.), Handbook of Social Skills Training and Research, S. 22-49. New York.

SCHMIDT-ATZERT, L. & STRÖHM, W. (1983). Ein Beitrag zur Taxonomie der Emotionswörter. Psychologische Beiträge, 25, S. 126-141.

SCHMIDTCHEN, D. (1994). Vom nichtmarginalen Charakter der Steuermoral. In: SMEKAL, C. & THEURL, E. (Hrsg.), S. 185-211.

SCHMITZ, C. & KÖLZER, B. (1996). Einkaufsverhalten im Handel. Ansätze zu einer kundenorientierten Handelsmarketingplanung. München.

SCHMITZ, H. R. (1993). Die Aktionäre der Aktiengesellschaft: Beziehungen über das Gesetz hinaus. In: Zeitschrift für das gesamte Kreditwesen, 46. Jg., S. 838-840.

SCHMÖLDERS, G. (1953). Ökonomische Verhaltensforschung. Ordo-Jahrbuch für Wirtschaft und Gesellschaft, 5, S. 203-244.

SCHMÖLDERS, G. (1966). Psychologie des Geldes. Reinbeck.

SCHMÖLDERS, G. (1977). Ursprung und Entwicklung der Steuerzahlerbewegung. In: G. SCHMÖLDERS, G., WÖHE, G. & BUCHHOLZ, E.H. (Hg.), Der Bürger als Objekt der staatlichen Finanzpolitik. Holzmann, Bad Wörishofen.

SCHMÖLDERS, G. (1984). Verhaltensforschung im Wirtschaftsleben – Theorie und Wirklichkeit. München.

SCHNEIDER, F. (1994). Determinanten der Steuerhinterziehung und der Schwarzarbeit im internationalen Vergleich. In: SMEKAL, C. & THEURL, E. (Hrsg.), Stand und Entwicklung der Finanzpsychologie, S. 247-288. Baden-Baden.

SCHNEIDER, F. (1998). Der Umfang der Schattenwirtschaft in der Bundesrepublik Deutschland. In: Wirtschaftswissenschaftliches Studium (WiSt), Heft 2, Februar.

SCHNEIDER, M. (1991). Das Risikoverhalten von Kapitalanlegern aus verhaltenswissenschaftlicher Perspektive. Dissertation, Mannheim.

SCHNEIDER, W. & SHIFFRIN, R. M. (1977). Controlled and automatic human information processing: I. Detection, search, and attention. In: Psychological Review, 84, S. 1-66.

SCHOENEN, M. (1993). In: o. V., Investor Relations. In: Betriebswirtschaftliche Forschung und Praxis, 45. Jg., Nr. 2, S. 184-206.

SCHOENEN, M. (1994). Analysten und ihre Mittlerrolle. In: Frankfurter Allgemeine Zeitung, Nr. 248, 25.10.1994, Verlagsbeilage: Deutsche Börse, S. 11.

SCHOLZ, J. T., MCGRA W, K. M. & STEENBERGEN, M. R. (1992). Will taxpayer ever like taxes? Responses to the U.S. Tax Reform Act of 1986. Special Issue: Economic psychological perspectives on taxation. In: Journal of Economic Psychology, Vol. 13, S. 625-656.

SCHREIB, H. P. (1993). Investor Relations aus Sicht der Anleger. In: Betriebswirtschaftliche Forschung und Praxis, 45. Jg., Nr. 2, S. 163-172.

SCHULER, H. (1992). Das Multimodale Einstellungsinterview. 38, S. 281-300. Diagnostica.

SCHULER, H., MOSER, K., DIEMAND, A. & FUNKE, U. (1995). Validität eines Einstellungsinterviews zur Prognose des Berufserfolgs. In: Zeitschrift für Pädagogische Psychologie, 9 (1), 1995, S. 45-54.

SCHULMANN, G. & WORALL, C. (1970). Salience patterns, source credibility, and the sleeper effect. Public Opinion Quarterly, 34, S. 371-382.

SCHULZ, G. (1992) Die Erlebnisgesellschaft. 2. Aufl. Frankfurt/Main, New York.

SCHULZ-HARDT, S. & FREY, D. (1997). Das Sinnprinzip: Ein Standbein des homo psychologicus. In: MANDL, H. (Hrsg), Bericht über den 40. Kongreß der Deutschen Gesellschaft für Psychologie, Göttingen, S. 870-876.

SCHUMPETER, J. A. (1993). Kapitalismus, Sozialismus und Demokratie. 7. Aufl.. Tübingen.

SCHWARTZ, S. H., & BILSKY, W. (1990). Towards a theory of universal content and structure of value: Extensions and cross-cultural replications. In: Journal of Personality and Social Psychology, 58, S. 878-891.

SCHWARZ, G. (1987). Versicherungsbetrug. Eine Untersuchung nach der Methode der Mehrdimensionalen Ursachenforschung. Wien.

SCHWARZ, N. & BOHNER, G. (1990). Stimmungseinflüsse auf Denken und Entscheiden. In: MAAS, P. & J. WEIBLER, Börse und Psychologie; Plädoyer für eine neue Perspektive. div. Köln.

SCHWARZ, R. D. & ORLEANS, S. (1967). On Legal Sanctions. In: University of Chicago Law Review, Vol. 34, S. 274-300.

Schweizer Rückversicherungs-Gesellschaft (1993). Massendelikt Versicherungsbetrug. Zürich.

SCHWIND, H. D. (1997). Kriminologie. Eine praxisorientierte Einführung mit Beispielen. 8. Auflage. Kriminalistik Verlag, Heidelberg.

SCITOVSKI, T. (1977). Psychologie des Wohlstands. Frankfurt.

SCITOVSKY, T. (1986). Human desire and economic satisfaction: Essays on the frontiers of economics. Wheatsheaf Books, Brighton.

SEGALLA, M. & BESSEYRE DES HORTS, C.-H. (1997). La divergence des pratiques de gestion des ressources humaines dans le secteur bancaire en Europe: Résultats d'une étude exploratoire. Revue Francaise de Gestion. Im Druck.

SEGALLA, M. & JACOBS, G. (1996). The same decision but for a different reason: Comparison of decision rationales in HRM decisions in Europe. 5th conference on International Human Resource Management. June 1996. San Diego, USA.

SEGALLA, M. (Hrsg.) (1998). Hidden Borders. Why European Managers misunderstand each other. Im Druck.

SELZNICK, Philip (1957). Leadership in Administrations, New York.

SHANNON, C. E. & WEAVER, W. (1949). The mathematical theory of communication. Urbana.

SHARPE, W. F. (1970). Portfolio theory and capital markets. New York.

SHEFFRIN, St. M. (1993). What does the public believe about tax fairness?. In: National Tax Journal, Vol. 46, S. 301-308.

SHEPPARD, B. H. & LEWICKI, R. J. (1987). Toward general principles of managerial fairness. In: Social Justice Research, 1, S. 161-176.

SHEPPARD, B. H., LEWICKI, R. J. & MINTON, J. W. (1992). Organizational justice: The search for fairness in the workplace. The New Lexington Press, San Francisco.

SHERIF, M. & HOVLAND, C. I. (1961). Social judgement. Assimilation and contrast effects in communication and attitude change. New Haven.

SHERIF, M. & SHERIF, C. W. (1967). Attitude as the individual´s own categories: the social judgement-involvement approach to attitude and attitude change. In: SHERIF, M. & SHERIF, C. W. (Hrsg.), Attitude, Ego-Involvement, and Change, New York.

SHERIF, M. (1936). The psychology of norms. New York.

SIEGEL, J. & THALER, R. (1997). The equity premium puzzle. Journal of Economic Perspectives, Winter 1997, S. 191-200.

SIEGLER, R. S. & RICHARDS, D. D. (1983). The development of two concepts. In: C. J. Brainerd (Hrsg.). Recent advances in cognitive-developmental theory. S. 51-121. Springer, New York.

SIENEL, W. (1995). Meist positiv. In: Wirtschaftswoche, 49. Jg., Nr. 31, S. 78-79.

SIMMEL, G. (1900). Philosophie des Geldes. Duncker & Humblot München.

SIMMEL, G. (1904/1989). Philosophie des Geldes. Frankfurt a. M.

SIMON, H. A. (1957). Models of man. New York.

SINN, H.-W. (1997). Deutschland im Steuerwettbewerb. In: Jahrbücher für Nationalökonomie und Statistik, Bd. 216, S. 672-692.

SIX, B. & SCHÄFER, B. (1985). Einstellungsänderung. Stuttgart.

SLEMROD, J. (1983). Do we know how progressive the income tax system should be?, in: National Tax Journal, Vol. 36, S. 361-369.

SLOVIC, P. (1972) Psychological study of human judgment: implications for investment decision making. In: Journal of Finance, 27, (Sept.1972), S. 779-799.

SLOVIC, P., FISCHHOFF, B. & LICHTENSTEIN, S. (1982). Facts vs. Fears: Understanding perceived risks. KAHNEMAN, D., SLOVIC, P. & TVERSKY, A. (1982), S. 463-489.

SMEKAL, C. & THEURL, E. (Hrsg.) (1994). Stand und Entwicklung der Finanzpsychologie. Baden-Baden.

SMITH, H. V., FULLER, R. G. C. & FORREST, D. W. (1975). Coin value and perceived size: A longitudinal study. Perceptual and Motor Skills, 41, S. 227-232.

SMITH, P. B. & BOND, M. H. (1993). Social Psychology across cultures. Harvester Wheatsheaf.

SOLOMON, M. R., SURPRENANT, C., CZEPIEL, J. A. & GUTMAN, E. G. (1985). A role theory perspective on dyadic interactions: The service encounter. Journal of Marketing, 49 (Winter), S. 99-111.

SOROS, G. (1998).Interview. In: Die Zeit, 4/98, S. 17-19.

SPARACINO, J. RONCHI, D., BIGLEY, T. K. FLESH, A. L. & KUHN, J. W. (1983). Self-monitoring und blood pressure. Journal of Personality and Social Psychology. 44, S. 365-375.

SPICER, M. W. & BECKER, L. A. (1980). Fiscal Inequity and Tax Evasion: An experimental Approach. In: National Tax Journal, Vol. 33, S. 171-175.

SPICER, M. W. & HERO, R. E. (1985). Tax evasion and heuristics: A research note. In: Journal of Public Economics, Vol. 26, S. 263-267.

SPICER, M. W. & LUNDSTEDT, S. B. (1976). Understanding tax evasion. In: Public Finance, Vol. 31, S. 295-305.

SPICER, M. W. & THOMAS, J. E. (1982). Audit probabilities and tax evasion decision: An experimental approach. In: Journal of Economic Psychology, Vol. 2, S. 241-245.

Spiegel, Der (1991). Nur jeder zweite kennt Luther: Die Fragen und Antworten eines Bildungs- und Wissens-Tests. Ausgabe Spiegel-Spezial, I/1991, „Das Profil der Deutschen".

Spiegel, Der (1998). „Kathedrale um den Euro", 10, S. 22-24.

Spiegel-Verlag (1980). Soll und Haben 1. Hamburg.

Spiegel-Verlag (1984). Soll und Haben 2. Hamburg.

Spiegel-Verlag (1989). Soll und Haben 3. Hamburg.

Spiegel-Verlag (1996). Soll und Haben 4. Hamburg.

SPITZBERG, B. H. & CUPACH, W. R. (1989). Handbook of interpersonal competence research. Springer, New York.

STACEY, B. G. (1983). Economic socialization. British Journal of Social Psychology, 22, S. 265-266.

STACHOWIAK, H. (1973). Allgemeine Modelltheorie. Springer, Wien/New York.

STAHLBERG, D. & FREY, D. (1992). Einstellung I: Struktur, Messung und Funktionen. In: STROEBE, W., HEWSTONE, M., CODOL, J.-P. & STEPHENSON, G.M. (Hrsg.), Sozialpsychologie – Eine Einführung, S. 144-170. Berlin.

STAHLBERG, D. & FREY, D. (1993). Das Elaboration-Likelihood-Modell von PETTY & CACIOPPO. In: FREY, D. & IRLE, M. (Hrsg.), Theorien der Sozialpsychologie. Band 1: Kognitive Theorien. 2. Auflage, S. 327-359. Huber, Bern.

STALANS, L. J., KINSEY, K. A. & SMITH, K. W. (1991). Listening to Different Voices: Formation of Sanction Beliefs and Taxpaying Norms. In: Journal of Applied Social Psychology, Vol. 21, S. 119-138.

STANLEY, T. D. (1994). Silly bubbles and the insensitivity of rationality testing: An experimental illustration. In: Journal of Economic Psychology, 15, S. 601-620.

Statistisches Bundesamt (1997a). Mitteilungen für die Presse. 192/97, 08.07.1997. Wiesbaden.

Statistisches Bundesamt (1997b). Pflanzliche Erzeugung. Halbjährliche Statistiken 1.1997, Themenkreis 5, Reihe B. Wiesbaden.

Statistisches Bundesamt (1997c). Statistisches Jahrbuch für das Ausland 1997. Wiesbaden.

STAUB, E. (1982). Entwicklung prosozialen Verhaltens: Zur Psychologie der Mitmenschlichkeit. München.

STAUSS, B. & SEIDEL, W. (1995). Prozessuale Zufriedenheitsermittlung und Zufriedenheitsdynamik bei Dienstleistungen. In: SIMON, H. & HOMBURG, CH. (1995), Kundenzufriedenheit: Konzepte – Methoden – Erfahrungen (S. 179-203). Gabler, Wiesbaden.

STAUSS, B. (1991). Augenblicke der Wahrheit. In: Absatzwirtschaft, (6), S. 96-105.

STEPHAN, E. & BECKER, J. (1996). Ankereffekte: Das Zusammenspiel zwischen expliziten und impliziten kognitiven Prozessen: Beitrag zum 40. Kongreß der Deutschen Gesellschaft für Psychologie. München.

STEPHAN, E. (1989). A net of psychological utility theories. In WESTMEYER, H. (Hrsg.), Psychological theories from a structuralist point of view. S. 63-102. New York.

STEPHAN, E. (1990). Zur logischen Struktur psychologischer Theorien. Berlin.

STEPHAN, E. (1992). Judgmental heuristics in the investment of funds. Paper presented at the XXV International Congress of Psychology, July 1992, Brussels.

STEPHAN, E. (1992). Zur Rolle von Urteilsheuristiken bei finanziellen Entscheidungen. Beitrag zum 38. Kongreß der Deutschen Gesellschaft für Psychologie, Trier. Abstract erschienen in MONTADA, L. (Hrsg.), Bericht über den 38. Kongreß der Deutschen Gesellschaft für Psychologie, Band 1, S. 711. Göttingen.

STEPHAN, E. (1993). If we're so dumb, how come we made it to the moon? – Der Einfluß von Moderatorvariablen auf Urteilsheuristiken. Vortrag für den 3. Kongreß der Schweizerischen Gesellschaft für Psychologie, August 1993.

STEPHAN, E., ADELT, P., MÜLLER, H. & REINHOLD, C. (1993). Typologie privater Geldanleger. Forschungsbericht an den Deutschen Sparkassen- und Giroverband (DSGV). Köln.

STEPHAN, E.R. (1991). Liquidität, Risiko, Rendite: Was bestimmt die Präferenzen bei der Geldanlage? Vorläufige Bemerkungen zum subjektiven Urteilsraum bei Anlageentscheidungen. Unveröffentlichter Forschungsbericht, Institut für Wirtschafts- und Sozialpsychologie, Universität zu Köln.

STERNTHAL, B., PHILIPPS, L. W. & DHOLAKIA, R. (1978). The persuasive effect of source credibility: A situational analysis. Public Opinion Quarterly, 42, S. 285-314.

STOLL, T. (1996). Otto Normalbetrüger. Capital, Heft 9, S. 24-26.

STRAUSS, A. L. (1952). The development and transformations of monetary meanings in the child. American Sociological Review, 17, S. 275-284.

STROEBE, W. (1980). Grundlagen der Sozialpsychologie I. Stuttgart.

STRÜMPEL, B. (1969). The Contribution of Survey Research to Public Finance. In: A. T. PEACOCK (Hrsg.), Quantitative Analysis in Public Finance (S. 13-22). Praeger , New York.

STRÜMPEL, B. (1975). Saving behavior in Western Germany and the United States. In: American Economic Review Papers and Proceedings, 65, S. 210-216.

SUMMERS, L. H. (1981). Capital Taxation and Accumulation in a Life Cycle Growth Model. In: American Economic Review, Vol. 71, S. 533-544.

SUTTON, R. S. (1962). Behavior in the attainment of economic concepts. Journal of Psychology, 53, S. 37-46.

SWAN, J. E. & COMBS. L. J. (1976). Product performance and consumer satisfaction: A new concept. Journal of Marketing, 40 (4), S. 25-33.

SWAN, J. E. & MARTIN, W. S. (1980). Testing comparison levels and predictive expectations models of satisfaction. In: K. B. MONROE (Hrsg.), Advances in Consumer Research, 8, S. 77-82.

SWAN, J. E. & OLIVER, R. P. (1985). Automobile buyer satisfaction with the salesperson related to equity and disconfirmation. In: HUNT, H. K. & DAY, R. L. (Hrsg.), Consumer satisfaction, dissatisfaction and complaining behaviour. Indiana University.

SWAN, J. E. & TRAWICK, I. F. (1981). Satisfaction, disconfirmation, and comparison of alternatives. In: HUNT, H. K. & DAY, R. L. (Hrsg.), Conceptual and empirical contributions to consumer satisfaction and complaining behaviour (S. 17-24). Indiana University.

TAJFEL, H. & TURNER, J. (1979). An integrative theory of intergroup conflict. In: AUSTIN, W. G. & WORCHEL, S. (Hrsg.), The social psychology of intergroup relations. Monterey.

TAJFEL, H. & WILKENS, A. L. (1963). Classification and quantitative judgement. In: British Journal of Psychology, Vol. 54, S. 101-114.

TAJFEL, H. (1957). Value and the perceived judgement of magnitude. Psychological Review, 64, S. 192-204.

TAJFEL, H. (1974). Social identity and intergroup behaviour. Social Science Information, 13, S. 65-93.

TAJFEL, H. (1982). Gruppenkonflikt und Vorurteil. Entstehung und Funktion sozialer Stereotypen. Bern.

THALER, R. & DA WES, R. M. (1992). Cooperation. In: R. THALER, The Winner's Curse. Paradoxes and Anomalies of Economic Life. Free Press, New York.

THALER, R. (1980). Toward a positive theory of consumer choice. In: Journal of Economic Behavior and Organisation, Nr. 1, S. 39-60.

THALER, R. (1992). The winner's curse – Paradoxes and anomalies of economic Life. New York.

THALER, R. (1993). Advances in behavioral finance. New York.

THIBAUT, J. W. & KELLEY, H. H. (1959). The social psychology of groups. John Wiley & Sons, New York.

THIBAUT, J. W. & WALKER, L. (1975). Procedural justice. New York.

THOMAS, A. (1992). Aspekte interkulturellen Führungsverhaltens. In: BERGEMANN, N. & SOURISSEAUX, N. L. J. (Hrsg), Interkulturelles Management, S. 35-57. Physika-Verlag, Heidelberg.

THOMPSON, S. C. (1981). Will it hurt less if I can control it? A complex answer to a simple question. Psychological Bulletin, 90, S. 89-101.

THORNDIKE, E. L. (1920). A constant error in psychological rating. Journal of Applied Psychology, 4, S. 25-29.

THORNDIKE, E. L. (1920). Intelligence and its uses. Harpers Magazine, 40, S. 227-235.

TITTLE, C. & WELCH, M. (1983). Religiosity and Deviance. Toward a Contingency Theory of Con-straining Effects. Social Forces, 61, S. 653-682.

TRIANDIS, H. C. (1983). Collectivism vs. Inividualism: A reconceptualization. Unpublished manuscript. University of Illinois.

TROMMSDORFF, V. (1975). Die Messung von Produktimages für das Marketing. Köln.

TUPPEN, C. J. (1974). Dimensions of communicator credibility: An oblique solution. In: Speech Monographs, Vol. 41, S. 253-260.

TVERSKY, A. & KAHNEMAN, D. (1986). Rational choice and the framing of decisions. In: R. M. HOGART & M. W. REDER (Hrsg.): Rational choice. Chicago, S. 67-94.

TVERSKY, A. & KAHNEMAN, D. (1992). Advances in prospect theory: Cumulative representation of uncertainty. In: Journal of Risk and Uncertainty, 5, S. 297-323.

TVERSKY, A. & KAHNEMANN, D. (1973). Availibility: A heuristic for judging frequency and probability. Cognitive Psychol. 5, S. 207-232.

TVERSKY, A. & KAHNEMANN, D. (1974). Judgment under uncertainty: Heuristics and biases. Science, 185, S. 1124-1131.

TVERSKY, A. (1972). Elimination by aspects. A theory of choice. In: Psychological Review, 79, S. 281-299.

TYLER, T. R. & FOLGER, R. (1980). Distributional and procedural aspects of satisfaction with citizen-police encounters. In: Basic and Applied Social Psychology, Vol. 1, S. 281-292.

TYLER, T. R. (1984). The role of perceived injustice in defendants' evaluation of their courtroom experience. In: Law and Society Review, 18, S. 51-74.

TYLER, T. R. (1990). Why People Obey the Law. New Haven and London: Yale University Press.

TYLER, T. R. (1997). Procedural Fairness and Compliance with the Law. In: Schweizerische Zeitschrift für Volkswirtschaft und Statistik, Bd. 133., S. 219-240.

TYLER, T. R., RASINSKI, K. A. & SPODICK, N. (1985). Influence of voice on satisfaction with leaders: Exploring the meaning of process control. Journal of Personality and Social Psychology, 48, S. 72-81.

ULICH, D. & MA YRING, P. (1992). Psychologie der Emotionen. Kohlhammer, Stuttgart.

ULICH, D. (1991). Emotionale Entwicklung als Aufbau emotionaler Schemata. Positionsreferat auf der 10. Tagung Entwicklungspsychologie. Köln.

VANBERG, V. (1982). Markt und Organisation. Tübingen.

VEENHOVEN, R. (1993). Is happiness a trait? Tests of the theory that a better society does not make people happier. Sozialbericherstattung des WZB. Berlin.

VEENHOVEN, R. (1995). Developments in satisfaction research. Berlin.

VERSCHUUR, W. L. G. (1992). Determinanten van verzekeringsfraude. Werkgroep Veiligheid. Universität Leiden.

VOGEL, J. (1974). Taxation and public opinion in Sweden: an interpretation of recent survey data. In: National Tax Journal, Vol. 27, S. 499-513.

VROOM, V. H. (1967). Work and motivation. New York.

WACHTEL, P. L. & BLATT, S. J. (1990). Perceptions of economic needs and of anticipated future income. In: Journal of Economic Psychology, 11, S. 403-415.

WAGNER, H. (1995). Europäische Wirtschaftspolitik: Perspektiven einer Europäischen Wirtschafts- und Währungsunion (EWWU). Berlin.

WAHLUND, R. & GUNNARSSON, J. (1996). Mental discounting and financial strategies. Journal of Economic Psychology, 17, S. 709-730.

WAHLUND, R. (1992). Tax changes and economic behavior: The case of tax evasion. In: Journal of Economic Psychology, 13, S. 657-677.

WALLSCHUTZKY, I. G. (1984). Possible causes of tax evasion. In: Journal of Economic Psychology, Vol. 5, S. 371-384.

WALMSLEY, T., YADA V, P. K. & REES, W. P. (1992). The information content of the company meeting programme of the Society of Investment Analysts: 1985-1990. In: Journal of Business Finance and Accounting, Vol. 19, S. 571-584.

WALSTER, E. et al. (1976). New directions in equity research. In: J. Pers. Soc. Psychol., 25, S. 151-176.

WALSTER, E., WALSTER, G. W. & BERSCHEID, E. (1978). Equity: Theory and research. Allyn & Bacon, Boston.

WÄRNERYD, K.-E. & WALERUD, B. (1982). Taxes and economic behavior: some interview data on tax evasion in Sweden, in: Journal of Economic Psychology, Vol. 2, S. 187-211.

WÄRNERYD, K.-E. (1996). Risk attitudes and risky behavior. Journal of Economic Psychology, 17, S. 749-770.

WASON, P. (1968). Reasoning about a rule. In: Quaterly Journal of Experimental Psychology, 20, S. 273-281.

WEBER, M (1956). Wirtschaft und Gesellschaft. Grundriß der verstehenden Soziologie. Tübingen.

WEBER, M. & CAMERER, C. (1992). Ein Experiment zum Anlegerverhalten. In: Zeitschrift für betriebswirtschaftliche Forschung, 2.1992, S. 131-148.

WEBER, M., BERG, E. & KRUSE, H. (1992). Kurs und Renditenvergleich von Stamm- und Vorzugsaktien – Eine empirische Analyse. In: Zeitschrift für betriebswirtschaftliche Forschung, Bd. 44, S. 548-565.

WEBLEY, P. (1983). Economic socialization in the pre-adult years: A comment on Stacey. In: British Journal of Social Psychology, 22, S. 264-265.

WEBLEY, P., ROBBEN, H., ELFFERS, H. & HESSING, D. (1991). Tax Evasion. An Experimental Approach. Cambridge.

WEBLEY, Paul, LEVINE, Mark, LEWIS, Alan (1991). A study in economic psychology: children's saving in a play economy. In: Human Relations, 44 (2), S. 127-146.

WECK, H., POMMEREHNE, W. & FREY, B. S. (1984). Schattenwirtschaft. München.

WECK-HANNEMANN, H. & POMMEREHNE, W. (1989). Einkommensteuerhinterziehung in der Schweiz: Eine empirische Analyse. In: Schweizerische Zeitschrift für Volkswirtschaft und Statistik, Bd. 125, S. 515-555.

WEEDE, E. (1990). Wirtschaft, Staat und Gesellschaft. Zur Soziologie der kapitalistischen Marktwirtschaft und der Demokratie. Tübingen.

WEEDE, E. (1992). Mensch und Gesellschaft. Mohr, Tübingen.

WEICK, K. E. (1985). Der Prozeß des Organisierens. Suhrkamp, Frankfurt am Main.

WEIGEL, R. H., HESSING, D. J. & ELFFERS, H. (1996). Egoism: Concept, Measurement and Implications for Deviance. Unveröffentliches Arbeitspapier (zur Veröffentlichung eingereicht).

WEINER, B. (1972). Theories of motivation: from mechanism to cognition. Markham.

WEINER, B. (1986). An attributional theory of motivation and emotion. Springer, New York.

WEISS, W. (1961). The effects of a communication on attitude change and scale judgements. Journal of Abnormal and Social Psychology, 62, S. 133-140.

WERBIK, H. & KAISER, H. J. (1984). Zum Problem der Anwendung empirischer Forschungsergebnisse. In: E. ROTH (Hrsg.): Sozialwissenschaftliche Methoden, S. 657-763. Oldenbourg, München.

WERNIMONT, P. & FITZPATRICK, S. (1972). The meaning of money. Journal of Applied Psychology, 56, S. 218-226.

WESTBROOK, R. A. & REILLY, M. D. (1983). Value-percept disparity: An alternative to the disconfirmation of expectations theory of consumer satisfaction. In: BAGOZZI, R. P. & TYBOUT, A. M. (Hrsg.), Advances in Consumer Research. Association for Consumer Research, S. 256-61. Ann Arbor, MI.

WESTHOFF, K. (1985). Erwartungen und Entscheidungen. Springer, Berlin.

WHITEHEAD, D. (1986). Student's attitudes to economic issues. S. 24-32. Economics.

WHO (Hrsg.) (1992). Country Profils on Europe, Health Europe 1991. Genf.

WICKLUND, R. A. & GOLLWITZER, P. M. (1982). Symbolic self-completion. Erlbaum, Hillsdale/N.J.

WIEDEMANN, P. M. (1993). Tabu, Sünde, Risiko: Veränderungen der gesellschaftlichen Wahrnehmung von Gefährdungen. In: Bayerische Rück (Hrsg.), Risiko ist ein Konstrukt. Knesebeck.

WIENDIECK, G. (1990). Börse als vernachlässigter Bereich der Wirtschaftspsychologie. In: P. MAAS & J. WEIBLER (Hrsg.), Börse und Psychologie. Köln.

WILDER, D. (1977). Perceptions of groups, size of opposition, and influence. Journal of Experimental Social Psychology, 13, S. 253-268.

WILLIAMS, Colin C. (o.J.). Informal sector responses to unemployment: An evaluation of the potential of Local Exchange Trading Systems (LETS). In: Work, Employment & Society, Vol. 10, No. 2, S. 341-359.

WILLIAMSON, O. E. (1985). The Oeconomic Institutions of Capitalism. New York.

WILLIAMSON, O. E. (1990). Die ökonomischen Institutionen des Kapitalismus. Tübingen.

WILSON, J. Q. & HERRNSTEIN, R. J. (1985). Crime and Human Nature. Simon and Schuster, New York.

WINNETT, A. & LEWIS, A. (1995). Household accounts, mental accounts, and savings behaviour: Some old economics rediscovered? Journal of Economic Psychology, 16, S. 431-448.

WISPÉ, L. G. & DRAMBAREAN, N. C. (1953). Psyological need, word frequency, and visual duration threshold. In: Journ. Exp. Psychol., 46, S. 25-31.

WISWEDE, G. & ENGELMANN, M. (1997). GfK – Trendsensor Konsum. Konzept und erste Längsschnittergebnisse. Nürnberg.

WISWEDE, G. (1976). Soziologie konformen Verhaltens. Kohlhammer, Stuttgart u.a.

WISWEDE, G. (1979a). Psychologische Aspekte der Produktion. In: KERN, W. (Hrsg.), Handwörterbuch der Produktionswirtschaft. Poeschel, Stuttgart

Wiswede, G. (1979b). Soziologie abweichenden Verhaltens. 2. Auflage. Kohlhammer, Stuttgart.

WISWEDE, G. (1980). Motivation und Arbeitsverhalten. München.

WISWEDE, G. (1991a). Grundmodell der Marktpsychologie. Unveröffentlichtes Manuskript zur Vorlesung Wirtschaftspsychologie am Institut für Wirtschafts- und Sozialpsychologie der Universität zu Köln.

WISWEDE, G. (1995). Einführung in die Wirtschaftspsychologie. 2. Aufl. München.

WISWEDE, G. (1997). Psychologie im Wirtschaftsleben: Geld, Kunden und Mitarbeiter aus psychologischer Sicht. 2. Aufl. Deutscher Sparkassenverlag, Stuttgart

WISWEDE, G. (1998). Soziologie. Ein Lehrbuch für den Wirtschafts- und sozialwissenschaftlichen Bereich. 3. Auflage. Landsberg/Lech.

WITTE, E. H. (1985). Theorien zur sozialen Macht. In: D. FREY & IRLE, M. (Hrsg.), Theorien der Sozialpsychologie, II. Bern.

WITTKÄMPER, G. W., WULF-NIENHÜSER, M. & KAMMER, K. (1990). Versicherung und Kriminalität. VVW, Karlsruhe.

WOODRUFF, R. B., CADOTTE, E. R. & JENKINS, R. L. (1983). Modeling consumer satisfaction processes using experience-based norms. In: Journal of Marketing Research, 20 (8), S. 296-304.

YATES, F. & STONE,E. R. (1992). The risk construct. In: YATES, F. (Hrsg.): Risk-taking behavior, S. 1-25.

YI, Y. (1990). A critical review of consumer satisfaction. Review of Marketing, S. 68-123.

ZAJONC, R. B. (1965). Social facilitation. In: Science, 149, S. 269-274.

ZEITHAML, V. A. (1981). How consumer evaluation processes differ between goods and services. In: J. H. DONNELLY & W. R. GEORGE (Hrsg.), Marketing of services, Proceeding (S. 186-190). AMA`s Special Conference on Services Marketing. Chicago.

ZEITHAML, V. A., RARASURAMAN, A. & BERRY, L. L. (1992). Qualitässervice. Frankfurt.

ZIMBARDO, P. G. (1992). Psychologie. Berlin u.a.

ZUCKERMAN, M. (1979). Beyond the optimal level of arousal. Hillsdale, N.J.

ZUCKERMAN, M. (1990). The psychophysiology of sensation seeking. In: Journal of Personality, 58, 1, March 1990, S. 313-345.

Autorenverzeichnis

Abric 198

Adelt, P. 7, 36, 37, 38, 46, 137, 140, 145, 150, 152, 204, 250, 251, 259, 370, 375, 424

Adler, N. J. 389

Ainslee, G. 195

Ajzen, I. 153, 170, 181, 194, 277, 304, 307

Akerele, A. 349

Akers, R. L. 194

Allingham, M. G. 162

Alm, J. 24

Amelang, M. 193, 195, 200, 209, 210

Ammelung, M. 352, 355

Amstad, P. 155

Anderson, B. F. 42, 345, 347, 348

Anderson, E. W. 42, 345, 347, 348

Anderson, R. E. 42, 345, 347, 348

Argyle, M. 412, 422

Armistead, N. 422

Artopoeus, W. 45

Asch, S. E. 21, 24, 84

Atkinson, A. B. 146, 162, 317, 419

Atkinson, J. W. 146, 162, 317, 419

Austin, W. 179

Averill, J. R. 282

Ayllon, T. 76

Azrin, N. H. 76

Bacher, J. 290

Backhaus, J. 408

Baden, K. 300

Balog, S. J. 300, 301

Balzer, A. 44, 45

Bandura, A.. 194

Bar-Hillel, M. 114, 394

Baron, J. 394

Barrick, M. R. 418

Bartussek, D. 418

Bastine, R. 418

Bauer, S. 301

Baxter, L. A. 424

Bayer, R.-C. 26, 27

Bazerman, M. 21

Bebbington, K. J. 187

Becerra, A. 354

Beck, U. 185

Becker, G. S. 113, 162, 165, 166, 317

Becker, J. 113, 162, 165, 166, 317

Becker, L. A. 113, 162, 165, 166, 317

Bell, R. 34, 127

Berg, E. 176

Berkowitz, L. 174

Berlo, D. K. 304

Berlyne, D. E. 148

Berndt, H. 54

Bernoulli, D. 141

Berry, L. L. 340, 344, 346

Berscheid, E. 28, 351, 393

Berti, A. 60, 62

Besseyre des Horts, C.-H. 395

Bhushan, R. 300

Bierhoff, H. W. 165

Bilsky, W. 394

Birbaumer, N. 411

Birnbreier-Stahlberger, B. 285

Bishop, D. M. 195

Bitner, M. J. 352, 355, 359

Bittner, Th. 8, 13, 43, 299

Bjerring, J. H. 300

Blaffert 70

Blatt, S. J. 143

Blount, S. 21

Blume, M. E. 137

Blumer, A. 44

Blumler, J. G. 99
Bodzenta, E., Simon, W. 218
Boehme, H. 137
Bohner, G. 39
Bombi, A. 62
Bonath, J. C. 285
Bond, M. H. 390, 394, 399
Booms, B. H. 359
Bornemann, E. 76
Bossong, B. 394
Bourqui, C. 44
Brandenstein, P. 70
Brandstätter, H. 27, 28, 39, 42, 177
Brandstätter, V. 27, 28, 39, 42, 177
Brandt, D. R. 349, 359, 372
Brealey, R. A. 136
Breckler, S. J. 277
Brehm, J. W. 23, 25, 26
Brehm, S. S. 23, 25, 26
Bremkamp, V. 189
Brengelmann, J. 149
Brennan, G. 187
Brickman, P. 143, 282
Brinol, P. 354
Bromiley, P. 139, 154
Brown, S. W. 345
Bruce, V. 79
Bruner, J. S. 17, 29, 78, 79, 168, 328
Bruns, H. 33, 301
Bruns, H.-G. 33, 301
Brunswik, E. 426
Buchanan, J. M. 187
Bundesministerium für Arbeit und Sozialordnung 227
Burger, E. 219, 220
Burghardt, A. 150
Burgoyne, C. B. 297
Burris, V. 62, 77
Büschgen, H. E. 137
Butz, P. 223, 225
Byrne, D. 416
Cacioppo, J. T. 8, 111, 322, 323, 324, 325, 326, 337, 353
Cadotte, E. R. 345, 349, 351, 356
Calderwood, G. 168
Camerer, C. 137, 139
Campbell, D. T. 143
Cantor, N. 144
Cantril, H. 143
Carpenter, R. 300
Carroll, J. S. 194
Centers, R. 143
Chaiken, S. 277, 322, 323
Chatlos, W. 302
Christie, R. 153, 421
Churchill, G. A. 345
Cialdini, R. B. 417, 424
Clark, R. A. 419
Cloward, R. A. 25
Cohen, J. 110
Combs. L. J. 349
Consumentenbond 223
Corsten, H. 340
Coval, J. 130
Cowell, F. A. 26, 30, 165, 187
Cronbach, L. J. 285, 411
Cronkhite, G. 322
Crott, H. 178
Cullis, J. G. 24, 162
Cunningham, J. D. 329
Cupach, W. R. 409, 419
Curley, P. C. 139, 154
Curtis, R. 78
Czepiel, J. A. 342, 349
D. Kammer 419, 422
Darley, J. M. 179
Dauenheimer, D. 179
Dawes, R. M. 36, 194, 200

De Bondt, W. F. M. 300
Dean, P. 163, 168
Deci, E.L. 26, 176, 213
Der Spiegel 86, 88, 274
Deutsch, M. 288, 394
Deutsche Bank Research 137, 138, 145
Deutsche Bundesbank 24, 137, 138
Dholakia, R. 321
Dickenberger, D. 26, 176
Die Zeit 88
Diemand, A. 408, 419
Diener, E. 243, 282
Dimson, E. 300
Direccion de Consumo 223
Doll, E. A. 410
Dollinger, S. J. 421
Dönch, U. 188
Döpfner, M. 412
Dorsch, F. 147
Dover, P. 348
Downs, A. 186
Dreitzel, H. P. 13
Driscoll, K. 128
Eagly, A. H. 322
Earley, P. C. 390, 391
Easterlin, R. A. 282
Eichenberger, R. 102, 165, 186, 317
Elffers, H. 163, 166, 167, 196, 198
Ellermann, B. 189
Ellermann, U. 189
Emerson, M. 274
Engelhardt, G. 340
Engelhardt, W. H. 340
Engelmann, M. 40, 272, 352, 355, 361, 368, 384
Epple, M. 137
Erb, E. 12, 192
Erez, M. 390, 391
Eriksen, K. 186
Esser, H. 198
Evens, F. B. 342
Ewers, H.-J. 32
Eysenck, J. 149, 418
Eysenck, S. B. G. 149, 418
Falces, C. 353
Fallan, L. 186
Fama, E. 43, 109
Faucheux, C. 21
FAZ 25, 41
Fazio, R.H. 312, 323
Fehr, E. 184
Ferenczi, S. 75
Fessel, L. 231
Festinger, L. 20, 178, 179, 181, 280, 308, 328, 341
Fetchenhauer, D. 6, 23, 27, 40, 41, 188, 196, 197, 198, 199, 204, 210, 211
Fiedler, K. 79, 99, 100
Filer, R. 154
Fischer, L. 4, 5, 10, 11, 12, 16, 17, 21, 34, 37, 38, 39, 64, 137, 138, 140, 145, 149, 154, 225, 251, 274, 283, 284, 318, 323, 327, 328, 349, 360, 362, 415
Fischhoff, B. 80, 116, 143, 144
Fishbein, M. 170, 181, 277, 304, 307
Fisk, R. P. 352
Fiske, S. T. 113, 168
Flanagan, J. C. 359, 422
Foa, E. B. 12, 76
Foa, U. G. 12, 76
Folger, R. 176
Forrest, D. W. 78
Fox, S. 418
Frank, R. H. 8, 194, 317
French, J. R. P. 35, 130
French, K. 35, 130
Freund, T. 233, 235, 312, 354, 422
Frey, B. S. 6, 21, 26, 27, 28, 39, 42, 135, 143, 160, 165, 168, 173, 179, 181, 182, 185, 186, 193, 213, 317, 323, 324

Frey, D. 6, 21, 26, 27, 28, 39, 42, 135, 143, 160, 165, 168, 173, 179, 181, 182, 185, 186, 193, 213, 317, 323, 324

Friedman, M. 141

Friend, I. 137

Fritsch, M. 32, 136

Fritsch, U. 32, 136

Früh, W. 362

Fulker, D. W. 149

Fuller, R. G. C. 78

Funke, U. 408

Furnham, A. 4, 79

Furubotn, E. 183

Gallup 222, 223

Gas, B. 189

Gaska, A. 181, 185

Gauert, H. 238

Geis, F. L. 80, 100, 153, 421

Geis, I. 80, 100, 153, 421

Gerum, E. 175

Gesamtverband der deutschen Versicherungswirtschaft 188, 189, 208

Gigerenzer, G. 12, 79, 100, 133

Gilmore, D. 79

Gniech, G. 176

Godschalk, H. 70

Goethals, G. R. 179

Gollwitzer, P. M. 34, 153

Goodman, C. C. 17, 29, 78, 79

Goschke, T. 153

Gotlieb, J. B. 345

Gottfredson, M. R. 195, 196, 202

Grabitz, H.-J. 176

Grasmick, H. G. 168, 195, 196, 202

Gray, J. A. 149

Green, D. M. 14

Greenberg, B. A. 169, 176, 197, 321, 391, 392

Greenberg, B. S. 169, 176, 197, 321, 391, 392

Greenberg, J. 169, 176, 197, 321, 391, 392

Gretschmann, K. 30

Grewal, D. 345

Grey, G. 180

Groenland, E. A. G. 166, 167

Groß-Engelmann, M. 8, 339, 365, 371, 374

Grzelak, J. 23

Guilford, J. P. 410, 411

Gunnarsson, J. 32

Güth, W. 177

Gutman, E. G. 342

Häcker, H. 147

Haisch, J. 179

Haller, M. 358, 365

Haller, S. 358, 365

Hardes, H.-D. 176

Harvey, O. J. 347

Hassebrauck, M. 178, 179, 180

Hays, W. 115

Hebb, D. O. 147, 148

Heckhausen, H. 153, 156, 415, 416, 419

Hegwill, M. A. 320

Heinemann, K. 19, 59

Heinze R.-G. 70

Hell, W. 98

Hellweg, S. 50, 51

Helson, H. 33, 40, 110, 178

Henke, K.-D. 169

Hentschel, B. 346, 359, 360, 362

Herkner, W. H. 155, 156, 277

Hero, R. E. 166

Herrmann, U. 175

Herrnstein, R. J. 32, 37, 195

Herzberg, F. 8, 348, 360, 371

Hessing, D.J. 163, 166, 167, 192, 196

Heuser, U. J. 45

Hickson, D. J. 388

Hilke, W. 340

Hill, D. J. 345

Hinsch, R. 412
Hinzmann, J. 188, 189, 208
Hirschi, T. 195, 196, 202
Hirschman, A. O. 182
Hoffrage, U. 99
Hofmann, H.-J. 188
Hofstede, G. 6, 9, 32, 52, 150, 215, 219, 221, 225, 232, 239, 396, 398, 404
Homann, K. 179
Homans, G. C. 76, 178, 393
Hossiep, R. 408, 418
Hovland, C. I. 8, 28, 175, 277, 304, 319, 320, 321, 322, 347
Howard, J. A. 152, 358
Huberman, G. 127, 128, 130, 131
Huff, D. 80, 100
Hunt, H. K. 344
Hunt, Th. 344
Hunzicker, P. 74, 99
Index Funk 215
Inkeles, A. 215
Insko, Ch. 320
Insko, V. 320
Institut der deutschen Wirtschaft Köln 54
Institut für Jugendforschung 218, 223, 227
Irwin, F. W. 144
Istituto Nazionale di Statistica 223
Izard, C. E. 355
J. Eysenck 149, 418
Jacobs, G. 9, 21, 40, 387, 395, 402
Jacoby, J. 152
Jahn, Th. 54
Jahoda, G. 60, 62, 63
Janis, I. L. 42, 321
Jenkins, R. L. 345, 349, 351, 356
Jenson, T. A. 321
John, O. P. 419
Johnson, H. 321
Johnston, R. 349, 350, 372
Jonas, H. 6, 21, 23, 160, 174
Jugendarbeitsschutzgesetz 227
Jugendwerk der Deutschen Shell 232, 236
Jungen, A. 216, 220, 223, 224, 225, 231, 232, 234, 236, 238, 239, 243, 301
Kaas, K. P. 339, 340
Kabanoff, B. 391, 393, 404, 405, 406
Kahneman, D. 5, 18, 21, 25, 26, 29, 38, 85, 102, 115, 119, 126, 127, 133, 141, 142, 143, 166, 187
Kaiser, H. J. 4
Kammer, D. 419, 422
Kammer, K. 419, 422
Katona, G. 42
Katz, D. 99, 277
Katz, E. 99, 277
Kazen-Saad, M. 153
Keenan, T. 163, 168
Keeney, F. 168
Kellermann, M. 417
Kelley, H. H. 34, 178, 315, 321, 328, 329, 330, 342, 351, 393
Kelly, G. A. 88, 99
Kenyon, D. A. 185
Kerschke-Risch, P. 190, 196, 202
Kiell, G. 7, 38, 46, 102, 110, 111, 114, 117, 133, 273, 275, 297, 317, 337, 388, 391
Kieser, A. 388, 391
Kincaid, J. 185
Kinsey, K. A. 168, 172, 181
Kirchgässner, G. 194
Kirchler, E. M. 4, 61, 62, 181, 184, 192
Klaus, P. G. 6, 160, 342, 363
Kleinaltenkamp, M. 340
Klose, H.-U. 250
Kluckhohn, F. 398
Knetsch, J. L. 21
Köcher, R. 189
Köhnken, G. 318
Koolwijk, J. 275

Koop, J. 39, 138, 140, 145, 149
Korczak, P. 34
Koslowski, K. 45
Kotler, P. 120
Krämer, W. 80
Kroeber-Riel, W. 220, 232, 237
Kroll, Y. 137
Krüger, B. 44, 217
Krüger, K. 44, 217
Kruglanski, A. W. 312
Kruse, H. 176
Kuhl, J. 153
Kutsch, Th. 5, 10, 14, 31, 32, 33, 48, 53, 58, 65, 223
Lakonishok, J. 300
Lamnek, S. 193, 202
Lang, O. 70, 250
Lang, P. 70, 250
Lange, E. 389
Langeard, E. 340
Langer, E. J. 143
LaTour, S. A. 351
Lawler, E. E. 178, 182, 184
Lazarus, R. S. 357
Lea, S. E. G. 4, 34, 75, 79, 155, 183
Leiser, D. 60
Lemert, J. B. 304, 321
Lerner, M. J. 181, 185
Leung, K. 394, 399
Leventhal, H. 356
Levy, H. 137
Lewicki, R. J. 391, 392, 403
Lewin, K. 156, 178
Lewis, A. 4, 16, 24, 29, 61, 162, 166, 167, 168, 181, 186, 187, 268
Lichtenstein, S. 80, 93, 116, 118, 143, 144
Liljander, V. 344, 345, 354, 358
Lilli, W. 78, 168
Link, R. 300, 302
Liska, J. 322
Livingstone, S. 34
Loehr, H. 300
Loewenstein, G. F. 21
Lopes, L. L. 139, 141
Lowell, E. L. 419
Luhmann, N. 20
Lundstedt, S. B. 165, 166, 172
Lunt, P.K. 34
M. K. Mount 418
Maas, P. 152
Machiavelli, N. 153
MacKay, D. M. 319
Mackscheidt, K. 23, 25, 31, 177
Madden, T.J. 170, 181
Maddox, N. 349
Mahoney, W. F. 301
Maital, S. 135, 154
Malkiel, B. 300
Mandell, W. 320
Mandler, G. 353, 357
Markham, D. 321
Markowitz, H. M. 136, 141
Marsh, P. 300
Martin, W. S. 81, 241, 351
Mason, L. 79
Mausner, B. 348
May, W. H. 278
Mayhew, P. 79
Mayring, P. 355, 356
McArthur, L. Z. 329
McClelland, D. C. 146, 419
McClelland, G. 146, 419
McCroskey, J. C. 321
McCurdy, H. G. 78
McDonald R. D. 416
McDonel, E. C. 413
McFall, R. M. 412, 413, 414, 422, 426
McGinn, N. E. 179

McGuire, C. V. 144

McGuire, W. J. 144

McMillan, C. J. 388

McNeal, J. 215

Mead, M. 398

Mees, U. 355

Mehra, R. 131

Mehrabian, A. 416

Merton, K. M. 27

Mertz, R. J. 304

Mesel, K. 136

Meyer, A. 340, 355, 420

Meyer, J. 340, 355, 420

Meyer, W.-U. 340, 355, 420

Mezei, L. 398

Mikawa, J. 416

Mikula, G. 24, 64, 178, 394

Milgram, P. 21, 194, 211

Miller, G. R. 44, 134, 154, 155, 156, 320, 321, 348, 349

Miller, M. 44, 134, 154, 155, 156, 320, 321, 348, 349

Miller, N. E. 44, 134, 154, 155, 156, 320, 321, 348, 349

Millman, M. 52

Minton, J. W. 391, 392

Miron, M. S. 278

Mischel, W. 51, 195

Mörsch, C. 4, 5, 11

Moschis, G. P. 233

Moscovici, S. 21, 39

Moser, H. 29, 408, 419

Moser, K. 29, 408, 419

Moskowitz, T. 130

Moss, F. A. 410

Mowen, J. C. 155

Mowen, M. M. 155

Mullen, B. 169

Müller, G. F. 179, 180

Müller(-Peters), H. 5, 8, 9, 13, 32, 36, 37, 38, 39, 40, 46, 54, 121, 122, 126, 135, 137, 138, 140, 145, 149, 150, 152, 178, 211, 251, 259, 272, 340, 350, 359, 361, 365, 368, 370, 375, 384, 424

Müller, M. 54

Müller, S. 9, 33, 40, 145, 407, 408

Müller-Peters, A. 7, 46, 273, 275, 297, 388, 391

Mummendey, H. D. 417

Murphy, A. H. 116

Myers, S. C. 136, 282

Nagin, D. S. 195

Nakhaie, M. R. 60

Neale, M. A. 112, 114

Nerdinger, F. W. 342, 343

Nisbett, R. 123, 396, 399

Noelle-Neumann, E. 29

Norem, J. K. 144

Northcraft, G. B. 112, 114

Nowack, W. 419, 422

Nyquist, J. D. 359

O'Sullivan, M. 410, 411

Oehler, A. 102, 136, 137, 139, 150

Offe, C. 70

Ohl, M. 147

Ohlin, Z. E. 25

Oliver, R. L. 345, 347, 348, 352

Oliver, R. P. 345, 347, 348, 352

Olshavsky, R. W. 348, 349

Olson, J. C. 174, 348

Olson, M. 174, 348

Opp, K. D. 193, 194

Orleans, S. 174

Orlik, P 411

Orvis, B. R. 329

Osgood, C.E. 278, 319

Ostrom, E. 174

Parasuraman, A. 340, 344, 346

Parge, O. 179

Parsons, T. 58, 59, 398
Peacock, A. T. 173, 187
Peat, N. C. 351
Pelzmann, L. 25
Pepermans, R. 275, 297
Pepitone, A. 399
Perina, U. 45
Petty, R. E. 8, 111, 322, 323, 324, 325, 326, 337, 353
Pfefferkorn, G. 34
Pfingsten, U. 412
Philipps, L. W. 321
Philips, L. D. 143, 144
Piaget, J. 16, 60, 61, 76, 77
Piliavin, I. 194
Pinzler, P. 45
Piorkowsky, M.-B. 66, 68
Pliner, P. 60
Plutchik, R. 355
Pommerehne, W. 165, 172, 173, 175, 176, 181
Porterba, J. 130
Postman, L. 168, 328
Powell, F. A. 320
Prescott, E. 131
Pritchard, R. B. 178
Probst, P. 411
Quandt, K. 39
Raab, G. 54
Rabin, M. 163
Rapp, H.-W. 21, 43, 46
Raven, B. H. 35
Rawnsley, J. 44
Reckenfelderbäumer, M. 340
Rees, W. P. 302
Reichheld, F. F. 377
Reichl, N. 26, 27
Reilly, M. D. 344, 350, 351, 357
Reinhold, C. 48, 424
Reinhold, G. 48, 424
Reisenzein, R. 355
Reuter, H. 311
Rhine, R. J. 321
Richards, D. D. 77, 82
Richter, R. 183
Roberts, J. 194, 211
Roberts, M. L. 194, 211
Robinson, W. S. 77, 82, 284
Rogers, E. M. 101, 281
Rosenberg, L. J. 277, 349
Rosenberg, M. J. 277, 349
Rosendorfer, T. 63, 225
Ross, L. 123, 396, 399
Rossi, A. K. 27
Rothbaum, F. 280, 282
Rotter, J. B. 118, 145
Ruda, W. 137, 150
Rufer, T. 44
Runow, H. 339, 340, 355
Russo, J. 116, 118
Ryan, R.M. 176
Ryff, C. D. 282, 283
S. Ksionzky 416
Sandmo, A. 162
Sarin, R. 187
Saugstad, P. 78
Savage, L.J. 141
Saxe, G.-B. 63
Schachter, S. 39, 357
Schäfer, B. 319
Scharmann, D.-L. 215, 227
Schenk, M. 99
Schlenker, B. R. 280
Schlundt, D. G. 413, 426
Schmidt-Atzert, L. 355
Schmidtchen, D. 24, 25
Schmitz, C. 233, 234, 236, 237, 238, 301
Schmitz, H. R. 233, 234, 236, 237, 238, 301

Schmölders, G. 3, 12, 20, 23, 24, 25, 31, 166, 167, 181, 241

Schneider, F. 150, 161, 165, 323

Schneider, M. 150, 161, 165, 323

Schneider, W. 150, 161, 165, 323

Schoenen, M. 300, 301

Schreib, H. P. 301

Schuler, H. 408, 419, 422

Schulmann, G. 320

Schulz, G. 24, 149

Schulz, W. 24, 149

Schulz-Hardt, S. 173, 182

Schumacher, F. 45

Schumpeter, J. A. 175

Schuster, B. 27, 28, 39, 42

Schützwohl, A. 355

Schwartz, S. H. 174, 394

Schwarz, G. 39, 189, 191, 192, 207, 208

Schwarz, N. 39, 189, 191, 192, 207, 208

Schwarz, R. D. 39, 189, 191, 192, 207, 208

Schwind, H. D. 190, 193

Schwinger, T. 394

Scileppi, J. 321

Segalla, M. 395

Selznick, Ph. 20

Settle, J. W. 42

Severance, L. 321

Shannon, C. E. 319

Sharpe, W. F. 136

Shearer, T. 166

Sheffrin, St. M. 168, 187

Sheppard, B. H. 391, 392, 403

Sherif, C. W. 8, 20, 28, 33, 84, 175, 347

Sherif, M. 8, 20, 28, 33, 84, 175, 347

Sheth, J. N. 358

Shiffrin, R. M. 323

Shils, E. A. 398

Shoemaker, P. 116, 118

Siegel, J. 131

Siegler, R. S. 77, 82, 88, 99

Sienel, W. 302

Sierra, B. 354

Simmel, G. 19, 58, 75

Simon 6, 18, 25, 131, 152, 154, 196, 331, 332, 335, 336

Simon, H. A. 6, 18, 25, 131, 152, 154, 196, 331, 332, 335, 336

Simon, J. 6, 18, 25, 131, 152, 154, 196, 331, 332, 335, 336

Singer, J. E. 39, 357

Sinn, H.-W. 20, 100, 105, 170, 172, 173, 185, 217, 344, 393, 425

Six, B. 319

Slemrod, J. 183

Slovic, P. 102, 135, 143

Smith, H. V. 78, 168, 172, 181, 390

Smith, K. W. 78, 168, 172, 181, 390

Smith, P. B. 78, 168, 172, 181, 390

Snyder, S. S. 280, 419, 422

Solomon, M. R. 342

Soros, G. 15, 43, 45

Sparacino, J. 419

Spicer, M. W. 165, 166, 172

Spiegel-Verlag 137, 138, 251, 258

Spitzberg, B. H. 409, 419

Stacey, B. G. 77

Stachowiak, H. 12

Stahlberg, D. 21, 135, 143, 168, 323, 324

Stalans, L. J. 172, 181

Stangor, C. 277

Stanley, T. D. 139

Stapf, K.-H. 147

Statistisches Bundesamt 222, 226, 231

Staub, E. 170

Stauss, B. 345, 359

Steinmann, V. 408

Stephan, E. 6, 10, 16, 18, 32, 36, 37, 38, 39, 43, 101, 109, 110, 111, 113, 114, 117, 121, 123, 133, 137, 138, 145, 150, 152, 317, 337, 370, 375, 399, 424

Stephan, E. R. 6, 10, 16, 18, 32, 36, 37, 38, 39, 43, 101, 109, 110, 111, 113, 114, 117, 121, 123, 133, 137, 138, 145, 150, 152, 317, 337, 370, 375, 399, 424

Sternthal, B. 321

Stiglitz, J. E. 162

Stoll, T. 188, 201

Stone,E. R. 142

Strandvik, T. 344, 345, 354, 358

Strauss, A. L. 77

Strodtbeck, F. 398

Stroebe, W. 341

Ströhm, W. 355

Strümpel, B. 150, 212

Sullivan, M. W. 345

Summers, L. H. 183

Surprenant, C. 342, 345

Susmilch, Ch. 179

Sutton, R. S. 77

Swan, J. E. 349, 351, 352, 354

Swets, J. A. 14

Tajfel, H. 78, 93, 175, 285, 286

Tarpy, R. M. 4, 155, 183

Taylor, S. E. 113, 168

Thaler, R. 21, 29, 37, 107, 131, 134, 137, 152, 194, 200, 300

Thaler, R. H. 21, 29, 37, 107, 131, 134, 137, 152, 194, 200, 300

Thibaut, J. W. 178, 288, 342, 351, 393

Thomas, A. 5, 8, 10, 48, 165, 172, 299, 389

Thomas, J. E. 5, 8, 10, 48, 165, 172, 299, 389

Thompson, S. C. 282

Thorndike, E. L. 330, 410, 411

Tittle, C. R. 196

Trawick, I. F. 351

Triandis, H. C. 398, 399

Trommsdorff, V. 346

Tuppen, C. J. 304

Turner, J. 175, 285

Tversky, A. 5, 18, 25, 26, 29, 85, 102, 115, 119, 126, 127, 133, 141, 142, 143, 152, 166

Tyler, T. R. 176, 196, 202, 288, 392

Ulich, D. 355, 356

Vanberg, V. 13

Varga K. 198

Veenhoven, R. 282

Vermaelen, T. 300

Verschuur, W. L. G. 189, 192, 193, 196

Vogel, J. 164, 165, 168

Vroom, V. H. 317

Wachtel, P. L. 143

Wagner, H. 273, 274

Wahlund, R. 32, 167, 168, 181

Wakker, P. P. 187

Walerud, B. 164, 165, 172

Walker, C. 288

Walker, L. 288

Wallschutzky, I. G. 172

Walmsley, T. 302

Walster, E. 21, 28, 351, 393

Walster, G. W. 21, 28, 351, 393

Wärneryd, K.-E. 164, 165, 172

Wason, P. 105

Weaver, W. 319

Weber, M 137, 139, 176, 214

Webley, P. 4, 60, 77, 155, 164, 165, 166, 167, 168, 171, 172, 183, 196

Weck, H. 173, 181

Weck-Hannemann, H. 165, 172, 175, 176, 177, 181

Weede, E. 13, 194, 195

Weibler, J. 152

Weichbold, A. 184

Weick, K. E. 16, 44, 341

Weigel, R. H. 163, 196, 202

Wein, Th. 23, 32, 340

Weinberg, P. 232

Weiner, B. 155, 352

Weinert, F. E. 153
Weiss, W. 319, 320, 321
Weisz, J. R. 280
Welch, M. 196
Werbik, H. 4
Westbrook, R. A. 344, 350, 351, 357
White, S. B. 21
Whitehead, D. 60
WHO 231
Wicklund, R. A. 34
Wiedemann, P. M. 150
Wiendieck, G. 36
Wilder, D. 328
Williamson, O. E. 13, 19, 20
Wilmot, W. W. 424
Wilson, J. Q. 195
Winkler, R. L. 116
Wiseman, J. 173, 187
Wiswede, G. 3, 4, 13, 16, 17, 21, 23, 24, 25, 32, 33, 34, 48, 58, 64, 81, 122, 137, 140, 145, 150, 152, 193, 195, 209, 233, 251, 259, 272, 274, 281, 284, 318, 323, 327, 342, 343, 362, 415, 424
Witte, E. H. 23
Wittkämper, G. W. 188, 189, 190, 193, 200, 202, 208, 212
Wood, W. 322
Woodruff, R. B. 345, 349, 351, 356
Worall, C. 320
Yaari, M. 394
Yadav, P. K. 302
Yates, F. 142
Yi, Y. 344, 347
Young, C. E. 352
Zajonc, R. B. 85
Zeithaml, V. A. 340, 341, 344, 345, 346, 348, 370
Zimbardo, P. G. 61
Zuckerman, M. 149

Stichwortverzeichnis

Abdiskontierung 32, 34

Abstraktheit 5, 12-15, 17f., 21, 35f., 40, 59

Abweichendes Verhalten 193

Affekt 277

Affiliationsmotiv 415, 418

Aktienanlage 13, 37, 122, 125, 136, 141, 149, 154, 247

Aktiengesellschaften 8, 38, 40, 108, 123-125, 129, 299

Aktienkurseinschätzung 318, 331f., 334f., 336

Aktivation 147

Akzeptanz 7, 20, 26-29, 31, 46, 67, 204, 233, 249, 258, 274, 281-285, 288, 297, 385f., 405

Altruismus 162

Anlageziele 251-253, 262, 264, 267, 270, 272, 424

Anlegerverhalten 3

Anomalien 134

Anreiz 131, 141, 144, 147, 149, 152, 169, 211

Anschlußmotiv 415

Anspruchsanpassung 142f.,

Anspruchsniveau 143, 145, 361

Arbeitslosigkeit 34, 53, 54, 67, 86, 90, 114, 118f., 190, 264

Artefakte 133, 370f., 390

Attribution 41, 150, 321f., 329f., 345

Attributionstheorien 328

Austauschprozesse 21, 61

Auswahl 61, 90, 104, 117, 120, 129, 179, 181, 232, 241, 257, 289, 363, 414, 421

Auswahlkriterien 128, 152

Autonomie 394

Banken 8f., 35f., 40-45, 49, 60, 69, 87, 121, 241f., 244, 271, 302, 313, 347, 354, 357, 387f., 395, 400f., 408

Bedürfnis 20, 149, 217, 229, 244, 285, 287, 293, 295, 297, 325, 351, 415

Belastung 28, 114, 149, 152, 167f., 183, 186f., 259

Beobachtung 17, 53, 217, 221, 234, 423, 425

Besteuerung 28, 163f., 168f., 175, 182, 186f.

Bezugsgruppen 120, 234, 417, 420, 427

Bezugsgruppentheorie 27

Börse 3f., 35, 37, 39, 114, 135f., 138f., 143f., 147, 152f., 156f., 331

Commitment 392

Distributive Gerechtigkeit 176

Dopplungseffekt 317f., 327, 329, 331, 335f.

Einkommen 31, 50, 53, 56, 60, 64, 66f., 114, 138, 162-165, 167-169, 172, 183f., 201, 208, 221, 228, 255, 261, 267-270, 272, 275, 291, 375

Einstellungen 7, 27, 38, 66, 119, 121, 126, 137-140, 145, 153f., 156, 164, 167f., 175, 193, 244, 254, 256, 272f., 276f., 302, 312, 323, 325, 388, 390, 404, 419

Einstellungen zum Gemeinwesen 27

Einstellungsänderung 322, 353

Emotionen 145, 344, 353-356

Endowment-Effekt 29

Entdeckungs-Zusammenhang 73

Entfremdung 164, 167, 172

Entscheidungen 6, 8, 9, 12, 16, 18, 20, 25, 28, 36f., 39, 42, 61, 66, 78, 90, 101-106, 108, 114f., 122, 126, 131f., 134, 140, 142f., 151f., 156f., 195, 257, 259, 268f., 288, 295, 379, 395, 401-406, 421f.

Entscheidungskriterien bei der Geldanlage 266, 272

Entwicklung 8, 25, 36f., 49, 58, 60, 69f., 74, 76f., 88, 104, 108, 137, 143, 145, 157, 185, 187, 196, 230, 243-245, 247, 250, 318, 331, 339, 368f., 383f., 386, 406, 410

Erregung 147, 244

Erziehung 64, 239, 247

Euro 7, 46, 49, 273, 275-297

Evaluation 278

Experiment 20, 78, 109-113, 117, 123, 125, 135, 197, 335, 348

Expertenmacht 35, 40-42

Familie 54, 62-67, 90, 233f., 239, 243, 397

Finanzanalysten 8, 299f., 302, 304, 308-312, 315

Finanzdienstleister 9, 40, 240, 353, 414

Finanzdienstleistungen 7f., 40, 69, 339-341, 346f., 349, 353f., 356-358, 363, 365, 413

Finanzentscheidungen 3, 12, 43, 101f., 108f., 115

Finanzmarkt 3, 8, 35f., 41-44, 112, 366

Finanzmärkte 35, 43-46, 109, 130

Finanzpolitik 185, 187

Framing-Effekt 85

Freizeit 118, 182f.

Gedächtnis 103, 119, 123, 125f., 131, 360, 362

Gefühle 50, 285, 287, 293, 393, 419

Geld 3-5, 7, 12, 22, 25, 31, 34, 36f., 41, 43, 48-54, 56, 58-65, 67f., 70, 72, 75-79, 81, 93, 114, 120-122, 131f., 145, 149f., 157, 161, 167, 193, 195, 197, 200, 208, 214, 217, 219f., 227, 230f., 233, 240-247, 249, 257, 260f., 268-270, 273, 282f., 288, 291, 293f., 316f., 369, 408

Geldanlagen 5, 131, 243, 246f., 251, 258f., 261, 268

Geldverfügbarkeit 53

Geldwert 54, 127

Generalisierung 130

Gerechtigkeit 20f., 23, 28, 164, 167f., 176, 178f., 287f., 290, 391-393, 406

Gewinnerwartung 149

Gewohnheit 19, 37, 82

Glaubwürdigkeit 8, 43, 303-306, 315, 317-322, 325-328, 330-332, 334f., 337f.

Gleichheitsprinzip 28, 64

Gruppe 30f., 38, 88, 93, 99, 111, 118, 124, 128, 140, 157, 175, 192, 200, 220, 233, 243f., 249, 266-270, 272, 278, 285f., 291, 293-296, 333, 370, 390f., 403, 415, 417, 421

Halo-Effekt 330, 370

Handlungskontrolle 153

Handlungsorientierung 33, 153

Haushalt 34, 53, 63, 67, 90, 114, 140, 214, 227, 231, 370

Haushaltsgeld 65f.

Heuristiken 18, 32, 43, 102, 104, 107, 133

Hierarchie 371, 425

Hygienefaktoren 348f.

Hypothesen 27, 73, 76, 80, 106, 160, 168, 283, 307, 312, 318, 329, 331-333, 337, 347f., 353, 368, 409, 414, 420

Hypothesentheorie 168, 328

Image 33, 204, 339, 358, 390

Inflation 32f., 49, 54, 62, 120, 137, 143, 145

Informationssuche 36

Informationsverarbeitung 18, 43, 152, 294, 322-327, 337, 353, 412f.

Informationsverhalten 257, 267f.

Innovation 281f., 284

Interaktion 288, 315, 326, 341, 353, 363, 374, 417

Internalisierung 23-26

Internationalisierung 9

Investor Relations 42, 299f.

Involvement 121, 257-259, 261, 264, 266-268, 270f., 278, 280f., 290f., 319, 321, 326, 361, 404

Jugendliche 49-51, 53f., 57, 62, 68, 214, 217, 219, 223, 227, 233, 236, 238f., 409

Kategorisierung 285, 347

Kaufabsicht 233

Kaufentscheidung 122, 236f., 239, 367

Kinder 5, 17, 49-52, 54, 56, 60-68, 77f., 194, 214-221, 223, 225, 227-231, 233-239, 241f., 252, 268, 283

Kognitionen 80, 145, 153, 422

Kommunikation 17, 56, 73, 75, 238, 249, 312, 315, 319f., 326, 353

Kompatibilität 46, 281

Konflikt 23, 27, 154, 187, 242, 293

Konformität 16, 21, 23-25, 34

Konkretheit 5, 12, 14, 16-18, 21-23, 31-33, 123, 126, 399

Konkurrierende Motivationen 149

Konsum 31, 35, 53, 87, 90, 183, 214f., 219, 230f., 233, 235, 250, 344

Konsumklima 66

Konsummuster 239

Konsumverhalten 31, 34, 217, 233

Kontrollüberzeugung 266, 280, 283

Koordination 13, 18-21, 32, 46, 342

Kovariationsmodell 328

Kredit 3, 33-35, 408

Kreditkarten 34

Kriminalitätstheorie 193, 197

kulturelle Unterschiede 67, 389, 394

Kundenorientierung 339f., 364, 366

Kundenzufriedenheit 8f., 40, 339f., 344f., 347, 350, 352-355, 357f., 361-363, 365-369, 372-377, 380-383, 385f.

Kursprognose 113, 332, 335

Lebensstil 34

Legitimationsdefizite 30

Leistungsmotivation 146f., 421

Lernprozesse 16

Locus of control 34, 145

Macht 19, 23, 41f., 58, 64, 217, 319, 355, 405

Machtposition 41, 390

Markentreue 33

Markt 3f., 8f., 13f., 16, 19f., 31f., 35f., 38, 40, 42-46, 53, 59, 63, 66, 84, 104, 109, 112, 121, 134, 136, 139, 141, 215, 260, 300, 309, 315f., 329, 342, 350, 360, 375, 380, 388, 409

Marktanalyse 130, 156, 365f., 367, 370, 385

Markteintritt 366

Marktpsychologie 343

Meinungsführer 39

Menschenbild 100, 131, 177

Meßinstrumente 340, 360

Meßverfahren 88, 339

Metacultural Awareness 390

Methoden 4, 59, 340, 358-361, 364f., 370

Minorität 37

Mißerfolgsmeider 147, 420

Mode 232

Modell-Lernen 56

Moral 65, 164, 167, 210

Motivation 6, 29, 45, 102, 111, 135f., 139, 146f., 155-157, 213, 232, 245, 247, 272, 299, 307, 324, 326f., 332, 336, 415, 421

Normen 13, 19-28, 31f., 34, 36, 44, 48, 50, 59, 120, 150, 152, 157, 160, 170, 172, 179, 180f., 194, 196, 198f., 210, 236, 302, 351, 388, 390f., 400, 404f.

Normen, soziale 302

Nutzenerwartung 19

Nutzenmaximierung 160, 170, 179, 193, 208, 399

Organisation 3f., 7, 13f., 16, 19f., 43, 69f., 131, 342, 369, 385, 388, 391-394, 405, 408

Paradigma 162, 345

Partizipation 59, 170, 172, 175f., 186, 288

Peers 50, 53, 68, 216, 233f., 237

Personalentscheidungen 9, 42, 387, 395, 400

Persönlichkeit 48, 140, 195, 202, 390

Präferenzstruktur 30

Preis 14, 32, 46, 61, 65, 72, 102, 244, 365f.

Preiswahrnehmung 32

Prestige 42, 421

Produkt 122, 129, 162, 236, 340, 367, 370, 383, 388

Psychologie 4, 13, 23f., 39, 75, 102, 134, 138f., 143, 160f., 163, 188, 274, 297, 318, 339f., 395, 408

Psychologie des Geldes 13

Qualitätsmanagement 9, 343, 365, 368f., 379, 382, 385f.

Qualitätsurteil 358

Rationalität 6, 25, 35f., 131f.

Reaktanz 21, 23, 25, 33, 68, 144, 308

Referenzpunkt 29, 141-143, 145

Reiz 14, 213, 241, 244, 246f.

Renditestreben 141f., 144f., 157, 257f., 267, 270

Risikoaversion 5, 32, 36, 42, 141f.

Risikoprämie 131, 136

Risikoverhalten 139, 148

Rolle, soziale 319

Rollenspiel 60, 423, 425

Salienz 123, 129, 132, 167

Schattenwirtschaft 161

Schemata 61, 87, 99, 100, 168, 329, 353, 356f., 396

Schulden 34f., 64, 213

Segmentierung 7, 251, 271

Selbstergänzung 34

Selbstkonzept 180, 390

Selbstüberwachung 419

Selbstverwirklichung 190

Selbstwert 32, 42, 146f., 149, 157, 421

Selbstwertschutztheorie 42

Senioren 37, 41, 250-252, 259, 261, 264, 266-272

Situation 17, 20, 27, 32, 43f., 64f., 105, 127, 139, 153, 155, 160, 167f., 170, 173f., 177, 179f., 182, 184, 191, 193, 197f., 201, 207, 212, 247, 264, 280-283, 292, 294, 325, 327, 329, 342, 354-357, 366, 388, 396f., 400, 409, 411-414, 418f., 422, 424-426

Soziale Kompetenz 407, 410, 413, 419

Sozialer Vergleich 308

Sozialisation 3, 32, 34, 48, 51, 61, 67f., 194, 239, 414

Sozialpsychologie 11, 17, 23, 72, 77, 251, 273f., 277, 317, 319, 331, 339, 387, 407

Sparen 31f., 37, 51f., 67, 150, 183, 216, 218, 230f., 240, 250, 253, 255, 259, 264, 267, 269f., 272

Sparverhalten 250, 271

Sparziele 251, 255f., 263f., 268f., 271

Steuerausweichung 161f., 179, 181-184

Steuerhinterziehung 21, 24-28, 45, 160-167, 171-174, 176, 181, 186, 192-194, 196, 198, 213

Steuermoral 3, 23-25, 27, 29, 160, 163, 167

Steuerunbehaglichkeit 180, 184

Steuerwiderstand 23, 26, 31, 161, 173, 187

Steuerzufriedenheit 6, 160f., 164, 166, 169, 171f., 175, 179, 182, 185-187

Stimmungen 39

Streß 51

Taschengeld 7, 52f., 63, 65, 67, 214, 216-224, 226-233

Taschengeldhöhe 52, 215, 221, 223f., 226

Taschengeldverwendung 6, 216, 218, 232

Tatgelegenheiten 211, 213

Tauschmedium 58f.

Theorien des Geldes 75

Urteilsfehler 78, 102f., 105-107

Urteilsheuristiken 6, 101-103, 107, 132-134

Urteilsverzerrungen 6, 8, 43, 106, 108-112, 114, 119, 123, 126, 133

Verankerungsheuristik 112

Verfügbarkeit 34, 36, 66, 77, 99, 101, 108, 118-120, 122f., 125-127, 129f., 132

Vergleichsniveau 178

Verhaltenstraining 412, 414, 428

Verlusterwartung 143

Verschuldung 14, 33f., 54, 87, 114f., 120, 126

Versicherung 41, 122, 188, 190f., 196, 200f., 204-209, 211-213

Versicherungsbetrug 6, 27, 40, 174, 188-193, 196-199, 201-205, 208-213

Verteilungsgerechtigkeit 28

Vividness 399f., 402

Wachstum 281, 394

Wahrnehmung 6, 14, 16-18, 27, 33, 39, 61, 75, 78, 103, 143f., 164, 167f., 170, 173f., 175, 181, 184, 186, 194, 198f., 211f., 304, 328, 334, 343, 350, 352-354, 391, 393, 405

Werbung 50f. 105, 121, 125, 136, 190, 212, 236, 238, 315, 343, 348, 353f.

Wettbewerb 71, 316, 339, 365f.

Willensstärke 153, 156f.

Wirtschaftspsychologie 3, 16, 58, 60

Wirtschaftssoziologie 48, 58, 214f., 218, 224, 228-230, 232f., 235, 237

Wissenschaftstheorie 74

Wissenserwerb 415, 423, 428

Wohlstandsgesellschaft 149

Zeithorizont 34, 255

Ziele 25, 153, 170, 220, 252f., 262, 264, 271, 275, 300, 384, 389, 394, 399, 414f., 417, 420, 427

Zufriedenheit 7f., 27, 165, 176, 193, 201f., 282-284, 290, 295, 344f., 347-350, 352, 355, 357-361, 363, 367-369, 371-373, 375-379, 382f., 392f.